私的所有論 [第2版]

立岩真也

生活書院

序

私は誰か、私達はどこから来たのかと問うのでなく、何が私のものとされるのか、何を私のものとするのかについて考えてみたい。例えば左に列挙するいくつかの疑問や、矛盾や、抵抗。それがどこから来るのか。

(1)一人の健康人の臓器を、生存のために移植を必須とする二人の患者に移植すると、一人多くの人が生きられる。一人から一人の場合でも、助かる人と助からない人の数は同じである。しかしこの移植は認められないだろう。なぜか。その臓器がその人のものだからか。しかしなぜか。また、その人のものであれば、同意のもとでの譲渡(交換)は認められるはずだが、これも通常認められない。なぜか。

(2)例えば代理出産の契約について。それを全面的によしと思えない。少なくとも、契約に応じた産みの親の「心変わり」が擁護されてよいと考える。つまり、ここでは自己決定をそのまま認めていない。

(3)ヒトはいつ生命を奪われてはならない人になるのかという問いがある。右で自己決定の論理で推し進めていくことをためらった私は、しかし、ここで女性の「自己決定」が認められるべきだと思う。

(4)私達は明らかに人を特権的な存在としている。しかしなぜか。人が人でないものが持たないものを持っているからだろうか。このように言うしかないようにも思われるが、私達は本当にそう考えているのか。また、それは(3)に記したこととどう関係するか、しないか。

(5)売れるもの＝能力が少ないと受け取りが減る。あまりに当然のことだが、しかし、その者に何か非があるわけではない。こういうものを普通「差別」と言うのではないか、つまりそれはなくさなければならないもの、少なくともなくした方がよいものではないか。しかし、何を、どうやってなくすのか。それは可能か。

(6)他方で、私は能力主義を肯定している。第一に、私にとって価値のない商品を買わない。第二に、能力以外のもので評価が左右されてはならない場があると思う。しかし、能力原理は属性原理よりましなものなのか、そうだとすれば、なぜましなのか。また、第一のものと第二のものは同じか。

(7)生まれる前に障害のあるなし（の可能性）が診断できる出生前診断という技術があり、それは、現実には、障害がある（可能性がある）場合に人工妊娠中絶を行う選択的中絶とこみになっている。それを悪いと断じられないにしても、抵抗がある。

(8)「優生学」というものがある。遺伝（子）の水準に働きかけて人をよくする術だという。ならばそれはよいものではないか。少なくとも批判することの方が難しいように思われる。

これらは、一見多様な、散乱した問いに見える。しかし、このことをこの本で述べるのだが、これらはすべて同じ問いである——だから、一つの本の中で書かれねばならなかった。つまり、何がある人のもとにあるものとして、決定できるものとして、取得できるものとして、譲渡できるもの、交換できるものとしてあるのか、またないのか。そしてそれはなぜか。これに対して与えられるのが、私が作る、私が制御するものが私のものであり、その力能が私である、という答なのだが、この答はどんな答なのか。つまり私はこの本で「私的所有」といういかにも古色蒼然としたものについて考えようとする。けれども私は、所有、私的所有は、依然として、あるいは一層、この社会について考える時に基本的な主題だと考えている。右に例示した問いはこのことを示している。

次に、この本は矛盾について考える。先に挙げたものの中にいくつもの矛盾があるし、その間にも矛盾がある。例えば(5)と(6)は整合しないように思われる。また、自身の判断に基づいて自身の身体を利用・処分することには問題がないとして、(3)人工妊娠中絶を認めるとする。しかしそうすると、(2)例えば代理出産の契約に応ずることは、自分のものの使用なのだから正当化される。また、人工妊娠中絶を認めることは、当然に(7)選択的中絶を認めることも帰結しないだろうか。このようにいくつも矛盾があるように思える。しかし、それでも、その矛盾するように思われるその両方を成り立たせるものが何かあると思う。それはどのようなものなのか。それを探そうとする。解を出せたり出せなかったするところにある基本的な感覚が何なのか考えてみる。

同時に、私はできる限り具体的な「答」を探そうとしている。このように言うのは、こうした主題に関して言われていることのほとんどにまったく不満だからである。一つは、しかじかの問題がある、しかじかの難しい問題があると言って終わる。もう一つは、何か言っているようで、何も言っていない。例えば、部分に対するに全体、個に対するに全体を対置する「思想」がある。区別はない、みんな一緒だと、生命は皆平等だと言う。しかし実際には私達は区別している。問題はどこになぜ境界を設定するかにある。この時に、そうした言説はあまりにけっこうすぎて、何も言ってくれない。そしてもう一つ、所有や決定についてきわめてはっきりしたことを主張し、何も問題はないのだとする言説がある。だが、その内容、その論理に不満である。ゆえにこの本が書かれている。

何かはある。しかしそれは漠然としたものであり、時には矛盾するようにも思われる。なぜなのか、それをうまく言葉にできない。既にある、与えられた（言語化された）論法、この社会にあるとされる論理では説明することができないことがわかる。むしろ、観念や実践の堆積があって、それが見えにくくしているのだと思う。ただ、その論理を辿っていくと、それらがどのような道を通っているのか、同時にどこを通っていないのかが見える。疑問を疑問としない主張、常套的になされる批判、批判を中途半端に終わらせる批判を、少し丁寧に辿っていく。その中で、そこに言説として現われない何が前提されているのかを浮かび上がらせる。そのような作業の中から、別のものがあることを示す。新しい何かを「発明」しようというのではない。行なおうとするのは、既に、確かにあるもの、しかし十分な言葉を与えられていないもの、それを覆う観念や実践の堆積があって言うことをやっかいにしているものを顕わにすることだ。そしてそれは、種々の「理論」——それらはひどくあっさりと私達の様々な現実を切り詰めてしまう——で主張されることほど過度に単純ではないが、それなりに筋は通っており——感覚に論理を対置するというのはまったく間違っていると思う、感覚は十分に論理的である——、そしてその中核にあるものは、多分そんなに複雑なものではない——私達はあまり複雑なことを考えられない。

「別のもの」と今述べたものについては、特に誰かのアイデアをもとにするのでない、手作業によって考察の多くの部分は進められた。書かれることは特に何かの「思想」に依拠していない。ひとまず必要がなかったからだ。それに何かを引合いに出せば、それとの異同を確かめる必要がある。そのためには相手の言っていることを知らなければならない。注釈が増えてしまうだろう。かえって面倒なことになる。そういう作業はきっと必要なのだろうし、それを行うことによってきっと私も得るものがあるのだろうとは思うが、相手から何かを受け取るためにも、まずは私が考えられることを詰めておこうと思った。

こうして、本書は事実をそれ自体として示すことを主題としてはいない。本文には最低限記しておかなければならないことだけを記すようにした。ただ、本書で述べるようなことをなぜ述べるのか、そのもとになったもの、私が相手にしようとしているものが何であるか、示す必要はあったから、主に注で、事実関係について最低限のことを記した。また本書の主題に関係してなされてきた論議がいくつか紹介されている。そして読者の便宜のためにも、参考になる文献をある程度は示した。注もできる限り切り詰めてある。それでもこの分量になってしまった。いくつかの注の内容を十分に展開するためには一つの注につき一・二本の論文が必要なものもある。それを書く仕事は別の機会に行いたい。また、まったく別々のところにあるいくつかの注が互いに関係し合ったりしている。それらの間の関係はできるだけ記すようにした。索引も参考になると思う。楽しめる人には楽しめるものになっているのではないかと思う。本書がなぜこんなふうに書かれているかがわかったり、本書の内容と関係はするが少し離れるいくつかの主題が現われたり、方々に広がっていく議論の道筋が見えてくるかもしれない。

　こうしてある程度の情報を入れたが、もとより十分なものではない。また事実は変化していく。そもそも単行書によって日々の変化に即応することは不可能であり、十分な数の購買者が得られない情報に価格をつけて販売することもできない。そこで、ホームページから情報が提供される（「生存学」で検索）。

▼http : //www.arsvi.com/

　一九九六年の六月から情報の提供を始め、現在この本にある文字の十倍くらいの文字が収録されているが、ここに本書（の主に注、文献）を拡充して掲載する。例えば第3

章や第９章で引用したいくつかの文章は、必要なだけを本書に掲載するには分量が多すぎ、やむをえず数と分量を減らして掲載したものである。そのもとになった引用集等がこのホームページに収録される。また本書でほとんど言及されることのない「事件」についての情報も提供する。著作権の問題がないものについては各種の文書、文章全体を収録していきたいと考えている。同様に著作権上の問題のない論文や報告、等々も掲載させていただきたいと考えている。近いうちに、このホームページは、例えば本書で扱ったような主題に関心をもつ人達の情報源として、また思考の流通の場として、共同運営されるものとなるはずである。論考、情報の提供、また本書の誤りの指摘等々をお寄せください。

▼E-mail：tae01303@nifty.ne.jp

▼internet：http：//www.arsvi.com/ts/0.htm

第2版　序

本書の初版は一九九七年九月に勁草書房から刊行された。基本的に本文はまったく変えていない。その上で、「ごく単純な基本・確かに不確かな境界」と「いきさつ・それから」という二つの補章を加えた――その二つめのものではこの版刊行の事情をもう少し詳しく説明している。「なくてはならない」を単純に語感の問題から「なければならない」とした。「リバータリアン」は近頃の多数派の使い方に従って「リバタリアン」とした。そして、初版にあった誤字を第十四刷まで（勁草書房刊の初版は第十五刷まで刷られた）徐々になおしていったのだが、二〇九個訂正した。その多くは多くの読者の方が知らせてくださった。お礼申し上げる。

注については、その数・位置を変えないまま、内容に追加を行った。合わせて一九五箇所になる。その部分は【】で囲った。そして補章2で事情を説明するが、異常に少なかった改段落を多くした（一八〇増えた）。

文献について。初版ではたしかにずいぶんな量の文献があげられている。あがっている文献の数の多い文献表があれば、そのためにその値段の高い本を買う人もいるかもしれないというよこしまな動機もあった。改版にあたって、補章を置き、注を増やしたことなどに伴い、いくらか加えた。五三四増えた。初版刊行以来の出版物をいくらかでも紹介したいという思いがあったことにもよる。ただ、第3章や第9章、そして第6章や第7章で論じた主題について、私はその後ほとんど文献を集めたり読んだりすることをしてこなかった。そしてそれをあげていけばその数はたいへん多い。その部分についてはほとんど追加しなかった。

こうして2つの補章、注への追記、文献の追加を行っていったが、それはまったくきりのない落着することのない作業となった。私の側の時間の制約のためだけの理由でここまでで打ち切った。補章でも記すことになるが、私が関係するHP（「生存学」で検索→http://www.arsvi.com/、その「内」を検索）に各主題や各人別の情報・文献表等があるので、それを見ていただければと思う（そのごく一部についてはhpと記して参照を求めている）。また刊行予定の電子書籍版では、本文・注・文献表の（かなり夥しい数の）人・文献・事項から関連ページを参照できるようにする。

「解説」を稲葉振一郎さんにお願いした。稲葉さんはすぐに書いてくださったのだが、お願いしてから私が中途半端な補章他を書くことを始め、いつまでも中途半端なまま書いたりしているあいだに数か月も過ぎてしまった。おわびしお礼申し上げる。そして、

『生の技法――家と施設を出て暮らす障害者の社会学　第3版』に続き、これまで文庫版を出してこなかったのに無理を聞いていただき、生活書院から本書を出してもらった。ありがとうございます。

立岩真也

二〇一三年三月

私的所有論［第2版］ 目次

凡例・注記

※引用は「 」で示す。引用文中で「…」は中略を示す。「／」は原文の段落の変わり目を示す。

※文献表示は基本的に「ソシオロゴス方式」を採用している。本文及び注では、著者名［出版年（＝訳書の出版年）：頁］のように記され、当該の文献は巻末の文献表で知ることができる。ただ、誤解を生じないだろうところでは必ずしもその規則に従っていない。とくに第2版補章1・2の著者自身の文章についてはすべて著者名略。他でも略すことがある。

※第2版の序で記したように、初版での記載と第2版での加筆部分は判別できるようになっている。よって、論文等での言及・引用等に際しては、初版のままの文章は――本書の書式では――立岩［1997：○→2012：□］としていただくことになる。○は、「おもちであれば」初版における頁、□はこの版の頁。

※ホームページに関連する情報を掲載している。「生存学」（http://www.arsvi.com/）→「arsvi.com 内を検索」あるいは「私的所有論」から関連ページを読むことができる。

第1章　私的所有という主題

「肉体は私のものである。なぜなら、それは私の自我の一部であり、私の選択意思によって動かされるから。自分の選択意思をもたない生命ある世界や生命なき世界の全体は、私がそれを強制して自分の選択意思のままに動かすことができるかぎり、私のものである。太陽は私のものではない。他の人間においても同一のことがあてはまる。したがって、どのような所有権も proprietas つまり独占的な所有権ではない。しかし、私があるものを、もっぱら自分のものにしようと欲するかぎり、私は、他人の意志を、少なくとも自分の意志に対するものとして前提したり、あるいは、その行為を自分の行為に反するものとして前提したりすることはしないであろう。したがって、私は、私のものというしるしをもっている行為を実行するであろう。木を切るとか、これに細工をするとか、等々。その他人は私に言う。それは自分のものである。なぜなら、それは自分の選択意思の行為により、言わば自分自身に属するから。」（Kant［1764/65=1966: 309］）

以下、各章のこの頁はその章の概要の紹介に当てられるが、本章は本書全体の導入部でもあるから、ここでは、本書の主題について、また本書全体の構成について簡単に記すことにする。

例えば医療の世界、というより医療を巡る言葉の世界では「自己決定」が流行である。自己決定はよいものだ。私もそう思う。ではそれで終わり、あとはそれをどう実現していくかという主題が残るだけなのか。他方に「私的所有」という言葉がある。こちらは昨今ではあまり流行らない。しかし、近代的な意味での所有権は、単に所持する権利ではなく処分権であるから、その限りで、「所有」と、あることをどのように扱うかという「決定」とは同じものである。だから「所有権」と「決定権」とは同じである。そして、自己決定とは自己が決定することであり、私的所有とは私が所有することである。だから、この限りでは、自己決定（権）と私的所有（権）とは同じである。両者がいっしょに論じられたことはあまりないが、論じられなければならないと思う――そのように思ってこの本は書かれている。何が私のものなのか。「私の身体は私のものである。」当然のことのように思うが、処分権として所有権を捉えた場合にそう言い切れるのか。また「私が私の働きの結果を私のものにする」――「私的所有」という語は、本書では多くこのことを指す。これをそのまま肯定すべきなのか。（決定権・所有権が（最終的に）一人一人に分散していることを〈私的所有〉とすれば、「私的所有」は〈私的所有〉の一つの形である。本書で〈私的所有〉が否定されることはない。このことを巡る混乱については第2章で述べる。）

第4章、そして第5章までが一つの区切りになっている。本来であれば、第6章・第7章で、私達の社会はこんな社会だと述べた上で、第4章につなぐべきなのだが、この順序では、そうでなくても息の長いこの本の話の筋がつかめなくなってしまうおそれがあると考えた。何を言いたいか理解されにくいだろうと思った。そこでいったん第4章、第5章でひとまず言えることを言った後に第6章・第7章を置き、第8章・第9章では、それを踏まえた上で具体的な主題に即して、第4章、第5章に述べたことを新たに論じ直すという構成をとる。

1　私的所有という主題

【1】能力

私は何を所有しているのか、すなわち（↓前頁）何に対して決定権があるのか。このような問題は、自己決定権だけを考えているとあまり意識されないかもしれない。多くの場合には、何が自己決定されるべきか、それが最初からわかっているからである。もちろん現実には、医療について今まで自己決定が認められてこなかったがそれが必要であると、障害者の自己決定が今まで剥奪されてきたのだがそれを認めるべきだというように、当然のものとされてこなかったから、今それが問題とされてきている。だがそれでも、現状を改革していこうと思う者にとって「自分のことは自分で決める」と言う時、「自分のこと」はたいがい具体的に決まっている。自明とされる。しかし、何が「自分のもの」なのか。誰かが決定し、その各々は「自己」であるとして、ではその自己は何を決定するのか。私は、何を決定＝所有するのか。この何かが決まっていなければ、「自己決定」とただ言っても何のことか、意味を持たない。例えばその私がこの文章を書いている私一人だけのことであるなら、世界中全てのものは私の言うことをきかなければならない。「自分のことは自分で決める」と言うが、その「自分のこと」とは何か、その範囲が問題なのであり、そしてなぜその範囲が自己の決定のもとに置かれるべきなのかが問題なのである。こうして、私的所有そのものが、そしてさらに所有そのものが、考察されるべき主題としてある[◆1]。

それにしても何が誰のものか、各自が何について権利をもつか、それは明らかではないかと言われるかもしれない。けれども、そうではなく、少なくとも私にとっては、この社会でごく普通に起こっていること自体が問題だった。「私が私の働きの結果を私のものにする。」それでよいのか。同時に、そこから私達は抜けられるのか。頭がわるい。体がわるい。それでできない。そのことで不当な不利益を受けていると言う人がいる。実際このようにこの社会は構成されているのだから、これは全く正当な指摘であり、この社会の構成の基本的なところを問題にしたのだから、根底的な指摘だった。しかし、その提起は結局どうなったのか。それは、根底的であるがゆえに、行く場の見つけにくい提起でもあった。これは、全く時代から取り残されたような、しかし実はそんなに古くはなく、この国では一九七〇年頃に示された問いであり、その時から既にどこにも行き着かないような問いとして示された。私は、このように発せられた不活性な問いを、近くにいて聞く側にいた。けれども、その行き着かなさが不満だったから、考えることにした。もう一つの話は、結局いろいろやってみてわかったように「市場経済」で行くしかないのだし、行くのがよいのだし、そこにまずいところがあれば、「福祉国家」か何か、手を打てばよろしい、このように終わる。しかし、それで終わっているのか。なにごともなく平穏無事だという安穏な主張を受け入れない。しかし、言い放しの批判にも与することができない。「能力主義」「業績原理」が問題だとしてそれを一体廃棄することができるのか。そしてどんな代替案があるのか。

どれほどのことが考えられたか。例えば社会（科）学者は、事実を記述し、属性原理から業績原理への移行を「近代化」の特徴として捉える[◆2]。しかしなぜ、業績原理より属性原理が優越するのか。業績は自分で動かせるが属性は動かせないからだろうか。しかし体にしても頭にしても、思い通りには動かせない。好きなだけ身体や頭を動かせるのであればよいかもしれないが、そうはいかず、ゆえに格差という問題もまた生ずるのだ。

第2章で、所有に関わってあるこの社会の規則、そしてそれについて言われてきたことを検討する。述べるのは、一つには、私的所有を巡る、長い、連綿とした、真面目な思想の流れに対しては不釣り合いに単純なこと、「なんであなたはそんなことを信じているのか」といった類いのことである――しかしこれは意外に大切なことだと思う（第2章2節）。ただもう一つ、一定の条件下で私的所有という社会関係が確かに生じてしまうこと、その条件を受け入れ、この関係がもたらす効果を是認するなら、その限りで、これを正当化可能なことをみる。正しくはないが一定の条件下では必ず生じてしまうということを確認する（第2章3節）。また、事実として生じてしまうものでしかないものを、それ以上の、正しいものとして語り（第2章2節）、個々の人に信じさせようとする行いのあり様を検証する（第6章2節）。その上で、これまで語られたことではなく（第7章）、何を対置させるのかを考え（第4章）、これとどうやってつきあっていくかを考えることになる（第8章）。あっさりと話を終わらせずに、話を引き伸ばしてみる。到着する場所は、結果として「終わった話」とそう違わないと思われるかもしれない。けれど引き伸ばして、ゆっくり考えていって、少し違うことを言う、また同じものが位置づく場所を変えてみる。

［2］所有＝処分に対する抵抗

だがやはりそれにしても、少なくとも私の身体に関わることは私のことではないか、と言われるかもしれない。しかし、自己決定が認められていないものがある。また、少なくとも抵抗のあるものがある。例えば、臓器の売買は実際に行われている◆3が、それが認められるべきだとする人は少ない。また、代理出産の契約について、それをよしとする人がいる一方で、そうは思わない人達もいる。市場の優位が語られるこの社会にあっても、実は、私的所有の原理によっては正当化されない事態がいくらもある。

もし、身体が自身のものであるなら、処分、譲渡も許容されることになる。合意がある以上問題はないというのが「自由主義」の主張である。身体の自己所有を認め、自己決定を認めるとしよう。互いが自分のものを互いの合意の上で譲渡し合う。この関係の中では、誰も強制されてはおらず、誰も不利益を被ってはいない。むしろ自発的に、自らの利益を求めて関係し合っており、実際利益を得ている。このような論理の内部では話は完結しており、そのことは誰に言われるまでもなく、何かものを考えたりするまでもなく、自明である。だから、なすべきことはこの自明のことを「発見」したりすることではない。発見する前に既にそれは明らかだからである[4]。そして例えば売買を批判しようとする者もそんなことは知っている。その上で、その言い方の上手下手は別として、批判しようとしている。私もまず、もっともな主張に対して違和感がある時、違和感の方を明らかにしようと思う。

しかも、抵抗を示すのは他ならぬ自己決定を主張する人達でもある。男によって決められてきた。これに対する抵抗としてフェミニズムがある。また、今まで障害を持つ人、病を得た人は、施設の中で、医療・理療の現場で、職員、専門家、等々によって自分達の生き方を決められてきた。つまり自己決定を剥奪されてきた。これは不当だ。それで自己決定権を獲得しようというのである。だが他方で、自己決定と言って全てを済ませられない、肯定しきれないという感覚も確かにある。例えば、死に対する自己決定として主張される「安楽死」「尊厳死」に対して早くから疑念を発してきたのも障害を持つ人達だった。◆5 ここには矛盾があるように見える。私自身、かなりの部分は「自由主義者」だと思う。生命に対する自己決定が肯定されるべきだと思う。ここからは、ほとんど全てが許容されることになるのだが、ではそれに全面的に賛成かというとそうでもない。ここにも矛盾がある。少なくともあるように思える。これは場合によって言うことをたがえる虫のよい御都合主義ではないか。しかし、私は肯定と疑問のどちらも本当のことだと感じている。引き裂かれているように思われる（とりあえず私の）立場は、実は一貫しているはずだと感じる。両方を成り立たせるような感覚があるはずである。その者のもとに置かれることには同意するが、譲渡（特に売買、そして「再分配」を含む）を全面的に肯定することはできないものがある。これは私的所有権としての自己決定権からは出てこないのだが、だからといって、自己でない他者（達）に権利を認めているわけでもない。このことをどのように言うか。あまり複雑なことを私達は考えられない。明確な言葉で表現されていないとしても、それはそれなりに単純なもののはずだ。第3

章で「生殖技術」を巡る批判的な言説を検討した上で、第４章に考察を引き継ぎ、私（達）がどこかで有している感覚を取り出したいと思う。

［3］自己決定の外側、そして線引き問題

自己決定であればよいのかと述べた。他方に、自己決定の外側にどう対応するか、決定の不在をどう考えたらよいかという問いがある。例えば、生まれてくる人、生まれたばかりの人、頭がうまい具合に働かない人、働かなくなった人……。意識を失う前に意識のあった者については、その時に決定したことを尊重するという手はある。だが、それですべて解決というわけでもない。決定という言葉を、「十分」な制御能力、知的能力といったごく狭い意味に解してきたことが問題なのかもしれない。だがなお、自己決定を見出せない場合は残る。

決定能力を持たない存在のことを問題にする限りでは、それは例外的な少数者のことでしかないとも言われるかもしれない。だが第一に、今生きている誰もが少なくとも一時期、小さかった時、「決定主体」などではなかったのだから、実際には少しも少数者のことではない。自己決定が社会全体を覆いつくすことができないのはまったく明白なことである。とりあえずその子がよい人生を送れるようにとか、主体性を尊重してとか、

私達は言う。しかし、様々な流儀（自己決定して生きていくこともその一つに数えうる）を私達は伝えるではないか。また、まだ生まれない存在のあり方を操作することが可能になる時、そのことをどう考えたらよいのか。生まれた後に私達がその子に対して何かすることが許容されるなら、生まれる前にも同様に許容されてよいと主張されるかもしれない。第二に、それなりにいろいろと決定できる私達であっても、私達の前にあることは、決定できるようなことばかりだろうか。さらに、私のまわりにある事々、私のもとにある事々は、決定した方がよいようなことであるのか。

ここまで記したいくつもの道筋から考えていくと、「私が作りだし私が制御するものが私のものであり、私を表示するものであり、そのような行いを行うことが人が人であることであり、人であることの価値である」という近代社会の基本的な原則であり価値とされているものとは別の価値を現に人は有している、そうとしか考えられない。

このことを第4章で述べる。しかし、今「別の感覚」と述べたものが、所有だとか資格だとか能力だとかそんな細かなことを言わず、みんな認めましょう、認め合いましょうといった主張だとするなら、大きな問題が現われてくる。どのような存在を奪ってはならないか、侵襲してはならないか、どこまでを尊重されるべき範囲とするのか、その範囲、境界の問題である。すべてを認めましょうと言うなら、それはその全てのものを無差別に扱うべきであることを示すことになるではないか。このことを考えずに、所有・能力の問題を、私達が生きている現実の生の中の問題として考えることもまたできない。第4章の後半でこのことを考え、第5章、第8章で考察を継続する。

第5章では、人間を特権的に扱う理由があるのかという問題、また、いつからヒトを人とするのか、すなわち殺してならない存在とするのかという問題、この場合に「誰が」決定するのかという問題、つまりは鬱しい「線引き」の問題を巡って考察する。ここでは、少なくとも「学問」の領域ではあまり語られることのなかった、その意味ではかなり怪しげなことを言う。だが、「線引き」について従来言われてきたことに納得しないなら、それはこの章に記す感覚の存在を示しており、ここで述べることをさらに検討する必要を示していると考える。

第9章では「優生」について検討する。質への介入をどのように考えるか、「出生前診断」「選択的中絶」をとって検討する。直接に私達が世界を制御しようとし、その結果具体的に被害を被る存在はいない。歴史的そして現在の現実としての優生学（第6章3節）——の問題の一つは遺伝に関する説の多くが間違いだったことだ。ところが間違いでない部分、事実の把握として外れていない部分が出てくるし、その知見に基づいて変えたり除去できる部分が出てくる。もう一つは暴力だった。ところが、優生学が暴力、抹殺として現れてはこない場面がある。とすると何が残るのか。能力を増やすことは、定義上、よいことである。とすると、批判は倒錯しているように思われる。「正しい」優生学を否定することは困難である。優生学の批判者は困難な立場に立たされることになる。他者がまだ不在である時、その未存の存在について私達は何を決めることができるのだろうか。このことを考える。

どうも私達が思っていることはそう単純ではない。このことを本節で示してきた。あるものについては自己所有・自己決定を認めるが、すべてについてそう思ってはいない。あるものについては譲渡・交換を認め、さらにあるものについては「再分配」が行われることを要求する。また、その者のもとに置かれることには同意するが、譲渡（特に売買、そして「再分配」を含む）を全面的に肯定することはできないものがある。これは私的所有権としての自己決定権からは出てこないのだが、だからといって、他者に権利を認めているわけでもない。そして自己決定を大事なものだと思うと同時に、それが一番最初の原理なのだろうか、人が人であることの資格要件なのだろうか、と疑問にも思う。こういう一見一貫しない感覚はどこから来ているのだろうか。こうした主題が現れる状況として、そしてこうした主題を考える状況として、この時代はどういう時代なのか。私達の社会はどのように構成されているのか。私達は私達のこと、私達の社会のことをよく理解していない。この現実の説明が終わっていない。

古い、錆びついてしまったような主題にも、最低、これくらいの問いはある。だから考えてみようと思う。市場の優勢は動かし難いようだ。それらが私的所有の正しさを語っているのなら、皆がそれを受け入れているなら、所有を巡る問いは既に終わっているのか。全然そうではない。市場を廃棄できないという感覚をもって全てを許容してしまうことは、この社会に生きながらものを考えようとする私達にとって、ものを考えるというに値しないと私は思う。次節では、この問いを考えるために何が使えるのか、また逆に、何が仕事をさせにくくしているのかについて述べ、同時に、私がしようと思う仕事の仕方について述べる。

2　主題が置かれている環境

［1］技術・生命倫理学

第3章では「生殖技術」を巡る批判的言説を検討する。第5章の議論は「人工妊娠中絶」に関わる。第6章の一部では「優生（学）」をとりあげる。第9章では「出生前診断」を主にとりあげ、「優生（学）」についてどう考えていったらよいのか考えてみる。

このように、この本は生命に関わる技術を巡っての考察が多く、またこの本で主張されることもその考察に由来する部分が大きい。

私自身は、時にこの種のことが語られる時に言われるように、とてつもなく画期的なことが起こっている、起こりつつあるとは思えない。というのも、結局のところ技術は私達の価値に発するものでしかないからである。この本の中でもこのことは再三確認されるだろう◆6。ただ、これまで事実不可能であることによって、考えないで放っておいてもよかった部分が、可能になることによって、問題として現れてきてはいる――可能であることによって私達は考えたり、行ったりする。生じている事態の一つは、自然の過程の内部にあったものが、技術によって分離され取り出されるようになったということ、交換や贈与が原理的に可能になったということである。かつては、臓器を取り出してその者を死なせても、別の者がそれを利用して生きられることはなかった。しかし移植の技術によって、私のものであるなどと意識することのなかった、誰のものかなど考えてもみなかったものが身体から遊離する可能性が登場し、社会的な過程、決定の過程の中に投げ込まれる。とすれば、その移動、譲渡、売買を認めるか、認めないか、その範囲をどうするかという問題が生じる。第1節3にあげた問題の一部はここから生じている。

以上のような問いについて考えようとする時、何が使えるか。例えば家族を論ずる論者、法を論ずる多くの論者が、代理母出産という難しい問題があるとか、○○は難しい問題だと指摘する。そして指摘して終わる。その指摘が反復される。その指摘自体はもっともである。確かに難しい。しかし、これには全く不満足である。提出されているのは、何を認め、何を認めないのかという問い、基本的に規範的 normative な問いなのに、問いを出している、正確には問いがあるらしいことを示しているだけだからである。それでも、倫理学や法哲学等では、なんと言ってもこのような問いについて考えるのが仕事なのだから、議論が行われてきた。だから本来ならそれらの領域の諸説を検討し尽くしてから私自身の考察を始めるべきかもしれない。ただ、一つの「案」を提出するには、まず自分でやってみてもよいと考えたから、この本の中ではそれらを本格的に論ずることはしない。少し使うのは、「生命倫理学」と呼ばれる領域における議論の一部である。扱う主題がこの領域に関係があるからだが、それだけではない。

私達の国で流通している「生命倫理学」で言われるのは、多くの場合、一つは、「自己決定」「説明の上での合意」が大切だといったことだ。つまり、その言説は「啓蒙」として現れる。主張されていることの大部分に異存はないが、満足できない。丸く収まらないところが考えられるべきこととしてあるはずだからだ。もちろん、難しいところに立ち入るものもあるのだが、その場合には、先と同様に、難しさの指摘で終わる。

この点では、むしろ、（特に英語圏の）「生命倫理学 bioethics」◆[7]の過激さを歓迎すべきだ。ただそれは、そこに言われていることが何か正しいことだと思うからではないし、主張される原理・結論をそのまま受け入れようということでもない。実際、日本の論者の多くがそれをそのまま受け入れられないのは、確かにある種の慎重さ、思慮深さがあるからである。だからこそ元気に走りきってしまえないのであり、だから、私は、英米の生命倫理学の論者の方が何か優れているなどとは全く思わない。単純で強引なことを言い切った方が目立つというだけのことだと言ってもよい。ただ、私がそれを使うのは、むしろそこに言われていないもっと微妙な感覚を明らかにするための思考実験の材料としてである。しかもその過激さは——それが適切なものである場合——私達が確かにもっているものを拡大して見せてくれる。その主張は私達が思っていることとまったく無縁なものではなく、私達が生きている現実の少なくとも相当の部分を占めているものでもある。明晰な論理は私達にあるものを裸形で見せてくれる。この両方の意味で、私は、いくつかの場面で論者の立論を検討することがある。

［2］社会学

社会科学は何をしてきたのか。（私が「専攻」している）社会学は何をしてきたのか。

もちろん現実を記してきた。関係、関係の変化、意識、意識の変化等々を記述してきた。その要因の分析も怠ってきたわけではない。しかし、ごく基本的なものの成り立ちについて、また何を価値としているのかについて、十分に考えられることがなかった。そんなことはないだろうと言われるかもしれない。だがそうなのである。なぜ社会が可能かといった問いの立て方はあり、社会秩序成立の条件、「秩序問題」が考察されることもある。◆[8] だが、もう少し具体的な領域に入ると、一気に実証的、というよりは現象記述的になり、社会のいくつかの部品（しかしかなり大きな基本的な部品）の構成のされ方やそれらの各々の間の関係、各々の境界について立ち入って考察されることは多くない。第1節にあげた問いについて十分な考察がなされていない。また私は、市場／政治／家族／それ以外の自発的な関係、によって構成されている近代社会において、各々の領域（の誰に）どんな権利や義務が付与されているかを検証し、それをどう評価するかを考えたいと思う。本書はこの作業の前提でもあり、その一部でもある。例えば家族について、それがどんな役割を担っているのかという現象、現象の変化についての記述はそれなりになされてはいるが、それが何によって構成されているのか、どこが何をするべきなのか、何をする必要はないのか、その根拠は何か、これらの検討はあまりなされていない。法学は実定法の解釈という自らの仕事の外側になかなか出ないけれども、その枠内で道筋はつける。経済学も、よく指摘されることだが、限界のある前提から出発するけれども、その前提が示す範囲では一貫した議論をする。それに対し、社会学はより現実の意識に即する。人が家族であると思うものが家族である。人が差別と思うものが差別である、というように。定義の問題だからそれはそれでよい。しかし、これらの言葉は、同時に、できること、するべきことに関わる言葉でもある（第6章注43・449頁）。例えば家族とは一定の権利や義務を付与された範囲のことでもある。ペットを家族だと思う人がいる。それはそれとして考察に値することだと思う。ただ同時に、そのペットを含むか含まないか、ともかく誰か（何か）に対する権利や義務を誰が有するのか、有さないのかについて考える必要のある場面もあるということである[◆9]。

　だからまず、あらためて、対象となっているものを成立させている条件について考える。社会を構成する様々な装置がある。それらが作動する際の条件があり、条件についての知識がある。装置が作動するときに想定されている目標がある。作動させた結果として現われるものがある。作動に対する抵抗として現われるものがある。何と何が組み合わさった時に何が生ずるのか。このように考えていく作業がある。例えば私的所有が何によって成り立っているのか、何が可能にしているのか。あるいはどのような言葉がそのまわりに付着しているのか。それを見ようと思う。どんな前提がある時に何が起こるのかを記述しようと思う。

同時に、それらに対する評価や判断についても同様に考えてみる。何をどう評価したらよいかわからない、またある評価がどこから発しているのかわからないことがあることを第1節で述べた。それを明らかにする仕事がある。原理からある事象を判断するのが倫理学のやり方ということになるだろうか。これに対して以下で行われるのは、現実にあるものを出発点にして、そこから論理を辿っていって、そこにあるものを見出そうとする、言葉にしようとする作業である。[◆10] 何を考察の主題とするかは人それぞれだから、価値が問題とならない場面を見るのも、あるいはことの是非を問題としないような問い方で問うのも、それはそれでよい。ただ少なくとも、社会は、常に、人々が何をよいと思っているのか、そうでないと思っているのかという価値を含みこんだ社会である。だから、このことについて考えるのは社会について考える時の主題の一つではある。そして、現に社会に存在するものの多くが、既に評価を経、評価に基づいてあるのだから、少なくとも評価とともにあるのだから、対象を明らかにしようとする時には、そこに存在する価値が一緒に検討されることになる。だが、これまでなされていることが十分だと思えない。自らの価値を主張すべきだと言いたいのではない。現実にあるものが何なのかを、またもし自分で何かを主張する時にはそれがどのような前提から成り立っているのかを、はっきりさせるべきだということである。
そして両者はつながる。何がどう構成されているかを知ることは、何をどう評価するかという主題に直接に関係する。あるものを構成している諸要素が明らかになり、そこにもし可変的なものがあるなら、起こることもまた変わりうる。逆にとり外せないなら、それを前提した上でその先を考えることになる。もちろん何が実際に可変的で、何がそうでないか、その見極めは難しい。しかし何を置くとどうなり、何を外すとどうなるか、論理としてははっきりさせることはでき、それにより問いが開かれる。ある部分を取り出し、あなたはそれを前提しているが、それは取り外すこともできるはずだと主張することができる。例えばこんなことがあるだろうと思う。何かを批判する時、問題にしている対象が一つのものと見えるなら、当然その全部が批判の対象になる。しかしそれはいくつかの互いに独立した（とみなせる）ものによって構成されているのかもしれない。とすると批判は異なったものになりうる。

分解し組み合わせてみるこの作業は、論理的な作業として、対象を要素に分解し、一つ一つを見ていくことによってできるはずだ。また、今合わさってみえるものの歴史を見ていくと、いくつかのものが合わさる地点、何かが付加される地点を見ることができるかもしれない。もともと別々のものを合せてしまう装置が見出されるかもしれない。

第2章、第6・7章で行うのはそのような作業でもある。（歴史記述風になっているが、まともな歴史記述であろうとすればもっと真面目に行われなければならない。行うのはある程度の枠組みを見出すことに限られる。）

［3］問いについての歴史

以上のような仕事が必要だが、それがうまく行われない構造になっている。第6章、第7章ではこのことも述べる。第6章で近代社会に存在するいくつかの戦略を概観する。第7章では、第2章、第6章に記述されたものへの批判／修正の主張をいくつか見る。ただ、それらの章でも示すように、第6章で記すものと第7章で記すものとはまったく別のものなのではなく、むしろ、同一のところから出てくるものであり、そこでの目的の一つはこのことを示すことにもある。これらの章で、私は社会科学から受け取ったものを示す。と同時に、それは、私の「不満」を具体的にすることでもあり、それにどのように対するのかを示すことでもある。

まず、私的所有は体制の問題として語られてきた。資本主義や市場経済を正当化する主張があり、それを批判する主張が起こり、両者は長い間対立してきた。その対立は、ひどく乱暴に言ってしまえば、「取り分」を巡る対立だった。よく働いているが「搾取」

されている、資本主義のもとではそれが避けられない以上、別の生産と分配の体制が必要だと言う。「貢献に応じた分配」とは別の未来が構想されなかったわけではないのだが、貧困が圧倒的な現実だった時、このような主張が現実には主導的なものだった。このような問題設定の中での私的所有という主題は、それだけの歴史を有しているのだが、それは同時に、生産→所有という結びつき自体は問われないということでもあった。本書にはこうした主題が現われない。それは、妥当な価格－実際の価格＝搾取分、という計算の妥当性に疑問があるからでもあるが、それだけでなく、本書で考えようとするのは、仮に正しい計算が行われても、それで片がつく問題ではないからである[11]。

次に、特に一九六〇年代以降、批判は「人間主義的」な批判――思想史として遡ればずっと以前からあったものだが――の方に移っていった。商品化された労働においては人間の本質が疎外されているといった批判である。問題を「意味」に拡張し、現状が非人間的であることを主張する。私達が今日的な現象として取り上げる事態について、例えば技術について、あるいは商品化について語られることのかなりの部分も、ここでなされた議論とそう変わりはしない。これからもそうだろう。それが、少なくとも現実のある部分を語っているからである。そして、この商品世界への批判は、それなりに一貫していた。しかし、素直にこれを受け取るなら、この変更は、経済体制の変更と同じように――むしろより以上に――難しい。例えば労働力の商品化が問題の根源なのであれば、その一切が、究極的には、廃棄されなければならないだろう。しかしそれはどうも難しそうだ。

問題が大きな対立、とりわけ経済体制を巡る選択の問題として語られていた間、選択は、大きな、大雑把な「党派的」な議論としてあった。そしてこの水準の議論が、議論としての決着をみることなく、現実によって押し流されてしまった、ことになっている。（だが、議論が現実によって奪われたのではなく、議論の膠着が現実を予示していたのかもしれない。）このようにして「体制」を巡る選択の問題が遠のいたかのように思われる。また、総体を批判しようとする行いが、そのような行いであるがゆえに、行き詰る。この時に、微小な部分に目がいく。その一部が生命や身体に対する関与についての「歴史学」、「政治学」として現われる。

市場を拒否できないという認識の上で、あるいはそういう大きな問題はやっかいだから棚上げにしてしまい、そうするとやることがなくなってしまうから、ひとまず限定した部分、マージナルな部分を相手にしようということになったのだという意地の悪い見方もあるかもしれない。しかし、歴史について、生産関係についての大きな物語を作ってしまったこと自体が、行き止まってしまったことに関わるのではないかという認識もそこにはあったはずだ。また、私事としてあるいは自明のこととして社会的な問題とされなかった部分が問題にされる。その中で、医療・教育・福祉といった従来問題化されなかった部分が問題になる。これが第三に現われてきたものである。

それらは、この社会にあるものが「自然」に与えられたものではなく、あるいは自然に構成されてきたものではなく、何かの「制度」であり、「権力」の効果であることを指摘する。そして自らは大きな価値を語らない。それは、歴史性や社会性を取り出してこようとする自らの方法論から当然のことでもある。

こうして、個別的な現われ、具体的な歴史が辿られていった。なされている分析は具体的であり詳細である。しかし同時に、詰めてしまうと単純であり、話としては大きすぎてしまうと私は感じる。つまり、自然、自然史として構成しない代わりに、今度は、社会的なもの、歴史的なもの、与えたもの、与えられたものとする。そのまとめ方は間違っていない。しかし、さてどうしようと考える人にとっては、これは大きすぎる話だ。

そしてここに単純な誤解が紛れ込む。何を取り何を捨てるべきなのかは、それが与えられたものかそうでないのか、また誰によって与えられたのかということと独立に考えてよいことである。もちろん論者達はこのことに自覚的である。だからその人達の責任を問うことはできないのだが、自覚が足りず、「私」の側にあるものがなにかより本源的でよいものだとなんとなく思ってしまう私達は、何かが歴史的なもの、社会的なものであると言われるだけで、また、権力、「生・権力」などと言われるだけで、すぐにそれを否定・批判されるべきものとみなしてよいかのように思いこんでしまうところがある。だが、もちろんそうではない。何かが歴史的な形成物であるとは、ひとまずそれだけのことであり、それ以上、それ以外の何かを意味するわけではない。ところが、本来は主張できないはずの規範的な主張を語ってしまう、また語られているかのように受け取ってしまうことがある。この話は他方で、全てが社会的なものであり、権力の作用の下にある、ゆえに批判や抵抗の立脚点が失われるといった話にもなるのだが、これもまた、社会的なものとそうでないもの、すなわち批判の対象と批判の拠点、という二項対立の下にある。こんな図式で社会のあり方について何か言うことはできない。また、現実にもこの社会はもう少し込み入った社会であり、社会的、歴史的……といった把握は大雑把すぎる。こんな図式でこの社会を語れるわけではない。

現実や現実を肯定する流れがあり、それに対する批判がある。そして批判者は以上にあげてきたものを適宜援用してきた。どちらかと言えば、異を唱えてきた人達の方が何かを言っているだろうと私は感じてきたし、この本を書いてみた今、あらためてそう感じてもいる。ただ、両者のいずれにも満足できなかった。ずっと両者のその間にあったと思う。これは嫌われる立場である。しかし私はそのようにしか考えられなかった。徹底的な批判であるかに見える批判が、空虚な常套句でしかないように思われる。それは、どこかで相手にしているものと徹底的に対峙していないからだと思われた。そこでこの本を書いた。現実にある、どう考えたらよいのかわからない事柄をどう考えたらよいのかと考えながら書いた。同時に、どう考えたらよいのかというその足場を現実の表層の中に見出そうとする。論理を辿って、と先に述べたこととこれは矛盾しない。感覚は論理的である、感覚は論理を備えているのだが、その感覚=論理が、近代社会にあると公称されるものによって隠され、うまく記述されていないのだと思う。そして、考え記述するその手掛かりの多くは、結局、(私の不満の対象でもあった)疑問や批判の動きから得られた。たったこの本に書いただけのことを言うのに、考え始めてから十年よりは二十年の方に近い時間がかかってしまった。◆12 それは、別の仕事に時間をとられ、回り道をしていたからでもあるが、ただそれは悪いことだけではなかった。その仕事の中からいろいろなことを考えることができた。そこで得たものは、文字になったものからよりむしろ、呟かれたことや行われたことからだった——もちろん行われる時には様々な理念が語られるのだが、そうして公称されるものとは別のことが起こっていると思うことが何度かあった。ただ、この本には骨のような部分しか書かれておらず、どんな場で何を得たかは書かれていない。まだ三十年も経っていない出来事が、そのままにしておけば、それがあったということさえ忘れられてしまうだろう、その歴史を辿るのはまた別の仕事になる。

繰り返すが、本書で行うのは、この社会にあるもの、しかし十分な記述を与えられていないものを記述する試みである。そのあると言われるものが「相対的」なものである可能性を否定しない。それは、社会にあるものが何かを考えたのだから当然のことである。少し複雑なことも書かれていないではないが、述べたことの基本はひどく純朴なことである。本書は「他者」についていくらかのことを述べており、どうやらこの語はここ数年流行の言葉のようでもあり、またこのことについて何かきっと大切なことを述べたらしい人がいるのだが、本書では言及されない。というのは、ひとまず、助けを借りないでも、この本に書いてあることくらいは語ることができると思えたからである。そして何かを引き合いにだせば、その解釈の異同が問題になるだろう。[◆13] まず、こういう具合に考えていくとこういうものがあると考えられる、私はそう考えるしかなかった、そのことをこの本に記そうと思う。

◆ 注

1　これは、誰が何をしてよいのか、受け取ってよいのか、何をしてはならないのか、受け取ってはならないのか、ということである。こうしてこの問いは規範の総体に関わることになる。全てを問題にすることに等しい。ただ、全てをこの本の中で扱えるわけではない。中心となる論点があり、それを本章に記した。井上達夫は一九九一年度の日本法哲学会の統一テーマ「現代所有論」に関して次のように述べる。

「所有とはそもそも何か。何によってそれは正当化されるのか。いかなる主体…が何を、何ゆえに、何のために、所有できるのか。所有することによって、誰に対して何ができ、何を拒否できるのか。／所有の概念を、所有権という権利としてのみ構成することは妥当か。「所有は義務づける（Eigentum verpflichtet）」と言うとき、この「義務付け」が単なる外在的制約ではないとすれば、それは所有の意味および正当化根拠と、どのように関係しているのか。また、功利主義的発想と個人権理論的発想、あるいは、帰結主義的発想と義務論的発想は、所有の概念規定と正当化において、どのように関係するのか。／自由と責任を調和させる所有システムは、どのようなものか。私的所有者の自由な交換としての市場システムが、自己の倫理的基礎の破壊を帰結しないための条件は何か。所有システムの再構築による社会主義の救済は可能か、また、いかにしてか。／…／問題のリストは無限に続く。提示した問題群は例示的列挙である。」（井上［1992: 3-4］）

【それ以前になかったか。もちろんそんなことはない。

「私たちにいま改めて投げかけられている問題は、「人間の私的所有のどのレベルを人間は廃絶しなければならぬのか、あるいはどのレベルを廃絶できるのか」であると思います。」（最首悟［1990→1998: 398］）

マルクス主義における／を巡る議論がもちろんあったが、それを経由しながらも別のところから、この国でも、「学」とは異なったところで、散発的にということになるだろうが、所有について呟かれたりしたことがあった。cf.第2版補章1注16・809頁】

◆2 年齢、性、人種・民族、家柄等の個人の能力や努力によって変えられない出自・属性に基づく生得的地位(ascribed status)と、個人の能力と努力、その結果である業績に基づいて配分される獲得的地位(achived status)とを区別したのはLinton[1936]。パーソンズはこれを敷延し、行為の準拠枠として、出自や属性を基準とするアスクリプションと業績と能力を基準として評価し処遇するアチーブメントを区別した(Parsons & Shils eds.[1951=1960])。それぞれ属性主義(帰属原理)、業績主義(業績原理)とも言われる。

近代化は前者から後者への移行とまず捉えられるが、実際はどうか。どのようにして人の地位は決まっていくか。社会学で社会移動の研究が行われ、その中で教育という要因も問題にされる(岩本健良[1991b]、藤田英典[1995]等)。梶田孝道[1980]、山口節郎[1990]等が右記の二つの原理に関わる議論を展開しているが、それでも前者自体が問題にされるのではない。雑誌(の特集)(『解放社会学研究』、『現代社会学』12-2(1986)、『仏教』15(1991)、『思想の科学』148(1992))、講座(井上俊他編[1996b])でも同様(立岩[1991a][1994a][1996g]は【この社会では「差別」とされていないものを主題に書いたから】編集者の意図と(多分)異なったことが書かれてしまった文章である)。第7章1節、第8章で検討する。【この国の一部で批判されたその対象としての「能力主義」と「ablism」との対応については第2版補章1注1・796頁。】

◆3 「インド、アフリカ、ラテンアメリカ、東ヨーロッパなどでは臓器売買が許されている。食事や家、借金の返済、さらには大学の授業料を得るため、人びとは臓器を売るのである。現在、エジプトでは臓器が一万から一万五〇〇〇ドル、もしくは同額の電気製品と引き換えに売られている。インドでは、生きた提供者からの腎臓は一五〇〇ドル、角膜は四〇〇〇ドル、皮膚一切れ五〇ドルが相場である。インドやパキスタンでは、腎臓病の患者で、近親に腎臓提供者がいない場合、新聞に最高四三〇〇ドルの買い値で「求腎」広告を出すことが許されている。/最近の調査によると、インドで臓器を売る人の大部分が低所得者であり、彼らにとって臓器を売って得た額は一生涯にかせぐ額よりも大きくなるという。腎臓を売って中規模の喫茶店を開いたある提供者は、「この額なら片方の眼か片腕だって売ってもいいです」と語った。夫が職を失ったので腎臓を売ることにした二児の母親は、「私に売れるものがそれしかなかったんです。いまでも自分の腎臓に感謝しています。」と語った。インドでは臓器バザーが、よくもうかることで知られている。ボンベイの臓器バザーは、「金持ちのアラブ人たちで混み合っており、彼らは腎臓をいくらでもあっても買って、近くの入院費一日二〇〇ドルの医院か病院でそれを移植してもらう」という。マドラスは、臓器を求めるシンガポール人やタイ人の好む場所だという。」(Kimbrel [1993=1995: 59])

　臓器の売買の実情について他に粟屋剛［1993］等。是非を巡っては、Mavrodes［1980］、G.Dworkin［1994］等の肯定論、Sells［1989］、Kass［1993］等の否定論がある。井上章一・森岡正博［1990］では臓器の贈与・売買が性の売買とともに論じられている。第3章・第4章はこれらの主張にも応えうるように書かれている。【中国における「臓器市場」について城山［2008］。生体肝移殖は日本では家族による「贈与」として認められている。その家族に起こることについて一宮茂子［2010］他の一連の論文、またその贈与を許容するのであればその範囲を家族に限るべきでないことを主張した論文として堀田義太郎［2006］。】

◆4　江原編［1992］に「性の商品化」についての論考がいくつか収められている（瀬地山［1992］、橋爪［1981→1992］）。この本への反響について私が不思議だったのは「自己決定論」を反復している部分——他のことが書かれていないのではない——が何か新奇なもののように受け取られたことである。他方、永田えり子は「性の商品化」について論じた論文（永田［1991］［1995b］）で、何が権利の範囲なのかは「制度決定問題」であるとし、例えば自由主義を特権化する根拠は自明に存在しないことを指摘する。これは権利や自由（の範囲）を自明にする議論が多いなかで、重要な指摘である——ただ第2章で検討する私的所有の正当化の論理は、【それは「他者への侵害」を否定するから（そしてそれが正当化する論理は「他者の侵害」にあたらないとするから】「殺人請負業」等を許容する「極端な自由主義（アナーキズム）」（永田［1995b: 5-6］）と同じものではない。

なお、永田は「性の非公然性の原則」「対象限定規則」という性道徳があり、性の商品化は不道徳だから悪いとする（永田［1991］［1995b］、セクシュアル・ハラスメントについては永田［1994］）一方、生殖技術については、「自由の尊重」という原則をまず立てた後、それを制限するいくつかの条件（その中に「不道徳」も含まれる）をあげ、それらがこの技術の場合に妥当しないことを述べて――その指摘のかなりの部分は本書第3章での私の指摘とほぼ一致する――、生殖技術利用の承認という帰結を導く（永田［1995a］）。

「消費の排除性が働くために…公害の側面は弱い。また、売買春は性道徳に違反するが、代理母などの諸問題は新しい問題だけに、それを統制する道徳がない。」（永田［1995a: 153］）

このように論じていく場合に現われるのは、どんな道徳が社会にある（ない）とするのかという問題であり、これを巡る判断によって結論は異なりうる。（私が本書で述べることについてもこの種の問題が生ずることは、公平のためにも述べておく。本書では、ある判断があるとして、その判断を支えているのは何かという論の進め方が基本的に採られるが、支えているものと今述べたものを積極的な原則として立てた時には、それがどれほどの拘束力を持つのかという問いが出されて当然だからである。）私は、性の商品化と生殖技術の利用（のある部分）に対する抵抗感に――両者に対して通常なされる批判（第3章で後者を検討する）に共通点があることに関係はあるが、それとまた別の――共通性があると考え、このことを本書に記した。そしてそれは事象の古さ新しさ自体とは独立のものだから、「新しい問題だけに、それを統制する道徳がない」からよい――そのままこの言い方を受け取るなら、すべての新しい事態はそれを（個別に）統制する道徳がないから、許容されるという結果になる――とはならない。

江原編［1990］［1992］［1995］［1996］【その後［2001］】は、珍しく（→注9）ことの是非を考えること、吟味することを目的として編集・出版されたもので、それへの反響のあり様からどの辺りに議論の水準があるのかも知ることができる。「性の商品化」については江原編［1995］で議論が継続された。先記した永田［1995b］、また加藤秀一［1995］（cf.［1993c］）等が収められている。私は、その中で、具体的には売買春に何が抵抗するのかという問いについて私の考えを記した（立岩［1995c］）。本書の第2章、第3章での論点をごく簡単に示した上で、個別の論点をいくつか付加しながら、第4章での論述に対応した論が展開されている。【この主題について下地真樹［2007］。】

なお自己決定にかかわる多様な主題が山田卓生［1987］にあげられている。その各々を自分がどう思うのかを考えていくと、自分が自己決定に対してどのような位置にあるかがわかるだろう。【その後の書籍として、奥田純一郎［2008］（法哲学を専攻、他に奥田［2006］等）、八幡英幸［2008］等を含む高橋・八幡編［2008］等。この主題について基本的なことは本書で述べた。これから紹介・言及する拙著でも検討し、関連文献をあげている。またhp［自己決定］】

◆5

かなり早くになされた批判としてしののめ編集部［1973］がある。【さらにそれ以前、「身障同人誌」としての『しののめ』を創刊者でもある花田春兆のしののめ発行所刊行の著書（花田［1968］）でこの主題が取り上げられている。この二冊について立岩［2012-(6)(7)］で紹介した。荒井裕樹［2008］［2011］で詳しく紹介、検討されている。】

安楽死について本書は主題的にとりあげることをしないが、障害新生児の治療停止（第5章注6・350頁）、ナチスドイツにおける安楽死（むしろ大量虐殺、第6章3節）に触れることにも関係し、第4章、第7章で死についての自己決定について少し述べる（cf.第4章注12・290頁、第7章注22・533頁）。資料集として中山・石原編［1993］【、町野他編［1997］】。

【この主題に関する拙著に『良い死』（立岩［2008b］）、『唯の生』（［2009a］）。またそれは『ＡＬＳ』

（[2004d]）の主題の一つでもある。本書初版が出た後に最初に書いたのもこの主題についての文章（[1998a]）で、『弱くある自由へ』（[2000c]）に収録した。『希望について』（[2006b]）に収録された幾つかの短文でも論じている。また関連する議論・書籍の紹介・検討は『生死の語り行い・1――尊厳死法案・抵抗・生命倫理学』（立岩・有馬[2012]）――関連する有馬の論文に[2009][2010]がある――で行われている。その続篇として立岩[2014b]も準備中。

　関連文献は極めて数が多いため、右記の本（四冊の本で言及する文献は千点を超える↓hp［『良い死』『唯の生』他・関連文献］――に譲り、略す（オランダについては第4章注12ですこし紹介する）。hp「安楽死・尊厳死」から国別・事件別の多数のページを読むことができる。例えば米国での「テリ・シャイボ（Terri Schiavo）事件」。心臓疾患で倒れた後、約十五年間「植物状態」（遷延性意識障害）にあるとされる女性の夫が栄養・水分補給の停止を求め、本人の父母がそれに反対し、裁判になったが連邦最高裁で停止が認められ、停止され、二〇〇五年死亡。この事件を巡る米国国内での議論について柘植あづみ[2005]。また、本書でも時々登場するシンガーが当然停止に賛成することについては浅井篤[2008]。フランスの「患者の諸権利と終末期に関する二〇〇五年四月二二日法」の制定過程と内容について新田千春[2011]。】

◆6　予期しない結果が生ずることもあるだろうが、それによって既にある価値が完全になくなってしまうのでないなら、その結果は修正されることになるだろう。そうでなく、目論見と異なり、かつ不可逆的な帰結が生じると主張するならば、その根拠を挙げなければならない。

◆7　最初にこの言葉が使われたのはPotter[1970][1971=1974]。ただここで主張されているのは今日「地球環境倫理」と呼ばれているものに近く、以後のバイオエシックスの展開はポッターの主張（後にPotter[1988]を発表）とは別のものとなった（森岡正博[1993a]）。日本では唄孝一【（1924～2011、hpに文献一覧）】[1970]等が「医事法学」の業績として先駆的。米国での生命倫理学の進展の概要については米本昌平［1985a］［1988a］［1988c］、木村利人［1987］、大林雅之［1993］、今井・香川編［1995］中の香川知晶［1995a］、谷田信一［1995］。「世俗化」との関連で論じるものとして谷田［1991］。【本書初版後の訳書・書籍としてRothman［1991=2000］、香川［2000］があり、いずれも有益。】

日本への導入と現状については土屋貴志［1994d］。文献を数多く紹介する資料集として、飯田亘之、加藤尚武らを中心に編集、千葉大学から発行の飯田編［1986］［1987］［1988］、加藤・飯田編［1990］［1993］、飯田編［1994］、（千葉大学普遍科目）「科学技術の発達と現代社会II」企画運営委員会編［1995］［1996］（以下（　）内略）が重要、加藤・飯田編［1988］は書店で購入可能（以上に収録されている文献の一覧はhp［生命倫理」に掲載）。論文リストが『年報医事法学』（日本評論社）にある。日本生命倫理学会、生命倫理研究会といった組織がある。【本書でも頻繁に採り上げた米本昌平を中心とする生命倫理研究会は活動を停止した。学会としては日本医療哲学・倫理学会がある。他に各地に様々な研究会がある。】この領域に関わる社会学者の著作で先駆的なものはEtzioni［1973=1977］。【その後Habermas［2001=2004］等。日本の研究者の文献については本書で随時紹介する。教科書・概説書の類はたくさん刊行されている。市野川容孝編［2002］、徳永哲也［2003］、小林亜津子［2004］、宮坂道夫［2005］、清水哲郎・伊坂青司［2005］、玉井真理子・大谷いづみ編［2011］、等。その多くは米英流のバイオエシックスをそのまま肯定するといったものではないが、やはり多くではそれが下敷きにはされ、ゆえにその概要がつかめ、同時にわからないところもわかることにはなるだろう。小松美彦・香川知晶編［2010］はその「学」の歴史を批判的に捉え返そうとする。】

◆8　「秩序問題」について盛山和夫［1995］、盛山他編［1991］。大澤真幸［1996b］では社会学者達の業績がこの視点から整理される。

【むろん多くの論者はわかっていることではあるが、そもそもこれがどんな「問題」かかが問題である。現実——むろん秩序の定義によるが、そこにはいくらかの秩序といくらかの無秩序・非秩序があるとしか言えないはずだ（だがある論者たちはそこに秩序を予め見込んでしまう）――を説明しようとしているのか。しかしその問いに対しては、ごく簡単にいえば、様々な諸力が存在し、交錯してこの現実があるのだとしか答えようがないだろう。（そしてたしかに、その一部として、「社会化」といったものがある秩序の維持・継続に役割を果たしていることは、事実ではあるだろう。）

それとも、それはより規範的な議論であって、あるべきものとしての秩序をいかようにか定義し、なんらかの条件――例えば全員一致――が満たされるべきとし、次にその実現可能性等について考えるのか。その場合にはその条件そのものが検討されるべきであり、ある条件（群）を置いた場合に秩序形成が不可能であることは、多くの場合、考え始める前に、既に明らかである。幾種かの「社会契約論」で契約が成立するかに見えるのは、そこでは人は同質の人として想定されているから、「契約」を言うことの意義自体が問われる。このことは（ごく普通の意味における）功利主義の言説についても言える。そこに想定される人間に特定の仮定が置かれているから、その「利」の総計や平均の結果が算出される。

このような問題があることを承知しつつ、稲葉振一郎［1999］、北田暁大［2003］で自由・秩序を巡るときにかなり難しいところに立ち入った考察がなされている。北田の本については私のメモがhpにある。】

◆9

社会的な（例えば意識に関わる）事実をそれとしてとりまとめるのが社会科学の仕事だと考えられてきたから、規範的な問題それ自体を中心に据える議論がまずそう多くはない。だが第一に、直接的に何かを主張することからは離れている多くの議論にしても、そのことを明示しているかいないかは別として、既に様々な価値のもとになされている。そのこと自体は問題ではない。問題は自らの価値に自覚的でないことにある。自分自身が採用するかどうかは別としても、何かが主張され、動きが起こる時に、それが何かをはっきりさせる――是非の境界がどこに引かれているかを検証する、その妥当性を検証する、そこから何が可能かを考える、…――という仕事があるのだが、その仕事をさぼっていると言わざるをえないことが多々ある。

第二に、「学」というよりは（あるいは学であると同時に）社会運動として現われてきた領域、フェミニズム、エコロジーといった領域では当然、批判、主張が中心的な位置を占める。そこで幾多のことが言われてきた。特に運動の内部に対立が生ずる時には、論争は活発なものになる。しかしそれでもなお、相当に基本的な部分で詰められていない、あるいは間違っている（と私は考える）部分がある。（言いたい気持ちはわかるにしても）容易に反論されうる主張が無防備なままになされる。多様な論点が十分に明確にされないまま並列され散在している。矛盾するはずのことが平然と並んでいる。矛盾が問題なのではない。矛盾に気付かず、ことが丸く収まるかのようになっていることが問題なのである。

例えば、「主婦論争」をまとめ（上野編［1982a］［1982b］）それなりの解説も書いている（上野［1982a］［1982b］）人と同一の人である上野千鶴子の本（上野［1985］［1990a］）に書かれていることの全体を私は整合的に理解することができない。何かが不当であると言う。誰かが不当な利益をあげていると言う。しかし、少し見ていくと、その不当という判断について何が基準になっているかわからないことが多い。もっと分析的であるべきなのだ。例えば本書で主題的に論じない家族について。

「私達がよく知っているはずの近代家族について少し考えてみると、次第にその像が曖昧になってしまう。これは一体どういうことなのか。いかなる権利や義務を家族に付与するか、そもそもその権利・義務を与えられる範囲をどこまでとするか。こうしたことを考えようとするなら、現象としての家族の最大公約数を記述するのでは足りず、既存の家族に対する介入・言及が近代に開始されることをふまえ、近代家族の構成に関わる原理・基底要因から、何が帰結するのかを検証する必要がある。その一つに合意という要素がある。これを広義の私的所有の規範として捉え、この規範が近代家族への変容の一つの軸を確かに担うこと、しかしこの契機それ自体を切り離した時、家族の外延的な定義、家族に固有に与えられている権利・義務の付与は不可能になることを確認する。では他にいかなる契機があるのか。こうして複数の要因が絡んでいるのだとすると、家族に関わる問題はどのように現れるのか。…」（立岩［1992c］）。私的な契機によって構成されるとされる近代家族の相当部分は私的なものによっては説明されえない。このことが明らかになってこないのは、一つに、それを構成する個々の部品に関わる決定が誰に帰属するのかという問題が自覚されていないからでもある。立岩［1994a］［1994d］［1996e］で関連したことを検討した。【これらの論文他を立岩・村上［2011］に収録した。村上潔［2012］では主婦論争が振り返られている。】

◆10　その一つの手法は、ある主題について是非を問い、集計し分析することである。そうした作業の意義をまったく否定しない。ただ、この本で行うのはこうした作業ではない。何がこの社会の大勢なのかを知ろうとするのではなく、何があるかを知ろうとする。何があるかは自明ではないか。しかし自明ではないことを次章以下で述べる。ただ、第8章、第9章では、いったん組み上がったものから、現実を評価するというかたちが、ある程度取られている。しかしそれは決定的な違いではなく、なかばは話のすすめ方の違いである。ある原理から現実はこう評価されると言うのと、現実にある判断は辿っていけばこういうところから発せられていると言うのと、論理としては同じである。

◆11　このようなわけだから、所有の問題は、経済学の一部分での、一部分についての論議に限られてきた。【これでも言い過ぎなかもしれない。多くの場合、これが重要な主題であるということに気づかれていないように思える。】

社会学者による例外的な作業として、吉田民人【（1931～2009）】［1971］［1978］［1981］（後に吉田［1991］に収録）等がある。基本的には、マルクス（主義）の所有論、その一九六〇年代から一九七〇年代の平田清明【（1922～1995、cf.赤間道夫［2008］）】らの解釈を受け、それを分節化し、組み直し、組み合わせ、現実に可能な選択肢を探ろうとするものである。ある意味ではかなり限定された範囲を問題にする本書では、吉田のこれらの業績を援用することはない。けれども、自らの前提をはっきりさせる、論理的な可能性の全体を描く、現実的な可能性について吟味するという姿勢を貫こうとする真面目さが、この主題に限らず、他の誰のどれだけの仕事にあっただろうか。またこの主題がどれだけ――今述べた意味において――真面目に追究されただろうか。私は、本書の主題について――そこでは組み合わせの構想力に限っては、それほど必要とはされないはずだが――、できる限り、こうした姿勢を継承したいと思う。

◆12 私的所有／能力主義【――日本語の「能力主義」という語の意味合いについては第2版補章1（796頁）でふれている――】はどう考えても変なものなのだが、しかしそれを否定しようとすると難しい。これは学生の時から考えていたことで、卒業論文では、協働の形態の変遷、分業の進展、役割の固定化という視角から考えてみた。しかし、結局のところ生産を主場面として展開されるある種の歴史、関係の自己展開として構成され完結してしまうことに違和感が残った。そんなに単純ではないと思った（→第7章4節1～2）。

修士論文（立岩［1985］）では「主体」に関わる歴史を追った。また、ロックの所有論や機能主義的な能力原理の正当化の論理の検討（→第2章2節・3節）も一応ここで行われている。勉強にはなったが、話はまとまらずそれで終わった（→第7章4節3～4）。本書は、まったくの失敗作だったこの論文で行おうとした思考を継続させ、少なくともいったんは、けりをつけようとする試みとしてある。しかしこの論文を書くことで、言説や実践が置かれる場、言説や実践が他との関係においてもつ値に敏感になることはできた。いくつかの論文でそれを整理し、いくらかのことを加えた（立岩［1986a］［1986b］［1987a］［1987b］）。第6章・第7章の一部は、以上で得られたものの一部を利用していると同時に、その時から考えてきたことが反映されている。

一九九〇年に『生の技法』という本（安積他［1990］、増補・改訂版は安積他［1995］、【第三版が安積他［2012］】）が出版された。「能力」や「生命の質」はその本の直接の主題ではないが、障害という主題を相手にする時には必然的に現われてくる。いくらか考察してみたが（岡原・立岩［1990→1995］）、課題として残った――この本の帯には「障害を肯定する」とあり、それはそれでこの本の帯としてはよかったのだが、私はそんなに簡単なことではないと考えていたし（→第9章3節）、そのことは本の中にも書いた。この本になる調査を始めた一九八六年頃、フェニルケトン尿症（第7章注9・524頁）の新生児スクリーニングの是非について聞き取り調査に応じてくれた人と著者の一人の安積が議論していたことを覚えている。【その人は高橋修（一九四八～一九九九、「自立生活センター・立川」代表を務めた」）である。高橋の突然の病死の後、私が高橋について書いた文章に立岩［2001a］。立岩［2012f: 557, 598］にも短い言及がある。】

本の出版後、能力差別について短い文章を書いた（立岩［1991a］）。その後、「出生前診断」（→第9章）をどう考えるか、原稿を書くことになり、半年くらい毎日考えあぐねて書き進め、一九九一年に書き終えた（立岩［1992a］［1992b］）。【「障害の肯定」については［2002a］で考えた。障害・病にある幾つかの契機を分けて考えるべきことを［2011a］でごく簡単に、［2010f］でさらにごく簡単に述べ、英語に訳された［2011c］でもう少し詳しく説明した。こうして分けた上で「不便（としての障害）」については、また「異なり（としての障害）」については否定されるべきでない、肯定されてよいことがある。】

代理母といった生殖技術に何が抵抗するのかという問いの考察は、これとはまた少し別のところから始まった。「贈与の境界／交換の境界」という仮題で書いていた文章を、生殖技術の利用に即して書き改めた（立岩［1993a］［1993d］）。本書第3章はこれを整理し直し、短くしたものである。一方に私の価値による（不在の）他者の決定への抵抗が、他方には私の身体の使用、譲渡への抵抗がある。考えていって、両者は同じところに逢着するらしいことがわかった。私的所有に抗するものの存在である。ここではまたハリスの論文（→第2章4節）について考えることが思考の契機にもなった。私的所有論の再構成が可能になり、本書の構図の約半分が得られた（立岩［1992a］［1993b］［1993c］［1994c］）。その上で、私的所有・能力主義の否定のし難さをどう捉えるか、それとどうつきあっていくか、能力主義を再検討する作業が続いて行われ

（立岩［1994b］）、その論点の一部は別の論文（立岩［1996g］）でもう少し明確にされた。こうして徐々に全体の構図が獲得された。

第2章・第4章の一部に立岩［1993b］［1993c］［1994b］を用いた。第3章については右記。第5章4節は、立岩［1996a］（一九九四年十月の日本生命倫理学会での報告時に配布した文章とほとんど同じ）がもとになっている。第6章・第7章については右記。第8章のもとになったのは立岩［1994b］［1996g］。第9章については右記した立岩［1992a］［1992b］を用いているが、その内容はかなり変わっている。本書の半分以上は既発表の論文にはない文章である。以上の既発表論文に書いたことに追加した部分はたくさんあるが、削除した部分は、第3章のもとになった論文を圧縮した他は、一九八七年以前の論文を別としてあまりない。本書が書かれることによって多くの論文は用済みになった。あらためてそれらに当っていただく必要はない。

◆13 例えば、ハイデッガーはそんな人ではないとか、レヴィナスはそんなことを言っていないということになるだろう。まず言ってしまってから、もし必要なら読んで考えてみてもよいだろうと思う。「他者」を持ち出すのは流行なのかもしれないが、少なくとも幾人かの論者において、必然として各々の作業が開始されており、そこでは、正当にも先駆者達の業績が引かれ、検討されていることを付記しておく。例えば加藤秀一は「属性以上の何か」である「個」「私」（加藤［1991a］）と述べ、市野川容孝は「代替可能性」の不可能による絶対的〈差異〉によって結ばれる〈共存在〉（市野川［1991c］）と言う。そこで、市野川［1990a］［1991c］はハイデッガー、レヴィナスに言及し、加藤［1990a］はレヴィナスに、加藤［1991a］は永井均（永井［1986］［1991］等）他に言及している。また所有（と身体）についての考察としてMarcel［1935=1976］【（この本がなかったらその書名を本書に使ったかもしれない）】があり、鷲田清一［1993］、木岡伸夫［1994: 200-202］に言及がある。

私はと言えば、記したようなわけで怠けてしまったのだが、同時に、厳密であるだろう思考が、歴史や社会という場に投映されると、時にごく単純な図式の中に収まってしまうのではないかと思わないでもなかったことも、あえて今の時点で「哲学」を「勉強」しようと思わなかったことに関係がなくはない。

【加藤は、第4章注66にもあげた『〈恋愛結婚〉は何をもたらしたか——性道徳と優生思想の百年間』（加藤［2004］）の他、主著『性現象論——差異とセクシュアリティの社会学』（加藤［1998］）、『〈個〉からはじめる生命論』（加藤［2007］）を発表した。他者の生死について「関係主義」の立場にとる加藤［2007］については『唯の生』（立岩［2008b］）第1章「人命の特別を言わず／言う」で検討した（同名の立岩［2008a］ではシンガー、クーゼといった人たちの議論に限って論じている↓第2版補章1第2節・740頁）。

市野川は『身体／生命』（市野川［2000］）、『社会』（市野川［2006］）、『社会学』（市野川［2012］）と本を書いてきた。私などよりずっと古い時期とその時期の社会学者から話を始め、以前あった「社会（的）」という言葉の意味の忘却を言う。市野川［2012］では普通の教科書には出てこない「医療社会学」の歴史の記述がある。】

第2章　私的所有の無根拠と根拠

「たとえ地とすべての下級の被造物が万人の共有のものであっても、しかし人は誰でも自分自身の一身については所有権をもっている。これには彼以外の何人も、なんらの権利を有しないものである。彼の身体の労働、彼の手の動きは、まさしく彼のものであると言ってよい。そこで彼が自然が備えそこにそれを残しておいたその状態から取り出すものはなんでも、彼が自分の労働を混えたのであり、そうして彼自身のものである何物かをそれらに附加えたのであって、このようにしてそれは彼の所有となるのである。」（Locke［1689=1968: 32-33］）

本章では、私的所有を正当化しようとする論理がどんなものか、検証する。それは、序文や第1章に示した問題を問題にしない論理、「自己決定の範囲なのだから、仕方がない、問題はない」という主張、そのような意味での自己決定権の主張がどこから出てくるのかを検討する作業でもある。そこから、何が問いを生じさせているのかもわかってくるのではないか。

第1節では問いの所在を確認する。本書の冒頭にも述べたように、ほとんどの場合、自己が所有し決定するその対象は自明のようにみなされており、議論はそこから始められる。しかし問題はこの自明とされる部分、すなわち、どのような根拠でどのように財を各人に割り当てるのか、にある。

第2節では、この問いに対する答えとして、「私の作ったものが私のものになる」とする主張がジョン・ロック以来なされていること、それが、「リバタリアン」と呼ばれる論者達の主張、「生命倫理学者」達の主張にも引き継がれていることを確認する。そして、結局その主張が、「私の作ったものが私のものになるべきだ」という信念、それ以上遡れない信仰としてしか成立していないことを述べる。

第3節ではもう一つのもの、「機能主義」を検討し、一定の条件下で労働の結果の私的所有という関係が——これに限って——確かに生じてしまうことを見る。この条件を記述する。そしてそれがもたらす効果を是認するなら、その限りで、条件が揃っている場合に、労働の結果についての自己所有が正当化可能なことをみる。けれど第4節で、その条件の一つを変更し、資源（能力）の移動可能性を前提にした時には、生産のための資源（例えば身体）そのものの私有、移動の禁止が正当化されないことになってしまうことを述べる。「最大多数の最大幸福」を言うことによって評判の悪い功利主義をとらず、公平や平等の原則を立てても結果は変わらない。その帰結は認められないだろうと思う。仮に本人の「同意」があったとしても、移動は認められないだろう。しかしそれはなぜか。以上検討した論理はこの問いに答えない。

1　所有という問題

［1］自己決定の手前にある問題

「人類が、個人的にまたは集団的に、だれかの行動の自由に正当に干渉しうる唯一の目的は、自己防衛…である。すなわち、文明社会の成員に対し、彼の意志に反して、正当に権力を行使しうる唯一の目的は、他人に対する危害の防止である。彼自身の幸福は、物質的なものであれ道徳的なものであれ、十分な正当化となるものではない…自分自身にだけ関係する行為においては、彼の独立は、当然、絶対的である。彼自身に対しては、彼自身の身体と精神に対しては、個人は主権者である。」（Mill［1855=1967: 224-225］）

自己決定の自由を主張してミル（John Stuart Mill 1806～1873）は右のように言う。なるほどこれは私達に受け入れられやすい主張である。言われていることを否定しようとは思わない。しかし、彼の行為はなぜ彼にだけ委ねられるのか。「他人に対する危害」を加えない範囲で自由だと言うが、ある行為、あるいはその結果が他の者に与えられな

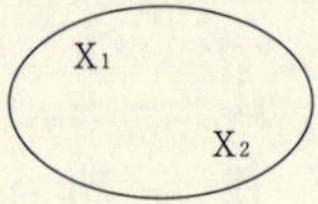

図 2.1

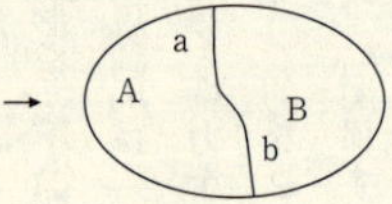

図 2.2

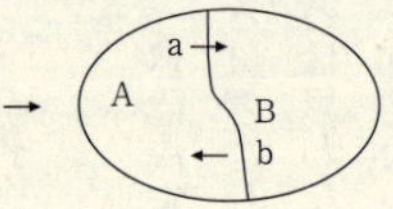

図 2.3

いこと自体はその者に危害を加えていないと言いうるのか。また、私の身体が私のものであることは自明のことのように思うかもしれない。だがその身体が私のもとにあること、私がその身体のもとにあること、また意のままにそれを私が使えること、これらの事実と、その身体を他者に使用させず、私の意のままに動かしてよい、処分してもよいという規則・規範とは、全く次元の異なったところにある。

基本的なところから考えてみよう。財xを使用する、行う、消費する。結果として産出された財の配分や利用のことだけを言っているのではない。この財の中には各自の身体や行為、その他全てのものが含まれる。問題はそれを誰が行うことができるかである。世界の財を割り振るとして、それをどのように行うのか。（図2・1〜2・3）

こうした配分にかかわる規則が（少なくとも部分的には）不在の状態を考えることができないわけではない。各人が何を受け取るかについて関心がなく、利害の衝突がないといった状態である。この場合には規範を設定しておく必要は必ずしもない。しかし、このような状態を想定することができないならどうか。xが誰のものであるか決まっていないと、AとBの間に争いが起きるかもしれず、その争いには収拾がつかないかもしれない。それでは困る、あるいはそれではいけないとする。そこで、財・行為の所有・処分に対する権限の割り当ての規則を設定する。その規則は——その内容はともかく、規則自体は——かなり普遍的に、どの社会にもあると考えてよいだろう。規則は論理の上ではいくらでも考えられる。例えば、誰か一人が独占的に全てを所有するという形をとることも可能だし、一人一人に同じだけ割り振ってもよい。また現実にも、その規則の内容は様々に異なる。ここで問題にするのは、その近代的な規範、そしてそれを導き出す論理である。近代社会には近代社会特有の割り当ての規範がある。この配分の原理はどのようなものか、それがどのように根拠づけられているのかが問題である。次項でまず近代的所有権の特徴とされるものがそれに十分答えるものでないことを確認した後、その規則を与えるものが何なのかを見る。

[2] 私的所有という規則

この社会において財の流通・配分を決定する主要な原理は、私的所有の原理である。近代の所有を巡る規範の特徴として以下のようなものがあげられる。第一に、個人単位に財に対する権利が配分されること。第二に、配分されたものについて独占的で自由な処分が認められること。第三に、その権利は、ある者が実際にあるものを所持している、利用しているといった具体性から離れていること[1]。

もちろん以上述べたことに反する規範と現実は数多く存在する。第一点については、現在では法人所有等々が大きな割合を占めていること、また公共財の存在が指摘されるだろう。そうした所有形態の重要性を認めるが、しかしこのことは私的所有の地位を否定するものではない。

第二点、第三点についても現実には制約がある。だが、現実に制約があることは最初に述べた。私達の社会にあっては、所有権とは、通常、所有しているものについてその処分の仕方（自らが保持するか、破棄するか、他者に贈与するか、交換のために使用するか）を決定できるということであり、所有権は即処分権を意味するが、その者のもとに置かれることと自らのもとから切り離す（処分する）ことを分けることは可能である。そして実際にも、その者のもとにあることは認められるが、それを移動させること、処分することは認められないとされることがある。さらにその中でも、移動すること、改変すること、失うこと全般が禁止される場合もあれば、他者に売却することだけが禁止される場合もあり、選択的に譲渡することが一切禁止される場合、特定の選択的な譲渡が禁止される場合もある。これらが何に由来するのか、これは本書で考えようとする主題の一つでもある。

ただ、ここではひとまず以上三点を認めるとしよう。保有・処分について自己の決定権に属するもの、同時に、自分がその帰結を引き受ける義務があるものが決定される。この原理を冒さない相互行為は同意に基づいた行為である。両者が合意すれば、その間の相互行為は許容され、どちらか一方でも合意しなければ、その行為は行われない。そして双方に同意のある行為は私事として当事者以外の関与するところではないとされる。他人のものを人は強奪することはできない。だが、その他人が提供することに同意すれば、その提供者の「善意」によって、また、提供を受けたいと思う者が持つ他の財、例えば貨幣を受け取ることと引換えにそれを得ることは認められる。

これが私達がイメージする「市場」、私的な利害が現われ調停される場としての市場を必然的にもたらすわけではない。市場自体は個々人の欲求のあり方を規定することはない。他者が合意するのであれば、手持ちの財を用いてどのように行為することも可能である。いろいろな形態を考えることができる。例えば、贈与の連鎖も今言ったことの中に収まってしまう。贈与することで彼が精神的な満足を得るのであれば、あるいは贈与の伝統に違反することに精神的な負担を感じるのであれば、彼は贈与を行うかもしれない。しかし、そういう伝統・規範・心理がない場合に、そして、専ら、自らの負担をできる限り少なくして、与えること自体から得る充足以外の財をできる限り多く求めようとする欲求が彼にあるのであれば、私達が一般に思い描くような市場が形成されることになる。

だが実は、これらだけでは交換も贈与もまだ始まらない。配分が決まっていないのである。xがAのものなのか、それともBのものなのか、これがあらかじめ決定されていなければならない。これが先に述べたことだ。例えば市場における交換について考えてみよう。世界にある財が、交換の始まる時点において誰のものであるかが決定されていなければ（図2・1）、交換は起こりようがなく、その初期値の設定を定める規範は、市場の中にはない。あらかじめ財を配分しておく必要、財の配分についての規則を設定しておく必要がある（図2・2→図2・3）。◆[2]

そもそもあるものがなぜ自己のものであると言えるのか。この所有の初期値の割り当てがどのようなものなのか、そしてそれはどのようにして正当化しうるのか。この問いに答えなければならない。そして所有が処分権を含むものだとすると（近代的な意味での所有権はそのように理解されている）、初期条件の設定とは市場の作動の全てに関わるものである。同じことが自己決定についても言える。自己決定といっても、何が自分の決定の対象なのかが問題だと先に述べた。近代的な所有権の概念では、所有権とは処分権、処分に関わる決定権のことである。このように考えれば、何が自己決定の対象かという問いは、何が自己所有の対象かという問いである。[◆3]

2　自己制御→自己所有の論理

［1］自己制御→自己所有の論理

そもそもの財・行為の所有・処分に対する権限の割り当ての原理はどのようなものか。この問題は少しも新しいものではない。土地や物、労働の結果の私的所有をどのように基礎づけるのかが問題だった時代に、このことを論じる人達がいた。近代資本制の始まりの時期に、前代の所有制度に抗して、またその後も私的所有に対する批判に答えようとして、私的所有を正当化しようとする言説が現れるのである。

ロック（John Locke 1632～1704）をはじめとする論者達が持ち出すのは、自己労働→自己所有という図式である。自己に属するものから派生・帰結したものに対しては、その者が権利・義務を負うと言う。本章の冒頭に引用した（65頁）。これは、Aがaを作る、ゆえにaがAによって取得される、という筋の話である。しかし、身体は出発点に置かれる。ロックは身体を予め彼のものだとしている。無論、この時代の主題は、土地や物の所有をどのように基礎づけるのかである。身体の所有自体が問題化されているのではない。身体そのものは神様が自分のものとして与えてくれるのかもしれない。しかし神様がいないとどうなるのか。身体の所有を疑ってしまうとどうなるか。身体・生命が他者のものではなく、自分のものであることはどのように根拠づけられるのか。カント（Immanuel Kant 1724～1804）の（初期の）言葉では、第1章の最初（24頁）に引用したようになる。

私の意志↓肉体…労働↓物、ゆえに物↓私、という仕組みになっている。意志、選択意志（Kürwille）はロックの先の議論には明示的には含まれていなかった。この点でカントは新しい[◆4]。

ヘーゲル（Friedrich Hegel 1770～1831）が採っているのも基本的に同じ図式である。

「人間は直接的な現実存在（実存）に関して、自然的なものを身につけている存在である。この自然的なものは人間の概念にとっては外的である。自分自身の身体と精神を練成してはじめて、すなわち本質的には自己意識が自分を自由な者として捉えることによって、人間は自己を占有する。そして人間は自己自身の所有、他者に対する所有になる。」（Hegel [1821=1967: 253]（『法哲学』57節）、訳は加藤尚武［1993b: 71］）

「私が私の身体を占有して、私が心身分離を克服する。身体が私に固有の身体となる。その身体を用いて私は土地を囲い込む。土地が私の財産となる。その土地を利用して、羊を飼う。羊毛が私の生産物となる。根源的な占有は自分の身体の占有である。根源的な労働は、自分の身体の精神化である」（加藤［1993b: 70-71］）

そしてこうした主張は、（少なくともいつごろかまでの）マルクス（Karl Marx 1818～1883）にしても同じだ[5]。私達が後に見ることになる「機能」による正当化の他に与えられているのはこのような主張だけである[6]。あるいは正当化自体がなされていない。例えば「リバタリアン（libertarian→libertarianism）」[7]の代表的な論者とされるノージック（Robert Nozick 1938～）が次のようなことを言う。（Nozick［1974=1985: i］）

「暴力・盗み・詐欺からの保護、契約の執行などに限定される最小国家は正当とみなされる。それ以上の拡張国家はすべて、特定のことを行うよう強制されないという人々の権利を侵害し、不当であるとみなされる。」

「特定のことを行うよう強制されないという人々の権利」をそのまま認めるなら、彼の本に書かれていることは、とてもおもしろい。しかし、「権利」そのものについて何かが言われているわけではない。彼はロックの議論を前提にして話をすすめる。◆[8] また、米国の代表的な「生命倫理学者」の一人とされるエンゲルハート（Engelhardlt、cf.第5章注8）がとるのもロックの図式である。彼は先に引用したロックの言葉をそのまま引いて、続ける。

「人の身体は、そのひとの人格として尊敬されねばならない。というのも、相互尊敬の道徳性は、人が自分自身を所有すること、ならびに、ひとの身体や才能を当人の許可なしに他人が利用しようとすることに反対する権利を保証するものだからである。さらに、時空内に存在する人格はある空間を占めることになるから、その空間ないし場所を侵害する行為は、その人格そのものを侵害する行為となる。このような同意なき干渉は、相互尊敬とか平和的共同体という概念そのものを侵害する行為となるだろう。」（Engelhardlt [1986=1989: 165]）

ロックと同じく、身体が私に属することは前提される。この後、ヘーゲルを引合いに出して——彼はヘーゲルの研究者でもある——、エンゲルハートは次のように言う。「新しい技術」が現われ、それに対応して出てきたとされる「生命倫理（学）」と呼ばれる領域で言われることは、実はきわめて古典的なことなのである。

「ヘーゲルが言うように、物の所有権の場合には、自分の身体にたいして他者の自制を求める権利は、自分の作った対象にまで拡張される。対象を所有するということは、対象を作り、それにかたちを与え、それを自分の意志に従って、自分の観念の似姿に作り変える一連の過程である。それは、物を自分自身の領域内に同化する方法である。こうして、ひとは自分の身体化の範囲を拡大し、他者の自制を求める権利の境界線を拡張する。他人の手の加えられていない物は、これを自由に自分の目的にあわせて作り変えることができる。ひとが自分の観念を刻印した物は、そのひとがそれを作り出したかぎりで、かつ、それを利用せずに捨てるのでないかぎりで、当人のものとなるだろう。」（Engelhardt［1986=1989：167］）

［2］批判

このように、多くの論者が生産・制御→所有という主張をしている。だが少しでも考えるなら、これは随分おかしな論理である。

(1)　誰もが、一見してこれを随分乱暴な議論だと思うはずである。基本的にこの論理は、結果に対する貢献によってその結果の取得を正当化する論理である。しかし、この世にあるもののどれだけを私達が作っただろうか。例えば、私は川から水を汲んできた。私は牛から乳を絞った。確かに私にとってその水や牛乳が利用可能になるためにはそうした行為が必要だった。しかし、その水や牛乳があることに私はいったいどれほどの貢献をしたか。もちろん、このことはその「製品」がもっと「手のかかった」ものであっても言いうることである。つまりここでは、「作り出す」「貢献する」と言う時に、そもそも人間による営為しか考えられてはいない。こうした言明は人間の特権性――第5章で検討する――を前提にして初めて成立する。この論理が成立するためには、単に労働↓取得というのではすまず、世界中のものが人間のものとしてあらかじめ与えられていなければならない。あるいは、この労働とは（馬や牛の労働ではなく、人間以外の全てのものの活動・作用ではなく）人間の労働でなければならないのである。これは神が世界を人間のものとして与えたのだというキリスト教的な世界観のもとでは自然なことかもしれない。ロックは「地とすべての下級の被造物が万人の共有のもの」だと、このことをはっきりと述べている[◆9]。しかし、このことを自明のこととして受け入れなければ、別である。このような「宗教」を信じず、なお人間の特権性を言おうとすれば、何か根拠を提出しなければならない。例えばエンゲルハートは次のように言う。

「動物は、自己を意識しておらず、自らを道徳法則に服するものと見なしえないかぎり、その一部が、利用されたり、作り変えられたり、あるいは、そのまま取られるような物件である。」（Engelhardlt [1986=1989: 167]）

(2) 仮に世界が人間のためのものであるとしよう。それでも問題は残る。世界中を個々人の作為・制御によって実際に埋めつくすのは無理がある。そこで、そのものに最初に触れた人がそのものを取得し処分する権利があるということにする——「先占」というカント後期の主張が（この理由から彼はそれを言ったわけではないにしても）こういうものである。ともかく最初にその地に乗り入れた人がその土地を取得する権利があることになる。何にせよ先に手をつけた人、唾をつけた人が勝ちになる（cf. Nozick [1974=1989: 292ff]）。だがこれに私達は説得されるだろうか。

(3) この論理は「私」が因果の起点であることを要請する。もし、私が「始まり」でなく、私の行為を起動した別のものがあるなら、そのものに結果の取得の権利と義務があることになってしまう。ゆえに、この条件を厳しくとれば、「自由意志」といった決して経験的には存在を検証されないようなものを存在させなければならない。自由意志は存在するかといった終わることのない論争が引き起されることになる。◆10

(4) 行為については(3)のようなことが議論の対象となる。だが、その論争に関わらず少なくとも一つ確かなことは、身体そのものは私自身が作り出したものではないということである。私が作り出したものはこの世に何もないのだとさえ言える。それにしても、手足なら制御することもできよう。しかし、私の身体の内部器官は私が作り出したものでも制御できるものでもない。だから、この主張によって身体の所有を正当化することはできない。すなわちこれは、制御されないもの（身体、そして能力の少なくともある部分、…）については、かえってその私的所有（処分）を、さらにそれが自身のもとに置かれること自体さえも、否定してしまうことになる。

以上では因果関係における因果関係の度合い、「貢献」の度合いが問題にされる。貢献（度）についての疑問が当然生ずるということである。人間はこの世界があることにどれだけ貢献しているのか。ただ、このこと――因果関係のあり方を問題にする議論については第6章・第7章で検討する――より、ここで指摘したいのは次である。

(5) とても単純で、より基本的な問題がある。この主張は、それ自体で完結する一つの主張・信念としてしか存在することができない。「自分が制御するものは自分のもの

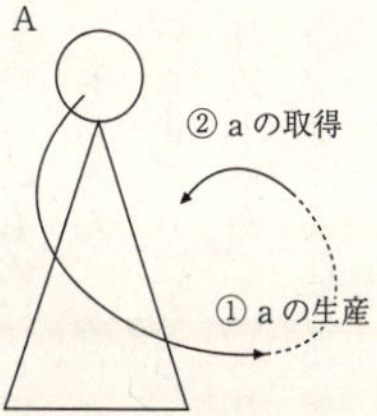

図 2.4

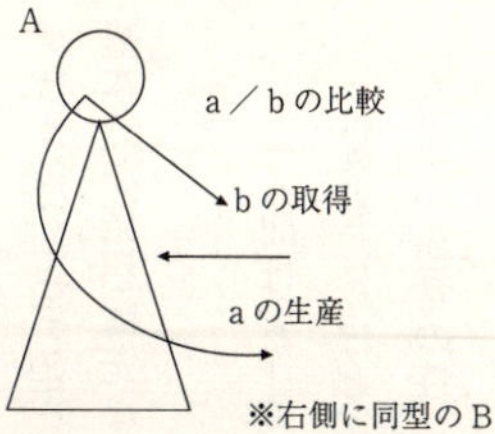

図 2.5

である」という原理は、それ以上遡れない信念としてある。それ自体を根拠づけられない原理なのである。

　図2・4を見てもらいたい（似ているが異なる図2・5については次節で解説する）。これは、①ゆえに②…という図式である。①を一つの事実としよう。自分の精神が自分のものである。これはまあよいとしよう。その精神が肉体を制御し、肉体が外界を制御する。これも――自由意志はあるかないかといったかたい話をしない限りは――事実といえば事実である。②も一つの可能性としてありうる。だが、問題は①と②のつながりである。その制御されるもの、生産されるものがどうしてその人のものになるのか。

　この「ゆえに」が根拠づけられない。なぜ①「ゆえに」②なのかと問われる時に、返す言葉がないのである。これは事実ではなく、そうなるべきである、そうなるのが正しい、という一つの規範命題、一つの主張である。そして、ここにその理由が示されているわけではない。つまり、「自分が制御するものは自分のものである」という主張は、それ以上遡れない信念としてある。そこで行き止まりになっている。言われていることは、結局のところ、「自分が作ったものを自分のものにしたい」ということなのである。

もちろん、あらゆる原理（何が正しく何が正しくないかを決める基準）には、どこかで行き止まりになる、それ以上遡れない地点がある。どんな原理・原則も、最終的にはそれ以上根拠づけられないような場所に出てしまう。私達はただ、ある原理を、正しいもの、受け入れるべきものとして承認するのである。だから論理が行き止まりになっていること自体をやり玉にあげても仕方がない。問題は、これが本当に基本的な原理なのだろうかということである。例えば米国の代表的な「生命倫理学」の論者だというフレッチャー（Joseph Fletcher）という人が第4章の冒頭（185頁）に掲げたようなことを言う。基本的な発想は先にみた人達のものと変わらない。短くすると以下のようになる。

> 「人間は製作者であり、企画者であり、選択者であるから、より合理的、より意図的な行為を行うほど、より人間的である。その意味で、人間がコントロールできる体外受精の方が、通常の性行為にくらべてより人間的である。◆[11]」

「人間は製作者であり、企画者であり、選択者である」までを認めるとしよう。そして「から…ほど、より人間的である」ことも、「人間」にある――確かに大切な――性質を述べているという意味で、認めよう。しかし、それはそのことが「良いこと」である（という意味で「人間的」である）ことを意味しない。確かに私達はそのような「人間」だが、そのような「人間」で（も）ある私達は、そうしたことを（最も）良いことだとは思わないかもしれない。上の言明はこのことについての論証を欠いている。それは、「そうしたことが良いことだと私は思う」という自らの価値の表明なのである。先に引用した人達はどうもそのように思っているらしい――後の章でも、私達は何度も、一見「学問」的な論議の中に、そう信じている、そう信じたいのだという思いの吐露を見ることになる。しかし、みんながそうなのだろうか。常にそう思っているのか、それを第一のことと考えているのか。

だがともかく、こういう図式が示される。自身に内属するものを基点とし、それに起因する結果が自らのものとして取得され、その取得したものが自ら（の価値）を示す。「私」という主体に因果の開始点、判断・決定の基点を認める。私が第一のものであり、それ以外のものは、その外側にあって私に制御されるものである。そしてこれは単に哲学者の著作の中にあるだけではない。これは、現実に近代の社会の中で作動するメカニズムなのであり、人の意識を捉える教えである。このことについては第6章2節で述べる。

この図式の中で他者はどんな位置を占めることになるのか。もちろん、「私」を基点に置く論にしても、私の欲望を貫き通すこと、外界を制御し尽くすことが多くの場合に困難であることは知っている。事物、他者の抵抗に会うからである。まず、どんなに高度な技術を持っていても私達は自然界の法則を破ることはできない。私達は法則に従うしかなく、私達ができることはそれを利用することである。そして相手は私の言うことを聞いてくれない。しかし、それは外在的な制約条件、利害の対立として捉えられる。完全に自己を実現するのが不可能なのは偶然的、外在的な条件によるのであり、その障害が除去されれば、私の欲望はどこまでも進んでいくことになるだろう。

といって、こういう考え方が、ただ他者を自分に対立する相手と見ているだけであるわけではない。私について言えることは他の者についても当てはまる。まず、主張の普遍性を求めればそうなる。また、自分についての権利を認めさせるためには、私と同じ他者に対しても権利を認めることである。その私、そして他者とは、選択意思を持ち、その意思のままに外界を動かせる存在である。私と同じ存在を同格の存在として認める。私と同格な存在としての他者を尊重する。他者に対して行う行為は、その者の同意がなければ許容されない。脅迫や強制ではなく、契約、契約に基づいた交換が関係の基本となる。

そしてこの「論理」は、第1章にあげた問題を「解決」してしまう。というより、問題の前を通り過ぎてしまう。自己決定能力を持つことが「人格」であることの要件とされる。能力に応じた配分が正当とされる。自己決定なら、合意があれば、全てが許容されることになる。◆[12] しかし、こうした帰結を受け入れられないという感覚がある。とすれば別の価値があるはずである。ではそれは何なのか。これが最初に立てた問題だった。だからこの「論理」は、問いを消去してしまうと同時に問いを誘発するものである。そしてその「論理」の底が抜けていることを以上で確認した。

〔3〕「自由」は何も言わない

「自由」という価値があるではないかと言うかもしれない。他人から指図されないことにおいて人は自由なのであり、ここにはその価値があるではないか。だがそれは違う。以上から既に明らかなのだが、一応確認はしておく。

第一に、ある範囲のものが（全面的であるにせよ一定の制約下にあるにせよ）その者の決定のもとにある時、その者の決定は「自由」であると言える。これは第1節に見た近代的所有権の特徴の第二点に関わる。また、「個人」の自由という点を見れば、第一点にも関わる。この自由を否定しようとはしない。自らの行為、自らのあり方が他者から干渉されないことは、たしかによいことなのかもしれない。だが、ここで私が問題にしているのは、あるものx、誰かの決定に委ねられるものであろうxをそもそも誰に配分するのかである。xについての決定を委ねられたAはそのことにおいて自由であると言えよう。しかし、同様にBもまたxについて自由でありうる。そして両者が同時に自由であることができるとは限らない。xをAのもとに置くべきかBのもとに置くべきか、「自由」はこれについて何も語らない。自由というだけでは、Aにaに対する（aを取得する…図2・4の②）自由があってBにないのはなぜかという問いに答えることができないのである。

　個々人への割り当ての正当性の問題と、ある割り当てを前提した上での自己決定の原理の正当性あるいは有効性の問題とは別である。第一に、例えば人の口に入るものは全て個々の人の口に入る。消費される多くのものは個々人によって消費される。例えば、いわゆる「社会主義」体制であっても、個々人の消費のための財は個々に分配される。そして、その消費について個々人は自由でありうる。各人がなにか行うための資源の配分のあり方とその資源を使って行う各人の行為の決定とを別のものと考えることができる。さらに、生産や消費に関わる決定の分散が決定の集権化よりも好ましいものだとしても、それはある特定の、例えばこの社会における分散された決定のあり方を支持するものではない。これも単純な誤解である。自由や、決定の多様化という基準からは、別の（分散された）決定のあり方がより望ましいものとしてありうる。[13] このような誤解が生ずるのは、私的所有の体制に対置されるものとして生産から消費の全過程についての中央集権だけを想定してしまうことによるだろう。行為の自由、生産行為の自由も認めるとしよう。以上で欠けているのは、①生産の自由でもなく、②消費の自由でもなく、①→②生産の結果を取得する自由だけであり（図2・4の点線部）、①→②の否定は、①生産の自由の否定ではなく、②消費の自由の否定でもない。①→②の自由は（生産しない人の）②消費の自由を妨げうる。財の帰属が定まった上で、その処分について自己決定の原理を採用することもできる。しばしば見受けられるのは、①②を不問に付したままで、①→②の自由を自由とし、これをもって私的所有、市場を正当化したとする議論であるが、これは事態の一面を見落としているものであると言わなければならない。[14]

3　効果による正当化と正当化の不可能性

［1］利益？（1）

「私のものは私のもの」という私的所有の観念はそれ以上根拠づけられない。これ自体を最終的な根源的な規範として設定するのにとどまるのでなければ、この規範から帰結する結果、こうした原理を取ることによる効果によってこれを正当化しようとする。[15]

では、私的所有の体制は人々にどのような利益を与えるのか。私的所有の一番単純な擁護者は、この原理が自己（当事者）にとって有利であることを主張する。決定が自己決定である以上、それは自己にとって有利なはずだと言うのである。そしてこれを拡張し、例えば、市場は各々が各々の手持ちのものを処分する場であり、各々はそれによって利益を得ており、市場はそうした者達だけによって構成されているから、（取り引きで損をすると思う人は売りも買いもしない）、市場はそこに参加する者全てに利益をもたらすと言う。市場において「パレート最適」が成立しているという場合、ごくごく簡単に言い切ってしまうなら、こうした事態のことが言われているのである。

随分単純な主張ではある。だが、そう簡単に否定できない。私達はいつもいつも行為の自分にとっての帰結を意識しながら、十分な計算の上で行為しているとは言えないとしても、自分にとって損になるような行為は避けようとする、自分にとって良いと思える行為を選んでいるという気はたしかにするからだ。所有の初期値を前提にすれば、自らの行為は自らにとって利益になる行為であり、交換は当事者の双方に利益をもたらすのであり、こうした行為によって構成される場はその全ての者に利益をもたらすだろうと言う。そして、交換の当事者以外の者については、財の状態に変更はないのだから、少なくとも不利益はない。[16]「自己犠牲」や「利他的」な行為にしても、自らがすき好んで行う行為だと言えば言える。だから、こうした行為の存在はこの主張に対する反論にはならないとされる。Aは、Bから得るものと引き換えに、自らが死んで（腎臓一個・肝臓の一部ならひとまず死なないが）臓器を差し出すことがあるかもしれない。両者は交換が行われる前より幸福になった。そうかもしれない。

実際しばしばなされているのはこの類いの、この水準の議論である。以上のようなことを述べ、それによって、私的所有・市場は——「完全情報の欠如」や「外部不経済」などの「市場の失敗」[17]が起こる要因をここでひとまず考えに入れなければ——正当なものであると言う。「自己決定」が妨げられる理由は何もないなどと言われる。私達もなんとはなくそういうものかなと思ってしまう。しかし、この類いの言説は、もし無前提にこのことだけが言われるのであれば、私的所有・自己決定の正当化の論理としては、全く論外である。にもかかわらずこの水準で「自由（主義）」を言い立てる者達がいるのは驚きだという以外にない。基本的に問われるべき問題、第1節にその所在を指摘した問題——第2節にみた論者達が自覚し、まがりなりにも規則を立てその正当化を図ろうした問題——を最初から消去してしまっているからである。

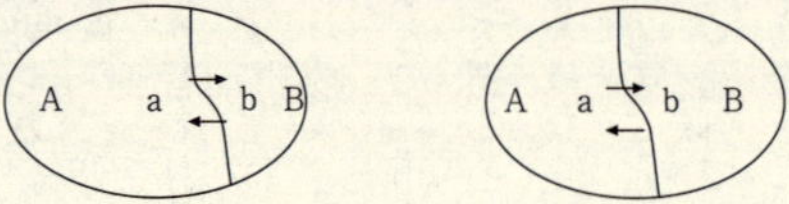

図2.6

つまり、この類いの主張は、所有、すなわち財の配分の初期値のあり方について何も言わない。右の有利であるという言明は、各々が手持ちのものを処分する時に、その処分は当の者にとって有利な処分であるというだけのことだった。これは、所有の初期値を問わずに前提する限りでだけ妥当な言明である。どのように配分されていても、それを前提としてそれ以降になされる自己決定・同意に基づいた処分は、当事者に利益をもたらすとは言いうる（図2・6）。だがそれは、その「自己決定」の対象となる財の個々の主体への配分のあり方自体を正当化するものでは決してない。各自の身体の各自への配分にしてもそうである。これは全く自明のことだ。だが、これが呑気な自由主義者によってしばしば見逃されている。

初期値と言った。しかしこれはただ一度だけ問題になるようなものではない。人は毎日行為し、生産している。ここで初期値とは、その、その都度その都度の各自の持ち分のことなのである。それはその都度その都度の各自の取り分の差をもたらす。◆[18]

「…われわれがケーキを分けるときのことを考えてみよう。どの人間にとってもケーキは多ければ多いほど望ましい、と仮定すれば、その仮定だけで、すべての分配の仕方はパレート最適である。ある人間をより満足させるようにケーキの分け方を変えれば、他の誰かの満足が必ず減じられるからである。このケーキの分割の問題における唯一の主要な問題点はその分配なのであるから、ここではパレート最適の考え方はなんの効力ももち得ない。こうして、ただひたすらにパレート最適のみに関心を寄せてきた結果として、せっかくの魅力的な一学問領域であるところの厚生経済学が、不平等の問題の研究にはすっかり不向きなものとなってしまったのである。」

〔2〕 利益？（2）

もっとまともな論もある。行為＝労働とそれによる生産物について——つまり第2節で正当化の対象となったのと同じ範囲について——、第一に行為（そして行為のための資源＝能力）を人が制御できること＝他の人にはできないこと、第二に人が自らの利得を求めること、以上を前提した上で、私的所有、交換の有効性を言うのである（図2・5・81頁）。この場合に、確かに有効性を言いうることを以下で述べる——それは同時に、行為と行為の結果以外の自然界の全てのものについてはまだ何も言えないと述べることであり、また、以上の条件が成立しない場合には別な結果になると述べることでもあるのだが。（「論」と今述べたが、以下のような言い方で論じている者は実際には誰もいない。以下は、暗黙の前提となっているもの、というより意識されていない前提条件を組み込んで、構成したものである。このことによって論理の構造がより明確なものになるだろうと考える。）

まず、単純に言えばこういうことである。ＢがＡの行為（の結果＝生産物）を欲しい。Ａの手足をＢが動かすのでなければ（こんな無駄なことをする者はいない）、Ａの欲望／恐怖を利用して得るしかない。つまり飴を使うこともできるし鞭を使うこともできる。強要してその行為を引き出すこともできるのだが、その強要が排されるのは、次の三つの場合である。第一に、強制はすべきでないとする場合。だが、これは、既に他者の介入を排除する所有権を付与していることに等しい。第二に、どちらが人の行為を効率的に引き出すことができるのかを考慮し、強制によってはかえって行為を効率よく引き出すことができない（士気の低下、品質の劣化、競争力の低下、あるいは管理にコストがかかり過ぎること、…）と判断する場合には有利／不利の判断があるだけである。第三に、強要されることはその人にとって不利益であり、この不利益を幸福（利益と不利益）の計算に含める場合。ある人が他の人に強要してその場で利益をあげても、その人もまた強要されることがあるとすれば、やはり不利益になることも考えに入れられる。後二者が機能主義的な理由である。この時に、その人のもとにあるものをまずはその人に委ね、つまりは所有権を認め、見返りを与えることによってその行為を引き出すことが行われる。

ここで次のようなことが前提されている。人は、自身が得られるものを予期しながら、自己にとって有利になるような行為を行おうとする。これは簡単には否定できない。自身の能力の活用は自身によってなされている、人は自らの行為を制御することができる、というのが、ひとまず当事者における事実である。これはその身体・力能がどこからきたのか、それが本来その者のものかどうかということとは別のことである。その人Aは、自身が得られるものbを予期し、自分が行えることaのコストを予想しながら、自己にとって有利になるような行為を行おうとする。Bにおいてもこの計算は同じように行われている。

行為・行為の結果を他者が得ようとし、かつ強要という手段をとることについて先のように考えるなら、A（とその他すべての人）の欲求のあり方を前提してシステムを組むことになる。例えば、貢献に応じた配分という原理を取らないなら、予期→行為という連関がうまく作動せず、必要な行為が必要なだけ調達されないだろうと考える。Bは

aを得るかわりにbを提供する。ここで制度を前提せずに市場が始まる。その状態が維持されるべきだと考えられた時にそれは制度化される。Bの評価、AとBの交渉を経、bはaに相関して決定される。つまりaがAの受け取りを規定する。このようにして能力主義が現われる。機能主義者の言明を整理するとこういう部分が残る。

よく見ていくと、この類いの議論は、社会学や経済学ではよくなされている。例えばデイビスとムーアの社会階層・階層化（成層）の「必然性」を「論証」した論文（Davis & Moore [1945]）をはじめとする社会学における機能主義的な業績主義・社会階層の存在の正当化の言説の中にこの主張を見ることができる。教育－労働の場における能力主義批判に反論する論者の主張も、その論理を切り詰めていけば、つまるところはここに帰着する。◆[19]

身体と精神、その力能の行使の自己所有が他者にとって有利であり、ひいては社会全体、まわりまわって自己の利得を増やすだろうと主張する。例えば、貢献に応じた配分を行うなら、予期→行為という連関がうまく作動して、必要な行為が必要なだけ調達される、必要な者が必要な場所に配置される、だからそのようにシステムを組んだ方が結局有利だと言う。「能力主義」の原理を排し、例えば無理に「配分の平等」を追求したら、労働者の労働意欲が損なわれ生産性が下がってしまい、経済が円滑に機能しないだ

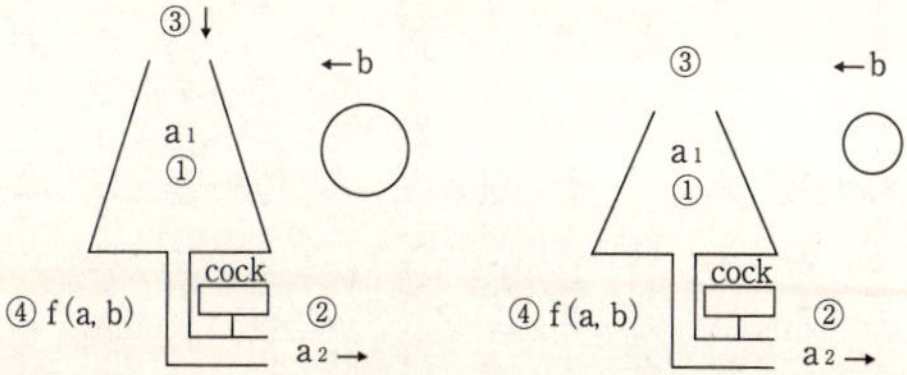

図2.7

ろうという主張、またどこかにこうした欲求に支配される場（闇市場）が生ずることは避けられないはずだといった主張も同様の考え方をしている。

どのように考えたらよいか。どういう構造になっているか。もう少し詳しく見よう（ただし、以下では議論を簡単にするため、Aが資源を使うためのコスト、資源を増やし管理するためのコストについては考えないでおく）。

①AにAの資源 a_1（能力・身体…）がある。それはBに移動することができない。

②そのある部分について、Aはそれを使うか使わないか、行為 a_2 を実行するかどうかを決めることができる。他方、Bは直接的にそれを決めることができない。A（だけ）が燃料槽から燃料を出し燃焼させる栓を開けたり閉めたりできるようなものである。

③さらに a_1 のあるものについてAはそれを増やしたり増やさなかったりすることができる。そしてBは直接的にそれを

行うことができない。Aだけが貯蔵する燃料（資源）を増やしたり増やさなかったりできるということである。

④Aには、a_2を行うこと（a_1を使うこと）とbを得ることについて欲求の関数がある。ここではbをできるだけ多く、aをできるだけ少なくしたいと思っているとする。

a_2を必要とするBは、④対価を支払うというかたちでAの関数に働きかけることによって、②a_1を使いa_2を提供することを促す、③a_1を増やすことを促す。

もちろんこの比喩、図2・7はいくつかの点でまったく正確なものではない。例えば、燃料を燃焼させれば燃料は減るだろうが、ここではa_2を行うことがa_1を減らすことにはならない場合が多々あるだろう。

以上はその身体・力能がどこからきたのか、本来その者のものかどうかという問いを回避して、私的所有の有利さを言う。第1節にみた、A→aである「ゆえに」aはAのものだと言い方はせず、ゆえになぜ「ゆえに」と言えるのかという問いに答える必要はない。利益になることがよいことであり、これを前提として認める時、A→aであるaをAに委ねることの方が現実に有利である（場合がある）ゆえに、aをAに委ねる方がよい（場合がある）ということである。そしてこの指摘それ自体は、上に述べた人間のあり方に関する前提を認めた場合には、つまりは諸個人が自身の損失をできる限り少なく、利益を多く受け取ろうという性向を有している場合に、当たっている。

このことは同時に、私的所有の体制がそうでないシステムに比して有利である（場合がある）ということであって、それが——有利であることは「正しい」ことと同じではないとすれば、何が「正しい」ことなのかという問いは残るのではあるが——「正しい」ことであるかどうかの判断ではないということでもある。市場の賞賛もその有利さに対する賞賛なのであって、その正義の証明ではなかったのである。

次に「有利さ」がどこまで言えるのか。そしてその「有利」さとはどういう有利さなのか。

条件①・②・③・④が満たされている場合。第一に、そのものが①本人のもとにだけあるものであること。第二に、②当人（だけ）が「出し惜しみ」できる、それを行う／行わないが選択できること。働くか働かないか、どれほど働くかをその当人は加減することができる。何も与えなければ／さぼれば、さぼることが／与えないことができる人はさぼる／与えないかもしれない。その場合に、その者に、さぼらない程の／与えてくれるほどの対価／労働を与える、その方が生産的だと言うのである。さらに、③当人が、（その者に与えられるものの予測に基づいて）自らの資源を管理し、増やす（減らす）ことができること。土地の利用や工場の利用についても——この場合は①の条件は満たされないが、いったん各人への配分が決まれば——このことは言える（このような場合に確認すべきことは本節の最後に述べる）。以上のような場合に、私的所有を認めることは生産の増大に有利に働く。また③の条件が成立している限り、各自は自分の資源を自分の決定によって操作することができるのだから（ゆえに、受け取り分もまた加減することができるのだから、資源の管理・操作のためにかかる経費が人々の間で一定とすれば）、受け取りの多少に関する問題もまた起こらない。

しかしまず、資源の有無そして量・質が既に決定されている、所与として与えられている場合、つまり③の条件が成立しない場合はどうか。譲渡に対する対価としてBがAに与えるものがaに対してのものである限り、Aに与えられるものは、Aにあるaに比例することになるだろう。たまたま体が、あるいは頭がうまく働かないように生まれてきた者が、ただそのことのゆえに、他者に与えるものを持たず、ゆえに、生きられないことになる。Aは作り出せるもの、Bに与えるものが何もない。だからAは生きていけない。そう極端な場合でなくとも、個々の人の能力には違いがある。何も、でなくてもよい。作れるもの、与えられるものが少ない人がいる。別段さぼっているわけではない。出し惜しみしようにもしようがない。

これは各自における各自が自由にできない資源の差異に起因する問題である。例えば各人の資源＝能力の多寡が正規分布を描くのであれば、手持ちの資源が平均以下の、全体のちょうど半分の人達にとっては、このシステムのもとで受け取れるものは、人数割で分配された分よりも少なくなり、半分の人達にとって不利益であるとも言える。そして、過半の人達が相対的に不利であるような場合ももちろん考えることができる。

それでもこのシステムの方が有利だと言える場合があるか。例えば各自が供出するものと関係なく均等に配分されるなら（つまり、④を利用した働きかけが行われないなら）、生産と生産のための資源管理のための意欲が失われ（〜②・③）、全体の生産が少なくなり、それを均等に分配したとしても、市場での配分を行う場合に比べて不利な人が多くなる（先は有利な人と不利な人がちょうど半分ずつだったが、今度は不利な人が半分を超える）といったことがあるかもしれない。ただ、③の条件が満たされていない場合、対価を加減することが資源の増減につながらず、その限りでは、全体の生産の増加にもつながらず、加減することに意味がない場合には、この方法の有効性は減少することになる。けれども、後の章でも触れるように、②と③とがどれほど妥当するのか、それともしないのか、例えば、単に（あるいは充分な対価が得られないので…④）さぼっているのか（〜②）、さぼっているわけではないのだが自力で調達できる資源（〜③）の制約でできないのかは正確には見定め難い。見定め難いにしても、②が想定され、なお生産の維持・

拡大を目標とする場合には、④を利用した調節が行われることになり、結果としては資源を持たない（持てない）人に、別段さぼっているわけではないのに、不利な結果がもたらされる。

そして、こうした状態が生ずるのは、一定の効果をあてにした、政策的な決定、介入の場面だけではない。①・②が一般に成り立ち、なおかつ人が述べてきたような人である場合（④）には、③すなわち人々の手持ちの資源に関わる事情がどのようであるかに関わらず、対価の差異は「自然に」生じてしまう。

このような問題が生じるし、それに対して、どのような原則でどのような調整を図っていくのかが課題になる。ただここで確認されるのは、効果や利益から考えていく以上、そしてこれまでの検討からそれがうまく作動しない場面があることが明らかである以上、もはや、私的所有の制度が特権的に維持されるべきだという主張をすることはできず、このシステムは相対的な位置を与えられるに過ぎないということである。

しかし同時に、以上述べたその全く同じことから、私的所有、市場、能力主義の強固な現実性もまた生じている。私達の欲望の関数を事実として認め、他者の行為（の結果）の取得の欲望を認めるなら（④）、そして①・②の条件が成立している限りにおいて、市場の成立、能力主義の成立を阻止すること、阻止し続けることは困難である。それが私達における強固な現実である時、この強固な現実が、私的所有の体制から抜けることのできない理由であると考える。このことは、この体制の成立の前提がどのようなものであるのかについての認識とともに、無視すべきでないと私は考える。人間のあり方について、私的所有の廃棄を言う一方の側は過度に楽観的であったか、あるいは何も考えていなかったかである。そしてこの体制を擁護するもう一方の側は、見ようによっては人間の敗北である単なる事実を正義と言いなしてきたのである。これらについては第8章で考察を継続する。

［3］「共有地の悲劇」？

次に、以上述べたことが、労働（とその結果）の私的所有の効率性に限られ、それ以外についてそのまま当てはまらないことを確認しておこう。以上で見た限りでは資源（能力）は各人の体内にあり、移動できなかった（①）のだが、この条件は他には当てはまらないのである。今述べたことを否定するかのように見える「共有地の悲劇」という論[◆20]があるから、検討しておこう。資源を管理する人がいないとその土地は荒れ放題になってしまう。そして、形式的に管理する人がいても、管理し、より生産性を高める努力をするその見返りとして対価を払わないならやはり人は管理をさぼってしまうから

（④→③）、その土地を私有させ、その土地から収穫される生産物の売上げをその人のものにさせた方がよいと言う。

第一に、確かに「私有」は有効である場合があることを認めよう。④を前提するなら、農地であれ工場であれ、生産のための資源を誰か特定できる人（達）の管理下におくべきこと、単に管理者を任命するだけでなく、その資源を使って生産された生産物をその人（達）のものとした方が、管理がよくなされる場合もあるだろう。生産のためには生産の結果をその人に与えた方がよいことがあると先に述べた。資源・環境の保全が目標とされる場合も、まず保全が生産に結びつくなら生産の維持・拡大のために保全が行われることもある。また、直接生産に結びつかないにしても、自分の庭は自分の庭だから大切にするかもしれない。別の所有形態、別の規制のあり方をおく場合に比べて、これらをどの程度当てにできるかどうかはまったく場合による。（これを「外部不経済」の内部化と捉えることもできよう。ごみの有料化、ごみ袋に名前を書かせるというのも同類である。）

だが第二に、以上で確認されたことは、誰に配分するのかという問いに答えるものではない。労働の成果を私有させることが効果的であるとしよう。しかし農地や工場は条件①を満たさない。これらについても、（頻繁に）所有権の変更を行うことは、意欲を低下させるから、（あまり）行うべきでないとは言えるかもしれない。変更が予期されることによって、所有物に対する配慮をせず、それを適切に管理しようとしない、生産財を増やそうとしないといった場合である。（仮に身体についての所有権を移動させることが可能になったとして、その場合にも）身体の所有を認めることによって人は自己の健康を管理し、自らの身体を丈夫に保つだろう、そのことによって、また社会も健康に維持されるだろう。こうした論理を次項で見ることになる。教育期間が過ぎた後で、頭脳を籤引きで入れ替えることになったら、みんな勉強しないだろうというのも同じである。

けれども、以上は所有の割り当てそのものを指示しないし、現在の割り当てを正当化するものでもない。財が誰かのものであった方がよいということは言える（言える場合がある）としても、誰のものであった方がよいのかということは言わない。例えば土地のどの部分に各人が労働を加えてよいのかを言わない（別言すれば、土地をどのように私的に分割しても有効であるということだけが言える）。このことが見えにくいのは私的所有に共有を対置させるからである。実際にこの社会にあり、この章で検討してきたのは、正しくは特定の私的所有の体制、自己の生産物の自己所有の体制である。「共有地の悲劇」論は、各自の手持ちの資源でやりくりせよという主張、個々人について言うだけでなく、各国がその国の内部で資源の問題、環境の問題を処理するようにという主張につながった。しかしこの論は、国境による線引きと固定化、（移民を受け入れないこと、援助しないこと…）すなわち既得権益の固定化を正当化できるものではない。

この節で見てきたことは、自らの生産物の私的所有について、その「効能」による正当化が、あるものをその人しか使えない、例えばその人しかその人自身の身体を働かせることができないという事実に依拠していることであり、この条件を満たさない一切のものについては、仮に共有より私有が有効であると言えたとしても、それをどのように、誰に配分すべきかは一切指示しないということである。さらにここから議論を進めることができる。

4 正当化の不可能性

【1】サバイバル・ロッタリー

私的所有、自由主義に実践的に対置されるのは、まず平等や公平という思想である。私自身は、平等の問題は現在でも依然として重要であり、現状に対する批判として有効であると考えている。ただ、この問題はこれまでにも多く指摘されてきた。私的所有をめぐる基本的な論点はこうしたものであった（繰り返せば、だから重要ではないと言うのではない)。これに比して、①の条件が考えられることはそうなかった。これを考えることによって、(少なくとももう一つの)基本的な問題が明らかになるはずである。①が成立しない場合、すなわちaをAからBに移動することができる場合には——先に述べたようにその頻繁な移動は有効でない場合はあるにしても——、aをAのもとに置くことが有利だとは言えない。このことは、移動によって有利になる者が不利になる者よりも多い状況を考える場合によりはっきりとする。ハリス(John Harris)が「サバイバル・ロッタリー survival lottery」をもってきて論じているのはそういう場面である[◆21]。

> 「すべての人に一種の抽選番号(ロッタリー・ナンバー)を与えておく。医師が臓器移植をすれば助かる二、三人の瀕死の人をかかえているのに、適当な臓器が「自然」死によっては入手できない場合には、医師はいつでもセントラル・コンピューターに適当な臓器移植提供者の供給を依頼することができる。するとコンピューターはアト・ランダムに一人の適当な提供者のナンバーをはじき出し、選ばれた者は他の二人ないし、それ以上の者の生命を救うべく殺される。」(Harris [1980=1988: 170])

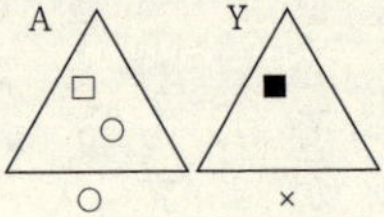

図 2.8

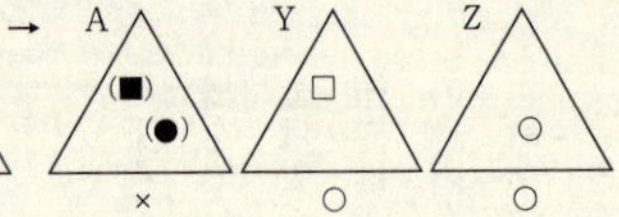

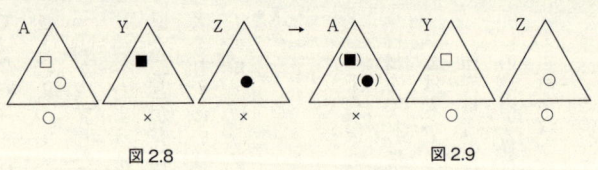

図 2.9

例えば一人の健康人Aの心臓と肝臓を取り出し、それを心臓移植と肝臓移植によって救われる二人の患者Y・Zに移植するならば、二人の生と一人の死が帰結する（図2・9）。これを行わないなら、一人の生と二人の死である（図2・8）。最大多数の最大幸福という観点からは、前者が選ばれることになる。どのような配分の初期値も前提せず、各状態から得られる各々の幸福の総量を基準として、その総量が最大であるものを良しとする「正しい」功利主義に立てばこうなる◆[22]。

このように述べた後、ハリスは、予想される反論、また実際に寄せられた反論に答えていく。

「Xの個性が尊重されるべきである」という主張には、しかしY・Zの個性も尊重されるべきだろうとハリスは言う。これが神を演じることになるという指摘には、「われわれに物事を変える能力がある時には、物事を変えないという選択をすることもまた、世界に何がこれから生じるかを決定すること」（Harris [1980=1988: 172]）であり、Y・Zを死ぬに任せることも神を演じていることに変わりはないとする。

また、Xを殺すことは確実に殺す行為だが、Yを死ぬに任せるのは多分Yが死ぬことになるように振る舞うことだから前者は許容されないという、死がもたらされる確実性を論拠にする議論には、それは事実問題であり、Yにしても放置すれば必ず死ぬ場合があるだろうと応ずる。以上についてはその通りと言う他ない。

ただハリスは以上の立場をどこまでも通していくわけではない。籤引きによって臓器を配分するのでは、人々は健康を維持しようとする（例えば肝臓のために大酒を飲まないようにする）努力を怠ることになり、結果として健康な臓器の数が減ってしまうという理由によって、籤に参加する範囲を縮小すべきであるとするのである。

こうしてハリスは、臓器移植という技術について考えることによって、機能主義者によって自明とされ、考慮されることのなかった論点を辿った。従来、身体（内の器官）の移動は想定されることがなかったのだが、免疫抑制剤の登場が①の条件をある程度は解除してしまった。だからといって（通常であれば）移動、交換は行われない。しかしハリスは、このようにして、各自の臓器が各自に置かれたままであることが利益となるかと問い、否定的な結論を導くのである。ただ最後に③資源の増減に対する顧慮という条件が考慮され、各自に臓器＝資源を保有させないと各自が資源に対する配慮を行おうとする動機を欠いてしまうために、サバイバル・ロッタリーが行われる範囲が制限されるというのである。ただ先に述べたように、③の条件が常にそれほど強く働くとは考えられない。また、政策的・技術的な工夫によって、各人が（とりあえずその人に与えられた）資源（臓器）に対する管理を怠らないようにすることも可能かもしれない。とすれば、やはりサバイバル・ロッタリーは有効なのである。◆[23]

以上は、私に与えられている資源（身体…）が私のもとに置かれることが功利主義によっては正当化できないことを意味する。しかもここでは、私達が功利主義に対して通常感ずる大きな問題点、すなわち個々の幸福の比較、個々人の幸福に対する貢献度の比較は行われていない。例えば社会の幸福の増進に有益な人間のために無益な人間を犠牲にしてよいのかという批判は当てはまらないのである。そして、ここで譲渡・移動が行われない（したがってより「有利」な状態が実現されない）のは、譲渡・移動が実際に可能でないという「事実」に（だけ）依拠していることを再確認しておきたい。しかも、この「事実」は技術によって既に部分的には覆されてしまっている。

このことは、もし私達がサバイバル・ロッタリーを認めないなら、そして私の身体は私のものであることを前提として立てるのでなければ、認めないその理由を以上見たものと別に用意しなければならないことを示している。

そして、ハリス自身の立場はともかく、私は、この問題の本質が「最大多数の（最大）幸福」という功利主義の原理を認めるか否かにあると考えない。図を変更し、○と×の数をそれぞれ一つずつとしよう。図2・9が図2・8より功利主義の観点から有利だとは言えなくなるだろう。しかし図2・8を採用し図2・9を採らないとすればそれはなぜか。「生存権」だろうか。しかし内臓に単なる（しかし致死的な）疾患がある者にもそうでない人と同じく「生存権」があると言えないか。そしてそれは「平等の原理」でもない。「平等」を単なる均等配分とすれば、そもそもここでは分割が不可能だ。三人が三分の二ずつ生きていることはできない。これは誰もが同じだけという帰結がそもそも不可能な状況なのだ。それにしても一死二生より一生二死の方が平等で公平だと言えるか。これも言えないだろう。また右に見た一生一死と一死一生の場合にも、平等の原則は何も言わない、言えないだろう。◆24

［2］正当化の不可能性

こうして、私的所有の規則を十全に正当化する論理は、以上で検討し、以下にまとめる範囲内では、どこにもない。むしろ、功利主義は積極的に否定する働きをする。もちろんこれまでなされた全ての議論を検討しえたわけではないが、論理的に、次のように言うことができる。私の作ったものは私のものであるという言明は、まず一つの信念として存在し、その理由は何かと問われるとそれ以上言うことがない（第2節）[25]。何か言おうとするなら、その効果・意義を言うことになる。限定された範囲、私（だけ）が行い私（だけ）が作ることのできるものについては、私的所有の有効性を言うことはたしかにできた（第3節）。しかし（私が作った、あるいは私に与えられた）私の能力（資源）の移動可能性を前提するなら、今度はそれを私のもとに置くことが正当化されない（第4節）。

例えば身体の自己所有は正当化されえない。自由主義者の呑気さはこのことを考えないことにある。私の身体は私のものだという命題をそのまま前提として認めるなら、その後は市場主義者の言う通りである。だが、その前提をさらに根拠づけようとする時に、それを根拠づけるものは何もない。身体は自己のものだと言えないのである。

だが、このことは、自己の身体が他者によって奪われてはならないという感覚もまた、正当化されていないことを意味する。しかし、これは私達の直感に反する。例えば私は身体に対する侵害を認めない。だからこそ、「身体に対する自己決定」が主張されてきたのだ。ところが全てが正当化できないとなると、擁護しようと思っていたものまで流れていってしまう。私的所有全般を肯定しない人でも擁護するだろうものまで、擁護する根拠がなくなってしまっているのである。何ゆえにあるものをその者のもとから奪ってはならないと思うのか——これはその者に処分権としての所有権を認めることと同じではない。また逆に、何ゆえに、あるものならその者のもとから切り放してよい（その一部にその者に処分権を認めるというあり方がある）と思うのか。

何か、これまで検討してきたものと別のものがあるはずだ。私的所有の原理の代わりに基本となる原理は何なのか。あるいは商品化を批判する人が主張する「自己決定」とは、ここまで見てきたような自己決定でないどのような「自己決定」なのか。ここで、私達は、再考すること、議論を再編成することを迫られる。ここまでに見たものは皆、私が立てた問題を素通りしてしまう。とすればむしろ、こうした考え方こそが問題を現れにくくしている当のものではないか。この問いに対する直接の答えは第4章で行う。第3章では、身体の譲渡や使用に対する抵抗について言われていることを検討する。

注

◆1　近代的所有権概念確立以前には、所有権（dominium）は政治的支配と一体のものだった。所有権は「支配の客体（ことに土地と、その土地の上に生活する人々）に対する保護の義務と結びついた権利、いわば義務的な権利（Pflichtrecht）としての性格をもっていた」のであり「支配に服する人と物に対する関係で職務とみなされた」（村上淳一［1979:96］）。このヘルシャフトとしての所有権の観念から、個々人の経済的、私法的な所有権、ヘルシャフトないし所持と結びついた利用権ではなく実体の処分権としての所有権（実体的所有権（Substanzeigentum））への移行として、近代的所有権への移行がある（村上［1979: 103］）。

◆2　交換が所有を交換が行われるその時その時に確認させる（ヘーゲルの『法哲学』について論じる加藤［1993b: 79-83］）。事実としてこのような事態があることを認めるが、それは以上に述べたことを否定しない。論理としては所有が交換を可能にする。両者は矛盾しない。

◆3　所有論、所有論の歴史についての文献として、Macpherson［1962=1980］（ロック他）、村上淳一［1975］［1979］（ロック、カント他）、樽井正義［1982］（カント）、蛯原良一［1986: 21-91］（ロック、マルクス他）、Ryan［1987=1993］、桜井徹［1989］［1990］［1994］、川本隆史［1991］（ハイエク、セン）、［1992a］［1992c］（コーエン、セン）、三島淑臣［1992］（ロック、カント）、岩倉正博［1992］（マルクス）、嶋津格［1992］、これらと塩野谷祐一［1992］等のコメントを収めた『法哲学年報』1991（1992）、下川潔［1992a］（ロック）［1992b］（ロック他）【［2000］（著書、ロック）】、大川正彦［1993a］【［1993b］［1993c］】（ヘーゲル）【［1997］（マクファーソン、テイラー、ウォルツァー）、さらに［2000］】、加藤尚武［1993b］（ヘーゲル）、桑子敏雄［1994］（ロック、ヘーゲル、熊沢蕃山）、森村進［1997］（ロック）。他に、ハイエク、ミーゼスといった所謂「オーストリア学派」の論客達の主張（cf. Shand［1990=1994］、橋本努［1994］等）も検討した方がよいのだろうし、「市場社会主義」「社会的市場経済」（cf.山脇直司［1992］）の議論も関連がないのではないが、基本的な論理を抽出して検討することを主要な目的とする本書では、紹介と検討を省略する。【「市場社会主義」は114頁で名をあげるRoemerも主張している。】

◆4　このような主張から、Kant［1797=1972］に至って、先占の先験的な正当化という主張に移行する。その間の事情については、「批判後期の先験的レベルでは、ドイツ物権法上のいわゆるゲヴァーレの観念に対して対決を迫られたために、所有権の経験的要素は、いわば括弧にくくられてしまって理論的に貫徹されないままに終った」（片木清［1980: 117］）とも言われる。経験性／先験性という区分についてはここで論じられない。ただ、注6に述べることにも関連し、所有に関わる規則の根拠をどう言うかと、その規則がどんなものであるかとは別であり、後者について、実際の所持（能力）があるか否かといった水準（ヘルシャフトと結びつく具体的な利用権ないし利用義務としての所有権と抽象的な処分権としての所有権との対比において、カントが後者を主張したのは確かである）と別に、配分の規則と手続き自体、例えば先占そのものは経験的な事実として存在するより他ないことを指摘しておく。そして、後期に書かれたものの中にも、私の意志、私の能力、私の労働、という観念の表明を見ることはできる。

「公共体の各成員は、その公共体におけるある身分の［臣民に帰属しうる］どのような段階にも到達することが許されねばならない。すなわち、何びとによらず、自分の才能（Talent）、勤勉（Fleiß）、および幸運（Glück）によってこの段階に到達することができるのである。そして、かれと同じ臣民であるものは［一定の身分に対して与えられる特許の所有者として］世襲的特権をふりかざして、かれとかれの子孫をその特権の下に永久に抑えつけておくことのために、かれの行路を妨げることは許されない。それにはこういう訳合いがあるからである。すなわち、およそ法 Recht は、他人の自由が自分の自由と普遍的法則にしたがって共存しうるという条件に、どのような個人の自由をも制限するという点に存する。」（Kant［1793=1974: 164］、訳文は片木［1980: 109-110］）

◆5　マルクス自身の所有論についてはここでは取り上げない。第2節4で少し関連したことを述べるが、それはマルクスについての言及ではない。【なぜとりあげていないかは、次段落の引用を読んでもらっても、まずは明らかである。その上で、なお使えるかもしれないと思うようになったことについて、第2版補章1で少し述べた。また『現代思想』連載の第85回「素朴唯物論を支持する」（立岩［2013a］）に概略を述べたことにその前後に書いたことを加え、書けたら本を一冊青土社から出してもらう（立岩［2014a］）。】

川本隆史が、ノージックの議論に刺激を受け「『カール・マルクスの歴史理論』（Cohen［1978］）によって「分析派マルクス主義」運動の中心人物に躍り出たジェラルド・A・コーエン」を紹介している。コーエンは「各個人は、自分自身の身体とその諸力を道徳的に正当な仕方で所有する主体であり、したがって彼らが自らの力を他者に対する攻撃に振り向けない限り、各人は自分の望みどおりにその諸力を行使する自由を有する」という「自己所有権（self-ownership）テーゼ」（Cohen［1986: 77］）の「直観的説得力を認め、かつそれが標準的なマルクス主義の搾取理論や共産主義社会のヴィジョンにおいても暗に前提されている点を明るみに出した」（川本［1995a: 52-53］）

【『分析的マルクス主義』『アナリティカル・マルクシズム』に関する書籍として日本語で読めるものとして高増・松井編［1999］、Roemer［1994=1997］［1996=2001］、Cohen［1995=2005］［2000=2006］。「搾取」の捉えなおしの試みとして吉原直毅［2006］。コーエンの論等にも言及しつつ私的所有、摘搾、社会主義を論じたものに松井暁［2012］。他に稲葉・松尾・吉原［2006］が議論の布置を知る上で参考になる。】

◆6　所有権を基礎づけるもう一つの方向は、「合意」（に基づく先占、あるいは共有地の分割）という論理だとされる。例えばグロティウス（Grotius）、プーフェンドルフ（Pufendorf）の論がそれである（村上淳一［1979］、cf.桜井徹［1989］）。しかし、規則を与えるにあたっての合意の要・不要と規則のあり方とは独立の問題である。合意はその合意の内容を特定しない。どのような配分が合意されるのか、合意というだけでは何も決定されないということである。また合意というだけでは、何をもって賛成し、何をもって反対するのか、その根拠は現れてこない。だから、自己の生産物の自己所有という主張と、合意による所有権の設定という主張とは同じ平面で対立するのではない。論理的には、合意を根拠とする主張／しない主張の各々について、自己の生産物の自己所有という規則を与える主張と別の規則を与える主張とがありうる。この注と注4についてはhp［所有］で補う。

ちなみにロックにおいては合意は必要とされない——ただ政治社会への移行においては合意が要請される。「もし…同意が必要だとすれば、神は人間に豊富に与えたにもかかわらず、人間は餓死してしまっただろう。」（Locke [1689=1968: 34] 第28節）「…共有者すべての明示の同意がいるということになれば、子供や召使いたちは、父親や主人がめいめいの分前を割当てないでみんなの共同のものとして与えた肉を切ることはできなかっただろう。泉に流れ出る水は、万人のものであるが、しかも水瓶の中のものは、それを汲み出したものにのみ属する、ということを誰が疑おうか。」（Locke [1689=1968: 34-35] 第29節）

◆7 「自由尊重主義」（長谷川晃 [1991]）、「完全自由主義」（佐々木毅 [1984]、加藤尚武 [1992: 99]）、「自由至上主義」（川本隆史 [1995a]）などと訳される。Barry [1986=1990] では「リバタリアニズム」。【この立場を日本で一貫させている代表的な論者は森村進。本書初版後の入門書として森村 [2001]、編書として森村編 [2009]。本書第2版脱稿後入手の論文集に森村 [2013]（森村 [2005] も収録、私の論への批判も含む）。他に、橋本 [2008]、訳書として Boaz [1977=1998]、Friedman [1989=2003]、Rothbard [1998=2003]。有賀・伊藤・松井編 [2000] 所収の Askew [2000]、尾近 [2000] にも解説がある。

二〇〇四年の日本法哲学会大会のテーマがリバタリアニズムで、翌年その報告を収録した日本法哲学会編 [2005] が刊行された。森村の企画によるもので森村 [2005] 他の諸報告、「自由はリバタリアニズムを支持しない」（立岩 [2005d]）も収録されている。私はこの「主義」に対して述べるべきを述べ、考えを変える必要も感じなかったが、それは相手方も同じであっただろう。第2版補章1でいくらかを加えた。】

◆8 ただ彼はこのことに自覚的ではある（Nozick [1974=1985: ix] 等）。

「ノジック理論では所有権の発生そのものは把えられない、という批判も生じている。私は、ロックの所有論そのものにすでに同種の難点があったと思う。」（加藤尚武 [1984→1987: 261]、批判の出典は Paul ed. [1981: 305]）

ノージックについて他にBarry［1986=1990: 171-207］、Wolff［1991=1994］、長谷川晃［1991: 173-188］、森村進［1994］（Wolff［1991=1994］の「訳者あとがき」だがかなり詳しく論じられている）、川本隆史［1995a: 40-53］等。本書では第5章3節、第9章注30でも言及する。なお彼の主張は、Nozick［1981］（解説として川本［1986］）を経て、Nozick［1989=1993］ではかなり変わってきている（森村［1994］、川本［1995a: 53］がこの点にも触れている）。

◆9　自然環境をめぐる問題をここから考えることもできるだろう（cf.桑子敏雄［1994］、第4章1節3）。ただし、誰のものでもないとされるがゆえに荒らされるということにもなりうるということは押さえておいた方がよい。第3節3で検討する。

◆10　例えば刑法学に起こったのはこうした論争である。立岩［1985］で検討した。自由意志論争の歴史は長く、これについて論ずる文献は数多く、ここでは紹介できない（→hp【大谷通高・櫻井聡史［2004-］】）。【そして】もちろんこの問題について「結論」が出ているわけではない（cf.森村進［1986: 201-226］）。【結論が出ないまま——出ないようになっている——複数の了解・実践が並行してなされているのが近代のこの社会なのだというのが本書第6章で述べることである。ちなみに、私が森村を知ったのは、リバタリアンとしてではなく、森村進［1986］の著者としてだった。】

◆11　Fletcher［1971: 781］。ここで使ったのはマシア［1985: 108］の訳。第4章冒頭の引用は同じ箇所の保木本一郎［1994: 260］の訳（cf.保木［1994: 259-261］）。他にFletcher［1954］［1972］［1973］［1974a］［1988］等を参照のこと。彼は「状況倫理（situational ethics）」の立場をとる。このことについては中山愈［1995: 127-144］。また彼の「パーソン論」については第5章注8を参照のこと。【フレッチャーの安楽死思想について大谷いづみ［2010a］、小松美彦［2012: 279-283］】

◆12　ロックは、その人自身の労働を含む所有と生命を区別し、後者についてはその譲渡の権利を否定する

（Locke [1689=1968: 137]（第135節））。他方ホッブズ（Hobbes [1651=1974]）においては、生命自体が結局は商品に還元されている点で、伝統的諸価値からの離脱はより徹底的であるとされる（Macpherson [1962=1980: 246-247]）。これは奴隷契約の自由があるかといった議論にも関わる。精神による身体・生命・精神の譲渡・変更を認めるならその自由が認められる。cf.第3章3節2。【リバタリニズムを徹底する森村進は是とすることになる。ただ、仮にそれを認めたとして、（潜在的であれ）他者に対する決定の正当性は別の問題である。】

◆13 「私有財産を自己所有権と結びつける中心的議論は、分散化した意志決定のための制度的手段として私的財産の特徴に訴える。いかなる社会においても、人々は異なった相対立する目標や価値をもつであろうし、それらの目標や価値は資源にたいして競合的な要求をなすであろう。」（Gray [1986=1991: 97]）

また、決定を分散し、個々の行為者に委ねることによって、決定者を一人あるいは少数の者に委ねる場合に比べて、危険・失敗の分散がはかられるはずだと言う主張もある。例えば中央集権的な計画経済を否定し市場経済を正当化する理由として、個別に決定を委ねることによって危険の分散になるという論点が出される。あるいは個々人の独創性が発揮されないことで革新がはかられないという主張がある。また、固定した目標や道徳的な原則から現実が導かれることによって、それ以外の部分が閑却され、現実に存する欲望の多様性に対応できない膠着した社会が出来上がってしまうという批判がある。それは必然的に地下にもう一つの市場を、より不健全なかたちで作り上げてしまうことになるだろう。自己決定に対置されるものを一元的な決定とすれば、これらの指摘は全て当っている。

「市場ではあらゆる人々が単純にお金を媒介することによって、自分の価値観や本音を出さずに、多種多様な交流をすることができる。それによって彼らは、見知らぬ人々からあらゆる社会的協力を引き出すことができ、自分の生活圏で各々の信念と人生を築くことができる。これが市場の重要性の本質である。市場に

よってこそ、各人の生活を追求する自由と多様性が達成されるのである。」（桂木隆夫［1990: 94-95］）

ここに述べられていることにも同意する（第8章）。ただ、これは市場を正当化する論理ではあっても、本章で見ている私的所有の体制を正当化するものではない。「自分の価値観や本音を出さずに、多種多様な交流をすることができる」ために必要なだけのものを各人が保有しているなら、「多種多用な交流」は実現されるだろうが、そうでなければ実現されない。そして生産物の私的所有の体制下ではこの条件は必ずしも満たされない。

自由、平等、友愛について、またファシズム等々について柄谷行人［1994］が論じていておもしろいのだが――「少し極端にいうと、「自由」とは私的所有権ということになります」（柄谷［1994: 68］、赤間啓之［1995］での考察も参照のこと）――、他の人があまりはっきり言わないか思わないこのおもしろい指摘の周辺にもいくつかの論点の混在が見られる。【基本的にそこでは自由と平等が対置されて論じられている。この点については『自由の平等』（立岩［2004a］）の第1章で論じている。】

◆14

それにしても、身分制等と比べた時、「私の働きの結果を私のものとする」という私的所有の原理、業績原理は、「それなりの」限界はあるにせよ、――例えば、働かない特権階級に対する働く者の優位を主張することに理があると考えるなら――「それなりの」積極的な意義を持つのではないかと言われるかもしれない。たしかにロック流の議論は、いくつかの部分を変え、ある方向でより一貫したものにすれば、プロレタリア革命の思想として働く。実際、そのような主張の歴史を辿ることも可能だろう。けれども、本書は「私的所有」、「自らの働きの結果を自らのものとする」こと自体をまず考えようとしている。この場合に、労働による取得をそれ自体として認めることは、基本的に、本節で見てきた議論の内部にあるという以外のことを意味するものではない。またこれは、それだけでは、生産しない者、また個々人の間の生産性の差に言及しない、あるいはそこに生ずる格差を肯定する論理である。

そしてこのように考えていく時、「それなりの」とか「一定の限界はあるが」という言葉はひどく曖昧である。こうした主張が歴史的な意義をもったことを認めよう。しかし、「働く者の権利」をまず言う意義があるのだが、それには限界があって、「働けない者」の権利も付加する、といった言い方が私にはわからない。前者と後者は、基本的に、どういう関係にあるのか。こうしたことを明らかにしたいと思って考えている。だから、いったん前者を中途半端に――それだけを原理としないのであれば、中途半端でしかありえない――認めた上で、後者を付加するという論の構成を取らなければならないとは考えない。だから、本書でこれ以上の検討を行う必要は本来はない。ただ、今述べたことの確認の意味を含め、五点を述べておく。

第一に、この労働→所有の図式に乗った上で、個々の取り分を問題にする主張が大きな勢力としてあったことは言うまでもない事実である。自分が働いて作ったものであるのに、自分のものにならない、他の人に奪われてしまう、それは不当だという主張である。典型的にはマルクス主義の「搾取」の議論である。本来は自分に帰属すべき自分のものが相手に取られるという論理が基本的に取られている。だが、基本的な問題は、例えば労働市場で実際に設定されている労賃とは別の、正当な評価（これと市場での価格との差が搾取された分である）をどこから導出するかなのだが、この点に関して充分に説得力のあり一般的に妥当する説明がなされているかが問題である（Morishima［1973=1974］を検討する橋爪［1990c→1991］を参照のこと【橋爪［2010］でも解説されている】。このことは「家事労働」をめぐる「マルクス主義フェミニズム」の論議についても言える。あるいはよりいっそう不明確である。「不払い労働 unpaid labour」が主張されるが、誰が、なぜ、何について、誰に対して、どのような基準で、いくら払うのが本来の支払いなのかが明らかにされていないのである。このことについて立岩［1994a］【（立岩・村上［2011］所収）】で検討した。）また先に述べたことの繰り返しになるが、仮に妥当な基準を設定できたとしても、これは、生産しない者には、また個々人の間の生産性の差には言及しない論理である。つまり、能力主義そのものを問題にすることはない。ゆえに本書で扱う問いに対する基本的な答えとなることができない。

第二に、それにしても、この論理から配分の（再）開始の可能性がある（あった）はずである。全くの未開の土地をてんでに開拓し始め、そこに暴力など全く介在しなかったといった場合がそうあるとは考えられない。過去から現在に引き継がれている財の配置が、その時々の自己労働による取得によるものではなかったと見る方が現実に即している。ならば、全てを一度ご破算にしてもよいはずだ。全員が一線のスタートラインに並んで、スタートの号令とともに耕しだすとか、柵で囲い始めるとか、それが非現実的なら、最初に与えられる土地や資材をひとまず均等に配分するとか、ともかく全てを最初から始めればよい。もちろん、実際にそんなことが市民革命の時代に起こったわけではない。この時期の論者の論理は、——例えば皆が合議の上で配分を決定したとか、労働による取得によって所有が決まってきたというような、歴史的現実からは乖離した自然状態を、現実の状態に連続させ、この状態を政治社会が確定（承認）するといった形をとることによって、現状改革的な性格が薄くなってしまった（薄くなるように構成されていた）。けれども、再開始しようと言わなかったのは、彼らが自らの前提に忠実でなかったのだと考えることもできる。彼らのような用い方でこの論理を用いる必然性はなく、リセット、再起動するという方法はこの論理の内部で可能である。実際、少数の地主が土地の大半を所有し、多くの農民が地主に隷属しているといった状態に比べて、これはよほどましなやり方だと多くの人は思うだろうし、こうした状態の変革として二〇世紀の革命の多くも起こったのだった。このことに——自己労働の自己取得という論理が再起動を正当化する唯一の論理ではないにしても——歴史的な意味が確かにあっただろう。

第三に、自分の働きの範囲で受け取るという主張が、途方もない格差の存在という現実を否定し、皆がそこそこ暮らしていけるという状態を想定させるものであったことが、この主張を支持させる要因であっただろう。ただ、ロックの場合に見られるように（Locke [1689=1968: 54]（第50節）等）、貨幣の使用や雇用関係の導入によってこのつましい状態は破られうる。

第四に、第三点に関連して重要なのは、贈与をどう扱うかという問題の存在である。しかし、働いて得たものしか取得してはならないという論理だけであれば、贈与は禁止あるいは制限される。働いて得たものの処分が本人に委ねられるなら贈与は制限されない。贈与が許容され、財が世代に渡って贈与されることによって、世代間の蓄積が行われ、格差が拡大していくことが考えられる。つまり、労働による所有というときに、労働による所有に重点を置くか、それとも、所有権の保護に重点を置くかによって変わってくる。私的所有権の原理は後者を認める。処分権を認めるということは、それをどう使おうがかまわないということであり、その中に贈与も含まれる。ただ、原則を修正あるいは変更し、自分が働いた分しか受け取ってはならないという原則をとることもできる。また、第3節で見る機能主義的な正当化の論理を使い、勤労意欲を削ぐことになるという理由で——同時に、子孫への贈与の動機によって働くのだから贈与の禁止はかえって労働意欲を削ぐ結果になるといった主張をしなければ、あるいはこの要因をあまり重く見なければ——世代間の贈与は制限されるべきだということになるかもしれない。

ここで明らかなことは、贈与が交換に対する反対物としての働きをするとはまったく限らないということである。一つは今述べたことである。一つは、子どもの時など一時的であっても働くことができない以上、社会を贈与という契機なしに存在させることは難しく、両者は組み合わされて使われているのであり、この意味でも交換に対抗する原理として贈与の契機を言うのは不用意である。ただ、このことを単に指摘するのでも不十分であり、後に「生産者」になる者については、親に扶養された子が次には親を扶養するといった時間をずらした交換関係を見込むことはできるし、親や雇用主や国家による労働力の生産についての費用の前払い（青田買い）を想定すること、また実際に行うことも不可能ではない。他方、生産者になる可能性がない人の場合には事情は異なる。「マルクス主義フェミニズム」の問題の一つは、こうしたことに対する注意深さに欠けている点にある。(例えば上野［1990a］。立岩［1994a］で一定の検討を行っている。性別分業について、経済的単位として家族があることの意味について、別書を用意したい。【だいぶ時間が経ってしまったが、立岩・村上［2011］がまず刊行された。】)

第五に、言うまでもないことを確認しておく。この労働→所有という主張は、——働きという言葉をどう捉えるかによるが——「労働に応じた配分」という主張と同じではない。これまで見てきたものは、働きの結果を自分のものにするということであり、その結果は苦労の度合いや労働の時間に比例するものではない。評価をしないと人がうまく働かないという次節に述べる事情を別としても、それなりの苦労をしたらそれは報われた方がよい、皆にとってよいことをしたならそれは評価されてよいという価値はあるだろうと思う。ただ、同じ時間だけ働き同じだけ苦労しても出てくる結果は異なりうる。ここで結果の価値とは、それを自らが使用する場合には自らにとっての、相手に提供する場合には相手にとっての価値のことであり、労働自体の価値ではない。その価値は相手に依存するし、その者が提供できる財の性質にも依存する。

【労苦・苦労に応じた「加配」については、立岩［2009c: 26］［2010b: 36］で、また［2010e］でも簡単に述べている。もちろんそれは測りようのないところがある。それでも時間がたいへんおおまかで不正確な基準にはなるだろう。そして、実際には、市場でつく価格に、「労働インセンティブ」をいくらか考慮しつつ、引いたり足したりするという方法をとることになるのだから、なにもしないより幾分ずつよい方に近づけることは可能である。】

◆15 機能主義が、AがBを帰結する時に専らBを問題にする立場だとすれば、その点で機能主義は批判可能である。目的(結果)が正当化されればその実現のためにどんな手段をとることも正当化されるというのと同じことだからである。確かにそのようなことを機能主義が言う場合はある——その限りで批判は正当である。例えば、永田えり子［1991］はここに機能主義批判の根拠を見出す。しかし、Aに対する評価もまた人間によってなされる。Aが引き起こすBという「派生的」効果だけをAの機能＝効果と呼ぶ必要はなく、A自体の機能（意義・意味）があると考えることもできる。そして常にBが優先されるわけではない。ここではこのような意味で機能主義という語を使っている。天から降ってきた規範を全ての人が信じているという状態がもはや失われているなら、人間の社会を構成する規範は、その中に住まう人間の評価によって評価されるしかない。それ以外のあり方を思いつくことができないのである。この社会では価値・規範が問われる対象となり、「伝統」も伝統以外のものによって判断される。そこに位置するのは「人間」である。近代が人間の時代であるとはそういうことである。この最も広い意味においては、私達は人間主義、そして機能主義から決定的に抜け出すことができない。本書で述べることもまたその内部にある。

◆16　パレート最適自体がどれほどこのましいことなのかを問題にすることもできる。「最小限のリベラリズム」と「パレート原理」との両立不可能性（「自由主義のパラドックス」「リベラル・パラドックス」）、自らその解決案を提示したセンの議論（Sen［1970→1982=1989］［1976→1982=1989］）がある。cf. 岩本健良［1991a: 80-83］、川本隆史［1995a: 124-127］、メリトクラシーについてセンの証明を用い各所での能力主義的選抜が社会全体としてのメリトクラシーをもたらさないことを証す数土直紀［1996］。【「パレート改善」「パレート最適」を基本的な正当化の基準としてまったく使えないことは『自由の平等――簡単で別な姿の世界』立岩［2004a: 53-54, 12］等でも述べた。】

◆17　経済学で「市場の失敗」が生ずる場合がいくつかあげられる。「公共財」の供給の場面、（負の）「外部効果」が生ずる場合、「完全情報」の仮定が成立しない場合等である。他に景気変動への対応力の問題もあげられる。知識のある人には不必要だが、教科書から簡略な説明を引いておく。

「公共財とは…国防、司法、警察などのサービス、あるいは道路、橋、港湾、灯台、公園、下水道などの施設が例示するような公共的な財貨・サービスの総称であり、それらはつぎの二つの特性をもつ…第一に、公共財は非排除性（non-exclusiveness）を具えており、このことはそれらの財が誰彼の区別なしに供給される財であることを意味している。…第二に、公共財は非競合性（non-rivalness）をも具えている。これはある成員がいくら公共財を消費しても、それによって他の成員の消費できる量が減ることはないという意味である。」（福岡正夫［1986: 229］、cf.長谷川計三［1991c］）

「外部効果とは、ある経済主体の活動が他の経済主体の選好や生産関数に、市場を経由しない形で影響を及ぼすことをいい、その場合当該の影響が…好ましくない方向に作用する場合にそれを外部不経済（external diseconomies）という。」（福岡［1986: 40］）

騒音や大気汚染などの公害現象がよくあげられる。また、（売り手に比べ）買い手の側が商品についての情報をもっていないという「情報の非対称性」が存在する場合、パレート最適のための条件である「完全情報の仮定」が現実には妥当しない場合があり、この場合にも交換は必ずしも消費者にとって良い結果をもたらさない。

これらは新古典派の経済学に常套的に投げかけられる（そして自らも認める）批判である。本書ではこれらについて本格的に検討することはない——本書後の課題である——が、第3章に見る生殖技術の批判、第4章に見る自己決定の困難の一部は、「外部効果」や「情報の非対称性」の問題として捉えることができる。例えば当事者に当該の行為がもたらす帰結についての十分な情報が得られていない場合が数多くあるだろう。だが、これは情報が十分に与えられている場合には当てはまらず、情報の提供が十分に行われれば問題はないことになることも意味する（第3章1節）。【『自由の平等』（［2004a: 16-17］）等でこれらの用語が多く曖昧に使われていること、政府による支出（強制的な支出）の正当性／不当性についてあまり考えられていないこと、だから考えるべきことを述べた。】

◆18 引用はSen［1973=1977: 16］。「…経済理論は、誰に所有権を与えるべきかを論じていない。これは分配的正義の基準を必要とし、経済学が努めて回避する問題である」（塩野谷祐一［1992: 96］）。彼自身の論は塩野谷［1984］で展開されている。【その後塩野谷［2002］。代案として――私は支持しない――「卓越主義」が組み込まれている。】

他に見田宗介［1972→1979: 217-218］に同様の指摘。個人的選好の線形順序性をも問題にするこの論文は、本書第4章・第8章とも関わり重要。【ここで「同様の」と述べた二者には、たしかに個々人の選好自体を問題にするという点において共通性はあるが、その思考の方向はだいぶ異なる。そして私は私で欲望の複数性他について考えている。】

◆19

いくらでもあるそうした言説の中から一つ。

「…どんな政府も、職業収入を長期にわたっては平等にはできないだろう。ある仕事に対して多くの報酬（経済的およびその他）を魅力的にしておくことは、労働者を送り出すポンプのように、皆が認める才能の流れをよくするのである、こうしたポンプがなければ、社会は才能を配置する力を失ってしまう。こうしたことはできないし、するべきではない。このことは、社会的に妥当な目標を実現するために、報酬の尺度を、大金持ちから極貧にまで拡大しなければならない、といっているのではない。おだやかな傾斜をつけるのであり、むしろつけたほうがよいのである。一方、人道主義者がいくらそうしたいと思っても、この尺度を害のないように全体として平らにすることはできない。尺度の両極の間に、一般的な社会的要求と貧乏人への同情とのバランスを正しくとるところがある。しかし、その理想点はどこか。だれにもわからない。われわれは、ポンプの力を注意深く操作しなければならない。」（Herrnstein［1973=1975: 251］）

刑法論における「一般予防」の考えもこうしたものである。その行為を本当に自らの意志によって「自由に」になしたかどうかはともかく、ある行為を行えばある刑罰が与えられることを知っていれば、その行為を人々は控えるだろうと言う（第6章注3・421頁）。

【税を安くした方がよい、累進性を緩めた方がよいといったことが主張される時に言われることの一つは結局このこと、「労働インセンティブ」である（もう一つは海外逃避）。個々人の選好の設定次第ではこの問題は回避できない。本文にあげたDavis & Moore［1945］は大学の学部生の時に読んだ論文で、以来気になってきた。選好を変えてしまう（選好が変わってしまう）というのが基本的な解ということになるが、もちろんそんなことが可能かと言われる。単一の解でなく、いくつかのことを言うことになる。例えば、税が高くなると人は働かなくなるという説には、逆にもっと働くようになるという反論もあり、それを示すデータもある。このこと——と、にもかかわらず、働かなくなる（可能性）だけが言われてきたこと——は立岩［2009c］で紹介し検討している。】

◆20

Hardin［1968=1993］はLloyd［1833］を引いて共有（牧）地を各自が自分の利益を最大化しようとして使う結果、過度の放牧が起こり、破滅的な結果が起こるという筋の「共有地の悲劇」を自然環境を巡る問題の所在を言う論として用いた。これを回避する方法として私有化そして／あるいは規制があり、人口問題の後者の解決策として「出産の自由」の制限が主張される（批判としてCallahan［1972=1993］）。また、人間を自然の支配者とする「フロンティア（カウボーイ）倫理」に環境の福利のために尽くす「救命ボート倫理」が対置される。豊かな国からの低開発国への援助（猛烈に混んでいる救命ボートから落ちて泳いできた人の別の豊かな救命ボートへの乗り移りを認めること）が否定される。その理由として「共有地の悲劇」の論理が用いられる。国境を閉鎖すること（これは国家を単位とした私有化の選択である）によって資源の使用が制限され、人口増加が抑制されるというのである。（Hardin［1972=1975］［1974］［1977=1983］）紹介と批判としてCallahan［1974］、Schrader- Frechette［1991a=1993］［1991b=1993］——後者ではこれに対置されるものとしての「宇宙船倫理」が検討されている。Hardin［1977=1983］の訳者でもある竹内靖雄［1989］等では肯定的に言及されている。

また、「共有地の悲劇」は社会学等では「社会的ジレンマ」(「囚人のジレンマ」と呼ばれる二人間ゲームの一般化として定式化される)の一つとして考察の対象になる(長谷川計三[1991a][1991b: 30-33]、小林久高[1995: 261-271]、「社会的ジレンマ」について山岸俊男[1990]、海野道郎[1991]等を含む盛山・海野編[1991])。

所有論との関わりでは次のような指摘。

「勤労の果実を勤労者に確保する制度の経済的必要性は、やはり認められなければならない。そのような制度がまったくない時には、土地の耕作のように長期的な労働などの「投資」の結果はじめてひとつの財が生み出されるような場合には、個人にとって自分で耕作の労をとるより他人の労働の成果が実る頃にそれを奪うという戦略の方が合理的になるし、それがわかっているのに耕作する者もいなくなるからである。もちろん皆がこの戦略をとる場合には、土地は耕作されないから、略奪の対象もなくなるが、だからといって自分だけが耕作することも無意味となるから、囚人のジレンマが発生する。これを解決するために前もって「各人の」土地を決めておくことで、その土地上での労働の成果の享受をあらかじめその者に保障することに皆が同意するのだと論じるなら、これは所有権の中に含まれる排他性(およびその系としての果実取得権)の要素に着目して、それを効率または経済的機能の観点から正当化する議論となる。」(嶋津格[1992: 61-62])。

環境問題の解決策としての私有化の限界については山田高敏[1996]。環境的公平については戸田清[1994]で本格的に論じられている。cf.高橋久一郎[1995b: 288ff]。

◆21 この文章——最初に雑誌に掲載され(Harris[1975])、それへの批判に対する反論を含めて著書の一部(Harris[1980]、他の著書にHarris[1992])となった——に言及したものとしては、加茂直樹[1989→1991b: 189-192]、加藤尚武[1993a: 22-27]、土屋貴志[1995a]、川本隆史[1995a: 103-104]、飯田亘之[1996]等がある。論評は以下のようなものである。

(1) これを認めれば「社会は人をまったく手段として扱うことになる。これを一つの原則として承認するならば、人間の生命と身体の価値は限りなく相対化されていくであろう。」（加茂［1989→1991b: 190-191］）

(2) 「「生存率最大の原則」が、個人の生存権や個人の自己決定権に優先するという前提こそが問題なので」あり、「生存権、自己決定権、平等権というような基本的な権利が「最大多数の最大生存」というような、単一の原理から導き出されるのか、それとも倫理的な原則はつねに複数が同じ資格で絶対不可侵であるのか。簡単に言うと、倫理的な原理は単一か、それとも複数か。この問題を功利主義のもとの姿に即して考察することにしよう。」（加藤［1993a: 27］）、続いてその考察がなされ、「要するに最大幸福の原理と平等の原理とは、はじめから調和するようにできているわけではない」（加藤［1993a: 35］）ことが指摘される。

(3) 「常識を逆撫でするような彼の臓器移植推進論には、直観レベルでの反発が寄せられたが、同時に「最大生存原理」が個人の生存権や自己決定権よりも優先するという前提に対して、原理面からも疑問符がつけられた（加藤［1993a: 27］）。」（川本［1995a: 104］）

ただ、後に本文で述べるように、「生存籤」が提起する問題は功利主義の是非という問題ではなく、またこれに対置されるのは「生存権」という原理でもないと、私は考えている。

◆22 功利主義者が全てこのような議論をするわけではない。例えば、功利主義の立場に立つとされる倫理学者シンガー（cf.第5章注8）は、生命を奪われることはその者に選好されない行為だから、望ましくない行為であるとする（Singer［1979=1991］）。ここでは（Bではなく）Aが生命を持つことは前提されている。けれども、Bにしても生命を奪われることが望ましくないのは同様のはずである。Aを優先する根拠は功利主義の内部にはない。功利主義だけを論拠にすれば必ずハリスのような議論になるはずである。ここではシンガーは意外に過激ではない。【功利主義による安楽死肯定論の紹介として有馬［2012］。】

功利主義は幸福の総量という基準をとる【立場だと、通常、される】。これを批判する者がまず持ち出すのは、各人間の欲求・満足の比較不可能性である。そうかもしれない。しかし、これを全面的に受け入れるわけにはいかない。というのも、比較を私達は現実に行っているからであり、しかもそれを正当だと考えている、あるいは正当ではないにせよ仕方のないことと感じているからである。例えば、ある者が飲み水に困って死にかけている。他方で、ある者が風呂に使うために水を使おうとしている。双方が水を得ることによって得られる快は相互に比較不能であって、云々といった言明に納得するのは難しい。比較・合計を私達は消極的にであれ、積極的にであれ受け入れている。財の配分の問題は大抵は量的な分配問題として処理することができる。より多く持つ者がより少なく持つ者にその超過分の（ある部分を）分け与えるなら、世界の幸福は増すかもしれない。そしてこうした移動を行なっても、少なくとも現実にはそう深刻な問題にはならない。しかし、例えば臓器、つまりは生命の場合にはそうはいかない。ハリスが論じているのはそうした場面である。

◆23　ハリスの結論に対しては加藤尚武も次のように反論している。
「サバイバル・ロッタリーを実行すれば、生存率が低下するからサバイバル・ロッタリーは間違っているという論証は、サバイバル・ロッタリーを否認するための論証にならない。そこから生まれる結論は「生存率が最大になるようにサバイバル・ロッタリーを運用せよ」ということにしかならない。」（加藤［1993a: 26-27］）

◆24　「単純な平等を根本原理として主張する者は、〈視力をまったく欠いた他者と比べて、私には十分な視力があるとき、私は自分の眼に関する特権を剥奪されるべきなのか〉という問いの前に窮してしまうであろう。」（大川正彦［1993a: 245］）

◆25　「生来的能力がなぜ人格の一部ではないのだろうか。生来的能力が人格の本質的な構成要素であれば――そして、このように考えることは充分可能である――、能力を社会の共有資源とみなすことは、人格の分離性——人々は、それぞれ別個の人格であるということ——を否定することであり、能力の相違から生ずる不平等を再分配によって是正することは、再分配で利益を受ける人々の「ただ乗り」を是認することだろう。」（小林公［1991: 159］）

「共有資源」という主張に対する指摘としては妥当な部分があると思う（第7・8章で関連することを述べる）。ただ、この文章をそのまま受け入れることはできない。「生来的能力がなぜ人格の一部なのだろうか」と問うことも、「本質的な構成要素でない」と考えることも「充分可能」かもしれないのだが、その前に人格という語にどのような意味を込めるかが問題だが、ここではそれは置き、引用文中「否定することであり」までを認めることにしよう。認めた上で、その私（の人格）の一部である能力によって（能力を介在させて）生産されたものがなぜ私のものになるべきなのか、と問うことができる。この主張が正当とするものはロックが正当化しようとしたものと同じだが、ロックの場合であれば一応は分離されていた、作ったという事実と取得することができるという権利という契機を分離せずに、したがって、両者を結びつけなければならないという問題を表に出さないまま（あるいは問題の所在が自覚されないまま）、私的所有が（正当化の論理なく）正当化されたことになっているのである。たしかに私はそれを作った、としよう。その私（のそれを作った能力）は侵害されておらず、それを作ったのが私だという事実は否定されておらず、その限りで人格は否定されていないとも言いうる。このことと、作ったものを所有する権利があるということとは論理的には別のことである。このことを本章で述べてきた。

第3章　批判はどこまで行けているか

「適格審査と事務手続きは簡単で、いままでの人はすんなり通ったと理事は説明した。これから代理母になるためには、理事と心理カウンセラーが経歴のチェックと健康診断をし、私はそのチェックに合格しなければならないというのである。最後に、弁護士に会い、正式にこの計画に参加する前に契約の説明を受ける。…代理母サービスを望む親たちもまた理事と心理カウンセラーの適格審査を受けなければならないし、契約に署名するときには二五〇〇〇ドルを支払う。…妊娠期間中、代理母は妊婦服を買う費用として二〇〇ドルを受け取る。交通費として一・六キロメートルごとに十五セントが支払われる。出産経費をカバーする医療保険に入るかどうかは代理母側の責任とされている。会社側は代理母がこの契約に従事している間、彼女が入っている医療及び生命保険の掛け金と、保険でカバーされない医療費を支払う。赤ん坊が生まれ父親に手渡されたのち、代理母は彼女の報酬一〇〇〇〇ドルを受け取る。」（Ince［1984=1986: 68］）。

「胚を女性から別の女性に移植することが日常的に可能になれば（実験的には既に行われている）、第三世界の女性により豊かな西洋人の子どもを産ませる道が開かれることになる。」（Corea［1987: 43］）

「…第三世界の女性が白人の、西洋人に安価な種畜 breeders として使われている（少なくともある代理母斡旋業者は現在この国家間の移送を具体的に計画している）」（Corea［1990: 326］）

その人のものと認めながら、その人による譲渡、そして利用に抵抗するものがある。なぜか。第2章で見た主張はそれに答えない。本章では「生殖技術」（reproductive technologies）への批判を検討する。生殖技術を利用しようとする者、例えば代理母の契約に応ずる者が自らの身体に対する自己決定としてその行為を行う以上、代理母契約は許容されるべきだという見解がある。これもまた自己所有・自己決定の主張である。自己決定を一方で自らの立場としながら、なお批判がなされる時、何が言われるのか。論点を一つずつ検証する。

第1節。まず決定の前提としての情報の提供が当然求められるが、それは同時に情報の提供が十分であれば問題はないということでもある。次に、自己決定に基づく行為と言えないとする指摘、また当事者の決定をそのまま（その本人のためにも）受け入れられないとする主張についても、その指摘が通常求められる自己決定の条件より強い条件を求めていること、本人の決定を覆すだけの根拠が与えられているか疑問が残ることを指摘する。

第2節では、公平の観点から、各々の有する資源の不均衡を指摘する主張を検討する。第一に、利用者の側の不平等（富裕な者しか技術の恩恵を受けられない）の指摘がある。だが、これについては、誰もが利用できるようにすればよいことにならないか。第二に、貧困の中でやむを得ず代理母になる者がいるとする指摘について、その事実は認められるが、なぜ生殖技術が特に問題とされるのかという問いが残される。以上で見た批判は、批判として十分か。その指摘がすべて無効だということではないはずだ。だが、言い足りないところがある。

第3節で、贈与と売却の差異について、そして共通性について考える。あるものを手段として扱うこと、何かと比較することに対する抵抗があるらしい。だが、決定し譲渡する「私」さえそこに残っており、それ自体は比較されず、譲渡されないものなのであれば、以下その私の決定に服する客体については、どのように扱われても問題はないということにならないか。ここから、再度考察が始まることになる。その上で、第1節、第2節で見た論点がもう一度検討されることになるはずだ。その作業は第4章に残される。

1　自己決定の条件

［1］　批判を検討する

人工授精・体外受精等の生殖技術[1]が現われ、それを用いた「代理母」による出産等[2]が登場している。まだ情報は十分ではないが、それでもいくつもの書物が出ている[3]。各国での利用の現実や法的規制等々のあり方は、イギリス[4]、フランス[5]、ドイツ・オーストリア・スイス[6]、その他の諸国[7]、そして米国[8]、日本[9]で異なっている。けれども、ここでは技術とその応用の現実には詳しく触れない。これを批判する論理を取り出し、体外受精等の技術を利用しようとする者や代理母等の契約に応ずる者が自らの身体に対する自己決定としてその行為を行う以上許容されるべきだという主張との関係を考えながら、検討する。

多くの場合、生殖技術の利用に対する批判は、現実にある問題点、考えられること、思いつくことを数多く並列し、その全体によってその問題性を指摘しようとする。切迫した問題だから当然かもしれない。だが、反論される可能性を検討しながらの個別の論点の吟味はなされないことが多い。だから、まずは論点を分け個々に検討する作業が必要だと思う。何についてどこまでが批判可能か、はっきりさせたい。生殖技術の問題は、一つに技術の開発と応用をどこまで認めるのか／認めないかという実践的な問題なのだから、こうした問い方が要請される。

次に、生殖技術の応用に批判的な立場をとる者、フェミニスト（の少なくともある部分）自身が自己決定権を掲げている。私自身、自己決定に肯定的だと思うが、生殖技術のあり方に全面的に肯定的だとは言えない。これは一体どういうことか。さらに私は、私的所有・自己決定、市場への境界設定といった主題についての考察が、依然として、いやむしろ現在だからこそ、重要な課題であり、生殖技術の問題もその一部だと考える。身体の自己所有・身体に対する自己決定を前提すれば技術の利用の許容が帰結するという主張はかなり強力なものだ。しかし同時に、私は生殖技術の応用に対する批判あるいは懐疑から受け取るべきものがあると考えている。懐疑がある時には、それを生じさせるそれ相当の理由があるに違いないのだ。そしてそれは、以下にみる不確実性や危険性に対する疑念とは少し性格の違ったものではないかと思う。その疑念がどこに発するかを考えるためにも、出されている論点を一つ一つ検討し、それが批判できる範囲を確定し、議論を追い込んでいくことが必要だと考える。その作業によって、技術への懐疑の「本体」が明らかになると考える。第1節では、自己決定の原則を認め、自己の身体を自己の決定権の下にあるものとした上で、この原理から、生殖技術の現実を批判する議論の有効性の範囲を検討する。

〔2〕 決定のための情報

「不妊治療の進歩によって、なまじ期待をもたされたばかりに、検査や治療のための腹腔鏡などでからだを傷つけられたり、不妊症の治療に通院・入院と無駄な歳月を費やさなければならなくなった女が、多数つくりだされている。それでも結果として治療に成功すれば「体外受精によって苦労の末子どもが持てた」という成功談にもなるが、治療が成功するのは多数の不妊症のうち幸運なごくわずかな例にすぎない。／いつも腹立たしく思うのは、少数の成功の陰にはどんなにか多くの不成功例があるか、そしてやってもやっても成功しない多くの女たちが、いかに心身共に傷つき悩んでいるかということがほとんど語られていないことだ。」（丸本百合子〔1989: 86-87〕）

自己決定の前提として、決定のための情報が提供されていなければならないが、それが（十分に）なされていないことが批判される。特に体外受精と代理母が問題になる。いずれも身体的負担・心理的負担が大きく、このことについての情報の伝達が重要だからだ。例えば体外受精の成功率は非常に低いのだが、それが十分に調査されておらず、把握されていない。それ以前に、調査され集計されたデータにしても、何をもって成功とするか、その基準に問題がある。また公表されることが少ない。「治療」を受けようとする当事者にも十分に知らされていない。◆[10] 体外受精による出産等を伝える報道等では、もっぱら成功例だけが知らされ、家族関係に与える問題性といった視角から「倫理問題」に対する懸念は語られるにせよ、技術そのものの問題性はあまり指摘されない。そしてそのわずかの成功に至るためにどれほどの負担が必要なのか。まず要する時間、期間。また排卵を誘発するためのホルモン剤の投与がどれほどの苦痛をもたらし、副作用等の危険性を持つのかも十分に知らされているとは言えない。

自己決定は決定のための正確な情報を前提として初めて自己決定となるのだから、これらの問題は当然解決されなければならない。問題点を指摘する文献の多くははっきりとそうした意図のもとに書かれている。さらに、最低限の情報提供の体制が整うまで技術の応用にモラトリアムを設定すべきだという主張も成立しうる。ただし、ここまでが、ここで行うことのできる指摘である。

［3］ 自己決定ではないとする批判

自己決定の原則を認め、この原則から現実に対して批判がなされる。現実になされる行為が本当に自由な行為なら認めるが、この条件を満たしているか、それが強制されたものだとすれば問題だと言うのである。

各人の持つ資源（の格差）の問題、例えば貧困が代理母になることを強いているといった指摘は第2節で検討することにし、ここでは子を持つことを強いられるという指摘を考えてみよう。批判者は、子を産むことを強制する社会規範の存在を指摘する。「産む」のではなく「産まされている」のだと言われる。「女なら」あるいは「夫婦なら」子を持とうとするものだ、あるいは持つべきだという言葉はそこらに満ちている。その一つ一つは具体的な強制として現われていないとしても、当事者に重くのしかかってくる場合がある。あるいはもっと具体的に、夫や親によって人工授精等が強要されている。子を持つのは夫婦の意志決定ということになっているが、実際にはしばしば夫の意志が優先される。そして、夫の側に原因があっても、実際に「治療」を受けるのは女性だ。社会学的な作業とは、少なくとも一つに、こうした「現実」の「権力」関係を解き明かすことであるのかもしれず、真空に議論を展開する既存の「生命倫理学」に欠けており、社会科学に期待されているのもそうした役割なのかもしれない。しかし、そのことの意義を承知しながら、なお、私は、その「現実」を解明した後に現われる反論を見ておかなければならないと考える。次のようなことが言われるはずである。

①技術の利用に対する強制が、当事者によって報告される場合、また確実に推定される場合。これは自己決定の原則に明白に違反するのだから、それを問題にし、その解決のための手段を講じなければならない。

しかし問題になるのはもっと微妙な場面だ。

②「社会」が女性に産むことを促している事実は、当人の報告を待たずとも、例えば各社会間の各集団間の差異を検出するといったしかるべき方法をとれば確認可能であり、現実のある部分を確かに説明するだろうが、それは個々の人の欲求の全体を説明しているとは言えない。子を持ちたいという「素朴な気持ち」が語られ、それを「社会」の言葉で説明しようとする、しかしやはりそうは思えないと言われ、だがそれは実は…、という繰り返しになる。職業上社会科学者は後者の側にいることが多い。だが「規範」「役割」の言葉で全てを説明することはできない。少なくとも説明できることを示すことはできない。◆[11]

③選択・行為が「自由意志」によらなければならないという条件を強くとれば、この条件が許容する範囲は非常に狭くなる。選択・行為のすべてが問題になりうる。振り返ってみれば、私達が選択する行為の多くは、様々の社会的規範や価値観によって規定されているだろう。そうした行為を全て「真に」自発的な行為、決定でないとするな

ら、自由な行為なるものの範囲は少なくとも非常に限られたものになるだろう。とすれば、社会的な規範に沿っているから認めないとすることはできないのではないか。例えば、ある状態よりある状態を選好したことをもって自由な行為とみなすという立場がある。これが「自由」と言えるかについては異論がありうる。しかし、私達が一般に採用する「実践的」な（後退した）規定としての「自己決定」の基準とは、その動機の出所がどこにあるにせよ、それを当人が実際に行おうとしたなら、それはその者が選んだ行為とするというものだ。ここでは、子を育ててみたいから子を望むのと血縁の連続のために子を持ちたいという動機とは、それが当人の欲望として表明されている限りで、同じ準位にある。これには抵抗があるかもしれない。しかし、例えば信教の自由とはそういうものだ。神の命令ゆえに私はこの道を選ぶという意志を、それは真の自己決定ではないとして排除することはない。例えば、通常の妊娠→出産の場合に、その意図、その意識の内容が問われることはない。その「普通」の人にしても、家系の存続のため、妻だから当然という意識から、子を産もうとするのかもしれない。とすれば、生殖技術を利用して子を持とうとする者もまた、その「普通の人達」と少なくとも同等に扱われてしかるべきではないか。

無論このように言うことは、私達がいつのまにか受け入れている規範を解読し、そこから自由になろうとする試みを否定するものではない。全ての女性が子供を持ちたいはずである。これは単純な誤りだ。女だから子供を持つべきだ。これは根拠がない。そして自己決定の侵害である。その規範に従うことが当の者に何をもたらすのか、あるいはそこから離脱することによって何を捨てることができ、何を受け取ることかできるのか、それを知り、伝える試みの意義を否定するのではない。さらに、例えば、政治、教育、マスメディア…の場で、無視するのですまない有害な扇動が行われるなら、その禁止は当然のことである。けれども、②に述べたこと、他人がどうこう言うのと関係なく子を持ちたいのだという欲望は否定できないだろう。また、最終的には、③の意味での自己決定、それが自身の選択であることが表明されている限り、その意志を許容せざるを得ないだろう。現実に行われていることの全てが①なら技術の利用の全体が禁止されれる。しかしそうでないなら技術の利用全般を制限することはできない。これは一つの立場からの主張ではあるが、その立場は、多くの場合批判者の側も認める立場である。とすれば、簡単に葬りさることはできない。

［4］他者（達）の侵害／パターナリズム

自己決定の原則は、他者に危害を及ぼさない行為を許容する。だが本当に他者を侵害していないのか。ここでの行為は、直接に技術を利用しようとする当事者、技術の利用に応じようとする当事者以外に向けられた行為ではない（ただし、子の問題は別に論じることにし、ここでは除外して考える）。ならば、それは何であれ自己決定の原理のもとに許容されるという強い立場を採ることもできなくはない。しかし、これを緩め、侵害をもう少し広くとることもできる。[12] 例えば私（達）の価値観を侵害していると言われるかもしれない。[13]

そして、前項までの(1)自己決定ではないという批判、右記した(2)直接の当事者（と通常される）人以外の人（の価値）に対する侵害以外にもう一つありうるのは、(3)当人の利益が実は侵害されているという主張である。当人の利害と当人の決定を分離し、当人の決定は実は当人の利益にならない、十分な情報を得た上での行為であっても、当人は自己の本当の利益を知らないのだ、目先の利益のために自分の真の利益を犠牲にしていると言われるかもしれない。これはある個人のある時点における決定を、その者にとっての有利な選択と等置しないパターナリズム paternalism の主張である。これは、その当人の（少なくともその時点の）判断を考慮していない、少なくとも優先させていないから、自己決定の原理から外れることになり、自己決定の原理から批判することは可能である。ただ、自己が決定した行為であれば（少なくとも通常）自己に利益を与えるだろうと考え、その利益（の予想）をもって自己決定が正当化される場合もある。この場合には、自己決定を支持するのと同じ理由で、パターナリズムが支持されることがある◆14。だが(2)・(3)の両者について次のことが指摘されよう。第一に、その周囲の人の価値や「被害」、そして（当人以外の人が判断する）当人の「本来」の利得は、その当人の（自ら表明する）利得を超えて考量されなければならないのか、その主張に従うことをその人に要求することができるのかどうか。例えば(2)について。その行為について関心を持つ全ての人の価値観や利害を考慮すべきだとするなら、そこに反感を持つ人がいる限り、その行為はなされるべきでないことにもなる。これを認めず、自己決定権を尊重すべきだとする論者は、当人の、それ自体他者の幸福の侵害を意図しない行為は、他者の幸福が結果的に損われるという理由によっては禁止されないと主張するだろう。また、誰かの価値観に相反することを（当人の名誉を毀損するため、不快感を与えるためにではなく）ただ行うことを他者に対する侵害と言い得るか。多くの人が代理母の契約に応じようとは思わないとしよう。しかし、ここで行われようとされているのは、自ら担おうと思わない人にそれを強要しようということではない。問題は、自らそれを行おうとする人に対して何を言えるかである。

第二に、(2)についてその不利益、侵害されている価値とは何か、(3)についてその当人の報告によらない当人の本当の利益とは何かが問題になる。その上で、その判断を当人の意思を超えて適用すべきことを正当化しなければならない。本人には（今）自覚されていないけれども、実はあなたのためにならないというその根拠は何なのか。あるいはあなたはどう思っているかわからないが、それは私（達）にとっては有害なのだ、あるいは社会的な価値に反するのだと言うとして、その不利益、不正義とは何なのか。例えば麻薬等の使用についてはそれなりに説得力を持つだろう。しかし、生殖技術の応用の場合にこのことをどこまで言えるか。ある者に行われることは（その者には同意があるにしても）、その者が属する範疇全体に対する侵害であるという主張がなされることが多い。「性の商品化」の場合なら、性を商品化する人自身はそれを自発的に行っているにしても、そこで行われていることは「私達女性」を侮蔑するようなものであるというのである。生殖技術に対する批判においても、（暗黙のうちに）こうした論理構成が取られていることがある。例えば、ある言説が、直接特定の対象に向けられたものでないとしても、明らかにある者達の集団のことについて言っており、それがその者達を誹謗するような内容であれば、直接の当事者以外もそれを非難することができるだろう。しかし、技術を肯定する者は、侵害の意図はないし、実際行われていることもそのような内容のものではないと、当人の利益を損なうものではないし、社会的な価値を侵害してもいないと思う、単に不快だというのでは困る、価値に反すると言うなら納得できるその根拠を言ってもらいたい、自分で考えてみてももっともな理由はみつからない、と言うだろう。これに対してどのように言うか。◆[15]もし皆がよくないことだと思っていることに相応の根拠がないのであれば、むしろ問題にすべきは、（本来悪いことではないことを）悪いことだとする私達の意識なのであり、その行為を引き受ける人を悪く言ったり、あるいは同情したりするのは不当な差別だということになるのではないか。このことに気づいていないのではないだろうと思う。しかし、以上に示した疑問が自覚的に検討され、それに対する説得的な解答が試みられることはそうない。

「妻の不倫にはうるさい男たちが、なぜ注射器で他の男の精子を妻に授精することに同意するのかが、私には理解できない。どこかに虚偽がある。相手との結婚を継続したいのなら、子どもができなくても、子どものいない人生を二人で引き受ければいいではないか。第三者の生殖機能を利用してまで子どもが欲しいと言う人は、すべてに自分の妻をパートナーとみなしていない。それならなぜ、新たなパートナーを探さないのだろう。子どもができるかもしれない別の女性とやりなおすべきではないか。愛しあって子どもをつくることかできるかもしれないのに、なぜいままでの相手との結婚をつづけ、人工授精などという七面倒臭いこ

とをするのか」（ヤンソン由美子［1989: 108］）
このような価値観もあるかもしれず（私は支持しない）、彼女自身がそのような選択をするのはかまわない。しかし他者に向けられた言葉としては、随分と乱暴だと言うほかない[16]。

通常言われる自己決定の原則を認める場合に帰結することを以上で述べてきた。①決定の前提となる情報の提供が実質的になされることを条件とした上で（現実の問題の過半はここにあるだろう）、②技術の利用を選択するという者の意志を認めること、「自発的」に行うとする者を許容すること、③技術の利用を積極的に望まない者の決定ができる限り他者の意向に左右されないものとすること。④全般的な制限は、個別に対応することが難しく、そこに深刻な被害がある場合に限られる。例えば③の条件を現実に満たすことが困難であり、多くの人が技術の利用を強いられてしまい、生命に関わるような危険が高い割合で生ずるといった場合が考えられる（厳格に自己決定を擁護する者はこの場合にも制限を認めないかもしれない）。

これだけでも、技術の応用の現状のかなりの部分に制約を課すこと、場合によっては条件が満たされるまでの一時的な技術の応用の禁止を主張することはできよう。これは消極的な立場ではない。ここまでに見た事実について、私達はこれまで何も知らなかった。「安易に」子を持てることに対する危惧が語られ、逆に「解放」の可能性への期待が語られた。家族や性的な関係の未来や、受精卵や胎児の権利（と女性の権利との衝突）について語る言説だけがあった。いくつかの報告がようやく、現にある、しかし隠されている諸問題を指摘したのだ。技術の応用の実態に絞ってこれを徹底的に問題にし、その解決策を提案する方が、焦点の定まらない全般的な批判を行うよりも有効なことがある。[◆17] しかし、それでよいなら、今見た範囲については基本的には批判はこれで終わる。

2　公平という視点

[1] 何が問題にされているか

公平という視点をとることができる。現実に行われていることがこの原則に反しているとする主張がありうるし、実際にしばしばなされている。まず文章をいくつか引用する。多くの論者がこのことを指摘している。

①「貧困層、マイノリティの成員は、IVF-ETで子を得るためしばしば必要な何回もの試みに通常必要とされる三〜五万ドルを持っていない。しかも子を得られるのは「幸運な」カップルに限られる。大多数は失敗に終わるのである。」（Henifin［1988: 5］）◆[18]

②「なりたいなら「代理母」になる「自由」な選択が与えられるべきだという議論を聞く。だがそれは何を意味するか。ある調査では「代理」母になった女性の四〇％が失業者または生活保護を受けている人だった。…人種差別主義者が胚洗浄・代理母という方法を支持するのは、メキシコや中央アメリカ出身の女性が白人の北アメリカの女性の卵によって作られた

胚を懐妊するのに好適だということなのである。」(Spallone [1989: 81])[19]

③「代理母と呼ばれる女性によって供給が行われる。しかし、この市場で最も支配的な存在は代理母のブローカー、ビジネス・マンである。彼は、実際、女性の周旋者なのだ。／代理母は、女性の経済的な生存のための選択肢として正当化され、必要な女性の仕事として描かれてきた。女性の仕事とされる仕事が賃金と地位が低く危険性の高いものであることは世界的な事実だ。賃金均等法にもかかわらず、女性と男性の間の賃金格差は世界的なものであり、さらに拡大している。…女性が経済的な尊厳と生存をあらゆるところで否定されているというこの背景のもとで、初めて子宮を売り渡すことが女性の経済的な選択肢として現れる。」(Institute on Women and Technology [1990: 323])

④「五年以上もまえに、フェミストは…有色人種の女性は「純粋」代理母の標的にされると警告した。そして代理母ブローカーは、「契約する女たちを集めに第三世界へ行く」と、はっきり認めている。そこなら高くなっている経費をもっと安くできるだろうし、女を働かせるのももっと楽だろうと言っている。」(Raymond [1991=1991: 154])

⑤「代理母の現実の核心は、それらが階級差別主義者のものであり性差別主義者のものであること、すなわち、貧しい女性を搾取することにより白人の男性が血縁上のつながりのある子を持つ手段であるということである。それらは「切実に」欲する者にただ赤ん坊を提供す

るだけだと宣伝されるのだが、実際には経済的な公平と正義に関する原則的な観念を破壊するものであり、我々の平等そして本来値段のつけられない人間の生命の価値への傾倒の土台を浸食するものである。」（Annas［1990: 43］）

⑥「…高い費用がかかるため、それを利用できるのは一部の人々に限られ、公平な技術の使用は不可能である。さらに、代理母の契約にみられるように、高額所得者が低所得者を代理母として利用するという新たな搾取関係を生み出す可能性もある。」（五條しおり［1991: 51］）

⑦「現代の代理母制度の一番の問題点は、それが商業化によって代理母と彼女の助力を求める人間の両方の搾取を助長しているということである。依頼者は助力の対価として法外な金額を要求される可能性がある。また、代理母自身が貧困あるいは失業のためにこの役割を強制されることも事実なのである。誰しもが貧困か搾取かの選択では後者を選ぶのが普通である。」（難波貴美子［1992: 148］）

⑧「出産しても不利にならずに働き続ける条件がもっと整っていたら、女性たちは凍結受精卵による出産などに、そんなに心をひかれはしない。」（駒野陽子［1989: 123］）

［2］富者しか利用できない？

お金や時間がかかることは、お金や時間に余裕のある人でないとできない。こうして格差・選別が生じる。問題になるのは、かなりの費用とそして何より時間を要する体外受精[20]と、代理母を「雇用」することによる経費がかかる代理母契約[21]である。例えば、裕福な層だけが体外受精を行うことができるといった指摘がなされる。

利用できてよいとすればそれが実現されていないことが問題だと言えるが、そうではなく、本来望ましくないのであれば、この主張は成立しない。だから、こうした指摘は利用されてよいことを前提して初めて意味をなす。ならば、それを多くの人に行き渡るようにすればよいではないかという議論があるだろう。

(1) まず、贈与も売買も認めずそのままにしておく方が公平だと言えるのか。不妊という状態にあることに当事者達は責任がない。生殖技術の応用によって、そうした状態にあって子供を持ちたい多くの人が子供を持つこともできるかもしれない。とすれば、譲渡を禁止することは現状維持にしかならず、かえって不平等である、社会的に公正でないと批判することもできる。こうして、平等の原理から技術の制限の不当を言うこと、この技術そのものはむしろ平等を達成する、少なくとも平等の原理により適ったものだと言うことも十分に可能である。

(2) 売買における格差がよく指摘される。金銭が介在することによって不平等が生ずるのは明らかだ。しかし、贈与としてなされることが不平等を生まないかどうかはわからない。贈与においても、相対的に供与を受けやすい地位があるだろう。贈与を行おうとする動機は必ずしも対象を限定せず人類全体に及ぶものではないからだ。例えば、腎臓移植が家族・親族間に限られるとすれば、移植を受けられるのはそうした家族・親族がいる場合に限られる。とすると、売買の場合に比して贈与の方が有利だとは必ずしも言えない。自発的な行為によっては得ることがより困難であるかもしれない。とすればかえって金銭を介在させた方がよい場合があるかもしれない。[22]

(3) 以上(1)・(2)に述べたことを認めたとしてもなお、経済的な格差によってこの技術に接近できない人が出るという現実は確かに残る。だが、ならば公的な医療保険制度の中に組み入れるなりして、その不平等を軽減し、全ての人が利用できるようにすればよいではないかという主張が成り立ちうる。もし仮に贈与によるよりも対価が支払われる方が、それを得やすいのならば、そして、それに対価を払い、その対価を払うことができるかできないかという差が問題なのだとすれば、税金を使って誰もが技術を利用できるようにするのが一番公平ではないか。[23] また私的保険も、一時の集中的な出費をいくらかは軽減することができよう。さらに、検査・「治療」に時間がかかる等の問題についても、例えば育児休暇をとることができるのと同じように制度を整備するなら、ある程度の解決が可能かもしれない。不妊は「病気」ではないのだから、生殖技術の適用は医療行為ではないという主張もある――この主張の意味については第5章でもう一度検討する――が、私達の社会は狭義の医療だけに限らず、種々の公的な援助を行っている。子をもつことについても税金や保険料が使われてよいと考えることはできる。医療保険で扱うかどうかはともかく、公的な援助が認められてよいと言いうる。[◆24]

(4) また、特に強く批判されているのが代理母の斡旋機関、特にそこから利潤をあげている企業である。しかし、よほど幸運であるか、個人で広告を出して人を探すことができる十分な資金を持っているのでなければ、個人的に契約者を得ることは難しい。何らかの機関があった方が契約に応ずる人を見つけることが容易だろう。とすると、こうした媒介行為から利益を得ること自体の問題性を別に言わなければならない。もし各自が利用できる資源が公平に確保されるなら、ある程度の利益を上げる機関の存在は、技術への接近の公平性の確保という点から、有用だとされることになるかもしれない。利益を上げ過ぎていることが問題なのだろうか。しかし過剰な利益を上げていると言うその根拠はどこに求められるのか。また、適正な媒介活動を行う機関は成立しえないものなのか。

以上のように考えるなら、この論点は、技術を基本的に批判しうるものではなく、むしろ利用のあり方の不備を指摘するものと見るしかない。社会的負担、売買を許容、贈与だけ許容、禁止の順で好ましさが減じることになる。

［3］貧しい者が搾取される？

もう一つの指摘は、売却者・譲渡者に即してのものである。売買、特に有償での代理母契約について問題にされるのは、困窮者が譲渡する側にまわるだろうということである。これはその行為が自由な行為ではなく強いられたものだとする批判に連続している。ただ、第1節で検討した強制についての議論は、譲渡が真に自由な譲渡とは言えないのではないかというものだったが、ここでは、仮にそれが自由な行動であり、自己決定の原理にかなっていると言えるとしても、問題がないとはされない。お金がないから、お金を得るために、自身の持つものを譲渡しなければならない。ここでは個々に配分されている財の初期状況が問題にされるのである。

また、格差の拡大も指摘される。結局のところ自身にとって不利益であることがわかっていながら、仕方なく目先の利益を追うしかない。例えば、専門的な訓練を受け専門職につき相対的に高い賃金と地位を得ている女性が代理母契約によって子を持ち、妊娠期間も仕事を継続することによって自らの賃金と地位を確保し高めていけるのに対し、自身の身体しかない女性は代理母契約に応ずることになる。こうして一定期間ある程度の賃金をその仕事によって得られたとしても、結局のところ彼女は多くを得ることはできず、貧困のうちにとどめられる。これは性の商品化についてもよく問題にされることである。生殖技術についてもこうした議論は多い。殊に代理母契約の場合が、その負担が大きいゆえに、大きな問題になる。例えば代理母になる者が貧困層に偏っているという指摘があり、批判がある。さらにこれは「南北問題」として捉えられる。これも、第三世界の女性や臓器提供者の問題が指摘されるのと同じである。

これはもっともな指摘だと思える。しかし、何に焦準した批判なのか、何を問題にしているのか。少し詳しく見た方がよいと思う。(1)社会に広く存在する不公平それ自体が問題だと言うのだろうか。全てのものが、本来なら譲渡・交換されてはならないものだと言うなら、そしてそれに正当な理由が付されるなら、それはそれで、完全な自給自足、あるいは商品世界の廃棄といった代替案の実現可能性はともかく、論理としては成立する。例えば、全ての行為が自発的に行われなければならないとすれば、そして商品として提供することに何か強制的な部分、不平等につながっていく契機があるのだとすれば、それを根拠に批判し、商品という範疇を否定すべきことを主張することはできる。また役割の分化、あるいは固定化が生ずることをもって批判することもできる。だが、こうして、例えば譲渡したくないものを譲渡しなければ生きていけないその悲惨さ一般が問題にされねばならないのだとすれば、その批判は、やはり財の不平等な布置それ自体に向けられるべきではないか。ここで、これだけを禁止することは、一つの収入源を奪うことでしかなく、格差の縮小には結びつかないのではないか。

(2) 実際には特に生殖に関わるいくつかの事柄が取り出されている。けれど、それはなぜか。今まで出産といった領域は経済原則に支配されていなかったと言うだけでは足りないだろう。新しいものだけを認めないという理由はないからである。では、社会的な不公平の集約的な現われとしてこの問題があるということだろうか。私達は生活のために様々のことをしないとならず、ある者にとっては、ある仕事が唯一得られる仕事であるのかもしれない。そうした仕事として、代理母やあるいは売春が行われることがあるかもしれない。これに対しては、まず事実としてそういう状況になっているのかという問題があるだろう。そして、仮にそのような状況であるとしても、やはりそのものの譲渡が固有に問題であると言えて、初めてそれを生じさせている状況を問題化しうるはずだ。だから、ここでもまず問われるべきは、なぜこの譲渡が問題なのかである。こうして、やはり、譲渡・売却一般ではなく、生殖に関わる場面での売買が、また例えば性の商品化や臓器の売却が特別に問題にされるべきだとすれば、それはなぜなのかという問いが残る。なぜ、他の商品化されるものとは別に、それらの譲渡が問題なのかという問いに答えなければならない。自分の家の前の畑でできたキャベツを売ることはそれほど問題ではないが、性や臓器や子宮を提供することはそうではない。これはどういうことなのか。譲渡の何が問題になっているのか。

本来は誰もが等しく負わなければならない負担なのに、その負担が特定の人にかかることが問題になっているのではないだろう。では、それを特定の人が（貧困ゆえに）担わなければならないから、貧しい者にとって否応のない選択としてあるから、問題なのだろうか。だが、私達は多かれ少なかれ嫌な仕事をその対価ゆえに引き受ける。そしてそれは、ともかく当人が引き受けたことなのだから、仕方のないこととされる。譲渡する者はそれによって得るものがあるだろう。だから譲渡する。譲渡するものは大切なものであるかもしれない。ある条件があれば譲渡する必要がなかっただろうが、その人は譲渡によって得られるものにより大きな価値を認めた。一般に私達は、こうしたことを良いことだとは考えないとしても、仕方のないこととして認めている。これもまた自発的な譲渡であると考えている。代理母契約の場合にしても基本的にこのような条件は満たしてはいる、少なくとも満たされなければならないとは考えられている。とすれば、結局のところ全てを認めるざるを得ないことになるのではないか。しかし、生殖技術の応用のあり方に疑念をいだく人は、譲渡を禁止すべきだと主張するかどうかは別としても、このような帰結をそのまま受け入れることをためらうだろう。とすれば先に出した問いはまだ答えられていない。

それは、第一義的には不公平を発生させるからではないはずだ。公平の問題を無視してよいと主張しているのではない。商品化が問題化されるのなら、それを担わねばならない状況に置かれることの悲惨が問題にされる。生殖が商品化された時に、その商品を提供する側に置かれやすいのは貧窮のうちにある人々であるのは間違いない。しかし、その悲惨は、商品化されるべきでないということを前提とした悲惨なのである。

こうして確認されたのは、第一に、富める者しか利用できないという指摘はこの技術に対する根本的な批判にはならず、むしろその適用の拡大を求めるものとなること、またこの問題は少なくとも原理的には解決不可能ではないということだった。第二に、貧しい者が専ら譲渡する側に回るという指摘にしても、実は（不）公平自体が最初の問題ではないということ、譲渡自体に、しかも譲渡（売買）一般ではなくこの技術に関わる譲渡に対して特に否定的な価値が与えられて初めて、譲渡せざるを得ないことが問題になるということだった。

3　交換と贈与について

［1］交換と贈与について

以上検討した中に見るべき主張はいくつもあった。しかし、あげられた諸点が、抵抗感・疑念の核心部だとは思われない。仕方なく、貧しさゆえに、行われる全ての行為が問題とされるのではなく、その中で特に生殖技術（そして性、臓器…）がなぜ問題になるのか。技術の利用、身体の譲渡に関わる疑念の本体は何なのか。

善意の提供は認められるが売却は認められないことがある。臓器の売買を認めている国はない。代理母契約についても大勢としては認められていない。さらに、善意による提供であっても否定あるいは疑問視する考え方がある（例えば生体腎、生体肝移植について）。とすれば、贈与と売却の差異について、そして共通性について考えてみてもよい。[◆25]ここから、譲渡することに対する抵抗感がどこに起因するのかを見ることができるだろう。[◆26]

(1) 譲渡されるもの a は主体によって制御される客体である限り、主体から分離されたものである。また両者には、制御するもの∨制御されるもの、目的∨手段という関係が現れることになる。後者は前者に対して第二義的なものとなる。となると、私達はこれを問題にしているのかもしれない。商品化に対する批判として、自己、自己の身体を「モノ化」している、他者によってモノとして扱われるという言い方がある。だが、身体も物体であるには違いない。ここで、モノとして扱うとは、提供する側にとって、自分の身体を手段として扱うということ、例えば性をお金のための手段として扱うことを言っている。これが批判されている。

(2) 譲渡、特に交換において、譲渡するものaと譲渡されるものbとの比較可能性が起こることが問題になる。第一に、交換に際して私達は自身が譲渡するものと自身が得るものを比較して、後者の価値が前者を上回る場合に交換を行う。例えば私が性を売りお金を得たとすれば、前者より後者（によって得られるだろうもの）をより重要なものだと考えたということである。私達は、例えば性の商品化を問題にする時に、その購入者において貨幣と性とが等価されているといったことを言うことがある。これは必ずしも正確ではない。自身の欲望においては、常に受け取るものの価値が、与えるものの価値を上回る――そこに交渉が行われるなら上回る分は減っていくことにはなるにしても――のである。第二に、ここで起こっている事態は（当事者を離れて見れば）「等価」と表現されることにもなる。とりわけ貨幣は何にでも変換できることによって、商品の全ては同じ平面に並んでしまい、そして数量化され、相対的な位置を与えられる。直接に交換されるものとだけでなく、例えば、一つの臓器あるいは一年間の代理母としての「労働」は一年分の生活費に等しいという具合に等値される。

以上から、贈与は許容されるが交換は認められにくいことがあることが説明される。同時に、贈与であればよしとされるとは限らず贈与にも抵抗があることも説明される。

①贈与にあっては、贈与すること自体とその結果得られるものとが分離されにくい。贈与自体が目的とされるのなら、それは許容されることにもなる。しかし同時に、譲渡者において、その提供は手段でありうる。例えば感謝を得るための手段である場合がある。そして、贈与を受ける側にとっても、贈与は事実上交換と同じ機制をとる場合がある。「感謝」が真に「自発的」なものであるのかどうか、これは外からは検証されえない。

②贈与にあっても与えるものと与えられるものとの間の比較が行われているとは言える。しかし、彼が得たのは満足である。それをさらに交換することはできない。したがって、右のような意味での比較は行われていないということになる。しかし、例えば、臓器を譲渡する代わりに感謝・名声を得ようとするのであれば、その者は感謝・名声を

臓器の提供より高く評価したということである。また、性を譲渡する代わりに感謝を得たのだとすれば、その者は感謝を性より高く評価したということである。ここに評価があり、比較が行われている。そして、両者は等価とされる。確かに貨幣を介した交換のような全般的な比較の世界には入っていかないにしても、程度の差があるというに過ぎないとも言える。このように、手段とされてならない、比較の対象となってならないという条件に厳格であろうとすれば、贈与そのものもまた否定されることになる。

つまりは、比較の対象となってならない不可侵のものがあるということ、手段に対する手段でないものの優位。いったんこれで説明は終わるかに思える。だがそうはならない。

[2] 本源性の破壊？

人間の様々な属性・行為の中には、以上の条件を強く重んじるべきものがあるらしい。私達は、手段とされてはならないもの、制御されてはならないもの、他と比較されてはならないものを有しているようなのだ。ただ、第1節・第2節で見たことと同じく、それは全てのものではない。では、制御されてはならないもの、他と比較されてはならないものは何か。そしてなぜか。

自己の意志、自己の決定は、様々な行為、社会の存立の基点だから、これをそこに発する必要等と等価とされてはならない、決定が制御され比較され譲渡されるものの側にあってはならないとする主張がなされているのだと考えることもできる。私が基点・起点である以上、基点・起点でなければならない以上、それが因果関係の結果として存在するものであってはならない、根本的なものには手を触れてはならないという論理である。例えば、知的能力から発する製品を売却するのはかまわないが、知的能力自体を譲渡することは許容されない（脳移植の禁止）。

しかし、このような考え方をとれば、どこかに意志という最終的な審級が残されていればよいのだから、その審級によって選択・決定されることについては問題なしとされることになる。とすれば、第一に、先にみた目的と手段の関係は決定の内部に包摂され、制御すること、譲渡することには問題がないことになる。それは、自身の人格の変容をも許容するかもしれない。自身を決定的に変容させるような行為にしても、ある時点での人格を基点とすれば、その自己が決定したことなのだから認められてよいというのだ。

第二に、比較についても、その背後に決定する主体が控えている限りで——その主体自体は比較されてはならないとしても——、許容される。実際、生殖技術を利用して得られるものは、当事者にとって十分に大切なものである。だからそれを、そのために（体外受精の場合のように）大きな代償を払ってもなお、得ようとするのである。私的所有の論理にあっては、制御される側にあってならないもの、比較され交換されるべきでないものは「私」だけなのである。唯一、比較されないものであり制御されないものである主体を置いてしまえば、それ以下、それによって比較され、制御されることについては問題はなくなってしまう。目的と手段とを対置させて考えていっても同じである。「手段化」しないという言い方があった。しかし目的－手段という連鎖はどこにでもある。これ自体を否定することはできないだろう。ある者が、他の者の意志に反して、その者を手段として使うことは認められないかもしれない。しかし、ある目的をその主体自身が有しているのなら、やはりそこにも問題はないことになる。

つまり、第2章2節にみた論理をもってくると話は振出しに戻ってしまう。以上の検討は、譲渡に対する抵抗が第2章でみた私的所有の原理からは導けないものであること、両者が互いに相いれない部分をもっていることを示す。私が生産するもの、制御するものが私のものであるという主張においては、「私が」の「私」が不可侵のものであって、その私が制御する対象はすべて私の決定に服することになる。だがここで問題になっているものは皆、こうした考え方の中には収まりにくいものではないだろうか。とすると、むしろ、利用され譲渡されるものは私であってはならない（＝人格の不可侵）ということではなく、私が利用する、私が譲渡するということ自体が問題になっている。このように考えられないだろうか。

◆注

1「人工授精（artificial insemination）」は注射器で精液を直接子宮内に送り込む方法。夫の精子を用いる配偶者間人工授精（ＡＩＨ＝by husband）と他人の提供した精子を用いる非配偶者間人工授精（ＡＩＤ＝by donor）に分けられる。日本での人工授精への言及、解説は既に明治二四年から見られ（上野千鶴子[1990b]）、一九二〇年代には『主婦之友』誌上で取り上げられている（成田龍一[1994]、新村拓[1996: 214-216]）。日本で最初にＡＩＤが行われたのは一九四九年慶応義塾大学病院（当時を飯塚理八が毎日新聞社会部医療取材版[1993: 73ff]で語っている）。以来四〇年間で約一万人が生まれたという。ＡＩＨはより広範に行われ出生子数は明らかでない。（この数は『事件・家族』の家永登執筆「人工授精」の項より。）慶応義塾大学病院では約四〇年の間に約一万人が人工授精で生まれ、このうち約七千人がＡＩＤによると推測される（家永[1995b: 423]）。

「体外受精（in vitro fertilization＝ＩＶＦ）」は体の外で卵子と精子を出会わせ受精させること。この受精卵（胚）を子宮に戻し（胚移植 embryo transfer）着床させる。試験管ベビーと呼ばれるのは体外受精・杯移植（ＩＶＦ－ＥＴ）の過程を経て誕生した子。一度に移植する受精卵が多い方が妊娠の可能性が高いので、排卵誘発剤を用いて過排卵を起こさせ複数の受精卵を採り出し、子宮に戻す（そのため多胎妊娠が起こりやすく、胎児の数を減らす減数手術が行われることがあり、これについて倫理的な問題が指摘される）。

受精卵を凍結させ妊娠しやすい時期に解凍して子宮内に戻す技術、卵子に直接精子を入れる顕微授精の技術も実際に用いられている。他に体外で精子と卵子を混ぜ合わせ受精は体内で行わせるギフト法（配偶子卵管内移植法、GIFT）等の方法がある。一九七八年イギリスで初めての体外受精児が誕生（Edwards & Steptoe [1980=1980]）。日本では一九八三年東北大学産婦人科での出産例が最初（日本での実施を目指す学界・病院の動向を追った大田静雄[1983]、実施前後の動向を伝える福本英子[1989]、技術の実際とともに自らが加わった大学の倫理委員会での議論等も紹介した斎藤隆雄[1985]）。一九九二年には治療周期総数で約一万九千件の体外受精が行われ、生まれた子は約二千人、一九九二年までの累計では生まれた子は六千人（日本産科婦人科学会[1994]）、世界では一九九一年に一万四千人以上の子が体外受精で生まれている（柘植あづみ[1995a: 7]）。（他に『事典・家族』＝比較家族史学会編[1996]の各項目。「遺伝子」「生殖革命」「体外受精」「代理生殖」の項目は立岩が担当。）なお、妊娠・出産を回避するための技術、第9章で検討する出生前診断等も生殖技術に含まれるが、本章では扱わない。また本書の索引でも出生前診断等に関する記述のある頁は生殖技術の項目に掲載していない。

◆2　人工授精・体外受精の技術の登場により、性的な関係を持たずに提供者の精子・卵子・子宮を利用することによって、他方で多くの場合は子を持とうとする側の遺伝的なつながりを保ちながら、子を持つことが可能になる。特に問題になるのは、依頼された女性が出産に関与する場合である。一九七〇年代後半に始まったもので、依頼された側を「代理母 surrogate mother」と言う。多くは人工授精の技術が用いられ、精子は依頼者、卵子は提供者＝代理母のものだが、体外受精を用い、精子と卵子ともに依頼者側のものである場合もあり（「借り腹」とも言われる）、この依頼に応ずる側を「サロゲイト・マザー」と区別して「ホスト・マザー」と呼ぶことがある。他に、遺伝上の父親が妊娠した女性の夫である場合、匿名のドナーである場合も（「貰い卵」）。一九八四年の英国のウォーノック報告では「ある女性が別の女性のために、出産後子供を渡す目的で、「子供を妊娠すること」と定義されている。一般には卵管性不妊症、乏精子症等の不妊症に用いられるが、それ以外の理由で用いることも可能であり、さらに単独の男性・女性や同性愛者のカップル等も利用できる。

精子・卵子・子宮のそれぞれについて子を持とうとする当人のものの場合と提供者のものの場合を想定でき、また卵子と子宮については提供者が同一の場合と各々異なる場合がある。「普通」の場合を男Ａの精子・女Ａの卵子→女Ａが妊娠→女Ａが出産とする。男Ａ・Ｂの精子×女Ａ・Ｂの卵子×女Ａ・Ｂ・Ｃの子宮の選択が可能になる。可能性としては十通り、このうち提供者が関与する型が九通りある。以下、精子・卵子・子宮の順に、①ＡＡＡ：普通の場合あるいはＡＩＨ。②ＢＡＡ：ＡＩＤ。③ＡＢＡ：借り卵。④ＢＢＡ：受精卵提供。⑤ＡＡＢ：借り腹（ホストマザー）。⑥ＢＡＢ：借り精子・借り腹。⑦ＡＢＢ：代理母（サロゲイト・マザー）。⑧ＢＢＢ。⑨ＡＢＣ。⑩ＢＢＣ：借り受精卵＋借り腹。全てが提供者のものである場合も⑧と⑩の二通り含まれる。技術的にはその全てが可能である。さらに子宮を機器または人間外の生物により代替することも考えられないことではない。この技術は両面を持っている。一方では、ＡＩＨを除き、別の者の精子・卵子・子宮を介することによって、他者の契機を介在させることになる。全てが他者によって提供されたものであることもある。しかしその場合でも、それは「私の子」を持つための技術であり、さらに、多くの場合には、可能な限り自分（達）に遺伝的に繋がった子を持とうとする技術である。だから、この技術の利用が伝統的な家族像、親子像からの逸脱を促すと考えるのは少なくとも一面的である。

◆3　別の注で紹介するものを除き、関連文献の一部を記す。日本で編まれた書籍としてグループ・女の人権と性[1989]、お茶の水女子大学生命倫理研究会[1991]、これをもとに再研究・調査した[1992]、グループＲＩＭ編[1993]、『別冊宝島』188(1993)、浅井・柘植編[1995]、江原編[1996]。以下の文献の多くもこれらに所収。本書で触れない技術の現状について、以上の書籍の他、柘植あづみ[1992b]、斎藤・柘植

[1993]（Corea [1985a=1993] の解説）等に概要の紹介がある。子を産むことに対する意識について中山まき子 [1991] [1995]、宮内寿子 [1992]。不妊治療についての女性に対する意識調査の報告として桜井裕子 [1991] [1992]、浅井美智子 [1991]。不妊治療を受けた女性への聞き取り調査の報告書として柘植 [1995c]。グループＲＩＭ編 [1993] にも治療を受けた女性へのインタヴューが含まれる。代理母に関するアンケート調査結果を含む小蕙信男 [1994]。近代家族との関連について広瀬洋子 [1991]、横山・難波 [1992]、浅井美智子 [1995] [1996]。フェミニズムの主張との関連について五條しおり [1991] [1992]。不妊治療に携わる医者に対する調査報告として横山美栄子 [1991] [1992]、柘植 [1991c] [1993]。ＡＩＤと代理母について難波貴美子 [1991] [1992]。柘植 [1995b] [1996b]、永田えり子 [1995a] は批判者の言説の分析・批判を含むもので、本章での論点（全て立岩 [1993a] [1993b] を引き継ぐ）と一致する部分がある。cf.注16。浅井 [1996] と柘植 [1996b] を比較検討する江原由美子 [1996] も参照のこと。田中寿美子 [1970]、青木やよひ [1986] [1989] [1990] [1991]、宮淑子 [1989]、河上睦子 [1989]、池田祥子 [1990]、高良留美子 [1990] 等については hp（[生殖技術]→[生殖技術に関する言説]）に一部を引用。法学者による論文として、代理母等について石川稔 [1984]、人見康子 [1986] [1991a] [1991b]、二宮周平 [1992]、著作として石井美智子 [1994]、金城清子 [1996]。【その後の出版物のいくつかを第2版補章2注2・844頁にあげた。】

　米国等では代理母だけをとっても膨大な数の文献が出ている（一部は注8に紹介）。翻訳書としては、批判的な立場から Howard & Rifkin [1977=1979]、肯定論として Singer & Wells [1984=1988]。体外受精について Walters & Singer eds. [1982=1983]。欧州を広範に取材した d'Adler & Teulade [1986=1987]。以下、女性、フェミニズムの側からの文献。代理母契約の実態報告等も含む Arditi et al.eds.[1984=1988]（抄訳、女性自身による人工授精 self-insemination に関する Duelli Klein [1984] 他の訳はない）、Corea [1985a=1993]。Duelli Klein ed. [1989=1991] も全ての論点に関わり必読。排卵誘発剤使用による死亡事例等、危険性を具体的に指摘し、代理母契約に応じた女性の報告も掲載、自助グループの活動についても多くの紙数を充てている。

他にCorea [1985b]、Corea et al. [1987] (Corea [1987]、Duelli Klein [1987]、自己授精のグループに言及するHanmer [1987] 他所収)。Chadwick ed. [1987]、Stanworth ed. [1987] 所収の何篇かの論文。Baruch et al. eds. [1988] 中の、医療者側の把握と女性の経験との違いを指摘するCorea [1988]、男性側に原因がある場合に女性に負担のかかる体外受精が用いられることが男性主導で決定されることを指摘するLorber [1988] 等。

◆4 ヨーロッパ諸国、米国での生殖技術への対応を概括したものとして橳島・市野川・武藤・米本 [1992]、橳島・米本 [1994]。唄孝一・石川稔編 [1995] に以下にもあげる諸論文が収録されている。石川稔 [1991b: 99-104] に各国の制度の一覧がある。全般に法学者による法律や法律制定に至る過程の紹介や判例の紹介などが多い。

イギリスについて、日置久子 [1987]、甲斐克則 [1991] [1992]、三木妙子 [1991] [1995]、武藤香織 [1994]、丸山マサ美 [1994] [1996]、上見幸司 [1995] 等。Warnock [1985=1992]、武藤 [1994]、三木 [1995] で概要がほぼ把握できるだろう。

一九八四年七月に「ウォーノック報告」が提出される (Warnock Commitee [1984])。米本 [1985a: 222-226] に勧告文のみの訳がある。この報告とその前後にウォーノックの序文と結論を付けたWarnock [1985=1992]、紹介として加茂直樹 [1986]、甲斐 [1991]、小野滋男 [1995]、丸山 [1996: 146-147]。批判としてLockwood [1985b=1990]、Hare [1987] 等、これらを紹介したものとして品川哲彦 [1989]。) この報告を受けて、後述の二つの法律が制定されている。代理母についてはウォーノック報告の第8章で取り上げられている。勧告は以下。

「営利、非営利を問わず、英国内で代理妊娠のために女性を募集したり、代理母サービスを利用しようと希望する個人または夫婦に代理母を斡旋することを目的とした機関を設立したり、もしくは運営することを、犯罪と規定した法制化を行うよう勧告する。さらに、この法律には、代理母妊娠に意図的に協力した専門職員らの行為にまで、刑事責任を負わせることも含めるよう勧告する。」（第八章⑱）「すべての代理母契約はそもそも違法契約であり、従って、法廷においてもそれが強制力をもたないものであることを規定する法律を制定するよう勧告する。」（第八章⑲）

この⑲の勧告の前には「我々はこの法律で、代理母契約を結んだ個人にまで刑事訴追の対象にしようとは思っていない。なぜなら、有罪の汚名を着せられた母親のもとに子供が生まれてくるようなことは何としても避けたいからである。我々は、プライベートな代理母契約は今後も続けられていくとみている。…ほとんどの代理母契約の協約事項は法的な強制力をもたないと思われるが、これをより確実にするために、法律でこの立場を明確に規定すべきだと思う。」と書かれている（Warnock [1985=1992: 110-111]）。これに対して、二名の委員（委員は一六名）から異見が出されている（Warnock [1985=1992: 181-185]）

アンナ・マカーレー夫人が提出した営利的代理妊娠仲介業を合法化する法案は一九八三〜一九八四年の議会では時間不足のため成立しなかった（Lockwood [1985b=1990: 333]）。一九八四年に、米国の営利目的の代理母斡旋機関がロンドン近郊で業務を開始し、米国人夫婦にイギリス人女性を斡旋し、一九八五年一月にＡＩＤで生まれた子を裁判所は米国に連れ帰る許可を与えた（三木 [1995: 360-361]）。このコットン（Cotton）事件後、一九八五年七月一六日、「代理母の斡旋に関する法律（Surrogacy Arrangement Act）」が制定され（山崎康壮 [1994]、丸山 [1996: 148]）、「代理妊娠」に関する仲介、金銭の授受、広告が禁止された。また、一九九〇年一一月一日には「人間の受精と発生学に関する法律（Human Fertilisation and Embryology Act）が成立（武藤 [1994]、三木 [1995: 354-361,363] が詳しく紹介、刑法学的分析としては甲斐 [1992]）。代理出産の取決めを強行しえない（unenforceable）としている。代理出産取決めの効力自体には言及されていない。第三〇条は、一定の条件下で、胚の形成のために夫もくしは妻、または双方の配偶子を用いられた場合、裁判所は依頼主夫婦を親と決定することができるとする。

◆5　フランスについて、松川正毅［1991a］［1991b］、高橋朋子［1991a］［1991b］［1995］、大村敦志［1992］、野村豊弘［1992］、橳島次郎［1993］［1994］、小出泰士［1996］（一九八八年の国務院報告について）、中村雄二郎［1996］。Villaine et al. eds.［1986=1995］中のGavarini［1986=1991］等。

代理母に関しては、一九八八年から一九九一年にかけて斡旋業を営む団体の解散を求めて国が提訴し勝訴しており、また、人の身分は譲渡できないもので、最初から他人に譲り渡す目的で子を産むのは公序に反するとして契約自体を無効とした判例が出ている（高橋［1991b］、野村［1992］、橳島［1994: 121］、高橋［1995: 417-419］）一九八〇年代の実情について新倉修の報告（新倉［1989: 79-80］）。「生命および健康科学のための倫理国家諮問委員会」が一九八四年に設置された（高橋［1995: 409-410, 412-413］、一九九二年まで委員長を務めたベルナールの著書としてBernard［1990=1993］）。この委員会の委員でもある国会議員（中央党）で医師のマテイが依託を受け、一九九二年の法案に修正を加えた内容の報告書を一九九三年一一月に提出（Mattei［1994b］、著書にMattei［1994a=1995］）。一九九四年七月「人体の尊重に関する法律」「人体の要素と産物の提供と利用、生殖介助医療及び出生前診断に関する法律」「保健研究における記名データの扱いに関する法律」の三法からなる「生命倫理法」交布（以上の経緯について橳島［1993］、内容について橳島［1994］が詳しく、立法までの経緯について高橋［1995］が簡略に紹介している）。

「人体の尊重に関する法律」は、民法典の第一編第一章第二節を「人体の尊重について」とし、その冒頭に次の第一六条を入れるよう定めている。「第一六条　本法は人身personneが何よりも守られるべきものprimautéであることを確証し、人身の尊厳に対するすべての侵害を禁止し、人l'être humainをその生命の始まりから尊重することを保証する。」「第一六－一条　人はみな自分の体を尊重される権利をもつ。／人の体は不可侵である。／人の体、その要素及び産物は、財産権の対象にならない。」「第一六－七条　他人のための妊娠または出産の取り決めは無効である。」（橳島［1994: 148-149］）

◆6　ドイツの政策については、岩志和一郎［1986］［1987］［1991］［1992］［1995］、齋藤純子［1991］、川口浩一・葛原力三［1991］、Kristalli・市野川［1992］、市野川容孝［1994b］、丸山マサ美［1994］［1996］、等。ヒトゲノム解析に関し保木元一郎［1994: 125-161］、等。Eser／上田・浅田編訳［1990］中のいくつかの論文・資料も参考になる。また西野真由美［1991: 87-91］にドイツでの様々な見解が紹介されている。

一九八五年ドイツ連邦医師会は、①「ヒトの不妊治療法としてのＩＶＦおよび胚移植実施に関するガイドライン」（一九八八年に改正、市野川［1994b: 88-98］に訳がある）と②「ヒト初期胚を用いた研究に関するガイドライン」を発表した。ほとんど時を同じくし③「ベンダ委員会報告」（「体外受精、遺伝子分析および遺伝子治療」＝Benda-kommission［1985］）が一九八五年一一月に提出される。内容的には右記のガイドラインとほとんど変わらない（Kristalli・市野川［1992］、丸山［1996: 141-145］）。一九八六年の「胚子・胎児保護のための法律討議草案（胚子保護法）」の訳がEser／上田・浅田編訳［1990: 337-338］にある。一九八九年一一月二七日に制定された④「養子斡旋および代理母斡旋禁止に関する法律」の訳（抜粋）が市野川［1994b: 99］にある。一九九〇年一二月一三日に制定された⑤「ヒト胚保護法」については齋藤［1991］、川口・葛原［1991］（両者に全文の翻訳がある）、Kristalli・市野川［1992］、丸山［1996］。代理母について、①はホスト・マザーのみを禁止、サロゲイト・マザーについては明確な規定をしていないが、体外受精を婚姻夫婦に限定する規定により間接的に排除、⑤は医師が両者に関与することを禁止、④は両方の代理母斡旋を例外なく禁止している（市野川［1994b: 65-66］）。ただし、この処罰が医師を対象とし、この制度を利用した両親には及ばないことから、海外で代理母制度を利用し、生まれた子供を養子にすることは可能（民法では懐胎した母親が法律上の母親とされる）。一九九一年現在、旧西ドイツには代理母によって生まれた子供が約千人いるという報告もある（西野［1991: 83］）。米国の弁護士ノエル・キーンが一九八七年に代理母斡旋事務所を開設したが、ヘッセン州高等行政裁判所の判決により閉鎖された（齋藤［1991］）。

オーストリアについて、「生殖医療法」（一九九二年）の翻訳を含む市野川［1994b: 71-73, 103-110］。この法律により、卵および胚の提供、ならびに代理母はその斡旋も含めて禁止されている。スイスについて、スイス医学アカデミー（SAMW）の「生殖医療に関するガイドライン」（一九九〇年）、一九九二年の国民投票で採択された「生殖技術および遺伝子技術に関するスイス連邦憲法の規定」の翻訳を含む市野川［1994b: 74-76,111-115］。ガイドラインでは、胚提供および代理母を禁止している。「これら三国は、国際的に見ると、規則の厳しさという点において一つのグループを形成している。」（市野川［1994b: 57］）

◆7 スウェーデンでは一九八五年に人工授精法が制定される。子が自らのアイデンティティを知る権利を保障する。AIDを受けられるのは婚姻または同棲中の女性に限られ、夫または同棲者の書面による同意を必要とする。人工授精法と改正親子法、とくにそこでの人工授精子の父性について菱木昭八朗［1985］（人工授精法他の翻訳も掲載されている）、坂本優子［1985］。また、一九八八年に体外受精法が制定される。自然的には子どもを持てないカップルに限られ、婚姻または同棲中の女性が夫または同棲者の書面による同意を得て受けることができる。卵提供、精子提供は認めない。代理出産も認められない。（石井［1994: 83-84］）

スペインでは、約束の有無を問わず、代理母契約は絶対無効とされる。代理母は、子を妊娠分娩した女性として法律上の母になる。子の父性は裁判所の決するところによる。（人見［1991a: 26］）オーストラリアでの規制は州によって異なる。全般的な動向について石井［1994: 76-83］、ヴィクトリア州について石井［1991］。

◆8 規制のあり方は州によって異なる。石川稔［1991a］、石川・中村［1995］、代理母等について棚村修三

[1991] [1993]。

一九七六年、米国で最初の代理出産が行われる。エリザベス・ケイン（Elizabeth Kane、仮名、本名はメアリー・ベス――後述のベビーM事件のメアリー・ベスとは別人）が一九八〇年十一月にアメリカで最初の合法的な代理母となる。彼女は後に「代理母に反対する全米連合 National Coalition Against Surrogacy」で活動することになる（Kane [1988=1993] [1989=1991]）。米国の事情を取材した初期のルポルタージュとして松原惇子 [1983]。新聞広告によって代理母を募り、代理出産を仲介する斡旋機関（企業）が存在する。一九八五年に、民間の媒介機関は全米で三〇社、報酬は一万ドル（『朝日新聞』1985.8.19）。白人の方が黒人より報酬の額が高いと言われる（加藤一郎 [1987: 121]）。代理出産業を営むノエル・キーン（Noel P. Keane）弁護士を取材したものとしてNHK取材班 [1984: 88-96]、インタヴューに答えたものとして Keane [1991]、著書として Keane& Breo [1981]。Ince [1984=1986] に実際に適格審査を受けた体験が記されている（本章冒頭・131頁に引用）。人工授精は六カ月間、月二回、妊娠しなかったら計画からはずされ、新しい代理母に交替。この場合、報酬は受けない。流産した場合も報酬はなし。死産の場合は契約を完了したとみなされる。

「ベビーM事件」の概要は以下の通り。一九八五年二月、メアリー・ベス・ホワイトヘッド（Mary Beth Whitehead、当時二八歳、無職、白人、子ども二人）が、スターン夫妻（夫は三八歳の生化学者、妻は三八歳の小児科医）と、ノエル・キーンの不妊センター（ニューヨーク州）を介して契約を結ぶ。契約内容は以下のようなもの。妊娠したら薬をいっさい飲んではいけない。羊水診断を受け、胎児に障害があれば中絶すること、その場合は報酬はなし。流産・死産には千ドル、健康な子が生まれたら一万ドルを受け取る。出産後、ただちに養子契約にサインし、親権を放棄する。一年以内に妊娠しなかったら、報酬はなし。契約後、すぐ人工授精が始まり、全部で九回人工授精を受けた結果、妊娠。一九八六年三月に女子を出産（精子が夫のもの、卵子及び子宮は代理母）したが、出産後、子の引き渡しを拒否し、連れさる。夫婦が訴え裁判になった。一九八七年三月三一日、ニュージャージー州上位裁判所 Superior Court 判決（ソーカウ Harvey R. Sorkow 判事）は、代理母契約を合法とし、依頼者スターン夫妻に親権を認め、メアリー・ベスには親権も養育権も認めないとした（早川武夫 [1987] に肯定的な紹介）。一九八八年二月三日、州最高裁判所が代理母契約を無効とする逆転判決を下す。父親をスターンとし、母親をメアリー・ベスとするが、父親側に親としての適格性があるとし、メアリー・ベスには訪問権を認めた。

関連する英語文献は非常に多い。日本でもかなり報道された。ルポルタージュとして酒井眞知江 [1987a] [1987b]。他にヤンソン由美子 [1987] [1989]。Chesler [1988=1993]（書評として加藤秀一 [1993e]）。Capron [1987=1990]、Capron & Radin [1988=1990]（前者は一九八七年二月一九日カリフォルニア大学での講演に基き、後者は一九八七年一二月一一日カリフォルニア州議会の健康・福祉委員会で行われた「代理母についてのヒアリング」での証言を基にしており、上位裁判所判決を批判し、契約法でなく家族法（養子法）を用いるべきであると主張、これが最高裁判決に影響を及ぼしたとされる）。最高裁の判決文は Gostin ed. [1990: 253-] に採録。メアリー・ベス（彼女も後に「代理母に反対する全米連合」の活動に参加）の手記として Whitehead [1989=1991]。この事件に関するものも含む米国の雑誌報道等をいくつか再録したものとして古郡廷治 [1988]。代理母を主題とする Landau [1989]、Gostin ed. [1990]、Field [1990] 等でもこの事件について多くの紙数が割かれている。

他に、依頼者夫妻の受精卵を移植して出産した女性（先記したホスト・マザーのケース）が独占的親権を求めて一九九〇年に起こしたカリフォルニア州の「オレンジ郡訴訟」（第一審・第二審原告側敗訴）についてのルポルタージュとして山海谷超 [1991]。実際に代理母を経験した女性がインタヴューに答えた Foster [1992]。より詳しい情報は hp。

◆9　日本に関連法規はない。日本産科婦人科学会［1983］［1985］［1986］［1987a］［1987b］［1988a］［1988b］等の「会告」や「見解」がある。ＡＩＤについては学会内の倫理規定もない。一九八三年の「体外受精・胚移植に関する会告」は、これ以外の医療行為によっては妊娠成立の見込みがない場合で、法律上正式の夫婦に限るとしている。これについて飯塚理八（注1、パーコール法による男女産み分け法（第9章注1、cf.第9章627頁）を日本で最初に実施したのも飯塚らのグループ。また飯塚は一九八八年から日本不妊学会理事長を務めた）は次のように言う。

「私たち医者は皆、ＡＩＤがオーケーなんだから他人の卵子利用の体外受精や代理母に対する歯止めも必要ないと最初から思っていましたよ。法律学者も同意見で、ただ当時のマスコミの八〇％が反対で、この一行を入れないと体外受精そのものも許可されないので、必要ないとわかっていながらあえて加えたのです。対マスコミ用ですよ、ガイドラインなんていうのは」（インタヴューに答えて、高杉裕子［1993: 169-170］。毎日新聞社会部医療取材班［1993: 77-80］、一九九六年の日本生命倫理学会大会でも同趣旨の発言。）

日本不妊学会によるものとして日本不妊学会編［1996］。

「一九八八年、理事長に就任した私は、理事会に諮り、倫理委員会をもうけた。up to date な問題を処理するために、優先順に審議されている実情であり、顕微授精、代理母については一応の見解が公表されており、引続き熱心に討議されている。この間に、現状と問題点を分析し会員に指針を与えることの有意義性も評価され、本書も企画されたのである。」（飯塚理八による序）

研究者による提言・勧告として、アメリカ医事法研究会［1991］、生殖医療技術をめぐる法的諸問題に関する研究プロジェクト［1994］。人工授精の現状と法的問題について家永登［1991］［1995b］、体外受精について服部篤美［1991］［1995］、等。

一九九二年四月七日、米国の代理母斡旋会社の日本事務所「代理出産情報センター（東京都千代田区、鶯見ゆき代表）は、日本人夫婦が米国人の代理母によって米国で出産し、戸籍上は実子として届け出て帰国したことを公表（『朝日新聞』1992-4-7夕刊、棚村［1993: 172-173］に紹介）。九三年六月には、このセンターの紹介により米国で日本人留学生の提供した卵子と夫の精子との体外受精による受精卵を自分の子宮に移植して妊娠したことが報じられる。代理出産情報センターの活動について鷲見［1992a］［1992b］［1993］、高杉裕子［1993: 169-170］、菰田麻紀子［1996］。

◆10

一九九二年の日本での治療周期総数当たりの生児出産率は一一％、米国等の技術先進国では一〇％から一五％で横這い状態になりつつある（柘植あづみ［1995a: 8］）。成功率、成功率のごまかしについてDuelli Klein ed.［1989=1991: 353］。柘植［1991a］では、医療テクノロジー・アセスメント（ＭＴＡ、cf.吉田忠［1987］）の視点から公表されるデータの作為性が指摘される。身体的な負担については検討しない上でなお「体外受精／胚移植のbenefits/risks(ratio)やbenefits/costs(ratio)は非常に小さいものといわざるをえず、その適用範囲は、不妊夫婦のうちのごく一部のものに限られる、ということになる」（品川信良［1988b: 175］）と言われる。

◆11

「この技術の論議にかかわるフェミニストは、多くの女性が親になりたがる気持ちはたんに「社会化の産物」であるだけではなく、子どもとともにいたいという真実の願望であることを、認めなければならない。」（Ann Pappert の文章から　Duelli Klein ed.［1989=1991: 315］）

多くの論者が他の手段によっても不妊による欠損感が埋められることを言う。「養子をもらってもいいし、保母さんや小児科医となって子どもに接することもできるし、また動物と暮らすだけでも欠損感はかなり埋められるものです。」（青木やよひ［1991: 13-14］）その通りかもしれない。しかし、だから子を持つことを断念「すべき」とは言えない。他のようでもありうる可能性を示すことと、そうであるべきだとすることとは違う。時にこれが混同される。批判に対して時に表明される「押しつけがましさ」のようなものはここに起因している。
不妊の原因に言及する主張もある。増加している不妊の原因は、自然環境、社会的環境に起因するものであって、それを個人の身体の水準で解決しようとするのは誤りだと言う。不妊が全般的に増加傾向にあるという主張の信憑性は疑問視されているが、それでもなお一定の部分が環境的な要因によるらしいことは言えよう。この場合に、苦痛・身体への負荷を伴う不妊治療によって問題を解決しようとするのは望ましくないとは言えよう。しかし、こうした要因によらずとも一定の割合で不妊が生ずることもまた事実であり、この場合にはこの非難は当たらない。

◆12 技術の応用を認めることは結局他の誰かにその行為を強いることになるから問題であり、全面的に否定しない以上意味がないという主張がなされることがある。個別の場合について強制があることを否定すればよいとする反論に、批判者はそれが困難であることを言う。例えば人工授精の応用は、確かに不妊の女性が子を持つ可能性を与えるが、子を持つことについての強力な規範があるこの社会の現状を見れば、その多くは、強いられてのものになってしまうという指摘がこうしたものである。生殖技術の利用が女性の選択肢をかえって狭めるという批判で言われているのもこのことである。

「生殖技術の発達は、不妊の女たちに対する福音と言われてきました。ところが新しい選択肢が増えたのではなく、実際はますます子産みへと女を追いつめています。」（長沖暁子［1991: 49］）

言われている通りの現実はあるだろう。しかし、全ての者がこのような立場に置かれていると主張する（この場合には全面的な禁止が認められるが、ここで「強制」の含意が前項に記したように問題になる）のでない限り、つまり、生殖技術や避妊術から利益を得ていると考えている者がいる場合には、不利益を被る人もいるという主張になる。

これについて本文で述べるのは以下。この理由で制限を行えるのは、右のような意味である者に利益をもたらすことが別の者の利益を確かに害していると言えたとして、第一に、その被害は別の者の利得を超えて考量されなくてはならないこと、第二に、全般的な禁止あるいは制限が唯一もしくは最も有効な手段である場合である。まず第一点が言えるか。厳格に自己決定権を貫徹すべきだとする論者は、それ自体他者の幸福の侵害を意図しない行為は、他者の幸福が結果的に損われるという理由によっては禁止されないと言うだろう。こうした立場を採らないとしても、第二点を合わせて考えた場合にどうか。例えば管理売春が圧倒的な現実でそれを抑止するには売春全体を禁ずるしかないといった場合には全般的な禁止が認められるかもしれないが、ここで主題としている領域においてこうしたことが言えるかである。

◆13 交換、売買は、それ自体への反感と別に、この侵害を実感させる条件となる。その都度の契約の当事者は限定されるにしても、商品が基本的に不特定の人の購入を期待し、一定の広告を必要とするなら、そこには何かしらの公開の部分があることになり、知られる範囲が拡大する可能性がある。直接に具体的な情報を得ていないとしても、そうしたものが存在するというだけで不快に感じる人がいるかもしれない。

◆14 Mill [1855=1967]（第7章注19・532頁に引用）、Hart [1962: 7]、G.Dworkin [1971] [1983]（cf. [1988]）、Feinberg [1971]、Culver & Gert [1982=1984: 18-21,189-264]、Buchanan [1983]、Beauchamp & McCullough [1984=1992: 101-134]、以上のいくつかを収録するSartorius ed. [1983]。Dworkin [1971] については中村直美 [1982a]。中村 [1982b] では正当化の条件が五つに整理されている。谷本光男 [1994] にDworkin [1971] [1983]、Feinberg [1971] 等の定義が列挙されている。Feinberg [1971] 他について水野俊誠 [1994]。他に岡田雅勝 [1982]、矢崎光圀 [1983: 83-90]、森村進 [1986: 108-117]、青木茂 [1994]【、樋澤吉彦 [2005]】。個々の見解の紹介と論評はhp［パターナリズム］に譲り、基本的なことだけを記しておく。

(1)「本人の決定を採用すべき」とする原則をあくまで貫けば（本人の決定が不在等の場合を除き）パター

ナリズムの余地はない。だがなぜ(1)の立場をとるか。二つある。第一に、(1)自体をよいものと考える。第二に、（本人にとってよいものがよいと前提した上で）本人が本人にとってよいものを一番よく知っていると考える（ミル自身も以上二つの要素を挙げている）。第一の理由の場合、なんであれその時点の当人の決定がすなわち彼の決定であるとすればこれで終わりだが(1)①そう考えないなら（未来には、正常な状態であれば、…別の決定をするはずで、それが本人の本来の決定だと考えるなら、その決定の先取り、肩代わりとしてのパターナリズムが正当化される。第二の理由の場合には、(1)②そうと限らない、つまり本人が今よいと思っていることが実際にはよくない場合があるという反論の可能性がある。つまり、自己決定を擁護するために持ち出される理由を用いても、いくつかの条件を与えた場合にパターナリズムが正当化される。

これ以外に、(2)本人が（現在、あるいは将来も）どう思うかと関係なく、この方が本人のためによいのだという理由でパターナリズムが正当化される場合がある。もちろん(1)①・(1)②・(2)いずれについても、なぜそのように他人が判断できるのかといった反論がなされうる。

【書籍として澤登編［1997］。私は立岩［1999b］［2003a］で自己決定とパターナリズムが「同郷」であること他を述べている。】

◆15　例えばAとBの結婚がC（別の男、女、親…）にとって不快であることはありうる。そしてCの不快度がAとBの快より深刻であることもありうる。しかし私達の社会はこのCの異議申し立てを受け入れることはない。こうしたことにどこまで注意深くあることができるか。【「好き嫌いはどこまでありなのか」といったことを考えてみようと思って、「境界を社会学する」という題をつけてもらった連載を河出書房新社のサイトで始めてさせていただいたのだが（立岩［2011-］）、おおむねこれまでどこかで述べたことを再唱している第9回で止まってしまっている。】

◆16　グループ・女の人権と性［1989］は、この国でフェミニズムの立場から生殖技術について論じた先駆的な書物であり、基本的な情報と多くの論点を提示している点で貴重だが、こうした記述が多く見出される。金住典子［1989］は論点の並列と全般的な危機感の表出にとどまらず、比較的論点が絞られており、何がどこまで問題なのか自らの見解を示している文章だが、それだけにこのことははっきり浮き上がる。彼女は基本的に女性の自己決定権を擁護する立場で議論した後、「容認できる生殖技術についての医療の基準」として、(1)情報の提供（この点に関しては私を含め全ての論者が一致している）とともに、(2)「全人格的な子生みの倫理」を挙げている。これは①〝生殖〟を〝性的人間関係〟から分離させてはならないことと、②子どもの人権の保障を意味する。

しかし、①の主張を維持できるだろうか。例えば、レズビアンの対や単独の女性が人工授精（身体に与える影響は少ない）によって子を持つことは何ゆえに否定されなくてはならないのか。多くの論者が「身体のパーツ化」、子産みの過程の「分断」を指摘する。多くの人が、この過程が一つの連続・全体としてあった方がよいと考えているのは確かだと思う。しかし、それはなぜか、またそのように考えない者、それでは子を持つことのできない者もそれに従わなくてはならないのか。ここに持ち出されるのは②、「子供」である。「親子関係」はよく考えるべき主題だと私も考える。しかし、これが単純に①と結びつけられると、異性の対の下でしか子供は子である満足を得られないことを認めることになる。どうしてこのように言い得るのか。宮淑子［1989］にも見られる「科学的不倫」という主張には、永田えり子［1995a: 149-150］、柘植あづみ［1996b: 226-229］の的を射た批判もある。

◆17 この点で、米国のフェミニストの多くは、技術の実態にかなり批判的であっても、（個別の主張との整合性は別として）「女性の自己決定」という基本的な立場を比較的はっきり述べる。またこれは日本のフェミニストの言説を「残念ながらあまり熟考されたものとは言えない」（柘植［1996b: 229］）と記す柘植や次の書籍の立場でもある。

「利用するかしないかはあくまでも本人の選択の問題であろう。それにもかかわらず…生殖技術の問題を取り上げるのは、それを利用する側（患者）より、むしろそれを提供する側（実験科学者や臨床医）の倫理観やそのバックグラウンドとなっている現在の医療制度に懐疑を抱かざるをえないからである。」（お茶の水女子大学生命倫理研究会［1992: 6］）

こうした立場から具体的な作業としていくらでもなすべきことがあり、実際、柘植らによってその作業が開始されている。

◆18　特に医療が十分に受けられないために不妊の率が高い貧困層・マイノリティにとっては不妊の予防策がより現実的な解決策だという文脈の中での文章。なおこの部分で著者が参照を求めているのは Hollinger［1985］。生殖技術における「南北問題」について柘植［1996a］。

◆19　第二文は Winlade［1981］を引く。第三文は Corea［1985b］の代理母斡旋業者へのインタヴューを受けた記述。胚洗浄 Embryo flushing は（ここでは依頼者側の）胚を子宮から取り出す（洗い出す）こと。これを第三者の子宮に戻す。子は依頼した男女の遺伝子を引き継ぐ。注2⑤のケース。ただ体外受精を用いるのが普通。引用④、本章冒頭（131頁）二番目の引用もこの方法を指す（cf. Corea［1984=1988: 34］）。

◆20　日本での費用は、一サイクル（検査→排卵誘発→入院→採卵→体外受精→胚移植→退院）五〇～一〇〇万円（柘植［1991b: 25］）、米国では低めにみても五千ドルだという（Raymond［1991=1991: 152］）。一回で成功することは多くはないから、大抵の場合には、その数倍かかる。そして結局それが失敗に終わった場合にも、払った分が返ってくるわけではない。

◆21　米国について Ince［1984=1986: 68］、Charo［1990: 89,91］。フランスについて新倉修［1989: 79-80］。合衆国議会の技術アセスメント局（OTA）の一九八八年の報告（U.S.Congress. OTA［1988］）によれば、代理母契約を望む者の圧倒的多数は白人の結婚した三〇代後半から四〇代前半のカップルであり、一般に暮らし向きがよく高学歴である。約六四%の世帯収入は年五万ドルを超え、約二八%は三〜五万ドルの間である。少なくとも三七%が大学を卒業しており、五四%が大学院に通っていた。他方、代理母契約に応ずる女性の八八%はヒスパニックでない白人だった。彼女らを雇う人達より学歴が低く家計が安定していない。大学に通った者は三五%、大学院に通った者は四%だけである。三〇%は三〜五万ドルの年収があるが、六六%は三万ドル未満しか収入がない。(Charo [1990]。OTAの調査報告を含め一九八〇年代に発表された六つの調査結果がまとめられている。)

◆22

これに反論がないわけではない。例えば、Titmuss [1972] で、血液の提供の方法として無償の贈与の方が有効だったことが指摘されており、Rothman [1986: 9-10] がこれを紹介して、社会政策が商品化を支持することは利他的な行為を行う権利、贈与する権利を妨げると述べている。たしかに、血液の提供のような比較的に負担の少ない場合には、多分、それを売ろうとするよりもむしろ他者のためにそれを提供しようとする動機の方が大きい、あるいは前者の動機を持つ人より後者の動機を持つ人の方が多い。骨髄までは恐らくこのことは言えるだろう。しかし出産となるとどうか。長期的で大きな負担がかかるものについては有償の方が有効かもしれない。

◆23

各自の所有する財の格差のために格差が生じうるものの利用は、格差を生じさせるがゆえに利用を禁止すべきだという主張をするなら、通常の医療、特に高度医療、また教育、等々の全てが禁止されることになってしまう。そうは考えないだろう。格差が生じないようにすることが目指されるはずだ。実際、オーストラリアでは体外受精に必要な医療費の三分の二が公費負担であり、イギリスでも私的保険がきき、公費サービスの範囲内で無料で実施している一、二の機関があると言われる(青木やよひ [1989: 212])。

◆24

子をもつ権利がどのような権利なのかについては議論がある。論者によっては、これは他者にその実現を要求できる「積極的な権利」ではなく、その実現が他者により妨げられないという「消極的な権利」だとし、技術の利用を制限する主張を行う（Capron & Radin［1990］、Jonas［1992］）。また例えば、代理母自体を禁止する根拠がないというだけで積極的に推奨する理由はないのだから、商業的代理母を禁ずることによって、この技術に接近できない者が出てきたとしても、それはそれで問題とするにはあたらないという主張がなされる（Macklin［1990: 148］）。

しかし、商業的代理母の禁止（以上の三人の論者とも同じ立場を取っている）に関しては、（無償の場合より技術利用への接近が容易かもしれない）金銭の介在自体の問題性自体を独立に言う必要がある。消極的な権利だとしても、それだけでは金銭の介在を禁止できないからである。また、消極的な権利だから、その契約を国家が保護する義務はないとする主張（Capron & Radin［1988→1990: 70-72］）についても、Robertson［1990: 36-38］が指摘するように、一般に国家は消極的な権利の場合でも契約の履行を保護するのだから、これも消極的な権利云々と独立に言わなければならない。消極的な権利であるとする立場から導かれないのは、公的な保険制度に組込むといった財の再分配の場合に限られることは明らかである。

その上で、どうして子を持とうとすることが消極的な権利でしかないと言えるのかを問いうる。子を持つことが多くの人にとって基本的で重要な事柄だと考えられているとするなら、個々の持つ財の多寡によって子を得ることができない者が出てくるのは不当だと主張することも十分に可能ではないか。つまり、積極的な権利だと主張できるはずである。第9章注13・718頁に私見を述べた。（関連して「積極的自由」と「消極的自由」についてはBerlin［1969=1971］、Gray［1980］、橋本努［1994: 225ff］）

◆25　通常の歴史的な把握として、贈与の社会から交換の社会へという移行が描かれる。近代・現代社会における交換の優位という了解を前提し、これに対抗するものとして贈与の復権が言われたり、あるいはこうした近代社会についての「一面的」な理解を修正すべく、この社会における贈与の契機の存在が指摘されたりする。そしてここでは様々に贈与の有効性が言われる（Boulding［1973=1975］等）。こうした指摘に関連して

第2章注13で少し述べた。ここで検討するのはこのことではない。

◆26「調査委員会の仕事が私に印象づけた一つのことは、代理母制度の実行にたいして一般の人々の間にあるように思われるきわめて広範でかつ深く感じられた反感である。このことは、提出されてくる一片、一片の証拠において明らかになった。ところで、私は、道徳性を感情から切り離すということはできないと信じている。もし人々が、女性達が子供を引き渡すつもりで金のために定期的に妊娠するようになる社会に住みたくないときわめて深く感じるならば、その感情は尊重されるに値すると私は信じる。民主主義においては、人々はその感情が尊重されることを期待する権利を持っている、と私は思う。」(Warnock [1985=1990: 285])

長く道徳的とされてきたことの中に(例えば奴隷制のように)受け入れられないものがあると考えるなら、この立場に対して批判がなされる(cf. Lockwood [1985b=1990: 319ff] 等)。ただ、少なくともこの「反感」が何なのかを考えることはできるし、その上で、それと「自己決定」とをどう関係させるかを考えることができる。

第4章　他者

「人間たるということは、我々がすべてのことをコントロールの手中に置かなければならないということを意味する。このことが、倫理用語のアルファでありオメガである。選択のないところには、倫理的行為の可能性は存在しない。我々が強いられて余儀なく行為することは、すべて非倫理的で道徳とは無関係（amoral）なことである。…実験室受精は、通常の異性間性交に較べれば、はるかに際立って人間的（human）である。それは、意図されたものであり、選び抜かれたものであり、目的をもってコントロールされたものである。そしてこの方法は、他の動物や霊長類のどんな種族にもないホモ・サピエンス固有の特色あるものなのである。性交による生殖は、したがって、実験室受精に較べてより人間的でないことになる。興味深いのは、子供の作成と性交を分離することによって、この両者が偶然の領域から選択の問題に化するため、子供を作ることと性交がどちらもより人間的な営為になることは確かである。これが、まさに計画意図された親子関係（planned parenthood）であって、私は、遺伝という運命のいたずらやルーレットによって人間性（humanity）や道徳性（morality）が償われ保障されているとは思わない。」（Fletcher［1971: 781］、訳は保木元一郎［1994: 260-261］）

第2章で私的所有を正当化しようとする論理について検討した。第2節では、ジョン・ロック以来の主張が、私の作ったものは私のものになるべきだという信念としてしか成立していないことを述べた。第3節ではもう一つのもの、「機能主義」を検討し、一定の条件下で私的所有の関係が確かに生じてしまうこと、それがもたらす効果を是認するなら、その限りで私的所有が正当化されることをみた。けれど第4節で、資源（能力）の移動可能性を前提した時、その移動が正当化されてしまった。功利主義でなく公平や平等を立てても結果は変わらない。その帰結は認められない、（同意があっても）生命の移動は認められないだろうと思う。しかしそれはなぜか。

第3章では、生殖技術に対する批判の言説を検討した。第1節で、決定が強いられているという指摘に対して、私達は通常、仕方のない決定も自己決定としていること、この場合に限ってなぜ強い条件を設定するか、その理由を言う必要があることなどを述べた。第2節では、公平の観点から、各々の有する資源の不均衡を指摘する主張を検討した。富裕な者しか技術を利用できないという指摘については、誰もが利用できるようにすればよいことにならないかと述べた。貧困のためにやむを得ず引き受ける者がいるとする指摘について、その通りだとしてもなぜ生殖技術が特に問題とされるのかという問いが残された。検討した中に見るべき主張はいくつもあった。しかし、基本的なところが答えられていない。あげられた諸点が、抵抗感・疑念の核心部だとは思われない。善意の提供は認められることがあるが、売却は認められないことがある。臓器の売買を認めている国はない。代理母契約についても大勢としては認められていない。さらに、善意による提供であっても否定あるいは疑問視する考え方がある。私の臓器が私のものであるからか。しかしそれが私のものであると言えない。臓器の自己所有は自明ではない。しかし「常識」はこうした帰結に抵抗する。なぜ、他者が介入することはできないのか。第2章4節に残したままにしておいたこの難題を考え直すことから始める。第3章第3節で、贈与と売却の差異と共通性について考えた。これが、譲渡に対する抵抗感がどこに起因するのか、考える一つの手掛かりにはなる。

1　他者という存在

［1］制御しないという思想

Aが生を欲することとBが生を欲することとの間に確かに違いはない。そしてAは健康な臓器を与えられている、他方でBはそうでないという、何の理由もない、何によっても正当化することのできない単なる事実がある。違いはこれだけであり、そしてそれに左右されるのは命である。つまり、何の理由もなく、Aは命を与えられており、Bはそうではない。しかし、それを私達は移動させようとはしない。私自身がBだとすると、自分が死ぬか生きるかという時に、そう考えられるものかどうか。私には駄目な気がする。殺してしまうかもしれない。しかし、それでもためらうことはある。これはどういうことか。その臓器がAに置かれることは何ゆえに支持されるのか。既に健康な身体を持ち、そのままなら生きながらえられるだろう多数派の恐怖があるかもしれない。また、同じ種の生命を奪わないといった、何か「本能」のようなものが働いているのかもしれない。だが、これらだけだろうか。まだ何かあるのではないかと思う。少なくともその可能性を考えることはできる。

Ａは生命を自分で統御しているのではない。たまたま生命ａがＡのもとにある。というより、Ａが生きているということ自体がある。Ａはいのちを自分で統御しているわけではない。ただ生きているだけである。主体による制御を所有の根拠にする議論（第２章２節）は、臓器を移動させないことの正当化に失敗する。与えられているものの所有を、作為・制御という契機によって正当化しようとするのだから当然である。また、ハリスはＡとＢの違いを考慮すべき差異ではないと考えて進んで、サバイバル・ロッタリーを導き出した（第２章４節）。

例えば全員には行き渡らない薬があり、それを配分しなければならないとしよう。その基準として功利主義が立てたのは数である。私達は、それが正しいことかどうかは別として、実際の判断として数の多い方を優先することがあるかもしれない。また籤引きをするかもしれない。このような場合と先にみた場合がもし同じだったら、やはり籤引きをしてよいということになるだろう。しかし、それをしないとすれば、Ａ・Ｂのまん中に両者の生命を決する何かがあり、その配分を私達が行わざるをえないというのと違うところがあるということである。

ここでなされる行いは、ａをＢに移動する場合には他者に対して「なすこと」、ａをＡのもとに置く場合には「なさないこと」「そのままにしておくこと」である。Ｂの側がなすことをためらうことがある。だとすれば、この単純な違いに注目するしかないのではないか。これは、ｘがＡ・Ｂの中間にいずれかにしか配分できないものとしてあること（この時には仕方なく、場合によってはＡとＢの数を比較して、どちらかに決めることがあるだろう）とは異なる。というか、ここに私達が差異を認めていると言うしかないのではないか。

　何もしないことは、Ｂのいのちが奪われることを帰結する。ＡがＢに自分の心臓を渡さないことが正しいことなのではない。しかしＢは、そしてＡ・Ｂ双方の外側にいる者は、それを求めることはできない。しない。結果として、Ａの心臓はそのままに置かれる。ここから生ずる、Ａが生き残りＢが死ぬという帰結に正しさがあるのではない。ただ、求めるという行為をしない、求めることを良いこととしないということだけがある。

　Ａがその生命を誰よりも感受しているということだろうか。しかし、それを感受できない場合だってあるだろう。例えば植物状態の人がいる。このような時にも、私達はその人から臓器を採りだしたりはしないかもしれない。とすると、もっと消極的に言うしかないのではないか。ＡのａをＢは感受することができない。Ｂに移動した時に既にそれは、Ａの命ａではない。少なくともこのことは言える。先に見た私的所有を正当化しようとする言説は、あるものがある人が作り出し制御するものであることによって、そのものがその人のものであると言おうとする。しかし、例えば身体は、その者によって作られるものではなく、制御されつくせるものでもない。そして実はそのようなものこそが、その者から移動させることに最も抵抗のあるものなのである。

だから私の答は単純なものである。自己による制御から出発する発想を裏返し、逆に考えたらどうだろうか。

もし同じ態度をとる者がいるなら、その人は、これから明らかにしようとする感覚を、自覚的にではないとしても、有している、それを人間に対する、人間の関係のあり方に対する基本的な価値と考えているはずだと思う。

私が制御できないもの、精確には私が制御しないものを、「他者」と言うとしよう。その他者は私との違いによって規定される存在ではない。それはただ私ではないもの、私が制御しないものとして在る。私達はこのような意味での他者性を奪ってはならないと考えているのではないか。

Aの存在は、Aが作り出したものではなく、少なくとも作り出したものだけではなく、Aが身体aのもとにあるということ、等々である。その人が作り出し制御するものではなく、その人のもとに在るもの、その人が在ることを、奪うことはしない、奪ってはならないと考えているのではないか。他者が他者として、つまり自分ではない者として生きている時に、その生命、その者のもとにあるものは尊重されなければならない。それは、その者が生命を「持つ」から、生命を意識し制御するからではない。

もっと積極的に言えば、人は、決定しないこと、制御しないことを肯定したいのだ。人は、他者が存在することを認めたいのだと、他者をできる限り決定しない方が私にとってよいのだという感覚を持っているのだと考えたらどうか。自己が制御しないことに積極的な価値を認める、あるいは私達の価値によって測ることをしないことに積極的な価値を認める、そのような部分が私達にあると思う。自己は結局のところ自己の中でしか生きていけない。しかし、その自己がその自己であることを断念する。単に私の及ぶ範囲を断念するのではない。それは別言すれば、他者を「他者」として存在させるということである。自己によって制御不可能であるゆえに、私達は世界、他者を享受するのではないか。また、制御可能であるとしても、制御しないことにおいて、他者は享受される存在として存在するのではないか。私に制御できないから他者であるのではない。制御できてもなお制御しないものとしての他者がある。世界が私によって完全に制御可能である時、私は私を世界全体へ延長させていったのであり、世界は私と等しくなる。すべてが私の意のままになる。例えば臓器を受け取って助かった者にとって、具体的に失った者は一人でも、それで済んだのは一人で足りたからであり、可能的には全てのものが自分の生のためにある存在である。観念の中で作為された行為としての意味だけが維持され、私の欲望が直接に実現されていくこの過程に他者、他者による否定の契機が弱くなる。このような私としての世界を私達は好ましいものと思わないということではないか。

そこでは私は私にしか会わない。だからその世界は退屈な世界である。私の価値や欲望はその時々には切実なものであっても、それなりのものでしかない。そういうものによって世界が充満しているのだったら、うんざりしてしまう。私ではない存在、私が制御しないものがあることにおいて、私達は生を享受しているのだと思う。そして確かに欲望は欲望としてその存在を認めながら、どこかにそれを途絶させる地点を置くこと、そのような選択をすることもできるのだと思う。私によって私の周囲が満たされることはたいしたことではない、私（達）のものなど何ほどのものか、というだけでなく、私（達）が規定しない部分に存在するものがあるということが、私達が生を享受することの、少なくとも一部をなしているのではないか。これらが自己決定や制御についての疑念の核心にあると私は考える。私は（私のような、あるいは、私のようでない、しかし私の意のままにならない）誰かがいることによって、生きている。それが私の生体としての生存の必要条件であるわけではない。ただ単に、他者があること、他者があることによって生きているという感覚があるのではないだろうか。私が作れないものを失う時に、私達はその不在を最も悲しむ。私はそれが好きだったり嫌いだったりするのだが、それに近づく時に、そうした属性ははぎ取られ、他者は在ってしまう。他者は、私が届かないものとして経験されてしまう。

自分が死ぬか生きるかといった時に、そんなことを考えられるものかどうか。私には駄目な気がする。ただ、それでも言いうると思うのは、あの臓器、つまり生命の移動をしないという感覚もまた、事実存在するのなら、それは、決定しないことを、他者があることを、受け入れる、あるいは肯定する感覚の存在を示していることであり、それが少なくともある場面で、制御しようとするあり方を超えているということである。

だから、私の選択と私の価値を信用しない感覚は確かにあるのだと思う。私がやったことが私を指し示し、私の価値を表示するという、全てが自らに還ってくるように作られているこの社会の仕掛け（第6章2節で少し詳しく述べる）を信用しない感覚がある。そして、その人が「在る」ことを受け取る。私ではない者としてその人が在るということ自体が、苦痛であるとともに、苦痛をもたらしながら、快楽なのである。確かなのは、他者を意のままにすることを欲望しながらも、他者性の破壊を抑制しようとする感覚があることである。この欲望を消すことは無理だと思いながら、しかし抑制しようとする時、ここに述べたような感覚があり価値がある。

［2］私でないのは私達ではない

「私」を最初に置く主張と異なることを言おうとする時に、ここで述べたのと異なる二通りの言い方がある。

まず、他者（達）によって私が作られているから、私は他者を尊重する、という言い方がある。だが、ここで言ったのはこのことではない。たしかに他者のおかげで私は存在している。そして単に物質的な援助等々によって支えられているというだけでなく、他者の存在は私が私としてあることができることの条件となっている。だが、第一に、少なくともある時には、他者は私の生存の必要条件ではなく、むしろそれを阻む存在でもある。今の私にとっては他者がいなくなることが私を生きさせることがある。第二に、私が作った（から私のものである）という議論を否定して、私は作られた、みんなに作られた（から私一人のものではない）、他人が私を形成してくれたから（その他者を大切にする）という具合に、わざわざ自己に回付する必要、自己を経由させる必要があるだろうか。他者から奪わないのは、他者によって私が存在している（大庭健［1989］［1990］等）から、他者に対して恩があるからだろうか。第7章4節2で私的所有に抗して主張される言説の中にこの種のものがあることを確認し、その含意について検討する。

　もう一つ、「近代社会」や「現代社会」における個人の「孤立」が語られ、それに対置されるものとして、隔たりのなさ、一体感、が持ち出される。「みんなのおかげで私が」と言う以前の「みんな」が取り出される。第5章で、あるものが他者としてあることと私がその近くにいることの間に結びつきがあるだろうことを述べる。そのことを「共感」という言葉で言って言えなくはない。また、他者との一体感、自然との一体感というものが感じられうることも否定はしない。ただ、それにしても、少なくともそれは、私に他者が近づいてくることではない。世界が私（達）と同じものであるなら、私（達）の一部としての世界の適宜な部分を捨てることもできる。「一体」は、一体の中の要素、部分を容易に捨て去ることにつながる。そしてまた、この同じという感覚の中にも、同じであるはずがなく実際同じでないものに、あるところで不思議に同じところがあることからくる快楽である部分があるはずであり、それはずるずるとどこまでも同じであることではないはずだ。だから他者が私にとって存在するということは、同じであること、同じであることの程度という階梯の中に、そのものを位置づけることではない。

　そしてそれ以前にまず、世界は、滑らかな、調和した一体といった世界であるのか。また、そういう世界が望ましい世界なのか。仮に、それもまたここちのよい世界ではあるとしよう。ただ、少なくとも明らかなことは、本来世界はそうであって、問題は世界がそうでないことであるというものいいが、異物に否応なく取り囲まれている現実を消去してしまうものであり、その現実から受け取る私達の苦痛、苦痛と同時に快楽を消去してしまうものであることである。例えば、二元論に一元論を対置するという言い方がある。主体と客体、その他いろいろの、とにかく区別されているものが、実は一緒なんだよという類の思考がある。私達の現実はそうではないし、仮にある種の前提を置き、一定の手続きを経てそのような一元性の場への論理的な還元が可能であるとして、あるいは「修業」を積んだ上での到達が可能であるとして、そのように還元された場にしか本来の何かはないとなぜ言わなければならないのか。その理由はない。還元が可能であり、それによりそういう場に到達すること、そういう場を想定することが可能であることは、それ自体で、それが何かより本来的であったり、より望ましいものであることを意味することはない。[◆1]他者があるという経験は、何かの手前にあるのではなくて、現実の、表層の、そこにある。

[3] 他者である私

以上に述べたことは、他人についてではなく、「私」についても言えることだと思う。

その他者とは、自分に対する他人のことだけではなく、自分の精神に、あるいは身体に訪れるものであってもよい。私の身体も私にとって他者でありうる。私が思いのままに操れるものが私にとって大切なものではなく、私が操らないもの、私に在るもの、私に訪れるものの中に、私にとって大切なものがあるのではないか。そしてそれゆえに、それを奪われることに私達は抵抗するのではないか。

　まず、身体は道具＝資源としてある。その身体という道具を用いた「行為」は事実としてその者のもとにあることを述べた。同様に能力もその者に属していると言ってよい。その道具であるところの身体は、その者によってしか動かすことができない。しかし「結果」はその者のものではないことを先に述べた。ゆえに、能力が道具としてだけある限り、その能力に起因するもの結果の処分権はその者にはない。また、身体を使った行為についての権利を専有することはできない。後に述べるが、交換されるものはまた分配されるものである。ただ、その身体は、もしそれがその者の生命を維持するだけのための道具であったとしても、必要不可欠な道具であり、それを奪うことはその者の存在を否定することになる。身体は、それなしにはその者が存在することができない、特権的な「資源」である。身体、身体のある器官の委譲はその者の存在の消滅を帰結する。この限りで、仮にその者にとって資源＝手段でしかないとしても、それ自体は奪われない。そこでサバイバル・ロッタリーが否定された。と同時に、私、私の身体は感受されるものであり、私が私のものとして制御する私ではなく、私があることと切り離し難くあり、あることの一部をなしていながら、他者にとってもまた私自身にとっても他者であるような私があり、私の身体がある。[2]「生命」「生命一般」が尊いということではなく、個別の他者が、さらに私のもとにあるものが他者として私に現われることが肯定される。私からそうした他者性を消去してしまうことの否定が「私の肯定」と呼ばれるものではないか。もちろん、そんなことを気にせず、いつも私が私の身体を道具として使えるのなら、それはそれでかまわない——同じことをこれから何度か述べるが、そこでは問題とされるべき問題は既に消失してしまっている。だがそうはできない時、侵襲される時、身体の受動性が受動的であることによって否定される時、それをさらに否定しきれずになお切り抜けようとなされることは、(例えば性的な)関係を断つこと、その関係を特殊なものとして他の関係から切り離すこと、私自身が能動者として振る舞うこと、他者によってではなく私によって私を制御することによって劣位を否定すること、あるいは私を、私の身体を私の本体から切り放すことである。これらは論理的な可能性を網羅した対応であり、例えばフェミニズムは厳密に論理的にこれらの一つ一つを試みていった。[3]それらの戦術の少なくともいくつかは実際に有効であり、有効であり続けるだろう。しかし、単に否定を否定することの可能性も残されてはいる。本書は、間接的にではあるが、その可能性を考える試みでもある。

［4］「自然」

「操作しない」という主張は、操作することに対する恐れ、畏れのようなものとして表出されることもある。これまで幾度もそうであったように、短期的・部分的な予測によって動きがちな人間は、結局選択を間違える、人は自己にとって本当によいことを時に判断することができない、ならば、そこには手を触れるべきではないと言う。

だがまずその立場は、（どの程度）制御可能か制御可能でないか、そして予測可能か可能でないかという事実に関わって成立する。もし、なんらかの手立てを使って、予測可能になり制御可能になるなら、問題はなくなる。もちろんこれは楽観的な見方であり、予測不可能性を考えに入れる方がより賢明なのかもしれない。しかしやはりそれでも、不可能性を考えた上で対処せよということなのだから、これは事実としての人間の能力の問題である。[◆4] ゆえにこれは、実際にどこまで可能かどうかという問題はあるにせよ、原理的には、もっと人間が賢くなればよいということである。そして、自然を巡る多くの問題が、生存、快適な生存を巡る問題であることは明らかである。だが、それは重要ではあるが、「自然」を擁護する時の基本的な論点では、少なくとも唯一の論点ではない。

次に、守るべきものは「法則」としての自然ではなく、守るべきなのは、守らないことがその「掟」に反するからではない。技術が自然を改変することに疑問を持つのは、それが自然の法則を逸脱するからではない。第一に、そもそも私達が自然の法則に違反することは不可能である。どんなことをしても、少なくとも私達は力学の法則には従っている。すべてが法則の内部で行われている。そして、人間が他の種に優越する制御能力を獲得したこともまた自然史の一部であり、自然を制御し支配することもまた自然の一部である。第二に、自然がしかじかであることから、私達がこうでなければならないということを言えない。実際にはその類いの議論が横行している。例えば、だいぶ昔に流行ったものでは、ダーウィン流の進化論はしかじかであるのに対して今西（錦司）流の進化論はしかじかといったものがあった。どちらがより自然認識として妥当であるかはここではどうでもよい。こちらの見方が私は好きだという選好がまずあって、それを支えてくれるものとして「自然」そして「自然科学」が持ち出される。あるいは、「自然」はこうだから、私達はこうであるべきである、私達がしていることは正しい、あるいは正しくないとする。人間が「生存」していくためには掟に従わなければならないということはあるだろう。だがこのことを除けば、これら——第6章で少し触れる「社会ダーウィニズム」や「優生学」もその一種である——はみな、自らの主張の根拠、主張の補強として、自然に依拠している、自然を持ち出しているのであり、ただ単に「自然（科学）」信仰のもとにあるというだけである[5]。

　こうしたことと関係なく、私が手を触れようと思わないことがある。人間はとかく選択を誤る（と言うからにはどこかに正しいことがある）という理由によってではなく、制御すべきではないという感覚があると思う。すなわち、決定する側にあるもの、私達の有する価値が、どれほどのものか、とりあえずこういう価値観で生きてはいるが、つきつめてみればそれは何程のものでもないはずだという感覚である。このことは、他者に対して、自己の制御の及ぶ範囲を限定するということ、他者に対して自らの価値の適用を断念するということである。これを単に無知、あるいは新しいものが出現することに対する保守的な観念によると考えることはできないと思う。単に長期的・総合的な予測ができないなどというのでない、もっと基本的な人間の価値に対する懐疑、ある種の悲観があり、また私の範囲にないものがあることに対する希望、あるいはそれらが実際にあるという感覚がある。

　つまり、制御し支配したいと思い、実際そのために行動する私達は、他方で、そのような世界は良い世界かと問われる時に、どこかで、そうではないだろうと考えていると思う。私達の欲望はどこかで否定される。他者との関係の中で、自己による他者の領有という観念が抵抗に会い、挫折する。私達の欲望は欲望として残りながら。しかし、その挫折を私達は失敗とだけ受け取るのではない。むしろ自己によって制御不可能であるゆえに、私達は世界、他者を享受するのだと思う。思う、と述べた。だが、それはそのようにしか考えることができないということでもある。例えばある生物の種を絶滅させたくはないと思う。これは、自然が「掟」としてあるからではない。自然は規範を示さない。また、適切な自然の管理さえ怠らなければ、一定の限界を設けその基準を遵守することさえできれば、一つや二つのまたもっと多くの種の絶滅は、私達の生存を危うくすることにならないだろう。そして私達は確かに自然に介入し、改変しながら生きているし、生きているしかない。しかしにもかかわらず、絶滅を恐れる、あるいは悲しむ感覚がある。とすると、このように考えるしかない。それを、無理に「人類の危機」や「滅亡」に結びつける必要はないのだ。もちろん、危機や滅亡にかかわる問題は現実にあるのだし、それはそれで深刻で重要なことではあろう。ただ、それだけではないことも確かなことであり、いつも「滅亡」や「繁栄」といった真面目なことだけを言わなければならないのではない。

言うまでもないことを確認しよう。以上は、人間中心主義的な感覚、倫理と言えるなら倫理、である。世界は私に現れた世界であり、私に現れた世界でしかなく、その世界を私達は以上のように受け取るのである。だがこれ以外に世界の受け取りようはない。だから、このことが何か「人間中心的」であるがゆえに、自然を擁護する思想として不純であり、不徹底だと批判することは不可能であり、無意味である。私に現れるものとしての世界が、私ではない世界として、私にとって制御できるものでなく、制御されるべきものでない世界として現れるのである◆6。

［5］ 他者という存在

こうして辿り着いたのは、自らに発するものが自らのものであるという論理、論理というより価値観、の単純な裏返しではないにしても、それと全く別の感覚・価値である。私はそれを私達が有する価値の事実として提示したいだけだ。私達がそれを好むということ、それ以上の理由をつけようとは思わない。この価値も、全ての価値が結局のところそうであるように、それ以上根拠を遡ることができない。しかし、その点では、私が私の作ったものを所有するという観念も同格である。そして後でも幾度か見るように、これが作為を抑制する論理・感覚としてあることは、この倫理・感覚が作為を指示する感覚を凌駕しうることを示している。

とすれば、第一の原理として「〈他者〉が在ることの受容」を立ててよいのだと考える。これは、作為・制御→取得という考え方（第2章2節）と全く別の、逆の考え方である。所有に関わる近代社会の基本的な図式が裏返されている。いかにも怪しげなものに思われる。しかし論理を辿っていけば、このようにしか考えることができない。このような感覚は、私達の社会にあっては一般的に言語化されてはいないから、議論は、しばしばこれを通り越し、例えば○○は不平等を惹起してしまうといった理由付けの方に流れていく（第3章）。しかし、不平等それ自体が最初の問題ではないことは既に述べた。それらの主張を検討する中で以上のような回答が与えられたのである。

それにしてもこれは、どう考えても、ずい分怪しげな話である。以上は、私が制御するものこそが私のもの（他者によって奪われてはならぬもの）だという観念と全く正反対のことである。そして、私達が選択者であることは確かなことである。私達は日々選択しながら生きている。領有しない、制御しない、そんなことはありえないことだ。例えば、私達は子をしつけ、教育する。これは必要不可欠なこと、少なくとも好都合なことだ。私達は人が自分の思う通りに動いてほしいと思う。また私達は行為の規則を決める。これを受け入れないことは、何でも決めてくれる神様のいない私達の時代にあって不可能だ。それ以前に、このようなあり方は、生物の一切の「自然」から離れているように思われる。だって、あらゆる生物は、自分で獲得したものを自分で食べるではないか。自分で食べるために獲得するではないか。

以上を否定しない。だから、こうした感覚のもとにだけ私達がいるなどと到底言えない。だが、このような感覚があると述べるのは、そんなに突拍子もないことだろうか。私は、私達の生のすべてがこのような感覚によって覆われていると言っているのではない。しかし、制御し領有し使用することをそのまま受け入れず、それを制約する、あるいはそれに抵抗するものがあるなら、それは、詰めてしまえばこういうものだと、他ではありえないと言っているのである。そしてこれを、「文化」の差異や独自性にも還元する必要もないと思う◆7。

私達は私による世界の制御不可能性の上で、何かをしたりしなかったりするのであり、そこでどれほどか私の意のままに私と私の周囲とがなることから確かに快楽を得ているのではあるが、その不可能がすべて可能になった時には、私達にとっての快楽もまた終わるのではないかと言っているのである。制御しようとする、制御しつくそうとする欲望をそれ自体として否定しようというのではない。しかし、ある者にとって制御しないことからくる快楽が否応なく否定されるなら、とりわけ、もう一つの快楽、例えばただ生きてあること（これもまたその者に与えられてあるものだ）と引き換えに否定されるなら、少なくともそれは悲惨なことだと言いたいのだ。

これがかなり基本的な感覚、倫理であるのは確かだと思う。上述のような感覚、価値観をもってこないと、私達が行っている基本的なよい／わるいについての判断を導くことが論理的にできない。その者が制御するものがその者に所有されるものだという観念によっては、例えばその者のもとにある生命や身体が奪われてならないことを言えず、この「不可侵」を擁護しようとすれば、ここに述べたような言い方しか見当たらないのである。生命などというたいそうなものについてだけではない。思想・信条を取り下げさせられることや、制服を着ないことや、髭を生やすことをあきらめさせられることを認めないこともまた同じである。それらを奪おうとしないのは、髭を生やすことが何かすばらしいことだから、その人の何かもっともな理由によって選択されたことだからではなく、その人の何かに役に立つというのではないその人の生の様式が許容されるべきだと私達が考えているからではないか。

そのような価値を私達は持っており、多分失うことはないと思う。人は、操作しない部分を残しておこうとするだろう。それは、人間に対する操作が進展していく間にも、あるいはその後にも残るだろう。それは全く素朴な理由からで、他者があることは快楽だと考えるからである。快楽を、しかもひとまずは苦痛であるかもしれない快楽を持ち出すのは、真面目な問題を論じる時によからぬことだと思う人がいるかもしれない。しかしそれ以外のどのような言い方があるだろうか。単純な快楽をそれ以外のそれ以上のものに持ち上げる必要があるだろうか。他者を在らせることは義務だと言いたい時、快であることから義務は生じないと指摘されればその通りかもしれない。だが、まず世界を意のままにすることから来る快があり、それを禁圧し抑制するものとしての掟があるのだという、よく持ち出される図式にそのまま乗ることはないと思う。たしかに、ここで述べてきた感覚は抑止するものとして働くことがある。しかし、このことは、抑止するものそれ自体もまた快であることを否定するものではない。

　その起源は問わない。問う必要がないと思う。なにかしらもっともな起源があるのかもしれないし、ないのかもしれない。何にしてもわけというものがあるのだとすれば、多分あるのだろう。しかし、それが見つかったところでそれはそれだけのことである。むしろ、私達が直接に知らないどこかに――例えば、脳の中に、遺伝子の中に、等々――「根拠」を見出し、それによって何かがわかった気になったり、それが何らかの方向を差し示すものであると考えることの方がおかしいのではないか。

2　境界

[1] 境界という問題

以上で述べてきたことは、第2章で検討した思想の流れ、文脈の中では奇異なものではあるだろう。ただ、「近代的なあり方」に対する「原則的な批判」、「近代に対置されるもの」を打ち立てようという試みは種々あり、そのある部分はこうして述べてきたことに近いことを言うことがあるだろう。しかしそれらは多くの場合はかなり直観的なかたちで提出され、このようなことを言い放つだけでは立ち行かない問題に解を与えようとはしてこなかったと思う。序章そして第1章で述べたように、生きとし生けるものは等しく尊重されるべきであるといった主張がなされ、非所有の思想が語られるとしても、それをまじめに字義通りに受け取れば、それ自体では何かを決することができない、何をしてはならず何をしてよいのか、境界線を引くことができないのである。

第一に、作為しないことがあることを言うのと同時に、作為することがあるとただするのであれば、ある場面でどちらを採ってよいのかわからない。それは何をすべきかについての解をもたないという批判があるはずである。たしかにそれでは一義的に状態を決定することができない。しかしどちらも外すことができない。とすれば、両者を前提にするしかない。第二に、私の対象への能動的な関わり方としての「自己決定」についてどう考えるのか。消えてなくなってしまいはしないか。また、逆に、他者にいっさい手を触れてならないということになりはしないか。第1章で、自己決定を巡っていくつかの問いを示した。このことから本書の考察は始まったのでもある。一つは、自己決定であればそれは全て許容されるのかという問いだった。一つは、自己決定能力を持っていることを成員の要件にすることに対する懐疑だった。ここでの問題は、以上のような疑問から発した私達の考察が辿り着いたものが、当の「自己決定」をきれいさっぱり洗い流してしまっているのではないかということである。それでかまわないという立場もあるかもしれない。だが私はそのようには思わない。これも最初に述べたように、本書の問いは、自己決定を認めながら、それを全ては許容できないという矛盾から発していたのである。

〔2〕境界線は引かれる

本章で述べたのは、α、世界を制御の対象とすることに対する抵抗感、だと言ってもよい。だが、それは私達の生の全域を覆えない不可能なことのように思われる。社会の全域がそのような関係によって覆われることがありうるのか。あるべきなのか。言ったことと矛盾するようだが、そうではないと、αを言うその同じ者が言う。領有しない、制御しない、そんなことはありえない。私達は人が自分の思う通りに動いてほしいと思う。それは必要不可欠な、少なくとも好都合なことだ。だから、こうした観念のもとにだけ私達がいるなどと到底言えない。

β、私は自らを自分の目的の実現のための手段として使う。また他者をそのようにして利用することもある。このこと、人が自身の目的の実現のために人と関係しあうこと、手段的に関係しあうこと、そしてそのような場として構成される場の存在を否定できないと考える。例えば、大学では、学生は自分にとって必要な知識なり技術などを習得したいのであって、そのために不要な教師は必要ではないことを認めてしまう。

αとβの両者は明らかに矛盾するように見える。しかしそうではないと思う。私達は、確かに両方を区別しており、使い分けているのだと思う。そしてそれは否定されるべきことではないと考える。

まず、βの領域を認めることは不可欠である。世界にある行為、行為によって生産される財の全てが他者によって奪われてならないものであるなら、交換も分配も行われることがない。そして少し考えてみれば、贈与もまた行われることがない。当の者の自発的な贈与であっても、それは自らが自らのもとにあるものを他者の「ために」譲渡するのであるから、この時自らのもとにあり他者に贈与しようとするものは、その目的のための手段としてある。全てを手段として贈与してはならないというのであれば、他者のために自らのもとにあるものを手段として贈与してもならないことになる。さらに、自分のために使う時にも同じことが言えるのだから、すべてのものは自分のためにも使われてはならないことになる。このことによって在ることができない人、生きていくことのできない人は必ずいる。というより、全ての人が生きていくことができない（このことは第5章2節1でも確認する）。それをαは認めない。つまりα制御しないこと、他者を尊重することが、直接にβ制御・利用というあり方を指示する。

そこで、何をその者のもとに残し、何を移動させることができるのかという問いが現れる。その基準は何なのか。そして、それは誰が決めるのか。

これまで述べてきたことの延長上で、何が誰のもとに置かれるのかという規則が成立するための条件が一つある。まずこのことを確認する。最初から問題にしてきたことは、xがBではなくAになぜ置かれるのか、自己決定という問題であれば、xに対するB——この人も「自己」であるには違いない——ではなくAの決定をなぜ尊重するのかという問題だった。尊重されるべき決定は、xに対するBの決定であってもよいではないか。ここまで私達はxがAのものであると言える根拠がないことを述べてきたのだから、この点に関する回答が必要である。実は、なぜAの命を奪わないかという先の問いに対する答えに、この問いに対する回答があったはずである。今問題にしている問いと先に問われた問いは同じものなのだから、その回答がなければ、あの問いに答えたことにはならないのだから。しかし、まだそれは明確な表現を与えられてはいなかった。はっきりさせよう。

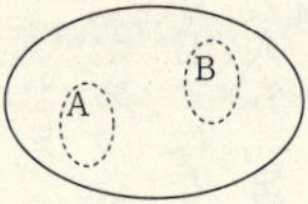

図4.1

私達の現実において、いくつかのもの・ことは、既に、特定の人との関わりをもっている。「Aがxを思う」「Aがxをする」「Aが生xを生きている」「xがAに宿っている」「Aがxに宿っている」、これらのことを、Bがとって代わること、取得することはできない。xそのものはAを離れることができるにしても、鈎括弧内の事態をBに移動することはできない。その意味でこれらのxはAを離れてあることができない。(Aの歯が痛い時、Aが歯痛を経験しているのと同じくBも歯痛を経験しているとは言わない。Bは、「Aが歯痛xを経験している」という状態をBが知っているという経験をしている。この時に、xはAのもとにある。) ここまでは私達が生きており、知っている素朴な事実である。そして先に臓器の移動について考えた時にも最後に私達に残ったのはこの単純な事実だった。

第2章の最初に示した図（68頁）を想起してもらいたい。例えば交換が生ずるためには、ここに境界が引かれていなければならないと述べた。実際には、ここに、ひとまず規範的な境界ではないとしても、AやBに纏わって存在する領域が、したがって境界が、A・Bいずれにも関わらない広大な部分とともに、私達の現実の中にはあるということである（図4・1）。まず、このことを事実として認めておく。

[3] β〜その人のものでないもの

Aがxを行う。この事実を認めることと、その行為の結果をその者が取得する権利があることとはまた別のことである。確かにそれはその者の行為によって、正確にはその者の行為を介して、生み出された。このことまでを認めよう。しかしそれを取得する「権利」はないとする。本書で見出され主張されることと私的所有（＝生産物の私的所有）を正当化しようとする主張との基本的な相違点の一つは、このことにある。私達は、確かにAがその獲物を捉えたことまでを認める。そのことは譲渡されえない事実として私達のもとにある。しかし、その獲物はAのものではない。あらゆる自然物と、そしてあらゆる生産物が誰かのものであるという根拠はないのだと、この感覚は言う。このように言う時、私達は、「主体」が「外化」したものを再び「主体」のもとに取り込む、「内化」する（「内化」できなかった時に「疎外」が生ずる）という図式から別れている。不正確さを覚悟の上で言えば、それはまさにこの図式を正当化しようとした人達が言ったこと、主体によって制御される客体であるがゆえにその客体をその主体が所有するという論理と逆のこと、その客体を取得する権利はないということである。

どうしてそのように言うのか。第一に、消極的には、その理由がないからである。Aがxを獲得した「から」、xはAのものであると言うが、その「から」を根拠づけることはできない（第2章第2節）。その者が、あるいはその者の行為を介して、xを獲得したこと自体を否定してはいない。私達が知っているのは、Aがその獲物を捕った、採ったということである。この事実は否定しようとしても否定できない。その事実をAから奪おうとはしない。奪おうとしても奪えない。しかしAの身体を働かせて得たxをAが取得できるとする根拠はない。xを取得できるとするのは、一つの信念でしかないことを述べた。私の制御するものは私のものであるという言明は、一つの信念を語るだけである。同様に無根拠な一つの信念として、一つの価値として、その者の生産物はまたその者のものではないと言いうる。私が制御するものは私が独占的に保持し処分できるものではないと言いうる。

xがAのもとに置かれるのは、xがAのもとにあるということがAがあることの一部をなしている時であると言った。このことから、第二に、積極的には、xは既にAという存在なくして存在すること、Aを離れて存在することができるから、Aのものではない。このことを私は全く素朴な意味で言っている。Aが作った生産物はAなくしても存在することができる。またそれはBにとっても利用可能なものである。そして、A自身、それを譲渡する用意のあるものとして生産する。その人にとってその人が在ることから切り放すことができるものを、その人は手段とし、制御の対象とする。また、そうしたものの多くは別の人も使うことができる。他者が他者であることを保存したまま移動させることができる。xは、Aにとって Aの生存のための手段としてある（場合がある）が、そのxのあり方はBにとっても同じである（同じでありうる）。ここでxはもはやAに纏わりついてはいない。Aがxを食べる。このxは、そこにあるものかもしれず、またAが生産したものかもしれない。しかしこのxはBも食べることができるだろう。そのようなものをAから奪ってはならないものとはしない。

ただ、その手段xは各人が在ること自体ではないが、在るための条件、場合によっては絶対的な条件であることはありうる。もしその者が在るための最低限しか持っていないなら、それを要求することはできない。例えば、臓器は生きていくための手段ではある。しかし、それを失うことは生きていくこと自体を崩壊させる。だからこれを取得することは認められない。それでサバイバル・ロッタリーが否定された。だがそんなことはそうない。あるものがその者Aのもとに置かれることが認められるのは、他者Aが在ることを認める限りでだと述べた。第三に、同じ理由で、Bが在るために必要なものの分配が指示される。ここで結果に対する所有権は失われているのだから、その結果を生み出した資源である「能力」の所有権の問題は既に消失している。結果の取得を否定するということは、その帰結として能力が誰のものかという問いを実質的に無意味にする。

後に私はこのxがAに渡されることがあることを述べる（第8章）。しかし、そのことは以上の基本的な言明を否定するものではない。本来そのxはAのものではないが、しかしAに帰されることがあると言うのである。AがAによって作りだされたaをAのもとにおきたいと思うことがある。そしてそれが認められることがある。だが、それは、Aがそれを作ったからではない。一つには、私達が受け取りがなければ仕事をしないというあり方をしか生きることができないからである（第2章3節）。もう一つには、（多くの場合はその者の行為と経験を介すことによって）それがAにとって手放せないもの、Aがそこに宿るものとして存在し始めたものである場合である。

[4] α～その人のものであるもの

他方で、何がその者のもとに置かれるのか。Aから切り離すことができないもの、Aから切り離すことによってそのものの存在が失われるようなもの、がAのもとに置かれる。もう一つの条件は、それが、Bが在ることを侵害しないということである。

Bのものになることによって、Bによって制御する、制御しつくすことによって、そのもののAにとっての意味、そして私達にとってのAの意味が失われてしまうようなAのもとにあるものaを、Bは制御してはならない。それはAのもとに置かれなければならない。そこにBが介入すること、aを奪うこと、aの譲渡を求めることをしない。

Aがこの状態から自らを解き放つことができない。あるいは解き放とうとしない。Aのあり方を譲渡しようとしないものとして、譲渡しようのないものとして、引き受けざるを得ないものとして引き受けている。この時、xはAにとって他者として（Aの思い通りの処分の対象とならない、しようとしないものとして）Aにある。Bにとって、このようにAがあるということはAが他者としてあるということである。BはAが他者であるあり方を尊重する。ゆえに、Bはそれに対して介入しない。

それはAがそれを領有しているからではない。Aのもとに置かれるものaであるとは、aとは独立の存在であるAがaを所有していることではない。領有という時には、領有されるものは領有する者と別に存在するからである。それは私のもっていない彼の性質、一つの属性・能力、そういうものとしての「独創性」でもない。そして実際には、そういうものの大抵は、他の誰かが、あるいは誰もがもっているものなのだ。ａがＡの「アイデンティティ」を形成するから大切であるというのではない。というか不正確であるように思う。

それが、事実として私によってあるいは他者によって制御できるかできないか、与えられているものなのか、形成されるのか、これは本質的な問題ではない。また逆に、奪われてはならないものは、Ａが作りだすもの、選んだものである必要もない。例えば性は、子を持つことは、Ｂにとって経験として、受領されるものとして現れる。この経験自体への自由は奪われてならない。私の内部に起こることであれ、他者において与えられるものであれ、受領することの中に生があるからである。

ＢがＡの生の様式ａを決定するということは、Ｂがそれを取得することではない。Ｂは既に自分の生ｂを生きているからである。一つに、生の様式が既にＡのもとにないのなら（あることが意識されていないなら）、それはＢの世界がそこまで延長された（に過ぎない）ということである。一つに、生の様式そのものはＡのもとにありながら（あることを意識しながら）Ｂによってそれを制御するということであれば、それはＢがＡを支配しているということである。これ以外の可能性はない。これらは他者を決定しないという価値からは認められない。それがＡにとってどれだけの重要性を持つかとは別のことだ。ａの存在がｂと矛盾するようなものであること、ｂの内容を否定するようなものであることもあるだろうが、それは、許容される。他方、ａが直接にｂを、むしろｂを有するＢを脅かすことを目的とする時には、認められない。確かにその間の違いを見いだすのは難しいかもしれないが、基本的にはこのように考える。

以上から、Ａにおける積極的な意志の存在は、Ａが他者として存在していることとの必要条件ではない。Ａの「主観」の存在を介することなく、ＢはＡがＢにとって他者であることを感じうる。また、Ａがｘを作ったこと、制御できることが、ｘがＡのもとにあり、それをＡのもとにあるままにしようとする根拠でもない。その存在が自己決定しない存在であっても、その存在を他者として受け取り、その存在に対することがある。だから、他者の範囲は、自己決定能力を有する者を尊重されるべき人格とする考え方より、広い。また、この他者とは人間である必要もない。このこと、そしてこのように言うことに伴う困難については第５章で検討する。

他者があることを侵害しない限りで、と述べた。だが以上は本当に解を与えるだろうか。例えばＡが、世界中のものをＡのもとにおきたいと思っていると言う場合、その思いが譲れないものとしてAのもとにあると言う場合はどうか。Bはそれもまた認めなければならないということにならないだろうか。だが、世界には、事実として（既に）Bの経験の範囲であって、Aには経験できない範囲があると述べた。確かにAの経験している範囲をBが取得したいという欲望がある。Aの欲望がBを殺したいという欲望であることだってある。しかし、それは他者を侵害しないという原則に違反している。したがってこの範囲の取得は認められない。

例えば、ある者にとって、その者の住まう土地が、あるいはその者の作りあげるものが、単なる生活の糧ではなく、その者があることを構成する不可欠のものとしてあることがあるだろう。生存のための手段である／手段でないという判断を誰がどのようにするのか。個々の人の心的な世界を直接に知ることはできないのだから、全ての具体的な場合についてあれかこれかと判断できるものではない。しかし直接に知ることはできないとしても、試すことはできる。事実、それを自らのもとから切り離すこと、他者に譲渡することができず、それをその者のもとに置こうとする場合にだけ、その者のもとに置かれることを認めることである。

[5] α／β

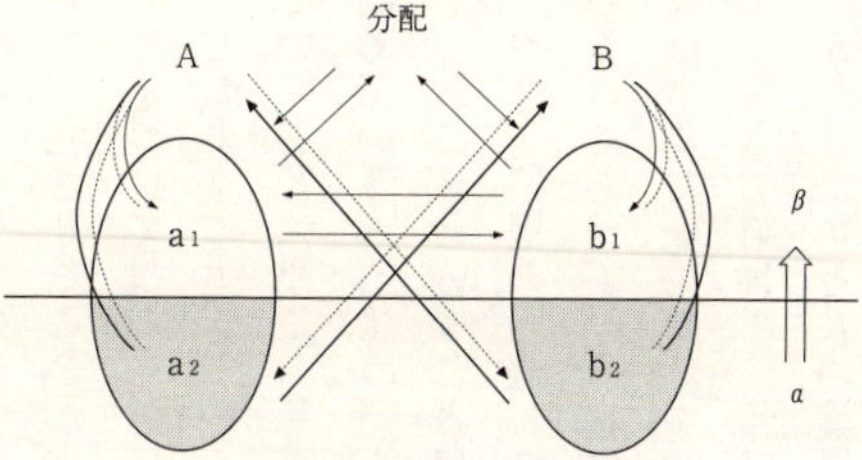

図 4.2

※$A \dashrightarrow a_2$; $B \dashrightarrow a_2$	Aから切離されないものa_2
	Bの制御の対象としないものa_2の存在が
$a_2 - A$; a_2　B	Aが他者として在り享受されることの中核をなす
※$A \rightarrow a_1$	Aが切離の対象とするものa_1は
$a_1 \dashrightarrow A$	Aに排他的に帰属しない
$\alpha \rightarrow \beta$、$\alpha > \beta$	βの領域はαの領域に優先され、規定される
※$A \rightarrow a_1$	Aが切離の対象とするものa_1は
$a_1 \rightarrow$; $a_1 \leftarrow$	分配の対象になる
$a_1 \leftarrow \rightarrow b_1$	交換の対象になる
	(ただし$\alpha \rightarrow \beta$、$\alpha > \beta$　ゆえに　分配>交換)

(0)「私的所有」に積極的な根拠はない。第2章で述べた。(1)他者があることを認める。この章で述べた。(2)Aのもとにあるもので Aから切離されない a_2はAが他者としてあることの内容をなす。(3)（(1)と(2)から）a_2の譲渡をBは求めてはならない。(4)Aが自らから切離しようとする対象a_1はAが他者であることを構成するものではない。(5)（(0)と

(2)から）a_1はAに帰属しない。(6)手段x_1（a_1…）はA・Bがあることの条件である。これは事実である。(7)（(1)と(6)から）在るための手段x_2は各自に確保されなければならない。(8)双方が互いに手段として接する場合にも、それは最低限の範囲に留められなければならない。

(7)から、資源の公正な分配とその資源を用いた行為の自己決定の両方が支持され、両方を両立させることが求められる。すなわち、生きていくための手段として人が必要なものについては、生きていくのに必要なだけが分配されなければならない。それを用いてどのように生きていくのかは各々の人が決める。このことを実現させる方法を見出していくことになる。私達は、自身の利得を増やしたいと思うが、他方でαをどこかでは認めているとしよう。しかも、誰かのおかげでなんとかなっているなら、そのままかせておこうということになる。言ってみれば、ここでその者は、他の者に委ねることによって、負担の回避しつつ他者があることの快を得るという「ただ乗り」行為を行っているのであって、それは許容されないとしよう。とすると、このような行為を防ぐためには全員にその義務を課すという方法が、現実的に可能な（多分唯一の）方法となるはずである。第8章3節で詳しく論ずる。

(8)そしてαとβの境界について。わかる（と思う）こと、同じとすることによる他者の消去、自己の拡大、このような事態が起こってしまうなら、むしろ、人が人を手段として扱うことのできる境界をはっきり定めておいた方がよい。つまり、制御しないことを（貫くことはできないが）まず置き、その上で、制御を仕方のないこととして、また必要なこととして認め、制限しようとする。例えば職務に必要な部分以外を評価してはならないという「能力主義」の規範は、双方の合意に基づく契約という原則から生じるものではない。必要ではない部分について評価し制御してはならないという価値からだけ正当化されうる。このことを第8章3節で確認する。

つまり、αは、「わかりあう」ことによって問題が解決され、人が仲良くやっていけるような社会を構想する立場とは別の立場に立つ。私はあなたを全面的に理解することを不可能だと、そのような関係が社会のすみずみを覆うことなどあるはずがないと、そして（少なくともそのような気になることを）危険だと、考えるのだ。そんなわかり方は本当のわかり方ではないと言うかもしれない。しかし本当にわかるとはどういうことか。それがわからないのだとαは言う。「わかる」という契機がないのではない。ただ、ここで「わかる」とは、他者の何かがわかることではなく、他者がいることがわかるということである。だから、αは、他者に何かの内容を認めることではない。つまり、その者が、例えば労働力商品として現れる以外の何か充実した内容を有しており、それが理解されることによって他者であると認められるのではない。「わかること」「同じであること」による他者の破壊、それを人は本当になくすことはできないのか。良いわかり方なら、本当に同じであることがわかるなら、人々はもっと幸福になれるのか。それはわからない。しかし、わかること、同じと思うことによる抑圧は実際によくあることではある。わかること、同じことの全てを否定したいのではない。ただ、「関係の透明性」、等々から出発し発想することが正しいのか、殊に十分な注意を払われずにそのように考えることがよいのか。ただ、確かなのは、他者を意のままにすることを欲望しながらも、他者性の破壊を抑制しようとする感覚があることである。この欲望を消すことは無理だと思いながら、しかし抑制しようとする時に、ここに述べたような主張の仕方になる。

3　自己決定

[1]　自己決定は肯定される

自己決定についてどう考えるか。もちろん、思いつきで、あるいは手近にある手頃な価値基準によって裁断し、自己決定を肯定したり否定したりすることはとても簡単にできる。その限りではひどくあっさり片付くかもしれない。だが、序文から述べてきたように、これはそんなに単純なことではない。それを無理に縮減してしまうことによって、大切なことが抜け落ちていってしまう。口ごもってしまう時、まずなぜ口ごもってしまうのか考えてみるべきなのだ。その作業をこれまで行ってきた。以下、第一に、自己決定をどのように位置づけ、どのように肯定するのかについて述べる。第二に、自己決定の困難、自己決定を巡る困難について述べる。第三に、何事かが自己決定されたのであるからにはそれに問題はないのだとする主張に反論する。第四に、決定しない存在、決定できない事態にどのように対するのかについて述べる。第五に、こうして考えていった時に現われる自己決定権と私的所有権との違いをはっきりさせ、決定が可能であるための条件を述べる。最後に、決定の条件を問題にすることの意味を再確認し、一つの具体的な領域として医療における自己決定に触れる。

自己決定が基本的にどのように捉えられるのかについて。第2章2節に見た論理は、作ること、制御することを、そしてそれだけを権利の根拠とした。ここで述べたことはこのことを問わない。どのようにも制御、決定できないものがあり、また、制御、決定しようとしないものもある。ただ、Aが様々に思い感じ行為することはAが他者であることの一部ではある。「自己決定」はその中の一部に位置づく。まず、Aの「決定」は、こうしたAのあり方、思い方、行為の一部である。[◆8] 他者が存在することを受領することの中の一部に、私が他者に関わることを決めないということがあり、その中に他者の自己決定を認めるということがあるとする。「他者」であることの尊重と「自己決定」の尊重とは矛盾しない。むしろ前者が直接に後者を指示する。

もちろん、思うようになることは自分にとってよいことだ。大抵の場合、その人はその人にとってよいように決めるだろう。そして、知らないでいることに決めること、決定しないことを決定するというあり方もまた決定の一部ではある、と言える。だから、その人のあり方についてその人の決定がなされている限りでは、その人のあり方を尊重するとはその人の決定を尊重することだとも言える。ただ、そのように決めたと言えば決めたことであるとも言えることの中に、制御しないことが含まれるのであり、制御すること自体を価値とするのではないし、制御できることによってそこに権利が発生するのだとも捉えることはしない。ここに、私が決定し、制御することに至上の価値を置くというあり方に抗しながら、しかし私の決定を確保するという途がある。

前節で何がその人のもとに置かれるのかを述べた。何についてその人が決定できるのかも同じように考えることができる。次に、その決定を実現するために、何がその人に置かれるのか。第2章で見たのは、自分が生産したもの、それと引き換えに得たもの、自発的に贈与されたものについて、それらを利用し、決定することができるとする論理だった。それがその人の決定のために使用できる財の範囲であり、同時に決定できる範囲であるとされる。これと、本章での検討から導き出される範囲は異なっている。自己決定権といって、それには生産者＝労働者の権利の範疇に収まるものと、それには収まりきれない、むしろ前者によって排除される中から生じてきたもの、少なくとも二つある。両者は同じではない。どのように同じではないのか。これを言いにくかったのだと思う。そこで、連続と非連続がはっきりとされてこなかった。以下でこのことをはっきりさせようと思う。

［2］自己決定の／を巡る困難

自己決定の主張は、決定から外されてきた人達の生存と生存の様式を剥奪されてきたことに対する抵抗として現われる。その歴史は別に記述しなければならないのだが、生きたいように生きられないから、生きたいように生きることができること、今まで決められなかった状態にあった人がその状態から脱し生活のあり方を決めることを主張する。なぜ自己決定が剥奪され、実現されなかったのか、阻害されているのか。単純なことを確認しておこう。

(1) ①自分で決定して、決定したことを自分でやるなら、そしてそれが誰にも迷惑をかけないことなら、ひとまず誰も困らない。ところが例えば身体に障害がある人の場合、その人は決定はできるのだが、(i)その決定の実行は他人が行う、(ii)その実行に関わる負担を他人が（他人も）負う。となると、自己決定した人の言うことを聞くのは負担であり、負担であることからする不利益がありうる。だから、自己決定は実現されにくい。

(i)は、すべてを自給自足ですませようとしないなら、その供給者とその利用者との間のあらゆる場面に現われる。何かを提供する側とそれを受け取る側の利害が対立するのは当然のことである（一方は手を抜きたいし、高く売りたいし、一方は自分の思い通りに欲しいし、安く買いたい）。ここで、提供するものの情報が利用者に与えられていない（完全情報の欠如、あるいは情報の非対称性→第2章注17・123頁）ことは、少なくともよい商品を提供できていない供給者には都合がよい。医療過誤が表に現われにくく、インフォームド・コンセントが実現されにくいのにはこういう事情がある。ただ、市場ではこのそもそも一致しない利害が価格メカニズムによって調停される。お金を十分持っていれば利用者の利害も反映される。競争が働けば、買い手に気にいるものを売り手は提供しようとする。商品情報の提供を求められれば応じざるをえないし、嘘をつけば、少なくとも長期的には、淘汰される。◆9

けれども、iiの条件が加わる。少なくとも当人は払えない、払いきれない場合がある。家族が無償で面倒をみるというかたちであれ（この場合には(i)と(ii)とは分離されない、税金や保険料を使うというかたちであれ、周りの者が（周りの者も）負担することになる。これは周りの者達にとって面倒なことである。

②ただ、いちがいに自己決定を受け入れることが不利益だとも言い切れない。それは決定がどういう方向を向いたものか、どういう内容の決定であるかによる。消費者の側の不満が供給の「過剰」に対するものである限り（薬漬け医療・「無駄な」延命治療…）、より多く供給することで利益を確保しようとする直接的な供給者の側を除けば、自己決定に委ねることは、公的な保険等でその費用がまかなわれる場合、直接の消費者以外の負担者の側にとっても悪い話ではない。したがって、この限りで「自己決定」は簡単に流通しうる。そしてこのように流通している間、問題は起こらない。当人が当人の決定として、（皆さんに迷惑をかけないように、あるいは、自分が自分のことができないことに耐えられないから、あるいは、自分が自分に関わることを決定できなくなることに耐えられないから）死にますと言うのであれば、そして私達が、死んでほしいとは言わないまでも、迷惑をかけてもらいたくないと思っているのであれば、その当人の決定はその周囲の者達にとってよい決定であり、ゆえに、そのような自己決定を期待することがあるだろう。つまり、右に述べた作用が働けば自己決定に問題はない、むしろ周囲に正の効果を与え

るものとして働くということである。

(2) もう一つは、面倒でなく面倒であるということ。①何にせよ決定というものはそれ自体ある程度のうっとうしさを伴う。そして決定するとは、決定の結果を背負うということでもある。その結果どうなるかわからないが、決定した以上はその結果はその人が請負う。このような決定に関わることによる負担がある。例えば、治療を停止するべきか否か。「自己決定」の場合には、それを本人が決めてくれ、供給者は注文を聞いてその通りのことをやればよいのだから、その分周囲は楽になるということもありうる。少なくとも責任の帰属先ははっきりする。その限りでは利益となる。もちろん、本人の思い通りにことが運ぶのなら当人もそれでかまわないのだが、そういう場合ばかりではない。思い通りにならず、そのことにその人はうろたえてしまう。だが、それをともかく本人に委ねてしまう。それで周囲は心理的な負担から逃れられることによる利益を得ることができるかもしれない。

②だが逆に、かえって困ってしまう可能性もある。その人は、自分で抱え切れないものを受け止めてしまわなければならないことによって、うろたえてしまうのだが、そのうろたえてしまう人を抱え込んでしまう医療関係者なり当人の関係者なりも困ってしまう。その人にとって困難であることによる困難が私達にかかってくることがある。だか

らその困難を回避しようとして、例えば死や死の気配を遠ざけようとする。

ざっとあげただけで以上のような要因が絡んでいる。自己決定を認めることはひとまず⑴①周囲にとって負担だが、②周囲の利害に添う決定だったら利益になる。⑵①決定を本人に委ねることによって心理的な負荷を免れることがありうるが、②その本人にかかった負荷が周囲に波及するなら結局周囲にとっても負担になりうる。

決定をめぐる決定はこうした背景のもとに行われている。ともかくなんでも本人におまかせ、という割り切り方もあるけれども、それではかえって現場が混乱することもあるだろう。そうしたことをどう処理しているか。これはかなり込み入ったことになっているだろうし、かなり微妙なものでもあるはずだ[◆10]。ただここでは、ごく大雑把に捉えた場合に、以上に述べた利害が働いていることが確認されればよい。このような中にあって、だからこそ、自己決定は求められてきた。同時に、自己決定が罠として作用する可能性があり、自己決定の危うさがある。その上でどのように考えるのか。

［3］ 自己決定は全てを免罪しない

自己決定としてなされることのすべてを、自己決定だから認める、そういうことでこの話は終わるのだろうか。これは前項の⑴②に関わる。例えば、代理出産を依頼する側が自己決定として依頼する。代理母の側も自己決定として依頼に応ずる。両者とも自己決定であり、他の誰に対しても危害を加える意図はなく、また実際誰も直接的な危害を被ってはいないとしよう。また、自分の利益についての本人の判断をそのまま採用できない（自己に不利なはずの決定を自らが行っている）というのが、自己決定を制約しようとする時の一つの主張——後述する——なのだが、ここではこの主張も当てはまらないとしよう。すると、どこにも問題はないことになるのか。

私自身は死ぬのは嫌だが、人の欲望のあり様は自分とは違うものとしてありうるのだから、人が自ら死を選ぶことの全てを止めはしない。AがBには理解しがたい信仰上の理由で、その信仰の成就のための手段として生命を差し出したとしても、そのような他者のあり方をBは認める。Aがa（それは他の者が手段とすることを望まないものかもしれない）を手段として扱うことができ、それを譲渡してBからbを得ようとする時、それを認める。◆[11] だがなお抵抗がある。例えば借金に追われて自殺が「選ばれる」。あるいは腎臓を提供する。性を提供する。確かにその人はそれを選択し、自己決定した。腎臓よりお金を優位においた。死ぬ方がよかった。この事実を否定する必要はない。自殺だったら、生命という私達の大抵が大切にしているものが天秤の片方に乗っているからこれは大変だと思うかもしれない。けれど、天秤に乗るものの大切さの大きさ（重さ）が基本的な問題なのではない。お金よりも腎臓や性が大切なもののはずだと言うのではない。大切さは状況相関的に決まる。その者達にとっては確かに売って得られた生活、あるいは死んで避けることができたものの方が、売られたものより、死ぬことより価値が大きかった。大抵は生きていくことの方が「本当に」優先される。金がなければ金の方が大切だ。

こうした決定は自己決定でないという主張があること、しかし私達の社会で用いられる言葉の使い方はこうした決定を自己決定としているのだから、この主張が不十分であることは第3章1節で述べた。しかし、私達は、結局のところAの行いを止めることはできなくとも、これらが悲惨なことだと考えるし、Bのすることを非道だと感じる。こうした悲惨さの感覚、非道だという感覚はどこから来ているのか。

その人は、その人が在ることと切り離せないもの、在る時にはついてまわるものを切り離さなければならない。手段として扱うことができないものを手段としなければならない。手段として扱うことができない両方を天秤にかけ、比較しなければならない。その一方を失うことによって初めて他方を得ることができる。αにあるものとαにあるものを比較しどちらかを失わなければならない。あるいは、αにあるものを自らに置くためのβを得るために、αにあるものを譲渡しなければならない。当の者の同意があっても、その者があるものを譲渡することが私達にとって無残なことだと映るのは、制御の対象として想定していないものが、制御されるもの、比較されるものの範疇に繰り込まれる場合、そこで他者の他者性が剥奪されてしまう場合ではないか。他者が他者であること、自らが他者であることが尊重されるべきだという感覚は、そしてそこに生ずる快楽を得ようとする感覚は、これらを無残なことだと考える。このような場に人を置くべきでないと感じる。そしてそこから利益を得ることを卑怯なことだと感じる。そのような状況をBが、それがBにとってやむにやまれぬものであっても、利用すること。さらにBが、自分のなかの何かを変えることなく（＝自分から切り放すことのできるbを譲渡することによって）aを得る、あるいはAにこのようなあり方をとらせること自体を目的とすること（この時、BはAを支配している）。このような場合に、確かにBはAを自らの欲望によって制御したのであり、Aが自らに受領されるものとしてあるものをあえて制御し譲渡し失うことによってはじめてbを得ることができるのだとすれば、Bのなすことは不当なのである。他者を認める、あるいは他者から快楽を得ようとする感覚は、これらに対して抵抗する。そんな贅沢なことを、と言うかもしれない。だがこれを否定することは、どんな快楽も（何かその者にとってより「大切」なものと引き換えになら）失われてよいということだ。そしてそのような快楽を得ている他者を認めるという快楽もまた失われる。確かにそれは贅沢なことだと言えば言える。しかしそれを消し去った時にどんな生が残されているか。

死に対する「自己決定」についても同様に言いうる。第2章に見た教説が支配し、さらに第6章に記述する力が作用する中で死への決定が行われることがある。つまり、私は、他者に対する価値を満たさないから、自らが価値とするものを自らが満たさないから、死を選ぶ。死に対する「自己決定」としての安楽死・尊厳死に対する危惧はこういうところから出ている。このような決定のあり方をそのまま認めないとすれば、どうするか。実際、尊厳死をめぐって周囲の人達の思惑が影響しないようにさせようという条件の設定もそういう努力の一部ではあって、また、それでも依然として表明される安楽死・尊厳死に対する批判・疑念は、その効力を疑うものとしてある。◆[12]

だから、問題になるのは「強制」だけではない。「強制がない」から、「自己決定」だから、「同意の上のこと」だから何も問題がないのではない。譲渡を求めるべきではない範囲は、同意がない（強制されている）範囲よりも広い。確かに、最終的にAの決定を認めると述べた。だがそれは当の者の欲望のあり様が自分とは違うものとしてありうることを認めるからであり、単に同意があるならよいということではない。別言すれば、この条件のもとでなお――他の人であったら譲渡をためらうことがあるかもしれないものを――譲渡しようとするのであれば、それの譲渡は認められるということである。その人のもとにあることによって、その人に訪れるものであることによって、その人に享受されるものについては、それが手段として用いられること、用いなければならないことがあるべきではない。この状況で自己決定であるがゆえに許されるとすることを認めない。

［4］決定しない存在／決定できない事態

ある存在に決定（能力）を想定できない場面、自己決定できる状態以前あるいは以後にある（と私達が思っている）場面がある。この時にどうするのか[◆13]。植物状態や脳死状態のことが想起されるだろうが、それだけではない。例えばまだ具体的に人として現われない存在、自らの決定が不在である存在に関わる決定をどう考えるのか。例えば、人の質を出生前に診断することに基づいて行われる選択的人工妊娠中絶、障害新生児の治療停止。第5章で殺す／殺さない間の境界について、第9章で出生前診断について考える。またこれは本節2項の⑵にも関わる。

第1項で述べたのは、動ける、働けるという条件を取り外してしまおう、動けなくても決定を認めようということだった。このことは、その人に要求される能力を決定能力に切り詰めながら、それだけを残していくということでもある。とすると、決定能力を所有しているという条件だけを、しかしそれを唯一の条件として採用している限りにおいて、自己決定の主張は私的所有の教説の圏内にあると言えないだろうか。実際、決定能力、判断能力があることと生存する権利、生存のための資格とを結びつける主張がある。それは例えば自己決定能力を持つものが人間であり、人間でないものは生存の権利を持たないといった主張をする（第5章）。

確かに行為のために決定が必要であり、決定のために決定能力が要請されるのは当然ではある。しかし、決定のためには決定能力が必要であり、その人が決定するためにはその人に決定能力が必要であるということの当然のことと、決定能力をその人が人であること（殺してはならない存在であること）の資格とすること、その人が生きていくことができることとは独立のことである。決定を尊重することは、決定しない（決定能力を持たない）ことを否定することにつながらない。にもかかわらず、こうした能力を人である（殺してはならない）ことの条件とする主張を第5章で検討し、生殺の境界線を引くものが別のところにあること、少なくとも別のところにありうることを示す。また、この各々別のものを結びつけようとする主張については第6章2節、第7章3節でも検討する。例えば第7章で見るのは、国家や他人による決定に対抗するために、私自身に抗する能力がなければならないという主張である。介入に自分自身の決定（に基づく行為）しか対置できないのだとすればその通りだが、その本人に抗する能力があること自体は介入に抗するための必須の条件であるわけではないことを述べる。

次に、決定し、制御することが困難な、あるいは不可能な事態への対応について。この章で制御しないものがあることが快だと言ったが、もちろんこれはことの一面であって、私達は様々なことが思い通りにならないことにおおいに困っている。例えば病であれば、直らないことがあるという否定しようのない事実がある。注文して、注文通りにやってもらってそれで用が済むというわけには必ずしもいかず、注文通りの結果が得られるかどうかわからず、また結果として注文通りにはならないことがあり、結局は死んでしまう。結局は、自分で決定できないものが私に訪れることになるのだ。ここで、決定を委ねられても、決定のためにと情報を渡されても、私としてはどうしたらよいかわからない、うろたえてしまうことがあるだろうと思う。例えば、私は早晩死ぬのだと言われたとして、さてそれで私はどうしようというのか。途方にくれてしまう。悟った人は悟ったことを言えばよいが、そうでない人には困ったことだというしかない。これを「解決」するどんな方法も、多分ない。ただ、制御されるものの範疇に入らないから無視してしまうこと、世界から排除してしまうこと、あるいは無理やりに制御されるものの領域に押し込もうとすることはしない。このような態度が導かれる。例えば病院といった治す（直す）場である場にこの現実を封じ、治す（直す）ことを担当する者に委ねることによって、この「解決」できない事態を現実の表面から追い落としてしまうことをしないことである。

〔5〕自己決定のための私的所有の否定

だから、これまで述べてきたことから主張される自己決定が、私的所有の原理と同じものではないことを確認しなければならない。私的所有の原理の内部では、私の行える行いだけについて私が決定できるのであり、私のものと交換して得られるものによって行わせることが認められるのだが、ここで主張されるのはそういうことではなく、私があること、そしてその一部である私の自己決定を端的に認めさせることである。

　その自己決定の困難は、生きるための（そして自己決定するための）資源が十分でないことに関わる。自由主義者の誤りはこのことにある。つまり、彼らにあっては、自己決定と私的所有とが等値されているのであり、自らの働きによって得たもの（あるいは贈与されたもの）だけがその人の決定の対象になる。このことは当然、自らの働きによって十分なだけを得られない者の決定を阻害することになる。だから、もし自己決定を大切なことと考えるのなら、そして、譲渡し難いものを譲渡せざるをえないという決定をしないこと（の決定）を大切なことだと考え、自己決定を含めたその人のありようが大切なことだと考えるのであれば、決定すること（そして決定しないという決定をすること）も含めて生きることができる条件があることが前提になる。つまり私的所有権（第2章）としての自己決定権を否定し、両者を切り離すことが必要になる。このように主張することが、私的所有権、私的所有権としての自己決定権を侵害するという非難に対しては既に答えた。すなわち、そのような権利を認めれば、ここで主張していることは確かにその権利の侵害である。しかし、その権利を認めないことを述べてきた。

第2章に見た主張は自己決定の対象を自己が生産・制御する範囲内に限定するものだった。この主張を採用しないなら、決定のために各人が得ることのできる手段・資源の範囲はどのように設定されることになるのか。月並みだが、人並みに生きられるだけのもの（それは身体的等々の状況によって変わる）を、というのがひとまずの回答になる。これが具体的にどれだけになるのか一義的に決めることはできない。しかしだからといってこのように言うことの意味がないとは言えない。在ること、その一部としての決定を行うことのできるための資源を確保することが認められる。それをどのように可能にするのかが主題になる。本章そして第8章でごく基本的なことを述べた。繰り返すと、その侵害が禁じられその擁護が義務である権利である限り、強制力を行使しうる政治領域の介在が要請され、その上でどのように一人一人の具体的な決定を具体的に実現していくかが考えるべきことになる。

Ａ決定能力も生産能力もある人、Ｂ生産能力はあるが決定能力はない人、Ｃ生産能力がないが決定能力はある人、Ｄ生産能力も決定能力もない人がいる。Ｂは『すばらしい新世界』等に登場する範疇だが、ここでは置くとしよう。ＣとＤの決定と生存を認めるなら、自分が決定するが自分で（あるいは自分が生産したものと引き換えに）行えない部分、しかし必要な部分が生ずる。自分で生産（そして決定）しない、しかし在るために必要な部分が生ずる。この部分について以上述べた。では例えば「生命倫理学」はこの部分をどう考えるのか。今日主張される自己決定の主張は古典的な私的所有の思想とどのように連続していて連続していないのか。

必ずしも判然としない。稼げず金のない人は病気になって死んでしまってよいとはっきり言う人は多くはない。ただ、ロックの末裔であるリバタリアンに繋がる流れは、その立場を貫こうとするなら、私が記した所有＝決定概念の変換を容認しないはずであり、――もちろん自発的な贈与、施しの受け入れには問題はないとされるが、それも十分に得られないのであれば――死んでよいと主張しなければならない。例えば健康への権利は自分で購入できる範囲に限られる「消極的な権利」であって、国家による負担を求めることのできる「積極的な権利」ではないという主張は要するにこのことを言っている。この種の主張をこれまで検討し、否定した。

（前提を維持すればそう言わなければならないのに）そこまで言わない人もいる。それは、病が偶然身に降り掛かってくるものであるということをやはり勘案しないわけにはいかないという事情もあるだろう（ここから再分配を正当化しようとする主張を第7章2節に見る）。また、生産できないが意志は表明できる存在は尊重してよいのではないかという価値によるところもあるのではないか。そして頭脳さえ残っていれば、他が動かなくても、知的労働だけで必要なだけを稼げる場合もあるのだし、それでよしとしているようなところもある。つまりCの範疇の存在をあまり大きく見積もっていない。そしてこのことが彼ら自身が「知的労働者」であることに関連していると見るのは、単なる勘繰りではないと思う。彼らは予め救われる側に身を置いているのである。

それでも例えば「医療資源の配分」について論じる場面には、この問題が現われる。資源の有効配分、資源の有限性がもってこられ、だからその人の「生命の質」に条件をつけずに生存を許容することは無理だといった主張がなされる。これは、生産の極大化を求めるというより、限られた資源を有効に使わなければならない、生産・消費の総量を抑制すべきとする環境保全、資源保護の主張とも親和性をもつ。[14]

　こうした場面以外に、例えば生きる権利の有無の境界の「線引き」問題を直接に論じている場面にこの問題が生命倫理学（の表面上）に現われてこないのは、彼らが、まずは当の者に即して、あるいは即すると称して（第5章・第9章）、決定のための資源にかかわる問題をひとまず傍に置いて論じているからでもある。けれど、第5章にも述べるように、（生産・決定）能力がある・ないことと、その存在に生きる権利がある・ないこととは論理的に独立のことである。にもかかわらず両者はつなげられる。とすると、この繋がらないものを繋げているのは、結局、資源の問題、負担の問題ではないかと考えることができる。決定を尊重したり生かしたりしておくのは負担であるから、資源は有限だから、権利がないことにしようというのである。（第9章）[15]

　資源の有限性という主張は、一般的・抽象的にはその通りである。まず、自然界にある資源、人的な資源が有限であることは確かである。また、資源が効率的に配分される方がよいことを否定しない。同じものを生産するのなら、労力が少ない方がよい。負担が少ない方がよい。働ける人がある割合でいないと働けない人も生きていくことができない。とすると、一定割合の働ける人を残すために、能力等を勘案した選別がなされることも極限的な状況では考えられる。しかし、それはあくまでも制約条件として働くのであり、生産能力の有無が、生存や生存のための資源の配分のあり方の優先順位を決めるわけではない。そして、今の状況、そして今後予想される状況は具体的にどのような状況であるのか。「少子化」「高齢化」「医療費の増大」という、事実と言えば事実であることが、具体的であるようで非常に曖昧に、危機として語られ、脅迫として作用することを警戒すべきである。生産しない人を切り捨てなければならないほど物的・人的資源が払底している、しつつあるという証拠はない。

生存させ、決定を認めるという面倒なことに他人が関わることは、どんな時代、どんな社会にあっても常に負担だったのだし、だから決定や生存を剥奪されてきた人達がいたのであり、だからこそ権利、自己決定の権利が主張されたのである。ただ、近代という時代には、単に負担であるという事実があるのではなく——むしろ、「生産性の向上」に伴って負担の重さは減少しているはずだ——、単に負担であることを言うのではなく、負担しないことを正当化する言説があり、実践がある。第2章でその一部を見たのだし、さらに第6章で見ることになる。

[6] 条件を問題にするということ

自己決定を最上のこととはしなかった。ただ、それを何かより劣るものとしたのではなく、それを他者であることを構成する一部だとしたのである。結局のところ、その人の行うことを認めるだろう。個々の存在の内容を問わずにその個々の存在を許容する、あるいはその存在があることに耐えるとしたのだから、その限りで自己決定の主張から私達は出ていないのであり、論理的に、出ることはできないのである。しかし、同時に、決定が可能であるためにも、それがなされる前提が問題だと述べた。以上で、決定が行われる条件、決定を強いてしまう条件、決定をできなくさせる条件、決定の内容を左右しうる条件、決定を可能にし不可能にする資源の配置を問題にしてきた。

自己決定に通常対置されるのはパターナリズムである（第3章1節4）。本人のためにあえて本人の意志に反した行いをするというのがパターナリズムであり、これに対して、第一にパターナリズムによる行いが本当に本人の利益になるのかという疑問が出され、第二にどちらが利益であるか否かとは別に自己決定を尊重すべきだという反論がある。このような構図で語るべき場面があることを否定しない。しかし、全てが自己決定かパターナリズムかといった図式の中で語れるものかといえば、それは違う。にもかかわらずすべてをこのような図式に流し込んでしまうとすれば、その怠惰が問題にされなければならないと思う。自己決定が受け入れられない状況、逆に妙にやすやすと受け入れられてしまう事情は何か。何が決定を巡ってあるのかを読みとくこと、その上でどうするかを考えるべきなのである。一方で自己決定をどのように実現していくのか。同時に、一方で自己決定でいいですよと言って終わらない部分に対してどうするのか。こういう問いが立つのだし、それについて考えてきた。

これに対して、条件を問題にすることを問題にし、それをどうにかしようとすること自体が余計なお世話だという反論がありうるだろうか。だがこれにも答えた。どんな所有の初期値を前提したとしても、そこで行われるあらゆる行為はすべて行われないよりよい行為であり、それが行われる前よりもその行為者に対する利得を増やすものだと言うことができる（第2章3節1）。このことは、ある所有の初期値を与え、所有権を設定してそれ以後のことだけを考えるなら、この世にあることのすべてに問題はないと言うことに等しい。そのように思わないのであれば、それは、決定が行われる条件を問題にしているということを意味する。さらに、第2章で、初期値の設定についての主張を検討し、それを正当化する理由はないことを述べた。

こうした指摘と別に、もう一つ、条件を変えずに決定の部分を問題にすることは、何も解決しない、あるいはかえってその当事者にマイナスの結果しかもたらさないという指摘がありうる。これはその通りである。その人は、自分ができる仕事としてそれしかなかったから、あるいはできる仕事の中でもっともよい条件の仕事としてそれを選んだのかもしれない。他になかったということが最初の問題である。だから、条件を変えないままただこれを禁止あるいは制限することは、けっして問題を解決せず、かえって困窮に追いやることだってある。だから禁止や制限は少なくとも最善の行いではない。ただ、このことを確認することは、当事者の自己決定を得ている以上はその行いを求めることに問題はないということもまた、けっして意味しない。

自己決定が問題として現われる具体的な場に移ることにしよう。主に医療の場を例にとる。まず、問題を生じさせてしまう関係自体の問題性が消去され、権利を侵害する可能性を有する側の「良心」の問題として語られてしまうことの倒錯、この倒錯を倒錯としない倒錯をはっきりさせることである。供給者（医師等）はもっとよく利用者（患者）の要求を聞くよい供給者にならなければならないと言われる。間違ってはいないだろう。しかし、両者の利害は対立する。少なくとも対立しうることを前提にして考える必要がある。本節2でその要因の一端をごく簡単にだが述べた。それらは医療の領域に限らず構造的に生じうるものだった。さらに、供給されるサービスについての供給者と利用者の知識の差異、供給者は供給を職業とし、同業者の集団を作るのに対し、利用者は多くの場合、一時的に個人としてそのサービスを利用するだけであることによる力の差がある。ただ、これも医療に限らずどこでもよく生ずることであり、医療だけを特別視することはない。（教育や選抜のあり方等も背景とした）医療者個々人の資質に起因する部分があることを否定しないが、少なくとも問題はそこにだけあるのではない。よい人になればよいと言って解決しない。だから、問題が問題として現われている。にもかかわらず、供給者がよい供給者になることを期待する、供給者の良心に期待する、これも供給者にやってもらう、という主張の仕方には限界があるのに、この領域ではこのように語られてしまう、そして供給者サイドが語ってしまう機制が分析されるべきである。

そして権利を擁護するためのもっと現実的な方法を実現させていくことである。価格メカニズムをそのまま使うのは難しい（多くの領域ではこれを使えることによって、消費者主権がある程度可能になっている）。よいものに高い値段をつけ、悪いものを買わない、あるいは安く買い叩くことによって、供給者に消費者の言うことを聞かせるというこのやり方は、金持ちはよいものを提供されるが、貧乏人はそうでないということでもある。お金のあるなしで生死が左右されてしまうことにもなりうる。それではまずいのだとして社会的に負担することにしても、価格差をどのようにそのシステムの中に組み込むか。公的保険制度の下で価格が統制されている医療の場では価格メカニズムは不十分にしか働かせられない。改善策はあるにしても、質の違いに応じて価格差を設定することは難しいから、これだけを決定的な手段とするのは難しい。また、悪い商品は長期的には淘汰されていくとしても、それまでの間に（例えば薬害によって）人が死ぬこともあるのだから、これも自由に委ねるというわけにはいかない。強制力を用いた監督・統制、利用者の権利を確保するための法律が必要とされる。ただ、個々のサービスの質といった微妙な部分については、一律の基準を作り強制力の行使を背景にそれを実行させることは難しいし、またそれが有効な手段であるとも必ずしも言えない。そこで強制力を伴わないガイドラインのようなものを作ったとしても、今度はそれだけで終わってしまう。だが、利用者の側が実質的に供給者を選択できる条件があれば、強制力を介さなくても情報を引き出すことは不可能ではなく（情報の提供に応じないこと自体が否定的に評価され、客が減る結果になる）、その情報をもとに選択することによって、供給のあり方を変えていくことができる。そしてこれは、提供する商品の質に自信のある供給者にとっては悪い話ではない。強制力を背景とした規制、利用者による直接的な選択・制御を可能にする仕組み、これらを組み合わせて権利、自己決定権を保障することが課題になる。

　契約関係は日本社会には「なじまない」から、医者と患者の間の「信頼関係」が大切だといったことが言われる。「信頼関係」はきっと大切なものではあるだろう。しかし、良心や心構えでどうこうなるというものではない構造的な要因が絡んでいるからこそ、「患者の自己決定」や「インフォームド・コンセント」が主張されてきたのであり、それを無視するのはその意味を否定することでしかない。このことは文化の差等々とまずは独立に言いうることである。インフォームド・コンセントが「心がけ」として語られてしまうような「日本的変容」は否定される。

また、患者の側が決定せず（できず）、医療者だけが決定の場に居合わせ、決定するしかない、そういう状況が確かに現実にはある。また自分が対応できない部分、直せない部分への対応を迫られてしまうこともある。だがこれにしても、そのような位置にその人がいてしまうこと自体が問題にされうる。良心的であるほど、その人は悩むのだが、しかしそこにしばしば欠けているのは、（少なくとも自分だけが「悩む義務」がないのと同時に）自分には「悩む権利」がないのだという当たり前のことの自覚である。悩む（悩んでしまうほど良心的である）ことと（過剰な）自尊はしばしば相伴って現われ、それが決定を他の人達に渡そうとしないことにもつながってしまう。

供給者、例えば医療者が決定を左右する権利はどこにもない。どう決定すべきかわからない時、どう決定すべきかが問題である時、その人がなすべきことは、その決定についての決定を自らの外側に求めることである。また自分の技術で対応できない部分がある時なすべきことも、自らの外側にその困難を委ねること、少なくとも困難を引き受けるように要求することである。そして外側にいる人達、私達がしなければならないこと、せざるをえないことは、その困難を引き受けることである。私達が経済的・心理的負担を免れようとすることに対して、もっと私達が、自分のこととして、関心を持つようにならなければならないと言われる。間違ってはいないだろう。しかしまず、関心を持たず考えずにすむように場自体が構成されていること、病院や施設の中に閉じられていること、そして例えば病院が直すための場であることによって、直らないことは不可視化されてしまい、実際には誰も対応していないことが問題にされなければならず、こうした場のあり方自体が変えられなければならない[◆16]。

4　技術について

［1］技術

技術が人間性を浸食する、そのことによって人間の時代であった近代という時代が崩壊する、そして／あるいは新しい世界に導かれるという言説がある。私自身は、そう楽観的でも悲観的でもない。それが人間が行うことである以上、そうたいしたことになるとは思えないからである。だがこう言うだけでは簡単すぎる。技術に対する不安あるいは期待について、そして不安あるいは希望の解消について、考えてみる。

この技術の発現自体が、自分のものとされるものの性能を高くすれば、自分の受け取りが増える（第2章）、それだけでなく、自分自身の価値が高まる（第6章2節）という人の性質・性能・能力に関わる社会的な仕組みのもとにある。その性能を高めることが技術的に可能になったとしよう。そこで、その技術を採用することになる。これはおおいに考えられることである。

提供・改変されるものは人間の側に属するとされてきたものである。近代社会では、あるものが自分のものであるがゆえにその結果とされるものに自分の権利・義務があることが正当化されてきた（第2章2節）。むろん実証科学からの決定論的な見解はあり、論議がなされてきたが、決着がつくことはなく、そうした未決定な状態で、むしろ未決定であるがゆえに、多様な実践がなされてきたのだった（第6章4節）。こうした因果関係が完全に可視化され、人間の性能の一切が操作可能になるということは今後もありそうもない。だが、いくらかの部分についてその度合が高まる可能性はある。他者による能力の操作が可能になるとすれば何が効果するのか。これまで、実現不可能であることが、この技術、技術の発想への反論として専ら持ち出されてきた。また逆に、限界があるとすることによって危険性はないのだという主張もなされてきた。しかし、いくらかでも可能な場合、何が考えられるのか。その当の者は、その者を基点として構成される社会はどうなるのか。

［2］「私」

まず私が私に属する何かを改変するという場面を考えよう。例えば、私は整形手術——今のところその技術はそうたいしたものでないにせよ——によって私の顔その他の外見を変えることができる。[◆17] また新たな機能をつけ加えたり、機能を高めたりできる。こうして操作される当のものが次々に生産され、過剰生産が引き起こされることになる。希少性に価値があったのだとすれば、その希少性が失われることによって価値が下落することになるかもしれない。性能向上のインフレーションを招き、そのものの価値が低下する。その結果、そこそこのところで技術の利用が止まってしまう可能性もないではない。ただ他方で、操作が行われることによって全体的な水準が上昇するなら、そのままでいては相対的な価値は低落することになるとも考えられるから、それでは何かしなければというわけで、ますます多くの人が自らの性能の向上にいそしむということも考えられる。

以上は道具としての価値の下落あるいは上昇である。この時には、その道具を制御する側にある私は残っている。私——制御する側の私——の固有性が失われていくのではない。ただその変容、（道具の）機能の向上を可能にするものは技術であって、変容をもたらそうとするその人自身の力によってなされるものではない。そこでその私はある「趣味」を持っている私として残ることになる。

その私もいなくなることがあるだろうか。私が私であることを私の脳の働きに求めるなら、脳の特権性が保存されている限り問題はそれほど大きくならないとも言える。実際、脳死者からの臓器移植が認められる時にはこうした論理が働いている。脳に対する操作は「私」の特権性を脅かすために抵抗がある。そして実際、脳の移植は困難でもある。しかし、それが可能になり、その「私」自体が変えられていく可能性が考えられないわけではない。そしてここに私自身を変えてしまおうと思う私は既にいる。その私が私の脳の改変を意図し決定するのであり、それもまた「自己決定」ではある。自己決定の原理を真面目に貫こうとすれば、この原理のもとではこのことは許容される。正しく自由主義者であろうとする者は同意に基づいた脳の取り替えを認めなければならない（第3章3節）。

ただ、やはり、その私はやせていく、後に退いていくことになる。例えば、どこかから部品をもってきてはめこむように、自分自身の質を自身が制御し変容させることができることになるとしよう。この時に、その部分は我々の「本質」から離脱していくかもしれない。例えば、自身の能力を高めることは、一六ビットのパソコンを三二ビットのそれに買い代えることと同じようなことになるかもしれない。あるいはその人は、高性能な車の所有者のようなものだ。それを持っていることを彼は人にひけらかしたりできるかもしれない。ただ、彼が行ったことといえば、車種を選んだ、購入のためのお金を注ぎ込んだ、注ぎ込めたくらいのことである。「私」が完全に奪い取られてしまったのではない。だがやはり、ここに残るのは、先と同じに趣味の主体のようなものである。彼は彼の容貌についてよい趣味をもっているか否かといったぐらいのことが評価の対象になる。

　この時に、私は、私から発する欲望の空虚に気付く、あるいはそれに従うことに飽きてしまうのではないか。つまりこうした欲望の飽和点に——未来のいつか、ではなくそのつど——達するのではないか。飽きないなら飽きるまでやったってよいし、それでも飽きないならいつまでもやっていればよい。しかし飽きてしまうなら、それは今述べたように飽きるのであり、それ以外の理由はない。◆[18]

［3］私が私を作為することに対する他者の感覚

　さて私のあり方は、他者の期待や欲望やを私が受け取ることによって、それらに相関的に決まってくるものだろう。では、他者という項を入れて考えてみた場合にどのようなことが考えられるのか。

私が私を作為する。その多くは私の他者に対する現われを考慮してのことである。他者が高く買ってくれるから、また価格による評価がなされない場合でも高く評価してくれるから、作為する。

しかし、少なくともどれほどか、AがA自身を作為しないことをBは願っている。Aが何かを作りだしたこと、あるいはAから何かが失われたこと自体に対してではない。むしろ、Aが、Bを考慮して、Bのために、A自身を作り出したこと、作り変えたこと、そうしたAのあり方をBが受け入れられないということである。このように消極的なかたちで、Bは、つまり私達は、AがAに手を触れないことを支持するのではないかと考える。

私達は、そのような規則を有しているゲームを行っている。例えば、スポーツで筋肉増強剤を使用することによって運動能力を強化することができる。今可能なことよりももっと有効な技術が現れるかもしれない。しかしこれらのことは禁止されている。それはその競技者自身の身体の健康を気にしているからだけではない。ここにはむろん、彼の能力は彼自身の鍛錬によって形成されるべきであるという観念が濃厚に含まれているだろう。しかし同時に私達は、彼と私の間の能力の違いが決して鍛練の有無や鍛練の程度の差によって決定されているものではないことを知っている。私と彼との差はほとんど運命的に掛け離れたものである。だからこれだけで、身体への直接的な技術の使用の忌避を説明することもまたできない。当該のスポーツを成立させているもの自体にこうした行為が違反しているということではないか。これを他の領域に移した場合にどういうことになるのか。私達の社会全体がそのようなルールを有しているか。もちろんそういう明示的なルールはない。しかし、同じような感覚は存在する。

作られたものとそうでないもの、にせものとほんもの、両者の区別が曖昧になり、そして、オリジナルなものとそれが派生させるものという区別のもとに成り立っていた時代が終焉を迎えるといった類いの言説がある。本当だろうか。Ａが作為していないことをＢが想定し、また当のＡも、そのＢの予期・期待を受け入れている（受け入れざるを得ない）場合に、そのＡは作為し、そして作為したことを偽ろうとするかもしれない。その見分けがつかないことはいくらもある。しかしこのことは区別に意味がないことを意味しない。作ったという事実は事実として存在する。少なくとも作った人はそれを知っている。そうでない人も、時にだまされることはあるにせよ、作ったこと、作らなかったことの二つのうち、事実はいずれかであることを知っている。だから、作られたものの精度があがることによって、区別がなくなり、それはリアルなものとリアルでないものとを区画して成立してきた世界を崩壊させる、云々という論の立て方には限界がある[19]。

［4］ 離脱？

個人の力能を増強しようとする行いが、逆に個人に対する帰属・帰責の構造からの離脱の可能性を与えると言えないか。その技術は技術を理念的に正当化してきた基盤を崩す効果をもつのではないか。自己に対する行為は自己（の欲望）に発するのだが、技術を介し作為されることによって、その自己を瓦壊させる効果を持つのではないか。

例えば、能力主義的な配分の原理はどうなるだろうか。帰属原理と業績原理という言葉が用いられてきた。ここにあるのは業績原理ではある。けれども、それは帰属的といってよい属性によって決定されていることが明白になってくる。人の能力を増強させようとする関心に由来する行いが、逆説的な結果を産むのではないかということだ。それは帰責の観念、帰責の構制全体の正当性を薄めることにならないか。ある者のために操作して作りあげていくことによって、技術のある部分がかつてそうなったように、逆にこの場面から人が離脱していく可能性を開く可能性もないではない。ある人の属性とされていたものが、その人から遊離したものになるということである。

本節2で述べたのは、決定したり選択したりする主体が、それだけの主体に後退しながらも残存しながら、一体となっていた二重性を分離する方向に、例えば労働の場に提示される私とその外側にある私を分離する方向に、進むということである（二重性自体が解消されるとは考えられない）。すなわち、私を構成していたものが機械の部品のようなものになった時に、私はその部品をそろえ、性能をあげることにますますいそしむことになるのかもしれないが、他方では、そうしたところから離脱し始める、というか、ある力能を持つ部分を、持つことと持たないことを、「私」そのものとは別のことと考え始める可能性もあるということである。私の性能が私に繋げられることによって、私はそのことを気にもし、責任をもって、その向上に努めてきた。しかし、これが店に行って買ってくるようなものになるのだとすれば、それはそうたいしたものではないと思われるようになるかもしれない。

おおよそ以上のようなことが生じうると考えられる。それは何をもたらすのか。それをどのように評価したらよいのか。こうしたことは何かしら困ったことだろうか。そうは考えない。私達の立脚点は、制御されるものの価値、というより制御されるものと私とのつながりを認めないことにあった。価値を離脱、切り離しに置く時に、つまり私（達）の有する価値、その価値による制御に対する否定に置く時に、具体的には「生産」

という価値からの離脱に置く時に、この技術の適用は、私による対象の制御、私によって制御される対象によって評価される私という機制、観念から発しながら、それに反する効果を生み出す可能性がある。評価の場自体が制御された時にその評価自体が根拠を失うのである。制御によって制御されるものの価値が下落することはありえないことではない。

固有に自己のものとされていたもののある部分は奪われるのだが、それはそれでかまわない。むしろ、これへの批判はかえってその属性へのこだわりに基づいている。サイボーグになろうが、羽根をはやそうが、それはそれでかまわない。私に関わる部分については、それは利益と趣味の問題なのであって、別段かまわない。自身をどのように変形させても、滅ぼしても、それはそれでよいとしよう。

そして、多くのものは、実は身体に付着させる必要のないものだ。そして実際、既に、多くの身体的な機能、知的機能は、既に代替されている。このことによってかえって、機械で（今のところは）担えない部分、例えば高度に知的な能力等々が注目され、その部分で評価が行われるようになると言われるかもしれない。しかしそれは、何かが常に私の側にあるものとして評価されなければならない、私が何かによって評価されなければならないという前提（第6章2節）の上ではじめて言えることであり、この前提は外してしまってかまわない。私達の側にあった機能が外されていき、中心に趣味・好みの主体としての私が残るが、しかし、それはそれだけのものでしかないことがわかる。わざわざそういう道を辿って中心の空虚に行き着こうとする人は行けばよいが、最初からその道を行くのをやめてしまってもよい。技術の進展は生産する私の特権性を奪うかもしれないが、それはそれでかまわず、そしてまたそれは、技術の進展を待たなければ実現されないものでもないのである。

［5］他者による規定

他者が私を規定することについて。出生前に行われる人為的な操作は、出生前の操作である限り、私自身が決定することは不可能であって、他者によって決定され、行われるものである。

技術が悪夢として語られる時、技術は、私を侵害するものとして現われる。私は技術によって他者の思うがままの存在にさせられると言う。しかしこのことは必ずしも言えない[◆20]。まず、技術がもたらすものは、その者自身にとって有利なものであるかもしれない。また、独立性が損われるという批判、他者の支配下に入り、自己決定が侵害されてしまうという批判があるが、生まれる時に与えられるものは何でも、そもそも自己決定されたものではない。ならば、有利な条件を整えておいてもらった方がよいのではないか。だから有利・不利という基準をとれば、必ずしも他者がある能力・性質を私に与えることは不利であるというわけではない。

けれど、ある者が他者を制御した時、その他者は他者でなくなる。ここにあるのは、他者の因果のもとにあることそのものの不快ではないか。介入する私Aは介入される者Bから、私Aが侵入してくることに対するBの嫌悪感に発する抵抗に会う。そしてまた、他者Bが作為された他者であることに対する私Aの抵抗感がある。こうした不快があり、不快があることを知っているから、行うことをしないことがあるはずだ。

これらの感覚が、他者のあり方を変容させようとする技術の進行に対して抵抗する。それだけが抵抗する。先に楽観的だと言ったが、それは、他者から受け取る快が失われず存在するだろうと言っているだけのことである。他者があってほしいという欲望が一つの欲望としてある。だとすれば、一つの方向にとどめもなく進んでいくことはないだろうと言うのである——だいたい、一つの方向という把握自体、随分「近代的」なものではないだろうか、また、「解体」という把握自体随分近代的なものではないだろうか。

もちろん、常に、制御の方に向かわせる力は働いている。それを過小にみることはできない。技術は進行していくだろうと思う。それは世界を思うような世界にしたいという欲望が存在するからであり、そして、その欲望はまったくまっとうな欲望であり、また、それが技術によって実現されるからである。

介入・干渉は国家間の関係を背景とした国家統制として現れたし、そのことが問題にされた。その条件は消え去ってはいない。ひとまず植民地はなくなったとしても、国際競争力の獲得・維持という圧力は働き、別段、人類の未来を志向するのでなくても、やむをえぬ——と思念される——選択として、優生（第6章3節）が支持されることがあるだろう。さらに、今「地球的規模」で「人類」が「直面」している問題は、適正規模の生産ということである。私達は結局そうした観点を放棄することはできないのだし、合理的な制御を実現していくことは大きな課題であるに違いない。合理的に制御していけない時に、重大な危機が訪れることになると語られる。その通りであり、この危機の回避が重要であることを否定しない。ただ、こうした「危機意識」に促され、悠長なことを言っていられないという具合になっていった時、人口の「質」のことが語られることにもなりうる。まずこうした局面がある。

ただ、それだけではない。人の質に関わる力は、特権的な起点をもたずに分散したかたちでも作用するだろう。特に考えたいのは、生命保険や健康保険における「リスク」の計算に関わってくるような場合である（第7章2節）。遺伝情報を知ることによって病気になったり死亡する確率がわかる。操作しないことによって結果が変わる。とすれば、確率の高い者に対して、保険金の掛け金を高くする。あるいは保険への加入を断ることになる。こうした問題は既に現実に現われている。そしてこのことは、消費者が有利な商品を選ぼうとする以上、避けられないことのように思われる。一人一人は安く入れる保険を選ぼうとしているだけである。だから、このことの帰結を認めないなら、契約の自由に委ねることはできない。「制度」のあり方がこのような場面で問われることになるだろう。

技術に対する「素朴」な懐疑、批判として、「神を演ずる」ことになるという言い方がなされる。そしてこうしたもの言いに対して、「学問」の側からおおむね否定的な反応がある。◆21 否定の根拠として出されるのは、人は、人にせよ、ものにせよ、作為し利用し改変する存在だということであり、神を演じることになるなどと言ってそれを否定するのは馬鹿げた行いだということである。前段の事実は事実としてその通りだと言うしかない。しかし、それでこの懐疑、批判を否定し尽くせたと思うとしたらそれは違う。制御し作為しているという事実があり、そのようにしようという欲望があるのと同時に、そうしようとしない欲望があるのである。そしてもちろん、この懐疑、欲望には、本来神様、創造主は必要とされない。私が決定しないことを言うのに、どうしても私という位格を超越する何かを措定しなければならないわけではない。[22]

5　生殖技術について

[1] 抵抗の所在

第3章で題材とした「生殖技術」について何が言えるのか。これから述べることは第3章で検討した言説とわずかに違うことでしかない。同じことを、少しだけだがずらして、少しだけ別のことを述べる。

少なくとも、身体の事情に関わらず、通常認められているのと同じだけのものを求めることは妨げられないとしよう。子を持つことが選択的行為としてあることは、現在も過去もかなりの程度、事実である。この欲求が特権化されなければならないことはない。しかし、その欲求を消去し尽くすことが可能であるとも、またそうすべきだとも言えない（第3章1節3）。また、与えられた身体的な条件を受け入れるべきであるという主張を正当化する理由を見出し難い。とすれば、技術を利用して子を持とうとすることは妨げられない。そして、このような決定自体には、まだ、どのような他者も現れてはいない。つまり、私達が行うべきでないとした他者の制御はここでは存在しない。この限りでは、生殖技術の利用を制限する理由はない。

だが、私のもとにあるものを私達は自らの制御の対象としないことを選ぶことがある。これはここで主題としている問題が、帰属ではなく処分権を巡って現われることも説明する。そこに確かにあるのだが、誰かがそれを処分すること、移動することに対する懐疑がある。実際、自己決定を擁護するとしてなされる批判には、この語の一般的な用法から逸脱する部分がある。身体、身体的な過程そのものを大切なものとし、譲渡の対象とすべきでないと主張される。身体を決定に従属し、制御されるものとするところからはこうした主張は出てこない。けれど、身体、性、出産…を大切にするのは「私」ではないか。そう、全てが私のことだと言えば言える。ただ、私が制御すること、制御できるものを私が取得しようというのではない。身体に起こっていることを受容しようというのである。扇動のないところではそう格別のことではない。例えば私自身を整形しようとしないのは、私が私の容貌等々を気にいっているからだろうか。あるいは私の容貌が愛しいからだろうか。そういう人がいないではないだろう。しかし、それ以上に、何かしらの美醜の基準によって自らを形成することを馬鹿げたことだと考えるからではないか。

だが、現実にあるのは、身体に対する侵襲、身体の操作への扇動だ。この時、それに抗しようとして、身体に、積極的な、肯定的な価値が付与される。これは当然である。しかし、私達が受け取るべきは、状況が強いたゆえの裏返しの言葉ではなく、ある属性、「身体」「女性性」「障害」を取り出しそれに正の評価を与えること、特権化することではなく、そこに向かわせる力を解除しようとする作業である（第8章・第9章）。それは、範疇を必要としない、個別の、受動としての快楽があることを否定しない。それが囲われることに抵抗するのである。

誤解はないと思うのだが、私は、不平等（第3章2節）が問題ではないと述べたのではなく、自己決定の侵害（第3章1節）が問題でないと述べたのではない。しかし、それをただ言う時には、次のような反論がすぐに寄せられる。私達は、したいことだけしているわけではない。目的を達するためには、自分にとっては嫌なことであっても、受け入れることがある。その方がその人自身はよいと思っている。だからそれでよいではないか、とやかく言うことではないという主張である。積極的な擁護でないとしても禁止はできない。だからここでなぜことさらに不平等を問題にするのか。なぜ自己決定（の侵害）という条件をきつくとるのか。「身体の商品化」「身体のパーツ化」という批判の仕方に対しても同じである。私はいつもそうしているではないか――この指摘自体は間違ってはいない。以上のような反論がなされる。つまり、他よりも、いつもよりも厳しい条件をここでなぜ設定するのかという問いが生ずるのである。こういう問いに対して答えようとしてきた。

受動性において享受されると考えられるものについては、それが手段として用いられることにできる限り慎重であるべきだと考える。常のそのままの身体であれ、手段として用いるなというのではない。手段として用いたくないという感覚、受容するというあり方が尊重され、できる限り守らなければならないということである。

切離、譲渡しがたい二つの間で自己決定しなければならないとしたら、そのこと自体が問題であり、自己決定はこの問題を消去しない。他の人が気にするものを気にしない人がいるだろうし、様々なことを考えた上でやはり私は望むという場合がありうるから、禁止することはできないだろうと思う。しかし、少なくとも単純には肯定しえないし、場合によっては制限されうると考える。また不平等という指摘については次のように考える。不平等自体が最初の問題なのではない。まず譲渡し難いもの、受け入れ難いものがあり、そのように思う人の誰に対してもその譲渡を受け入れるように求めるべきではない、それが第一にあり、次に現実にはもっぱら貧困な人がそれを担わされていることが問題なのである。だから、強制や不平等の存在に敏感でなければならない。

〔2〕単なる快と不快という代償

生殖技術の使用においてこのようなことが生じている。得るものの代わりに奪われるもの、支払うものがある。得るものは、一つは子である。体外受精・胚移植を受けて、妊娠・出産するといった場合である。もう一つは、有償の卵提供、そして代理出産によって得られる報酬である。これを得るために支払うものが何なのか。もう一つ得られるものとして考えられるものには、代理してもらうかわりに得られる時間、省ける手間がある。しかしこの場合には省くこと自体において失っていることもある。以下これらの三つの場合について順番に述べる。

(1) 体外受精（+胚移植）の技術を利用して自らが出産する場合がある。不確実さや負担について（第3章1節）知らされた上で、結局のところ、その人は選択するかもしれない。そうである以上は、それを認めることになるだろう。だが——何かのために何かを代償にすることはいつもあることなのだが、それでも——まず何が代償になっているかを考えるなら、同時に、以下に述べる二つの事情を考えるなら、全てを認めることにならないはずである。

第一は何を失っているかである。その人が代償とするのは、身体への侵襲、身体の医療による管理、自己による管理である。精子の提供などはどうということはない。人工授精ではなく体外受精、精子の提供ではなく卵、受精卵の提供、そして代理出産である。排卵誘発剤の使用等による時に死に至るような危険があることは強調されるべきだろうが、それだけを強調するべきではない。大方の場合、生命の危機に至るほどではない、しかし確かに存在する、ただの不快さがある。さらに、その状態を自らが耐えるだけでなく、他人に管理される。

そして、そうした身体の維持・管理を、結果を待ちながら、結果が出ない間、継続し続けなければならない。技術（の実現可能性）が知られていない時には、当然技術による利得はないが、可能性が知られていない、あるいはないとされているのだから、可能な場合と比較しての不利益の感覚もない。また、技術を使うことによって生じるコストもない。他方、技術の使用が可能な場合、まず可能であることが知られることによって、現状にとどまることに不利益の感覚が生じる。これは技術の存在が知られていない場合に比べ不利益の感覚が大きくなるということでもある。期待値＝成功による利得×成功の確率がコストを上回るなら、その行為が行われるとされる。成功の確率とコストが確定しているとして、なおそれが行われたなら、成功による利得がそれだけ多く見積もられていたとされる。こんな掛け算を実際に私達が行うわけではないが、実感から全く掛け離れているのでもない。確かに天秤にかけてはいる。実際に成功するかどうかは行ってみないとわからない。だが、これに乗るかどうかを考えなければならない。技術の使用に応じることにする。ここで行えるのに行わないという不快（そもそも技術がなかった時には存在しなかった不快）は解消する。だが同時に、技術の使用に応ずることによるコストが生ずる。それが成功すれば、成功によって不利益の感覚が消される。消されはしないにしてもこれを上回る。しかし、これは不成功に終わった場合には関係のないことだ。例えば体外受精という技術があることを知りそれを試してみたが結局得るところがなかった者にとっては、コストと不利益が残ることになる。体外受精のように成功率が非常に低い技術ではそうしたことが多い。これは、自己決定の前提としての情報のあり方の問題というより、自己決定、私達の欲望が実現されようとするその過程そのもののが孕んでしまう事態である。このような事態が、様々な新しい技術の切り拓く可能性を私達が素直に受け入れられない心情のかなりの部分を占めるはずだ。「藁をもすがる」（確かに可能性が全くないわけではない）ことが可能になってしまうことに対する不快である。希望〜焦燥と不安がどれほどのものか。行われた後の幸福と不幸のバランスがどうなっているのか。過去の人より現代に生きる人は幸福◆[23]か。

　しかし、自己決定の尊重という立場を取るなら、これらは全て十分な理由ではないと言われるだろう。事前に成功の可能性と負担についての情報提供が十分になされたのなら、それを前提に決定が当事者に委ねられたなら、結局失望に終わることの方が多いにしても、そのことを知った上でのことだから仕方のないことだ、それはその技術の応用を行わない根拠にはならないと主張される。女性が医者等の専門家に自己決定権を奪われているとする批判についても同様である。確かに、技術的に比較的容易な人工授精（必ずしも他者の手を借りる必要がない）を除き、外科的な技術が必要であり、医者が介在する。だが医療技術が専門家によって行使されることや手術自体が問題だとするなら、かなりの治療行為が否定されなければならないが、それを主張する人は少ないはずだ。同意の上でその行為を委託するなら、それが自己決定に基づく行為であることを否定することはできないのではないか◆[24]。

しかし、身体のただの不快さを小さなものと見積ってしまうような世界、私が為すことによって、「挑戦」することによって、評価される世界にいることによって、為さない選択の方が難しいことはたしかだ。天秤にかけてどちらかを選択するのは、結局その人であることを認めよう。それにしても、次に述べることを合わせた上で、この難しさをどう扱ったらよいのかという課題は残る。（既に、私達の時代・社会の身体はそのような不快を感じる身体ではないといったことが指摘されるかもしれない。しかし、もし本当にそうなのであれば、そこには何の問題もない。不快でなければ使えばよい——第7章4・5節。）

　第二に、ここで得られる（かもしれない）ものは私の健康等ではない。死なないために治療を受け、治療に耐える人はいる。自身の病、特に死に至る病の場合なら、成功率が低い治療法でも、それを受け入れようとする当人の意志は認められるだろう。しかしここでは、男性の側に原因がある場合になされる体外受精でも身体に負担がかかるのは女性であり、その女性の身体に大きな負担をかけて得られる（かもしれない）ものは、自身の身体の健康ではない。不妊治療が「治療」と呼び得ないという所以でもある。自己の身体の健康のための身体に対する介入（治療行為）は許容されるが、そうでない限りその者の身体を毀損することは認められない、不妊は病気ではない（から行われるのは治療ではなく、ゆえに正当化されない）という批判の仕方があった。しかし不妊が病気でなく、その限りで生殖技術の行使が医療でないとしても――例えば美容整形が医療でないとしても、行われることがあるように――それを受けることを選択する以上は、それは許容されてよいという反論がなされる。治療と言えようと言えなかろうと、それを私が欲し受け入れているという点で違いはないではないか。右記した批判は身体（の健康）を自己の身体に対する決定より優先させるということではないか。「私の身体に対する私の決定」をその言葉通りに取るなら、他者のためであるにせよ、それが私の意志、私の決定に属する限りで、許容されるはずだと、むしろ、これは他人のための行いでもあり、より好ましいことではないかと言われる。

そうではない。治療でないという批判の核心は次の点にある。結局のところ、その人自身の健康や苦痛は私達の利害には関係がない。だから私達はその人の自己決定を——決定を支持するためのコスト負担に関わる利害（本節2）を考えないなら——比較的容易に認める。しかし子はそうではない。それはその「治療」を受ける人以外の人、男、私達が欲するものでもある。ここに治療との違いがあり、当人の周りにいる人達による介入の可能性がある。

私達の行いは所詮、他人達との間の様々なしがらみの中でなされている（からよい）、そして私達が他人に、様々なことを、自らが提供するものと引き替えに要求し、自らもまたそうした関係を受け入れる（からよい）ということとは異なる。その人において、その人の産みたいという思いが、その人の身体の負担、苦痛を凌駕する時に、そのことを結局のところ認めると先に述べた◆25。しかしここではそうではない。その人＝私にとって、他人の要求、他人の思いの方が大切であり、そのことによって私がその要求、思いに応じることはある。しかし、少なくともその他人が要求しないことはできる。だから、要求してはならない。

そういうものであるなら、それは同意があったとしても、幸福を増大させる——あらゆる交換は交換前に比べて人の幸福を増大させる、と言って言えなくはない（第2章3節1）——としても、そして／あるいは、平等を達成するとしても、なされるべきではないと言いうる。もし他人の要求を構造的に排除することができないとすれば、禁止も考えることができる。しかし全てを禁止するのであれば、子を持とうと思う当の人の思いを排除することになる。子を持とうとする思いを小さく見積もるべきではないと先に述べた。だから禁止は難しい。だから、できることは、これも難しいことだけれども、他人の要求を排除することである。「情報の提供」とは、行う場合の結果（についての可能性）について知らせることであり、また、知らせることでしかない。だから、なされるべきことはこれだけではない。他人の要求によって決定したのか、それともそうでないのか、両者の境界は——このような問題の場合常に——微妙である。そんな微妙なところで境界線を引けるものではないと言われる。常套的な言い草だ。しかし、微妙であるという事実は——これからも何度もそういう場面に出合うことになるが——差異を消去することではないし、差異を尊重しようという行いが無駄であることを意味するものではない。例えば自由主義者は強制を認めない。ここで境界線は引かれている。しかし、全く身体的な物理的な拘束（この場合だって危険を冒せば抜け出せる可能性がないわけではない）とそうでないものとの境界だってはっきり決められるわけではない。境界設定の難しさは、微妙なところを問題にすることに意味がないことを意味しない。

(2) 次に代理母（第3章注2・165頁）。やはり全てを禁ずることはできないと思う。代わりに産むことの全てに不幸があるとは言えないだろう。例えば友情から代わりに子を産む、そういう関係がある◆[26]。そして人工授精自体は特別な技術は不要で、自分でもできるのだから、サロゲイト・マザーによる出産を禁ずることは事実上不可能でもある。しかし、これが相手の要求に応じ自らを管理することに同意し、事前に子の引き渡しに同意する契約としてなされる時には、言うべきことは異なる。その人が、報酬を得る代わりに犠牲にしなければならないものが二つある。

第一に、この場合には、労働を労働として切り離すことはできず、生活の全般がこれに関わることになり、相手の注文に応じて自身の身体を管理することになる。どんな仕事の募集にも応募があるだろう。角膜を売る人もいるし、腎臓を売る人もいる（第1章注3・52頁）。腎臓なら一つなくなったからといってその日から困るわけではない。どんな危険な仕事でも応募する人はいるだろう。このときなされるべきことは、まず危険でなくすることだが、それができないのであれば、どうしても必要でないのなら、その作業をなくすることが選ばれる。

このような事態が、世界的には依然として貧困を背景に、ただ単に貧困というだけでない家族を単位とする扶養というあり方、家族内、市場内での男女の力関係の中で、生じさせられる。このような状況と、そのような状況から発する行いが現実のいくらかの割合を占める。これは無残なことだ。このことだけでもはっきりさせておく必要はある。そしてそのような苦しい選択を生じさせる状況、例えば貧困が問題にされなければならない。

第二に、子が現われること自体を譲らなければならない。生殖技術の応用による親子関係の混乱、親であること、子であることの「アイデンティティ」の問題が語られ、危惧される。例えば代理母の問題が、依頼者における「自分の子」という観念と代理母における「自分の子」という観念との対立として語られる。その通りのことが語られたことを否定はしない。けれども、例えば「ベビーM」を巡る争いで私達が「代理母」に肩を持ちたい気になる時、その気持ちは、契約した者において、その子が抽象的に「私の子」(となるべき者)として存在するのに対して、あの「代理母」においては「他者」として存在を始めているということから来るのではないだろうか。それゆえに、私達(の中のある部分)は、まずそのような関係を保持している者を支持したいと考えるのではないか。

子が登場するとは、産む者の身体において、何かが他者になっていく過程ではないか。

「人であることはいつ始まるか」という倫理学の抽象的な議論に対して、フェミニズムから一貫して疑義が唱えられてきたことを考えてみよう。議論の焦点は妊娠中絶の是非だったから、「私の」という言葉が多用されてきた。しかしそれは、所有を意味する言葉ではなく、やがて「私」でないものが登場することを感受する「私」のことだったのではないか。この場合に、代理母契約とは、このことを経験してしまった人から、それをとりあげるということである。だから、予め渡すことを前提とした契約は認められない。[27] また、依頼者側の卵を用いる場合も含め、産んだ母親がまず母親であり、その権利は父親に優先する。誰を親とするかという時に、――ベビーM裁判（第3章注8）の州最高判所判決のように――親としての「適格性」によって判断すべきではない。そしてこれは遺伝子という抽象的なものをどれだけ特権化するかということに関わってくる。これを特権化することを認めず、他者が現われるという経験を第一義的なものと考えるなら（第5章）――M裁判の判決と異なり――産む者が母であり、第一に親となる。

(3) 不妊の場合、あるいは身体的に出産に耐えられないという理由からでなく、時間や労力の節約のために代理出産を依頼する場合がありうる。[28]「代理」する側については、先に述べたことと同じことが言える。ここでは依頼する側にも犠牲にするものがありうる。もし妊娠し出産することが、負担でしかないのではなく、自らにとっても貴重な過程であるなら、例えば仕事を継続するために、妊娠・出産を他の人に委ね、時間を節約し、手間を省くことは、仕事を継続し生活を維持していくことをとるか、出産の過程を経験するか、両者の間の苦しい選択になる。仮に、自由を認めることによって、雇用主が、代理出産することを求めることが広範に行われることになり、その結果、苦しい選択を余儀なくされる人が多くなるとしよう。少なくともこうした事態をうまく除去できないとすれば、やはりこのような代理出産の用法を認めることはできない。

［3］偶然生まれる権利◆29

「子」（と「親」との関係）について。これまでの考察では子を当事者として検討してないが、これを考えた場合にはどうか。自分の（産みの）親が明らかでないことに、また産みの親と育ての親が異なることに悩んでしまうのではないかというように、出生した子の（親への）帰属（意識）の問題として語られることがある。こうした感覚がこの社会にあること、「出自」が現実にはそれなりの重みをもつことがあることは認めよう。しかし、それは何に発しているのだろうか。それを血縁や家族へのこだわりとだけ言ってよいのだろうか。

子が生まれるという事実に子自身は関与しない。これは親の決定である。誰が自分の親であるかについて、自分の属性自体について、その当人もまた自己決定はしていない。このようにして誰もが生まれる。そしてその子は自らの起源を気にしないかもしれないし、またそれを辿ろうとするかもしれない。しかし、辿ろうとする行いも、自分が自分でしかない時に、自分が現われてきた自分でないものを探そうとする試みなのではないか。だから、自分が所持しているもの（の総体）をもって自分と言うのであれば、その子は自分を探しているのではない。

その子は「場所」を探している。そしてその場所は、「私」がそこで作動していないような場だと言えないか。ここでその「私」はその子という「私」だけでない。その場所は、そこに「人」がいない場所ではないだろうか。

技術を肯定する者は、「偶然」に左右されるよりは、人為的により優れた道具を（その者のために）揃えておいてあげたいと言うかもしれない。しかもこの決定は子にとって「不利益」な決定ではないかもしれない。このことから考えれば、親（となろうとする契約者）の決定によって作為されることが、認められることになる。しかし、その者に対して行う行為が仮に「その者」のためであるとされても、その者はその時には不在なのであり、想定される利得は親にとっての親の利得とは違うにしても、その「善意」をいささかも疑わないにしても、やはり親において想定された利得なのである。自己＝

親の延長としての他者＝子。そのことに他者は不快を感ずる。その者の因果のもとにあること、人間的な因果のもとにあること、そのものの不快である。

「積極的優生」について検討する第9章6節でもこのことを述べるが、ここでは代理母の場合について。ここに不快が生じうるとして、それは産みの親と育ての親とが違うこと自体にあるのではないと考える。養子の場合にも、離婚して再婚しても、二人の親がいる。ただ、養子の場合には、やむを得ない事情があり、産まれた子を譲った。あるいは親はいなくなった。また離婚して再婚して親が二人になった。産みの親と育ての親が違うことはいろいろな混乱や悩みを生じさせることがあるかもしれないが、現実にはいくらでもあることなのだから、それをうまく受け入れるしかない。だが代理母契約では、あらかじめ譲渡を目的として譲渡が行われる。代わりに出産することの全てが問題だということではないだろうと思う。ただ、先述したように、自らの身体の不快と子にかかわる快とを犠牲にして、得るものを得るために譲渡が行われるなら、このような人間的な事情がまとわりつく中に生まれることが、子にとっての不快なのである。全ての有償の代理出産でこういうことが起こるわけではないだろう。ただ起こりうることではある。ならばそれを制約する理由がある。

　ドイツやフランスの法律のように、「生命の不可侵」「身体の不可侵」と、ただそう言えばよいではないか（第3章注5～7・170～172頁）。そう思う人がいるだろうか。私自身、幾つかの国での規制のあり方に大きな異論はない。そもそも私はそれらと別の選択を正当化しようと試みたのではなく、そのように規制させているものが何なのかを考えようとしたのでもある。また、これらの主張は簡潔であるためにわかりやすいように思われる。ただ、少なくとも私は、それだけを言われるのではわからないことがあったし、わからないことをはっきりさせたかった。その中に現われる言葉、用いられる論理をそのまま受け入れようとは思わなかった。ある意味で「身体の不可侵」を私達は認めていないのだし、また認めるべきでもない。まず、身体の不可侵とは私的所有を正当化するために持ち出される道具でもあり、もし私的所有を全面的に認めようとしないのであれば、この道具をそのまま用いるわけにはいかない。他方に、「身体」ではなく、それを制御するものとしての「精神」を第一に置く議論があった。この場合には、身体や生命は特権的なものでなくなる。このことをどう考えるのか。これらのことをもう少し正確に言いたかった。さらに、「遺伝子」「遺伝情報」が特権化されることがある。しかし、言うべきことはこのことではないとも思った。なされるべきことは、介入の否定である。両者は同じことではない。

注

◆1　「大正生命主義」についての討議（森岡他［1995］）の中でも、私はこのようなことを述べた。「機械」に対する「有機体」や、「主客二元論」に対する「一元論」は、少なくとも私達の生を考える時には、いささかも基本的な対立ではないと考える。

◆2　「私はつねに、自分は身体を有していることをあたりまえだと思っていました。（けれども）私が研究した（一八世紀のドイツの）女性の誰も、所有代名詞を使って自分を語るということがありませんでした。」（Duden［1985: 127］、（ ）内は引用者、cf.第5章注22）

◆3　cf. A.Dworkin［1983］［1987=1989］、松浦理英子［1992］、吉澤夏子［1993］、村瀬ひろみ［1996］、等。

◆4　「たとえば人工的に炭酸同化ができる巨大技術が開発されれば、食物を生態系に依存する必要がなくなるから、エネルギーさえ確保できれば人類は不滅であり、地球の生態系など知ったことかという話になりかねない。」（池田清彦［1990a→1996a: 229］）

生存（のための資源）だけが問題なら、もちろんそういう話になる。にもかかわらず、「知ったことか」とならないとすればそれはなぜか、という問いが立つ。

【後に私は池田編［2006］で「「いのち」を誰が決めるのか」（池田・立岩［2006］）と題された対談をすることになり、同書に収録された「自由は優生を支持しないと思う」［2006a］という文章を書くことになった。】

◆5　注1にも関連し、例えば一元論が科学的真理として唱えられそのことをもって流布するといったこと、また、一時「ニューサイエンス」が少し流行ったのも同類の事態である（cf.森岡正博［1988: 5-6］）。「今西進化論現象」については岸由二［1991］、cf.第9章注31（730頁）。本書は、思想としての全体論を拒絶し、同時に、どんな思想であれその根拠として自然（科学）に遡及することの意味を否定する。

【規範と事実とを混同すべきでないということ——それはむろん事実が規範論を組み立てる当たって役に立たないということではまったくない——と、幾種類かの科学論の妥当性がないあるいは疑わしいということとは基本的には独立である。いっとき流行った科学批判はほぼ消えてなくなったかのようだが、そのいっとき流行ったものの以前からのものも含め科学論、科学批判の言説についての吟味が十分になされていると思えない。なされるとよいと思う。】

◆6　「人間中心主義」は「環境倫理学」で論じられる。（環境倫理学については単行書としてSchrader-Frechette ed. [1991=1993]、加藤尚武[1991]、加茂・谷本編[1994]、鬼頭秀一[1996]。第1章注7にあげた千葉大学から発行された報告書に数多くの論文の紹介がある。加藤・飯田編[1990: 109-224][1993: 120-187]、飯田亘之編[1994: 179-248]、「科学技術の発達と現代社会II」企画運営委員会編[1995: 242-357][1996: 115-231]。また小原監修[1995]に重要な文章が選択され翻訳されて収録されている（所収の解説として鬼頭[1995]等【、その後の文献等についてはhp森下直紀[2008-]】）。他に環境に関して論ずる中で「人間中心主義」に言及しているものとして、村上泰亮[1984: 340]、[1992: 60]、森岡正博[1988: 63-80]、佐倉統[1992: 36]、等々。

人間中心主義Aは、生存のための資源という視点から自然に対する。「道具主義的人間中心主義」（渡辺啓真[1994]）と呼んでもよい。だから自然を改変する。しかし、生存のために自然を（一定のレベルに）保存することも必要だということにもなる。この意味で「人間中心主義」的な自然保護、環境保護がありうるし、実際ある（村上[1984][1992]等、この当然のことを指摘する人はいくらでもいる）。これに対してここで述べたのは、自然を受け取ることを価値とする人間中心主義Bである。そして私達は明らかにAとBとを同時に求めている。両者が要求することは対立しうる。どちらを優先させ、どのあたりで調停するか。「なんとかやっていける範囲にとどめる」というぐらいのことは言えたとしても、これで決まりという決定的な解はない。

人間中心主義に「非・人間中心主義」「脱・人間中心主義」が対置され、自然（界の動物・植物・…）に「内在的価値」「固有の価値」（inherent values）があるといった主張がある。述べたことはこれとどう対立するのか、あるいはしないのか。まず、その自然がなければ、感じたり価値を認めることはありえない。その意味で自然は独立したものとしてあり、自然（を構成する個々のもの）に固有の価値、内在的価値があると言いうる。だが他方、価値を認めている（それに基づいて何かを行うこともある）のは誰かと聞かれれば、私だと言うしかない。その限りでは「人間中心主義」と「固有の価値」の主張は対立せず、今述べた（不可避な、言うまでもない）人間中心主義は残る——人間中心主義Z。C「（固有の価値はあるが）人間にとって無価値なあるいは有害な自然」を想定しうるか。想定できるなら、人間中心主義ZのもとにAとBとCがあることになるか。Aに対してCは対置されうる——利用できない、生きていく上で脅威となる自然。ただBの場合には、私（達）でないものがあること自体に価値が見出されるのだから、CはBに含まれる（Bの中のCがAと対立する）。

「自分自身にとっての他者としての自然を、人間は求めているのだ。自然は時にその美しさをもって人間を魅了してくるし、時に猛威をもって襲いかかってくる。人間の関与とは関わらぬところで現前し、それ自体で活動し、それ自身の本質をもつ、そのようなものとして自然を経験することを人間は欲しているのだ。」（丸山徳次 [1995: 274]、丸山 [1994]、池田清彦 [1992] も参照のこと【。そしてその丸山は「里山」の保全を訴える人でもある（丸山・宮浦編 [2007] [2009] 等）。矛盾があるといったことを言いたいのではない。】）

さらに、以上にも関連し、自然の価値の重み付けを巡る議論がある。感覚の存在を根拠とする（「感覚主義」sentientism）シンガー等の動物の解放論（cf.第5章注8、平石隆敏［1994］、鬼頭［1995］）があり【（第2版補章1・747頁に関連したことを少し記す）】、「生命の主体」であるものに権利があるとする立場がある（Reagan［1974］［1993］等、cf.Feinberg［1974］［1980b］、飯田亘之［1995］）。他方に、有機体、生態系、エコシステム等、全体としてみることが大切だとする主張がある。前者と後者は対立を構成するとされ、前者は後者からその個別主義が批判され、後者は前者から（と限らないが）その「全体主義」が批判される。後者について「有機体」と「共同体」を区別し、「共同体」説は個々の自然物の固有の価値を認めるものだといった主張もある（Katz［1985］）。

これらは、何により多くの価値を認めるのか（あるいは価値の序列自体を否定すべきか）という議論であり、言うまでもなく、いずれも人間中心主義Zの中にある。そして、Aの立場から人類の生存のためには生態系全体が大切だといった主張がありうる一方、自らからの「近さ」という契機を消し去ることができないならBの中にも序列は存在しうる――これと同じものではないが、人間により似たものに価値を与えるのもまた「人間中心主義」と呼ぶことができよう。他に現存する人間だけでなく未来の人間のことも考えようという「世代間倫理」の議論がある。（「弱い人間中心主義」の主張としてNorton［1984］、「人間中心主義」「非・人間主義」について渡辺［1994］、谷本光男［1995］、「内在的価値」批判として浜野研三［1994］、ネスらの「ディープ・エコロジー」の紹介として菊地恵善［1994］、森岡［1995b］、「全体論」についての検討として菊地［1995］。「世代間倫理」について高橋久一郎［1994］、谷本［1994］。Stone［1972=1990］等の自然（物）の「権利」という主張の検討・批判として大澤真幸［1990→1991］、池田［1990b→1996a: 90］、等）。

自然物の「権利」についてだけ付言しておく。この語にどのような意味を与えるかによる。例えば権利の主体に選択や応答の能力を求めるなら、自然物の権利という言い方は誤っている。たが、こうした資格を必須としないなら、自然物の権利という発想は特段に奇異ではない。また、それが、私ではない（私が自由にすべきでない）ものがあることを言おうとしているのだとは言える。ただ以上は、権利の語の使用が適切だと主張するものではない。繰り返すが、権利の付与を行うのは私達であり、このことを曖昧にする効果があるならこの語を用いることは適切ではない。以上、より詳しくはhp［環境倫理］。

【公害批判であったもの、そして科学批判というかたちでもなされたことが、「地球環境問題」となったり「環境倫理（学）」として語られるようになった時に何が起こったのか。むしろ、前者のかなりが忘却され、別に「学」が立てられる。それはすこし生命倫理学に似ている。かつての批判が単純なものであった――もちろんそれですむのであれば、あとは行動に移せばよいのだから、それでなんの問題もなかった――のに対して、例えば「自然物の権利」はいろいろなことを語れそうで、実際語れる。それで「学」になるというところもあった。またかつての科学批判の論理にかなり乱暴なところは実際あったと私は思う。しかしすっかり忘れてよいかといえばそうではないだろうと思ってきた。東日本大震災後に依頼されて書いた短文（立岩［2011b］）にそのことをごく短く記した。ただ環境倫理学を紹介した人たちにしても、公害があり、その告発があって、その研究につながっているだろう。とすると、それをどうつなげたり、分けたりするか。すこし難しく、当人たちにおいても、思われる。cf.鬼頭秀一［2007］、鬼頭・福永編［2009］。】

◆7　たしかに以上のような言明は何かしら「非西欧的」であるような気もする。実際、第2章から見てきたような人物がいくらでもいるのに対し、「経済」については別として、日本で生命倫理学を論ずる人達で例えば「パーソン論」（第5章注10・357頁）の立場を徹底してとっている人は、私の知る限りではいない。「自己決定」は肯定されるが、大抵の場合、人であることの「資格」までは明確に主張しない。これだけを見ても差異は明らかなように思われる。差異を否定しようとは思わない。けれども、まず「欧米」でも「ラディカル」？な生命倫理学者達の主張が一般的に受け入れられているのではない。例えばドイツにおける議論や実際の規制のあり方は、米国のそれとかなり性格の違うものである（cf.第3章注6・171頁）。また米国においても、自己決定の論理を、そして／あるいは、功利主義の論理を押し進めていく人達だけがいるわけでもない。違いを大きく見積りすぎることはないと思う。

もう一つ、本書の最初にも述べたが、「西洋的なもの」に対置されるものとしてあげられる「東洋的なもの」（「東アジア生命倫理学会」会長・坂本百大［1996a］［1996b］等）「日本的なもの」なるものは融通無碍で結局何も積極的に言わない。そしてこのことは現実な効果を持たないことを意味しない。例えば「権利」の思想のもとで到底認められないことが、「日本的風土」の尊重といった理由で、ひどくあっさりと認められることになったりもする（注16）。曖昧な語が持ち出され、曖昧な、しかし現実的な効果を産み出すことが語られることを警戒すべきである。仏教・儒教と生殖技術について永田えり子［1996］。

◆8 私は何かを選んだ。しかしその選択がどこに発するのか、そもそもそれを私は確かに「選んだ」のか、私は知らない。それが私によって作られたものか、それも知らない。例えば私の思想とは、その由来は別として私にはこうとしか思えない思想であるはずだ。「そのようにしか思えない者は誰か」と聞かれれば、「私が…」と言うだろう。「私の思想」と言えるのはそのような意味でである。因果として自由であるか否かは問われない。他のものを食べようと思えば食べることもできたと思う、という意味では、私は自由に選んだ。しかしそれが本当に自由であったか、そんなことを私は知らないし考えないし、考える必要もない。むしろ私にとって必然である時、それは自由なのである。自由意志の存在・非在は本書での主張とは関係がない。

◆9 もちろん、自分達にとって迷惑だからというのでなく、「本人のことを思って」決定させない、知らせないこともあるだろう。ただ、どちらが本人にとってよいのか――ちなみに、種々の調査では知らせた方がよいという結果が得られている――という水準でだけ「告知」の問題が語られてよいのか。知ることが何より大切なことだとは思わない。しかし、私達が知っていて（本人のために）本人は知らないという状況とは何か。その情報を私達が得ている、得られるとはどういうことか。このことを考えるべきである。

パターナリズム（↓第3章注14・178頁）に自律的人格（autonomous person）を対置させ、後者の立場から告知を正当化するWeir［1980］の解説・論評の中で片桐茂博は「ワイヤーのいう人格の自立性をパターナリスティックな立場に対する批判のポイントたらしめるためには、人格の異なり、他者性（これは医者患者関係において自立性と相即する契機であろう）こそを強調すべきではなかろうか」（片桐［1988: 18］）と述べる。別の観点から奥山敏雄［1995］、樫田美雄［1996］。

◆10 病院での死の扱い方についてSudnow［1967=1992］【（Chambliss［1996=2002］とともに、連載の「摩耗と不惑についての本」と題する回（立岩［2001-2009（40）］）で紹介した）】。医療の場での「秘密」について永井良和［1990］［1992］。末期医療に関し医師が担おうとするが担う準備もなく実際に担っていない役割について佐伯・山崎［1996］。

「医療社会学」については園田・米林編［1983］、黒田浩一郎［1989］、進藤雄三［1990］、園田恭一編［1992］、黒田編［1995］、井上俊他編［1996a］等とそこで引かれる文献で概要がつかめる。【その後、佐藤・黒田編［1998］、進藤・黒田編［1999］、山崎編［2001］、森田・進藤編［2006］、中川・黒田編［2010］、他。第1章注13で市野川［2012］にも記述があることを述べた。】

「病気」や「病人」をどう捉えるかがその一つの主題だが、本書ではこれを主題的に扱わない（松澤和正［1996］等がある）。医療社会学は医療を特別視しすぎてないかという疑問が一つある（例えば専門性自体は医療に限られず、「専門家支配」もどこでも生じうる）。なおこの項は立岩［1997］と重なる部分があり、立岩［1996f］でも短くだが触れた。(1)①については立岩［1996i］でもう少し詳しく述べた。【関連して「資格職と専門性」（立岩［1999c］）。】

◆11 「エホバの証人」等の輸血拒否について唄孝一［1978］、芹沢俊介［1985］、大泉実成［1988］、市野川容孝［1991a］。【その集団・教えに批判的でありつつ、その人たちに無輸血手術を行ってきた人の本に大鐘稔彦

[1998]。】なお本文に述べたことから子や配偶者の輸血の拒否が認められることはない。ただもう少し微妙な場面がある。このことについては第9章注17・721頁。

◆12 日本で安楽死（のちに尊厳死と呼ばれる）法制化の運動を積極的に推進したのはまず太田典礼だが【（立岩[2009a]『唯の生』の第2章「近い過去と現在」でその主張を紹介した）】、彼は【優生保護法制定の推進者の中心人物でもあり】一九六〇年代になっても優生断種を主張している（太田[1967]）。さらに例えば次のような発言。

「基本的には本人の苦しみですよ。しかし、本人が無意識の場合がありますからね。その場合、第三者の見た苦しみを、苦しみとみるかどうかは、これは医者の判断…。」（対談での発言、太田・渡辺[1972→1974:170]）

「命（植物状態の人間の）を人間とみるかどうか。…弱者で社会が成り立つか。家族の反社会的な心ですよ。人間としての自覚が不足している。」（太田、当時日本安楽死協会理事長）「不要の生命を抹殺するってことは、社会的不要の生命を抹殺ってことはいいんじゃないの。それとね、あのナチスのやった虐殺とね、区別しなければ」（和田敏明、当時協会理事）（一九七八年一一月一一日、TBSテレビの土曜ドキュメント「ジレンマ」での発言、清水昭美[1994:213-214]に採録）。

日本安楽死協会、日本尊厳死協会の安楽死・尊厳死に関する発言の紹介、批判として清水昭美[1994:213-221]。【清水は、一九七〇年代、そして二〇〇〇年代の「安楽死（尊厳死）法制化」に反対する活動の実務的・実質的な部分を引き受け活動してきた。立岩・有馬[2012]でその著作を紹介している。】

もちろん現在「尊厳死」を主張する人達の多くはこんなに野蛮ではない。自己決定が主張される。しかしこれで問題がなくなるのではない。

「オランダで行われている安楽死や自殺幇助のほとんどは、がんの末期患者で、自分では何もできなくなり、すべてを他人に頼らなければならないという状態で余命予測の二、三日以内の人で、最長でも二、三週間の屈辱感に耐えられないという患者です」（インタヴューに対するオランダ人の回答——後藤猛［1996: 133］に掲載。オランダの安楽死について、この文章所収のNHK人体プロジェクト編［1996］、Chabot［1995］。【その後オランダで安楽死した人による著作としてネーダーコールン［2000］［2001］、ジャーナリストによるものとして三井［2003］、平沢［1996］等。法学者によるものとしてTak／甲斐編訳［2009］。立岩・有馬［2012］で紹介した。】

所謂「ペイン・クリニック」が整備され痛みの制御が十分な水準に達した時（オランダではそうだと言う）、自己決定される死は身体的な苦痛から逃れるためのものでなくなる。この時、その決定の理由は、「屈辱感に耐えられない」といった、より「人間的」なものになる。市野川［1993b］［1994a］［1996e］（cf. 小松・市野川［1996］、小俣・市野川［1996］）が危惧するのはこのことである（第7章注22・533頁）。

◆13　特に知的な障害のある人について、周囲が自己決定できないと思い込んでいただけのことであって、実際には十分に自分の意志を持ち、決定できる場合がたくさんあることは押さえておくべきだろう。「自己決定」をかなり広い意味にとることはできるし、そうすべきだろう。適切な援助があれば——知的な障害の場合、その援助のあり方は確かに難しくはなるのだが——、決定できることが多くあるだろう。（Worrell［1988=1996］、河東田博［1992］、柴田洋弥・尾添和子［1992］、寺本晃久［1995］、等）【しかし同時に、どこまで口をはさむ／はさまないべきなのか、介入する／すべきでないのか。「最善の利益」がもってこられるが、当然、それはつねに分明ではない。cf.寺本他［2008］。】

◆14　医療資源の配分についての議論として、医療サービスを受ける権利は消極的権利でしかないとする Sade［1974］、こうした主張を批判する Beachamp & Faden［1979］。Engelhardt［1986=1989: 407-456］では、一方で第2章に見た議論からそのまま導かれる消極的権利の主張を紹介しつつ、他方では別の論の筋も検討しており明確な主張はなされていない。他にSinger [1976]、Veatch [1976]、Daniels [1981]、Childress [1981: 74-97] 等。全員に平等な治療を施せない場合に無差別選択（ヒューマン・ロッタリー）を支持するのはRamsey [1970b]。【日本では経済学者による著作がいくらかある→hp [医療経済]。それらの多くは現実の記述・分析だが、そこに示される現在の数字や将来の予測をもとにして、あるいはより漠然とした不安から、この国に限らないのだが、その抑制が常に語られてきた。】

◆15 この道筋をはっきりと示しているのは加藤尚武である。

「バイオエシックスは、規則を定める時には、自己決定を重視して規約主義の立場をとる。しかし、自己決定の権利をもつ人格の範囲を定める時には、対応能力の存在を要求するので自然主義の立場をとる。…バイオエシックスになぜ二つの原理が存在するのか。問題は、配分にある。」（加藤 [1992: 95,98]、cf.加藤 [1986: 28-38] 等）

◆16 この節で述べたことについては別に著書を用意する。【直接に具体的な制度について検討したものではないが、病・障害がわかること（わからせられること）、そのことによって可能となる（また限界が設定されることとなる）行い、そして免責（されることによる得失）について、それが誰に何をもたらすのかという視点から立岩 [2013d] で検討する。】いくつか補足する。

供給者と利用者間の関係とそれへの対処については立岩 [1996i] でもう少しだけ詳しく述べた。医療行為の成績評価は、慎重にやらないと、例えば成功率の高い手術だけを行い治療困難なケースを回避してしまうといった事態を生じさせる可能性があるが、こうした技術的な問題の解決は不可能ではない。

土屋貴志 [1998] が森岡恭彦 [1994: 53-54]、日本医師会生命倫理懇談会 [1990: 151] 等を取り上げ、「神話B」として記述しているものは本文で「日本的変容」と述べたものに重なる。（そして変容させたがるのは日本（の供給者）に限らない。これは供給者側の普遍的な欲求であり、それをどう表現するかという違いがあるにすぎない。）この点については注7も参照のこと。

医療者側だけが引き受ける（引け受けさせられる）ことによる「燃え尽き」については赤林朗［1994］。

現在この国にある「倫理委員会」は、決定を社会に委ねるという機能を現実にはほとんど果たしていない。【関連書籍として星野編［1993］、Hester［2008=2009］、額賀淑郎［2009］、「終末期医療」を巡る倫理委員会での議論を追ったドキュメンタリーとして Belkin［1993=1994］。生命倫理の研究倫理について田代志門［2011］。】

【自己決定について、またパターナリズムについて、基本的な考えは変わらないが、いくつかの文章や著書で論じた。死の決定について検討した『良い死』（立岩［2008b］）にそれまでに私が書いたものを列挙し紹介した。［2010b］では「選択（肢）の幅」として自由を考えることに限界があるだろうことを述べた。パターナリズム（と自己決定の関係）については第3章注14・178頁にあげた文献。】

◆17　美容整形等、広く身体に対する変形行為については近年多くの文献がある（Glassner［1988=1992］、山下柚実［1991］、『別冊宝島』162（1992）、『imago』1996-2、等）が、少し前まではあまり論じられなかった。例外的に三橋修［1982］。三島由紀夫［1965］もある。【その後かなりの数の文献が出ている。社会学では（谷本奈穂［2008］、等。hp［身体］・［改造］・［エンハンスメント］にいくつかをあげている。】

◆18　コンピュータ通信等の電子メディアを論じている本の中で森岡正博は次のように述べる。
「私が原理的に支配可能な世界の内部で、私に向かって暴力的に反抗する存在者を、本当に他者と呼べるであろうか。…他者を見失った架空世界の住人たちの多くは、真の〈他者〉を見つけるために、…現実世界をふたたび訪れることになるだろう。そのとき、彼らにとって、この融通のきかない牢獄のような現実世界こそが〈他者〉となるのだ。彼らは、自分たちのコントロールの手が及ばないこの現実世界それ自体に、究極の他者を見出すであろう。彼らを疎外し、彼らの傲慢な欲望を決して認めてくれなかったこの現実世界こそ

が、電子架空世界からの帰還者のための「不動の他者」となる。」（森岡［1993b: 45-46］）

◆19　関連して、Nozick［1974=1992: 67-72］、Glover［1984=1986: 199-205］の「経験機械」についての記述を参照のこと。「あなたが望むどんな経験でも与えてくれる」（Nozick［1974=1992: 67］）この機械をなぜ人は望まないのかについて論じられている。彼らのこの問いに対する回答は本文に私が述べたことと同じではないが、近い部分がある。この種の議論から、つまり経験機械を望まないというノージックも認める前提から、ノージック達の議論を覆すことが可能だと私は考えている。

◆20　「反対者たちは、デザインで仕立てられた人間が生物学的に運命づけられた地獄に群がっている、ぞっとするような「すばらしい新世界」を見ている。科学者はついに神を演じるようになり、家系をいじくり、無意識にあるいは故意に、フランケンシュタインの怪物をつくりだすかもしれない（でも、これらの批判家は、研究者がなぜそのような怪物をまず第一にでっち上げたがっているのかを説明したためしがない。）」（Bodmer & McKie［1994=1995: 390-391］）

遺伝子操作に対する疑念を「フランケンシュタイン症候群」として捉え、批判し、動物の遺伝子操作のあり方を論じている書としてRollin［1995］。（『フランケンシュタイン』=Shelley［1818=1984］）

◆21　題名にこの語がある単行書としては、Goodfield［1977=1979］、Howard & Rifkin［1977=1979］。「神を演ずる」という技術への批判を批判するものとして、Harris（第2章4節）、Proctor［1992］、Rollin［1995］。

◆22　「神」を持出すことは多くの人が日常的に生きている価値の一つの言い換えと考えることもできる。と同時に差異を無視できない。例えば「生命擁護（pro-life）」派はキリスト教の教義によって自らを正当化されようとするのだが、本書は、そういった思潮に同調しない。持ち出されるのは教義（の解釈）である。例えば「聖書」といった特権的な言説が持ち出される。人がある教義を信ずるというあり方があることを認める。また、宗教や宗教上の教義が長く強く人を捉えてきたことにおいて、何らかの意味を含むものである可能性を理解する。しかし、教義が教義であるがゆえにそれを認めるべきだという主張には与することができない。「教義」によって線を引こうとする勢力に抗しようとする。同時に、そうしたものに同調しなくても言いうることを言う、言いうるのだということを言うのが本書で行うことの一つである。

◆23　「不妊治療や代理母の状況は、とめどなく無限に拡大していく欲望という問題を私たちにつきつける。」（荻野美穂〔1991a: 141〕）

この技術は「賭」「麻薬」だとも言われる。

「あと一回だけ、みんなそう考える。…やめられなくなる。本物の麻薬と同じように、生活まるごとからめとられてしまう。」（Solomon〔1989: 173=1991: 264〕）

麻薬は、いったんそれに手をつけたら自らそれを絶つことが難しいことが、賭の禁止よりも強い禁止の理由となろう。しかし生殖技術の場合、いったん始めると終わらせること、見切りをつけることが難しいのは確かだとしても、麻薬に対するような性癖が技術の利用自体によって生ずるわけではない以上、同じとすることはできない。まずこれは「賭」だ。賭を禁ずるべきであるという主張がある。失敗の可能性が高いことが明白な場合には禁じられてよいのではないか。しかし、賭を禁ずること自体が議論の対象になる。うまくいかない人の方が多い。うまくいく人の方が少ない。後者が前者を前提して成り立っているのなら、これは批判できるかもしれない。しかしそうではない。「マルチ商法」とは違う。成功率の低さではなく、身体に対する負担の大きさ、危険性の高さを問題にすべきだろうか。だが、僅かでも「恩恵」をこうむる場合はある。なければそもそも意味がなく、あるかのように言われていれば詐欺である。ただ、この技術によって成功に至る事例があることは否定できない。

◆24　「専門家の手でしか行えない、女自身が扱えない、自身の身を他人にまかせざるをえない技術…。私たちがもとめてきた女のからだへの自己決定権とこれらの技術は相反するものでしかないのです。」（長沖暁子

［1991: 45］）

これに関連して、女性が医者・研究者の（彼らの功名心その他に発する）研究対象とされているという批判、当の技術の「改良」のため、あるいは全く別の研究のために（例えば体外受精の時に得られる余剰胚を用いた実験）利用されているとする批判がある。まず、名声や金銭的な利得を（医療機関や製薬会社等々も含め）得ようとすること自体は責められない。問題は、（患者のためであろうと人類のためであろうと関係なく）不要で危険なことが行われるために女性が被害を受けることだ。しかし、この事実存在する問題に対してもまずなされるべきは、そのように用いられない状態を実現していくことではないか。実験的な技術の行使については当事者に説明が十分になされた上での同意が前提となること、これが現在の医療体制、医者・患者の関係のもとで実現困難である場合には、規制を制度化すること、それもまた困難であれば、治療の場面では実験的な要素を含む行為を原則的に禁ずるのも一つの手段だ。ただそれは、この技術が、本来、女性に対して敵対的なものだと主張することとは違う。【韓国で起こった研究用卵子の不正入手とES細胞捏造論文の発表、批判と擁護が併存して起こった黄禹錫事件について淵上恭子［2009］。舘かおる編［2008］でも取り上げられている。】

◆25　もちろん、多くの疾患のように治療が前提となる場合と違い、その「治療」を受けるか否かがまず問題なのだから、要する期間、身体的・精神的苦痛の度合い、妊娠→出産の成功率等、情報の提供は、より詳細に行われなければならない。また供給サイド、医療者の自発性に委ねておいてなされうることには限界がある。外側からの調査と情報提供、また経験者、当事者達の助言、援助が必要とされる。

◆26　フェミニズムの側からの議論としてZipper & Sevenhuijen［1987］。「代理母はフェミニストの問題か？」という問いが立てられ、十年前、自らの友人が代理母出産をしたという話から始まる。「代理母それ自体が制御されうるという主張は神話である。生殖技術という文脈での議論は代理母が医学的あるいは他の規制的な介入なしで行われ、将来より頻繁に行われうるという事実を曖昧にする。卵提供のない代理母は簡単なのだ。…いくつかの政府の委員会は、確かに、例えば自己－受精のような自助的な技術が禁止されるべきことを推薦している。しかし、「体内」受精あるいは自己－受精である限りそれらは効果的に抑止することは不可能である。」（Zipper & Sevenhuijen [1987: 137,138]）自己－受精（self-insemination）については Duelli Klein [1984] 等（cf.第3章注3・166頁）

◆27 「リベラル・フェミニズムは必ずしも代理母制度に反対しない。すなわち、インフォームド・コンセントが十分になされた上で、本人が自由意志に基づいて契約を交わし、彼女たちが妊娠の全てのプロセスを通じて自分の身体のコントロールを維持する限り、代理母契約は維持されるべきだ、本人が理性的に行動している限り、彼女の目的は他人の分析の範囲外にあり、その個人的選択は単なる嗜好の問題であると考える傾向がみられる。／例えば、リベラル・フェミニストの有名な弁護士 Lori Andrews は、ベビー・M事件の際に、赤ん坊の誕生時に契約上の決定に従わなかった代理母の Whitehead 夫人の心の変化を脅威とみなした。妊娠中のホルモンの変化があらかじめ取り交わされた法的決定を無効にするという議論が成り立つのなら、それは女性の決定は信用できないという口実に使われるというのが彼女の考えである。そこで彼女は代理母契約に際して、赤ん坊を譲渡する時に代理母が気持ちを変える機会を与えるべきではないと主張した。」（五条しおり [1991: 49]、cf.Andrews [1984] [1989] [1990]、Mahowald [1994=1996: 108ff]）

リバタリアンは、自由の立場から市場における自由（A＋）と技術利用の自由（B＋）を主張する。保守主義は、伝統・道徳の立場から、市場における自由（A＋）と表現等の規制（B－）を主張する（彼らにとって市場での自由主義は伝統的で道徳的なのである）。リベラルは、配分を求める（A－）一方、自己決定の立場から自己決定を主張する（B＋）。【右に文献をあげたロリー・アンドリュースの「病院開示法案」の全文が Inlander et al. [1988=1997] にあり、連載の「「消費者主義」の本」と題する回（立岩 [2001-2009 (2)]）

で紹介した。】おおまかに言ってこのような構図になっている。A分配に関する政府の役割を巡って、リバタリアンは保守主義として現われ、リベラルと対立する。他方、B生命倫理等に関わる主題については、規制に反対するリベラル派があり「プロ・チョイス」の主張に同調し、リバタリアンは自由放任を一貫させるだろうが、宗教的保守派は政府による規制を求める（米国における主張の布置について佐々木毅［1984］等）。

リベラルとはどういう立場なのかが問題である。米国での生殖技術を巡る論議を見ていくと、少なくともいくつかの場面で、権利や選択を主張する側（リベラルということになるのかもしれない）がそれによって利益を得る側であり、また、そこで価値を付与される側にいること、つまり、彼ら（彼女ら）は求められる（特に知的な）能力を有している側にあり、「資格」のある側にいることを無視できないと感じる。同時に、ある種の保守主義は一方で排外主義、差別主義として現象するのだが、しかしそれ自体が、より成功している層との関係における自らの社会的な位置に対する不満に発している。本書に見出される立場は、宗教的保守派を主役とした生命擁護派（プロ・ライフ派）からは隔たったところにあり、何が伝統的であり道徳的であるのかという問いに対して随分と素朴である（と同時に政治的である）しかない保守主義に与するものではないが、同時に、リベラルという立場の曖昧さや（当の立場をとる人達にとっての）都合のよさをそのまま受け入れようとするものではない。これらのいずれでもないどのような価値があるのかは、本書でできる限り明らかにしたつもりだが、リベラリズム・保守主義といった主義・主張について調べ、検討し、それらとの異同を明らかにする作業は今後の課題として残される。

◆28　Firestone［1970=1972］、橋爪大三郎［1990a→1991］。

◆29　「偶然生まれる権利」という言葉は加藤秀一が言ったのだと思う。なお本項後半で念頭に置いているのは、生命・身体はそれ自体（その当の者の意志に反してでも）守られねばならない等として、自己決定の制限を擁護しようとするJonas［1992=1993］等。【その後Jonas［1979=2000］等が翻訳・出版された。】

第5章　線引き問題という問題

「はじめに「人間」の定義があって、そういう「人間」の世話をしてきたのではなく、世話をすることによってはじめて生じる「内部」があったと理解すべきなのであろう。そこで生じる「内部」こそが「倫理」だったのだと私は思う」（村瀬学［1985→1991: 184-185］）

「「生命尊重」、この言葉は敵の殺人的意図も罰せられないという意味を内包している政治スローガンである。「生命」は、いまや粉石けんから浴槽にいたるまですべてのものを推奨するのに最もよく使われるキーワードの一つになっている。…「生命」なる言葉は、今日では無内容であると同時に内容に満ちあふれ、ほとんど分析に値しないのに闘争宣言にもなる。」（Duden［1991=1993: 162］）

第4章のように述べてしまうと大きな問題が現われてくる。どのような存在を奪ってはならないか、侵襲してはならないか、その範囲、境界の問題である。全てが他者であり、他者の存在を認めるべきだと言うなら、それはその全てのものを無差別に扱うべきであることを示すことになるではないか。本章ではこうした問題を巡って考察する。それは人間の特権化をどう考えるのか、いつからを人としての生とするかという「生命倫理学」の基本的な主題に答えようとするものでもある。従来その「学」で言われたきたこととは別のことを述べる。

まず第1節で、私的所有権の思想の下でも十分に他者の尊重は語られているのではないか、それとここで述べてきたことがどう違うのかという疑問に答え、前者は「人格」を要件とするが後者ではそれは条件ではないことを再確認する。だがこう述べてしまうと、どこまでを滅ぼさない範囲とするのかという問題が現われる。

第2節で、その客観的な基準を見出すことはできないこと、私達と「同じ」という基準をとっても同様であることを言う。ただ、「同じ」ことと無関係ではないだろう、私達に対するその存在の現われ方の違いがあること、それはその人が置かれる場によって異なることを確認し、奪うことをためらってしまう場にいる人の言うことを尊重するという処し方があることを述べる。

第3節で、人間を特権的に扱う理由があるのかという問題について考える。ヒトという「種」を根拠にする主張、人間に独自な性質、性能を「資格」として持ち出す主張を検討し、その問題点を指摘する。そして、人のもとに人が生まれ、育つという単純な事実に着目する以外にないだろうことを述べる。

第4節で、どこまでを人として認めるのか、特にいつから認めるか、この場合に「誰が」決定するのかという問題について考察する。人と「なる」時を定めることができないこと、身体や子（胎児）の所有という論理を持ち出す主張の問題点を指摘した後、この場面における女性の「自己決定権」が、子という他者が現われることを感ずる位置にその女性がいることにおいて正当化されうることを主張する。

1　自己決定能力は他者であることの条件ではない

他者とはまずは個人のことだろう。ならば、他者を認めるのと個人の権利を認めるのとどこが違うのか、同じことではないか。次に、私は他者にとっては他者である。他者を認めろというのは一人一人の私を認めろということと同じではないか、どこが違うのかという疑問があるだろう。基本的な回答は第4章で既に行っているが、いくつかを再確認し、先に進む。

「私」を基点に置く論にしても、私を貫くことが多くの場合に難しいことは知っている。事物の、そして他者の抵抗に会うからである。しかし、それは外在的な状況、利害の対立として捉えられる。完全に自己を実現するのが不可能なのは偶然的あるいは外在的な条件によるのであり、その障害が除去されれば、私の欲望はどこまでも進んでいくことになるだろう。それが極限的に実現された世界は、結局のところ、自己の延長としてある世界である。しかし、確かにそのような欲望を持つ私達は、他方で、こういう世界は良い世界かと問われる時に、どこかで、そうではないだろう、むしろ自己によって制御不可能であるゆえに、私達は世界、他者を享受するのだと考えるのである（第4章

1節)。

しかしこれでは十分ではない。第二に、私的所有権を擁護する者は、私にとって他者が私でないことにおいて尊重されるべきだとする理由からではないとしても、現実的な対立と別に、私的所有の原理を、私と同格な存在としての他者を尊重する原理であると言うだろう。他者に対する行為は、その者の同意がなければ許容されない。ならば、第4章で述べたことは、この「独立した人格の尊重」とどこが違うというのか。前者も、意志が表明される時、まずはそれを受け止める。第4章で述べたものと私達が一般に認めている原則との間で、認めること/認めないことの範囲は大部分重なる。ある場面までは、両者が内実として擁護し批判するものはほとんど同じだ。

しかし違いはある。意外に大きな差異があるように思う。その者の意志、決定能等によって「人格」が定義されるならば――本章でも何度かこの種の言説を見る――、「人格」と「他者」の範囲は同じではない。第1章で決定しない人、決定しない存在に対して何を言うかという問いを立てて、第4章2・3節でひとまずこの問いに答えた。他者を認めるのは、その者が何か、例えば「生命」を所有しているから、意識し制御するからではない。所有する時には、所有されるものは所有する者と別に存在する。所有されるものは、他者が他者であることを構成しない。他者の存在はその者が作り出したものではない。そして、その者の自由を要件とするのでもない。その他者は自由でない存在でもある。また、私のもっていない独自の性質、能力、「独創性」、「個性」を持っている必要もない。私が持っているものは大抵他の誰かも持っている。本当に独自なものなどそうない。何か他者に積極的な契機があるから、他者を尊重するのではなく、ただ私と同じでないこと、もっと正確には私ではないこと、こうした消極的な契機によって、私達は他であるものを尊重するのだろうと述べた。すなわち、その者が決定する（能力がある）ことに、他者が他者であること、人が人であることの根拠を求めない。決定（能力）はその者が私ではない存在であることの一部——重要な一部ではあろうが——である。その存在が「自己決定」する存在であることを要しない。

　ここにある感覚も「他者の尊重」という言葉で語ることはできるだろう。それを「人権思想」と言うのだと言われれば、そうかもしれない。しかし、その他者、その人は、具体的に既に存在する人格、既に何かを、何らかの資格を有している存在である必要はない。「人権」という言葉を使うなら使ってもよい。次々と新しい言葉を出して混乱を招くよりは、既にある言葉を使った方がよいのかもしれない。ただ、この言葉で通そうとするのであれば、能動の時代である私達の時代の原理であるがゆえに、またそういうものであると思われているかもしれない人権の思想にも、受動的な契機があること、そ

ういうものを含まざるを得ないことを確認はしておきたいと思う。◆1

2　線はないが線は引かれる

［1］線引きの不可能

とすると再度境界の問題が現われてくる。全てが他者であり、他者の存在を認めるべきだと言うなら、それはその全てのものを無差別に扱うべきであることを示すことになるではないか。例えば、意識を有していることによって他者であることを定義しないなら、人間と人間でないものとの間に基本的な区別はないということにならないか。私達は他者を生物的な種によって区別するのでもなかった。他者とは人のことではない。だから、両者の間に殺してはならない、殺してもよいという絶対的な区別はない。さらに、他者とは生物に限られるのでさえなかった。

しかし、現実に私達は殺してよいものと殺してはならないものとを、人と人でないものとして、区別している。そして、区別するしかないのではないか。とすると第一に、ここまで述べてきたことは、この区別について何も言わないのでないか。そして第二に、この区別について何か言うためには、何か「同じ」ことを持ってくるしかないのではないか。実際、私達は私達と同じ存在を配慮するではないか。また、民族や人種といった「狭さ」を超えようとする「普遍的な人権」という思想にしても、やはり「人」という同一性を前提としているではないか。私達の「進歩」はこの同一性を拡張することの中にあったのではないか。これらの問いについて考える。第一の問いに対して、確かに答えられないことを言う。第二の問いに対して、「同じ」ことを立てる立場からも答えられないことを言う。次に、以上を確認した上でなお、どこまでのことを言いうるか検討する。

何を滅ぼしてよいのかよくないのか、その「客観的」な基準はない。それは、まず第一には、言うまでもないことだが、これが「規範」をめぐることだからである。「科学的」な手段によって、あるものがある状態であるか否かを——例えば脳死状態であるか否かを——測定することができたとしても、それはひとまずそれだけのことであり、ある状態の発見やある基準に基づく測定の結果自体が基準を与えることはけっしてない。

第二に、規範の設定一般の問題ではない問題がある。前章で他者があることを認めることについて述べた。と同時に、私達が様々なものを利用して生きていることを述べた。私達は、なにかを滅ぼしてはならない、滅ぼすことをためらうことがある。同時に、利用し殺して生きている。そして、他者であることを知りながら殺すという、重なりの部分もまたある。

前者、滅ぼしてはならない、変えてはならないという倫理は、まず、人間中心的な倫理であり、次に、それだけでは「社会規範」としては存在しえない、自身を否定してしまう不可能な倫理であることをまず確認しよう。

まず、これは基本的に人間だけに適用される倫理である。この倫理の遵守を私が私以外の者に求めるとしよう。その倫理の遵守主体として人だけを定める根拠があるだろうか。その私以外の者とは、人と人でない存在との間に基本的な差異を認めない立場をとった以上、人だけでなく、人以外の動物や植物を指定してもよいだろう。それは全ての存在に及ぶことになるだろう。とすると、あらゆる存在は他の存在を侵犯してはならないことになる。だが第一に、このようなことを考えるのは人間だけであるという意味で、これは人間的な倫理であり、第二に、仮にその遵守を人間以外に求めるとしたらそれは人間の側の倫理を押しつけることに他ならないという意味で人間中心的な倫理であり、第三に、それとは逆に、その遵守を人間だけに適用させようと考えのであれば、それはやはり——人間を特に有利に扱おうというのではなくむしろその反対であっても——人間を特権的に扱う倫理であり、第四に、その遵守を人間以外に求めることは実際上不可能なのだから、それは人間内の倫理である。

次に、これだけを人間（の社会）の規則とすることもできない。他の人にこの倫理を要請することはその人が滅ぶことを意味する。その人が滅ばないことを意図するなら、この倫理は私にだけ適用できる倫理である。徹底的な原理主義者はこの世に生きてはいない。だから生きている者の全ては徹底的な原理主義者ではない。それでも、少なくともある個人がそれを引き受け、その個人の衰弱と死を選ぶことはできる。しかしこの場合でさえも、その人は、自分自身の身体を構成する細胞を滅ぼすのである。つまり、それは不可能な倫理である。この倫理は、極限的には、不可能な倫理としてしか存在することができない。このことは、それ自体でこのような立場が無意味であることを意味するのではない。不可能であることは――現実に可能なものだけを規範と呼びうるといった条件を置かなければ――その妥当性を否定しない。通常人はこんなことを考えはしないが、それでもそのように考える人は実際にいる。そのような場所に行き着くようなものを私達が有しているということである。ただこれは、一切を否定することにつながる。これは求めているもの自体に反する。

だから、他者という感覚が私達にあるただ一つの感覚なのではない。私達は自らの生存を求めて生きている。私達が生きるために、手段として人以外の無生物・生物を使い、殺す。このこと自体は何によっても正当化することのできないことだが、私達が正当化をしたりしなかったりするという営みを可能にするものでもある。

両者が並存しているという事実を述べることは、確かに、この線引きの問題に対して一義的な解を出すことではない。この二者が同時にあることを認めるなら、両者のどちらかをどれほど優先するかという問いに対する答えは一義的に出てこない。互いに相反する二つのものを持ってきて、御都合主義的に両者を使い分けるなら、どのような答えも出せる。だから、このような言い方は何も言っていないという批判はもちろん可能である。けれども、私達は利用し殺す存在でありながら、同時に利用し殺すことをためらう存在であることは事実である。事実であることはこのことを正当化しない。しかし、それ以外のものを置くことができないから、このことを前提するしかない。

この二者の間のどこかに何か絶対的な境界線が引かれうるのか。引くしかないとするとどうそれは引かれるのか。

[2] 同じであること／近いこと

「同じこと」、だろうか。現実に私達が人という範疇を特権的に保護しているのは確かであり、ともかく、人は私と同じ人である。何かの点で「同じ」という発想がここには入ってきているように思われる。

しかし、どこかが同じであるという基準を採ったところで、どこにその同じという基準をとるのかとなれば、それを一義的に定める基準はやはりあらかじめ存在してはいない。だから、「同じこと」に依拠する主張にしても、境界設定の問題に解を与えているわけではない。

ただ、それが「正しい」ことかどうかは別として、私達は一般に「身近な」存在に対してより大きな「共感」「同情」を感ずること、「他人ごとではない」と感ずることがある。このことは、「同じこと」が私達にとって何かの意味をもつことを示しているように思える。だが考えてみよう。そこにあるのは、その者は私と同じであるという、その程度の大きさだろうか。そうではなく、まずは距離・関係の近さのようなものではないか。そしてそのような関係にある者に対して、私はその者が私と同じであることを発見するのだろうか。少なくともそれだけではなく、むしろその者が私ではない者としてあることをより強く感ずるのではないか。ここに、「私と同じ」だから、という媒介は必要されているのだろうか。私達はその者が私と独立である、他であると思うことにおいて、思う時に、例えば「殺せない」感覚を抱くのではないか。痛みを感じることはできないが、痛みがあることを知ること、あるだろうと思うことはできる。そこには確かに「同じ」という契機があるような気がする。しかし、あくまで私ではないあなたが痛んでいるという事実は残る。こうして、ある存在への「近さ」とある存在「ではない」ことは矛盾するわけではない——第4章で、私は「同じ」に対して私と彼の「差異」を対置させたのではなく、彼が私「ではない」ものとしてあることを述べたのだった。だから、「同じ」こと、それの単純な裏返しとしての「差異」、両者の間の対立が問題なのではない。おそらくは何か「同じ」であるようなことも媒介しながら、他者があるという認識がある。そしてそれは、そのものに対する位置によって異なる。位置によって異なるようなあり方が、境界を設定するものに関係する。

位置や関係によって判断が異なることがある。この時、どう考えるのか。違ってかまわない場面はいくらもある。例えばペットを家族だと思っている人がいる。それはそれでよい。それが他の人の利害や価値観を侵害しない限りでそこに対立は起こらず、許容されることになる。しかし「線引き」が不可避な場面も確かにある。同一の存在の消去の是非を巡って相克が起こり、消去の禁止が問題になる場合である。殺す／殺さないことに関する、手を触れる／触れてならないことに関する社会的な決定が余儀ないものとなる時、それはどのように処理されるのか。繰り返すが、「客観的」な基準はない。そして判断が異なることがある。この時にどう考えるかである。

殺す存在でありながら、同時にそれを制約しようとする部分がある。制約されるべき境界はあらかじめ存在しないのだが、もし、私達が、ある人がある存在を他者として受け止めてしまうことを知り、それを尊重しようとするなら、ここで立てることのできる基準は、どのように判断すべきかわからない時、また対立のある時に、まずは、（最も）（利害においても近いのだが、同時に）その存在に近くにあり（そのことのために）その存在を消去させることをためらう人の言うことを聞くというものだ。

これで全てに境界線を引くことができるわけではないし、また、そこから帰結することに全て同意できるというものでもないだろう。しかし、例えば、ある土地に住んでおり、そのことによってその土地がなくなることに耐えられないと思う人達、しかもより有利な代替地が提示されてもそこに移ろうと思わない人達がいる時に、まずその人の苦痛のことを考えようとするならば、そこには今記した価値があるのではないか[◆2]。また、鯨をとって生きているけれども、しかし、生きるために鯨をとらないとならず、そして、鯨に対して――確かにまったく人間中心的な、というのは鯨は結局食べられるのだから――敬意を払いながら鯨をとって生きている人達がいる時に、その生活を尊重するしかないのではないかと思うならば、そこにもこの価値があるのではないだろうか[◆3]。

ここで、そして第3節・第4節でも、私は、倫理学で「関係性の原理[◆4]」とも呼ばれるらしい立場に近いところにいるのかもしれない。しかしもちろんこれは、近い者に生殺与奪の権限を与えることにもなるのだから、そして多くの場合その者は殺すことから利益を得る者でもあるのだから、危険な立場でありうる。ここで述べたのは、単に近い者の感覚を尊重しようというのでなく、その他者自身に決定を委ねることができない場合に、（近いことにおいて）他者を消去することを最も躊躇してしまう存在の言うことを聞こうという立場である。

3　人間／非人間という境界

［1］ヒトという種、あるいは、人であるための資格

それにしても、なぜ人を優先するのか。人以外のものを殺してよいという理由は別にない。ひとまず生きていくために、様々なものを仕方なく殺す。だが、他は殺してよいというのでないにしても、人は殺してはならない範疇だとされる。ここでは、前節に述べたのと違い、単にある人がなにかを尊重することがある、またなにかをある人が尊重することを尊重するというのではなく、少なくとも建前としては、誰であろうと人を殺すこと全般が認められないとされる。[◆5] 人は特権化される。それはそうだろう、と思う。そうでなければならないのかもしれない。けれども、これまで述べてきたことの中でそ

れはどのように言えるのか。

この問いについて、ノージックが提案するのは、ある集合に属するものたちがその集合に属するものを尊重するのは正当な行いだという答である。（訳文はRachels［1986=1991: 139-140］による。）

> 「普通の人間の特性（理性を持ち、自律的であり、内面的に豊かな生活を送る、等）は、ケンタウルス座の主星の住人を含むすべての人によって尊重されねばならない。しかしおそらく、もっとも重度の知恵遅れの人さえ持つような、単に人間であるという種としての裸の特性が、他の人間からだけ特別の敬意を受けるということが分かるであろう。このことは、いかなる種の一員も他の種の一員にたいしてよりも自分の仲間を重視するのが正当であるという一般的原則の一適用例である。ライオンの場合でも、もしライオンが道徳的主体であるなら、そのときには他のライオンの利害を最優先したからといって、批判されることはないであろう。」（Nozick［1983: 11］）

障害をもった新生児の「安楽死」[◆6]を論ずる著書の中でレイチェルズがこの主張に対して言うのは、「尊重されねばならない」「特別の敬意を受ける」その集合の範囲を人間という「種」とする決定的な理由を見つけにくいということである。例えばその集合を特定の人種としても論理としてはよく、とするとこの主張は人種主義を肯定してしまうことにさえなるのではないか。[7]このノージックに対するレイチェルズの批判はあたっている。

　とすると、もう一つの答え、ヒトにあって他にない、「われわれと同じように理性的で、自律的で、内面的に豊かな心理生活を営む」といった要件、資格、を設定する主張を受け入れることになるのか。

　快苦を基準に考える功利主義者にとっては、苦痛であることはよくないことである。他方で苦痛を感じない存在については問題はない。シンガーが行うのがこうした主張である。[8]またレイチェルズにとっては、能力をもつ存在にはできることがたくさんあるのだが、死ぬということはそれができなくなることを意味するから、そうした存在にとって死はよくないことなのである。[9]条件を設定するのは功利主義者に限らない。自己意識をもつ理性的存在者であることを要件とする主張がある。[10]両者に、現実に、そう大きな差はない。

　快苦を基準にすれば、快苦の感覚をもっている（だろう）生物は救われることになる。ただ、これは、殺さない範囲をヒト以外に拡張していくというだけでなく、同時に縮小していくものである。縮小していく時、「ヒト」の一部は除外されてしまう。それにしても、ともかく、このような説明が一定の説明力をもつように思えるのは、それがヒト（の全てではないにせよ）を特権化することに対する答えとして提出されているということである。人間の生命（だけ）を尊重するのは、それが他の種の生物と異なり、例えば意識をもつ種だからだというのである。

［2］人のもとに生まれ育つ人であることを受け止める人

「種」の特権性を否定したら、このように考える道しかないのだろうか[◆11]。けれどここには、やはりある種の「還元」があるのではないか。どこに違いがあるか、ないではないかというように論が進められる。あるとすれば「種」か、しかしそれでは根拠が脆弱だ、とすると「性質」にしかないではないか、という具合いに論が運ばれる。検討しえた限りでは、「生命倫理学」において提出されているのはこれだけである。しかし彼らの網にはかからないかもしれないが、差異はある。正当化の理由になるかどうか、それはまずは置くとして、違いは、一つだけある。

　人は人から生まれる、人は人以外のものを生まない。人から生まれるものが人であり、そうでないものが人ではない。他にはどんな違いもないとしても、これだけの違いはある。

そしてこの時に、人が生きていくものとしてあることは既に前提されてしまっている。

この素朴な区別は、レイチェルズからノージックに投げかけられた問いにひとまず答えていることになる。これは、人種は異なっても子は生まれるが、異種の生物との間ではそうはいかないといった、交配の可能性のような話、「生物学的」な可能性の話になってしまうだろうか。少し違うと思う。遺伝子のことなど何もわかっていないとしても、そうした知識とは別に、性、生殖という世界があると考えることはできる。そこに、生物としての交配の可能性／不可能性が偶然的な事実として付随しているということだ。仮に異星人か誰かとの性交渉が可能になって、あるいは神様から授かって、子が生まれたとしたら、それは子として受け取られるだろう。

けれどそれは同語反復ではないか。何も説明していないではないか。つまり、人の集合a＝殺さない存在の集合とし、人の子は人だから集合aに属するとすれば、その人の子を殺さない、となるのは当然であり、問題は（集合aに属さない存在は殺すのに）集合aに属する存在を殺さないのはなぜかという問い自体なのだから、それでは何も答えていないのではないか。そうではない。人の子の生存権自体が問題になっていた。そして以上では、子があらかじめ集合aに属していると言ったのではない。殺さないものとして現われてくる過程があると述べたのである。

本章冒頭に村瀬学の文章を引用した。この文章を批判するのはひとまず簡単である。第一に、世話をすることでその存在が人間であるという意識＝殺さないという意識が生ずると言うが、世話をするという行い自体が、その存在を人間＝殺すべきでない存在と認めている上ではじめてなりたつはずだ、と言う者がいるだろう。第二に、私が世話するものは人間以外にも猫や犬といろいろとあるはずで、そうするとそれらは皆、人間＝殺してはならないものということになるではないか、と言う者がいるだろう。第三に、犬も犬を、猫も猫を、産み育てる、世話をするではないか、このことを指摘する者もいるかもしれない。しかしこの文章は何かを述べていると思う。その存在に対する行い、その存在についての経験、があるということ、このことが、人が人であること、すなわちその存在を奪えない存在だと思うことに関係するようだということである。

まず第三点について。犬も子犬を育てるだろうし、猫も子猫を育てるだろう。ただ、ここでその経験をしている人は人の集合に属する。このことと、こうした「倫理」の問題が人間の世界での倫理としてだけ発生するのだと先に述べたこと、対立が人間界の内側での対立であると述べたことが関係すると思う。こうした争いは人と人との間で、人によって構成される世界内でだけ起こっている。そもそもこのようにしか問いは立ちようがない。対立はそのように争う人達の内側で起こる。Ｂが生まれるところであるＡ＝

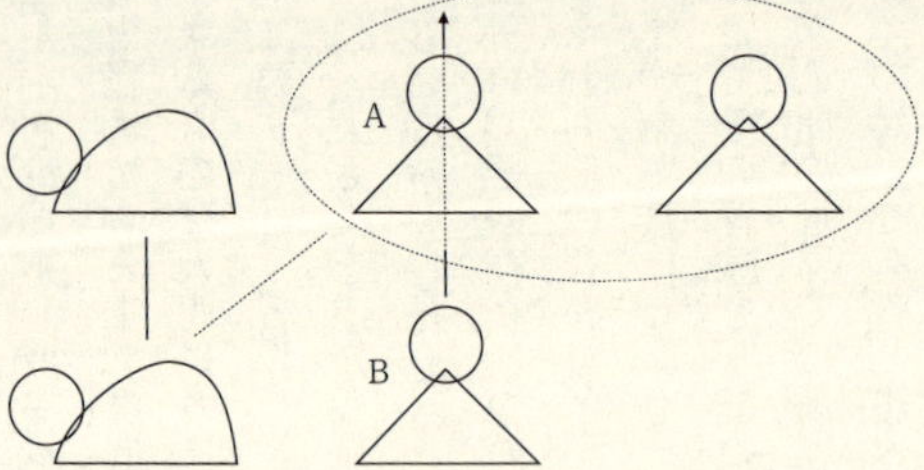

図5.1

母は、この内側にいる。

第4章で、ある存在が他者Bであるという経験が現われるのは私においてだと、私においてでしかないと述べた。子は、私が関わっていながら、私を超えるように現われる。その子に対する私の関わりとは、私を越えるように現われる、独立してあることになることを予感しつつ、あるいはそのことを感じながら、そのことに私が関わっているというようなあり方である。その存在に対してだけ向けられたものではないとしても、そのような現われ方にそのようにAが関われるのは、また事実関わっているのは、人の、というよりA（達）の子の場合だけである。AからBが生まれる、BがAのもとに現われる。そしてAがBの生存を受け止める。そのAにおいて、Bが生まれることとBが他者であることとは等しい事態ではないにしても、つながってはいる。

そのように経験するAを、殺す存在と殺さない存在との境界について争う相手として、私達は認めている。AのBに対する感覚、Bが生存者として、殺せない存在として現われることを受け止めているという関わりがあることを認めている。倫理を云々するのは私達でしかないというその私達の中に、Bに対するAの関わり方があり、そのような関わり方をしているAがいる。この時に、私達はBを殺せない存在として認める、認めざるをえないものとして認めると言えないだろうか。（図5・1）

　このように見た場合に、人において子が現われることと、猫の子が猫のもとに現われること、この二つの事態は、その人、その人を含む私達において異なっている。他の生物に対する感覚と決定的に異なるとは言えないかもしれない。しかし違いはある。それは犬を殺せないという感覚とは違っている。第二点としてあげた、育てるものは他にもあるという指摘についての回答も同様のものとなるだろう。

　第一点について。たしかに個別の関係においては、育てるという決定は育てるという行為に先行するとも言える。しかし、私が私とその直接の子とだけ生きているのではないという単純な事実があり、生の過程で様々な人の生と生への関わりに関わるという事実がある。このことをもって反問に答えることができるだろう。◆12

　さて、私達はそのBを何かの要件を備えているものとして想定しているのだろうか。多分、聞かれれば、私達はBを私達と同じような存在として想定してはいるだろう。しかし、そのように想定していることと、Bが生きていく者としてあることとは直接につながっているだろうか。端的に人として現われてしまう位相があるのではないか。

私がBをそのように受け止めること、またそのように受け止めることを承認すること、そのことの「本体」が何であるのか。それはわからない。「本能」によってそのことを説明したい人はすればよいが、そのような問題設定自体にそう意味があるとは私には思えない。また、述べたことが正しく「正当化」の理由と言えるのかどうか。レイチェルズその他が納得するかどうか、多分納得はしないのだろうと思う。ただ、まず、そのような現実が、あるいは現実も、あるのだとは言えるだろうと思う。ここで行ってきた論述は、人間の特権化を一般に認められていることとし、その説明として何が考えられるかを考えてみるという道筋のものだった。そこで、「種」を言う主張と「資格」を言う主張を検討し、だが、それだけしか考えられないとは言えないことをその後に述べたのだった。だから少なくとも、二つの答えのうちのいずれかしかなく、一方を否定すればもう一方を採用するしかないということにはならない、このことは言いえたと考える。

[3] 資格論の限界

そして次に言えるのは、「資格」を持ち出す論理——このような論理になってしまう由縁の一端は第7章3節で述べる――が、以上に述べたことよりも説得的な論理ではないことである。

彼らが言うことはたしかに訴えるものをもっている。感覚や意識が私達の生にとって重要な契機であることは確かだと思う――こうした部分を捨て切れないことについては後述する。実際、私が死にたくないと思う理由は、例えばまだしたいことがあるからだったり、楽しみたいことがあるからだったりするだろう。しかし、このことと、そのように意識してはいない（らしい）存在を殺してよいとすることとは別のことである。

第一に、彼らが殺してよいもののリストにあげるものを見ていくと、少なくともその一部は「無感覚」「無意識」の存在ではない。まず、「無感覚」「無意識」だと言うが、実際にそう判断してよいかどうか非常に疑わしい場合にそのように判断していることがある。また、例えば資格として知能指数をあげるような場合には、このことはさらに明白である。つまり、仮に当の存在が自らや世界に何らかの関わりをもっているという契機を重要なものと見るとして、彼らの多くはその範囲を随分と狭くとっているのであり、その根拠を示していない。仮に意識や感覚の度合いがより高い方がよいのだとして、より低いことがなぜその生命を奪ってよい理由になるか、不明である。

第二に、今度は当の存在にその「内容」に見込めないならそれだけ、この論理は当人を起点にした論理でありえない。採用されるべき原則を自己決定の尊重とすれば、「意思に反したことをしてはならない」とは言える。さて、意識がないという状態は決定、そして決定能力が不在であるということでしかなく、当然、本人が、私には生きていく価値がないからいなくてもよいといった判断をしているわけではない。だから、ここで持ち出される基準は当人に即したものではありえない。本人の判断が基準になるなら、その者を殺してよいということにはならない◆[13]。私達が資格を設定しているのであり、私達がその存在に生存のための資格を満たすことを求めているのである。

以上は論理の前提、諸要素間の繋がりの問題だった。論を主張する時の、また論を吟味する際のもう一つの方法は、一般に認められるだろう原理、あるいは具体的な事態に対する一般的な判断と、当該の主張とのつながりを言う、あるいは評価するというものである。彼らの主張もまた、私達の「常識」を手掛かりにし、またそれに訴えることで、自らの主張を正当化しようとする。では私達はこのような主張から帰結されることを受け入れるだろうか。

「資格」を問題にするなら、例えば賢いチンパンジーとそのチンパンジーほどには賢くない人間を並べてどちらかを殺さなければならない時に、後者を殺すという帰結になる。つまり、「資格」を言う主張は人間の特権を正当化するものではない。それでよいと思う人もいるかもしれない（注8・9）――このような主題にとっては全ての人が認めることを想定すること自体が難しく、これがこの種の問題の難しさなのである。だがもし、相当に多くの人にとってそれが許容されないのならば、一般的に認められていることから自らの主張の妥当性を引き出すという彼らのもくろみは達成されていないことになる。

また、彼らが新生児はまだ意識をもたないから殺すことは殺人（つまり正当化されない殺害）にならないと主張する時、殺されてよい対象として多く想定されているのは、今後ともそのような意識を持たない（だろう）存在なのだが、この論理を貫くなら、どのような存在であれ、意識を持たない間に殺すことに問題はないはずである。意識のない存在を殺すことは、意識のある生を営む可能性自体をその手前で断つことなのだから、その限りで問題は発生しえないはずである。また、苦痛を感じないように、あるいは意識がないように、ある存在を改変することができたら、そのものについては、例えば臓器移植のための資源として利用すること、殺すことには問題がないことになる。◆[14] 実際、新生児全般について生存権を認めないとする一貫した主張もある。◆[15] だが、これらが問題だとすると、将来、意識をもち死を恐れるような存在になることができるはずであったものが、その未来の可能性を奪われるからだろうか。あるいは、将来感じられるはずの（各人の幸福の総和としての）幸福の総量が減少してしまうからだろうか。しかしそうだとすれば、逆に、受精の時点、あるいはそれ以前から、その生命は奪われてはならないことになる。◆16 あるいは、（かつては意識をもたなかったが、その後、現在では）意識をもっている「私達」を否定することになるから、新生児の殺害は否定されるのだろうか。ただ少なくとも私達が確実に安全なのであれば、私達にとってはそれでかまわないはずである。しかし、このような行いは行われない。そして、私達が例えば嬰児を殺さない時、私達は以上のような複雑なことを考えているだろうか。また例えば、十分に小さい子供は死を意識していないかもしれない。その子がそのような存在であったこと、そのために恐怖を感じなかっただろうことは、その子が死んだ時、私達の気休めになるかもしれない。しかしこのことをその子を殺してもよい理由と考えているだろうか。

　繰り返すと、彼らにあっても彼らである私が生命を奪ってよいと判断するのであり、私が述べてきたことにしてもまずは誰かが奪えないと判断するのだった。その限りにおいては両者は同じである。その妥当性を主張する際に多くとられる方法は、一般的に承認されている、あるいは拒絶されている大きな原則あるいは個別の事例（しかじかの場合には私達は必ずそれを拒絶する、等）を出し、そこから問題になっている原則・事例との関係を論証し、そのことによって是非を主張することである。彼らの主張は今述べたような帰結につながりうる。もし、それを認めないならば、その人は彼らの主張でない方に加担しているということである。

以上で述べたのは、特にA生物としての「種」、あるいはB「パーソン」という資格を持ち出さなくても、A'人を殺さないものとして受け止めてしまうという位相があること――実質的な集合の範囲としてはAと変わらないからA'とした、ただしその含意は同じでない――、つまりそれは人の特権化ということをひとまずは説明しうるということであり、そして、それが他の議論と比べて、説明力において劣るとは思えないということだった。この節の課題に対してはひとまずそれで答えたことになる。私達は、既にそのものが人であることを知っている。ここから私達は引き算をする、引き算をした後に、知っていたことを否定するのである。引き算の手段として「快苦」や「理性」が持ち出される。そして、そのような、その者の「内容」「資格」――を思うことを否定しないにせよ――を問題にすることに抵抗するようなあり方がある。このように言う限りでは、「人であることを知っていること」をより基本的な認識のあり方だと主張しているということである。

［4］その人のもとにある世界

では何か人に関わる「内容」を言う主張は何も言っていないのだろうか。そうではないと思う。B'私からは決して到達しえない世界が他者に開けている、その他者に私を超えてある世界がある、そのように私が思うことが、その他者を奪えないと思うことの大きな部分を占めていることは確かだと思う。そこにその人（だけ）の世界があるとは自己意識があること等々と同じではない。自らを意識したり反省したりしなくても、何が自分に有利かどうか判断したりしていなくても、どのようにか、世界を感受していることがある。それにしても、これは、その存在にある「内容」を、最低限においてではあっても、想定しているということである――そこでB'とする。A'人から生まれた存在が命を奪うべきでない存在としての人であると述べた。と同時に、その存在にその存在だけの世界が開けていることが、奪いえない存在としての人としての他者であることを構成する重要な一部にはなっている。

線を引く時も引かない時も、どんな線を引く時も、それは必ず、私達の側の理由に発している。その存在が人である、すなわち殺してならない存在であると思うのも私であり、そうではないと思うのも私である。その限りでは同じである。これはいずれの立場に立つ場合にもわかっておく必要がある。資格を持ち出す人達はこのことがわかっていない。あるいは曖昧にしている。しかじかの資格をもたない存在は生きる権利がない、のではなくて、しかじかの資格をもたない存在を殺してもよいと私達はする、しようと思うということである。ここまでは、資格を持ち出す人にも是非認めてもらわなければならない。ただ、このことを確認した上で、どちらにしても、これらのこと一切が人の内部でしかないとは言える。いずれにしても、それは私の他者に対する関係である。B資格を満たさないから死んでよいとするのも私達の思いであり、A'そういうわけにはいかないと思うのも私達の思いである。第4章からこの章にかけての論述の方法は、もし私達があることについて（例えば殺してはならない範囲について）ある判断をしているのだとすれば（例えば、人は少なくとも殺さない範囲として特権化されるべきだとしているなら）、それはA'の側にいることを意味するというものだった。私はBがはっきりとした立場として打ち出されているのに対して、A'はそうではなく、しかも、考えてみれば、A'がかなり基本的な価値として存在していると思うから、これを言葉にしてみようとした。

ただ、さらにB'という契機があり、そしてそれは、全てが私達が思うことであるというあり方の中にあっても特別の意味をもっていると考える。第4章で、私でないものが世界にあるということを言い、それを他者と言い、そのことゆえにそれが在ることを認めるという価値があるのだと述べた。そのことを覆そうとは思わない。ただ、そのような意味で他者があるというだけでなく、より強く、人という他者があると思う時、そこには単に私でないものがあるというだけでなく、さらに人から生まれたという契機があるだけでなく、そこにおいて世界があるという契機が確かに重要なものとして加わってはいるのだと思う。その人において世界があると思う時、より強く、奪ってはならないと思う。確かにここでも私がそのように思うのではあるが、ただ単にそう思うというのと少し違っていて、他者の存在はより強い現実性として、凌駕することの不可能性として現われる。私が見て感じているということの内部にあるとも言えようその世界にそのこともまた現象しているのだと言えば言えようが、しかし、決して私には感じることができない世界がそこにあることを私達は、事実として知っている。その世界を直接に知りえないけれども、確かにその者に私の世界ではない世界があると私は思う。私においてしか私の世界が存在しないことと少なくとも同格のことがそこに存在しているのだということを知っている。

このように言うことは、Bの論理から例えば嬰児を無資格者とする議論から離れたところにある。A'とB'が指示する範囲は実質的にはほとんど重なっている。生まれて生き始めていることと、その子に世界が存在することはつながっている。けれども、A'人が人の中に現われたことにおいて既に人であると思うことから、B'その人において世界があることを差し引いた状態、空白という状態がありえないのではない。この場合には、他者において世界があると言えない。この時にも、私はその者を人、他者と思うことがあるだろう。ただその当人において空白である以上は、私だけがその他者のことを思っている、私が他者であると思うということだけが残っている、だからその限りで、その他者に即して何か思っていることとは違う、とは言えるだろうと思う。

この状態をどう考えるか。「脳死」について考えるのが困難なのはこのことに関係する。問題となっており、問題とすべき一切の事実問題、そして事実を確認できるかという理論的な問題を省き、測り難いことを測れるとする危うさとその危うさに周囲の者達の様々な利害が絡む危うさをここで差し置き、もし仮に、脳死という状態がその人において全くの空白でありそこから回復することがない状態であるとしたらどうだろう。ある者は人工呼吸器等を止めることができると思う。問題はないと判断するのは私である。さらに、その臓器を利用するのは私（達）であり、そのように利用したいと思うのは確かにこちらの都合である。だが他方で、そうと受け止めない者もまた、やはり私の思いとして、そのように思っているのである。死体である、物体であると思えず、死んでいない（生命を奪うべきではない）存在だと考え、いわゆる三徴候死を待つのも私（達）である。もちろん、前者は「科学的」な立場だから正しく、後者はそうでないなどということではまったくない。「科学」は状態についての情報を提供するだけであり、まず両者は等しく私達の思いなのであり、この限りでは両者は等価であると言い得る。

その上で、次に、この全くの空白にはその存在の独自の場という契機が欠けていると言いうる。だから、後者のように思うことが、何かその存在との「共同性」の上に成立していると考えるのは誤っている。端的にその存在との「共同」は不可能なことであり、むしろ、この思いは、私からの思いとしてしか存在しないのならば――何かのためにその存在を用いよう、何か不都合なことになるから死んだことにしようといった水準とは異なった水準で――、より「私（達）中心」的な思いであると言いうるのではないか[17]。

そのことを認めた上でどのように考えるかである。一方で、ある人がその空白の状態にある存在を前にして、その生命を奪ってならないと思っている。この場合に、その人の思いが何かおかしなものだとは言えない。先に述べたことを認めてもらえるなら、私達がそのような世界に（も）生きていることは確かなのであるから。そしてもちろん、この空白の状態にいる存在の生存を奪えるという積極的な理由は現われてこない。B'でないことは、その生存を止めてよい積極的な理由にはならない。ただ奪ってはならないことの理由を弱めるものではある。A'を優先するか、より強い＝狭いがやはり奪えないことを私達に思わせる決定的な条件であるB'を満たしていないことをどこまで考慮するか。いずれかに決する絶対的な答はない。それは、両者ともが私達の現実のかなり深いところに根差しているからだと考える。

脳死状態からの臓器移植ということで主題としない事柄を外せば、B'からA'の間の時間が過ぎるのを私達はただ待っていればよいのだから、この問いに対する答を未定にしておいたままでも、現実的な問題はそう起こらない。ただ、もう少しだけ考えを進めることはできる。脳死ということでなく、一切の生物的・生理的な生存が終わった後も、人はその存在を生きていると思い、破壊しないようにしようと思うことはできる。生きているように保存し続けることもできるかもしれない。しかし、このような場でよりはっきりと明らかになるのは、それがそのように保存しようとする私の思いだけに発していることである。既に生存を止めた存在にとって既に生きられ受容されるものでなくなっている身体をそのままに保存しようとすることは、かつてその身体を受容してそれとともにあった存在から離れ、それを私の側に置こうとする行いではないか。そのような権利が私にあると言えるだろうか。

少なくとも、その人が、自らにとって世界の一切が終わった上での生存や生存を終えた後での保存を放棄しようとするのであれば、私にとっての他者の意味合いではなく、他者があることそのものが尊重されなければならないという立場からは、その人の意志に従うべきであることになるだろう。

本節で述べようとしたことを少し超えたところまで、いささか不用意に、話を進めてしまった。けれども、こうした主題について考えるのであれば、最低、以上は押さえておくべきだと思う。第9章で「出生前診断」「選択的中絶」という、やはり少しも明るくない主題について考えることになるのだが、そこではここで述べたことと一部同じことを言い、また別のことを述べることになる。それを、いずれも生存の資格の問題であり同じ問題だと考えるのだとすれば、それは粗雑な思考であり、論理と称するものが、私達が思ったり悩んだりする現実――それも、論理を操ることを仕事をする人が論理と称するものよりは複雑ではあろうが、ある論理を備えている――に追い付いていないということだと考える。

4　はじまりという境界

［1］はじまりという問題

以上述べたことに納得してもらえるかどうか、ともかく人を特権的な存在として認めることにしよう。しかし、人としての誕生をどの時期に置くのかという問題はどうなるのか。

このことについてなされてきた議論の主題は、いつからその存在を「人」と認めるかということにあった。誕生から死という連続的な過程の中で、どこからどこまでを人の生と、すなわち奪ってはならない範囲とするか。ずっと議論が行われてきた。これが「生命倫理学」の最も大きな主題であったとさえ言える[18]。

様々な基準を出すことはできるが、そのあるものが他に優位する確かな根拠を示すことはできない。どのようにしても、ある存在がいつその存在があることを奪ってはならない存在となるのかを決定する絶対的な基準を設定することはできない。そのように言うのは、これが事実を巡る判断ではなく、価値判断であるという意味においてである。因果は果てしなく連続する。そしてどこでそこに区切りを入れて、そこから人とすると主張しても、それは原理的には恣意的な区切り方である。加藤秀一が述べたように、例えば受精という時点を特権化する根拠はない[19]。それは一つの感覚でしかない——全く根拠のない感覚だというのではないにしても。

しかし、基準を決めなければならない。そこで基準を巡って様々な論議が続くことになる。だがそうか。常に一様な基準を決めなければならないのか。もちろん、その存在の消去を認められない範囲、殺人とされる範囲を設定することは、社会が社会である限り、不可避なことだとしても、ここで問題になるような領域についてはどうか。

一義的な決定ができないから各自に任せよと言うのではない（そもそも各自とは誰の

ことか？）。価値判断であるから議論する意味がないと言うのではない。見解が対立する時、議論は不可避であり、何らかの社会的な決定は不可避である。私が違和を感ずるのは、「人間」を特徴づける属性の有無によって判断すること、因果、連続の中で徐々にそうした属性を備えていく過程と捉え、そしてその属性の設定が様々あって、どこまで来れば十分に私達と同じであるかといった平面で議論が行われることに対してである。もう一つ、こうした議論の形式と異なる主張の形式がある。それは判断される存在の属性についてではなく判断する側の位置を問題にする。そこから考えていくことにしたい。誰かの判断を私達が優先することがある。それがどういうことかを見ようと思う。

一つには、生命の消去が禁止される時点を置くにしても、それ以前についての決定を誰に委ねるのかという問題がある以上、この「誰が」という問いを考える必要があるからである。そして私は、この二つの議論の形式を互いに無関係なものとして捉えるのではなく、両者がどのような「人間」についての理解に関わるのかを考えたい。ここから、「どのような価値があるのか」をはっきりさせたいのである。

［2］生産物に対する権利

「私にはとやかく言うことはできない」と言うことがある。問いを解く鍵は、一つに、こうした感覚だと思う。これは、正面からの議論を回避している、「倫理」の問題を回避しているということだろうか。そうではない。その者に委ねるしかないという判断自体が倫理的な判断なのだと思う。例えば「自己決定」を認めるとはどういうことかを考えてみよう。これはその決定の内容が「正しい」かどうかとは別のことである。ここで「同一のものは同一に扱うべし」という普遍性は破られている。自己決定を認める全ての者は、ここで、その普遍性を認めていないのである。だから、常に私達が一様な基準を設定している、設定するべきであると考えていると想定するのは誤りである。（このことについては、第4章で基本的な考えを述べたが、さらに第8章5節に「等しきは等しく、不等なるは不等に」という正義概念をどう把握するかという主題に関する私の見解を記した。）

なにかがある人に委ねられることはある。では、あるものがある人に委ねられるのはどうしてか。出産に関する決定が女性に委ねられるとするならば、それはなぜか。

女性の自己決定権が自己の身体の所有権として立てられることがある。身体は私のものである、ゆえに身体については、身体に起こることについては、その者に決定権があるというのである。これはどういう論理なのか。

第一に、「私のもの」、例えば身体は私が処分可能なものである（自己決定権がある）という言い方がある。だがこれはなぜそれが「私のもの」か、根拠を示さない。第二に、「私が作り出したもの（制御しているもの…）は私のもの（私が処分可能なもの）である」という言い方（第2章2節）はこうした問題を生じさせない。事実をまずあげ、このことに関連させて権利が付与される。例えば、その女性は、子供・胎児を生産している、ゆえにその存在に対する権利を有するという言い方もこの中に入る。生産物に対する処分権というロック流の図式である。しかし、第二の言い方にしてもこの論理自体になぜ正当性があるのかと反問は可能である。このように問われると、この論理はもはや言うことがない。さらに、ここで問題になっている身体は、その者によって作られた対象であるとも、制御可能な対象としてあるとも言えない。身体は既に与えられているものである。また、身体に対する操作自体は、その当人でなくても可能な場合がある。そして、胎児に対する因果によって権利を主張しようとすれば、例えば代理出産を依頼した男性もまた、確かに因果に関わっている。なにより、それ以前に、私は身体を所有し、私は胎児を所有していると私達は感じるだろうか。また、私によって制御できるものに対する私の処分権という論理は、例えば身体の商品化に問題を見出さず、むしろそれを正当化するのだが、それでよいのか。

次に、その胎児が既に人であるなら、つまりその生命を奪ってはならない存在であるなら、既にそれは、その女性の身体の一部ではなく、その存在は尊重されるべきであるという反論が当然可能であり、実際行われてきた。

それに対し、トムソン（J. J. Thomson）は、身体の私的所有を前提として、仮にその胎児が人であるとしても、自らの身体を犠牲にしてその生命を維持しなければならないとは言えないという論拠によって人工妊娠中絶の正当化をはかる。つまり、胎児が人であるとしても、妊娠中絶が正当であると主張する。しかし、まずその身体に対する自己所有権を言えるのかという問題があった。さらに、仮にその身体がその人のものであるとしても、その身体を使って他者を助ける義務がないとは言えないかもしれない。その生命を犠牲にしてまで他者を救えとは言えないにしても、自らの生命を維持できる範囲内で、他者の生命を救う義務があると言うことができなくはない。[20]

つまり、しばしば当然の前提として語られる自己決定の正当性は、正当化されるべき自己決定がどういうものなのかは、実はそうはっきりとしていないということである。ここで、フェミニスト達の「自己決定権」の主張が、支配、侵襲に対する抵抗としてなされてきたことに注意しなければならない。このような位置から発せられたから、「私のもの」と言う必要があった。しかし、それが言おうとしたことは別のことだったのではないか。[21]

［3］他者が現われるという経験

私達はなぜあることをその者に委ねるのか。その者が私ではない存在、私が制御しない存在としてあることと、「他者」としてあることを認めようとするからだと考える。「Aがxを思う」「Aがxをする」「Aが生xを生きている」「xがAに宿っている」「Aがxに宿っている」。Aはこの状態から自らを解き放つことができない。あるいは解き放とうとしない。Aのあり方を譲渡しようとしない、引き受けざるを得ないものとして引き受けている。私はその経験に共感したり反感を抱いたりすることはできるとしても、その経験自体を経験することはできない。ここまでは私達が知っている素朴な事実である。この事実に価値を付与し、規則を設定する。つまり、Aにxについての優先を与える、xがAのもとに置かれることを認める。なぜなら、私がその経験を制御し、破壊することは、Aが他者として在ること、私でない存在であることを破壊することだからである。これはAがxを制御できるか否かとは別のことである。擁護されているのは処分権としての自己決定権ではなく、他者がそれを制御してはならず、譲渡を求めてはならないという義務、それによって同時にAに生ずる権利であると考える。自己決定権は、その者が他者としてあること、他者としてあるその者のあり方を承認することの一部である。（第4章2節）

だが、(1)その者にその者のあり方を委ねる時、他者、少なくとも他人の存在を害さない限りにおいてという条件が付される。出産に関わる女性の決定はこの条件に違反するのではないか、したがって自己決定権としては認められないのではないか。そして(2)他の者でない「母親の」決定を尊重すべきだと言えるだろうか。既に述べたことのいくつかを繰り返しながら述べる。

(1)について。「人となる」一義的な時点を決定できないことを認めた。つまり、既に「人」である存在に対して私達がどのように対するべきかという問題がここにあるのではない。その存在はまだ誰でもない存在xである。それがやがて否応なく他者として存在を始める。その存在はその過程の中にある。この過程のどこかで、xはxでなくなり、例えばBとして存在を始める。しかしこの境界がどこにあるか、そこを決める決定的な手段はない。このような存在になる境界をどう捉えるのかが問題なのだと述べた。ゆえに、(1)を持ち出して反論することはできない。

(2)について。私達は、あるものについてそれが誰の経験かという事実を認識しており、その私達が感じている差異に応じて、それを経験している者にそれに対する優先を与える、つまり「自己決定」を認める。例えば、ある病の原因や病状について医者の方がよく知っていることはある。しかし、なお病に関する患者の自己決定を認める。それは、その者が生と病とを経験している、あるいは身体を受容している、するしかないことに求められると考える。私達は皆同じ位置にいるのではない。私達は、その違いを承認し、誰かに決定を委ねる。

xが存在をし始めたという経験から、私ではないもの、他者が現れることの経験へと移行する、その経過を経験する者がある。つまり当の女性において、人が誕生してくる、私ではない存在が現れてくるということが、自らの内部における経験として存在する。この経験は、他の者の経験とは異なる。この経験における差異を認め、関係の具体性においてその存在に近いところにいて、人の現われを感受しうる女性に、その判断と決定を委ねようとする、あるいは任せるしかないと考える。

だが、その女性の体内に起こる女性の経験をなぜ特権化するのか、まだ明らかでないと思われるだろう。確かにその外側にいる者も何かを感じている。例えばAがaというあり方をしている時、そのaがよいとか悪いとか、そうしたことを私達は判断することができる。それだけの意味では、aに対してAも私達も等距離にいる。また例えば代理出産を依頼した男性や女性も、「子」について、何らかの（強い）思いを抱いているには違いない。この限りでは同じだと言えるかもしれない。しかし、私達は差異を認めていると、それは「他者」が存在するという経験における差異であると、私は考える。

例えば、代理出産の依頼者が契約の履行を求める時、そこで求められているのは私の欲求の実現である。女性の決定を押し留める時、そこに求められているのは私の欲求、私の正義、私の価値の実現である。誰かがこのようなあり方から逃れていると言うのではない。全ての人に、そして当の女性にも、そうした契機がある。しかし、そうした私（達）のあり方がそこで途絶してしまう存在の現われを最初に感受するのは女性である。身体的な変化や胎動◆[22]やに関わりながら、当の女性に起こっているのは、端的に「私ではない存在」の現われである。だから、女性に委ねるのは、他者が現れるということが、私の欲求や、正義や、誕生に遺伝的に関わっているという因果関係や、私達と何かの性質において同じであるという同一性の準位にあるのではなく、私でないもの、私の価値等々がそこに及ばずその存在を受容するしかない存在が現れてしまうということだと思うからである。

　他者があることを承認する。その他者とは、私（の欲求・価値・…）と別のところにある存在という意味での他者である。そのことによってその者の決定が承認される。このことを第4章で述べた。そのような意味での他者の現われをまず感ずるのは女性であると考えるのである。他者がある（現れる）ことを知る最初の存在として女性があることを認めることにおいて、女性に委ねる。ここで決定するのは、その当の者（まだそのような存在は登場していない）ではなく女性だが、その女性に委ねるのは、私達の他者の存在に対する了解、他者をどのようなものとしてあらしめるのかという価値である。

こうした感覚が、出産に関わる「女性の自己決定」を擁護するのだと考える。誰もがその生命を奪われてならない存在として認める時点以前の期間に関わる決定を女性に委ねる、認めざるをえないものとするのである。[◆23]

本書の冒頭に次のように述べた。

(2)例えば代理出産の契約について。それを全面的によしと思えない。少なくとも、M（第3章注8・173頁）の産みの親の「心変わり」が擁護されてよいと考える。つまり、ここでは自己決定をそのまま認めていない。

(3)人工妊娠中絶に対する女性の自己決定が認められるべきだと思う。

(7)「出生前診断／選択的中絶」を禁止すべきであるとまでは断じられないにしても、抵抗がある。

そして例えば(2)と(3)が矛盾するように思われると述べた。だが、これまでの考察から、そうでないことを言いえたと思う。(3)について今述べた。同様の感覚が(2)代理母の心変わりを支持するのである（第4章3節）。また、このような感覚が、(7)どんな存在が生まれるのかを選択することを、(3)についての決定とは別のものとして考えさせるのだと思う。なぜなら、何かを感受し、直接の被害を被る他者がまだいないとしても、人としての誕生に時間的に先行して決定がなされるとしても、この決定が他者の性質を前提にして決定する行いである以上、それは他者の存在を想定しつつ、他者を決定することであり、他者が他者であることを奪いとるからである。第9章で、未在の存在について何を決定することができるのか、「出生前診断」「選択的中絶」について検討する。

別言すれば、(2)・(3)・(7)に述べたように思うとすれば、以上に述べた感覚があるのだ。こうした感覚はこの社会にも存在する基本的な感覚なのだが、この社会にあってうまく言葉にされてはこなかったのだと思う。それを言葉にする作業を第4章に続いて、以上で少し行った。

[4] 所有と資格

第2章で、何が誰のものであるのかという問いに「私が何かを制御している、その何かが私のものである」という答えがあることを述べ、それを検討した。この章で見たのは、「何かを意識的に制御している私(自分が何をしているかわかっている私)が生存する資格をもつ」という主張である。両者の関係はどうなっているのか。

第2章で見た論理がその根拠を欠いているのと同じく、資格を言う主張にしても実はその主張を正当化する根拠はない。そして両者はいったんは別のことであり、必然的なつながりはない。前者では「所有権」が正当化されようとしているのに対して、後者では「生存権」（あるいは「市民権」等々）が問題になっている。しかし、論理的につながらないが、両者はつながっている。また、両者がつなげられて語られる。

第一に、何も所有しない者は、（自発的な贈与を生きるのに十分なだけ受けることができないのであれば）生きることができないだろう。私的所有を正当化する論理（第2章2節）をそのまま辿っていけばそうなる（ここのところを論者がどうやって論じているかについても第4章3節・240-244頁で触れた）。論理に素直により沿っていけば、所有権を正当化する論理によって所有を否定された者の生存は否定される。とりたてて生存の資格があるとかないとか言わなくても、事実として、その者は生存できなくなる可能性がある。

それだけではない。第二に、第6章2節で、私が何かを生産することにおいて私が価値づけられるのだということが教えられることを見る。人の「価値」と人である（生きていくことを認められる）「資格」とは同じではない。だが連続はする。第三に、第7章3節では、介入への抵抗を契機にして、反論し、抵抗することのできる主体であることが求められることを見る。ここでやはり「資格」が言われる。「生命の尊厳」対「生命の質」という議論はこれに関連する。「生命の尊厳（Sanctuality of Life＝SOL）」と「生命の質（Quality of life＝ＱＯＬ）」とを対比し、前者を伝統的な倫理であるとし、後者の「危険性」を指摘しつつも、「単なる延命治療」のことを考えると（それに対する抵抗として）後者を無視できないというのが標準的な論の流れである。生きている時、その生の質がよい方がよいとは言いうるだろう。そして場合によったら、このままにしておいて欲しい、延命治療——効果のない延命治療——を望まないと思うこともあり、その思いを周囲が受け入れることもあるだろう。しかし、そのことは、質において劣っているとされる者が生存しなくてよいことを意味しない。ところが、そこにつながってしまう。とすればこれは、これは粗雑な議論であり、粗雑な対立図式である。生命の質というものが、もしその人にとっての生命の質なのであれば、それは資格の条件として用いられるものではありえない。しかし、このことをはっきりと区別しないことによって、あるいは「生命の質」を予め——市民であるための、等々——資格を言う方で使うことによって、「生命の質」を言う議論は生存の「資格」を言う議論につながる[◆24]。

第二のものにしても、第三のものにしても、やはり論理的な必然性はない。人の価値～資格が人が制御し生産するものにつなげられる必然性はないと主張することは可能だし、ある人が介入から護られるためにその人自身に介入に抗する能力が必要だとも言えない。しかし、現実にはこれらの価値と実践が存在する。これは論理的に演繹されるものではないのだから、現実を知る必要がある。実際に社会に現われた言説・実践を検証する必要がある。

この社会には第2章に見た私的所有の体制という一つのものしかないのではなく、個人の質に関与する知と実践があり、そして、広義の生産という要件のもとで自律と介入、互いに相異なった介入の諸実践が同じ平面に並び、それが組み合さっている——とすると、この要件がつながらないものをつなげているのではないかと考えることもできる。これらのことを第6章で見る。さらに、所有個人主義を修正しようとする営みがあり、さらに関与に対する抵抗がある。第7章でみる。その第3節では、介入への抵抗——体制への抵抗の側にあることと体制を作り出すこととはそれが置かれる位置によって決まるのだから、当然相対的ではある——という契機を介して「資格」がまた現われ、それが私の選択として介入を受け入れることにつながる円環を構成してしまうことを見る。以上から、私的所有と介入の装置に対置されるものは、これまでなされてきた批判・修正案ではなく、基本的には第4章、第5章で述べたことの中にしかないことを述べる。このことを踏まえ、加えた上で、第8章で能力主義が、第9章で生命の質に関わる技術が論じられる。

◆注

◆1　「人の世界は、一つの生命が一人の人の中で無目的に完結するということを無条件の前提にして成り立っていて、これが人に個としての存在を保障し人権を保障する土台になってきたのだし、社会も文化もそのように作られてきたのだった。もちろん差別を否定する根拠もそこにある。なぜそのようにできているかというと、それは人の生命が作られるものではなくて、ただ在るものだからである。人は誰の都合や利益とも関係なく、自分の生命の内発的な力と必然性によって自律的に産まれてきて、ただ在るものとして自律的を《ママ》生きて死ぬ。社会が殺人を最も重い罪としてきたのも、これが自律的な死を奪うからだろう。」（福本英子［1988:20］）

ただ、「自律的な生と死」と「ただ在る」こととは正確に同じだろうか。第3節4で関連したことを検討する。【福本英子は福本［1979］以来、一貫して人に関わる、とくに生殖に関わる技術を問題にしてきた著述家。本書初版後の著作として福本［2002］等。】

◆2　しかし、相手から示される交換の条件を受け入れることなしには、その人があることが維持されない場合があるだろう。この場合にはやむをえず彼はその条件を受け入れ自らのもとにあるものを手放すことを選ぶだろう。これもまたその者の決定だから、何も問題はないのか。そうではなく、いずれも——受け取るものは生存していくために、手放すものはよく生きていくために必要であるという違いはあっても——その人が在ることにとって必要なもののうちのいずれかを失うことを選ばなければならないことが悲惨なのであり、この状態は正当化されない。このことを第4章2節から4節で述べた。【関連する中絶についての規範的議論に野崎泰伸［2012b］。】

◆3　しかし今現実には（育てて）殺す人と食べる人とは分れている。だから、本文に述べたことも随分と前時代的で牧歌的な主張に聞こえるのである。今さら自給自足に戻れないなら、「疑似体験」する（例えば、食べているものがどのように育ち、殺されるのかを知る）といったぐらいのことしか考えつかない。しかし、このいかにも偽善的あるいは偽悪的なことは、それほど本当に偽善的あるいは偽悪的なことだろうか。例えばダゴニュは、「畜産工学」について「若鶏の爪やくちばしまでを系統的に削除する」といった飼育法をいくつも紹介し、十分に気味悪がりながら、「それでもわれわれは、畜産工学に好意的な立場を取る」とし、「われわれにとって大事なのは動物を人間化することではなく、むしろ人間を脱動物化することである」(Dagognet [1988=1992: 196]) とするのだが、これもまた十分に自らの感覚を裏切ってはいないだろうか。

殺して食べることについて鳥山敏子 [1985] があり、森岡正博 [1994: 106-111]、土屋貴志 [1996] で取り上げられている。【その後も殺して食べる体験をする授業は様々に続いているようで、書籍も刊行されている。実際、殺して食べて生きているのだから、それを経験することはわるいことではないにちがいない。そして「生命のリレー」は事実だが、そのことと生命・人命の個別性や、それへの（それ自体そうほめられたものではない）執着とは併存していて、そのことに慎重でない「教育」がなされるなら、それはよいことではないと思う。第2版補章1で少し関連したことを記した。「生死の教育」について大谷いづみ [2005] 他。】

◆4　「関係性の原理」について谷田信一 [1990]、cf.森岡他 [1990]、土屋貴志 [1990]。「家族哲学」について Donaldson [1993]・Jecker [1993] (Meyers et al. eds [1993] 所収)。「ケアの倫理学」について Gilligan [1982=1986]、cf.掛川典子 [1993]、川本隆史 [1993]【、樋口明彦 [2007]、等】。

本書で考えようとすることの一つは、個別の関係に委ねるということ（今紹介した文献はこれに関わる）と一律に扱うということとの境界についてである。本章の全体がこの主題を巡る考察でもあり、第8章（591-592頁）で「正義」について少し述べたこと、また同章5節4（605頁-）で「他者が他者であるがゆえの差別」について述べたこともこのことに関わる。【ケア倫理については右記したギリガンの著書の他Noddings［1984=1997］がよく言及される。他にFineman［2004=2009］、品川［2007］、等。批判・検討として安部彰［2009］。私はその倫理学で言われていることの多くはもっともであると思いながらも、個別性を普遍性に対置する構えには基本的には賛成できない。第2版補章2（738頁）でもこのことは記した。カントにしても誰にしても「わかった上」で（ケア倫理を言うある種の論者からは批判される）主張をしている。私としてはその「主義」が人々の「感覚」にあると述べたのだが、そしてそれは――そんなこともあることは――間違っていないと思うが、しかしそれは「命法」として主張される（べき）ことを否定するものではない。cf.安部［2011］】

◆5

「バクテリアの生命と人間の生命も同じものだということは、いえると思うんです。それが実は大きな危険をはらんでいると思うんです。というのは、我々日本人は東洋的な思想をもっているわけです。そういった考え方に、現在の生命科学は、ある学問的な裏づけをする結果になりつつあるわけです。ですけれど、それは非常に大きな危険をもっていて、すべての生命が同じだという概念が、強くなればなるほど、実は人間生命の尊重が相対的に少なくなるという結果が起こってくると思うんです。それで私がこれからの問題として提言したいのは、…そういう状況であるからこそ我々は人間生命と人間以外の生命とを、ここで峻別する必要があるんではないか。…人間以外の生命操作ということは、これが人間に危害を与えない限りでは遺伝子組み換えをどんどんやってもいいのではないか…。…その上で、人間に対する生命の操作ということは、これは医療に限る。」（渡辺格［1982: 133-135］、他に渡辺［1980］、【渡辺（1916～2007）は日本のその学の創成に関わった分子生物学者】）。

もちろんこれは人間を特権化しないと人間にとって都合が悪いという主張であり、人間という種、人間という種の都合を優先させるべき根拠を言っているのではない。「種的基準」について他にFeinberg

[1980c=1988]、Harris [1983] に否定的な、Warnock [1983=1988] に肯定的な言及がある【(→第2版補章1第2部「人に纏わる境界・740頁)】。

◆6　障害新生児の選択的治療停止を巡る問題についてはWeir [1984=1991] で包括的に論じられている。【その後「生命と死をめぐる実践的討議――障害新生児の安楽死問題を手がかりにして」(霜田求 [2000])、等。安楽死と治療停止（あるいは不開始はしばしばほぼ同じ事態を指すのだが、近頃は後者の言葉が使われることが多い。他に重症新生児の治療方針決定に関する博士論文として櫻井浩子 [2010]。】

ベビー・ジョン・ドゥー――「〝ドゥー〟とは、プライバシーを保護するため〝ロウ〟とならんで頻繁に使われる匿名で、法廷で正式に認められている」(秋葉聰 [1987: 276])、だからベビー・ドゥーは複数いるのだが、ベビー・ドゥーのケースとただ言われる場合、このケースを指していることが多いようだ――のケース（米国インディアナ州ブルーミントンで一九八二年四月九日に生まれたダウン症（二一トリソミー＝二一番の染色体が一本多い）の男の子、食道閉鎖と気管食道瘻を併発、両親は手術を受けさせない決定をした、病院が裁判所に判断を仰ぎ、審理中、四月一五日死亡）について、Weir [1984=1991: 162-178]、Kipnis & Williamson [1984]、Beauchamp & McCullough [1984=1992: 5-7]、丸山英二 [1985]、秋葉 [1987: 276-289]、高木俊治 [1991: 345-346]、米本昌平 [1988d: 168-169]、土屋貴志 [1995b: 159-160]、Gallagher [1995=1996: 128] 等。ワイヤーは裁判所、政府の対応を含め取り上げ論評している。高木の文章はこの本が刊行された後の動きを取り上げた訳者による解説である。また秋葉も、次のベビー・ジェイン・ドゥーのケースを含め、詳しい経緯を追っている。米本は「病院内倫理委員会」設置の動きとの関連で触れている。

この事件後、紆余曲折を経て、一九八四年十月に「児童虐待予防修正法」、一九八五年四月に「児童虐待法施行規則」ができた。この「規則」では「①患者の意識が永久に消失している場合。②患者の死が不可避的であり、その子にとって治療が不毛な場合。③患者にとって治療が実質上不毛で、かつ人間的でない場合」

に限り、生命を維持する医学的治療を差し控えたり、停止することが認められた。（高木［1991: 345-346］、この規則についての新聞報道を受けた批判として山尾謙二［1985→1986］、新聞の誤報道の指摘も含めより詳しくは秋葉［1987］、また八五年の規則への批判として Moscop & Saldahna［1986］。）

ベビー・ジェイン・ドゥー（Baby Jane Doe）のケース（一九八三年一〇月、ニューヨークに生まれた女の子、レイチェルズによれば「脊椎披裂、脳水腫、および——これが最も重度の障害だと思われるが——小頭症等の複数の障害を合わせもっていた」（Rachels［1986=1991: 111］）、両親は手術を拒否、看護婦が弁護士に救援を求め、弁護士が訴訟を起こす、第一審で勝利、第二審・第三審では他人の子どもの手術を要求するのは法廷を侮辱する行為として罰金刑を受ける、これと別に政府は医療記録の提出を要求する訴訟を起こす、州第一～三審、連邦第一～二審で敗訴、連邦最高裁に控訴中、両親は手術に合意、手術、政府は控訴を取り下げた）について、レイチェルズの「結論は、次のようなものである。…彼女は(1)人間であり、(2)無実であり、(3)生きており、ずっと世話をすればおそらく二十歳まで生きることができるであろう。さらに彼女は(4)生を営んでいないし、これからも決して営むことはないであろう。このうち最初の三つの事実は、一つずつであろうが全部一緒であろうが、彼女の「生命」に何らかの価値を与えるのに十分なものではない。そして四番目のことは、道徳的に重要な意味での「生命」が彼女には決してないだろうということを意味している。そこで残念なことだが、道徳的観点からすると、われわれが関心を持つべきものは何もないということになる。」（Rachels［1986=1991: 144-145］）他に Singer & Kuhse［1984］、Kuhse & Singer［1985］、秋葉［1987: 289-293］。

他に、マシア［1985a: 59-］［1985b: 163-167］［1987: 61］等でジョンス・ホプキンス病院のケース（ダウン症、十二指腸閉鎖、両親が手術に同意せず生後一五日で死亡）等に言及されている（他に Weir［1984=1991: 61-62］、河合徳治［1989: 242-242］）。マシアはこのケースについて、「生命の質」に関する誤った捉え方があり、「この子供の「生命の質」が低いと決めつけ、この子を死なせるのは、弱者切り捨てに他ならないのではないかと思う」とする一方、裁判所の決定（親は反対、医師団は手術を主張）で手術が行われたハウルのケース（左半身奇形、気管・食道異常、等、手術後死亡）については「「無理に延命せずに、自然に死ぬのに任せた方が良い」というケース」「「生命の尊厳」に関して間違ったとらえ方をしている」（マシア［1985b: 164-166］）とし、これに対して井上達夫［1987: 48-49］が「二つのケースの区別に関する氏の見解には、疑問を拭いきれない」としている。

植物状態になった娘カレン・クインラン（Karen Ann Quinlan）の人工呼吸器の取り外しを両親が求めたいわゆるカレン事件を取材したコーレンの著書の一部（Colen［1976=1976: 93-132］）でも障害新生児の治療停止が扱われている。カレン事件他については唄孝一［1983］等を含む唄［1990］。【その後、香川知晶がカレン事件を詳細に追い、それが生命倫理学にもたらしたものを検討した書籍（香川［2006］）を発表した。立岩・有馬［2012］で紹介している。】

一九八一年、ダウン症の新生児にシヒドロコデインを処方した医師を生命擁護団体「Life」が告訴した（レナード・）アーサー医師事件について家永登［1995a］。Johnson［1990=1992: 130］でも言及されている。日本でこのような「事件」が表に出ることは少ないのだが、看護婦の手紙から取材を始めた斎藤茂男の新聞連載のルポルタージュをまとめた斎藤［1985］がある。土屋貴志［1995b］がこの連載に寄せられた投書（これも本に収録されている）を検討し、考察している。

ドイツでの議論については保条成宏［1992a］［1992b］、注8も参照のこと。他にこの主題についてBrandt［1978=1988］、河上睦子［1991］［1993］、等。

医師による新生児の状態に対応した医療方針のガイドライン作成の試みとしてLorber［1971］、Cambell & Duff［1979a］［1979b］、Duff［1979］等があり、こうした行いに対してGallagher［1995=1996: 128-129］の批判がある。日本ではこの種の試みは少ないが、仁志田博司他［1985］［1987］（他に仁志田［1988］［1991］）がある。以上を土屋［1995b: 161-165］が紹介、検討している。また、川村眞由美・仁志田博司［1994］では、クラスC（現在行っている以上の治療は行わず一般的養護に徹する）とされた一八トリソミーの子の長期生存例が報告されている。Gallagher［1995=1996: 129-130］に、アンソニー・ショー（小児外科医、全米小児外科協会倫理委員会委員長）が考案した以下の基準を利用して、二分脊椎症の新生児を分類し、一方に積極的治療を行い（そして生き残った）他方に行わなかった（そして死亡した）「実験」が紹介されている。「生命の質（QOL）」という語がこのように用いられることがある。cf. 注24

QL＝NE×（H＋S）。

QL＝生きた場合に子供が持つだろう生命の質。NE＝子供の知的・身体的な天賦の資質。

H＝両親の結婚の情緒的安定度・両親の教育レベル・両親の財産に基づいて、子供が家庭、家族から得られるだろう支援。

S＝子供が地域社会から得られる社会サービスの質。

【二〇〇四年、米国の六歳の重症重複障害の女の子に、両親の希望で、一、ホルモン大量投与で最終身長を制限する、二、子宮摘出で生理と生理痛を取り除く、三、初期乳房芽の摘出で乳房の生育を制限する、この三つの医療介入が行なわれた。この「アシュリー（Ashley）事件」について児玉真美［2011］。】

◆7 「例えば、われわれの人種に属している者にたいして特別な考慮を払うことは正当化されると提案されたとしよう。そういう提案にたいしては、拒否するのが正しいであろう。しかし、それはなぜなのか。それにたいしては、他の人種に属する者もわれわれと同じように理性的で、自律的で、内面的に豊かな心理生活を営むのであり、したがって、彼らを同等の配慮を払って扱うべきと言われるであろう。ところが、ノージック主義者によれば、こういった考え方はただ「ケンタウルス座の主星の住人」がわれわれとの関係において位置づけられるように、われわれを他の人種との関係において位置づけるにすぎない。つまり、われわれはその住人たちが持たない特別な関係をわれわれと同じ人種の一員にたいしては持っているのだから、その住人たちにはそうすべき理由がないにしても、われわれが同じ人種の者を特別に扱うことは正当なことであろう。だが、こういった考え方が人種に関しては拒否されるなら、種に関してもそれを受け入れなければならない正当な理由はないと私には思われる。（問題は、ノージックが人種差別主義者であるということではない。実際、彼はそうではない。問題なのは、種に基づく差別を正当化しようとするときに、もしそれが認められるなら、人種差別をも正当化するような議論を不注意にも彼が行ったということなのである。）」（Rachels [1986=1991: 140-141]）

レイチェルズのこの書は、第1章で、功利主義の立場からキリスト教の伝統において認められてこなかった安楽死が容認されるべきだと述べた後、第2章で生命の価値を生命が私にとって持っている価値だとし、第3章で死は死んでいく人にとって悪である（「なぜなら、死はその人の人生の可能性を失わせ、能力や才能を開発する機会を奪い、また欲求とか希望、抱負を挫折させ、さらに人生のそれぞれの部分を無意味なものにし、人生全体を不完全なものにするからである」（Rachels [1986=1991: 110]）と述べる（注9の引用も参照のこと）。右記した部分は、ベビー・ジェイン・ドゥーのケース（注6）を例にとって、「無実」であること（そしてヒトであること）によって生命に価値を与えることはできないのだと主張する文章の中にある。この他にレイチェルズが安楽死について論じている論文として Rachels [1975=1988] があり、これに対する反論として Beauchamp [1978=1988] がある。【他に訳書として Rachels [1999=2003]。レイチェルズの論は有馬 [2012] で紹介されている。】

◆8　シンガーは、第一に無感覚の存在、第二に快苦の感覚だけをもつ存在、第三に快苦の感覚に加えて理性と自己意識をもつ「人格」の三つを分ける。そして、選好功利主義の立場から、一番目は配慮すべきそれ自体の利害をまったくもたない、二番目は苦痛を与えないように配慮すべき、三番目は快苦に関する利害と自分の将来に関する利害の両方に配慮すべきとする（Singer［1979=1991］）。ここから快苦の感覚をもつ動物の生存権を認める主張をする（Singer［1973=1988］［1975=1988］［1990b］、Mason & Singer［1980=1982］、Singer ed.［1985］）一方、障害をもつ新生児については安楽死を認めるべきだとする（Singer［1991b］、Singer & Kuhse［1984］、Kuhse & Singer［1985］、他に「生命の尊厳【（神聖）】」説（→第4節4）を批判するKuhse［1987］、「潜在性」に依拠する議論（→注16）等を否定しつつヒトの胚を用いた実験を支持するKuhse & Singer［1990］、Singer & Dawson［1990］等）。

　こうした主張がドイツで障害者の組織に批判され、彼は壇上で抗議を受け、講演はとりやめになった。もちろん彼はそれに不満だ（Singer［1990a］［1991a=1992］［1992］。この「シンガー事件」及びシンガーの主張を検討したものに市野川容孝［1992a］、土屋貴志［1992］［1993］［1994a］［1994c］［1995a］、川本隆史［1996］、ドイツ哲学界の状況の報告を含む河村克俊［1996］。以上にシンガー批判の側の論点も紹介されている。）【またシンガーの主張を解説する本として山内・浅井編［2008］。】「表現の自由」を何より特権的に保護すべきだとは考えないが、この場合には表現自体の禁圧という方法を選ぶべきでないと思う。彼の主張は、どれほど露骨にはっきり言うかという程度の差はあるせよ、私達の生の一部なのではあり、発言を禁止したところでなくなるものではなく、できるのは、そうした主張がどれほどのものかを検討し、それをその主張に対置することだと考えるからである。土屋［1993: 338-339］でほぼ同趣旨の主張がなされている。【シンガーらの主張はあいかわらずで、その同じことを『生と死の倫理――伝統的倫理の崩壊』（Singer［1994=1998］）で繰り返している。その一部は有馬［2012］で紹介されている。私のシンガーとクーゼの主張に対する批判は『唯の生』（［2009a］）で行なっている。】

◆9
「生活が複雑で、あればあるほど、殺すことはけしからぬことである…。複雑であることが重要であるのは、精神的に複雑な生き物が死ぬときには、死はなぜ悪であるのかについてずっと多くのことを言うことができるからである。例えば、一人の若い女性が亡くなるとしよう。それが悪であるのは、子供を育てることも、小説を仕上げることも、フランス語を習うことも、左傾書体の文字を直すことも…すべてができなくなるからである。彼女の能力は開発されないままに終わり、望みは果たされない。こういったことは、複雑でない動物にたいしては到底言えないことであろう。彼女の死は、死を残念に思う一層多くの理由があるから、それだけ悪いことなのである。…／…精神的に欠陥のある人の生命は、一般的には正常な人間の生命よりも単純なものであろう。…そこでこういった考え方によれば、強制された選択の状況、つまり知恵遅れの人の死か、それとも正常な人の死かのどちらかを選ばなければならない場合には、正常な人間の生命を守る理由があるということになる。」（Rachels [1986=1991: 106-108]）

レイチェルズによれば、これは「それほどラディカルではない見解」であり、よりラディカルな含意は「知恵遅れの人の生命よりも動物の生命の方を優先されることになる」というものである。以上が第3章の末尾の記述であり、続く第4章で「人間であることには何か道徳的に特別な理由があるという思想――私はこの思想は廃棄すべきだと思っているのだが」が問題にされる（Rachels [1986=1991: 109]）。このようにして注7で紹介した記述に接続されていく。

◆10

⑴ジョセフ・フレッチャーは「もし望むなら他の検査で詳しく調べてもよいが、ホモ・サピエンスの成員で、標準的なスタンフォード・ビネー検査でIQが四〇以下の者は人格（person）かどうか疑わしい。IQが二〇以下なら、人格ではない」（Fletcher [1972: 1]、訳は土屋貴志 [1995b: 172]）、等、二〇項目からなる「人間の基準」をあげる。（曽野綾子 [1980: 下 31-33] で言及されており、Lygre [1979=1981: 110] で肯定的に、古川清治 [1988: 189-190]、加藤尚武 [1989a: 79]、土屋 [1995b: 171-172] 等で批判的に紹介されている。）さらに一九七四年の論文では、二〇項目を、①新皮質の機能、②自己意識、③関係をもつ能力、④

幸福、の四つに絞りこみ、中でも①を最も重要視している（Fletcher［1974b］、土屋［1995b: 173］に紹介）。
【第2章注11（116頁）でも文献等を紹介した。】

(2)トゥーリーは、自己意識をもったパーソンのみが生存権をもつ、自己意識に基づく利害関心の存在こそが生存権の源泉であるとする（Tooley［1972=1988］）「ある個人は、少なくともどこかの時点において、持続的自己あるいは持続的な心的実体の概念を所有していなければ、生存し続ける権利を所有することはできない。」（Tooley［1984］、訳は森岡正博）

(3)エンゲルハートは、「自己意識をもった理性的存在者」を厳密な意味でのパーソンとし、例えば幼児や知恵遅れの人間、重度の精神障害者などは、厳密な意味でのパーソンではないが、「最小限の社会的行為に参加する能力」をもつ限りにおいて、あたかもパーソンのごとくに扱われる「社会的意味でのパーソン」とする。自己意識をもった存在のみを道徳的存在であると規定し、「道徳的に行為しうるものだけが道徳的に扱われる権利をもつ」と主張する。（Engelhardt［1982=1988］［1986=1989］）

(4)プチェッティは、パーソン（訳では〈ひと〉）の「生活史を当のこの〈ひと〉がこれまで有してきた意識経験の広がりの全幅」とする（Puccetti［1982=1988: 33］）。

飯田亘之は一九八五年の論文で(2)の議論の重要性を指摘し（飯田［1985］）、さらに(1)(2)を検討して「身ごもった胎児への期待や配慮や悩みや悲しみ、そこで開示される胎児と共にある自己の生存の意味の場に、それとは無関係なもの、つまり、具体的に受け止められた生存の意味や自由な主体の具体的選択内容にとっては直接的には無関係な、外的な生存の権利などという法的概念をふりかざしたのは、そもそも間違いだったのである」（飯田［1989→1994: 132］）と言う。

森岡正博は(2)(3)(4)を紹介し批判している（森岡［1987→1988: 209-238］）。批判は三点だが、第一点目が中心的な批判である――「なぜ〈パーソン〉であることが〈生存する権利〉を持っていることと結び付くのか…。〈パーソン〉という概念がア・プリオリに〈生存する権利〉という概念を内包しているのでない限り、パーソン論が主張する論者たちは、この二つを同定する必然性について明確な説明を行わなければならない。」他に、(1)(2)を紹介し検討しているものとして、水谷雅彦［1989］。また、人工妊娠中絶についての考察の中で(1)を批判するMolm［1989］、(2)(3)のパーソン論に言及する平石俊隆［1989］。また向井承子【(立岩・有馬［2012］で著作を紹介した)】は、トゥーリーのパーソン論を紹介し、「だが、この発想は実に本質をついていて、表面で受けるショッキングな印象だけで断罪、抹殺しきれないものを感じさせられるのだった」(向井［1990: 146］)と記している。

「パーソン論」、「生命の質」については、唄孝一［1984］、加藤尚武［1992: 93-98］［1994］［1996b: 31-35］、品川哲彦［1992: 199-203］、村岡潔［1992: 231-233］、竹内洋一郎［1995］、等でも論じられている。Solomon［1983］はパーソン論の主張が特定の文化的文脈下にあることを指摘している。「生命の始まり」という主題について他にLockwood［1985a=1990］等。

◆11

「生存資格無用論…の立場を貫徹させるならば、あらゆる生命を平等に尊重しなければならないことになるが、実際にはこの立場にたつ人々も、ヒトの生命とヒト以外の生物の生命とを差別的に取り扱っている」(井上達夫［1987: 49 - 50］)。

井上はこの差別を正当化するために、ヒトのみがもつ重要な特質をあげるならいったん否定した生存資格の観念を復活させることになり、他方で、ヒトという種の同一性に訴えかけることにも問題があるとする。「例えば、染色体異常の障害者に対してきわめて残酷なヒトの生物学的定義が与えられる恐れはないか。…

さらに、この立場は人類エゴイズムの誇りを免れない」(井上［1987: 50］)。

出されているのは同じ問いであり、答は与えられていない。なお、私が本文に記した「答」は、「人類エゴイズムの誇りを免れない」ものではあるけれども、ダウン症等の染色体異常の人が人の範疇から除かれることにはならない。

◆12 村瀬学は本章の冒頭に引用した本とは別の本で次のように言う。
「…この両親にとっては、この子は「ゆり」と呼ぶことのなかにしか見出せない何者かなのである。「ゆり」と呼ぶこと以外ではけっして見えてこないものがある。／そういうふうに言えば、そんな「ゆり」なんていう名前なんぞ、世間にはいっぱいあるじゃないか。人間にも植物にもつけられる名前が、何で一人の女の子の唯一の生を表し得るのか、という人もいるかもしれない。「品名」として見たらたしかにそうである。しかし「品名」だけをほじくってもわからないのである。「品名」はあるときに「名前」として意識され、そして「名前」は「姿（顔＋身）」を呼びだすきっかけとして自覚されるときがくる。そのきっかけを作るのは「場所（位置）」なのである。／『苦海浄土』には、「とかげ」のような手足を持つわが子に寄り添いつづける親の「場所（位置）」がある。その「場所」から呼ばれる「ゆり」という「名前」は、その場所からしか見えない「姿」をとらえていて、それは「無比の姿」として見出されているのである。／つきつめると、「名前」というものには、個人的な命名行為というより、人間の姿（原型）を呼びだすための共同の行為としてあったものである、としか考えられない面がある。「人間の姿（原型）」を産む行為とでも言えばよいか。しかしそこには、その産む「場所」が問題であった。おそらく昔の人たちには、その場所を「共同の場所」として共有できる感性があったのではないかと思う。しかし、今日ではその場所は、一人一人の育ての親たちが個別的に意識する、個人的な場所になりつつあるように見える。が、私はそのようには単純には思うことはできない。「名前」をつけて「姿」を自覚する「場所」は、あくまで「共同の場所」でしか発生しない、そうとしか私には考えられないのである。というのも、「名前」をとおして感じとる「人間の姿（原型）」は、人間の共同体の活動のなかでしか自覚できないものだからである。」（村瀬 [1995: 35-36]、村瀬 [1996: 132-133] もほぼ同文。「自分の名付けたものは「大事」にする。この「名づけ」のもつ利己的な共生力につ

いて」書かれた文章である。『苦海浄土』は石牟礼道子の著書（石牟礼［1969］））

◆13 このことは訳者も指摘している。

「任意性を欠く安楽死を正当化する彼の論拠は、任意的安楽死を正当化する論拠と同じではなく、かなり異なっている。大まかにいえば、彼は後者については、患者が生を営んでいる人間であるから、その意志を尊重して安楽死させるのが正しい、と主張し、前者については、患者は生を営んでいないのだから、安楽死させてもその意志に反したことをしていることにはならない、と主張しているのである。」（加茂直樹［1991a: 382］）

注10の森岡の指摘とも重なる江原由美子［1996: 346ff］の指摘も参照のこと。

◆14 脳死体の利用についてGaylin［1974］、赤林朗・森岡正博［1988］、森岡・赤林［1988］、森岡［1994: 127-142］。無脳症児の臓器提供源としての利用についてShewmon et.al.［1989］。胎児の医学研究への利用について品川信良［1988a］。

◆15 シンガー、トゥーリーらは嬰児の生存権を否定する。「社会的人格」という範疇を設けて生存を認めるのはエンゲルハート。cf.注10

◆16 ヘアは「潜在性」（potentiality）を持ち出して胎児を殺してはならないと述べ、次に「今の胎児の将来の利益を含めた母親などの関係者の利益」と「次の子の（以下同じ）」とを比べ、後者が上回れば今の（例えば障害のある可能性のある）胎児の中絶が認められるとする（Hare［1975］［1988］、山内友三郎［1991: 196-212］に解説と考察）。Moraczewski［1983］も潜在性から胎児の生存権の正当化をはかる。シンガーらの立場については注8。私は潜在性に依拠した主張をしない（第9章671・681頁）。

◆17 小松美彦［1996］の主張をそのまま肯定しない。【小松の論の批判は、後に『唯の生』（［2009a］）に収録された立岩［2000b］で行った——その批判は「共同性」に依拠する部分についてであり、他の多くの主張に

ついては同意している。その後の小松の著作に小松［2000］［2004a］［2004b］［2012］。】

【決定における（とくに家族を含む）「共同」を主張する清水哲郎の論（清水［1997］［2000］）にも与しない。これが主要な論点ではないが、やはり『唯の生』（［2009a］）に収録された［2004c］で清水の論を批判した。清水［2005］に私の論への言及がある。】

脳死者を障害者の範疇の中で考えることができるかという問いについて、例えば森岡正博［1989］が範疇の中で論じ、屋繁男［1993］はこうした考え方を否定している。脳死を死とし脳死者からの臓器移植を容認することを障害者差別として批判する障害者運動の主張の検討は本書では省略する。脳死・臓器移植全般に関わる資料集として中山研一編［1992］。【日本と北米をフィールドにした人類学的研究書にLock［2001=2004］がある。】

◆18 その背後には特に米国内の社会的な対立がある。Rosenblatt［1992=1996］が参考になる。女性の人工妊娠中絶決定権を憲法上のプライバシー権として承認した一九七三年の連邦最高裁ロウ判決（ロウ対ウエィド事件判決）について石井美智子［1979］［1994: 117-122］、これを含め米国での裁判の判例や立法の動きの経緯について石井［1994: 117-160］が詳しい。他にロウ判決以降の状況についてVeach［1991b］。【その後の単行書として荻野［2001］。】

イギリスの法律について石井［1981］［1983a］、カナダについてDickens［1991］。ドイツについて寺崎あき子［1991］、堀内捷三［1993］。イギリス、米国、ドイツ、日本の法律、また法律を巡る論議について石井［1994: 105-201］（他に石井［1983b］［1985］［1994］）。【そして『「家族計画」への道——近代日本の生殖をめぐる政治』（荻野美穂［2008］）、その前に英国他の歴史を記し論点を示したものとして荻野［2002］——立岩［2006b］にこの本を紹介した短文を再録。】フランスでの中絶合法化運動についてChoisir ed.［1973=1987］。人工妊娠中絶の歴史については田間泰子［1991］、荻野［1991c］。Potts et al.［1977=1985］が広い範囲を捉えている。

日本の優生保護法（一九九六年に母体保護法、全文他→hp［出産・生］）については第9章で一部ふれる。毛利子来［1972］が小児保健史の中で記述。石井［1994: 169-196］［1982］。また社会評論社編集部編［1983］、『あごら』28(1983) 等。文献案内・解題として加藤秀一［1993a］。

生命倫理学の見方については本文と注19・20、他にVeatch［1991a］等。香川知晶［1995b］に倫理学者達の見解が整理されている。【その後の著書として、（専攻を記せば、社会学の）山根純佳［2004］、論文に憲法学の中山茂樹［2000］［2010］、他。】

◆19　一方は受精卵を指定し、一方は知能や意識をもっていることを要件とする。前者の主張を行う井上達夫［1987］、これを加藤秀一［1991b］は批判する。
「私と私がそこから発生した受精卵との間には、ある種の実在的な同一性連関がある。」（井上［1987: 52→1996: 14］）。
「彼は線引きへの依拠を否定しながら、いつのまにか受精の瞬間という特権的な「線」を密輸入してしまった。」（加藤［1991b: 19→1996: 53］）
　この問題がどういう問題であるかについてこの二つの論文と井上［1996］、加藤［1996］（以上四論文は江原由美子編［1996］所収）。加藤の論文で一つの積極的な論点として示されているのは線引きの原理的な恣意性だが、この問いにどう向かうかという姿勢についても私はこの論文に多くのことを教えられた。

◆20　Thomson［1971=1988］。Feinberg［1980c=1988］がこれを論じ、Brody［1975→1983=1988: 173-176］、井上達夫［1987: 59-61→1996: 21-23］、飯田亘之［1989→1994: 128-129］、永田えり子［1995a: 151-152］が言及している。
「トムソンのこの議論は、論証されていないいくつかの前提に決定的に依存している。すなわち、(1)母体は私的所有権の対象である。(2)母体の所有者は「母」であって胎児ではない。(3)「母」が胎児に特別の責任を負うのは、彼女が胎児による彼女の体の使用を少なくとも黙示的に許可した場合のみである。生命権が限界をもつのは認められるとしても、それがトムソンの説くほど制限的か否かは疑問である。／しかし、この点を仮に認めたとしても、相互に密接に関連する三つの前提(1)－(3)がくずれるならば彼女の議論は破綻する。ここで立ち入って検討する余裕はないが、この三つの前提はいずれも論議の対象となりうるものである。」（井上［1987: 60→1996: 21-22］）

「…トムソンに対して、妊娠に対する婦人の責任の観点からのきめ細かな反論を、J・ファインバーグがしている。その要点は、バイオリニストがそれと見立てられている胎児との結合に対して、妊婦もなんらかの重大な責任を負うケースが大部分ではないかという所にある。」（飯田［1989→1994: 128］）

「…「胎児を殺す権利があるか」と問うのでなく、「胎児を体内に抱え続ける義務はあるか」と問いを立て替えたことで、胎児は人かそうでないかという論争を逃れている。発想の転換の成功例である。」（永田［1995a: 152］）

　私の見解は前二者に近い。他に胎児を女性の所有物とする主張として Engelhardt［1986=1989: 173, 270-273］があり、加藤尚武［1989b: 584-585］［1992: 96-97］で言及されている。

◆21
「フェミニストが一貫して概念化しようとしてきたのは、主体の所有物として語られるのではないような身体の意味であり、それゆえ同時に「主体」という概念の組み替えであった。「私の身体こそ、私自身（私のもの、ではない）だ」とはそうした意図のナイーブな表現であった。」（加藤秀一［1991b: 28］、cf.［1990a］［1990b］［1990c］［1991c］）子、身体と所有について Rothman［1989=1996: 54ff］。

◆22
Duden［1991=1993］。この書の中で彼女は次のようにも言う。

「倫理的で高圧的な現在の論議をきわだたせているあの「生命」は、欺瞞と妄想の歴史、そしておそらくは宗教の歴史に属するものであって、身体の歴史にはふさわしくないのである。」(Duden [1991=1993: 155])

ドゥーデンについては荻野美穂[1993]。本書283・299頁でも引用した。

また加藤秀一[1991b: 19→1996: 52]でも引かれる【小沢牧子(改革期の日本臨床心理学会→日本社会臨床学会で活動した)の】以下のような記述。

「産む性の身体的感性からいえば、「受胎」は他者の人格に関わる事態というよりも、まず圧倒的に「わが身体における現象」という事態である。…受胎をもって生命の誕生ひいては他者の発生を定義するのは、抽象的なイメージの作用に依拠した思いこみとはいえないのか」(小沢[1987: 340-241])

◆23 このように言うことは逆に「近さ」を特権化することにならないか。障害児が生まれ、その存在が人であるか人でないか見解が対立する時、人でないと言う親にその子に対する治療停止や「尊厳死」を認めることを意味しないだろうか。意味しないと考える。いつ他者として現れるのか、それを決定できない場合があり、その時(にだけ)、「近い」存在に決定を委ねると述べたのである。そして私達はその存在に対する関係の近さ自体によって、その存在に関わる決定についての優先を述べたのではなかった。ただ、他者が、その者に近い者にとってより多く他者として現われてしまうのだとすれば、そして遠くからなされることが、人々の福祉や幸福のためにという結局は「私(達)」の立場のものである時、この「倫理」は後者を無視するのではないが、前者をまずは受け止めるというのである。

それに対し、ここに起こっているのは、その者が既に他者として存在しているその後のことなのであり、ここにあるのは、その者を死なせるか否かである。両者はたしかに時間的に連続するが、しかし別の準位のことである。私達はその人を見たのであり、そしてその人が例えば脳に損傷があることを見たのである。起こっているのはそれ以外のことではない。だから、その人を、人ではないとして消去することはできないのである。これに対して、歴史的事実としての嬰児殺しが持ち出されるかもしれない。たしかに嬰児殺し、子殺しは歴史的な（そして現在の）事実である（太田素子［1991］、中谷瑾子編［1982］、障害者の殺害について生瀬克己［1993］）。しかし、その子を殺す時、人でないから、人である資格がないから殺してきたのだろうか。

人であることの要件としてあげられる恐怖や苦痛が私達の生において重要なものであることは確かである。だから、恐怖を感じられる存在に恐怖を感ずるようなことをしてはならない、苦痛を感じられる存在に苦痛を与えてはならないと感ずることも理解できる。チンパンジーやイルカを殺すことを控えるべきだという主張もわからないではない。しかしこのことは、苦痛を感じない（ように思える）人、意識のない（ように思える）人を、他の人と同じように扱う必要はないということを意味しない。苦痛を感じたり意識があることは人があることの一部であって、一部である属性を尊重すべきことから、そうした属性のある（らしい）人間以外の存在も尊重すべきだと言いうるということは、そうした属性を有さない人を人として扱わなくてもよいことを意味しない。私達はすでに人であることを知っている。そしてその後、この事実から「引き算」をしているのだ。その引き算は結局のところ、その存在からではなく行われる。このことを隠蔽するものを「抽象性」と呼ぶ。重篤な障害のある存在を人と認めないことの方が——具体的な利害を背景にしながら——抽象的である。【第2版補章1でこのことについていくらか付言する。】

◆

24　功利主義に対して個々人の「尊厳」を言おうとし、例えばカントが持ち出される。その事情はわかる。しかし、そこに「人格」が登場することにより、その違いはそう大きくならない。例えばカイザーリンクはＱＯＬとＳＯＬとが矛盾しないと述べ（Keiserlingk［1983=1988］）、黒崎政男がその両立はＳＯＬ概念をＱＯＬの側に変質させることによって成立していると指摘している（黒崎［1987→1991］）が、これと同様のことが起こる。カントと生命倫理学については土山他編［1996］で論じられている。井上義彦［1996］ではカイザーリンクの立場がカントの立場であることが主張され（他に塚崎智［1996］、平田俊博［1996］ではカント倫理学が基本的にQOLの立場に立つことが主張される。他方、樽井正義［1996］では、「権利とは、カントによれば、ある人に生命や財産を保持する「経験的」な能力がなくても（たいていの人にはない）、他のすべての人がその侵害を控えて保護するという拘束を引き受けるような「一人格の諸人格に対する関係」、一共同体の成員相互の「仮想的」な関係を意味しているのである」（樽井［1996: 61］）と、個別の存在に実際にしかるべき能力が必要とされてはいないと主張される（シンポジウムをまとめた小熊勢記［1996］も参照のこと）。樽井のように解釈できることを否定しない。だが、ならば何が権利の主体、所有の客体…として指定されることになるのかという問題が現れる（cf. 第2章注4）。カントとヘアの議論の検討として新田義彦［1994］［1996］、カントの自殺論・義務論へのエンゲルハートの批判等の検討として円谷裕二［1996］、「自律」と「啓蒙」について谷田信一［1996］、英語圏の生命倫理学とカントとの関連について蔵田伸雄［1996］。第7章3～5節で関連したことを述べる。

第6章　個体への政治

「…小学校教師は子供たちに民主主義体制＝平等と権利の体制、君主制＝特権と専制の体制、という図式を教えるべきであり、更に各人が自分の向上と完成とをめざし、努力によって自らの運命の主となれることを教えねばならない。なぜなら民主主義国家は平等と公正を基盤として各人にその業績（merites）に見合った役割と地位を与えているのだから。」（フランスの小学校教師に対するベールの演説（一八八〇年）、桜井哲夫［1975: 74］に引用）

「精子供与者の集団をあまり小さくとってはならない…。あまり小さいと、すぐ近親婚の可能性が生ずるうえに、集団の遺伝的変異量が限られて、育種でいう選抜限界が低くなってしまう恐れがある。…極端にすぐれた少数の天才的才能の持主（例えばノーベル賞受賞者）だけを親に選ぶのは非常によくないと思われる。…例えば…集団の総個体数を一億とし、なんらかの基準ですぐれたと思われる人を一〇〇万人ぐらいを選んで、次の代を残すようにする方がよいと思われる。」（木村資生［1988: 278］）

私達は、少なくとも「福祉国家」以前の近代社会を、所有についての規則だけがある（時に、この規則があることさえ忘れてしまうのだが）自由放任の社会と捉えることがある。だが、自生的な交換、その交換を維持する制度より過剰なものがこの社会にある。生産者としての人間（その人間は犯罪等の負の生産を行いうる人間でもある、ここではこれらを含め生産を広義に捉える）に対して可能なことの全てが行われる。近代社会はそのような装置を付加した社会である。以下で見るのは、複数の個人に向かう視線、個体を対象とする実践、それらの錯綜、複合、それらの配置である。そのために歴史的経緯を少し記す。歴史的、思想史的な検討を本格的に行うのは別の課題であり、ごく図式的に示すだけだが、それでもその記述は現実の複雑さに応じて少し複雑になる。

第1節では、私の内容を問わないということがどのような文脈の中にあるのか、自由（不関与、寛容）の領域の設定が現実にどのような背景から生じたのか、これがどのようなものであるのかを見る。そして、それが不関与を積極的に指示するものではないことを確認する。

さらに、より積極的な個体関与の諸実践がある。その全体の構図を第1節末尾で簡単に記し、第2節以降ではそのいくつかを取り上げる。第2節では、生産物によって表示されるものとしての主体を与える「主体化」の戦略・装置をみる。これが、市場から直接的に導かれるのではなく、これ自体が独立の装置として作用すること、第2章2節にみた私的所有の正当化の言説もこの装置の中に位置づけられることを確認する。さらに「能力」は個人のものとして放置しておかれるだけではない。第3節で、より直接的に個々人の性質に向かう言説があり、実践があることをみる。その一部は生物学的な特性に働きかける。例えば「優生学」の歴史がそれである。こちらが主な記述の対象となる。それらは互いに論理的に整合しているわけでもないし、実際対立も含みながらこの時代を形作ってきた。しかも対立すると見えるものいくつかは、同一の動機に発する、選択可能な手段として与えられている。近代社会は、複数の、時には互いに対立するものの複合としてある。これを第4節で見る。

1　非関与・均一の関与

[1] 自由な空間

私に帰すこと＝自己責任（と権利）の領域に閉じること（第2章）。しかし、それだけで近代社会を捉えるのは確かに不公平というものだろう。近代が同時に獲得したもの、それは「属性」の切り放し、内面への不関与という契機である。特に、「自由」「非関与」「寛容」の原則として示される時、これは近代社会の達成と考えるべきではないか。つまり、何かを、他の者に委ねるのではなく、その者のもとに置くということの中に積極的に擁護すべきものがあるのではないか。実際、これまでとりあげてきた技術の少なくともいくつかは「介入」という言葉によって捉えられ、批判されてきたし、それに対置されるものは自己決定でもあった。そしてそれは、現在においても、例えば「生命倫理」の領域で積極的にとるべき原理として主張される。この時に、自己決定を私的所有の同型の論理とし、その無根拠を指摘するという論法をとること自体、倒錯している、捩れがあるように思われるかもしれない。普通なら、自己決定の肯定的な意義を述べた上で、例えば支配に抵抗するものとして認めた上で、その「限界」を指摘するという具合に論が進められるではないか。

「自由」や「寛容」の主張に異論があるのではない。けれどもそれが第1章にあげた問いに答えるものでないことは既に述べた。そして、その事情を知るためにも、そこに働いている力学をまず見るべきである。

規範は個々の行為にかかる。規範は同一の行為に対しては同一に働き、他の様々な要因の他、個々人の間に在るだろう差異、個々人の背後にあるだろう差異も無視される。それは私的行為、経済の領域、近代市民社会と呼ばれる領域に現われる。また主権者としての国民の登場として徐々に政治の領域にも見出される。

これは、個々人の内面に見出される罪によって（むしろ罪を見出させることによって）教義につなげる宗教のあり方とは異なる。またそれが第2・3節にみる個々人に対する介入策に抗するものとして位置づけられることも理解できる（cf.第7章3節）。しかし、その違いだけを見るのは十分ではない。まず、個人の内部にあるものに焦準するというキリスト教的な構制において、個々人の背景にあるもの（例えば民族…）を捨象する「可能性」は既に与えられている。また、個人の内部にあるもの（例えば意志）を捉え、それが人々に普遍的に存在すること（正確にはそれを有すると判断される範囲については存在すること）によって、個々人を個別的にしかし同時に普遍的に把握することにおいても連続性がある。連続線上に変容が見出されるのである◆1。

そして、個々人の内部にあるもの自体に関わらない、外側に現われた行為だけを問題にするというあり方は、地上に現われる様々な理由、現実的な利害によって選択されることもありうる。これを以下で見る。これまでそれが個人の権利の主張・擁護といった規範的な言説によって捉えられてきたとすればそれは少なくとも一面的である。

[2] 均質な関与・権力の透明な行き渡り

第一に、個人を権利・責任の主体として指定する（帰責する）際、他のものが関与していない個人の内部（自由意志）が前提として要請される。ここに想定されているのは、個人の内部が原因であるがゆえに、個人がそれに対する結果を引き受けることができる、あるいは引き受けなければならないという構図である。ただしそこでは、意志の有無・判断能力の有無が問題になるだけであって、その内容は問題にならない。また、この内部が完全な端点とされる場合、ここに関与が加えられるならば、それはすなわち端点でないことになるがゆえに、関与の存在が認められないという論理的な帰結が生ずる。

第二に、宗教的な対立の調停策という性格があるだろう。内的な信条・思想（及びその表出）と外的な行為に領域を分け、後者についてのみ責任を追求し、思想・信条上の対立を回避しようとする。

第三に、意志という内容の特定されないものを中心に設定しておくことは、個人を基点としつつ、行為を様々な領域で別様に調達できるという可能性を開く。すなわち、合意があれば、個々人はその属性に関わらず、ある場所での規定に関わらず、別の場所に入っていける。そしてここでは、行為の具体的な形態は一つ一つの場所でそれぞれに調達されるのであり、その行為のまとまりは各々別の領域を作り、相互に干渉し合わないという可能性が生じる。◆[2] こうしてこの全域的な社会空間の中に、いくつもの部分的な、そして可変的な空間が存在することになる。

ある行為、あるいは行為の結果の交換だけが問題である限り、さしあたり一人一人がどんな背景をもったどんな人であるかは問題とならない。この空間はまずそういった空間として構成されている。意志といった抽象的に規定された内部が持ち出され、個々人間の内部の差異が消去される。このようにして、内部から内容的な含意を完全に脱色すること、また個体性に対して不純な要素を完全になくすことが主題化される。内部はその背後に何ももたない始点として設定される。そして普遍的・抽象的な内部の性格、すなわち意志といった個人に内属する能力において普遍的・一般的な権利・義務が認められる。自由な意志が交錯する、個人に帰属される行為の集積としての空間、個人の意志に起因するがゆえに個人に帰責される行為の集積としてある広大な空間が、諸集団の重なり合いとして構成されていた、個体性に回収されない様々の規範の存在していた既存の空間を破壊して、張られるのである。

そして第四に、西欧の一八世紀にみられる言説、用いられる言葉の用法をみるなら、各人に平等の規範を与えることが権力の有効な行き渡りを目指すものであることが理解される。前の時代の権力の恣意性ゆえの弱さが克服されるべき対象とされる。また、かえって反抗心を抱かせるような過酷さは忌避される。代置されるのは、個人を一様に扱うこと、普遍性をもった法典・規則を万人に知らせ、ある行為に対するそれに相応の適度な賞罰が誰にとっても明らかであるようにすること、それによって行為を統制することである。またそれを可能にするような機構の整備が図られる。それは、規範の個々人に対する効力の均質性、すなわち同一の制裁を各人が同一のものとして受け取るだろうことを前提する。つまり、個々人の利益と損失に関する計算能力、そしてその能力の均一性の想定——aを行いその結果bを得る時の損得についての評価の均一性の想定——がある。また規範に対する予期の安定性を得ることを目標とする。同一の規範によって秩序の維持が可能であると考えたのである。

例えば刑法思想においてはベッカリーア（Ceasare Bonesana Beccaria）等に代表され

る「前期古典学派」[3]と呼ばれる人達がこうした考え方をとる。（ここでは個人に責任を帰すためにその個人の自由意志を想定するという考え方は後に退き、むしろ決定論の立場がとられる。）さらに、それは法律の領域に限られず、監獄・工場といった場所において、一八世紀後半、共通に現れて来る主題である。例えばこの時代、人間性 humanity という言葉が、「政治的人間性」「科学的人間性」というように工場や監獄に関する言説において用いられるが、それは非−個人（人格）的 impersonal であることを意味し、有効に個人を捉える技術論の中で用いられる。また制裁の穏やかさもその効果によってその主張がなされているのである。[4]

［3］自己を制御する自己の想定

このような普遍的な規範の付与は、諸個人の自己に対する制御能力（のある形）が想定されることによっている。個人における利害を直接的に利用すること、というよりその存在が見込まれ、その効力があてにされている。

人間にとって最も重要なものは自分の利害だからそれを利用するべきである。直接的な労働の強制は有効ではなく、各々が自分の利得と損失とを計算できるような体制を組まなければならない。こうして、前の時代に行われた収容施設への雑多で一様な収容は、かえって利害関心の発現を阻害し、怠惰を生むものとされる。労働と報酬の関係が明瞭に理解される小規模の民間の施設を用意するか、そうでなければ、直接に市場のなかに人々を解放・放出するべきであり、また公的な機関による貧民の救済がなされるとしても、それは働く者の得る最低賃金を越えてはならないとされる。[5] すなわち、ここでなされるのは、具体的な規則・行為の強制をこと細かに与えることより、個人の性能自体をあてにすることである。それは「罪」が置かれたのと同じ個人の内部に想定されるものなのだが、刹那的な享楽といった否定的な契機に対してはその上にたち、それを統制するものであるという意味でその位置を異にする――そうした場合にはまた別の名が、例えば「理性」という語が与えられる――、とともに肯定的・積極的なものとして捉え返されるのである。

ただ、権力の経済策という視点をとるなら、以上とは別の個人を捉える技術の現われの可能性もまたみえてくる。例えば同一の行為に対する同一の制裁が、実際には個人によって相異なる効果を与えるかもしれないなら、それに対応して行いもまた別様のものになるというように。このことを次にみる。

［4］関数の不在→個体関与の戦略

以上の外枠自体は、「罪刑法定主義」等々といった近代についての正統的な理解から逸脱するものではない。だが、私達は近代という時代がこういう時代であるだけだと単純に考えることはできない。近代の歴史はまた、様々な関与の歴史でもある。前項で利害についての関数が予め想定されたことを述べた。個々人の利害を前提し、見込んで、それによる結果を期待した。そのためには、規範の透明性が有効と考えられた。ところが、実際には見込まれた関数、合理性は、少なくとも必要十分には、存在しない。例えば、労働の場に個人の利害によってしかるべく行為する者を十分な数だけ見出すことができない。生活するのに十分なだけを稼ぐと労働をやめてしまう労働者がいくらでもいた。これは十分に合理的な行動の様式だ。しかしより多くの労働を引き出したい人がいる。まずその者はより多くの賃金を払おうとする。しかし労働者はこれに応じない。むしろ時間あたりの取り分が多くなることによって労働量を減らすことだってある。これもまたまったく合理的な行動だ。こうして、出来高賃金制によっても望むだけの労働が調達できない。つまり、彼らは見込まれた性質を持っていないようなのだ。[◆6] このような場面に遭遇する時、それでは困る人達は、個々人に様々な働きかけを行う。分ければ図6・1のようになる。そしてそれで全てである。本章冒頭で述べたように、全てのこと

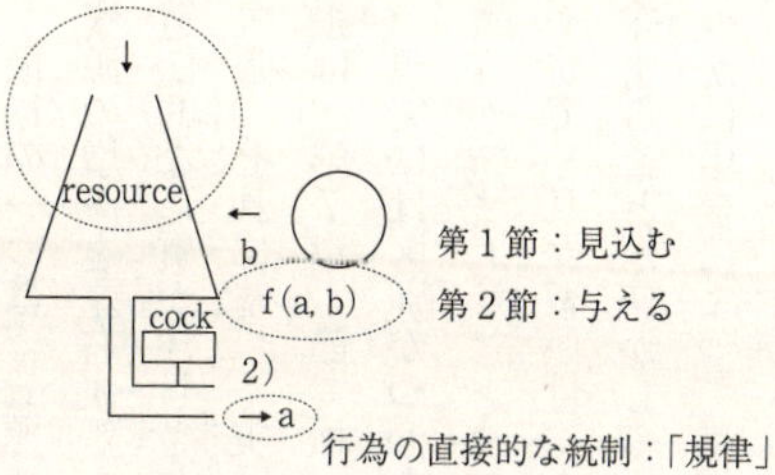

図 6.1

が行われたのである。

一つは、行為を変えることである。行為の現在に働きかけ、行為の方法を定めそれに従わせること、行為を直接的に制御することである。そこで行為の統制をより精密なものにすることが目指される。例えば工場における監視のメカニズムを正確に作動するものにすること、あるいは監視機構としての工場を作り出すことである。[7] また、フーコーが「規律・訓練」と呼んだものは、少なくとも『監視と処罰』(Foucault [1975=1977]) に具体的に記載されている部分について言えば、大部分がこの技術・戦略とほぼ重なるのであり、[8] また有名な「一望監視方式 panoptisme」[9] もそのための装置である。どのような技術が開発され、何が行われたのかを検証することは興味深い主題だが、本書でその作業を行うことはしない。

一つは、価値、利害を変えること、与えることである。図に即せば、自分が何をよしとするのかしないのかの関数を変えることである。この実践について「矯正」という言葉を用いることもできるだろう[10]。本書では、その一部として「主体化」という戦略の現れとその効果を、第2節でみる。

最後の一つは、資源＝能力の部分に注目し、その資源を改変しようとするものである。資源の増減を左右するものとして、一つには社会環境が想定される。一つには、生得的、遺伝的な形質が注目される。両者は同時に現われたのだが、第3節では、主に生得性の主張、それに基づく実践の方をみる。それとの位置関係において社会環境を強調する主張は、第7章1節で検討される。

現実には区別がつかないものもある。例えば、行為の規則を与えることとその規則の遵守が望ましいことは同時に教えられるだろうし、また、行為の規則が与えられるが、やがてそれが習い性になりその都度の指図が不要になることもあるだろうし、規則を遵守することが何かしら正しいことだと思うようになるかもしれない。また、それらの幾つかは場合によって選択的に使用されるだろうし、幾つかは組み合わされて使われるだろう。しかも最終的にはその結果は第2章で記述された社会編成のもとで個人が引き受けることになる。このことは第4節で述べる。さらに、これらの介入策に抵抗するものとして設定される自由が再び介入策と癒着し奇妙な円環を構成してしまうことは第7章

3節で述べる。だが、まずはその一つ一つ（のうちの幾つか）を以下で概観していくことにしよう。

2　主体化

［1］　主体化

先の自己を統御する内部という図式を使いつつ、その自己統御機構自体をその者の中に埋め込むことが主題化される。Aが産出するa、そしてその見返りであるb、がAを価値づけ、表示する。そのように人が思い、人を、自らを価値づけようとするなら、aを、そしてbを増やすことをA自身が求めるようになるだろう。

個体への帰責は、市場関係及び法の中に存在する。当の個々人が自らをどのようにみなそうと、契約において、法のもとで、彼らは自らの行為の結果について責任を負うべき帰責主体として取り扱われる。個人への帰属－帰責の観念が社会の全成員に分掌されていないとしても、帰責の機制は社会の全域を覆っている。だが帰属－帰責の観念は、個々の成員に知られ、その信憑にもたらされるときに、――この個人への帰責の帰責を正当なものとして支持させ、堅固なものとするだけでなく――現にその個々人の行為を

——外的な制裁（の予期）を介さずとも——水路づけ、また自らを、また他者を外部によって内部が表示させる、そういった存在としてみなさしめるものである。

こうした観念の成立を市場経済や近代法の広がりと相即するものとみる見方もあるかもしれない。それは、帰責の機制が普遍的なものとなること自体が、この帰責の観念に対する承認、正当視を獲得するのだと言う。法は個人を取り出し、個人に呼びかける。市場では、労働力の売却－交換のその時点において、個人がどれほどかのその能力を有する個人として現れる。労働力が商品化される世界では、人は労働する存在としてしか現われず、その結果、人＝労働能力という等式が成り立つだろう。このような不断の呼びかけ・規定によって、個々人はそこに見込まれる主体になる。このように言う。しかし、これは必ずしも当たらない。例えば、市場において労働能力しか問題にならないなら、そこにそれ以上の何か、「人」が現われる必要はないからである。[11] この時、市場は「冷たい市場」として現われる。市場が、それ以上のものであるためには、別の装置が付加されなければならない。

[2] 二重予定説

働く必要がある限度において働く。このような合理性を破る契機は、周知のように、プロテスタントの一宗派、カルヴィニズムにおいて、二重予定説という奇妙な信仰によって既に獲得されていたものではあった。◆12

キリスト教は個人の内面を見出し、それと外に現われる行為とをつなぐ。だが、その教義の中心は行為ではなく内部に向かう。内部の罪を発見させることがまず重要なのであり、積極的な行為の統制は問題とならない。ところが、カルヴィニズムにおいて、奇妙な道筋を通ってであるが、内部－外部の結びつきは行為を積極的に統制するような形をとることになる。救いは予定され、しかもその内容を人は知ることができない。信徒は、地上における神の栄光を増す行いをしていることがその者が救いに選ばれていることの現われであるという観念のもとで、労働に励む。これはいわゆる功徳・応報思想とは別のものである。応報の観念においては、外的な行為は主体の内部を通過することなくその結果に達するものとされる。だがここでは、外的な行為は、主体の特性の、精確には神により主体に刻まれた特性の現われである。これを逆に辿れば行為によって主体の性質が知られる。この特性を与えたのは神だが、神は人間と隔絶した位置にあり、私はその特性を実質的に私のものとして受け取らなければならない。そしてその特性を私は知りえないのだから、行為、行為に対する不断の反省によってそれを確証していくよりない。自由意志が否定され決定論がとられるが、内部の不可視性によって諦観ではなく行為が促される。

カルヴィニストは、こうして不可視の内部→外部、外部によって知られる内部という構制を獲得し、それゆえ、自らを近代資本制の中で優越した地位に立たせ、また近代資本制の成立、発展に寄与することになったと言われる。だがむろん、彼らは社会の部分を占めるにすぎない。このような回路を自らを形成していったのは、この宗派に属するごく一部の人々のことだった。では、その他の部分にとってこの構制はどのように入りこむのか。

［3］公教育

第一に、私達は、第2章2節にみた、「自分が作り出すものは自分のもの」という教説そのものが、単に市場が存在し作動しているという以上の、過剰な意味を産み出すものであることを確認しておかなければならない。この教説は、他の財の配分のかたちに対して、私的所有が優位におかれるべきことを言うものとして現われる。だがそれだけでなく、労働は単なる労働ではなく、それは主体から発するがゆえにその主体が領有し、その主体を表示するものだとすることで、その社会の内部の人々に対して、より多くの行為を引出そうとする。そのために、この言説は積極的に、意図的に社会の内部に向けられて与えられたのである。

さらに、この教説の広がりは、単に哲学者なりの言明というのでない、そして特定の宗教と関わらないより広範なかたちでは、公教育の場において、というより公教育が誕生することそのもののうちに典型的にみてとれる[◆13]。

例えばフランスでは、パリ・コミューン後の第三共和制下、共和派、そしてその改革の不完全さを批判して権力を握るに至る急進派（radicaux）によって公教育の普及が進められる。それは「所属価値に支えられたカトリック＝教権派」を中心的な敵として設定しつつ、「社会がフランス革命の崇拝のもとに育った民衆とそれを非難し軽蔑することに慣れたエリートとの間の戦場になってしまう」こと、「貴族主義的エリートによるアリストクラシー」（桜井哲夫［1975: 74］）を回避し、機会均等の条件を与えることにより国民統合を果たすことを意図した。桜井はベール（P.Bert 1833~1886）の小学校教師に対する演説（一八八〇年）を引用している（本章冒頭・367頁）。

自己の能力によって自らの地位を築くことの可能性を教えること、それを肯定的な価値として受け入れることを教えることが目指される。公教育の場は、能力→達成という図式そのものが――どれほどの現実性を実際にもつのかはともかく――実現される場として、実力主義が正しく機能するための条件として設定されると同時に、その図式を教える場として、「各人が自分の向上と完成とをめざし、努力によって自らの運命の主となれること」、実力主義の属性主義に対する優位を教化する場として存在を始めるのである。◆[14]

以前から教育の重要性は言われるが、他方で民衆に教育を与える必要はないという主張も根強くあった。◆[15] 全国民を対象とする公教育が実際に成立したのはヨーロッパでもそれほど早くはなく、一九世紀後半以降であり、日本もそう遅れをとったわけではない。この点で日本は十分に「先進国」だった。さらに、イギリスやフランス等と比べれば、階級間・階層間の決定的な断絶を除去できたことによって、十分に成功した国だったのである。◆[16]

このように公教育は、能力主義を真理として与える場であり、また競争、試験によって各自の能力を測り、それをその者のものとして与え、しかもそれを他者達との比較の中で与え、その能力の上昇を促す装置であるとともに、能力主義に現実的な基盤――教育機会～就職機会の均等――を与えようとする装置である。最後の点を言いかえれば、個人に起因するものとみなされない、最も問題とされる階級・階層の差異に起因するとみなされる差異、環境の差異をとりはらい、均一化することにより真正の能力主義を現実化し、護持し、それにより階層の分裂、それによる不満を解消しようとするものである。

〔4〕介入・成長・消失

これはかなり巧妙なやり方だった。開始点においてその者の未来はわからない。この教説は個人の可能性についての言説（「やればできる」）として現れるのだが、その可能性自体はたしかに否定することができない。やってみるまでわからない。カルヴィニズムは厳格な決定論をとるが、しかしその決定の内容を知ることができない当人において、事実上、未来に向けての可変性が利用されている。同時に、あらかじめその可能性を（本人においては）知りつくすことはできないという、不可視性が利用されている。つまり、ここでは水槽にどれだけがどれだけの労力を加えた時に入るのか、今後どれだけ力を加えればどのくらい増えるのか、わからないことが肝心なのだ。「やればできるかもしれない」という「希望」が利用されているのである。（他方で、このことの不可知、できないかもしれないという「不安」が私的所有の体制を修正・補正する論理の根拠にされることを第7章2節で見る。）

そして外部に現れる行為は、時間の上に開かれている。だから、内部－外部が対になっていると了解されていれば、内部の価値の対自・対他的な表示のために、生産と生産物の堆積、生産能力の向上が帰結することになる。これはいわゆる「帰属主義」のもたらす社会の定常状態への固定とは全く異なる、社会の「成長」をもたらす。

しかもその自己、自己が目指す自己とは、予め確定されたものではなく、可変的なものとされる。ここまで達成すればそれでよし、終わり、という具体的な終着点は設定されていない。だから、その社会は、この場合にはこうせよ、という具合に行為規則が細かく定まっている（だけの）社会より、可変的であり「成長」可能な社会である。そしてその方向が水路づけられれば、その社会は一定の方向に「発展」することになるだろう。

それとともに、指定される行為の内容は抽象的な水準において設定されうることが重要である。達成とは何かは必ずしも具体的に設定される必要はない。これは前の時代の個体関与の規範が、この時にはこうせよ、あの時にはああせよという具体的な行為に対する個別的な規範の集積として与えられていたことと対照的である。具体的な規範は後に与えられる。方向だけが指定される。こういった水準に個人を引き入れること、それは、属性や背景の剥奪された自由な空間の中で個人の行為を嚮導する上で効果的である。しかもここでは、私における「発見」である限り、根源としての個人という性格は奪われない。最終的には結果はその個人が負わなければならない。行為とその結果を個人に帰属－帰責させつつ、その個人において行為の方向を制御する、この双方が同時に達成される。

3　性能への介入

［1］環境・遺伝への注目と介入

第2節に述べた場面に来て、個体の改変の契機が——自己制御機構の埋め込みという形で——現れた。だがそれは個体への介入を構成する全体の一部分である。一六世紀以来、社会の状態、秩序と無秩序に関わりを持ち、個人の精神の変容をもたらそうとする動きはあった。だが、例えば怠惰は予めある種の人々に想定される性質であり、そしてそうした想定はしばしば既存の社会の階層的な布置に対応するものであった。それが、一八世紀末から一九世紀、新しい知、新しい技術に支えられ、新しい展開をみせる。現われるのは、生産の源泉としての個体、その総体としての「人口」[◆17]という把握であり、社会全体の生産についての関心である。そして、なされるのは実際に行為を調べることであり、その者の来歴を知ることであり、また社会的な環境を調査することであり、身体の形状を、また身体の内部を測定することである。人間の行い、それを規定する諸要因についての実証的な科学が生まれる。それは、個々人間の違い、集団間の差異を、個々人の背後にあり、同時に個人に内在する要因によって説明しようとする。単に

ある行為を問題にするのではなく、行為を派生させる中心へと向かうのである。◆[18]

まず貧困に関わる場面では、公的な扶助が私的な利害関心を抑止しないように、あるいはそれを促すように、個々人に対して、その状態を調べ、やむをえない原因による貧困なのか、そうでなく、公的扶助はかえって有害なのか、調べることが主張され、実行される。さらに、個体の性質に起因するとされる貧困、また単に意志・判断能力の有無が問題になるのではなく性向にその原因の求められる犯罪については、様々の悪習がそれを助長しているとされ、さらにそれを助長している環境が指示される。それが調査され、立証され、それに応じた政策的な介入が試みられる。ここに社会調査が誕生する。

それとほぼ同時期に、少し遅れて、個々人の性質・能力の測定、家系を辿る調査が始まり、性質が生得的に決定されているという言説が現れる。◆[19] 能力に、能力の差異に言及する言説でありつつ、その生得性を主張し、さらに遺伝によって差異を説明する言説が現われる。「社会進化論（Social Evolutionism）」、「社会ダーウィニズム（Social Darwinism）」、「優生学（Eugenics）」、またドイツにおける「民族衛生学（Rassenhygiene）」と呼ばれるものがそれである。スペンサー（H. Spencer, 1820 ~ 1903）らが唱えた社会進化論は、ダーウィンの説を受け、それを人間の世界に「応用」しようとする、社会ダーウィニズムと呼ばれる主張に連続していく。スペンサーの社会進化論、社会ダーウィニズムは一九世紀後半以降の米国等で支持を受ける。[20] また、優生学 eugenics という言葉は、ダーウィンの甥でもあるゴルトン（Francis Galton, 1822～1911）によって一八八三年に初めて用いられ、特に二〇世紀初頭以降、各国で影響力をもつ思想的・実践的潮流となる。[21] また、ドイツでも、一九世紀末以降、民族衛生学と呼ばれる流れが形成される。[22]

これらの各々は同じではないし、また、同じ「学派」の中でも、時代によって論者によってその主張内容にはかなりの相違がある。またそこにはもちろんダーウィン（Charles Darwin, 1809～1882）の進化論――一八五九年に『種の起源』初版が発行される――の影響があるのだが、関係はそう単純ではない。ダーウィン以後の進化論の進展はその主張を支えるものとして利用されたのだが、他方で、ダーウィンの進化論がなければ始まらなかったものでもなかった。[23] その相互の差異、相互の関係を詳しく追うことがここでの目的ではない。ここでは、第一に、人間の生物としての性質、特に遺伝的な性質に着目し、それに関する知見に基づいて、第二に、人そして／あるいは人の集団をよくしようとする、あるいは悪くすることを防ごうとする営みの中に、これらが含まれることを確認しておく。これらの総体をひとまず優生（学）[24] と呼ぶ。このように広くとることの意味は後に述べる。

第一点についての認識には様々な対立がある。ラマルクの主張するような獲得形質の遺伝を認めるか否かが一つの争点になった。社会進化論のある部分は獲得形質の遺伝を認めた。ラマルキズムは二〇世紀に入っても一定の影響力を維持する。そして、この説をとらない人達の中でも主張されることは同じではない。能力と性格等が遺伝によって全面的に決定されていることを主張する人達がいる一方で、社会進化論者にも人間と他の生物種の進化のあり方を別のものと捉える人達があり、優生学に関わる遺伝学者の中にも遺伝要因の規定について部分的な妥当性を主張するより穏健な主張がある[◆25]。

第二点について。歴史的事実としては、よくなるべき単位として集団（人類、人種、国家…）が指定される——ただ、私的所有の体制と全体の進化との調和的関係が一般に想定されているから、私的所有を第一義的な権利とし、私的所有を「自由」と等値するならば、この限りで、集団の利益と個人の権利・自由は矛盾せず、個人に対して抑圧的に働くものではない。また、例えば自分の子という特定の個別の場合に優生を志向するのと、集団全体の改善を夢想するのと、予め両者を全く別のものと考えることができるかも問題である。このことについては第9章4節4で検討する。そしてこの運動に法制化等の志向が強くあり、また実際にそのいくつかが実現されたことも事実なのだが、同時に、運動自体の相当部分は自発的な民間の運動としてあったことも確認しておく必要がある。

何をめざすのか。進化を促し、同時に、退化・退行を抑止することである。◆[26] そこにはまず、（西洋世界ではキリスト教に代わる）社会や人間の生のあり方の枠組み、目標を得ようとする渇望が、そんなものを人が求めてしまう部分があるからには、あった。◆[27] そしてその中身が進歩というものであったのだから、この観念を共有する人達の多くが優生学の主張（の少なくともある部分）に同調することになる。だから、――第7章にも述べるように、もちろん人間の性質の生得性に関わる部分についての立場によってその対応は大きく変わってくるのではあるが――社会主義やフェミニズムの決して小さくはない部分は優生学の主張を受け入れることになった。◆[28] そしてそれは現実に対する危機意識にも促されたものだった。私達は一九世紀を陽気な進歩主義の時代だと考えがちだが、少なくともある人々においては、この時代は濃い危機感に覆われた時代でもあった。このままでは人類は退化していくと考えられたのである。都市における貧困や犯罪等の諸問題はその現われと考えられた。

と同時に優生運動は、ある範疇・集団（と自らが見なすもの）による攻撃あるいは防衛の運動でもあった。まず今の基準では大抵の人が人種主義者であった時代にあって、優生学は人種差別を容認し補強するものとして用いられたのだし、また生産者であり貢献者であると自認するあるいは自認したい人達による、そうでないとみなす人達の排除のために用いられた。これらの各社会でのあり方が、この運動の流行の度合いとその具体的なあり方を規定した[29]。そしてこれは既得権益を保護しようとする保守主義と結び合うものであったのだが、同時に、進歩の観念と矛盾することもない。例えば貧者を助ける政策は、本来なら淘汰されているはずの者を生き残らせ（逆淘汰）、さらに彼らは生殖率が高いから、他の階層に比べてより多く増加させ、社会を退歩－退化に導くものと捉えられた。

手段として何を用いるのか。条件として何が想定されるのか。一つには放任であり、一つには介入である。社会ダーウィニズムが主に前者を、（狭義の）優生学が（前者に加え）後者を主張したと、ひとまず言いうる。まず放任すること、自由競争に委ねることによって淘汰が生じる。よりよい人間が残り、人間という種が、人間の社会が進化する。差異を人為的に解消しようとする試みは無益である。なぜならそれは無駄であるから、というだけでなく、既に決定されてある劣者を保護することは、本来なら淘汰されているはずの者を生き残らせ、さらに彼らは生殖率が高いがゆえに、増加させ、社会を退歩－退化に導くのであるから。社会的扶助が行われるなら「逆淘汰」が生じる、また実際に生じていると主張し、行うべきでないこと、行われているならその廃止を主張する。

さらに優生学は、生殖の奨励により優秀な人間を増やそうとする「積極的（肯定的）

優生学（positive eugenics）」、生殖を抑制することによって不良な人間を減らす「消極的（否定的）優生学（negative eugenics）」の実現を目指すことになる。実際には、積極的優生[30]よりむしろ消極的優生が断種法の制定等によって実現することになる。またあまり指摘されてこなかったが、施設への隔離策もこの中に捉えることができる[31]。

しかし、自由競争・放任と優生学が提唱する介入も両立しないわけではないし、両者を組合わせることもできる。基本的な財の配分機構としては市場だけを採用し、自由放任、自然淘汰にまかせ、さらにその上で、積極的・消極的優生学を応用することは可能だからである。例えば、有害な性質が遺伝的に規定されたものとみなされる場合には、まず放置・自然淘汰を待ち、それだけで足りなければ、優生学的手段を用いるのでもよい。

優生学は一九世紀末から第二次世界大戦前にかけて、かなりの範囲の影響力をもつことになる。私達――「市民革命」や「産業革命」については相当程度知っている、少なくとも学校で習ったらしいことは覚えているのに比較して、ナチスが何かひどいことをやったらしい、という以外には何も知らない、あるいはそもそも全く何も知らない私達――が何も知らないよりは大きな影響を与えた。

実際にどの程度のことが行われたのか。以下では影響力の強かった米国とドイツを取り上げるが、国によっても異なる。研究は進みつつあるが、その全容は明らかになっていない。というより、優生学の定義による。もちろん、歴史的事実としては、人類、人種、社会といった大きな単位が想定され、その改善・進化が目指されたことが優生学の大きな特質ではある。そして、壮大な目標を掲げるがゆえに荒唐無稽なのであり、また個人も抑圧されるのである。しかし、学派とそれが主張したこと、また国家の政策として実現させたことだけを見るのでは、また全体主義を予め前提するだけでは、歴史的事実そのものも捉えきることはできないだろう。例えば、遺伝に関する知識が――例えば優生学者による啓蒙として――与えられ、それが認識に変容を与えること、そのことによって――優生学者の壮大な理想を理解し、その理念に同調するかどうかはともかく――行動が変容することがあっただろう。今なら「迷信」として受け止められる遺伝への恐怖は、迷信としてあったのではなく、啓蒙を介して現われる。例えば日本で法律となったのは「国民優生法」だが、実際にこの法の下で断種手術を受けた人の数はドイツや米国と比べて格段に少ない。ただ、以上のように考えるなら決して無視できない規模の影響力をもったものだと思う[◆32]。

〔2〕アメリカ合衆国とドイツにおける優生学

二〇世紀の初めに登場した知能テストが米国他で用いられる。フランスのビネ（A. Binet 1857～1911）が開発した尺度が知能テストとなり、ベルギー、イギリス、米国、イタリアといった国々に広がっていったが、中でもテストの採用、改良に熱心だったのは、米国のターマン（L. M. Terman）、ゴダード（H. H.Goddard）、ヤーキーズ（R. M. Yerkes）といった学者たちだった。ビネの考えたのと異なり、彼らは知能を遺伝的に規定されたものとみなした。知能テストは知能の遺伝性を実証する手段であり、またその遺伝的な知能の差異を測る手段だった。このような観念のもとで知能テストは様々な（放任を含めた）政策、政策の意図に結びつくことになる◆33。

「…近い将来、知能テストは数万におよぶ軽度の欠陥者たちを社会の監督と保護のもとに置くようにするだろう。そして究極的には精神障害者を増えないようにし、犯罪、貧困、非能率な労働を減らすことができよう。現在見過ごされている軽度の欠陥者は、まさに国が重点的に保護すべきなのである。」（Terman [1916: 6-7]（Binet のテストを翻案した「スタンフォード・ビネー・テスト」の序章）、引用は Kamin [1974=1977: 15]）

「精神薄弱がわが国の社会的、経済的、道徳的繁栄に重大な脅威となることに気づき始めたのはごく最近のことである。…慢性的あるいは準慢性的貧困の大部分は…それが原因である。／…精神薄弱は増え続けている…救済事業がなされ…おそらく生きて子どもを産むことなど不可能だった者が生存できるようになった。／もしこのような人たちでも生存に値するという現状を維持しようとするならば、できるかぎり、知的衰退者がこれ以上増えないようにしなければならない…拡大していく衰退の幅を縮めなければならない。」（Terman [1917], Kamin [1974=1977: 17] より引用）

犯罪と貧困とは遺伝的な精神異常、精神薄弱に帰せられる。犯罪と貧困が増加しているのは、救済事業と——次の引用に言われるが——劣った遺伝子を持つ人々が多産であることによる。この犯罪、貧困——貧困そのものというよりそれによる社会への脅威——から社会を守るために手段が講じられなければばらないが、知能テストは、欠陥者、「現在見過されている」欠陥者を発見する手段となる。そしてまた、「人種」間の、階級・階層間の知能の差異が言われる。この主張は、劣った集団の増加による脅威の防止とともに、能力、適性に応じた職業につくこと、能力に応じた生活をすべきこと、するのが当然であるという主張に結びついている。

ＩＱ七〇－八〇の水準の知能（テストはこの「軽度」の精神薄弱の診断に有効とされる）は「南西部のスペイン系インデオやメキシコ人および黒人ではごく普通の水準である。彼らが鈍いのは人種的なものであり、すくなくとも先祖から受け継いできたものである。…知的特性の人種差全体について新たに実験的方法で取り上げてみよう。おそらく一般知能にはかなりの有意差が見出されるだろう。しかもこの差は知的環境を変えても拭い得ないものなのだ。／こうした人種の子どもたちは特別な階層として分けられるべきだ。…彼らは抽象的事柄を習得することはできないが有能な労働者にはなれるのだ。…いまのところ、彼らに出産を許すべきではないことを納得させることは不可能だが、しかし彼らは異常に多産であるから優生学上は大きな問題となるのだ。」（Terman［1916: 91-92］、Kamin［1974=1977: 16］より引用）

現状の格差が肯定され、平等化に繋がる政策の否定が主張される。[34] 他方、劣性な遺伝子、知能の低い人の増加が恐れられ、その対策が立案され、実行された。米国ではそれは二通りの方法でなされた。

第一の方法は断種、断種法である。一九〇五年、ペンシルヴァニアで法案が成立するが、これは州知事に拒否された。一九〇七年、インディアナで最初に完全実施された法案が成立し、その後多くの州が続いた（カリフォルニア、ニュージャージー、ワシントン、アイオワ…）。例えば一九一三年のアイオワの法は「犯罪者、強姦者、白痴、精神薄弱者、痴愚、精神異常者、大酒呑み、麻薬常用者、てんかん、梅毒患者、道徳的性的倒錯者そして変質者の生殖を防止」するために制定されている[◆35]。

第二のものは移民の制限である。一八七五年の連邦移民法は苦力、囚人、売春婦の移民を禁じ、さらに一八八二年には狂人と白痴が、一九〇三年には「痴愚」と「精神薄弱者」が区別され両方が、一九一一年には「体質的精神病質の欠陥がある者」が加えられる。二〇世紀に入って南・東ヨーロッパの移民の割合が増加し、「質の統制」を要求する声があがる。最初は読み書き能力のテストが求められる。一九一二年にはゴダードが連邦公衆衛生院から移民入国事務所のあるニューヨーク港エリス島に招かれる。彼は、ビネー・テストと補足的な学力テストを実施し、ユダヤ人の八三％、ハンガリア人の八〇％、イタリア人の七九％、ロシア人の八七％が精神薄弱であることを「立証」し、精神薄弱のために国外追放される外国人が増加した。第一次世界大戦時に、ヤーキーズを会長とするアメリカ心理学会は、招集兵に大量の知能テストを実施することを提案して受け入れられ、ヤーキーズを中心とする陸軍衛生隊が心理学者で結成された。およそ二〇万人に対して実施されたテストは戦争の成り行きには具体的な影響を与えなかったが、資料が残り、公表され、分析された。白人招集兵の平均精神年齢が一三歳であることが知らされた。出生国別の成績の分布が示され、スカンジナヴィア系、英国系の国出身の人々が優秀であること、ラテン系、スラブ系の国々出身の人々が劣っていることが明らかにされた。劣等な血の移入、混入の増大が危惧され、それは移民法に結実する。一九二一年法は臨時措置として、一年間にある国から入国許可される移民数を、一九一〇年の国勢調査に基づいて、すでに在住しているその国生まれの人数の三％に制限した。一九二四年のジョンソン・ロッジ移民法は、一八九〇年の国勢調査に基づく各々の国生まれの人数の二％を永続的な移民政策として定めた。一八九〇年以降移民の始まった南・東ヨーロッパからの移民を制限するためだった◆36。

次にドイツについて。「民族衛生学」の誕生と展開、ヒトラーの主張との関係、ナチズム下での医療、公衆衛生、健康推進策の進展（米本昌平[1986b][1989a]）、等々、優生学すなわちナチズムという短絡を避けるために重要な事々の一切の紹介はここでは省略する。ナチス政権は、一九三三年に優生断種法（「遺伝疾患をもつ子孫を避けるための法」）を制定した。この法律は「施設に収容されているかどうかにかかわりなく、遺伝的障害をもつすべての国民を対象としていた。その中には精神薄弱者のみならず、精神分裂病患者、てんかん患者、盲人、薬物やアルコールの強度依存者、体の動きがひどく阻害される身体障害者、あるいは他人に対して極度に目ざわりな身体障害者も含まれる」。この法律が施行されて三年間で当局は約二二万五千人を断種し、その半分は「精神薄弱者」だった。一九四〇年までには約四〇万人の国民が不妊手術を受けた[◆37]。積極的優生策も実施される。生物学的に健全な夫婦には多くの子供を産むことを期待して政府から貸与金が与えられ、一人産むたびに返済額を二五％減額する制度が作られた。また一九三六年にヒムラーは「生命の泉」（Lebensborn）と名づけた組織を作る。これは母子に十分な福祉・医療環境を提供するという側面ももつと同時に、選ばれた女性に親衛隊員の子供を生ませ、また基準に合う子どもを各地で誘拐し、国家の手で育てるという秘密の施設・組織でもあった[◆38]。

そして、障害者の安楽死作戦（T４作戦 T4-Aktion）が秘密裡に計画され、実行される。一九四〇年一月に始まったドイツ国内のT４作戦によって、ガス室等で抹殺された障害者の数は、作戦の中止命令が出た一九四一年八月末までにT４の統計で（実数はもっと多い）七〇二七三名に達した。殺害は、中止命令の後も行われた。いくつかの作戦が新たに行われた他、既存の施設で医師や看護人、看護婦により、個々に自主的に、注射による殺害や、飢餓状態から死亡に至らしめることが行われた。犠牲者の総数は約二五万人と言われる[◆39]。

［3］優生学の「消失」

第二次世界大戦前から、優生学に否定的な人達はおり、批判は継続的になされてはい[40]たが、特に第二次大戦後、優生学は否定的な語として使われることになる。ナチズムの体験を一つの重要な契機として、戦後こうした言説と実践を巡る場は確かに変容したように見える。医療のあり方についての反省もここから始まったのだと考えることはできる。人体実験がニュルンベルク裁判で裁かれ、その判決文の一部が「ニュルンベルク綱領」（一九四七年）と呼ばれる。それを引き継いで、世界医師会の「ヘルシンキ宣言」（一九六四年）が出され、「インフォームド・コンセント」が次第に確立していく。ひとまずこのように歴史を描くことはできる[41]。

だが同時に、人体実験等の少数の事例と、人種主義、それに結びつく限りでの優生学は指弾の対象になったが、例えば安楽死計画の実施に関わった人達は、ほんの少数を除けば、裁判の対象にならなかった。また、その全体は長く知られることもなかった[42]。これらもまた事実なのである。

なぜだろうか。例えば安楽死計画とその実行に関する本格的な研究の発表が始まるのが一九八〇年代になってであることについて、一つの説明は、行われたことがあまりにひどいことであり、全否定されるべきものであって、それを冷静に記述すること自体、行いの相対化を招くものだとして——米本昌平は「戦後精神」をナチズムを全否定する精神と捉えるが、例えばその精神にとって——許容されなかったという捉え方があるかもしれない。しかし、やはりあまりにひどいことであるユダヤ人の虐殺については、十分に知らされ、その事実はなかったという類いの言説まで含めて、広く流布しているのだから、少なくともこのことが理由の全部とは考えられない。むしろ、それは問題ではなかった、少なくとも問題としたくなかったのだと考えた方が当たっているのではないか[◆43]。私は、戦後の二五年間ほど、「優生学」についての空白、空白の中での継承があったのではないかと考えている。このことを確かめる作業はまた別に行わなければならないのだが[◆44]、さしあたり次のように言うことはできる。

ナチズムとの共通性の事実、共通性の認識と、ナチスの行いから受ける衝撃とが同時にある時、忘却すること、問わないこと、全面的にあるいは曖昧に消去し否定することが行われると考えられないか。例えば、米国各州の断種法はドイツの法律以前に制定され、多数の断種が実施され、そして戦後も、実施数は減っていくにしても、いくつかの州の法律は存続する（注35）。この部分については、なされたこと、なされ続けたことは同じなのである。

一つに、私達が実は問題ではないと思う部分で私達の行ったこと、行うことと、ナチスの行ったことの少なくとも一部は共通なのだが、第一に、共通性を言うことは、私達とナチスの共通性を言うことになってしまい、それはまずいと考える。また第二に、（例えばユダヤ人の虐殺とは違って、障害者の安楽死は）本質的な悪ではない以上、それはそもそも深追いする必要のないことである。そこで、いずれについても深追いはしないことにする。

一つに、問題である（らしい）ことを私達も行っており、それは悪であるところのナチスと共通であるから、ナチスの行ったこと、自らが行ったことも忘れようとする。つながりのありそうな行いは手控えようとする。行いを表に出さないようにする。少なくとも「優生学」といった名前は否定しようとする。

そして、実際のところ、問題がある／ないという境界は自らにおいても曖昧なのだから、両者の態度は両立しうるし、いずれも結果としては同じところに逢着する。ナチスの明白な悪は、言うまでもない悪として、中核にあるのだが、実はナチスの行いのどこまでが自明な悪なのかははっきりせず、そうである以上、ナチス以外の行いも、明白な悪との同一性・距離が計られないままに置かれる。こうして忘却という対応がとられる。

けれども、だからこそ、現実に行われていることを、あるいはこれから行われようとすることをどう評価するのか、そのためにも優生という思想・実践をどう考えるのかという主題が私達に残されている。

何が問題とされたのかを確認しておく。第一に、事実としたものが事実でなかったこと、誤りであったこと、悪意に満ちた誤りであったことである。人種・民族というそれ自体疑わしいものを実体化し、優劣を設定し、抹殺した。もちろんアーリア人の血を主張し、ユダヤ人を劣等な人種とする根拠はどこにもない。第二に、強制として、国家によってなされたこと、時には秘密裏に行なわれたことである。さらに殺人という究極的な暴力によってなされたことである。秘密主義、暴力、恣意性、等々が批判される。また戦争遂行という特殊状況の中でなされたことが問題にされ、反戦・非戦思想のもとで批判されることにもなる――日本でも、優生政策は「産めよ育てよ」といった軍国主義政策との結びつきにおいて批判された。

これらの批判は全て、当然の批判であったし、当然なされるべき批判だった。ただ、優生学を誤りと暴力とをもって批判することによって、あるいは優生学のそういう部分を批判することによって、誤りでも暴力でもない部分をどう考えるかは曖昧にされた。結びつきうることが全て否定されたのだと考えることもできるが、同時に問われずに保存されたのだとも言える。一方で、何かしてしまえば、最初は限定された範囲に限ったとしても、次第にその範囲が拡大し、やがて最悪の事態を招くだろう、だからそうならないように手を打っておかなければならないという「くさび論」がある。この種の議論は「滑りやすい坂」(slippery slope) 論とも言われる。どのような根拠でどこまでを許容し、どこからを許容しないかを言わない場合には、確かに滑っていく可能性はある。だが同時に、どこまでも滑っていくかもしれないからすべてを認めないと主張することも、どこまでが（もしそれ以上に滑っていかなければ）問題はないのか、問題の本体はどこにあるのかを問わないですませてしまうことになる可能性があるということでもある。[45]
他方で、技術を肯定し推進しようとするあらゆる言説が、今行っていること、行おうとしていることがナチズムではない、否定されるべきものとしての優生学ではないと主張するだろう。[46]双方に同じ限界がある。境界をはっきりさせないまま全体を否定するか、私達はナチスのように——やはりどこまでひどいことなのか、それはなぜなのかを言わないまま——ひどいことはやっていないと言う。

そして批判の形として、強制に自由が対置され、国家に個人が対置される。優生学に対置されるものとして、技術に対する時の原理として、使われる道具が「自己決定」なのだ。しかし、自己決定は優生学に本当に対置される語なのだろうか。確かに他者による強制に対置されるものとして自己による決定はある。だが、遺伝と出生が問題になる場にはそもそもその自己はいない（まだ生まれていない）。この時、国家による決定と親の「自己決定」を明確に違うものだと言うことができるだろうか。そしてここには必ず負担、コストという契機が入ってくる。この時——本質的に——どれほど異なるだろうか。同じく悪であるというのではない。むしろ、科学化され脱暴力化された優生学についてどう考えるか、同じように悪であるのかそうでないのかを考えるべきなのである。ナチズムでない、つまり、間違い・偏見でなく（特に人種主義でなく）、殺人をしない優生学がありうる。このように考えるなら、優生学をどう規定するか、何を知るべきかも明らかである。あらかじめ（例えば本節1で行ったように）広い範囲でこの語を捉えておくことであり、もっと日常的な部分でなされることを見ることである。しかし戦後はこのような問いに向かわなかった。国家（だけ）を主体として想定し、その暴力を問題にした。そして遺伝説の否定[◆47]という対応をとったのである（このことは第7章1節で述べる）。「内なる優生思想」という主張が現れるのは一九七〇年代に入ってからになる。第9章で考察する。

4　戦略の複綜

［1］自己原因／被規定性

身分から契約へ、属性主義から業績主義へ、個別主義から普遍主義へ、といった近代化を捉える言明は、捨て去ることのできないものである。しかし、それ以外の契機、契約の下で規律に下属する身体、普遍主義とともに現れてくるある意味での個別主義、業績主義に内在する属性主義、といったものを無視することもできない。純粋な資本制の形態と異なるものを、資本制内でのそれの修正、あるいは資本制の矛盾を糊塗するもの、といった消極的な規定によってだけ捉えることはできない。法の支配と別の次元に組み立てられる――やがてはそれは法の水準に行き着くとしても――様々な戦略があった。そしてそれらは並存する。そのいくつかを確認しておこう。

第2章2節で、所有権の導出において、誰の、何の強制によってでもなく、自らの意志・能力によってなしたことであるゆえ、その結果（例えば収穫物）を引き受ける、自らのものとすることができる、という論理をみた。しかし、背後を問題にする、経験的な要因を探る知の形態は、この私的所有を正当化する自己原因→私的所有の論理における最終的な起点としての主体という設定と、前提が違うではないか。環境による制約、規定は、各個体に外部から働く作用である。だが遺伝による影響、規定についても同じことが言える。それは、最も自らの力ではどうにもならないものではないか。とすれば、なぜその差異により、各自が異なった財を受け取らなければならないのか。生得因も環境因も主体——自己原因としての主体——に対して外的なものである点では同じである。こうして、実力主義の土台の上に乗って、それに関わる政策を推進する、あるいは阻止するという意図とともにある実証科学の知は、それが環境を重視しようと遺伝を重視しようと、実力主義の言説に、あるいは実力主義を正当化する主体に関わる言説に、破壊的に作用する、作用する可能性を持つ。

確かにこのことは哲学の領域では問題とされる。また刑法学においても論争が行われる（第2章注10）。後者の論争は、刑罰を応報、責任の追求と捉えるのか社会防衛のための手段として捉えるのかという立場の争いに関係しもする。だが、自由意志が存在するか否かという論争は、実証も反証も不可能な場における論争である。そして現実には、二種類の知が参照された二つの制度は——双方の「効用」が認められることによって——ここでも並存していく。そしてこの並存は、性質・能力といったものは少なくとも相当程度生まれつきあるいは環境によって規定されるが、ある行為を行うか否か、勉強するかどうかはそれなりに自分が決めることができるという、私が大雑把に素朴に抱いている感覚に対応するものでもある。そうした感覚が私達にある限り、というよりそれが私達の現実である限り、誰かの（意志による）行いであるという判断とそれに関わる要因、事情とが使い分けられて語られる。

[2] 放任／介入

第2章3節にみたように、機能主義によって私的所有の体制が、自由主義が正当化される場合がある。これは、資源＝能力の発揮を当人が制御でき、それに加えて、③その資源を彼が管理し増やすことができるという事実に基づいたものだった（図6・2）。この「自由放任」は、例えば社会ダーウィニズムによっても正当化された。ここでは資源（の増加可能性）は固定されているという前提になっているが、これを私的所有＋放任の体制のもとに放置しておけば、資源の少ない者は生きるのに必要なものを得ることができず、やがて淘汰されていなくなってしまうだろうと言う（図6・3）。特定の個人はそのような体制のもとで消滅してしまうが、そのことにより全体としての資源の量～生産量、あるいはそれを成員の数で割ったものは増えるだろうと言うのである。

同じ根拠によって介入も正当化されうる。同じ進化論を取る論者の中にも積極的な社

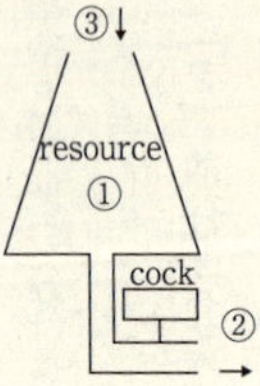

図 6.2

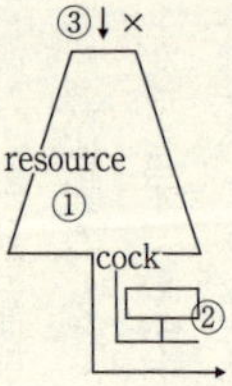

図 6.3

会政策を唱えた者がおり、またその後、遺伝説をとりながら積極的な施策をとるべきことを主張する「優生学」が台頭したのである。ゆえに両者は機能的な観点から見れば、二者択一ではない。実証知は、個体への介入の可能性を与える一つのものであり、介入を必ずしも意味するのではない。「放任」の思想にも結びつきうるのだし、実際社会ダーウィニズムにおいてはその通りのことが起こりもした。そして優生学はそれが不十分であるという認識の上に現れるのである。

さらに行為の因果を実証的に探ろうとする者達の間に起こった対立にしても同様に見ることができる。環境論者は、生産のためには社会の改良が必要であり有効であると言うし、遺伝論者はそんなことをしても無駄だと言う。

「生産」が問題になる限り、何がそれにとって有効であるかは、事実問題である。その限りでは両者の主張は互いに背反するわけではない。両者は並存しうる。そして、個体準拠の関与がなされる限りにおいては、両者は共通の場所に存在するのである。社会の生産を一定の状態に維持するために、あるいは引き上げるために（それは無論個々人の幸福の増大にも結びつくと考えられるのだが）、環境への介入が必要だと考えられた。他方、遺伝論者のある者は改良の試みが無駄であることを主張する（社会ダーウィニズム）。だが、優生学は、生殖の奨励（積極的優生学）と生殖の禁止（消極的優生学）という初歩的な方法によってであるにせよ、積極的に改良を主張する。

つまり、自分で入れられるのか、それとも遺伝的に決定されているか（同時に、遺伝的な部分に介入することによって左右できるのか）、それとも社会がその多少を決定しているのか、それによって採用されるべき方法は変わってくる。そしてここでも、これらは並存するのである。実際、私達は、「努力」すればいくらかは報われることを知っていると同時に、自分の努力ではどうにもならない部分、遺伝ということでないにしても生まれつきのもの、また育ちに関わる部分があることも知っている。

［3］介入／非関与

次に、内面不関与、属性の無視。第一に、内面不関与＝寛容の原則は、対立、とりわけ宗教上の対立の解消のための妥協として現れる。これは、個別の思想信条を問題にするなら、必ず収拾不可能な対立が起こり、それは好ましくないという事実（の予測）

を前提している。対立の契機を軽くみるべきではない。それは、放っておいても人々はきっと仲良くやっていけるに違いない、対立は自ずとどこかに収斂するのではないかという楽観論よりいくらもましであるだろう。内面不関与という方法は、対立を含む社会にあって、有用で現実的な知恵である。第二に、属性の消去は、属性と関係のない能力を取り出しさえすればよいシステム、例えば市場にとって効率的である。第三に、個々人の個別性を問わず一様な規範を設定するのは、個々人の計算能力とその計算の一様性を前提する限りにおいて、合理的な選択である。以上を第1節2で見た。

第一点については、どこまでを侵害とみなすのかという問題が残る。その人が一人ひそかに何かを思っていても、その限りでは、どのような社会であろうと問題にはなりえない。問題になりうるのは、何らかの形で表出されたり、何らかの行為に結びつく場合である。寛容の思想は、無論、表出や行為そのものを禁止するわけではない。他者を侵害しない限り、あるいは侵害を意図しない限り、それは自由であるとされる。しかし、その侵害とは何か。

第二点は事実問題である。属性を排除することが効率的であることは言えても、積極的に排除すべきことは言えない。市場経済の展開は、利益を得るために、属性を積極的に排除するかもしれない。しかしそれは、その目的のために自然にそのようになるということであり、それ以上のものではない。（第8章4節で再論する。）

第三点は、事実はそうでないとすれば、別の対応の方が有効であるかもしれない。実際、私達はすぐ後にそうした対応の現われを見ることになった。個体に関する知、個体への介入と「自由」とは、また規範の個別性と一様性は、その目的において背反するわけではない。矯正の戦略は、諸個体を等質のものと捉え、均一の規範を与えるという原則と背反する場合がある。その知は個々人を、あるいは集団をその差異において取り出す。また知られたその性質に応じて差異化された処遇が試みられる。だが両者を諸個体を有効に捉えるための技術論と考えるなら、これは同じ場にある。そしてこの知・関与の技術は、同じ規範が一人一人に同じ効果を与えるわけではないという以前より存在している問題、その問題の解決の模索に解答を与え、契約としての法からの逸出、とりわけ恒常的とみなされる逸出を説明し、それへの処方を与えることによって、次第に確固とした位置を占めていく。（第2・3節）

たしかに「機能」――以上では専らこの視点から見てきた――から「原則」としての不可侵、寛容[◆48]が導かれないのは当然だとも言える。しかし、他にこの社会にあるのは、双方の意志の合致という原則である。例えば雇用契約において労働能力自体には関わりがない（と私達が考える）Bの民族や性別、思想信条等々を、Aは考慮しないで契約関係に入るかもしれないが、考慮するかもしれない。これはAに委ねられている。ある人のもとにある何が有用なのかは相手（加えるに自分の必要）によって決まるのであり、予め定まっているのではない。ここで属性はあらかじめ排除されているわけではない。そしてそれによって、交換は行われたり行われなかったりする。つまり、属性に関わる差別は、私的所有の体制から、第2章、第6章に見た部分から、直接的に導かれるものではなく、原理的に排除されない。（これをどう考えるか、第4章で基本的なことを述べた。第8章でさらに検討する。）

［4］個体への堆積

これらの個体に関わる諸実践・諸言説は当の個体にどのような効果を与えているのか。まず、今まで述べてきたもののいずれも、ある事象を個体において捉えるものであることを確認しよう。人間一般に関して、また個々人に関して、外側に現われるものを規定する要因として、人に内在する性質が見込まれる。最初からその人にあったのでないにしても、それはその人に沈殿し、内在してしまったものとされる。それが事実として社会に知らされ、それに基づいて個人への関与が行われる、そしてそれがまたその了解を補強する…、という円環を作る可能性がある。こうして、問題が吸収されていく、あるいは消去されていく個人という領域をこの社会は持つことになる。

しかも、私（の内部にあるもの、内部に獲得されるもの）は目標でもある。私の内部にあるものが私の行為＝生産を起動し、その私の行為＝生産物が私を表示するという了解のもとで、私は生産、行為のための生産に赴く。それは具体的な行為規範の遵守がそのまま目標の達成となるといった場合とは異なっている。どこまで、あるいはどのように行為するかは原則的には定まっていない。例えば能力が評価基準になる時、それは上限を指示しない。またその評価自体は抽象的なものであり、何をすればよいのか具体的な行為を指定しない。同時に、一定の評価の基準を与え、何が私を表示するのかが操作される。これらによって、社会の変化、一定の方向への成長が可能になる。

何が私、私の生産を規定するのか。一九世紀以降、人間に関する科学がそれを知ろうとする。しかしそれは曖昧な部分を残し、決定的な解決にもたらされるというわけではない。種々の実践のなかで、そのあるものが利用されることになる。自己原因（自由）と実証知は対立しながら、並存してきた。遺伝説と環境説は対立しながら、並存してきた。対立点が決定的に問われないのはなぜか。簡単に言ってしまえば、いずれも役に立つからである。そして並存が可能になっているのは、結局のところわからないからではないか。何がその人の能力や行為を規定しているのか、単一の決定的な規定因があるわけでもないし、規定因の各々の規定の度合いを知りつくすこともできない。どうすればどの程度の達成が得られるのかわからない。やってみて初めて結果がわかるのだが、その結果を見ても、何がどれほどよかったのか、悪かったのかはっきりとわかるわけではない。その結果、第一に並存が起こり、使い分け、併用が行われる。何でも使えそうなもの、効くかもしれないものは使おうというわけである。第二に、その残余、どこまでが残余かわからないその残余が、個人に委ねられる。決定的に環境的なものによって、そして/あるいは遺伝的なものによって決まるのであれば、少なくともすっきりはする。しかしそれはわからない。何がどれだけ貢献したのかは結局のところわからない。その差は個人によって引き受けることになる。教師の責任が問われたりはしない。結局あなたの努力が足りなかったのだということになる。あるいは理由はともかく、学校を出た後は、その個人が引き受ける。また、わからないからがんばってみるということにもなる。その自己は、最終的に問題が解消される場、ごみ捨て場のような場所でもある。生じた摩擦はそこに投げ込まれることによって、問題はそれ以上に波及していかない。しかも、境界を曖昧にするだけでない。何が私のものであり、何が私のものでないのかの線を引く。例えば劣悪な環境の改善をしようと言う時、それは環境と名づけられることによって、私の範囲にないものとしてその人達の手に渡り、その人達によって改善される対象ともなるのである。

このように、あるものを個人へと吸収させつつ、しかも一方でその改変へと嚮導する、またあるものについてはその人から切り放す、しかもその各々、またその境界が予め与えられていないために可変的である、こういう社会が存在している。まず、個人は何もかもの始まりとして位置づけられるのだが、それと同時に、様々な因果関係のもとに捉えられる。両者は論理的には両立しない。しかし、にもかかわらず、近代という時代は、両方の契機を同時に持ち、場合に応じてこれを使い分けながら、うまい具合に進んできた。近代社会は、まずあなたを取り出し、ある部分についてはそれをあなたのものとして放置するとともに、あなたに注目し、あなたにあるものを注目させ、ある方向に仕向け、また具体的にその性質を改変させようとする。その自己とは、予め確定されたものでなく可変的なものとされるから、その社会は、この場合にはこうせよと規則が細かに定まっている（だけ）の社会より、可変的であり「成長」可能な社会である。そしてその方向が水路づけられれば、その社会は一定の方向に「発展」することになるだろう。しかも、あなたのしたことは結局あなたのことですよ、と言う、あなたが責任を取ることですよと言い、事実ことはそうして進んでいく。

だからこの社会は、個々の存在に大きな負荷をかけている社会である。そして、雑然とした巧妙な社会である。ある性質や能力がどうしようもなく与えられている場合、あるいは前もっては見えておらず可変的とされる時、様々な場合に応じて、私のもの、私のものでないもの、というよくわからない境界線を動かしたり、それ自体は根拠のない、私のものは私のもの、という言葉のまわりに様々な観念と実践をめぐらす、いろいろな仕掛けが様々な場所に、必ずしも論理的な整合性なく、雑然と置かれている社会なのであり、またこのような社会であることによって、複数の戦術を使い分ける、巧妙な構造を持った社会としても作動している社会なのである。

◆注

◆1 多くの宗教は外的な行為の形を指示し、また、そのことによって自らの同一性を保持する。つまり、なすべき行為となすべきでない行為を指示し、その遵守を求めることで例えば来世での幸福を約束する。キリスト教が当初その一分派であったところのユダヤ教はそうだった。キリスト教はそういった空間から離脱する、とは言えないとしても、それを屈曲させ、別の空間を提示する。キリスト教は罪が構成される場所を個体の内部に移行させ、内部（の罪）の発見を促す（吉本隆明[1978]、橋爪大三郎[1982]）。ここに罪の主体としての人間が現われ、このことによって人はこの宗教の下に捉えられる。問うことによって内部という領域が現れるが、それはそれ自体としては当人にも不可視であり、それだけに内部にあると名指されるものを否定し難い。そこで、この場所が問題になるや、そこに諸個体はひきこまれてしまう。共通の主題へと導かれていく。【(吉本［1978］に「親鸞論註」とともに収録された「喩としてのマルコ伝」は、後に吉本［1987］に収録された。cf.第2版補章1注9・803頁)】

キリスト教はこのことによって普遍性を獲得した。第一に(発見されようとする限りでの)内部の存在の普遍性と、(同様に在るのではと疑われる限りでの)内面の罪の否定不可能性によって、あらゆる人間に対して効力を持つ(可能性を有する)という意味での普遍性。第二に、各人の身体を具体的に拘束する諸規範を必ずしも否定することなく、別の準位、しかも具体的な行為に対してメタの位置に立つ抽象的な準位としての内面に教義を定位させることにおいて獲得される、個別規範の具体性に対する普遍性。そしてこの逃れがたい罪を赦す神をここに置くことによって、キリスト教は普遍宗教たりえた。しかもこの教義は、(内面が個体の内面である限りにおいて)人間を集団として捉えるのではなく、個別の存在として取り出し、さらに――救いへの導きにおいて――個々別々に作用するものである。以上の二つの意味での「普遍性」と二つの意味での「個別性」は矛盾しない。あらゆる人間に作用し、また個別の規範に対して上位の位置に立つ、そして個々の人間を別々の存在として取り出し、またその個別の存在に作用する規範、の可能性が開かれたのである。

ただ、右記した構制は、パウロ(Paulo)、アウグスティヌス(Augustinus)といった人々の言説の水準においてはともかく、西欧世界に当初より存在していたわけではない。例えば刑罰の領域では、行為＝統一体の損傷、制裁＝その回復、といった観念が根強く存在する。ここからの転位は一二世紀後半から一三世紀前半にかけて現れる。行為の外形における違背→秩序回復の儀式としての制裁という観念が失われ始め、行為者が倫理的に非難されるようになる。この時期は、諸集団の並立、そして集団内での制裁、と集団間での争い、より上位の権力体が存在する場合でもその調停としての裁判、という状態からの変容期にあたる。すなわち、一二世紀後半以降、貨幣経済の進展・商業の発展によって諸権力体間に格差が生じ、既存の権力秩序が変容するとともに、より広範囲・高次の平和領域が要求され、既存の諸集団の解体、統合を通しての、より広域に及ぶ中心を持った権力圏が徐々に成立していくのである。ここで、個人の内部への遡及は、行為が集団の中で意味づけられる状態を除去し、背後を持たない個人を取り出し、その個人を個人として中央権力の下に引き出すことを可能にした点で、この変動の方向に適合する、あるいはそれを可能にするものであった。それは、民事と刑事、刑罰と損害賠償の分離、権力者による報復と威嚇という姿をとり、実刑を主とする「刑罰」の誕生として、また、糾問手続き、すなわち被害者の告訴をまたずに裁判権力者が犯人を職権的に追及・逮捕し、立証・裁判する手続きの登場として現実のものとなる。（塙浩［1960］［1972］他）この時期はまたキリスト教会において「告解」が最終的に制度化された時期でもある。先にみたキリスト教の教義が実定的なものとして存在し始める。行為、内部を反省として取り出すことが促される。罪は常に私の内部の罪、内部の罪に起因するものであるとされる。（Foucault［1976=1980］、告白について他に Hepworth & Turner［1983］。cf.Morris［1972=1983］（以上、より詳しくは立岩［1985］［1986a］［1986b］）

この技術は近代にうけつがれる。例えば一八世紀末からの監獄の改革において独房での孤独が推奨されるが、それは、他の囚人との交流を遮断するとともに、自らの罪を発見させるためである。こうした技術が本文第2節にみる介入策と連続するものであることは明らかである。けれども、連続性をそこにだけ見るのは不十分であることを本文で述べた。また、本文第1節でみる規範のあり様を、内面非関与の性格をもつものとして個人関与の諸技術に対置することに注意深くなくてはならないことも述べる。これはフーコーが記したことをどう考えるかにも関わってくる。少なくとも『監視と処罰』（Foucault［1975=1977］）はそのような構成になっていない（この点については本章の注3、介入に自己決定が対置されていると解せる発言があることについては第7章注22・533頁を参照のこと）。

◆2　例えば、個人への帰属が明確化されると同時に、個人に帰属されない行為が確定されることになる、そのことによってその境界を明らかなものとし、その内部での行為の形式性によって独自な空間を構成する組織、すなわち近代的組織の誕生。佐藤俊樹［1993］を参照せよ。

◆3　前期古典学派と後期古典学派という区別は刑法論の全てが採用しているわけではないが、自由意志により犯した犯罪の道義的責任を問う応報刑という中世に既に存在する了解に行為とその結果に注目するという原則を加えた一九世紀後半からの潮流と、この時期の刑罰論とを同じものと扱うわけにはいかないだろう（この区分を積極的にとっているものとして平野竜一［1972］、内藤謙［1977］等）。その他の点については様々の書物に書かれていることに大きな違いはなく、私達はそれらを一括して刑法学の了解として扱うことができる（一般的な文献としては右記の他、団藤重光［1979］等、主題的に歴史を扱った文献が他にも多数あるが、枠組みは同じであるといって差支えない）。この「前期古典学派」とFoucault［1975=1977］第二部「身体刑 supplice」に記されるもの、「近代学派」と第三部「規律・訓練 discipline」、第四部「監獄 prison」に記されるものとはかなり対応する。その限りでフーコーの記述は実は正統的なものである。ただ、採り出されていることは刑法（学）史に書かれていることと同じではない。

第二部では以下のように記される。個々人によって構成される社会、そしてそこに作られる法が誰にとっても明らかである社会が、構想、あるいは夢想される。そこで刑罰は犯罪へと駆りたてる感情を圧する表象－妨害となり、そこでは受刑者自身もまた市民の前に現れ、法を示す表象となる。残酷な身体刑は否定されるが、公開の刑は否定されず、むしろそれは積極的な意味をもつ。まず、専断の廃止、残酷な身体刑の廃止は刑法史に限られずあらゆる正統的な歴史把握において取り上げられている。そして刑罰の機能・形態についても、「前期古典学派」で主張される、犯罪に対する刑罰の予期を与えることに刑罰の機能があるとする「一般予防」説は、ここに述べられている表象－妨害としての刑罰という了解と相同のものである。

だが両者の間の差異もまた確認しておかなければならない。古典的な了解においては、一般予防の機能という視点を維持すれば別の説明が可能なはずなのに、この刑罰制度の改革は人間主義の発展によるものと捉えられる。それに対してフーコーは、専断の廃止にしても、刑罰の穏やかさにしても、権力の経済策として捉える。それは改革を肯定的にみるか否定的にみるかといった価値判断の問題ではない。刑法学史の言説とフーコーの記述はかみあわない地点で対立しているのではない。例えば人間性といった言葉を取り出すことにおいて、双方は共通している。しかし、その用いられ方をフーコーは確かめる（cf.注4）。それは実は文献の中に積極的に現れている。なにより、この時期に初めて人間を尊重する感情が発生したといったことを信じることの方が難しいことではないか――フーコーは「心性 mentalité」といった概念を積極的には、説明項としては取らない（Foucault［1976=1986: 33］等）。

　また刑罰の具体的な形態について、刑法学は、刑罰の諸機能の一つとして当時の言説を一般化するために、表象としての刑罰という後の時代からは奇異とみえる刑罰の形態（例えば放火に対する火あぶり）を捉えることはない。また、矯正の契機が入っているにもかかわらず、それを看過する。それは後の時代における矯正とは異なった形態をとるためである。そしてこのこととも関係して、刑法（学）史は公開の刑罰に対する指摘を欠いている。一般予防という見地からみれば背反するものでないにもかかわらず、しかも代表的な改革者の言明に公開刑がとりあげられているにもかかわらず、刑法学が捉える自らの歴史においては、既に監獄が自明のものとなっているために、監獄以外のものは看過され、そこには監獄しかなかったかのようなのである。だがこの時期、閉鎖空間としての監獄は、人々に法を知らせるためには不適当であり、表象を媒介する多様な刑罰を与えることができないとして、既に提案されながら、全面的な採用は否定された。にもかかわらず、その後、監獄は主要な刑罰の制度となっていく、その変容への契機はすでに当時の言説・実践に孕まれている。そしてそれは、先に述べた権力の経済策という理解に関わっている。この視点からみるならまた別の可能性がありうるのである。

　歴史把握の差異は、フーコーが一般にはあまり知られていない文書を多く用いることによる場合もあろう。

しかしこの場合には、私達は、この時期の刑罰の改革の代表的な論者、前期古典学派を代表する論者と公認されるベッカリーアの有名な著作『犯罪と刑罰』（Beccaria［1764=1959］）に、歴史が無視する全ての点が現れていることを確認することができる。（以上、立岩［1987b］より）

◆4　人間による鞭打ちは私情による不公平を招く恐れがあるという理由から、ベンサムは鞭打ちの機械を考案する。彼にとって、同時期の多くの人々にとって、合理的なものは非個人的なものであり、非個人的なものは人間的なものなのである（Ignatieff［1978: 72-79］）。ベンサムの刑罰論についてはBentham［1789=1979: 205-210］。【直接関係するものではないが、第2版補章1注9・801頁でデリダが苦痛とベンサムに言及している箇所を引用した。】行刑制度の改革について、他にErikson［1976=1980］。

◆5　フランスの革命期におけるこういった改革への志向について阪上孝［1984］等。イギリスでは一八三四年の救貧法の改正。同時に、収容施設であるワーク・ハウスにおいては、独立労働者最下層の生活に比して物的処遇がまさることにより施設に貧民が吸い寄せられることを抑止するため、厳しい規律が課せられた（大沢真理［1986］）。【貧民、ホームレスに対する各社会のあり方は様々に異なり、また共通性もある。韓国についてそしてその一九六〇年代についてイム・ドクヨン（林徳榮）［2008］［2012］。】

◆6　こうして仕事を休んでしまう「聖月曜日」の習慣について喜安朗［1982］。

◆7　マルグリン（Marglin［1971=1973］）は、イギリスにおける一八世紀半ば以降の工場の出現は、アダム・スミス（Smith［1776=1959］）の言うような分業による利潤の追求というより、労働者の監視・管理の必要によるものと考えられると主張している。

◆8　「身体の運用への綿密な取締りを可能にし、体力の恒常的な束縛をゆるぎのないものとし、体力に従順＝効用の関係を強制するこうした方法こそが《規律・訓練 discipline》と名づけうるものである。」（Foucault［1975=1977: 143］）

フーコーは規律・訓練の四つの技術として「配分の技術」「活動の取締り」「段階的形成の編制」「さまざまの力の組立」をあげる（Foucault [1975=1977: 147-171]）。これらは、個々人の空間への配置、行為の時間的な連続（統合構造）の統制、行為の訓練による形成、個々人の行為の組み合わせ（連合構造）と捉えられ、さらにこれを整理すれば、まず、行為の連合構造と行為の統合構造の二要素をあげ、空間上の配置を後者との関係で捉え、行為の習熟‐形成をまた別のものとして記述できよう。そして、「良き訓育の手段」としてあげられる「監視」「制裁」（両者の結合としての）「試験」はこれらを得るための手段であり、適切な（諸）行為、（諸）行為間の連鎖を得るための判断を下すための「観察」と、同じものを得るための「制裁」（試験は両方の要素を含む）とも整理できる。以上、行為の適切な統合構造と連合構造、そのための準備としての訓練、それらを得るための観察と制裁。これが、この書のこの部分で述べられている規律・訓練という技術である（以上、立岩 [1985] 第3章）。

◆9　内田隆三 [1990: 176-180]、等。その具体的な仕組みについてはよく知られているから紹介するまでもない――常に監視されうるが、監視者は監視される者には不可視な装置であり、監視される者は視線の可能性により自ら行為を規制してしまい、常時の監視が不要になる。図式として随分すっきりとしているためもあるだろう、多くの人によってそれ（だけ）が取り出され、私が私の行為の監視者、「主体」になる「機制」が語られた。だが少なくとも監獄等で採用された具体的な装置としての一望監視方式は、監視者が現実にいる可能性があるという前提の下にのみ成立する。この装置は、まず規律・訓練のための監視を最大限の効率で達成するものであり、特に知との結びつきが重要である。フーコーは、規律・訓練的な社会の形成に結びつく学問的な歴史過程に関し、「臨床医学・精神医学・児童心理学・心理的教育学・労働管理化などが、規律・訓練の構成要素として形成される」と述べ、ここで一望監視方式の発明の重要性を言う（Foucault [1975=1977: 224]）。

◆10　矯正の試みが大規模に始まったのは、増大する貧民、浮浪民の脅威を解消しようとして一六世紀以降各地に建設された監禁－矯正施設においてである。それは、刑罰、隔離による無害化、費用の軽減、安い労働力の利用という意図とともに、労働と規律による収容者の改善、矯正を目指す。ここには怠惰（労働しないこと、規則正しい生活を送らないこと）によって、貧困が、あるいは無秩序が生ずるという観念が存在する。怠惰はそれ自体悪であるとともに、それによって、悪が引き起こされる源泉である。そして、怠惰とは個人の意志の欠如であり、救いに選ばれていないことの表象であると考えられるにせよ、そうでないにせよ、個人のものであるとされる。それゆえに、それに起因する貧困と貧困者に同情する必要はない。（中世、中世のキリスト教においてはそう考えられていなかった。貧困観の転換についてFoucault［1961→1972=1975］、小山路男［1962］、千葉治男［1975］、中村賢二郎［1976］、田中峰雄［1980］、東丸恭子［1983］、転換を示すものとしてLuther［1520=1979: 150-152］、等。）こうして一方で区画、放置、排除がなされる。同時に、それはまた他者の介入を通して矯正されうるものと考えられている。貧困は怠惰のせいであり、それは怠惰な個人のものである。個人のものではあるが、また怠惰はそれ自体罪である。そこに、恩恵として、労働が与えられる。

だがこの収容施設は至る所で失敗に帰し、施設はその醜悪な環境によって恐れられることに、あるいは規律の弛緩によって怠惰、悪徳の温床と見做されることになる。一八世紀末以降、各地で監禁－矯正施設から貧民が解放されていく。というより、（労働可能な）貧民、狂人、犯罪者が分離され、狂人と犯罪者は別々の監禁施設に収容され、貧民は労働市場の中におかれる。

監禁－矯正施設から「解放」された貧民－労働者は、契約を結び資本体に下属する。とはいえ、その外に個々人に対する権力の作用が存在しなくなったわけではない。また、国家による介入を「福祉国家」以降のことと考えるべきでもない。例えば公的な扶助を通し、家庭を主要な場として、労働者の道徳化の試みが多くなされた（阪上孝［1984］等）。労働と規律は監獄でも重視される。それには経験論からも支持が与えられる。経験論は、理性が主体に本性としてあらかじめ内属するのでなく、経験によってそれが得られることを主張し、正しい精神を持つために正しい規律に従わせることを主張するからである。

この矯正の観念は、やがて刑法（理論）においても、犯罪学の成立とともにあるいは少し遅れて、顕在化する（前期古典学派・後期古典学派に対する近代学派、あるいは旧派に対する新派）。この時、自己原因－帰責の観念は不確かなものとなる。というのも、かつて怠惰は個人の内部にあるとされ、そこに恩恵として労働が加えられたのだが、ここでは、犯罪の原因が追求され、それに応じた対処がなされようとしているのであり、自己原因の観念は認め難いものとなっていくからである。

◆11　ここで「主体（化）」という語はAlthusser［1970=1993: 76ff］等で用いられているより狭い意味で使われている。

◆12　Weber［1904/1905］。小林淳一［1991］が、これを「行為の意図せざる結果」の問題をとりあげたものとして解説している。

◆13　以下、フランス第三共和制下の公教育の進展について論じた桜井哲夫［1975］による（より広い範囲を論じている著書として桜井［1984］）。共和派の中心人物はガンベッタ（L. Gambetta 1838～1932）ついでフェリー（J.F.C.Ferry 1832～1893）。急進派の中心はクレマンソー（G.E.B.Clemenseau 1841～1929）、ベルタン（Bertin）ら。発言を引用したベールはフェリーの片腕と言われた人物。こういった流れに対し、社会主義者の多くは反撃を行うことがなく、むしろ教会・対・進歩と文明、という対立図式の中で、共和派の改革に賛同し、急進派と競合する動きを示す。「教会と国家の分離」に示される近代化に対する反撥は、地方農民によって——例えば教会財産の登録という形で——なされるが、急進派はこれを封建的としてしりぞける。農民、労働者の子供たちが上級学校まで進むことは現実には稀だったが、能力主義・業績主義の観念は次第に支配的なものとなる。

◆14　出世の手段としての試験制度の弊害が一九世紀にはすでに指摘される。出生率の減少、また、農業従事者の減少がみられる。さらに青少年の自殺が増大する。こうした中で、脱落した青年者層を背景として、業績と平等という支配的な価値体系に反撥し、（教育熱心で、学業成績の優秀な）ユダヤ人を攻撃するナショナリズム運動、アクシオン・フランセーズが拡大していく。『自殺論』（Durkheim [1897=1968]）でデュルケームの言う「アノミー」が、規範の弛緩、規範の解体というより、むしろ、このように新たに編成された規範に起因するものと考えられると桜井哲夫 [1984] が述べているのが注目される。フランスにおける初等教育の進展について上村祥二 [1985]。

◆15　これに論及する文献は数多いが、他の点についても参考となるものに Ariès [1972]、この論文を含む Ariès [=1983]。

◆16　学制の開始の時期、また例えば福沢諭吉の存在の意味。スペンサーの著書は米国でよく売れたが（注20）、『学問のすゝめ』（福沢諭吉 [1880]、これについて柿本昭人 [1996]、また坂本多加雄 [1991: 23ff]）もまたベスト・セラーだった。そして福沢が優生学（後述）の支持者であったこと（筑波常治・鈴木善次 [1967]、鈴木 [1983: 27-44] [1993: 508-509]）は、奇妙のように思えるかもしれないが、本書の視点から見れば不思議なことではない。他方、例えば Willis [1977=1996] が記述するように、はっきりとした労働者階級独自の規範が存在する場合には、学校を通して均一にこの効果が波及していくことにはならないだろう。

◆17　一八世紀と一九世紀の境い目に、人口に関するマルサスの周知の言説（Malthus [1798=1969]）がある。人口が等比級的に増加するのに対して食糧供給の増加は等差級的であり、これを放置すれば食糧の不足は免れえず、ゆえに人口の抑制が必要だと主張する。ただ、一九世紀後半からの帝国主義の進展、植民地の拡大によって、むしろ一国内の人口は減少し、植民地の拡大のために人口増加を促すことがめざされ、人口の増加の問題はこれらの国の間では一時遠のく。なお、優生学の立場からは、人口を抑制すれば食糧不足が解決するとする新マルサス主義は、人口の質的向上の視点がないとしてサンガー主義とともに批判されることにもなる（「日本民族衛生学会設立趣意書」一九三〇年、高木雅史［1991: 164］に紹介）。

◆18 これ以前にも、個体に関わる知は行為における責任能力の有無の判断といった局面に場所を占めている。だがそこではある行為における判断能力の有無が主要な問題になっているのに対して、ここでは単なる行為ではなく、行為として現われる個々体の特性が問題になっているのであり、それが法－医学的な知にも影響を与える。私達はそこに、告白・告解の制度が、人を、その内部の欲望・意志…に繋ぐことによって、その者を全体として捉えようとしたこととの相同性、そういった把握の継承を見出すことができる。だが当人の言説だけにこの知は準拠して構成されるわけではない。様々の測定装置・解釈装置が用意され、当人の言説はその中に組み入れられるのである。矯正の成功・不成功それ自体とは別に、個体に関与する実践・言説は現実的な効果を与える可能性を持つ。個体に関する知が常に当の個体に送り返される。それによって、彼はこの場面に組み込まれていく。ある了解が信じられないとしても、ある行為の形式が自らのものとならないとしても、それらが流通している事実として知らされる限り、それは行為者に、他者に、その相互行為に影響を与えうるのである。

この主題に関わり医療の歴史についての検討がなされねばならないが、本書ではなされえない。社会学者による研究として富永茂樹［1973］［1977］、太田省一［1988］［1989］［1990］［1992a］［1992b］、市野川容孝［1992b］［1993b］［1996b］［1996d］［1996f］、等、歴史学からは見市雅俊他［1990］、柿本昭人［1991］、等。

◆19 一九世紀には頭蓋測定学が流行する。人種別、性別の頭蓋容量の測定が行われ、白人の優位や男性の優位が「証明」される。（Gould［1980=1986: 上 209-231］［1981=1989: 27-131］）。これがロンブローゾ（C. Rombroso, 1836~1909）らによる犯罪人類学の誕生につながる（Gould［1981=1989: 132-174］【この増補改訂版としてGould [1996=1998]】、Darmon [1989=1992])。実証科学としての犯罪学については一般にロンブローゾ、フェリー（E. Ferry, 1856～1928）らの一九世紀後半の生物学主義的な「イタリア犯罪学派」にその起源が求められるが、藤岡哲也 [1984: 9-20] は、一九世紀前半に犯罪統計の収集・分析に力を注いだ犯罪学者達の存在意義を強調している。社会調査の誕生については富永茂樹 [1985]。遺伝説・優生学に（社会）環境説・社会改良を安易に対置すべきでないことは第7章でも述べる。

◆20　スペンサーの社会進化論の発想が発表されたのは論文「発達仮説」（Spencer [1852]）、この中にevolutionの語が用いられる。「進歩について」（Spencer [1857=1980]）でもいくつかの箇所で使われる。また著書（Spencer [1854] [1862] [1864-67]）ではよりこの概念は前面に出、Spencer [1864-67] では「最適者生存」の語が現われる。いずれも発表は『種の起源』に先行し、進化の語はこの書の最終版（一八七二年）で用いられる（八杉竜一 [1984: 106ff]）。スペンサーは獲得形質の遺伝を主張するラマルクに傾倒しており（Bowler [1984=1987: 171-172]）、自然選択は副次的なものとした。これが進化についての楽天的な発想につながったとする指摘もある（鈴木善次 [1991a: 112-113]）。一八六〇年代から一九〇三年一二月までに米国で販売されたスペンサーの書物の冊数は一六八七五五冊に達したとされる（榊原胖夫 [1969: 175]）。米国（等）での社会ダーウィニズムに関する古典的文献としてHofstadter [1944,1955=1973]、米国でのＩＱ論争（第7章注4・519頁）からKamin [1974=1977]、この論争また「社会生物学論争」（第7章注1）を受けてGould [1981=1989]。他に西川純子 [1968]、富山太佳夫 [1992]、スペンサーについて阿閉吉男 [1957a]、等。また、この教説の用いられ方も――教育の場がそうであるのと同様――多様であり、この点についても検討したものとしてClark [1984] 等。

社会ダーウィニズムは、ダーウィン進化論の「生存競争・適者生存」を人間の社会現象の説明に適用したもの」（鵜浦裕 [1991: 122]）等とされる。社会進化論との関係について、「じつは歴史資料を読んでいるかぎり、両者に全く違いはない」（米本昌平［1981b: 260］［1989a: 48］）。この後、米本は、Social Darwinism in American Thought の訳書（Hofstadter［1944,1955=1973］）の題が『アメリカの社会進化論』であることにふれ、「ドイツ系の思想を社会ダーウィニズムと呼ぶのに対して、英米系のそれを社会進化論とする言い方は、後者がヒトラーとは直接に関係なかったということ以外に、この二系統のダーウィニズムの性格をよくあらわしている。社会進化論という表現には、生物が進化するのと同じように人間とその社会も進化し進歩するという楽観的な見通しが込められており、これは英米系、とくにスペンサーの影響が強いアメリカで顕著であった。これに対して社会ダーウィニズムという言葉の周囲には冷酷な雰囲気が漂っている。適者の生存よりは、劣者の淘汰に目がいき、進歩や発展よりは退化や絶滅の予感のにおいがする。そしてこのような論調は、確かにドイツで濃厚であった。」（米本［1989a: 50-51］、米本［1981b: 260］もほぼ同文）後述する優生学との関係については「社会ダーウィニズムの代表格とされる優生学」（米本［1989a: 46］）という位置づけもなされる。

◆21

彼は一八六五年に「遺伝的才能と性質」という論文を発表する（再刊された著書にGalton［1909］）。この論文では、精神的特徴が遺伝的であることを述べ、優れた素質の男女間の早期結婚、劣った素質の男女間の結婚遅延を奨励している。一八六九年に著作『遺伝的天才』（Galton［1869=1935→1975（抄訳）］、解説として麻生誠［1975: 11-12］等）を発表する。天才の家系調査によって人間に関する遺伝論が「実証」される。「優生学」という語が提案されたのは、著書『人間の能力とその発達の研究』（Galton［1883］）においてである（鈴木善次［1991a: 98-101］等）。ゴルトンの生涯とその業績を詳しく追った研究として岡本春一［1987］。優生学の歴史を概観できる翻訳書としてはKevles［1985=1993］が【初版刊行時には】唯一。イギリスの優生学史研究を概観したものとして鈴木・松原・坂野［1991］（執筆は松原洋子）。

一九〇四年、ロンドン大学で行われた社会学会（Sociological Society、イギリスを中心とした国際社会学組織）が開催された。その各報告と各報告に関する討論及びプレス・コメントがまとめられ、ゴルトンの編集で出版されている（Galton ed.［1904］）。社会学方法論、社会学に関連する実証研究、応用社会学の三つの部門から構成され、全七本の報告がある。方法論の報告にはデュルケームとブランフォード（Victor V. Branford）の共同報告、デュルケームとフォコネ（Fauconnet）の共同報告も含まれている。ゴルトンは、応用社会学の部門で「優生学：その定義、展望、目的」（Galton［1904］）を報告した。この報告での定義では、「優生学とは、ある人種（race）の生得的質の改良に影響するすべてのもの、およびこれによってその質を最高位にまで発展させることを扱う学問である」（訳は米本［1989a: 46］）。賛成論、反対論の両方が寄せられるが、ホブハウス（Hobhouse）は、これまでの社会福祉行政は社会環境を改善することを主たる目的としてきたが、ゴルトンは国民の血統（stock）そのものの向上という新しい福祉の課題を提示してくれているという賛成論を述べている。（以上紹介は市野川容孝［1990b］による。）

　このゴルトンの報告と討論をきっかけとして、一九〇七年にはロンドンに優生学教育協会 Eugenics Education Society（EES）が設立され、一九一一年のゴルトン死去までには五二七名の会員を数えるまでになり、一九一三～一九一四年にかけては千人以上の会員を擁した。一九一一年にはチャールズ・ダーウィンの息子であるレナード・ダーウィン（Leonard Darwin, 1850～1943、著書にDarwin［1926］）が会長に就任、一九一二年にはロンドンで国際優生学会が開かれている（鈴木［1991a: 100-101］等）。米国、イギリスの社会学会と優生学との関連については富山太佳夫［1993: 121-122］にも言及がある。イギリス優生学史についてSearle［1976］。

【優生学の歴史全般の概観を得るにはまず米本他［2000］。立岩［2001-2009］で本書初版後に出版された著作の幾つかを紹介している。またhp［優生学関連文献］。】

◆22　一九世紀末、ダーウィン進化論を独特に解釈し、魂と肉体、無機物と有機物、人間と他の生物といった二元論を廃した一元論を主張し、一九〇六年にドイツ一元同盟を結成、ドイツの社会ダーウィニズム、民族衛生学に影響を与えた人物にヘッケル（Ernst Haeckel, 1834~1921）がいる（八杉竜一［1984: 97-114］、Weindling［1989=1993］、米本［1989a: 52-54］）。太田竜【（1930~2009、→hp）】が「生態学（エコロジー）という新しい学問の領域を創造した」「ヘッケルの死の前後からエコロジーは変質し、堕落し始めた」と肯定的に紹介している（太田［1986: 138 - 143］）。【「新左翼」とその退潮の時期に、「自然」の方に行く人たちが一定数存在したのだが、なかにはずいぶん乱暴なことを言う人たちがいた。】

「ドイツにおける優生学は、民族衛生学と呼ばれ、英米における優生学（eugenics）とは区別されることが多い。この民族衛生学は、一九世紀末アルフレート・プレッツ（Alfred Ploetz）とヴィルヘルム・シャルマイヤー（Wilhelm Schallmayer）という二人の無名の医師によって構想され、その後英米の eugenics と相互に影響を及ぼしあいながらも比較的独立した学派として、eugenics 同様、二〇世紀中葉まで様々な学問的・社会的威力を持つことになった」（研究動向を概観する鈴木・松原・坂野［1992: 65］、執筆は坂野徹）。「一般にドイツでは、概して右派は Rassenhygiene を、左派は Eugenik という言葉のほうをよく使った。とくに左派のなかには Rassen という言葉を嫌う人間が多く、たとえば、A・グロトヤーンは生殖衛生学 Fortpflansungshygiene という言葉を作ったし、シャルマイヤーは Rasse は複数形でありすでに人種間に大きな遺伝的差異があることを前提にしているとして一生 Rasse-hygiene という言葉で通した。」（米本［1989a: 113］）

ドイツ社会学は民族衛生学に批判的な立場をとったが、同時に、民族衛生学は社会学のまったく外にあったわけではない（以下、米本［1989a: 76-83］）。一九一〇年の第一回ドイツ社会学会でプレッツは「人種概念と社会概念およびこれに付帯する問題」と題された講演を行う。テニエスがその前日の開会講演、またウェーバーとテニエスがプレッツの講演後の討論でこれに対する批判を行う。こうした論争はそれ以前に始まっている。テニエスとシャルマイヤーの論争があり、またウェーバーのいわゆる「客観性」論文（一九〇四年）は、ロッシャーやクニースよりむしろ社会ダーウィニストを念頭においたものだった。テニエスとウェーバーは「自然科学的、一元論的な社会学説の中には、一見万民が認めざるをえない自然科学の客観性の名を借りた、強烈な世界観や予断があることを認め、この特定の世界観で汚れたところの因果論的説明理論から、純粋な因果論のみこしとる可能性をやってみせるべきだと主張したのである。そして、このウェーバー＝プレッツ対決は、ウェーバー学派からの、社会ダーウィニズムの系統的無視を決定的なものにする象徴的事件となったのだと思われる。」（米本［1989a: 81］）

ちなみにヒトラーは民族衛生学の運動の中にいたのではないが、その著書『わが闘争』（Hitler［1940=1973］）はその主張を取り込んでいる。ただ、人種についての認識などについて両者の差異は小さくない（ドイツの有力な優生学者の多くはユダヤ人だった）。民族衛生学の側のこの書の受け止め方については米本［1989a: 98-106］。

◆23 ダーウィン自身は「進化」という語を当初用いず、この語が一般化したのはスペンサーによってである（注20、村上陽一郎［1991: 6］）。またダーウィンは進化論を人間の世界に当てはめることに慎重だったと言われるが、同時に進化論の発想にあたってはマルサスの『人口論』の影響があったとの指摘もある（Bowler［1984=1987: 168-169］、横山利明［1991: 40］）。

ダーウィンからゴルトンへの影響についても、従来は『種の起源』（Darwin［1859］）の影響を言う説が有力だったが、この影響は実はそれほど大きくなく、子どもができなかった自分の妻の家系についての関心をきっかけとした家系への関心等が遺伝説、優生学に結びついていったのだとも言われる（鈴木善次［1991a: 106-109］）。他方、『人類の起源』にはゴルトンへの言及がかなり見られ、また「逆淘汰」への危惧が語られる部分（Darwin［1871=1979: 195］）もある。

◆24 現実に起こったことは、学、思想だけであったのではなく、運動であり、実践であり、政策だったから、

「優生学」「優生思想」は最適ではない。藤野豊［1993］は「優生主義」の語を用いている。【批判の対象とされてきたその対象は「優生思想」と呼んだ方がよいだろう。ただ日本で実際に社会運動が批判する時に使われてきた語は「優生主義」だった。】ゴルトンの定義（注21）の他、次のような規定がある。

「優生思想は種の利益の思想であり、生命の質は個の利益の思想である。…／種という概念を利益評価の主体として設定しない場合においても、個体の排除をその個体以外の存在者の利益のために正当化する主張を、拡張された優生主義とよんでも良い。」（加藤尚武［1987b: 208-209］）。

「最も狭い意味で、優生学を、人間の遺伝子プールにおける病的遺伝子の頻度が増大することをおさえたり、これを積極的に排除することを指すものとする」（米本［1987b: 38］、注43、第7章注8・523頁も参照のこと）。

私自身の見方は本節と第9章（4節4）に記した。

◆25 自然界と人間界を区別し、自然淘汰を否定し社会改革を主張しつつ、後者を（より高度な）人間的進化とする進化論者が存在する（例えばウォード（L.Ward）、cf.阿閉吉男［1957b: 70-79］、榊原胖夫［1969: 184-185］）。その後の優生学の歴史の中では、強制断種や隔離を主張し、人種主義的な傾向が比較的強い「本流優生学（mainline eugenics）」から優生学的に重要な表現型に対する環境要因にも考慮し、これを無視する本流優生学に批判的な「改良優生学（reform eugenics）」が分れる（Kevles［1985=1993］）。注40も参照のこと。

◆26 一八五〇年代にフランス精神医学に現われる「変質 degeneration」概念（原初の完全な人間類型からの負の方向への逸脱）とその変容について太田省一［1992b: 77-79］。当初はラマルキズムの影響が見られ環境改善の動きと連続するものだったが、遺伝と環境を明確に区別する優生学のもとで生殖への介入が指示される。フロイトにおける「変質」（Degeneration）概念については市野川容孝［1996a］［1996c］。

◆27 「進化論の出現によって、旧来のキリスト教的倫理や生活規範の基盤がゆらぎだし、ついには「中世的遺物」のように見えだした。このようななかで先鋭的な知識人は、たったいま宗教的迷妄を打破してみせた自然科学こそ、合理的で確実な新しい倫理や生活規範の根拠を提示してくれるものと確信した。／かくして進化論的啓蒙運動は、社会科学の分野で、おびただしい数の社会ダーウィニズムの範疇にはいる諸学説を産出させ、さらには、自然科学的論拠のみに立脚した新しい生活改善運動を生み出してゆく。それは、教育改革に始まり、婦人解放であったり、社会主義的運動であったり、優生学や公衆衛生であったりした。このように十九世紀後半から今世紀前半にかけて、西欧の価値体系のなかで自然科学が非常に高い地位にのぼりつめた。これこそ、社会ダーウィニズムが大流行をした、根本原因だとみなしてよいのである。それは、人間が人間として生きて行くための意味空間の選択と乗り換えの問題であった。」（米本［1989a: 45］、cf.［1980: 54］）

進化論がキリスト教的世界観に対抗するものとして位置づくことによる「科学」としての進化論に独特の性格について沼田寛［1985］、また沼田の文章の紹介から始まる米本［1986a］。進化論を学校で教えることの是非に関わる「猿の裁判」について下坂英［1984］、鈴木善次［1984］【、鵜浦裕［1998］、他】。

◆28 左翼と優生学との結びつきについてPaul［1984=1993］、ソ連における優生学について根本亮［1993］。フェミニズム、バース・コントロール運動と優生思想の関わりについて荻野美穂［1991b］［1994: 166-208,257-260］、市野川容孝［1996f］、優生学とセクシュアリティについて松原洋子［1990］。ナチス期の女性政策についてFrevert［1986=1990: 189-235］、ナチズム下の「母性」についてStephan［1991］。

◆29 優生学が流行したのは奴隷制以来の人種差別があり多数の移民を抱える米国。そしてナチス政権下のドイツ。人種・民族差別の正当化の理由として優生学が用いられる。そして、階級の問題があるところ、特に有閑＝特権階級とそれ以外の対立ではなく、（より多く）生産し、（より多く）所有する市民階級があり、それがそうでない（とみなす）集団（として範疇化したもの）に対して自己防衛的になる、あるいは攻撃的になる社会、時代において、優生学的な発想は受け入れられやすいとは言えるだろう。これに関連し、優生学を専門職中流階級のイデオロギーとするマッケンジーの主張がある（MacKenzie［1981］、この主張及びそれに対する批判の紹介として鈴木・松原・坂野［1991: 227-230］）。このことが米国で社会進化論・社会ダーウィニズムが受け入れられたことと無関係ではないはずである。他方例えばフランスではこれらの国ほどには広がらない。獲得形質の遺伝説がかなり後まで残り、遺伝的要因によって性質が決定されるという考え方はなかなか社会に定着しなかったといった説明もあるが、他の要因も考えうる。フランスにおける社会ダーウィニズムについてClark［1984］、桜井哲夫［1993］。

【ドイツ、フランス、ブラジル、ロシアにおける優生学についてAdams［1990=1998］。そして「福祉国家」と優生学もまた無縁でない。デンマーク、スウェーデン、ノルウェイ、フィンランドにおける不妊政策についてBrogerg & RollHansen eds.［1996］、スウェーデンで明らかにされた強制不妊手術報道をまとめた二文字・椎木編［2000］。優生学の歴史を概観する部分を含みつつ、英国・米国を中心とした不妊手術の歴史をたどったものとしてTrombley［1988］、その増補版として［2000=2000］。中国の（主に戦前・革命前の）優生学（と日本の優生学（者）とのつながりについて）、坂元ひろ子［2004］、柴田 哲雄［2013］。】

◆30 積極的優生を実践しようとして失敗した試みとしてオナイダ・コロニー（Oneida Colony）（Howard & Rifkin［1977=1979］、保木本一郎［1994: 66, 253］、cf.吉澤夏子［1997: 46-47, 130-132］）。シンガポールの積極的優生政策についてChan［1985］。積極的優生（を含む生殖技術全般）の批判としてRamsey［1970a］（保木［1994: 264-267］に紹介）。私自身の見解は第9章6節に述べた。

【「新優生学」（→注40・445頁）と「積極的優生学」とは同じでないが、かなり重なる部分がある。その中でも「遺伝子改良」について論じたものとして金森［2005］。この語が題にある書籍として『「新優生学」時代の生老病死』（日本社会臨床学会編［2008］）。また「エンハンスメント」という語もあり、近年何冊も本が出ている→hp［エンハンスメント」］には七八の文献があがっている。いくつかを第2版補章2・注2（846頁）にあげた。エンハンスメントが本人の意志・希望によるものも含むのに対して、優生学は、言葉通りの意味では他者に対する行いとしてなされる。この違いは大きいと考える。新優生学とエンハンスメントを紹介し論点を提示したものとして堀田義太郎［2011］、関連して堀田［2005］。】

◆31　例えば断種に対して、それが次世代の人口の質を改善するものでしかないこと、社会問題を引き起こす者達＝精神薄弱者——犯罪者、アルコール中毒者、売春婦、失業者——の性的放縦を許容することになりかねないといった批判がなされる。

「このような批判は、主に精神薄弱者の隔離を主張する側から出された。そこでは、自らの立場として「生涯にわたる介護 life-long care」が唱えられた（Lapage［1920: 197-199］）。その立場によれば、精神薄弱者の施設への隔離は、初等教育の年齢を過ぎ社会に出た精神薄弱者を監視し続けることの困難やその場合の家族の負担を軽減するし、また精神薄弱者自身にとっても文明生活がもたらす外界の過剰な刺激が遮断されることで精神的な安定が得られ、それによって各自の程度に応じた労働の効率も上がるだろう、また最終的には、変質した人口が新たに増加するのを抑制することができるだろう、とされた（Douglas［1910: 255-256］）。」（太田省一［1992b: 82-83］）

「脱施設化」について私達は一定のことを知っているが、施設（化）の歴史のことはほとんど知らない。検証の作業が必要である。【米国における知的障害者の施設の歴史・実態についてはTrent［1995=1997］がかなり詳しい。同じ国における精神障害者の脱施設化についての日本の医療者の受け止め方について三野宏治［2010］。】

◆32　日本における優生学の受容と展開についての書籍として鈴木善次［1983］【、藤野豊［1998］】、論文として鈴木［1975］［1991a］［1991b］［1993］等。「民族浄化」論によるハンセン病者の隔離、断種について藤野豊［1993］【、戦前の断種法制定の動きについて藤野［2003: 70-79］】。論文として野間伸次［1988］、高木雅史［1989］［1991］［1993］、斎藤光［1991］［1993a］［1993b］、小熊英二［1994］、研究動向をまとめた鈴木善次・

松原洋子・坂野徹［1995］。また一九一〇年代から四〇年代の人口政策について廣嶋清志［1980］［1981］。これらで永井潜（1876～1958）らを中心とする日本民族衛生学会の活動や、「国民優生法」の制定（一九四〇年、これは一九四八年制定の「優生保護法」に引き継がれる（第9章））等が取り上げられる。また、「衛生博覧会」に現われ、これを介して普及していく優生思想について田中聡［1994］。【「戦前の断種法制定の動きについて藤野豊［2003: 70-80］」。】ハンセン病者の断種については澤野雅樹［1994: 141ff］でも言及。遺伝という観念の浸透について川村邦光［1990: 96ff］。（以上に挙げなかった鈴木の論文一覧を含め hp［優生学］→［関連文献］。【ハンセン病に関しては hp［ハンセン病］に七六点の単行書があがっている。最近の研究書として廣川和花［2011］、坂田勝彦［2012］をあげる。第2版補章2の注5にもいくつか論文をあげた。】）

◆33

ビネはパリの小学校で知恵遅れの子供を見つけ出し特別のクラスに移すための手段として、一九〇五年にテストを開発し、その改良を重ねた（文部大臣の要請によるとされているものがあるが（Kamin［1974=1977: 14］、日本臨床心理学会編［1979: 260］、等）、彼が独自に開発したというのが真相らしい（Wolf［1973=1979: 182ff］）。（ただし精神年齢（M.A.）、知能指数（I.Q.）の概念を提出したのはビネ自身ではなく、ドイツの心理学者 W. Stern であり（一九一二年）、ビネ自身は彼の尺度に対してより慎重だったと言われる。）ビネ及びビネと彼の協力者シモン（Th.Simon, 1873～1962）との共作の論文のいくつかを訳した本として［=1982］、その他、Binet［1911=1961］。ビネの評伝として Wolf［1973=1979］。

ビネ以降のメンタル・テスト、因子分析の始祖スピアマン（Spearman［1914］［1927］等）、シリル・バート（Burt［1946］［1955］）の知能テストについての批判的検討として真田孝昭［1985］。バートによるデータの捏造については成田克矢［1977］。Gould［1981=1989: 175ff］等でも取り上げられている。米国における受容・展開については主に Kamin［1974=1977: 21-48］による。他に Kevles［1985=1994: 137-149］、Gould［1981=1989］、吉田忠［1985］、Eysenck vs. Kamin［1981=1985: 159-163］。知能テスト、心理テスト、その歴史について滝沢武久［1971］、日本臨床心理学会編［1979］、才津芳昭［1993］、佐藤達哉［1997］【、山下恒男［2012］】。

◆34 「極端に愛他的で人道的な態度で、労働者に公平でありたいと願う人たちは、社会生活に大きな不平等があることは悪であり不当であると考えています。…この主張は誤りです。これは労働者とそれを保護する立場の者と同じ知的水準である、という仮定に立つ議論なのです。／事実は、あなた方が二〇歳の知能を持つのに、そのような労働者は一〇歳の知能しかないのです。あなた方が住んでいるような家を彼らにも与えるのは馬鹿げています。それは、すべての労働者に大学教育を受けさせよう、というのに似ています。これだけ知的能力の差が広がっているのに、そんなことで社会的に平等になるのでしょうか。知的水準が異なれば興味も違ってきて幸福感を与えるものも異なる必要があるのです。／世界中の富が平等に分配されれば平等になる、というのも馬鹿げています。知的な人はお金を上手に使い、病気に備えて貯蓄もします。ところが知能の低い人はいくら収入があっても、その多くをでたらめに使い生活の向上のために何もしません。数年前、ある地方で炭鉱夫のほうが技師よりも収入が多かったことがありましたが、炭鉱が一時閉鎖になった今日最初に困ったのは彼らでした。炭鉱生活は不規則で、仕事の多い時期に仕事のない時のために貯えておく必要があることくらい、その生活からわかっているはずですが、貯えようとしなかったのです…。／こうした事実はわかっています。でも、それは知的水準を変えようがないから生じるのだ、と気づくほどにはわかっていないのです。われわれの無知から、こうした人たちにもう一度機会を与えよ、と言うのです――いつまでたっても、もう一度機会を、と。」（Goddard［1920: 99-103］（一九一九年、プリンストン大学での招待講義で）、引用は Kamin［974=1977: 18-19］）

◆35 一八九八年にアメリカン・ジャーナル・オブ・サイコロジーに載った論文に、「精神薄弱者とてんかんの施設ミシガン・ホームの収容者全員を…また重罪を三度犯した者全員を、去勢させる」法案がミシガン州議会に提案され成立しなかったことが、マサチューセッツでは二六人の男児が「二四名はてんかんと自慰がたえないため、一名は痴愚でてんかんのため、残りの一名は精神薄弱で自慰をするために」治療の名のもとに去勢されたことが報告されている（Kamin［1974=1977］）。法制定以前に断種手術が行われたことは吉田忠［1985: 43-44］にも記されている。断種法についてはKamin［1974=1977］、吉田［1985: 43-45］。米国からドイツへの影響については吉田［1985: 42］。「アメリカでは戦前の断種法がそのまま機能している。ただし手術件数は減少傾向にある。」（米本［1989a: 190］、実施件数も掲載）

◆36 この場でも心理学者、生物学者達が、また彼らによって結成された優生学会のような団体が、大きな役割を果たした。彼らは、データを分析するだけでなく、著書、議会の委員会等で、移民制限について積極的な発言を行った。

「わが国には不適当な群集がいっぱいになってきた…いままでは基準がなかった…心理テストは必要なものさしを提供してくれた。…軍隊テスト…は人の知的素質を顕わにしてくれる。…このテストは移民にも適用できる。…必要なことは、どこの港にも二、三人の熟練したサイコロジストを配置することである。／… 全米アカデミーの紀要を見てみなさい。…われわれはイギリス、オランダ、カナダ、ドイツ、デンマークそしてスカンジナビアからの移民にはそれほど反対できない。…ところが、イタリア…ロシア…ポーランド…ギリシャ…トルコからの移民には激しく反対できる。…スラブ系およびラテン系の国々は西北ヨーロッパの国々とは対照的な知能を示している。…見ただけですぐに見分けられるものではない。／彼らは大脳ではなく脊髄でものを考える。…将来のために必要なことは、彼らに引き続き労働させることではない。…彼らは体質的に劣っているのだから、社会的にも欠陥者でしかない。…教育は受けるのに値する知能がある者のみに授けることが可能なのだ。教育は知能を創り出さない。それは生まれつきのものである。D以下のグループはBクラス以上にはなれない。…われわれはスラブ系やラテン系の水準まで退化してしまう。…貧困、犯罪、性犯罪、要保護…は中よりも優れているとはいい難い知能から生じている。…／われわれは衰退がはびこるのを自衛しなければならぬ。…移民問題は新しい角度から見なおすべきだ。…新しい科学で武装しなければならぬ。…科学による完全な武器で…いまや知的素質は身長や体重と同じように簡単に測れるようになった。二〇万人以上の新兵にテストを実施してその標準を検証できたのである。…この新しい方法は…価値ある者を選び価値のない者を排除することを可能ならしめてくれたのである。」（一九二三年二月二四日、国会の移民と帰化に関する委員会の公聴会への追加意見の一部として出されたA.Swigny博士の見解、Kamin［1974=1977: 38］より引用）

移民の制限についてKamin［1974=1977］、Gould［1983=1988: 上147-163］、吉田忠［1985: 45-48］。一九二四年の法律は一九六五年まで続いた（吉田［1985: 48］）。【エリス島における移民の「選別」について山下恒男［2012］。】

◆37 Kevles［1985=1993: 203-204］。不妊手術を受けた人の数は山下公子［1991: 266］。以下、ナチスの所業、ナチズム下の医療について、翻訳書ではTwardecki［1969=1991］（注38）、Lutzius［1987=1991］（注39）、Kaul［1976=1993］（注42）、Pross & Aly eds.［1989=1993］、Gallagher［1995=1996］。Ambroselli［1988=1993: 70-89］でも取り上げられている。【その後、最も重要な書籍であるKlee［1983=1999］が刊行された。】論文として精神病院での患者の殺害についてDörner［1988=1996］。いずれも一九九〇年代に入っての出版である。それ以前に言及が見られるのは、大熊一夫［1973→1981: 231-234］、Langone［1978=1979: 30-31］、等（ナチスの行いについて何が語られてきたかを調べるのは今後の課題とする）。

【日本でどのようにどれほど知られていたかを知っておく必要があることは立岩・市野川［1998］でも述べている。いくらか言及している文献は見つけた。Cohen［1953=1957］ではニュルンベルクで裁かれた人体実験と秘密裏の「安楽死」について記している。「チェコソロバア戦争犯罪調査委員会の報告の中では、この方法で殺害された精神病患者と老人の数は、実に二七万と記されている。」（Cohen［1953=1957: 113］）とある。「この方法」とはガス殺戮。他に子どもに対する殺戮が行なわれ、これは一九四一年以降も終戦に至るまで続けられたとされている。この訳書は一八七八年に第一四刷が出ているからかなり読まれたのだろう。芥川賞を受賞した北杜夫の小説『夜と霧の隅で』（北［1960→1963: 127］）には一九四一年以降も秘密裡の命令によって精神障害者が殺されたことが記されている。また強制収容所における人体実験についてBernadac［1967=1968］。前述の大熊が参照しているのはこの本。高杉［1971→1972: 112-125］では、ガス室に二七万五千人が送られたと記されている。朝日新聞社編［1972: 106］では宮野彬の発言として、ビンディングとホッへの論文が紹介され、二十万人がガス室で殺されたと記されている。中川［1973: 223-224］では、ニュルンベルク裁判の記録他があるが訳のあるのはベルナダクだけのようだとし、そこで描かれた人体実験に言及している。

　また小澤勲の著書には「何気なく私のいる病院の図書室で本をながめまわしていたところ［…］「ナチスの優生政策」［…］という本があるのに気づいた。［…］これを読んで、優生保護法改正が、あるいは優生保護法自体がいかにナチスのイデオロギーをそのまま受けついだものであるかがわかって愕然とした。」（小澤［1974: 295］）という記述がある。言及されているのはFrercks［1934=1942］。また山名正太郎の『世界自殺考』では瀧川幸辰の『刑法各論』が安楽死を支持していること（山名が紹介しているのは一九五一年の版（初版は一九三三年）だが、入手できた第八版には「Euthanasie（安死術）」の「違法性阻却については、もはや現今の刑法学者の間に反対はないと思う」とある（瀧川［1938: 94］）、瀧川の評伝である伊藤孝夫［2003］に関連する記述はない）、一九一五年のドイツのマイヤー（M. E. Meyer）の『刑法論』が刑法学者の肯定論としては最初のものであるとした後、ビンディングとホッへの論文他を紹介している（山名［1974: 121-122］）。】

英語の著作では Proctor [1988] 等。日本での研究では、ドイツ優生学史研究として米本昌平 [1981a] [1981b] [1984a] [1984b] [1985b] [1986a] [1986b] 等が先駆的であり、米本 [1989a] にまとめられる。ナチズム下の医学、医療政策、T4作戦等について木畑和子 [1987] [1989] [1992]。日本とドイツにおける第二次大戦と医学の関わりについて神奈川大学評論編集専門委員会編 [1994]（シンポジウムの記録と、右記の論文をまとめた木畑 [1994] 等を掲載、なお七三一部隊（石井部隊）に関する書籍についてはhp [戦争と医学／七三一部隊・文献] に二十冊ほど紹介。）。T4作戦とその前後について小俣和一郎 [1995] 【その後、精神医学とナチズムとの関わりについて、小俣 [1997]、ドイツ・日本での人体実験について小俣 [2003]、cf. hp [人体実験]。】

◆38 ポーランドでナチスにさらわれ施設で育った子の手記として Twardecki [1969=1991]。その訳者解説（足達和子 [1991]）にかなり詳しい解説がある。Kevles [1985=1993: 204]、米本昌平 [1989a: 160-161]、Frevert [1986=1990: 220] でも言及されている。【「レーベンスボルンについて Clay & Leapman [1995=1997]。】

◆39 Klee [1983] [1985] [1986] 等が基本的な文献とされる。【その後、クレーの大著の訳書（Klee [1983=1999]）が刊行され、全体像を知ることができるようになった。】また実在する施設の記録をもとにして書かれた小説の翻訳として Lutzius [1987=1991: 265-277]。Klee の著書などを用い、この作戦とそれに関与した医師達について小俣和一郎 [1995]。また木畑和子 [1987] が「中止」までの経過を辿っている。

本文にあげた数字は、人口千人につき十人の精神病患者がおり、そのうち五人は入院が必要であり、そのうちの一人は処理の対象になるという計算から算出された計画数七万人を二七三人超えた数だった（木畑 [1987: 28]）。この総数は殺人施設の一つに残された小冊子によるものであり、その小冊子にはそれによって節約された額が計算され記されているという（木畑 [1989: 250-252]）。例えば、一九三九年の内務省の極秘の回状によって「安楽死」の対象となる乳幼児（白痴、ダウン症、水頭症だったり、四肢の欠損をもつ新生児から三歳までの乳幼児）の届出が義務化された。「帝国委員会」から「最良の看護」と「最新の治療」を受けさせるために小児医療施設に入院させるようにという通知を受けて子供を引き渡した親のもとに子が戻ってくることはなかった。約五千人の子供が殺されたという（木畑［1987: 26］）。突然施設から家族が連れ出され、偽りの死因が書かれた死亡通知書と遺灰が送られた。人々は「安楽死」の事実を感づくようになり、家族等による訴えが続いた。また、開始二年目（一九四一年八月）にようやく司教ガーレン伯の「安楽死」非難の説教がなされ（Gallagher［1995=1996: 374-379］に全文訳出）、これは連合国側の宣伝にも使われた（「抵抗」の実態を含め、木畑［1987: 28-29］）。当初の目的も一応達成され、ナチスは様々な摩擦をひきおこすこの計画を中止した（木畑［1987: 32］）。中止命令とその後の殺害の実態については木畑［1989］。

なお、この安楽死計画については、刑法学者ビンディングと精神病理学者ホッヘの『生存無価値生命の抹殺の解除について』（Binding & Hoche［1920］【二〇〇一年に詳細な解説のついた翻訳書が出版された→Binding & Hoche［1920=2001］】）の主張内容との類似が指摘されるが、米本は、これを、第一次大戦末期の海上封鎖により食糧が配給制になり、ドイツの精神病院の入院患者のおよそ半分が飢餓に陥り病気になったといった状況を背景とした「いわゆる優生学の歴史とは、別の文脈から生まれてきた」（米本［1989a: 164］）ものであるとし、この著書をかなり長く訳出した後、ナチスの計画でこの著作が意識されていたかどうかは定かではなく、ニュルンベルク裁判で弁護側がこのような思想がナチスの独創ではないとして証拠として持ち出し、両者の主張内容の酷似から後に両者の継承関係が言われるようになったのだと言う（米本［1989a: 164-172］）。

◆40　ボウラーは進化思想の歴史についての著書で、一九三〇年代の優生運動の衰退について、その主張の科学的弱点が明らかにされたことは主な要因とは考えられず（多くの生物学者はこの運動を批判することは控え、背を向けていた（Searle［1979］）」、「優生学崩壊の本当の原因は科学の発展にあるのではなく、大衆がその潜在的危険性に気づいていったという点にあるように思われる。それはとくにドイツでのナチスの極端な行為によって引き起こされた。」（Bowler［1984=1987: 475］）と言う。ただこれは優生学の（全面的な）否定を意味しないし、帰結しない。優生学はその姿を変えていったのだと捉えることができる。

世界大恐慌以降、経済的な要因が国民の生活をいかに劣悪化しているかが問題になり、先天的な要因よりも後天的な環境が国民の発展に大きな影響を与えるものと考えられるようになったという指摘もある。「優生学協会は否定的優生学に対する強調を次第に和らげ、児童手当てなどの家族福祉を積極的に支援するようになる」、そして「社会階級間に見られる、肉体的ならびに精神的な相違の大部分は、遺伝的要因よりも環境的要因に基礎を置くこと」が主張される（Webster［1981］、市野川［1990b］の紹介による）。

また、ケブルス（Kevles［1985=1993］）の「本流優生学」と「改良優生学」との区分を受けて、ハーウッド（Harwood［1989］）は、一九三〇年代のイギリスの優生学の「穏健化」について、ほとんど全ての遺伝学者が第一次大戦までに本流優生学が技術的欠陥を持つことを認識していたが、一九二〇年代なかばから優生学に批判的な発言をしていた遺伝学者のほとんどは優生学を全面的に放棄することはせず、より穏健な改良優生学を主張したことを指摘し、優生学運動の穏健化は、遺伝学の進展による本流優生学への失望ではなく、改良優生学への期待が高まった結果としての、本流優生学から改良優生学への転換だとみなせるとしている（鈴木・坂野・松原［1991: 230］による）。

【「新優生学」「リベラル優生主義」といった言葉も後に使われるようになる→松原［2000］における解説、書籍として桜井徹［2007］、論文として霜田求［2003］。cf.児玉真美［2011］。それは「積極的優生学」（→392頁）的な部分を多く含みつつ、より自発的・個人的なものとして、より批判されにくいものとして現われてきているとされる。】

◆41 「ニュルンベルク綱領」（一九四七年）の訳文は、市野川容孝［1993a］。他に『日本医師会雑誌』103-4: 529（一九九〇年、中川米造訳、秋山秀樹［1994: 187-189］に再録）、水野肇［1990: 19-21］、星野一正［1991: 232-234］、星野編［1994: 180-181］（星野訳）、島田燁子［1992: 173-174］。世界医師会「ヘルシンキ宣言――ヒトにおけるバイオメディカル研究に携わる医師のための勧告」（一九六四年、一九七五年改正、一九八三年修正、一九八九年修正）の一九七五年改正の訳が星野［1991: 234-240］（京都大学医学部医の倫理委員会訳）に、一九八三年修正の訳が厚生省健康政策局医事課編［1985: 298-300］、『日本医師会雑誌』103-4: 530（一九九〇年）（秋山［1994: 189-195］に再録）、島田［1992: 175-180］、水野［1990: 22-27］に、一九八九年修正の訳がAnnas［1989=1992: 195-199］（日本医師会訳）、森岡恭彦［1994: 176-181］に採録されている。（これらの文書他をhp［倫理規定・…］に掲載。）

多くの場合次のように【単純に】記される。

「ヒットラーは第二次世界大戦の最中に無茶苦茶な人体実験をした。日本でも石井部隊が旧満州で戦時中にひどい人体実験をしたが、これは戦後、アメリカが石井部隊のデータと引き替えに戦犯には問わないということにして、不問に付した格好になっているが、ナチスはこの点で徹底的に追求された。それがニュールンベルク裁判である。のちに、このニュールンベルク裁判が、さらに発展して「ヘルシンキ宣言」になり、このことが一方では患者の権利としても定着するようになっていった」（水野［1990: 5］）

「この綱領を叩き台として確立されたのが「インフォームド・コンセント」であります」（星野［1994: 24-25］）

「第二次大戦中、敵国の捕虜を使っての非人道的人体実験が世の人々の非難の的となり、とくにナチスのいくつかの残虐行為が明らかにされ、ニュールンベルク軍事裁判でこれがきびしく糾弾された。一九六四年、ヘルシンキ…」（森岡［1994: 13］）

【なお、もちろん、人体実験の全般がよくないとは言えない。むしろ、人間については人間で試してみないとその有効性を測ることができないことが多い。とすると何が問題にされるか。情報と同意を得ずになされた行いが問題とされる。それで「インフォームド・コンセント」ということになり、その実現がすなわち生命倫理の達成ということになる。ただ、もちろん、それだけのことではない。当人に益をもたらさず害を与えるから、あるいはそれを考慮しないから、知らされず強制もされる。さらに、人々のために自らが実験台になろうという人もいる。だから考えることは続く。そして歴史もそう単純ではない。第1章注7（57頁）にあげたRothman［1991=2000］、またそれも受けて香川［2000］では、例えば米国でニュルンベルグ裁判はさして知られず影響を与えず、一九六〇年代の国内での実験に対する医学者の告発がその後に影響を与えたことが記されている。（その事件の名自体はよく知られている）「タスキーギ梅毒研究」について金森修［2003: chap1］で詳細な検討がなされている。そして日本のこと。第二次大戦中の七三一事件、九州大学での捕虜の生体解剖事件については著作が相当ある↓hp［人体実験］。ただ、『生体実験――小児科看護婦の手記』（清水照美［1964］）がいっとき話題になり、その増補版が安楽死法制化批判を含む『増補　生体実験――安楽死法制化の危険』（清水［1979］）として刊行されたこと、その後のことはたぶんそう知られていない。だから立岩・有馬［2012］で紹介した。】

日本でのインフォームド・コンセントという名の入った書籍の出版状況は以下。水野［1990］、『メディカルヒューマニティ』17(1990)、熊倉伸宏［1994］、森岡［1994］、秋山［1994］、Applebaum, Lidz & Meisel［1987=1994］、杉田・平山編［1994］（歴史については木阪昌知［1994］）、寺本・松野他［1994］（歴史については村上國男［1994］）。【それから大量の、多くはマニュアル本が出版された。米国の研究者が日本の様子を記した本としてLeflar［1996=2002］をあげておく。】

米国の大統領委員会報告書（President's Commission…［1982］）の紹介として平林勝政［1983］、委員会の総括レポートでの言及としてPresident's Commission… [1983=1984: 20-28]。歴史的概観として他に広井良典 [1994: 113ff]。奥山敏雄 [1994]、土屋貴志 [1998] の論議を参照されたい。私は右に見たような了解だけから患者の権利を把握するのでは不十分だと思う。優生学が何であったのか、何であるのかを捉えようとする中からこの主題を考えるべきだと思う。そうした視座から、私自身の考えを第4章3節で述べた。また第9章で考察を行った。

◆42　主戦争裁判ではほとんど取り上げられず、米国が単独で開いた一二の法廷のうちの第一の裁判（被告二三人中、二〇人が医師だったためメディカル・ケース（Doctor's Trial あるいは Medical Case）と呼ばれる）で、殺人につながる人体実験、安楽死が裁かれた（米本昌平 [1989a: 179-183]）。この判決文の中にニュルンベルク・コードが含まれている。この裁判で米国はナチの強制的断種法をナチの犯罪として訴追しなかった。そのため被害者も戦後賠償を要求する権利をもたず、彼らが五千マルクほどの見舞金を受け取ったのは一九八〇年になってからである（木畑和子 [1987: 35]、その後なされた補償について佐藤健生 [1993]）。（ソヴィエト占領地区では断種法は廃止された。西側占領地区では廃止のための特別の法的措置はとられなかったが、断種許可の管轄権を持つ優生裁判所の再開が禁止されたため、強制的断種は事実上廃止された（町野朔 [1986: 62]）。一九四九年、『人間性なき医学　ニュルンベルク医療裁判のドキュメント』（Mitscherlich & Mielke [1949]、他の著作に Mitscherlich [1963=1972] Mitscherlich & Mitscherlich [1969=1972] 等）が出版されるが、出版当時、この書はほとんど完全に無視された（米本 [1989a: 21]、Gallagher [1995=1996: 300-302]）。
「実のところ、ドイツ敗戦後の連合軍による軍事裁判においてナチスの優生政策はその訴追対象になっておらず、戦後になっても少数ながら民族衛生学関係の著作は出版されている。さらに驚くべきことに、フリッツ・レンツ（Fritz Lenz）をはじめとするナチス政権の優生・人種政策に深く関わった人物の多くは、何ら責任を問われることもなく、戦後、大学等の研究機関に復帰しているのである。」（鈴木・坂野・松原 [1992: 65]）

アウシュヴィッツ収容所における医師の行動についてはKaul［1976=1993］。安楽死計画に関与した科学者・医師たちがどのように戦後を生き延び、活躍したかについては小俣和一郎［1995: 168-191］に詳しい。

◆43 米本昌平は「戦後精神」をナチズムの否定と捉え、その精神が時間とともにいやおうなく摩滅している現在、ナチズムをただひきあいに出しても何も喚起することはないとして、歴史的事実を冷静にみることを提唱する。「戦後精神とは、日独伊枢軸国の徹底的な否定否認、とりわけナチズムを完全に埋葬することの決意であり、これをエトスとする一連の巨大な知的営為全体のことである。そしてそれは、まったく自然な心の傾きとして、もはや使命感というよりは、その生理から、ナチズムの暴力的体質やイデオロギーを厳しく糾弾した。いわば戦後精神とは、「狂気のナチス時代」という常套文句に微塵の疑いも差しはさまなかった精神である。」（米本［1989a: 25］、他に戦後精神に言及しているものとしては米本［1987a: 12-14］［1987d: 163-164］［1987e: 219-221］［1989a: 38-40,182-184,194-202］［1992］）。

研究の態度について同意する。しかし「戦後精神」によるナチズムの否定とは何だったのか。その否定はどのような質のものとして存在したのか。「何人も人種・皮膚の色・性・言語・宗教・政治的意見・出身国・社会的門地その他で差別されない」という世界人権宣言（一九四八年、第三回国連総会で採択）、「人間は人間としてホモ・サピエンスの一種である」「精神的な特性で人種を区別はできない」「現在の科学では遺伝的差異が文化的差異の根拠だとする主張を正当化するものは何一つない」という「人種に関するユネスコ声明」（一九五〇年、ユネスコ本部で採択、米本［1989a: 183-184］）の中に、「能力」という項目はない。つまりナチズムの否定としての戦後精神があったとして、それは等しいこと、あるいは等しくなることが前提になっているのであり、それに対する誤認、偏見、それに基づく権利侵害を否定するということであって、ここで優生学の「本体」は対象化されていないし、否定されてもいない、とさえ言うことは可能なのだ。

私は優生学の本体が問題とされるのは、少なくとも日本では一九七〇年前後からだと考えている。ファシズム、ファッショという言葉が何かを断罪する時の常套句として使われた時期はもっと長かっただろう。しかしその時に、優生学は本当にどこまで問題にされていたか。注44にいくつか例示したような作業がなされければならない。同時に優生学の何が問題なのかが問われなければならない。

優生学をどう考えるかという問題の回避は米本自身について言える。

「確かにナチ時代には、障害幼児の殺害計画が実行された。この意味で、障害者が絶対に許してはならない悪の極北としてナチズムを位置づけるのは正しい。しかしそれは秘密裏に行われた。であれば、このような事態を二度と許さない道は、どう考えてみても、あらゆる局面での徹底した情報開示（ディスクロージャー）と、手抜きのない討議であり、それ以外の道は考えにくい。わずかでも出生前診断を容認すること、もしくはこの技術自体に、優生政策と等価なものを認め力説する立場は、むしろ一種の社会運営に対する自信のなさの表明なのであると思う。もし、出生前診断を実際に用いる過程を検討してみて、具体的に人権侵害の恐れが想定されうるならば、その危険を封じるための仕組を工夫すればよいのである。」（米本［1992: 115］）

「残念ながら障害者差別はいずれの社会にも厳に存在する。差別は、差別された側が差別と感じれば、それが差別である。こういう日常の悪との連続性を、胎児の選択的中絶の中に読み込むことを自然と感じる人間が多数である日本のような社会と、アメリカのような社会とは、当然、出生前診断に対する政策は違ってきてよい。」（米本［1992: 116］）

このような認識を受けて、米本らの研究は、各国の政策立案、制定の手続き、過程を調査し報告し、そのあり方を勧告する仕事に移っていく。もちろんその仕事は疑いなく重要である。だが、右と同趣旨の文章が配布され、発言がなされた生命倫理研究会のシンポジウムで、フロアから次のような発言がなされた。

「非常に誤った判断だとおもいます。なぜならこの言い方は、差別する側される側が共に、差別問題と向き合うことから逃げているときの発言なんです。自分は差別しているつもりじゃないけれども、あなたが差別しているというのならそうだろうということなんです。それは結局考えることをやめているんです。差別という問題について対話することを最初からあきらめている、拒否している判断なんです。…米本さん、どう判断されているか個人の見解をはっきり示していただきたい。「出生前診断は優生思想か」という問いかけで、「そうじゃない」と言われるのは、どこまでがそうではなくてどこからがそうなのかをはっきり言われないと、何をおっしゃっているのか全くわからないのです。」（奥山幸博氏【（二〇一三年時点でＤＰＩ（障害者インターナショナル）日本会議事務局次長】の発言、生命倫理研究会生殖技術チーム［1992: 131］）

この指摘は全面的に当っている。自らの資質としてここで提起されているような問いに答えようとする仕事を好まないあるいはできないということはあるだろう。だとしても、こうした問いに答えようとする仕事を省いて、その先の問題だけを考えればよいということには決してならない。こうした曖昧さが「戦後精神」についての相当部分は当っている指摘、そして彼の記述全体を覆っている。

◆44

戦後の優生学の展開についてはKevles［1985=1994: 431-506］が概観している。日本でも、優生学を推進する著書が戦前に数多く出され、それは戦後になっても実は途絶えたわけではないのだが、目立たなくはなっていく。しかし優生保護法による本人の同意を得ない不妊手術の件数が最も多かったのは一九五〇年代である（伊藤・丸井［1993］、柘植・市野川・加藤［1996］）。優生保護法はどのように制定されたのか、国民優生法の「継承」とはどのようなものであったのか（この点について松原洋子［1997］が重要な指摘をしている）、どのように運用されたのか等、戦後の優生学・優生政策についての検証はこれからの課題として残されている。【日本の優生学の歴史について、藤目ゆきの大著（藤目［1999］）が刊行された。母体保護法に変更後、中絶・多胎減数・不妊手術を巡って齋藤有紀子編［2002］、また加藤［2004］。また優生保護法下でなされた優生手術についての証言・告発として、優生手術に対する謝罪を求める会編［2003］。】

そしてここで私達はいかにも優生学らしい優生学だけを追う必要はない、追うべきではない。斎藤光は戦後日本の生物学・遺伝学の言説を追った後で次のように言う。

「優生的諸問題と優生学的実践は、ひとつの学問としては追放され消滅したものの、医学や医療を通して遺伝学の中に今や取り込まれた。しかし、優生学の追放ということが生じていたために、形式的にかつての優生学とは断絶し、免罪されているという形が取られているのだ。」（斎藤［1991: 308］）

同時に、私達は明確な優生学的発言も容易に拾うことができる。（福本英子［1984: 145-149］、山田真［1988］、戸田清［1989］等に言及がある。）遺伝学の概説書中の記述として例えば駒井卓［1963: 486-487］［1966: 224-225］（hpに引用）（駒井卓・川上理一・古畑種基について鈴木善次［1972］）。以下、中では有名な幾人かの自然科学者の主張を紹介しておく。

マラー（1890~1967　ノーベル医学・生理学賞受章）はいわゆる精子銀行を提唱したことで知られる（この計画は、彼に協力を申し出、後に彼が関係を断った人物によって実現された）（Muller［1935］［1950］［1959］［1966=1974］等。Muller［1966=1974］が福本英子［1983: 254-265］に紹介・一部引用、保木本一郎［1994: 216,234,255-256］でMuller［1950］［1959］［1966=1974］に言及。他にKevles［1985=1994: 137-149］、Keller［1992=1996: 111ff］で言及。精子銀行について福本英子［1983: 251-253］、石川稔［1985］。

ジュリアン・ハクスリー（【1887～1975】、イギリスの生物学者、一九四六年から一九四八年ユネスコ事務局長、『すばらしい新世界』（Huxley［1932=1974］）の作家オルダス・ハックスリー【(1894~1963)】の兄）の『進化と精神』の最終章は「優生学」（Huxley［1964=1973: 232-269］）。

「原子爆弾の投下による突然変異の増加、医学・公衆衛生・社会福祉の進歩によって遺伝的欠陥者が生きながらえるようになったことにともなって、消極的遺伝学はますます早急に必要となってきた。あらゆる種類の遺伝的欠陥のあらわれを減少させることを目標にしなければならないのはもちろんである。糖尿病、分裂病（全人口の一パーセントが罹病する）、その他の精神病、近視、精神障害、非常に低いI・Q、色盲や血友病などの一目瞭然たる欠陥などがあげられる。／…過去一〇〇年間における低所得者の集団、階級、共同社会においていちじるしくかたよった人口増加の見られることは、どうみても優生学的な効果があるとはいえない。工業都市のスラム街における、いわゆる社会問題となる集団に、きわめて出産率の高いことは、明らかに反優生学的である。」(Huxley [1964=1973: 253-254])

「積極的優生学は、消極的優生学よりもはるかに範囲がひろく、重要性も大きい。遺伝的劣化を防止するのみならず、人間の能力と仕事とを、新しい水準に高めることを目標としている。／…わたしがE・I・D——慎重に選ばれたあたえ手による優生学的人工授精——と呼ぶものを使用することによって、優秀な生殖質の効果は、一〇倍にも、一〇〇倍にも、高められることだろう。そして、優秀な精子を冷凍するならば、幾千倍にもなるであろう。／この倍増的方法はまずH・J・マラーが提案し、さらにハーバート・ブルーワーが精巧にしたもので、よりよい将来をもとめる人間の強い欲望を利用している。」(Huxley [1964=1973: 257-258])。

他の著書にHuxley [1947]、Huxley [1953=1968: 265-270] でも同様の主張がなされている。ハクスリーについてはKevles [1985=1994: 442, 445, 449]。同書では、オルダス・ハクスリーがマラーの精子選択の計画の全面的な支持者だったことも紹介されている (Kevles [1985=1994: 449])。

遺伝学者のレーダーバーグ【Joshua Lederberg、1925～2008、一九五八年にノーベル生理学・医学賞受章)】は「表現型改良学」(Euphenics) を提唱する。これは優生学が遺伝型 (genotype) を改良しようとするのに対し、これは表現型 (pheno-type) に対するものであり、「遺伝子型の誤配列を人間の生育前に削減しようとする試み」(Lederberg [1966: 6]、保木本一郎 [1994: 257]) である。その方法として第一に遺伝外科の方法があげられるが、これは将来に渡って実現可能性が薄いとされる。第二にクローニングがあげられる。優秀な人間の遺伝子型が確認されたらそれを直接コピーすればよい。クローニングのもう一つの利点は人体の部分が交換可能なことである（以上、保木［1994: 247, 257-258］に紹介、保木は「人間改造学」と訳している）。

分子進化の中立説を唱えた遺伝学者、木村資生（1924～94）の心配と主張。

「優生の問題を考えるとき、すぐに頭に浮かぶのは、突然変異蓄積の害である。医学の進歩とともに死亡率が激減し、不妊が治癒され、さらに家族計画が徹底してくると、異なった夫婦の間で、次代に寄与する子どもの数の間に差が少なくなって、厳密な意味での自然淘汰は次第に減少することになる。このために、突然変異の除去は次第に困難になる。」消極的優生学について「現実に有効なのは、平均より多くの有害遺伝子をもった人が、なんらかの形で子どもの数を制限するか、あるいは有害突然変異遺伝子をもっていることが分かっている受精卵を、発育の初期に除去するかのどちらかになると思われる。とくに染色体異常を含む受精卵を発育させないのは、その個体自身にとっても社会全体にとっても、好ましいことと考える。ごく最近になって、いわゆる羊水検査によって、染色体異常を出生前に検出し、妊娠中絶によって除去することができるようになったのは、明るいニュースであろう。アメリカの遺伝学者ベントリー・グラスは「健康で生まれることは、各人が教育を受ける権利をもつと同じように、ひとつの基本的人権と考えられるときがくるであろう」と言っている。」積極的優生学についてはマラーの案を紹介し「種々な面を総合的に考えると、…科学的にはもっとも安全・確実で、長期的にも有効な方法といえるかもしれない」とした後、注意点を一つ加える。本章冒頭（367頁）に引用した。続きは、「もちろん、これはあくまでも理論上の計算であり、マラーの方法が社会的に是認された場合の話であることをつけ加えておきたい。」（木村［1988: 268-278］。

他に Muller［1966=1974］を含む木村編［1974］。文中で言及されているグラスのアメリカ科学振興学会の一九七〇年の会長講演は Glass［1971］。Hubbard［1984=1986: 177］、鈴木善次［1993: 516-517］、山崎カヲル［1996: 45-46］に批判的言及。

◆45 米本は、ナチス医療犯罪を研究した Alexander［1949］を「くさび論」の典型としてあげる（米本［1989a:

194-195]）。「滑りやすい坂」についてはWilliams［1985=1990］、Holtug［1993］、高橋久一郎［1996: 93-94］等で議論されている。

◆46 「…ドイツ…の世論は科学全般に対して懐疑的であり、ＤＮＡ組み替えや、特にヒトゲノムの研究につながること（すなわち、潜在的にヒトの遺伝子の操作につながると考えられること）に対して何事にも否定的に考える傾向があります。こうした偏見の多くは、ナチス時代の嫌な記憶からくるものです。つまり、第二次大戦のとき、ドイツの科学者は第三帝国の「人種純化」計画の正当化に一役買ったという歴史があったからです。／そして戦後、これらの人々のほとんどが大学にとどまり、ドイツのヒト遺伝学の大黒柱として活躍したという事実もあります。一九八八年にベノ・ミュラー＝ヒルが『殺人の科学』…を出版するまで、科学の責任が公に取り上げられることはありませんでした。したがって、ヒトゲノム計画の研究が始まろうとしたときに、それに対する疑いが投げかけられたことは、至極もっともなことなのです。」（Jordan［1993=1995: 320］、Jordan［1993=1995: 395-396］の記述も参照のこと）

◆47 「実証科学としての誤りを暴露する…態度は、過去の理論を現在の立場から裁定する場合にはよいにしても、その時代に内在したらどうなるのか、という疑問に適切に答えることができなくなる。」（横山輝雄［1991: 69-70］）

◆48 「寛容」については桂木隆夫［1995: 119-182］でかなり詳しく検討されている。【諸国における多文化（他文化）に対する寛容の具合を描き検討したものにWaltzer［1998=2003］。本書自体（とくに第４章）が寛容の「境界」についての考察でもあるが、より具体的な主題として、多言語状況において何を誰の負担で行うのがよいのか考えてみたものとして立岩［2007b］。それを受けて、立岩［2014a］でさらにいくらかを足して考えてみたい。】

第7章　代わりの道と行き止まり

「啓蒙とは、人間が自分の未成年状態から抜け出ることである。ところでこの状態は人間が自ら招いたものであるから、彼自身にその責めがある。未成年とは、他人の指導がなければ、自分自身の悟性を使用し得えない状態である。ところでかかる未成年状態にとどまっているのは彼自身に責めがある。というのは、この状態にある原因は、悟性が欠けているためではなくて、むしろ他人の指導がなくても自分自身の悟性を敢えて使用しようとする決意と勇気とを欠くところにあるからである。」（Kant［1784=1974: 7］）

第6章で、複数の異質なもの、時に互いに対立するものが一緒になってこの社会を構成していることを見た。本章では、第6章に記述された諸戦略、そして第2章で検討した私的所有の体制を批判する主張、その修正を言う主張をみる。近代社会は、自らに言及する社会であり、その歴史は自らに対する批判の歴史でもある。批判がどのような方向に流れていくのかを見、本書が問題にしているものがどこから来るのかを明らかにする。

第1節では、（第6章4節で主に取り上げた遺伝説に対抗し）個々人にある資源（能力）の由来が社会にあること、能力が社会的に形成されたものであることを強調する立場を検討する。

第2節では、資源についての不可知性、予測不可能性を前提し、未来への不安ゆえに私的所有の体制の変更あるいは修正を言う主張を検討する。以上では、体制に対する批判、あるいは修正の試みの多くが、資源の由来を巡るいくつかの事実についての前提を変えた時に現われるものであること、同じ図式の中の事実問題をめぐって存在すること、ゆえにその前提の妥当性いかんによってその帰結も変わってくることを確認する。

第3節では、介入への対抗としての「自由」の主張を検討する。たしかにそのような意味での自由が主張されたこと、しかし、そこで自由であるための資格が要請され、そのことによって、抵抗の相手であったはずのものと抵抗する側とがつながってしまうことをみる。

第4節では、まず、以上と異なり、端的に私的所有の体制、能力主義の原理を否定しようとする主張を検討し、次に、価値・欲求のあり方を問題にする点でこの主張と類縁性をもつ論理、関係の展開からこのあり方の生成を論ずる議論を検討する。その後に、後者との比較においては、個別に現われる仕掛けのあり方を検証しようとする動きが現われることをみる。そして、これらのいずれもが、ある隘路に入ってしまうことを述べる。

第5節は、その隘路から抜けるため、入り込まないことにするために、それらが通った途から外れて少し別の筋を行ってみるというやり方があることを述べる。

1　別の因果

〔1〕社会性の主張

一九世紀末からの公教育の確立過程で目指されたのは、平等の機会を与えることだった。もし機会が平等になり、個々の社会階層における能力の分布が等しいのであれば、社会移動が起こるだろう。さらに、もし各人の能力が等しいのなら、各人の受け取りもまた平等になるだろう。ところが現実にはそうはならない。既存の階層構造は維持されており、それは近代がその教義において否定する前近代の身分構造と事実においてはさほど変わらないことが認識され、また、資本制下に存在し固定化し拡大する階層・階級間の格差が認識される。

環境説は、それをさらに教育に投下されうる財の多寡等、実質的には機会と環境が平等に与えられていないことによって説明し、その改善を主張することになる。他方、生得性を重視する説は、能力や、達成された地位の格差が既存の階層構造によるものでないこと、また改革は無駄であること、少なくとも限界のあることを主張し、諸政策の推進を否定、抑制しようとする動きと結び合うことになった。こうして、環境因か生得因という対立軸の中で、遺伝説が「右派」を捉え、環境説が「左派」あるいは「リベラル派」を捉えてきた。社会的環境が人の境涯を規定しているから、この部分を変えればよい。それは社会の改良に結びつく。そしてその責任主体、少なくとも実施主体は社会の側にある。どこを変えればよいのかによって、（例えば教育制度を少し手直しするだけですむとするならば）穏健な改良論者にもなるし、（例えば財の配分構造の基本を変えなければならないと考えるなら）革命論者にもなる。規定因が生得的なものであるなら、それを社会の側が変えることはできず、社会的要因を探るのが仕事である社会科学の出番もない。だから、社会科学者もまた、職業上、環境説の方に加担してきたと言ってよい。

　このような認識がどのような規範的な態度のもとにあり、社会的な実践につながるものとして考えられていたかは人によって分れるだろう。ある者にとっては、能力主義は積極的に支持されるものであっただろう。自己原因→自己所有の図式を積極的に認めるが、現実には「明らかに」本人に帰すことができない部分があることが認識される。それは社会の誰にとっても明らかなものとして認識される。このことは、この図式が成立していること自体についての疑念を産むことになり、このシステムへの信頼を揺るがせる。だからなんとかしなければならない。そこで、より実質的に機会を均等にすることが目指される。同時にこの主張は、「ヘッドスタート」（後述）という言葉にも見られるように、まず出発点をそろえ、その後は本人にまかせればよいという二段階の構成になっている。

さらにある者にとっては、能力主義の維持というよりは、格差をなくすこと、平等に近づけることが目標であるだろう。格差の存在は社会的な条件によるのだとすれば、社会的な条件を変えればよい。また、社会環境を整えることによって社会全体の生産を増やすこと、それによって生活の水準を引き上げること、引き上げるための政策的介入を正当化することが目標とされることもあるだろう。

ナチズムを経験した第二次大戦後、少なくとも人種間に差異、特に能力の差異があること、それに遺伝的な要因があるとする主張は認められない。ただ、差異が遺伝的なものに起因するのだという主張自体がなくなるわけではない。主張は少し穏健な主張としてなされ、それに対する反論がなされる。一九七〇年代に「社会生物学論争」が起こる。[◆1] 犯罪を遺伝的要因によって説明しようとする研究も、批判を受けながら、行われる。[◆2]

一つの焦点は教育の場だった。例えば米国において人種間の格差は縮まらない。その理由は、学校就学以前の社会環境にあるのかもしれない。そこで、一九六〇年代に米国ではヘッドスタート計画と呼ばれる政策がとられ、そこで実質的な機会均等を保証する努力がなされる[3]。しかし、それは成功しない。そこで、差異が遺伝的なものに（も）起因するのだという主張がなされ、それに対する反論がなされる。ＩＱ論争と呼ばれるものである[4]。

このような政策、論争にも関わりながら、格差の維持、階層の固定を社会的な要因によってさらに別様に説明しようとする試みが行われる。こうした格差は米国に、そして人種間にだけあるのではないのだから、それに応じて説明の試みは、英国やフランスでもほぼ同時に盛んに行われるようになる。

［2］真性の能力主義にどう対するのか

社会学者達は能力の差を生産する社会的な装置、特に差を世代を超えて再生産する装置を明らかにした。まず問題にされたのは、例えば全く教育を与えられていない層があるという、単純な、しかしその時代においては決定的な、現実の差異だった。しかしやがて、こうした差はなくなる、とは言わないまでも少なくはなる。例えば誰もが学校に行くようになる。だが、この時もまだ階層・階級の固定性は解消されない。その説明はもう少し複雑になる。

Aという環境とBという環境があり、Aという環境にいる人はAという環境へ、Bという環境にいる人はBという環境へと分けられていくような社会的メカニズムがあり、これによってA→A、B→Bという構造が再生産されているのだという。その差異は教育制度が与えられている与えられていないといった明らかな格差ではなく、もっと微細な生活・文化の様式に関わるものとしてあることが分析され、記述される。例えば、学校という選抜の装置において要求されるのは、ある種の言語の型、表現の型であって、それが特定の階層に固有のものであるとすれば、選抜されるのはその階層の子供に限られるだろうし、そのことによって階層構造は固定化されるだろう。[5]

このような議論の流れを追っていく時に注目されるのは、単に能力の社会的形成ということが指摘される——これは、その限りで選抜される側に着目した議論である——だけではなく、選抜する側、統制する側に視点を移し、選抜する装置のメカニズムを解析することに視点が移っているということである。これは、「社会的逸脱」の説明において、例えば犯罪の要因、人が犯罪者となる要因が社会にあるという言い方から、逸脱行為、逸脱者を認識し、扱う統制側に着目していく流れにも対応するものだ。[6]

ここでは、需給関係の中で能力（労働力商品の質）に対応した格差づけがなされるとは捉えられない。生産にとって機能的な選抜が行われているとは考えられない。むしろ、学校という選抜装置は、階層の固定化のために利用されている——少なくとも固定化を効果させていると——把握される。

機能主義的な説明と階層固定化の装置という把握、どちらの説明がより多く現実を説明するのか——多分、両方ともが部分的に正しいのだろう（cf.第8章注2・608頁）——は別として、事実としては後者で指摘された通りのことがあるだろうと思う。しかし第一に、このような事実を明らかにすることが、何か「批判」の視座を提示していると考えられるのだとすれば、それは不思議なことである。それは、真性の「能力主義」に対してどのような態度をとるのか。「実力主義」や「機会の平等」が虚像であることを示すこと、構造的な不平等性を明らかにすること自体が主題なのだという言い方は可能だし、各々の人が考察の対象とし、解明の目的としているものがあるのだから、それはそれでよい。ただ、それにしても、真性の能力主義に対する態度はともかくとして、彼らが明らかにした事実に対して、彼らが批判的であることは確かだ。つまり、能力主義を最上のものと考えているかどうかはともかく、彼らが明らかにしたところの、階層間の移動を固定する装置のある状態はその装置のない状態よりもよくないと考えている。しかしどうだろうか。例えば次のようなことを考えることもできる。当事者達が、実際に選別の基準となっているものと「実力」（あるいは少なくとも潜在的な能力）とが乖離していること、ある種の作法を身につけているかどうかというぐらいの違いで学校で分けられ、職業等々が分けられていることを知っているとしよう——これはおおいに考えられることだ。とすると、選別とはそれだけのことでしかないと彼は考えるかもしれない。そして、例えば「労働者階級」に割り振られることになっても、彼は特別生活に困るほどではなく、彼がそこに属するのは要するに文化の違いによるものなのだと考えるとしよう。さてこれは、透明に能力主義が貫徹する状態に比べて、より好ましくない状態なのだろうか。好ましくないと言うとすれば、それはなぜか。この問いに答えるためには、結局、能力主義自体をどう考えるかという問いに答えなければならないのである。

[3] 間違っていない生得説に対する無効

第二に、ここにある環境説と生得説との対立はやはり奇妙なものだ。なぜ能力が遺伝的に規定されているのか環境に規定されているのかということがこれほど問題になるのか、と問うこともできる。生得因も環境因も主体——自己原因としての主体——に対して外的なものである点では同じではないか。また、社会の側に原因を求め、社会の側を変えるのはよいが、そうでないのはいけないと言えるのか。

これに対して、社会環境については社会の側が（その責任において）それを変えることはできるが、遺伝形質は決定されたものであって、変えることができず、ゆえに格差のある現状が追認されてしまうことになるという言い方がなされる。遺伝説を論拠として主張されたのは自由放任であり、それは社会政策を無意味あるいは有害とした。この時には、そもそも生得的な部分は変えることができないが、社会の方は変えることができるという前提があった。だが、生物学的規定性を言う主張が放任・無策だけを帰結しないことは既に何度も述べた。まず、放任自体が一つの制度であり、社会的決定である。さらに、優生学は遺伝説に依拠して「社会政策」の実施を主張した。

もちろんこうした主張、そして対立は、何が規定因なのかという事実問題に依存している。そしてこの場面で、環境論者の主張は当たっていることが多かった。例えば、優生学（第6章3節）に対する批判はまず、それが事実認識として外れているということだった。「人種」によって差異があるという主張は端的に間違いだった。また間違いであることによって、別の（間違っていないだろう）要因を無視するものであり、意図的にあるいは結果的に人種差別を正当化する論理として用いられてきた。しかし、環境論者の説も全面的に当たっているとは言えない。社会的環境によって決定されているとは断じられない差異が、少なくとも個別の人の間にはある。さらに、前の世代から継承されたものであるせよ、突然変異としてであるにせよ、生得的、遺伝的——genetic の訳語として使われるが、これは誤解を与えやすい、genetic はその世代だけに現れる現象に対しても使われる——に決定されている部分、少なくとも影響されている部分はある。このことを認めないわけにはいかない[7]。そして、遺伝、生物学的な側面を問題にする人達も、かつてのように全てが遺伝的に決定されているなどという乱暴なことは言わない。人間のある部分、多くの部分についてはそれを規定する特定の遺伝子があるとは言えないが[8]、関係する部分もあると述べる。この時に何を言うのか。間違っていない生得説、間違っていない優生学に対して何を言うのか。

もう一つの優生学への批判は、それが強制・暴力によってなされたことに対しての批判だった。その人が望まないのに優生手術が行われる。さらには殺人が行われる。殺人は到底認められないとしよう。殺人にまでは行き着かないにしても、問題とされるのは、自分がそれを行うのではなく、他者の意向に基づき、他者によって変えられることであった。しかし、第一に、例えば育てること、教育することの少なくとも一部は、その相手の要求を聞いて行われるものではない。つまり、当人を介さない当人への行いは出生前の生物的側面への介入に限らない。それでも、それは、その人の幸福、「最善の利益」を他の人が勘案した行いであって、本人を無視した介入とは違うではないかと言われるかもしれない。だがそうであっても、まず、他者がなす行いであることは否定できない。そして本人の幸福を勘案した行いはよいのだとすると、では、本人の「最善の利益」を考慮した遺伝的形質の改変ならよいのだろうか。次に、社会の方を変えることはかまわないのだろうか。またどちらにせよ、変えること自体は、事実関係を間違っておらず、強制によって行われるものでもないなら、かまわないのだろうか。

（環境的要因を変えることによって）機会の平等を達成することはよいことであるとされてきたが、遺伝的な性質を変えることも同じことではないだろうか。さらに実質的な平等も確保されるのではないか。生産の総量という基準をとるなら、介入は積極的に認められることになるだろう。生産をより多くすべく環境を変えればよいことになる。さらに生物としての特性を変えればよいことになる。環境ならよく、生得的な部分である時によくないのはなぜか。繰り返すと、間違いであったからであり、暴力によっていたからである。しかし、間違いでなく、暴力によらない時にはどうか。自分が行うならよいのか。本人の利益を勘案すればそれでよいのか。

第6章でも見たように、環境の整備と生物としての人間への働きかけとはそもそも同時に並行的に行われてきたものだ。さらにこの境界がはっきりしたものではなくなっている。例えば「発達」に関する科学的知見として、ある能力を取得できるか否かは環境からの働きかけによるのであるが、その習得が可能な時期は相当程度固定されているというようなことが言われる。人間が生物でもあり、社会の中で暮らしていく存在でもある以上、両者が混合されて作用すると考えるのはむしろ自然なことである。精子銀行（第6章注44）にせよ、胎教にせよ、早期教育にせよ、何にせよ、そんなものは無効だという言い方で批判され、無効なことをやっている愚かしさが言われてきた。たしかにその多くは無効であり、ゆえに愚かしいことなのだろう。しかし、有効だったらどうなのか。

有効であってもなおこれらを受け入れないとすると、生物としての側面であろうと社会的背景の部分であろうと、変えることそれ自体に対して抵抗する部分があるのかもしれない。だが同時に、変えないことなどできないということ、このこともまたまったく否定しようのない、確かなことである。第9章でこのことを考えていくことになる。

［4］因果を辿ることの限界

第2章2節の初めに、私的所有権の導出において、誰の、何の強制によってでもなく、自らの意志・能力によってなしたことであれば、なしたことであるゆえ、その結果（例えば収穫物）を引き受ける、自らのものとすることができる、という論理――それを論理と言うとして――をみた。さらに、この論理を敷延することもできる。環境による制約、規定は、各個人に外部から働く作用であり、この差異によって能力の差、またそれに規定されるとされる収穫物の差が生ずることは、能力主義の貫徹にとって望ましくないとみなされる。だが遺伝による影響、規定についても同じことが言える。それは、最も自らの力ではどうにもならないものではないか。

とすれば、なぜその差異により、各自が異なった財を受け取らなければならないのか。いずれも外的なものであるなら、その結果であるものについてその人は免責されるのではないか。実際、「あなたのせいではないのだから、…」といった言い方を私達はする。とすれば、因果的な決定性を用いて自己原因→自己取得の図式に反論すること、この図式を逆手にとって免責を主張することは私達に許されているはずだ。

　こうして、実力主義の土台の上に乗って、それに関わる政策を推進する、あるいは阻止するという意図とともにある実証科学の知は、それが環境を重視しようと遺伝を重視しようと、実力主義の言説に、あるいは実力主義を正当化する主体に関わる言説に、破壊的に作用する、作用する可能性を持つ。

　だがそのような論法は、批判の原理になるだろうか。私的所有の体制に対して何かを言えるだろうか。能力が何によって規定されているかは事実に関わる。この事実自体からはどうするべきか、どうすべきでないかは直接には出てこない。「原因となったものが結果に対する権利・義務を有する」というのが一つの規範だった。これを認め、これの裏をとる。「原因となったものでないものは結果に対する義務・権利を有さない」というのである。

しかし第一に、原因とは最終的な原因、最初の原因でなければならないという条件を厳しくとるなら、誰もがそのような原因ではないのだから、すべてのことについて誰にもどんな義務も権利もなくなる。つまり、権利や義務の配分がどうあればよいのかはまったく決定されない。厳密にとれば、因果の連関はどこまでも遡っていくだろうから、それは生存する人間の誰をも指定することができず、誰もが義務も権利も有さないことになるのである。財・行為の配分について何も決定されず、財をどのように配分するのかについて、個々に何を割り当てるかについて、何も言わないし言えない。何らかの規範があるべきであると考えるなら、それは無意味な原則でしかなくなる。それに代わる積極的な基準は別に立てなければならない。

では、第二に、この原因が原因であるための条件を弛めることにしたらどうか。ある程度まで弛めると現状と同じになる。今まで通りの権利と義務を有することになる。これでは、批判的な、現状を変更する原理にならない。だから、現状の境界設定と無限への拡散との間のどこかで止めなければならない。採用された因果関係の内側にいる者に権利と責任が発生する。その外側にいる者には、どのような義務も、同時に権利も、発生しない。しかし、その境界の設定はどのように行われるのか。その設定はこの因果関係を拠点とする論理自体からは出てこない。

より重要なのは次のことである。人Aが、時間的・空間的に、人B（の状態b）にまったく因果的な関わりをもたない場合が確かにあるだろう。（Aが何か行えばB（の状態b）が変わる場合はあるだろうが、それは、ここで採られている因果関係の図式において、因果関係があるとは言われないはずである。）この場合に、Aは、Bに対してどんな責任や義務も負うことはないことになる。例えば、今三六歳である私は、三七年前に起こったこと、起こったことに起因することについて何も関係がない。私が手を触れたことがなく私の影響が及んだことがない遠いところで起こっていることについて何も関係がない。だからそれに対して何もする必要はない。それを認めるか。

また、例えば親は子（のあり方）に対してその原因であると、ひとまずは、言えるだろう。親が子を生産したのだとも言えるとしよう。とすると、その生産者である親に、生産物である子に対する権利を認めるのか。逆に、因果関係があることのゆえに、親は子（のあり方）に対して責任を持たなければならないのか。遺伝子診断や遺伝子操作の技術が十分に発達し、親が子の性質を決定することができるようになったとしよう——これは現在でもある程度は可能なことである。親は、生まれてくる者の性質を知り、変えることができる。原因を左右することのできる者にその結果についての責任があるとするなら、この論理においては、責任はその親にあるということにはならないだろうか。あるいはまた、子の「最善の利益」のために、親は最善のことを行うべきであり、もし行わないとすると、それは親の責任であり、ゆえに子は親を訴えることができるのだろうか（cf.第9章注15・720頁）。

これが問題になるのは親と子の二者の関係に限ったことではない。自己決定の原則のもとでは検査を受けることは強制はされないし、障害を持つ子を産むことも禁止されはしない。しかし、子が障害をもち、より大きな負担をかける存在として生まれる可能性を予見でき、それを防ぐことができたにもかかわらず、そのための検査を受けず、その結果生まれてきた障害を持つ子を育てるのは親の責任だ（から社会的な支援を行う必要はない）といった主張も可能だということであり、また、社会的な負担が行われる以上は、検査は義務化すべきだという主張も可能だということである[◆9]。これもまたそう空想的なことではない。

こうして、因果関係による正当化の論理を逆手にとってみるという方向は何かをもたらすかに見えるのだが、実はそうではない。では過去に遡って因果を知ろうとする代わりに、未知の未来に目を向けたらどうか。

2　不可知による連帯

「1」保険の原理による修正

私は私の未来を知らない。自分の手持ち分の資源がどれだけあるのか自分でもわからない。またこの先それがどれだけ上積みされるのか、あるいは減ってしまうのか、どうなるかわからない。この時、自分の手持ち分の資源だけしか（自分自身の使用のために、あるいは交換のために）使えないなら、各々の手持ちの資源によって各自の受け取りが決まるその結果もまた知ることができない。受け取りは生存のために必要な分を下回るかもしれず、生存が脅かされる危険性があり、不安である。第2章3節2で述べたことに対応させれば、第一に、その人がその人自身の資源の総量とその増減について知らないこと、第二に、それを自分が意のままに制御することができないことが想定されており、第三に、自身の損得についての関数自体は前提されている。（図7・1）

そこでどうするか。保険、掛け捨ての保険をかけておこうということになる。何事も起こらず一生その保険金を受け取る必要がない場合もあるかもしれないが、それはそれで運が良かったということである。死ぬ一日前まで健康で、ある日突然逝ってしまっても、積み立てたお金を使えずに損をしたとは思わないだろう。自分のために蓄え、使わずあるいは使い残して死んだら使わなかった分は無駄になるが、保険のシステムでは自分でないにしても誰かが使うことになり、その分、自分が自分のために貯金する額よりも保険料は安くてすむ。「助け合う」「支え合う」のは自分のためになる。「互酬」という言葉が使われることもある。

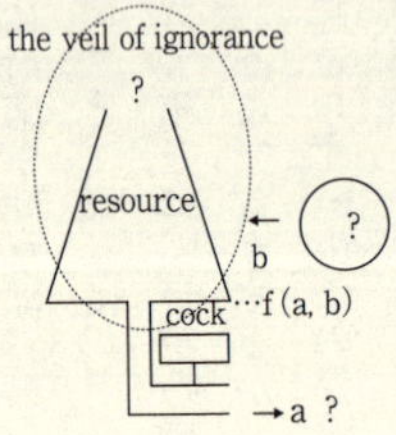

図 7.1

このように、自分がどうなるかわからないから、そして操作できないからという理由によって、各々が結果についての一定の取り決めをする、私的所有原理の一部を手直しする、あるいは別の装置を付加するということも行われることになる。これはいつ痴呆性老人になるかわからない、障害者になるかわからない、「明日は我が身」かもしれない、だから福祉制度の充実は必要なのだという論理である。

これと同型の論理を、ロールズ（Rawls［1971＝1979］［＝1979］）が行う議論に見ることができる。彼自身の議論は相当に複雑であり、提示される最も基本的な「原理」は以上と同じではないのだが、私達が「無知のヴェイル」を被っており、自らの（未来の）現実を知ることができない場合に、（最も）弱い立場に置かれる場合を考慮した財の配分を受けいれるという帰結にもっていくことは十分に可能である。◆[10] ロールズに限らない。個人の個人的利害から「協調」「相互扶助」「互助」「連帯」を導こうとする議論一般にこのような形がある。

実際には私達は（少なくともある程度）自分のことを知っているのだから、その点で、ロールズに対してよく指摘されるように、「無知のヴェイル」（the veil of ignorance）という仮定は少々不自然ではある。だがそれでも、それは全く私達の現実から離れているわけではない。現在のことはある程度わかるにしても、先々のことは（少なくとも確実には）わからないのだから、むしろこの議論はなかなか説得的である。そこで実際、この種の言説は——もちろんロールズの大著を読んだから、ではなく——世界に蔓延している。◆[11]

前節4項で、私の制御できるものが私のものであるという論理をひとまず認めた上でその裏をとり、個々人にある（そして今後蓄積される）資源は偶然に（少なくとも自身が制御できないものによって）左右されるのだから、その資源の多寡に左右される結果をその個々人が引き受けるべきだとは言えないとする主張がありうると述べ、しかし、そこからは代わりにどのような規則を立てるかは出てこないことを指摘した。ここでは、偶然であること（の不安）から逆に公平が導かれるとしたのである。ロールズの仮定の不自然さの指摘はわりあいよくなされるが、それが私達の現実の相当部分に対応したものであり、その限りで説得的な部分のあること、そして社会保障や社会福祉を正当化しようとする時によく言われることがそれと同型な論理であることはあまり指摘されない。そして、このような議論に対して自然に生ずるはずの疑問もあまり語られることはない。このことを次に述べる。

[2] 可知になる時

問題が二つある。第一は、求められているのが、全員が加入し、その決定に服するような制度であるとして、未知・不安という前提からそれを導くことの困難、私的保険ではなく全員を加入させる政治的決定とすることの困難である——この困難は社会契約論的な論理構成をとる論一般に見られる。相当無理な仮定を置かないと全員がこれに応じることにならない。さしたる根拠もなく自分の健康や運勢に自信のある人、自信過剰な人がいるだろうし、自分の将来などどうなってもよいという投げやりな人もいるだろう。すべての人が未来について心配し合理的な選択をする人ではないのだとすると、全員が一致して「社会契約」することにはならない。そしてより重要なことは、事実というより、原理として、これが全員加入を求める論理ではありえないということである。右で相当無理なと述べた仮定をおけば、つまり全ての人が相当な心配症であれば、全員が加入するということがありうるかもしれない。しかし、これは私的保険と同じであって、希望しない人が加入しないことを原則としては許容するしかない。

第二は、知らないという前提をとれない場合に生ずる問題である。性質・能力に自力で制御できない部分があること、そしてそれを事前に知ることができないことを、この論理は前提してきた。そこで保険のようなものとして分配が正当された。しかしこの前提が変わったらどうなるのか。「リスク」がわかったらどうなるか。規定因を知ることができるようになったら、どうなるのか。人の性質・能力の少なくともいくらかが生得的な要因によって規定されていることを否定することはできない。そして、例えば遺伝子の検査によって、その将来が少なくとも確率としてはわかるようになる。将来病気にかかる確率の高い人がわかるようになる。出生前に障害のあるなしがわかるようになる。払い戻しが多い人の加入を認める保険の保険料は高額になるから、保険料が安い方がよいと思う人は、リスクの高い人が多く加入する保険に加入しないだろう。その結果、ハイリスクの人（あるいはその親）は、保険への加入を断られるか、割り増しの保険料を払わなければならなくなる。

このことは既に現実の問題として現われている。遺伝病のスクリーニングの結果、雇用主にとって不利とみなされた因子を持つ者が雇用を拒否されることがある。[12] また、保険への加入に際して遺伝子情報の提供が求められ、場合によっては保険への加入が拒絶されるといった問題がある。[13] さらに、保険料を個々の雇用主が支払う米国のようなところでは、保険への支払いが多くなることが予想されることによって雇用が拒否されるといったかたちで、両者はつながる。[14]

またここで、第一点として指摘したことと、第二点として指摘したことの関係も明らかである。もし全員が同一の保険に加入しなければならないものとすれば、ひとまずは保険加入の拒否の問題はなくなる。しかし、未知・不安という前提から全員の強制加入を導くことには無理があることを述べた。とするとこの保険は私的なものにとどまり、その結果述べたような事態が起こりうるのである。ハイリスクの人の加入を受け入れると、保険からの支払いも増えるため加入者が支払う保険料も増えることになり、――加入・脱退を自由とするなら――加入者は他に流れてしまう。そこで、ハイリスクの人を制限することになる。（ここでもやはり米国で、実態の調査がなされ、一定の対応策がとられてはいる。[15] 日本ではこの種の議論はまだあまりなされていない。[16]）未知な部分が縮小していけばなおさらである。無知であったから、その未知の危険性を回避するべく、私達は保険への加入に同意する（ことになっていた）のだった。ところが無知ではなくなってしまった場合にはどうか。私達が自らの利得と損失を専ら考慮するのだとすれば、ロールズ的な論理の中では、配分の平等を受け入れることはないはずである。

このことの問題は深い。交換・契約というものが、相手が提供できるものできないもの（についての可能性）についての情報提供をもとに行なわれるべきものだと、少なくとも行われてよいものだとすれば（労働能力についての情報を得た上での雇用についての同意＝インフォームド・コンセント）、原則として情報提供を拒絶する理由はない。しかも情報提供の要求は強制である必要はない。実際の交換に入る前の個々の関係において情報提供を拒絶することはできる。ただし、そのことによって保険に加入できない、あるいは雇用されないことがあるということなのである。そしてこれは労働という商品の品質そのものに関わる情報なのだから、私的な情報、不要な情報の提供は求めてはならないという条件にもかからない。

これを拒絶するためには、契約の論理とは別の論理が必要とされる。そして、それは第1節と第2節で見てきた論理ではない。そこでは、知ることや変えることが何によって正当化されるのかあるいは批判されるのかは問題とされていなかった。あるいは自明のこととされているのだろうか。しかし、その自明のものとは何か、それがわからない。以上見てきた言説が覆えない部分があるということ、対象としていない場面があるということだけが問題なのではない。どんな言説にもそのようなことはあるだろうし、そのことだけをあげつらっても仕方がない。論じていくその仕方、論が流れていくその方向である。それは因果関係を探る。一つは、過去に遡る。一つは、不安な未来をみる。しかし、そのような言説でないと、何か言うことはできないのだろうか。

3 抵抗としての自由

［1］抵抗としての自由

第1・2節では配分に関わり、人々の「自由」に委ねる私的所有の体制の補正案、修正案を見た。ただ、この社会には既に介入の諸戦略が同時に組み込まれている。このことを第6章で述べた。そこで同時に、今度は、介入に抗して「自由」を言う主張もまた現われる。

属性や内面への不関与は事実存在するが、これを一つの戦略としてみた場合、その視点からは不関与が有効なものとされることはあっても、それ自体は正当化されない。不関与はいくつかの選択肢の一つであり、特定の仮定のもとで有効な選択としてある。このことを第6章1節で述べた。こうした記述、まとめ方は公平でないと言われるかもしれない。実際、寛容や不可侵はこのように機能的な観点から主張され、正当化されるだけではない。それだけが取り出され、原則として主張されることもある。本来不可侵のものがあるというのである。それは、社会の利益や先取りされた本人の利益をおしつけることに対する抵抗の理念としても語られるはずだ。そしてそういうものこそが人権の思想というものではないか。社会的な利益が持ち出されるとして、それは、原則を原則として立てた後、自らの主張を補強するためであること、説得のための方便であることもあるだろう。個々人に対する介入に関わる知と実践の手法として統計学が用いられ、自然科学に言及されるようになるのは一九世紀だが（第6章3節）、個々人のあり方に対する国家の関心、関心にもとづいた個人への関与は、例えばドイツで、一八世紀末、「啓蒙絶対主義」として、既に始まっていた。それが行われるのは、社会のため、そして／あるいは、本人のためである。これに対して、何がよい状態であるのかを決定できるのは私だと、カントは言う[◆17]。

「何びとといえども、彼自身の流儀（すなわち彼自身が他人の幸福であると考えているようなあり方）によって私を幸福たらしめようと強制することはできない。そうではなく他人の自由…（すなわち他人の権利）を侵害しないならば、各人は自分の幸福を、自分自身が適

> 切であると見なす方法で追求してよいのである。――子どもに対する父親のごとく、国民に対する温情を原理として築かれる政府、すなわち家父長的政府（*imperium paternale*）は、考えうる限りで最大の専制政治（すなわち臣民のあらゆる自由を奪い、その結果、臣民が何の権利も持たないような国制）である。こうした政府のもとでは、臣民たちは自分にとって何が本当に有益なのか、また有害なのかを弁別できない未成年の子どもと同様、ひたすら受動的にふるまうよう強制され、その結果、自分がどのような仕方で幸福であるべきかについては唯々、国家君主の判断をまち、そして、君主の望むところでもあろうが、彼の慈悲深さを期待するだけということになろう」。（Kant［1793=1974: 143］、訳は市野川容孝）

このように、「自律」「自己決定」「自由」は、介入への抵抗として現れる。このこと自体は間違いのない歴史的な事実であり、そして、現在においても「自己決定」が位置している位置である。

［2］自由であるための資格

けれどもその不可侵のものとは何か。不可侵のものがあるというだけでは、何が誰にとって不可侵のものなのか、その境界が与えられない。そこで、例えば私の労働と私の労働の成果が不可侵のものであるとするなら、これは第2章2節に見た論理そのままである。そうでなければならない必然性はない、だろうか。しかし、彼らの論理の中では、労働、労働能力と限定はされないとしても、自由を保障される者に一定の要件が必須とされるのである。

第6章で、いくつかの戦略が並存して存在すると述べた。さらにそれらは、単に並立しているというだけでない。この抵抗としての自由・自律を介して、奇妙な環を形成している。

他者の決定や介入を排して自分自身について決定できる私であれるのは、自分自身について決定できる能力をもつ私である。それは、「理性」によって対象を評価し、決定できる存在である。[◆18] このことを言うのも、カントのような「義務論」の側に立つものだけではない。それは、この立場と対置される「功利主義」の立場に立つ者、例えばミルが主張することでもある。[◆19]

ここには弁別が働いている、弁別のための基準が存在する。線が引かれ、その内側にいる人と外側にいる人が同時に現れる。その内側にいることは抵抗・自律のための前提なのであって、それ自体が規範の設定であるとは意識されない。そしてそのような私がまだ不在の時、それは、ある内容を持った私が本当は存在するというその前提からして、それを「発見」させるという方向をとることになるはずだ。人は自らの主人であることと、人は自らの主人ではないこととは背反する。この調停が、人は本来は自らの主人であるのだが、未だそれに気づいていない、と述べることによってなされるのである。何らかの障害によって、彼の真理は未だ発見されていないのであり、その障害をとりのぞき、彼自身に目を向けさせることによって、その真理を発見させるように仕向けなければならない、というわけだ。この攻略の方向は、キリスト教においても、神を除外した主体の教義においても同様である。後者においては、それは「啓蒙」と呼ばれるものの一部をなしている。そしてここで自らの真理を未だ発見していない人々は「子供」の比喩によって語られることになるだろう。キリスト教においては「子羊」の比喩が多く用いられた。この神との関係において無力で蒙昧であり助けを必要とする存在は、人間の「成長」という観念の到来とともに、子供、と呼ばれることになる。例えばカントが本章冒頭（456頁）の引用のように言う。

ここでは「未成年状態」にあることもまた自らの責任であるとされており、可能性がある者は「啓蒙」される存在としてある。このように、不関与（自己決定）を享受しようとするものは、所有の観念のもとに包摂される。そして、資格を得るためには主体化という戦略（第6章2節）につかまるか、予め既につかまっているかである。でなければ、

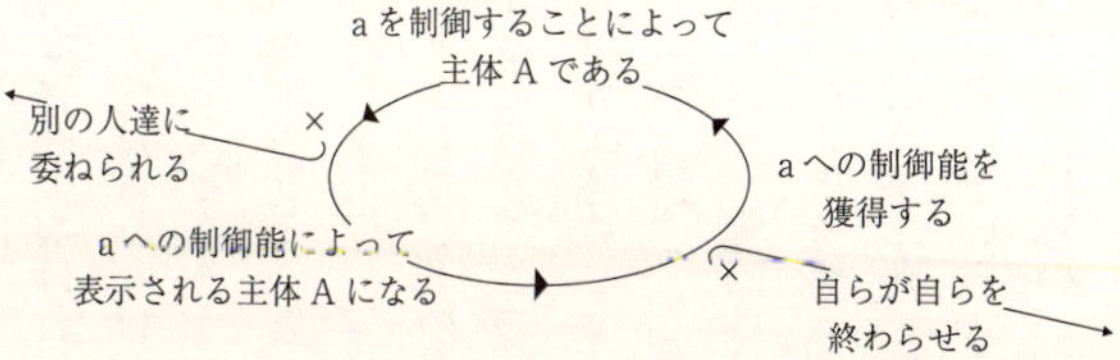

図 7.2

資格をもつ可能性がないことによって排除される。ここでは、主体化によって効果されるような主体の形は、真理として、当然のこととして、介入以前のことであるとされる。だから、そのように信じている者達には矛盾はない。つまり、ここで、介入に対して「自由」——しかし、ある資格をもった人の「自由」——を言うという、「生命倫理学」で一般的にとられる構図は既にできあがっている。

さらに、私が制御し私が生産するところのものが私であるという観念のもとにある人は、私の能力を高めるための行いを、他者による介入としてではなく、自らの行いとして受け入れることになるだろう。自らの主人であるような私は、私を構成するところのものをより充実させようとするだろうからである。さらに、まだ資格を有さない者に対しては、その水準に近づけるために、よいこととされることを予め行うことになる。さらに、その範囲から逸脱する存在を予め排除することに同意するかもしれない。

まとめよう。介入を拒絶しようとする者は、拒絶のための条件としてあらかじめ自律的な存在でなければならない（～第6章1節）。まだそうした存在でない者はそうなることを受け入れなければならない（～第6章2節）。そして、この自らの主人である者、自らの主人となろうとする者は、自らのこととして、自らを構成し自らを価値づけるものを増加させようとするから、そのための技術を取り入れることになるだろう（～第6章3節）。また、いまだ自らを知らず、また自らのものを持たない者に対しては、当然のこととして、その者に代わる者がその者に与えるだろう。◆[20] それも不可能な者は別扱いになるだろう。この時には、これらの行いは介入ではないと思念される。そこから逃れることができないようになっている。このような円環が構成されている。

「自己決定」の危うさはこのようなところからきている。例えば「死への自由」を認めうるか。実際には自殺を認める認めない以前に人は自ら死んでしまうのだから、私達はこのことを考えずにすんでいる。ところが一人で死ねないがしかし死にたい人がいた時にどうするか。勝手に死んでいく者がいるのだから、同じくその権利を認めなければならないということになるかもしれない。◆[21] とすれば「死の介助」もまた認めざるをえないことになるのかもしれない。しかし、そのような場にいる人はどんな人か。彼は病にかかり、自らの非力を自覚し、そのために自ら死を選ぼうとする。もしその人がそのような主体であるなら、その決定は、まわりにいて負担する側にいる私達にとって危険なものではない。むしろ、負担する側にとっては好都合なことだと言える。そして決定や決定の結果は自分で負うことになっているのだから、まわりの者には精神的な負担もない。(第4章3節2)◆[22]

もう一つ、その肝心の当人がまだいない時、本人の意志が聞き取れない時にどうなるのか。彼らは途方にくれたりはしない。自分が制御するものが自分のものであり(第2章)、そのような自分が人間であることの資格であると言う(第5章)。自己決定の正当化は、所有個人主義の正当化と同じ論理によってなされていた。生産能力という条件を外し、意志・決定能力に条件を切り詰めたとして、それが今度は資格要件になる。この時には、そもそも資格が認められない、そのあり方は周囲の者に委ねられる。

4 より「根底的」な批判

【1】能力主義者である私の否定

「私的所有」が帰結する問題の一つは不平等だった。第1節にみた論理も第2節にみた論理もこの問題に照準している。しかしそれらは資源=能力に関わる事実を問題にし、その事実に依拠していた。因果関係を前提していた。第1節にみた主張は資源の（社会的な）起源を言う。第2節にみた主張は未来に向けての不可知性を言う。そしてそれらは結局のところ、うまくやれば差異が解消されると語り、また差異が見えないとすれば人は分配に応ずるだろうと話を進めた。しかし、そこで想定されている事実が事実でないとすれば、また事実でなくなったらどうなるのか、と反問されてしまう。仮定が成立しない部分ではこれらの話は成立しない。その成立しない部分は、例外的な部分ではなく、むしろ実証的な知識の進展によって拡大しつつある部分である。そしてこうした「科学」の進展を待つまでもなく、実際、明らかな差異があることを知る人達にとっては、また差異をなくしたり、無視したりすることが問題なのではないと考える人達にとっては、こうした言説は中途半端なものでしかない。

ならば、そんなまわりくどいことはせず、端的に「平等」を立てればよいではないか。原理として「平等」を立てれば、話としては、それで一応完結する。実際、自由派と平等派の抗争として近代社会の歴史を記述することもできるだろう。先に紹介した二つもまた、その中の比較的穏健な主張として扱うことができるだろう。だが、それよりはむしろ、「不平等」を帰結する「能力主義」をそっくりそのまま廃棄してしまえばよいではないか。

一九六〇年代末以降、教育や医療に関わる場面で、また障害者の社会運動の中で、「能力主義」がそれ自体問題化される対象として現れる。[23] 皆が学校に行けるようになり、十分な教育が受けられるようになれば、格差が解消するかと言えばもちろんそんなことはないことを批判者達は知っている。また、彼らの認識は、実力主義ならよいが、学歴主義、学力主義はよくないといった認識とも異なる。もっと優れた教育法、訓練法が採用されるなら、みんなができるようになるなどという話を信じることはできない。むしろそのような主張・実践は、それに時間と空間と身体とを縛られ、結局は効果がなく、しかも失望し悲観するのは自分なのだから、むしろ害悪を与えるものだと捉えられる。第1節にみたものも第2節にみたものも資源＝能力に関わる因果を問題にし、前者は社会性、可変性を言い、後者は、燃料槽にどれだけ入っているか、これから入るかわからないのだとしたが、どのようなことを言おうと、結局のところ資源の差異はある。これを前提するなら何が問題になるのか。

私達の価値、欲求の関数そのものを問題とする途がある。それは、階級や国家や資本やといった言葉で依然として語られる部分を残しながらも、それにとどまらずに、欲求や価値それ自体を問題にしていった。

何か「客観的」なものとして不正が行われ、その「客観的」なものを変更することによって（だけ）現実が変わるという立場が優勢だった時には、人々の意識、価値、欲求自体が問題にされることはそうなかった。例えば「搾取」とは、単純に言えば、自分達はよく働けるし実際に働いたのだが、その一部が他人に奪われるということだ。しかし能力自体の差、その差異に起因する差が問題になるような場面ではどうか。それは要するにあなたの問題だから当然だ、あるいは仕方がない、と居直ってしまわないとすると、その能力を要求し、格差をつける側が問題にされる。例えば身体的力能が優位な時代・社会があり、知的能力が優位な時代・社会がある。そのことがある者達を劣位に置かせているのだという。ここでまず、評価する側を問題にするという視点が獲得されている。

さて、このように要求し、選別するのは、まずはそういう力能を要求する資本であり、国家であるとされる。しかし――生産者と消費者の間にあるもの（資本）がどれだけ取っているか（搾取しているか）はともかく――最終的に生産物を消費するのは消費者である私達であり、安くてよい品を求めるのは私達であり、その中に、能力差別というものは生じてしまうのではないか。結局、その者が行う（行える）ことの私達にとっての価値を私達が評価し、それに対応した対価を払うことによって格差が生じているのではないか。このことは「負の生産」についても同様だ。生産しない者を抱えるのは、生産しないだけでなく人々の支えを必要とする者を抱えるのは、やはりまずは資本や国家にとって重荷とされるのだと言われ、資本や国家が指弾されるのだが、右と同じように考えていけば、やはり結局は重荷だと思うのは私達すべて——重荷とされる側から見れば、あなた方すべて——ではないか。

　生産を欲しているのは社会であり、負の生産を欲していないのは社会なのだが、社会とは私達のことだ。つまり、これは私達の問題である。能力主義に加担しているのは、私達（も）ではないか。このようにして問いは私達にかかる。そこで、ある者達は自ら否定の行い、別の原理による行いを実際に行い、そして続ける。

　労働が行われ価格がつく場は、問題にされた通りのことが起こっているのだから、問題とされる対象ではあっても、現実に、その総体に対して、何ほどのことができるわけではない。能力原理を否定する試みが行われるとすれば、自らで作り出す小さな場で、ということになるだろう。また労働の場以外の場、その周辺でそこにつながる場、教育、医療、福祉といった場で能力主義の否定は語られ、行われようとする。あるいは、批判が語られた場が労働の場ではなく教育や医療の場だったことによって、その批判の対象が意識や価値に向かったのだとも言えるだろう。

　「差別」につながることに対しては抵抗しよう、少なくとも私達はそのような行いを行わないようにしよう、「能力主義」は能力のない者を「差別」するものであるがゆえに、それにつながるあらゆるものを——理念としては——排しようというのである。代わって「共生」という語が現われる。

しかし、それは実現されるにしても局所で実現されることであって、やがてその中にある者が生活の場を別のところに移せば、例えば学校を卒業し「実社会」に出るなら、その局所で実現されていたことは通用しなくなる。また、こんなことを考えたのは「教育者」であったりしたのだが、それは自分達がやっていることを否定するような行ないでもある。これは自分自身、主義主張の側から見ても、「現実」の側から見ても、かなり疚しい気持ちのするものだろうし、自虐的、マゾヒスティックな感じもする。湿気っていて、からっとしたものではない。

またこうした思考は、常に、では本当に能力主義を、市場経済を全面的に廃棄するつもりなのか——そうだ、と答えるだろう——、ならばどのようにして廃棄するのか、廃棄してそれでどうするのかという脅迫にさらされている。また差を評価しないこと、差を表に現わさせないことが揶揄の対象になる。

同時に、自分自身がどこかで能力主義を肯定してしまうだろう。働かない同僚や上役をけなしたりするだろう。そういう人達についてはよい、ある場面ではよい、のだろうか。しかしそれはなぜか。一歩退き、能力原理が他に優越した原則となるのが問題だという言い方があるかもしれない。しかし、私がより有能な人を採用し、より有用な知識を提供する教師の講義を選んで聞く時、確かに能力原理を他の事情より優先させているのではないか。

能力主義の否定、と言うことはできる。しかし実際にそれを実現するのは難しい。なぜか。そのように私達の欲望があるから、あるいは形成されてしまっているからではないか。私達は重くなる。重くなったまま上がってこれない。そこに問いは停滞し、わだかまりが沈殿する。ある者は問いを忘れる。このような流れがあり、停滞がある。

〔2〕関係の自然史

単純な、しかし動かし難く見える現実が問題にされ、簡潔な——しかし困難な——主張がなされた。この時、読まれたり、参照されたりした言説があった。たくさん働いているのに取り分が少ない、搾取されているというのが、資本制に対する古典的な、あるいは通俗的な批判だった。こうした問題設定がなくなったわけではないにせよ、一九六〇年代末以降、論点は別のところに移っていく。それらは、——「労働価値説」の部分は、とりあえず?、無視して——マルクスの別の部分を読む、それ以前の場面に遡る。

それは、そもそもの関係、特に生産関係、また流通の関係として共同性を見、その関係の変容とそこに現われる関係に対する錯視として、欲求の個別化、価値の私化を見る。例えば、分業が固定化された時に、私達の関係が、私と他者、私と社会という各々の「物象」として現象するという。

生産と生産物は共同の成果であるのだが、それが関係の変容に伴って不可視化される。個人の貢献として取り出される分は、実は、他者達との共同性・協働によって成立しており、個人のものではない、ところがこのシステムの中では、このことが看過され、個人が取り出されるという。所有個人主義はここに由来する（と同時に、相手方に、自身にとって制御できないものとしての社会が実体化される）と言う。

もう一つ、同時に、協働関係のあり方、例えば役割分掌の固定化によって、手段として（だけ）人が現われる、人が扱われるようになることに問題を見出す。

こうした把握は、本章1節・2節に見たものと、相違点とともに共通点をもつ。第1節に見た言説では、一つ一つの燃料槽に燃料が蓄積されていくときのその起源の社会性が言われた。それに対してここでは、生産に対する因果、貢献が問題にされているのは共通しているが、端的に生産という行為そのものが共働としてまず捉えられ、それが関係の固定化によって個人のものと見えるようになると言う。最初から個別の人の能力を取り出して、その社会性を言うのではなく、能力の由来（第1節）というよりは、行為そのものが基本的に共同性、共働性の中にあるという論理によって、私的所有を相対化する。第2節に見た主張においては、様々な可能性を考えた上で、自らのために各自が選択を行うのだが、ここでは、個別の利害から共同性を導出しようとするのではなく、実際に役割が固定化されない状態における立場の互換性のもとで、直接に「相手の身になる」ことができ、そのことによって「私性」が生じないのだとされる。こうした「本源的」な関係が、役割分掌の固定化等を通して不透明化し、そのことによって、実体化され、物象化された私と社会とが現われるのだと言う。

　第1節・2節に見たものとの大きな違いは、欲求を、他者に対する関係のあり方自体を問題にしていること、問題の焦点としていることである。たしかに欲求のあり方が変われば、すべてが変わるのは明らかである。しかも共同性を、単に倫理の原則として示しただけではなく、関係の関数として立てた。こうしていったん「私」の方に差し戻されたものを、もう一度、関係、社会の方に投げ返す。直接的な関係、立場の互換的な関係において、人は今の私のようでなく行動するだろう、と述べる。

　もちろん、◆[24]予想される疑問・反論に応えられるように、実際になされる論の運びはより慎重である。ただそれにしても、透明な関係、それに対置されるものとして分業の固定化が鍵になるのだろうか。鍵になるとしたら、次に、現実にどのような社会のあり方を構想し、その実現の可能性を探っていくことができるのだろうか。

まず、こうした把握は、まず身近なところに共働的、共生的な場を作っていこうとする動きと対応するものではあっただろう。しかし、そのような関係の場とそうでない周囲との境界面にやはり摩擦は起こり、そのことによって関係の内部が浸食されていく。例えば非能力主義的な配分を行う場を作るが、そこにそのような配分が行われる場所から排除された人達が多く集まると一人当たりに配分されるものは少なくなる。働ける人を確保しようとするなら、格差を設定するしかない。

もしかすると、このようなことはどんな関係のなかでも自然に起こることなのかもしれない。しかし、私達が今の社会に暮らしてきた私達である以上、この社会・関係に意識が規定されているからそうなってしまうのだと言われたとしても、否定しきれない。関係が全域的に変われば想定される欲求のあり方が実現されるが、そうなっていないのだから実現されないという主張は、証明もされない◆25が、反証もされず、主張としては破綻しない。局所に望ましい関係を作っていくことが問題を解決しないのであれば、全域が一気に変わらなければならない。しかし、現在の関係が現在の私達を作っている限り、待っていては変わらない。とすれば事態を見抜いた者達、少数者達が先駆的にいまあるものを全面的に覆してしまい、関係を変えてしまえば、その後、関係が存在（意識）を規定するのだから、事態はうまく運ぶだろう。その他の人々の意識も変わる。だからまず少数者が、多数の承認を得られないとしても、関係を変えるしかない。このような主張が、論理必然的に、導かれる（廣松渉［1975］［1981］、等）。だがそれにしても革命は容易ではない。

［3］政治学への転換

こうした停滞がある。それを受けて、生産関係とか体制とか呼ばれる大きなものに正面から当たることの限界のようなものが感じられる。このことにも関係し、また方法論の問題としても、古典的なマルクス主義や、より洗練されたそれや、通俗的な「近代化論」が言うように、自然史的にことが運ぶものだろうかという疑問が現われる。体系として閉じられていること、究極的には一つの筋の中に全てのものが押し込まれ、説明されてしまうこと、そしてそれが広義の生産に着目し、広義の経済主義であることに対して、個別の領域、出来事に着目し、それをめぐる「政治」を明らかにしようとする試みが行われた。ここでは「権力」「装置」といった言葉が多用される。もちろんフーコーの存在があり、その影響があるだろうし、また、例えば「個人的なことが政治的である」といったフェミニストの主張があり、その影響があるだろう。こうして、社会科学、歴史学や社会学は様々なことを明らかにしてきた――その蓄積の一部を使えたから、本書の第6章そして第7章も書かれた。それは、少なくともその中の良質なものは、すでにあったこと、現にあること、それらの位置関係を知っているから、慎重である。

それは信じられていた多くのことが間違いであったことを知るし、指摘する。いかに私達が多くのことについて滑稽な、しかし深刻な誤りをし、過ちを冒してきたかを知ることは有意義なことだし、悪意に満ちた間違い、意図的な操作を指摘し批判することは重要である。ただ同時に、第一に、それは、無知で偏見に満ちた状態から、やがて正しいことが認識されていく過程として歴史を描くことはしない。現在間違いとされることが、その時には間違いではなかったこと、その上で現実が構成されていることを記述する。それは、現在私達が信じていることを「相対化」させる働きをするかもしれない。しかしさらに、過去及び現在の認識の中に、間違いでない（と私達が、少なくとも今はするしかない）部分があること、このこともまた知っており、誤りの指摘によって、誤る可能性の指摘によって、なされたこと、なされていることを批判することの限界を知っている。

第二に、それは、行われたことをよく知ろうとする。例えば、社会の中に、社会改良と優生学的な働きかけの両方があったこと、両者がまったく並行的に、同時に、あるいは選択的に与えられたことを知っている。だから、遺伝説〜優生学に環境説を対置し、後者をよしとすればそれで何か言ったことになるなどとは考えない。

第三に、何をよいとするか、その価値基準を最初から立てることはしない。例えば、健康という不変の価値があって、より多くの人が健康になるに至った歴史として医療や病の歴史をとらえることはしない。むしろ、そのような価値が価値となって社会に入りこむ場面を捉えようとする◆26。

第四点。それは、「政治」「権力」といった語を使う時、まずは非対称性、誰かから誰かに対して与えられたことを把握する。従来の把握が国家や資本（だけ）を一般的に名指すことに対して、必ずしもそうと言えないことを指摘しつつ、様々な場で、誰か特定の者達によって、その利害から、その信念から、行われたことを記述する。ただ、強制や暴力だけを記述するのではない。行われたことの多くは、より緩やかなものであったことを知っている。そして、今日の私達が認めるもの、今日の私達の生活が、そうした介入の上に、介入の後に、成立したものであるとする。様々の介入策が日常の中に入り込んできたこと、日常性を構成してきたことを記述する。利害の「偏在」についても慎重である。ひとまずは国家などによる介入として捉えうるものであっても、やがてそれが内化され、「自発的」にそれが受け入れられるものになると言う。

そして、第三点と第四点は関連する。歴史研究は、どれだけ私達が「規律化」され、「矯正」され、「主体化」されたかを語る。例えば健康、健康への顧慮を、介入が与える。しかし、それはやがて私達のものになる。その把握は、「管理社会論」という文脈の中にあると言ってもよいのだが、そこに見出されるのは、外在的な拘束というよりは、自分を自分で規制しているような主体である。つまり、まずは与えられるのだが、そこでは価値そのものもまた与えられるのだから、それを受け入れた時には、既にそれは与えられるものではなくなっているというのである。だから彼らは、介入に対して「自己決定」を簡単に対置したりはしないだろう。

以上は、起こってきた事態に即した把握であり、そこで得られる態度もまた理解できるものである。だが、例えば「健康」はそれ自体としてそう悪いものではないのではないか。それは「幸福」を与えるものとして現れる。自ら選ばれているものとして現れる。問題は必要に対して過剰であることだろうか。◆[27] また、単なる健康ではなく「健康への義務」と化していくことだと言えばよいか。しかし、それが義務としてもはや把握されていないとすればどうか。とすると、それで皆が健康になったとすれば、それでよいではないか、皆もそれでよいと言っているし、といった「論難」がすぐ聞こえてくる。そして、事態に即して記述してきた者、そして論理を詰めてきた者は、自らそのことを自覚する。市野川容孝は、前節（481-482頁）に引用したカントの文章を引き、介入に対する自由が主張されたことを確認しながら、それが「安全」という枠の中に予め限定されたものであり、また、その安全が与えられつつ、一人一人によって引き受けられていく過程を追い、最後に次のように言う。（市野川 [1996d: 116-117]）

> 「われわれが留意すべきなのは、…個人の意志を否定することなく、逆に「服従することへの意志」によってささえられる権力技術（支配と規律訓練）の方だろう。これをさらに告発と批判の対象とする一つの可能性は、潜在的な、あるいは未だなき意志というものを現出させることだ。だが、そこにもおそらく限界がある。なぜなら、われわれはおそらく「安全性」という理念を今後も手放さないからであり、告発と批判もこの理念の枠内にとどまるからである。…権力論に内在する一つの逆説は、権力の痕跡をわれわれの社会と生の現実の中により深く読みとろうとすればするほど、これを否定することがますます困難になるということである。」

前項とは少し違った意味で誠実であろうとする態度がこのようなところに着くことに

なる。もちろん、このような問題から身をかわし、歴史学的接近が意図するのは、少なくとも一人の「研究者」である私が意図するのは、批判すること、何か別のものを対置することではなく、ただ事実を明らかにすることだ、まず知ることだ、といった言い方をすることとは常に可能だ。また、ものごとを「相対化」しようとするのだという言い方もある。「相対化」はよい。しかし、その後どうするのか、相対的であろうとなかろうとそれでよいではないかという、この素朴な、あるいは悪意のある論難には少なくとも答えてはいない。

［4］閉塞？

一方で、確かに不当と感じられる現実があるのだが、同じく確かに、その現実の動かし難さがある（第1項・第2項）。他方で、問題はあるはずなのだが何が問題なのか、捉えどころのなさがある（第3項）。両者には違いがあるようにも思える。一方では対置されるものは「能力主義」の廃棄とはっきりしているのだが、その実現がいかにも難しいと思われるのに対して、一方では何が対置されるものとしてあるのかはっきりしない。けれども両者は共通している。第6章で見た範囲の個体関与の実践は、広い意味での——つまり健康、安全、等々を含む——「生産」という観点から見られ、その増大のために行われている。その上で、どのように処すべきかは因果関係の理解によって変わってくるのであり、様々な回答が出されたが、いずれにしても第一には「生産」が問題になっている。また本章1節に見た主張にしても、生産を増加させるために環境を整備しようということになりうるのだから、これと連続しうる部分をもっていた。違うのは能力の源泉について前提とされる事実であり、その事実認識に対応した手段である。生産物の私的所有にしても、その中の、ある場合には有効でありうる、一つの手段でもあった（第2章3節）。とすれば、問題は「個人主義」にあるのではなく、また個々人の生産（能力）を巡る因果の理解の仕方にあるのでもなく、「生産」そのものにあるのではないか。このように考えることもできる。

　だから、批判を徹底させるとすれば、一つに、生産を疑うこと、否定することである。以上のような道筋を通って、ではないにしても、この社会を生産の社会と見て、それを指弾することがよくなされる。前段は事実の把握として間違ってはいない。だがその何が問題なのか。生産に準拠する限り、生産性の差が現われることであり、生産に準拠した介入が行われることである。ここから両者の「福祉国家」に対する態度もまた導かれる。直接に能力主義を否定する立場からは福祉国家は否定の対象になる。少なくとも懐疑の対象になる。何よりそれは、生産主義、能力主義を端的に否定するものではなく、その問題を曖昧に中和する、中途半端なもの、偽善的、欺瞞的なものに思える。また、介入を問題にする立場にとっては福祉国家は問題とされるべきものそのものである。本格的に再分配の制度が作られていくのは二〇世紀に入ってからだが、国民の福祉・幸福・健康に関心を払いそのための政策を行うものとしての国家の誕生は一九世紀には遡り、福祉国家はこの道を辿ったところにある。したがって、それをそのまま肯定することにならない。かといって、もちろん、両者とも脳天気な自由主義に戻るわけにもいかない。

しかし、「生産」とはよいものを増やすこと、よくないものを減らすことである。よいものを生産すること、安全性を高めること、危険を除去すること、等々は「よい」ことである。病にかからないことはよいことである。健康であることもよいことである。その生産の「資源」としての「能力」がある。ならば能力の増大はよいことである。後はそれをどのような手段によって、あるいはどのような手段を組合わせて達成するかである。私的所有のシステムをとるという方法もあるし、それが十分に作動しないなら、個々人の選好関数に働きかけてみるという手もあり、直接的に能力に働きかけるという手段もとりうる。例えば「優生学」が直接に生産によって動機づけられているのは間違いない。ただ生産という価値は、あらかじめ私達にあるものなのか、あるいは、誰かから与えられた後に自らのものになってしまったのか、いずれにせよ、否定しがたいものとしてある。その何が問題だと言うのか。このようなところに問題を行き着かせてしまったことに両者の困難がある。

5　行き止まりを通り抜ける

〔1〕禁じ手を使う

真面目に考える人は、考えてしまった人は必ずこのような場に辿りつく。それは、第2章2節で見た言説のような信仰告白、あるいは同語反復をそのまま受け入れてこと足りてしまうよりは——このことの正当化の問題があること自体を忘れてしまい、「パレート最適」を言って終わらせてしまう者さえいるのだ——よほどものを考えている。その生真面目さは滑稽であるかもしれないが、それでも脳天気な現状の肯定に較べていくらもましだったと思う。私は思考を徹底させて隘路に入ってしまった思考の方を支持する。

しかし、問題とされたことの少なくとも一部について、この誠実な思考を実際の動きがさらに裏切ってきたと、私は考える。思考が現実を動かさず思考の停滞がひとまずそれだけに終わるような場——例えば日本での「生命倫理」を巡る論議の場——では膠着は続くのだが、停滞していては今日明日の生自体がなりいかないようなところでは、それで終わらせるわけにはいかない。なにか方法を考えないとならない。それで考え、行う。その動きは、結局のところとても普通で平凡なことだから目立たない。ただこのように経路を辿ってきた上で、慎重に見るときに、少なくともいくつかの場面で、先の批判が辿りついた隘路を抜けてきたことがわかる。◆[28] 行ったことは、否定することではなくて、少し違う行いをすることだった。そのことによって円環として閉じられているかに見えるものを解くことである。全面的に否定することではなく、少し、微妙なものになる。しかしそれは、考えるところ唯一の道なのである。

実は、第4章で述べたことも、このような道を通ったところから発している。第3章では、制御・譲渡に対する違和という一点から発して、それが何であるのかを考えた。第6章・第7章ではもう少し広いところからみた。どちらからでもよかった。以下、第6章から第7章にかけて検討してきたことに即して、第4章で述べたことを別様に述べる。それは本章4節に見た言説と少し異なる。少し異なるのは、真面目でないからだ。真面目でないというのは、一つに、この章の第1節・第2節・第3節であげた批判や修正の試みとの比較で言えば、図式に対して内在的でないということである。一つに、第4節で少し検討した批判の思考との比較では、そこで禁じ手とされるものを使った、ごく簡単な仕掛けがあるからである。

第一に、生産をよいものとした。よいものというより必要なものとした。死や苦痛を悪いものとした。そして、欲求の個別性を事実として認めた。これは相対性、社会性、歴史性を言う立場からは禁じ手である。何がよく何が悪いものであるのか、それが固定されていないことを否定はしない。例えば、死を、生という私にあるものを否定するがゆえに遠ざけようとするものではなく、私に訪れるものとして受容し楽しむということがあるのかもしれず、そのような可能性を否定しない。しかし、いったんは、快を快とし苦を苦とする、その事実を認めよう。その事実を認めた上で、どのように論を組み立てられるかを考えてみようとする。

第二に、この社会を覆っているとされているものに対して抵抗するものがある、そしてそれが、時に第一に述べたものを越えていくような契機であるとした。どんなものであれ、不動のもの、非歴史的な定数を置くことを自らに禁じようとする態度にとって、これもまた禁じ手である。しかし第2章、第3章、第4章と論を進める中で、抵抗するもの（それが第4章で述べたものである）がある、と言うしかなかった。その起源はわからない。というか、常にはそれは言葉になる必要はなく――その意味で積極的に「ある」とは言えず――、ある現実が現われてきた時に、それに対する抵抗としてはじめて現われるものなのかもしれない。[29] そして、私が述べてきたことに反して、「抵抗するもの」とここで述べたものがもし本当は存在しないのであれば、問題は最初から存在せず、問題は真に存在しえないのであるから、問題を探す必要もない。（「権力」に対する）抵抗の拠点がなくなってしまうという心配は変な心配だということである。次節で、さらにいくつかの論点を加えながら、このように言うことと第4節で検討してきたものとの対応を、もう少し具体的にしよう。

［2］ 人のいない市場

第4節1・2に見た批判において、主張される内容は、反経済主義的であったし、反生産主義的であった。しかし、人のあり方を主導するのは結局のところ、生産され流通される場面、生産が生産される場面であるとされる。第一に、このこと自体において、そして、生産・流通の形態に私達が支配されている、「目を曇らされている」という限りにおいて、それは経済主義であり生産主義なのである。個人（の生産）に対置されるものは共同（の生産）ではない。生産に対置されるものは生産しないことではないし、ましてや、もちろん、「消費」などではない。生産の共同性を言うのも、生産しないことを言うのも、消費を言うのも、ある種の生産主義なのである。[30]

第二に、ここから生ずる基本的な倒錯は、「人」が手段として現れてしまうと言ってしまうことにあるのだと考える。問題なのは、人Ａが提供するものａとＡとを結びつけることである。ａを手段として評価し、手段として用いることによってＡを「差別」しているというのは、実はＡとａとの結びつきをあらかじめ前提とする形而上学、Ａとａとを結び付けようとする形而上学の内部に発生することだと考えることはできないか。私達は手段を手段として使うことと同時に、人があることを知ることぐらいはできる。第６章２節で見た主体化という作用が市場、契約の存在に対して過剰であると述べたことの意味、本章４節２で述べようとしたことの意図はこれである。

第三に、「私の利益」が、「錯視」ではなく——あるいは「錯視」であるかもしれないとしても——、あることを認める、単にそのような欲求があるということとして認めることである。それは、正当化されないが事実として——第一に、その存在自体を否定できないという意味で、第二に、その存在自体を否定する必要がないという意味で——否定しつくすことはできない予件として、認める。

以上は「理論」のあり方——その一例を第４節２でみた——にも関係している。関係が「透明」であれば、別のものがあるはずで、そうでないのは「錯視」「誤解」なのだろうか。ここにあるのは「還元」という手続きである。時間的な遡行を経てであろうと論理的な手順を追ってのものであろうと、いったん原初的な場に還元した上で、錯視させる要因を付加していく。だが私達はそんなものに規定されているのだろうか。一枚、あるいは何枚か、剥がせば底が見えるようなものによって規定されているのだろうか。識者はそれを知っている。しかし、私達はそれを知らない。ある関係が次の関係を必然的におびき寄せ、その関係の展開とともに人のあり方もまた必然的に変容していくという論理構成がとられる。だがそんなことがあるだろうか。私達はもっと複雑な生を生きてはいないか。

分業論として展開される議論の中にある「位置」や「距離」についての指摘は重要である。あるもののそばにいるかどうか、そのものを見ているか、同様の体験をしているか、したことがあるかによって、私とそのものとの関係は大きく変わるだろう。このことは第5章でも述べた。しかし、生産や流通における関係や距離だけが主要な関係であり距離だろうか。これに対して、生産が私達の社会の中で優位なものだから、そこでの関係のあり方が私達を規定しているのだと言われるかもしれない。それを全面的に否定はできないだろう。しかし、第6章2節でその一端を見たように、この関係、この中での人間を取り出す営みが、実際に生産が行われ、流通が行われるのと別の準位で行われたことを想起するなら、自然にその優位が与えられたのではないとも言いうる。

次に、「私の利益」それ自体は悪くはない――というよりも悪いとかよいとか言う前にあってしまっている、どこにでも、いつもある。そう前提して始めればよい。仮にある種の還元によって、そうでないものが「背後」にあることが言えたとしても、その背後にあるものの方が真実であるとは言えない。しかし同時に、生産するものが生産物を取得できる、制御できる者が制御できるものを取得できるとするのは、信仰でしかないことをはっきりさせること。このようなことは確かにこの社会に生じていることではあるが、それはそれが真理や正義であるからではなく、欲望がある形をとった場合に生じてしまうものでしかなく、その欲望を前提した上で社会を運営していくためにはそれを許容してやっていくしかどうもないようだということ。このことをはっきりさせること――相手が論理らしきものを持ち出してくる以上は、それにつきあった上ではっきりさせること、この作業を第2章で行った。

そして、他者が在ることを知っている。私の欲求にそって自然に行動する限り、意図しなくても、他者があることを破壊することがあること、それを問題にすればよい。個々の場での能力主義を否定する必要はないが、それを正しいものとする主張は認めないし、その帰結を認めるわけでもない。両者を認めるとすれば、並存させる方法を考えるしかない。このことは第4章でおおまかに述べたし、第8章で検討する。例えば能力主義に対する矛盾するかのような感覚は、このように考えた時にだけ説明されうることを第8章で述べる。

だから、ここではこれ以上述べない。ただ、単純な誤解を解いておこう。前節に見たように、「福祉国家」は、一方で、過度な介入をすることによって批判され、他方で、直接的な関係を破壊することによって批判された。そして両者は矛盾した批判ではない。ただ、もし配分が自発的な関係の中で不可能なのであれば、また配分に関わる義務を認めるのであれば、それを担う主体としては——さしあたって国境の存在を前提するしかないのであれば——国家しかない。そして——これはしばしば見落されていることだが——私的な関係に移すことが、介入を弱くするという根拠はない。むしろ、私的な関係の中で、人の質を巡る介入はより多くなされるはずである。とすれば、私達に残されているのは、非介入的な福祉国家、機械的な分配だけが行われ、それ以外を人々に委ねる「福祉国家」を構想することだけだと考える。◆[31]

[3] 円環から抜ける

歴史的な思考は、事態を「自然史」的な展開として捉えることはせず、個別に作動する「装置」を捉えたのだが、そこで与えられるものが、「幸福」「安全」等々、当の者にとってよいものであることによって、与える側と与えられる側とが癒着してしまうと言う。だが、繰り返すと、与えられるものが本当によいものであれば、そしてそれだけなのであれば、そこに何も問題はないのであり、この時には権力は真に権力でなくなる。そこで真に問題は消失している。だからこれは実は本当の問題ではない。基本的な行き詰まりはここにはない。

一方によいものがあることを否定する必要はない。しかし、それで尽くされないという感覚があるのなら、もう一方のものも必ずあるのであり、それが何であるのかという問いが立つ。制御すること、制御し作り出すことによって取得することにあるのではない、それと別の、その価値から見れば裏返った価値があると第4章で述べた。そこで「他者」と述べたものは、積極的にその内容を規定されうるものではないし、規定すべきでもない。他者はなにか充実した内容をもつからではなく、私ではないという消極的な契機によってまず存在するのであり、その者が内容を持つことを要さない。しかし、それが「ある」と言うことは可能なのである。確かによいものがよいものとして一方にありながら、別のものがある。

「生産」「健康」を認めればよい。「よいもの」「わるいもの」を否定する必要はない。否定するのではなく、役に立つもの＝よいものをとりあえずよいものとすること、しかし、それは大切なものではあるがそれだけのこととすればよい。ただ役に立つもの、その意味でのよいものとすることである。手段性を否定することではなく、単なる、しかし重要な手段、条件とすること、結びつけられたものを解き放つことである。そして、その領域を区画し、他者が在る領域に下属させることである。したがって、人や人の価値と結びつける戦略を否定すること、すなわち、即物化し、無価値化し、手段化すること、例えば病から、少なくともひとまずは、「意味」を抜きさってしまうこと（cf. Sontag［1978］［1989］）である。

だから、問題は、幸福という回路を通した与えられる我と与える彼の癒着自体にあるのではない。力の存在を見えなくさせている仕掛けは、別のところに、もう少し複雑なものとしてある。第3節で見出された円環である。それは概略以下のようなものだった。「介入」を批判する人は、抵抗としての「自由」、不関与に依拠した。あなた（方）も何か正しいと思うこと、なすべきであると思うことをもっているが、私ももっている。あなた（方）のが私のよりも正しいという保障はない。あるいは正しいという基準を設定しえない。しかもそれは私に関わることである。ならば私に委ねるべきである。介入に対抗する論理として提出されたのはこのような論理だった。しかし、他者に関与されないためには、自分の側に要求される資格があることが求められ、その資格である制御能をもたない人はこの場から排除される。その資格をもつことが価値とされることから、資格をもつことが人である、どれだけの制御能をもつかが人である価値であるとされる。このことを受け入れた人は、自らに対して、自らを価値づけるための手段として、他者からの介入としてではなく、自らの制御能を高めるための行いを行う。このようにして第6章から第7章1節に辿ってきたことを自らが行い、その時に権力の痕跡が消えてしまう。

このような円環から抜けられるのはどういう時だろうか、また、どうしてこの円環から抜けようとするのか、検討しよう。このような場面を問題にすることは、例えば「脳死」をどう考えるかといった「生命倫理学」が好んでその対象とするような極限的な事例にしか関係せず、現実には小さな変更しかもたらさないように思われるかもしれない。しかし、そうではないと考える。このことも合せて述べよう。

第一に、最初に措定される、（抵抗の）資格としての制御能という図式は、実は第2章で正当化されようとした私的所有の体制と基本的に同じである。すなわち、自らが制御できる範囲については、他者の介入・関与を排して、自らが決定できる——が、そうでない部分については、そうでない——というのである。このことを認めることは、自らが制御できない部分に、制御できないものとして現われてくることを受容しようとするあり方を否定することである。私を取り囲むものがあることによって生きている私がいる時、それを私が制御しないから、制御できないからという理由で私からそれを奪うことを認めることである——制御しないことによって私はそれを受け取り、私は生きているのに。この帰結に抗する時に、この図式を認めない。それは、なぜ円環を抜けようとするのかという問いに対する答えでもある。結局のところ、それは他者があることを排除するような構造になっているからである。

第二に、この円環が必然であるかという問いが立つ。この円環の内部では、外側からの介入（決定）に対して、別の決定、つまり私の決定（能力）が要請された。それを至上のものとすることによって、（生産はできないにしても、少なくとも）決定できるということを要件とし、価値とした。しかし、それは必然的だろうか。たしかに決定は決定である以上、最低限の決定能力を必要とするだろう。自己決定が可能であるためには自己決定能力が必要である。しかし、決定が可能であるために決定能力が必要であることと、それが人が人であること、人であることの価値を表示することとは同じではないし、人の価値を表示するために、それを取得することを志向しなければならないことと同じではない。だから、この円環は論理必然的なものではなく、自然に成立するものではなく、この円環が円環として成り立つ時には、それ以外のもの——それを権力と呼びたければ呼んでもよい——が作動している。第6章に記述した装置がこの円環を作っている。

だから、これを解除すること、決定や決定能力を否定するのではなく、その位置を変えることである。（第4章3節）

第三に、その者において決定とそのための能力が確かに不在であることがある。この時に、もし何も決定しないことはできないなら、誰かが決定するしかない。この時、資格がないから権利がないとされる。しかしこれが成立しないことは今述べたし、第5章でも述べた。でなければ、もう一つ、「最善の利益」が仮想されそれに基づいて行われることになる。そもそも「最善の利益」とか「最大の幸福」という言葉自体がほとんど無定義であるからには、それを全面的に否定しようというのではない。幸福であることはよいことである。よい環境があり、よい性質があることもよいことである。しかし、幸福であるということは、現実には私達の社会の中で幸福であるということであり、ゆえに他者を私達の中に包み込むことでありうる。端的に、Aが（Bがどのような存在であれ）Bを決定することは悪いのだと、それは、Bの意志を排するからではなく、BについてAの価値を適用しているからだと考えてみよう。例えば積極的優生学（第6章3節）を認めないとする時、その理由は、よく考えてみると、ここにしかない。第8章で「能力主義」について、第9章で「優生」について、以上述べたことを敷衍しながら検討する。

◆注

1　Wilson［1975=1983/1985］［1978=1980］、Dawkins［1976=1980］［1982=1987］［1989=1992］などの主張について論争が起こった。これを紹介し検討するものとしてBreuer［1982=1988］。倫理学者の著作としてSinger［1981］（cf.第5章注8・354頁）。批判として、Gould［1980=1986: 上120-132］、等。第6章3節で使った優生学などの歴史に関する文献のいくつかも、こうした論争に関係して現われたものである。Gould［1981=1989］がそうだし【（このグールドの著作は、非常に話題になった『ベルカーブ』（Herrnstein & Murray［1994］）――ウェブ等でその反響など詳細な情報を得ることができるから、紹介は略――の全面的な批判を含む増補改訂版としてGould［1996=1998］が出版されている――】またKamin［1974=1977］はIQ論争の一方の当事者のものであり、その一部で歴史的な検討が行われている。日本でなぜ論争が起こらなかったかを検討している佐倉統［1990］にかなり詳細な関係書籍・論文のリストがある。このリストの後の紹介と批判として、『現代思想』20-5(1992)、池田清彦［1996a: 159-203］［1996b: 8-22, 51-66］、川本隆史［1989→1995］［1992b］、等。Howard & Rifkin［1977=1979: 94］、天笠啓佑［1994: 70］はアメリカ優生学会が一九七二年に社会生物学会に改称したと記している。

◆2　暴力と遺伝との関係に関わる研究について高木美也子［1994: 56-89］。XYY型の性染色体を持つ人が犯罪を起こしやすいという説は否定されたが、X染色体上のモノアミンオキシダーゼ（MAO）という遺伝子の欠如が関係しているという研究がなされたこと、黒人の反対運動があったが、アメリカ国立衛生研究所（NIH）はこの種の研究を進めていることなどが紹介されている。

◆3　「…貧しい階層の子どもたちの知的発達が就学前にすでに立ちおくれをみせるのは、彼らの貧しい環境、とくに文化的な刺激の貧しさが原因なのではないか。それならば、そのように文化的に阻隔された子どもたち（culturally deprived children）には、就学の前に、知識の発達を少しでも促進するための補償教育（compensatory education）をしてやって、ハンディキャップをなくして「頭をそろえて出発（head-start）」させようではないか。／こんな考えのもとに、ジョンソン大統領の時代の一九六五年、「偉大な社会」政策の一環として「ヘッドスタート計画（Project Head-Start）」がアメリカ各地で大規模にはじめられた。…根本理念としては…一つは、すべての子どもに実質的な教育機会を保証しようという平等の理念である。もう一つは、貧しい階層の子どもたちの平均知能が低いのは、発達の機会が奪われているからだという剥奪仮説（deprivation hypothesis）にもとづいている点である。…その根本には、知能の発達が生まれつききまっているのではなく変わり得るのだ、という知能環境論（全面的に環境に依存しているというのではないが）がある。」（井上健治［1979: 33-34］）

◆4

一九六九年カリフォルニア大学のジェンセンの発表した論文をきっかけに、知能の発達に関する遺伝・環境論争が起こる。ジェンセンは、その論文の冒頭に、「補償教育が試みられてきたが、それが失敗であることがはっきりした」（Jensen［1969→1972: 69=1978: 85］より引用）と述べ、その原因は、この計画を指導する理論の持つ二つの相補的側面、すなわち、「すべての子どもは根本的にほぼ等質である」という「平均児概念」と、「社会的剥奪仮説」（注3の引用参照）に問題があるとして批判を展開する。その結論は以下のようなものである。

「(1)ＩＱの母集合分散のうちの八〇％ほどは遺伝分散によるものである。ＩＱに及ぼす遺伝要因の影響は環境要因の影響よりもはるかに大きい。／(2)社会階層や人種によって知能の集団平均に大きな差があるのは、環境条件の良し悪しよりも、むしろ階層や人種の間の遺伝的な差異によるところが決定的である。／(3)環境要因中、最も大きな影響を与えるのは出生前の環境である。／(4)人種や階層によって能力のパターンに差があるので、これの差にもとづいて、人種や階層によって異なる教育法を開発すべきである。」（井上［1979:

35]）

この他一九七一年にＩＱが環境よりもより大きく遺伝に規定されているという内容の論文をヘアンスタイン【（注1でふれたHerrnstein & Murray [1994] の著者の一人でもあり、その本ではハーンシュタインと記されているが、米語的にはその方が近いのだろう、ちなみにハーバード大学で心理学を講じたその人はその話題を呼んだ本が出版される前に亡くなっている）】が発表して、これも論議を呼んだ（内容を発展させ、「正統派との論争のあらまし」と題して自らと批判者達との対立の経緯を記した序章をつけた著作としてHerrnstein [1973=1975]）。

両者の結論、その導出の仕方についての疑義、あるいは反論が提出された。例えばジェンセンの(1)の主張に対して、ジェンクス他は、遺伝規定性（h^2）を四五%としている（Jencks et.al. [1972=1978: 98]）。またケイミンは、双生児などについてなされた研究を検討してその矛盾を指摘し、再検討した場合には遺伝的要因が効いているとはいえないと主張し（Kamin [1974=1977: 49-181]）、またジェンセン、ヘアンスタイン、ヴァンデンバーグ（S. G. Vandenberg）らの著作について、使用している論文を正確に紹介しておらず意図的に歪曲していると指摘し（Kamin [1974=1977: 182-213]）、(4)の主張についても根拠がないと批判する（Kamin [1974=1977: 214-231]）。（この他(3)、(4)に対する批判、疑問について井上健治 [1979: 39-44]。ＩＱを知能の表現として用いることが妥当か、補償教育が失敗と言い切れるかといった点にも言及されている。他にWilliams [1974=1975]、Gould [1977=1984: 155-162]。米国の教育制度改革の推移については黒崎勲 [1989]。）

◆5　どのような能力が、各段階——学校、就職、就職後——において必要とみなされているか、その差異がどのような場で形成されているのかについて研究がなされた。そのあるものはＩＱとして測られるような知能の差異が職業上の地位の差異に関係しないことを主張する。これらの研究は、既述のＩＱ論争に参加したわけではないし、補償教育を巡って上述のどちらかの立場に加担したというのでもないが、一九六〇年代とりわけその後半以降の教育－能力－職業の連関の問題化の中で生じてきたものではある。

バーンスタイン（Bernstein［1973=1977］［1975=1980］）は、中産階級と労働者階級の子供の発話を分析し、前者が精密コード――状況から独立した意味秩序に接近するコードであり、使用者を普遍的意味秩序に方向づけ、原則を変化させる可能性を含んでいる――をより多く用いるのに対し、後者は制限コード――比較的状況に結びついた意味秩序に接近するコードであり、使用者を特殊的意味秩序に方向づけ、原則を変化させる可能性をわずかしかもっていない――を多く用いること、それは子供の社会化過程に起因することを示した。とすれば、学校が精密コードを重視する教育、選抜を行う以上、労働者階級の子供はその中で劣位に置かれざるをえないことになる。

ボールズとギンタス【(→橋口昌治作のhp)】も同様の主張を行う。労働市場においては、ＩＱ――それはある程度生得的なものでありある程度獲得的なものだろうが――といった認識的属性はさほど問題とされているわけではなく、様々の要素が選別の基準となるが、それはある特定の環境によって形成されたものである。さらに、社会的分業によって、階級・階層の別に応じて特定の能力・適性が形成され、それは職業において要請される能力の別と対応するから、結果的に階層・階級構造の再生産に結びついている。その差異は、学校教育や先のヘッドスタート計画にみられた補償教育によっては補正されない。（Bowles［1971=1980］、Bowles & Gintis［1972/73=1973］）

Karabel & Halsey eds.［1977=1980］中のKarabel & Halsey［1977=1980］がこういった動向をまとめており、バーンスタインやボールズの論文もこの論文集に収められている。また教育と社会移動についての研究としてBoudon［1973=1983］――教育水準の向上が社会移動の増大に寄与しないことを述べている――、研究動向の紹介として鹿又伸夫［1984］。そして、よく知られているブルデュー（Bourdieu & Passeron

[1970=1991]、Bourdieu [1979=1990]）による説明がある。

ただこの構造の強さは一様ではないだろう。選抜の装置は、例えばイギリスやフランスといった国では強固に固定されたものとしてあり、ほとんど運命的なものであるかもしれず、知識を詰めこむ努力をする程度のことでは、その差を埋めることはできないのかもしれない。他方、私達のような国であれば、塾通いする程度のことで試験には受かり、「社会的移動」は比較的に容易であるかもしれない（cf.第6章注16・427頁）。ブルデューの理論を日本についてそのまま当てはめることができないという指摘はこうしたところから発せられる。

【以上に関連して小内透 [1995] 等。】

◆6

レイベリング理論の「古典」として Becker [1963=1978]、Scheff [1966=1979]。また、大村・宝月 [1979]、大村英昭 [1980]、等。また吉岡一男 [1982-] が多くの文献の内容を紹介している。このような視点から重要だが、あまり注意されていないのが、各社会や各時代における「みなし」の質の違いである。この点を指摘し、プロテスタンティズムのレイベリングに対する影響について検証しているものとして、Erikson [1966]、また Rotenberg [1978]。

「構築主義」については、Kituse & Spector [1977=1992]。【その後、たいへん数多くの文献が発表された。そのごく一部だが、hp［構築主義］には四七点の文献があがっている。】

◆7

「七〇年代以降、フェミニズム理論はとりわけ性差をめぐる議論において、きわめて問題回避的な姿勢をとってきた。／性差をめぐる議論は、フェミニズム理論の一つの根幹をなす議論である。性差があるから性差別が生じるわけではない（江原 [1985]）という指摘を了解した上でなお、性差をいかなるものとして把握するかという議論自体は存在しつづける。 性差をめぐる議論は常に「文化決定論か生物学的決定論か」という対立構造の上に成立してきた。しかしこの対立構造は実のところ、文化と生物学とはそもそも対立するような概念なのか、あるいは性差とはいったい何なのかという議論とは全く無縁のところで、既存の諸言説を正当化する際の伝家の宝刀たる生物学的決定論に対する防衛線上で構築されたものであり、その成立事情からしてフェミニストは文化決定論の方を選択することを予め余儀なくされていた。／したがって、この「文化決定論か生物学的決定論か」という対立構造を所与のものとして立論する以上は文化決定論の方を選択するわけであるから、「生物学的でない文化的」なもののみを論じることとなり、「生物学的」な事象や、「生物学的」事象と「文化的」事象の相互関係を問うことは放棄せざるを得なくなる。」（高橋さきの［1990: 152-153］、cf.Sayers［1982］）

【Haraway［1991＝2000］の翻訳者でもある高橋は一貫してこのことを述べてきた（高橋［2002］［2006］）。何をどのように言っていくのか、難しいが、重要な視角だ。そしてこのことは第4章注5で述べたことと矛盾しない。むしろ考えるべきを考えるために必要である。】

◆8　このことが技術に危険性がないことの理由ともされる。

「遺伝子という単位で才能の問題にアプローチするのは現実味を欠いている…。そこで多くの研究の結果、今のところ優れた人づくり（優れたという定義自体めんどうだが、ここではあまり厳密でなく使っている）に遺伝子の研究を応用することはできないとされている。」（松原謙一・中村桂子［1996: 184］）

米本昌平は「遺伝子プールの改善」の効果は低い（から気にする必要はない）という指摘を度々している（米本［1980: 61］［1987b: 313］等）。遺伝学者の笹月健彦の見解もほぼそのようなものである（笹月［1985］）。他方で、木村資生のようにこれを気にする者もいる（第6章注44）

◆9　「…保険会社が…もし胎児に障害があり、両親が中絶を望まないとしたら、出産後の子供の医療費を払わない、と言うことは許されるべきことなのか？　もし許されないとしたら、誰が支払うのだろうか？／今日、アメリカに存在するような民間の医療システムと、遺伝子マッピングが両立するような形で、未来は約束されるのだろうか？／もしそうでなければ、社会はあらかじめ障害がわかっていたにもかかわらず生を与えられた子供の医療費の支払いを強制されるべきなのか？」（Wingerson [1991=1994: 434]）

「…遺伝病調査が常に任意であっていいのかという点…。ＰＫＵのような疾患について、親が検査を拒否することは認められるだろうか？これらは難しい問題だ。なぜなら個人の権利と社会の広いニーズをつき合わせるという、論議を生む問題に触れているからである。しかしながら前例はある。西側の多くの国では自動車に乗るときシートベルトを義務づけ、あるいはタバコ商品の広告を禁止する法案を成立させている。そのような法的規制は同様に幅広い基礎に立っている。ただしある種の遺伝子検査を義務づける同様の法案を成立させるには、広範な公共の議論が必要ではある。」（Bodmer & McKie [1994=1995: 390]）

ＰＫＵ＝フェニルケトン尿症――遺伝的な酵素欠陥のためフェニルアラニンが分解できず知的障害がもらされる病気だが、新生児スクリーニング（集団検査）によって発見し、新生児の段階で食餌療法を行えば障害は回避される（米本 [1987b: 25]）。

◆10 ロールズ（Rawls [1971=1979]【、その改訂版は [1999=2010]】が「原初状態」から導かれるとしたのは「自由」である。だが原初状態で自由が他に優先して選択される必然性はない。Hart [1983=1987] が、ロールズは原初状態の人間にある種の仮定をおいていると、このことを指摘する。これは当たっている。ロールズにおける自由について Paul [1984]、「無知のヴェイル」については井上達夫 [1986: 136, 222-223]、Kukathas & Pettit [1990=1996]、笹澤豊 [1993: 202ff]。

本文に記したのと別の理解もある。岩田靖夫は、「人間が様々の自然的差異をもって生まれついてくることが偶然（contingent）であるという認識は、少なくともロールズの言う意味においては、事実認識であるかに見えて実は倫理的決断である…。すなわち、天与の才能に居直って、それを当然の事実とうけとめるか、それともそれは当然ではない（換言すれば、自分には本来それが与えられる理由がないから自分はそれに居直れない）とうけとめるかは、単なる所与から出てくることではなく、その人の人生観に由来することがらである…」とし、「全くの偶然事（contingency）」を「まったく理由のない出来事…、したがって自分がそれを受けるに値しない（undeserved）出来事」とするところに「ロールズの全思想の核心」を見る（岩田靖夫［1994: 37-38］）。【このように理解する場合には本書の採る――「理由がないから」と言う必要はなく、「理由があってもなくとも」でよいという――立場に近くなる。】

その後のロールズの思想について川本隆史［1995b］。【そしてより本格的な紹介・議論として後藤玲子［2002］、渡辺幹雄［2000］［2001］。】

◆11 このことを立岩［1995a: 230-231］で指摘した。例えば「社会福祉」に関して、この種の言辞をほとんど無数に拾うことができる。私達に確かに訴えるものでもあるからである。問題は、これを正当化の根拠とする時に何が生ずるのか――これを以下で述べる――に無自覚な点である。

◆12 「ヒトゲノム計画」「遺伝子マッピング」――「ヒトゲノム（解析）計画」は、ヒトの遺伝子地図を作り（ゲノム（遺伝子）マッピング）解析しようとする計画――等について書かれた多くの一般読者向けの書物（そして日本人にとっては翻訳書）――の、たいがいは末尾の方――で遺伝子検査やスクリーニング（集団検査）の倫理的、社会的問題が取り上げられている。【第2版補章2注2・844頁に何冊か追加した。】

「遺伝的検査は、生命保険会社が保険料や保険への加入をコントロールするために、ひじょうに待ち望んできた方法となるだろう。家族と個人の医療歴にもとづく差別はすでに行われてきた。もし、すべての状態を予見できるなら、生命保険業者はすべての個人にたいする料率を調整する必要が出てくる。いっぽうもしあらゆる人が遺伝的分析を利用できるならば、生命保険会社は不利な選択に遭遇することになるだろう。つまり、健康や生命に関して広範な保護を得ようとするのは、そのほとんどが高い危険性をもつ人々だからである。」（Frossard［1991=1992: 361-362］）

「保険会社には、保険にはいろうと考えている顧客の遺伝子型を知る権利があるのだろうかという問題…。この問題は、アメリカではすぐに解決不能になってしまうのですが、それはこの国の底流に流れる市場経済信仰に完全に反して、多くのアメリカの権威者たちが、社会は被健康保険者の潜在的な危険に対して責任を持つべきだと信じているからです。」（Jordan [1993=1995: 384-385]）

「個人別の生命保険の場合…保険料は厳密に規定された重症遺伝病の存在を計算に入れなくてはならない。しかし、その保険料は途方もなく高いものになろう。したがって各個人の罹病見込み情報でなく、一般的な危険度を広く知らせることで、嚢胞線維症の児童や高血圧症患者のニーズに対応している英国国民健康局のように、政府管轄の安全ネットワークを考案しなくてはならない。」（Bodmer & McKie [1994=1995: 390]）

専門書、論文も米国等では多い。日本語で読めるものではMacer [1991]、雇用差別についてGostin [1991]、職場で得られた情報の守秘義務についてAndrews & Jaeger [1991]、ゲノムマッピングの法的規制についてSkene [1991]、優生学との類比の妥当性についてProctor [1992]、等。日本では加藤・高久編 [1996]（雇用や保険との関わりについては加藤一郎 [1996: 108-110]、広海孝一・田中淳三 [1996]）等があるが、十分な議論はなされていない（→注16）。

◆13 職業と遺伝スクリーニングとの関わりの実際と、これに対する様々な意見はMcKie [1988=1992: 146-150]で紹介されている。米国の技術評価局（OTA）が最大手五百社の化学、油脂、電子、プラスチック、ゴムの企業に出した遺伝スクリーニングを利用する計画についてのアンケートに対し、一八社が既にそのようなスクリーニングを始めていると、五四社が将来とり入れることを計画中と答えた（McKie [1988=1992: 147]）。スクリーニングが関心事になるのは大部分は環境がより危険な工場や精練所だが、ホワイト・カラーも対象外ではない。

「企業の役員が、家族性高コレステロール血症の遺伝子を持っており、それほどの年齢でなくても心臓発作を起こす恐れがあると判明したら、昇任は見送りになるかもしれません。こういう行為に出たからといって、会社を非難できるでしょうか？　このような遺伝子を持っていると知った個人には、情報を雇い主から隠しておく権利があるでしょうか？」（Mckie［1988=1992: 148］）。

別書に同様の指摘。

「マイクはいま四〇代だが、…副社長の地位を占めると思われている。しかし、遺伝子分析の結果では、平均よりは早い時期に心臓発作に襲われる危険性が高いことが示された。この機会に、雇用委員会はだれかほかの人をこの地位に就けようとするだろう。」（Frossard［1991=1992: 361］）

一方に、「従業員のうち、ごく一部の者にとってだけ危険な作業過程を整備するのに数百万ドルを費やすことは、経済的に——もしそうした人を特定し、そのような過程に触れないようにすることができるのであれば——意味をなさない」「ある労働者が生死に関わる選択をしようとしているときに、親身になって守ってやろうとする行為を、われわれは拒否すべきだろうか？」という主張があるが、他方で「職場の整備よりも「感受性の人を一掃する」ことの方に重きを置きすぎるようになるだろう…それよりは職場環境をしっかり守るべきだ」という主張もある（Mckie［1988=1992: 147-149］）。

またDNA問題研究会編［1994: 29-33］は、米国でのスクリーニングの歴史に簡単に触れ、「今日においてもなお、遺伝病の保因者であるというだけで職場から解雇されたり、保険に入れないという例は枚挙にいとまがない。遺伝病に基づく差別は広がっており、一九九一年にウイスコンシン州で遺伝子差別保護法が制定されたほどである」（DNA問題研究会編［1994: 33］）としている。

◆14

「アメリカでは問題はとりわけ微妙なところがある。大部分のアメリカ人は、雇用主を通じて健康保険にはいる。それゆえある人が生物学的な状態を理由にして、職業の上で違う扱いをされることは、確かに可能性がある。十年のうちに誰が糖尿病になるか、心臓発作を起こすか、あるいは躁鬱症状とかアルツハイマーの初期の症状によって、誰が役に立たなくなるか、これを特定することで金が節約できるならば、雇用者としてそういった人の採用は見合せるようになるだろう。」(McKie [1988=1992: 149])

「会社側は採用を決定する前に、応募者のDNAシークェンスを調べるかもしれない。そして、健康保険の費用を節約するために、ガンにかかりやすい人間の採用は見合せるかもしれない」(Shapiro [1991=1993: 255])。筆者はこうした可能性に言及しつつ、法的に禁止しても個人のDNA情報を調べることは容易であり、「DNA情報はいずれ漏れてしまうだろう。私たちのDNAシークェンスは原則的には個人のものだが、むしろ、かくさない方がよいということになるだろう」とし、行動、人格、能力などは生まれつき決まっていないこと、遺伝子の違いは民族の違いと対応しない部分がむしろ大きいから民族間の相違という感覚を後退させるだろうこと等を述べて、「DNAの知識によって脅かされるのは、無知と恐怖だけだと思いたい。」(Shapiro [1991=1993: 257-261]) と結ぶ。最初に引用した部分はいつの間にか忘れられ、個人のDNA情報が知られることは問題がない、あるいはよいことだとされているのである。)

「健康保険…はリスク評価のビジネスである。本当のリスクがわかったとき、何が起こるだろうか。…(この間に注9に引用した文がある)…だれかが、求職しようとして血液検査を受ける。その血液検査はある病気のリスクを示す。彼はそのリスクについて知ることはない。会社側は彼の採用を、あっさりやめてしまう。」(Wingerson [1991=1994: 433-435])

◆15 「(b) 保険/・家族にハンチントン舞踏病の遺伝子があるなどの理由で保険加入をキャンセルされる例が多くみられる。さまざまな報告を総合すると、個人の保険加入の決定において遺伝情報は何らかのかたちで既に使われている。/・もともと保険加入の決定において、当該個人の医学的情報は以前から使用されてきた。この延長線上において、保険加入の決定において遺伝的情報を用いるのが適切であるか否かについては未だ定まった結論が出ていない。具体的には、「遺伝的特性を保険加入に当っての既住症とみるか」という質問に対し、民間医療保険会社の四六パーセントが「強く同意またはどちらかというと同意」と答え、四九％が「強く反対またはどちらかというと反対」と答えている（一九九二年）／・いずれにしても生命保険及び医療保険は予測できないリスクの分散、共有の原理に立つものであるから、個人の遺伝情報の使用は現在の保険の形態を大きく変えることになる。さらに、さまざまな検査結果が保険加入の選別に使われていくことから、人々が検査そのものを避けるようになっていくことが懸念される。／・個人の遺伝情報が保険分野でどのように使われていく可能性があるか、さらに詳細な検討が必要である。／・なお、ウィスコンシン州、アリゾナ州などいくつかの州では、遺伝情報に基づく保険上の差別のうち一定の形態のものを州法で禁じている。

（c）雇用／・医療保険を提供している雇用者は、高い医療費のかかる者を雇用するのを避けようとし、当該個人や家族の遺伝情報に関心を向ける。新生児スクリーニングにおいてフェニルケトン尿症（ＰＫＵ）を有していると診断された女児の父親が、そのために新しい職場での保険加入を断られた、といったケースがみられる。／・スクリーニングやモニタリング以外でも、医療保険を提供している雇用者は、医療費の請求書の管理の過程で個人の健康データを集めることができる。／・雇用という場面におけるそれぞれの当事者は各々の利害をもっているが、いずれにしても雇用者と被雇用者の利害が直接に対立することは避けられず、遺伝情報の使用についてのバランスのとれたルールを確立していくことが急務である。／・この点に関しても、ニューヨーク州、ニュージャージー州、フロリダ州など少なくとも七つの州は、遺伝的特性に基づく雇用上の差別を（当該障害が業務の遂行に支障がある場合を除いて）禁じている。」（広井良典［1996: 144-146］で紹介されているCommittee on Government Operations［1992］の一部）

ハンチントン（舞踏）病の解説としては新川詔夫・福嶋義光編［1996: 30］。米本昌平［1987b: 31-34］［1988b: 290］、Bodmer & McKie［1994=1995: 378-379］、ＤＮＡ問題研究会編［1994: 33］、保木本一郎［1994:

229-231］等で言及されている。

「この病気の多くは四〇歳前後に発病する。神経細胞に物質が蓄積して運動障害や記憶喪失や精神異常が緩慢に進み、何年もかかって死にいたる。」（米本［1987b: 32］）

【ハンチントン病については第8章注18（618頁）・第9章注21（725頁）でもふれた。】

◆16 「例えば、病気の素因というような個人的情報を企業や保険会社などが雇用や保険加入の条件として求めるようになったらどうだろう。これは、保険が相互扶助でなく利益をあげるための活動であるアメリカの今の保険制度の中ではとくに深刻な問題を起こす危険がある。日本の現行の健康保険制度は、国民皆保険、一人一人のリスクを皆で負っていこうというものであり、今後もこの考え方でいくなら問題はないだろう。生命保険については、遺伝の情報を組みこむかどうかはこれから直面する問題である。方向としては、これも相互扶助を基本に考えるのがよいのではないか。研究者の立場からはそう思うが、社会の判断が必要だ。このような点についても、国際的な議論が行なわれており、社会的な約束事をつくる動きが出ている。しかし、それにはまだかなりの時間がかかりそうだ。」（松原謙一・中村桂子［1996: 184］）

不十分な記述がいくつかある。繰り返すまでもないが、本文で述べたのは、「相互扶助」という発想の中で、リスクの高い人が排除されることがありうるということであり、「今後もこの考え方でいくなら問題はないだろう」などとはまったく言えない。また、私的な生命保険について、「これも相互扶助を基本に考えるのがよいのではないか」と言うが、これが原理的にどのようにして可能なのか。高齢化、慢性疾患への疾病構造の変化、さらに遺伝子技術の進展にともなう遺伝病概念の拡大にともない、「一億総障害者」の時代が到来しつつあるという指摘がある（広井良典［1996: 157ff］［1997: 185-189］等）。この指摘は間違っていない。ただ、このことだけが語られるなら、同じ要因から医療費等のコストが問題とされ、負担の軽減が以上述べたような道筋で進行していく可能性を見落とすことになる。

【遺伝子差別と保険についてどう考えるかについて、『弱くある自由へ』（[2000c]）所収の立岩［1998d］で検討した。遺伝子情報の提供を禁ずるという方法はあるが、所謂「逆選択」が起こる可能性はある。医療について民間保険そのものものに限界があることを述べた。】

◆17

市野川容孝［1996d: 106-107］がこの箇所を引いて次のように述べる。

「自由主義は、啓蒙絶対主義というそれまでの統治のあり方に根本的な批判を加えた。自由主義は、表向きには人民の幸福を目的として編成される啓蒙絶対主義の社会制度が、他者（＝市民）の意志に反して特定の人民の幸福を目的として編成される啓蒙絶対主義の社会制度が、他者（＝市民）の意志に反して特定の人間（＝君主）が自らの意志を貫徹する権力に容易に転化しうること、そして、そうした危険を除去し、市民の自由と安全性を確保するためには厳密な法による支配が必要であることを説いた。」（市野川［1996d: 108］、cf. 絶対主義の時代を「全般的紀律化過程 der allgemeine Disziplinierungsprozess」として記述・分析する Oestreich［1969］）

ドイツでは、第6章1節で述べたものが第6章2節でその一部を見た介入の後に位置づくということでもある。市野川はこのことを確認した後、「しかし」と続け、二点を指摘している。第一点は次の注。第二点は第4節の末尾に引いた。

◆18

「自律（Autonomie）が、人間およびすべての理性的存在者の尊厳の根拠（der Grund der Wurde）である。」「人間性の尊厳は、自ら立法し同時に自ら服従するという条件のもとにおいてであるにせよ、普遍的立法者であるというまさにこの能力（Fahrigkeit）において成立するのである。」（『人倫の形而上学の基礎づけ』Kant［1785=1972］、訳は中山愈［1995: 20-21］、カントの『人倫の形而上学』、『法論』、『判断力批判』、『法論の形而上学的基礎論』における「人格（Person）」の概念を中山［1995: 18-24］で紹介、検討）

「カントは「市民（Bürger）」であるための条件として「独立性（Selbststandigkeit）」、つまり自己の生存を他の人間に依存することなく、自分自身の力で維持できる能力をあげながら、生産手段をもたないほぼすべての被雇用者（労働者）、未生年者、そしてすべての女性は、そうした能力を欠いているがゆえに政治的自由、すなわち投票権をもたない、しかし、にもかかわらず彼ら／彼女たちは、自分たち以外の「市民」が制定した法律に服従しなければならないと明言している」（市野川［1996d: 108-109］、『人倫の形而上学』Kant［1797］（第46節）を紹介）

◆19 第2章冒頭（67頁）に引用した部分に続いてミルは言う。

「たぶん、いうまでもないことだが、この理論は、成熟した諸能力をもつ人間に対してだけ適用されるものである。われわれは子供たちや、法が定める男女の成人年齢以下の若い人々を問題にしているのではない。まだ他人の保護を必要とする状態にある者たちは、外からの危害と同様、彼ら自身の行為からも保護されなければならない。同じ理由から、われわれはまだ民族自身がまだ未青年期にあると考えられるおくれた状態にある社会は、考慮外においてよいだろう。」（Mill［1855=1967: 225］）

もちろんこうした記述は「時代的制約」であり、今ならこんな野蛮なことは言わない、と私達は思う。しかし、どんな人達が自己決定の主体から除外されるかという範囲の問題は別として、私達もまたこうした行いから逃れられているわけではない。問題の本体は残っている。この箇所は、ミルがパターナリズム（第3章注14・178頁）を一方で是認していることを示す箇所とされる。

◆20 「国民優生法」の制定までを追っている野間伸次が、国家主義の優生学、マルクス主義の優生学の他にデモクラシーの優生学があったとして、次のように紹介している。

「「デモクラシーの実現に当つて、ここに大きな暗礁がある」。それは「民衆の平均知能が低位にあることである」。したがって、デモクラシー実現のため、選挙におけるベストの候補者を認識することは、民衆にとって困難である。「無教育者の数は、殆んど、全国民の三分の二を占めている」。しかし、彼らは先天的に劣っているので教育をしても、ベストの候補者を認識するまでには至らない。ではどうするか。「劣等の遺伝あるものに、滅種法（断種法と同じ―野間）を施して、その子孫を無くする」か隔離するかである。「されば、優生学は近代の民衆主義とは、切っても切れない関係にある社会思想たるを失はぬのである。」」（野間［1988: 50］、「」内は市川源三「巻頭言」（『民族衛生』第二巻四号、一九三三年一月、二頁）

◆21 「「お前は人間には自殺する権利があると思うか？」／「権利はあるかも知れないが賛成はしない。」／「安楽死と尊厳死については反対なんだろ？」／「個人的な決断の問題と、法律として国家によって強制されたり、奨励されたりする事とは別だよ。子供を生むかどうかとか死を選ぶかどうかなんて事は、個人の問題としてはそれぞれの決断には重みがある。しかし、法律で強制される事は別だ。断固反対すべきだ。」／「それはよくわかる。だけど自分で死ぬ事のできる人間の権利は認めるが、死を選ぶのに、言わば介護を必要とする人間の権利は認めないというのは一種の障害者差別じゃないか？……」」（宮昭夫［1996: 3］【、宮については第8章注1・608頁】）

◆22 フーコーは、そのいくつかの著作で、第6章に記した装置の一部を記述した。もちろん、行為の結果を個人に送付すると同時に個人の内面には立ち入らないことを建て前とする制度があることを彼は知っていて、その上で、それに収まりきらないものがあることを彼は述べたのであり、前者がこの社会に存在しないといったこと、あるいは前者より後者の方がこの社会にあって優勢であるといったことを彼が主張しているわけではない。また、前者の側に加担し、その位置から後者を批判するといった立場をとったのでもない。ただ、時に、彼自身が、前者から後者を批判するという立場にいるように思われることがある。

周知のように、フーコーは、生に関与し、増殖させ、生産される権力、「生・権力（bio-pouvoir）」について述べた。そして、死への「自己決定」について語ったことがある（Foucault・渡辺［1978: 165］（来日時の講演）、Foucault［1988: 176］（一九八三年のインタヴュー））。この自己決定が「生・権力」に対置されるものとしてあったという解釈も可能である。市野川（[1993b]）は、ドイツ医療政策史を辿って、次のように指摘している。

「生‐権力の存在理由は、死に通じた斜面の上で、人間の生命を無限に押し上げることにある。だから「不治であるという考えそのもの」は、生‐権力をその根底から付き崩していることになる。生‐権力が、それに対処しうる唯一の方法は、死という開始点にその生命を投げ返す（＝廃棄する）こと以外にない。しかも、それは一九世紀以降、主体の権利という回路を経由し、さらに今日的に言えば「自然死」という名称をともなって。だが、それは本当に権利なのだろうか。…／…一つだけ言わなければならないことがあるとすれば、それは、生‐権力という道具箱から、尊厳死や安楽死を実践として擁護してはならないということである。尊厳死や安楽死を正当化する根拠が、どこかにあるのかもしれない。しかし、それは決して生‐権力論ではない。この点でフーコーは間違っている。少なくとも軽率である。…われわれの時代においてますます困難になっているのは、死への自由ということではない。障害をもつ者、不治の病にある者、死にゆく者、そういった人々との関係性こそが、ますます不可能になってきているのだ。そうした関係性に身を開いていく自由、それがわれわれの時代にとって最も困難な、だが最も重要な自由なのである。」（市野川［1993b: 175］、中略した部分では本書第6章でも少し触れたナチスに言及し、木畑和子［1987］［1989］［1992］の参照が求められている。）

◆23　教育、医療といった領域に限定し関連する単行書を発行年順に追うと以下のようである。『知能公害』（渡部淳編［1973］）、『母よ！　殺すな』（横塚晃一［1975］、増補版［1981］【、新版［2007］（そこに付した「解説」（立岩［2007c］）の全文→hp）、cf.第9章注5・714頁】）、『反発達論』（山下恒男［1977］）、『障害者殺しの思想』（横田弘［1979］）、『心理テスト――その虚構と現実』（日本臨床心理学会編［1979］）、『戦後特殊教育・その構造と論理の批判――共生・共育の原理を求めて』（日本臨床心理学会編［1980］）、『知能神話』

（山下恒男編［1980］）、『「早期発見・治療」はなぜ問題か』（日本臨床心理学会編［1987］、『治療という幻想』石川憲彦［1988］）。これらはごく一部にすぎない。主張されたことを検証する別の作業が必要になる。【日本臨床心理学会の「改革」の模索について堀［2011］。この学会は臨床心理士（CP）の資格化等を巡って分裂、反対した少数派が日本社会臨床学会を立ち上げた。『カウンセリング・幻想と現実　上・下』（日本社会臨床学会編［2000a］［2000b］）、またシリーズ「社会臨床の視界」を刊行。】

◆24
例えば真木悠介［1977］はきわめて用意周到な作品である。手段的に相手に関わること、結果として関係が相克的なものになること、それを排することはどうも無理のようだ、という感想に対しては、「手段性が優越した関係」が問題なのだとする。ではどうするのか、より本源的な関係に「戻る」のか、戻れるのか、という問いに対しては、関係の進行によって、かえってその問題が意識されることになるとする。また、戻るのではなく、新たな関係が模索されるのだという。分業の否定が可能かという問いに対しては、分業自体を否定するのではないと言う。「所有」という言葉一つにしても、もっと豊かな意味が与えられ、それからの縮減として近代的な所有が捉えられている。このように、体系として、完成され、完結したものになっている。真木［1971］に示された思考の方向は、右の「存立構造論」にまず結実し、また「比較社会学」へと展開していく。そして真木［1993］は生物学の知見を援用しつつ（その使い方は見事なものである）「自我の起源」を問う。

◆25
「非（前）近代的な社会」における配分のあり方が「証拠」とされるかもしれない。しかしそれがより根源的であるかどうかはわからない。むしろ、自然として人間がそのようなものを、本来は、かつては持っており、それが失われたというのではなく、それ自体が（恐らくはその時々の諸条件にも規定されて）巧妙に形成された社会的な形成物だったのかもしれない。そして、私達はそのような仕掛けを失ってしまったということなのかもしれない。現在の私達の欲求にしても歴史的な形成物なのかもしれないのだが、そうでないあり方を（再度）作り上げる確かなてだてを私達は有していないということなのかもしれない。【所有・平等・不平等を巡る人類学の研究成果として寺嶋編［2004］、松村［2008］。】

◆26 例えば次のような記述。

「コレラ流行を「自然現象」…つまりなくすることのできないオントロギー上の存在ではなくて、コレラ流行が存在しないことを「零度」つまり定常状態とするようなエピステーメーの変換がそこにあったのだ。」（柿本昭人［1990: 186］）

◆27 「…規律が、人間の必要から離れ、みずからの意志で増殖しはじめていた。…こうした規律の自己増殖から自由であるために、現代人の為すべきことは何であろうか。…社会編成の過程を、いま一度自身の身体と観念とでシュミレートしてみることが肝要である。…権力の作用を解体して、それを外＝観念と内＝身体から眺め、自身に刻みこまれた差別の感覚をとり除いていく。」（高木勇夫［1990: 79］）

◆28 そう読まれたことはないが、立岩［1990］［1995b］はそのような歴史を追っている。筆者自身の解説（立岩［1996h］）がある。

◆29 「権力が…生を対象とし目的とするとき、権力への抵抗はすでに、生を要求し、生を権力に対立させているのである。…権力が生を対象とするとき、生は権力に対する抵抗となる。」（Deleuze［1990=1992: 144-145］、川本隆史［1995a: 244］に同じ箇所が引かれている）

◆30 第一に、消費が生産を表示するものとしてある限りでそれは生産に内属するもの、少なくとも関連づけられたものとしてある。第二に、この第一点が失われたとしても、消費が「私」を表示する限りで、それは生産が「私」を表示するのと共通性を持つし、同じ機能を果たす。

◆31 「国民の政治参加権と社会的生存権の国家による承認を基本原則（ヴァイルマル憲法はそれを成文化したものである）とする社会国家システムは、不可避的に、国民の私的領域の社会化、すなわち家族や性といった私的領域への国家介入の拡大をもたらす。この拡大した課題を、国民の自発的な参加を原則とする社会の下からの組織化＝自己調整的社会国家化によってはたそうとするソーシャルかつリベラルな「夢」は、多様な利害の交錯状況に足をとられ、国家および自治体の組織と財政の肥大化という自己撞着的問題を解決しない。…／しかし他方、社会の強権的な上からの組織化＝管理主義的社会国家化の道は、組織の合理化と財政の合理化をいっきょに実行する可能性をもってはいるが、その代償として社会的生存権と政治的参加権が肥大化した国家目的に従属させられ、制約をうける危険性をつねにはらんでいるのである。…／ナチスに人びとをひきつけるものがあったとすれば、その一つはまさに、ナチスが一九三〇年前後にヴァイマル社会国家が直面したこうしたアンビヴァレントな問題状況から脱出する道を切りひらく姿勢をみせたことにあるのではないか。すなわち、ナチスは普通選挙によって選出され議会を足場に合法的に政権を掌握し、一つの運動体として国民大衆を動員しつつ、社会領域における組織と財政の合理化を強権的に推進し、かつ同時に社会的生存権の確保のための社会的給付を充実させるという両面作戦をとったのである。」（川越修 [1995: 230-231]）

重要な指摘である。ただ、ここでは第一文だけを見たい。まず、社会的生存権を国家が承認することによる私的領域への国家介入の拡大を「不可避的」と言い切れるか。第8章3節で私の考えを述べる。もう一つ、「私的領域」と「国家」とを対置させれば引用文のように言えるとしても、一人の人にとっては、家族という領域も国家と同様に介入してくる主体でありうることが看過されていないか。第9章7節2（700頁）でこのことに関して述べる。福祉国家批判の論点は Pearson [1991=1996] にまとめられている。

第8章　能力主義を否定する能力主義の肯定

「「たぶん、うまいラーメン屋をうまいと言う事がいけないわけじゃないと思うよ。」

「うまいってほめるだけで、特にひいきにしなければいいのか？」

「ちゃちゃを入れるなよ。大切な事は、ラーメン屋で自分を発揮できなかった人にも、常に新たな挑戦の機会を与える事だと思う。」

「また失敗したら？」」（宮昭夫［1996: 2］）◆1

第1節で、「能力主義」という言葉が置かれている状況を確認し、どれだけの範囲のことを考えるかを述べる。第2節で、他者を手段として扱うこと、人の能力をその個人のものとすることに問題を見出す批判を検討し、行為の手段性、能力の個別性そのものは除去できない事実であること、この批判自体が、Ⅰ〈私の作ったものが私である〉という観念の下にあること、市場の成立、配分のあり方そのものと別に、こうした観念が第2章2節に見た言説として、また公教育等の場で与えられことと、これを問題とし否定することができることを述べる。

第3節で、Ⅱ〈能力に応じた配分〉そのものを問題にする。素直に、真面目に考えれば、「能力主義」の否定はこの配分方法の否定を意味する。この配分方法が正しいという根拠を提出しえないこと、正当化されないことを見る。しかしこのことは、それが現実に廃棄可能なものであることを意味しない。このことを確認した後、私達にとって可能な配分のあり方を提示する。「配分しかしない国家」を構想することができることを述べる。

第4節で、Ⅲ〈能力以外のものを評価の対象にしない〉を検討する。この価値・規則が、自己決定、契約の論理から導き出されるものではなく、市場の作動自体から生ずるものでもなく、他者が他者であることを奪ってはならないという価値に由来するものであることを述べる。第4章で述べたことは、今のところ、誰の同意を得ているというものでもない、まだ考えるべきことをいくつも残す一つの考え方の提示である。これを省いてしまっても、また既存のものに代えても、その他の論点のかなりの部分は生き残る。だが、私が考えてひとまず辿りついた場所はその場所だった。そして、第4章で述べたことが、複数の能力主義に対して複数の立場を取るあり方が整合的にありうることを説明すると考える。それは同時に、誰かが三つの能力主義に対して以下に記す態度をとるのであれば、その人は第4章で述べた価値のもとにあるということでもある。

以上の検討を踏まえ、第5節で、既に以前の章でもその一部を提示した具体的な問題のいくつかについて若干の考察を行う。雇用の場における労働者に関わる情報の入手、教育の場における選抜を取り上げる。

1　問い

［1］いくつかの問い

「ゆえなく」人を不利に扱うことを差別という。さて、何かができない人＝障害者がいる。というより、あらゆる人にどのような程度かできないこと＝障害 disabilities がある。そして、それには様々な要因があるにしても、その人自身に非があるわけではない。人は「ゆえなく」体がわるかったり、頭がわるかったりする。それで注文に応じられないが、あるいはより安い値段がついたりするが、その人に何か落度があるわけではない。たまたまその仕事に適していないだけ、できる人よりはできないだけだ。そのことによって不利益を得るとしよう。落度はないが不利に扱われる。とすればこれは「差別」だ。「普通」の人だって参加を拒まれることはあると言うかもしれない。しかし、こうして参加を拒まれる人全てを障害者だと言って不都合はない――もちろん程度の差はあり、その差は時にひどく大きいとしても。差別がある。差別であるからなくさなければならない。ということになるか。そう簡単に片付かない。私達は日々、選抜し、排除する。平然と行うかもしれないし、いけないことだと思いながら行うかもしれないし、またそんな人はあまりいないのだが、本当に悩んでしまったり、選ぶことを自らに禁じてしまう人もいるかもしれない（第7章4節）。この世にあることはすべて当然だという立場にも立てず、無限にやさしくもなれないなら、考えこんでしまう。差別はよいわるいの問題である。よいわるいは自明ではないか。だが、そうでないこともあるのだ。何がいけないのか、いけなくないのか。どうしてか。そしてどうあればよいのか。

　微妙な問題だと思う時にも、私達は何らかの基準をもっているから微妙だと思うはずだ。ただその基準はそう単純なものではないのかもしれず、それをよく知っている、言語化しえているとは言えない。社会にあるその基準を取り出し言葉にするのは社会学の仕事である。そしてもちろん、何かを主張し何かを変革しようとする時、自らの立場についての考察、検証は不可欠だ。だがその作業が十分になされていない。社会科学の内部でまた社会運動の中でいろいろ言われてきたことはある。だが、問いに十全に答えているか。そうは思えない。むしろ堆積されてきた言説が考えるのを難しくしている部分もあるようにも思える。こうした諸言説を検討し、問題を解きほぐしていく作業も重要だ。これも満足に行われていない。考える作業が、実態の記述・解析とともに、その前提としても、その深化のためにも、もっと必要だと私は考えている。例えば次のような問い。

(1)「学歴主義」「学力偏重」が批判される。選抜時に求められるものが実際には役に立たないものであることはよく言われる。例えば、採用の際に考慮される学歴の取得に必要なものと仕事に求められるものとは別のものであること、それが階層構造の再生産に寄与していること等が指摘される。たしかにそうした現実はあり、その現実とそこに働く力関係を解析する作業に意義はあるだろう。◆[2]

だが「真性」の、すなわち当該の職務を遂行する上での実力＝有用性（同時に無用性）は残る。（このように言うことは、誰かの能力が求められているとしてそれが「私の」能力である必要はないこと、また求められている能力は社会や時代によって異なることと矛盾しない。したがって、以下及び本書全体について、能力を固定的に捉えているという指摘は当たらない。）これ自体をどう考えるか。（特に「批判」の立場に立つ）社会（科）学は明確なことを言ってこなかった（第7章1節）。「学歴主義」「学力主義」ではない「能力主義」ならよいと言う人もいるが、それでも駄目なのだと言う人もいる。能力がない人達がいて、その人達は、そのことで自分達が社会から排除されていると言う。実際このようにこの社会は構成されているのだから、これは全く正当な指摘であり、この社会の構成の基本を問題にしたのだから、根底的な指摘だった。しかしその提起は結局どうなったのか。それは、基本的なところを問題にするがゆえに、行く場の見つけにくい提起でもあった

（第7章4節）。「能力主義」「業績原理」が問題だとしてそれをいったい廃棄することができるのか。そしてどのような代替案があるのか。

(2)「障害をもつアメリカ人法（ADA）」は「資格のある qualified 障害者を障害ゆえに差別してはならない」とする。「資格のある障害者」とは「職務に伴う本質的な機能を遂行できる障害者を意味する」（第一章・第一〇一項・八）。例えば頭を働かせることがその仕事の「本質的な機能」なら、頭を働かせることのできる者は、目や手やその他必要なものを、機器を利用し、また他人の手を借りて補い仕事をする。その事業所内での援助費用は一定の条件のもとでは事業者の負担になる。だが頭もうまく動かない者はどうなるのか。その者は雇用されない。だが、それならいっそのこと頭も借りてしまえばよいのではないか。なんで頭を借りてはいけないのか。ともかくこの法律ではその者は雇用されない。この法律は、ある意味で徹底的な能力主義に貫かれている。(1)の問題は残っている。だからそれを指摘し、批判する者がいることは当然のことである。◆[3]

にもかかわらず、(1)の指摘を無視できないと思うにもかかわらず、私は、こうした法律が、必ずしも否定されるべきものではなく、むしろ積極的な意味を持つものだと思う。また例えば、大学という組織で適正な人材の配置が行われていないという指摘はよくなされる。この時に「能力主義」「業績主義」は肯定的に用いられる。私も、「能力主義」

「業績主義」が肯定されてよいと感じる。これは一体どういうことになっているのか。

　また、「学歴主義」や「学力主義」や「能力主義」が批判される時、その代わりに例えば、「人間を（もっと）全体的に評価すること」が持ってこられる。だが、このような道筋で考えていってよいのだろうか。それだったら、「能力主義」だけにしてほしい、と思うことだってあるかもしれない。そもそもここでの批判は何に照準しているのか。そして、何をあるべき評価のあり方と考えたらよいのか。

　こうしてみてくると、否定すべきもの、支持すべきもの、その根拠、その境界がはっきりしないことがわかる。だから、能力主義を根底から否定できるだろうかという疑問、肯定してよい能力主義があるのではないかという漠然とした感覚、このように否定したり肯定したり、いずれかに弁別する感覚はどのように記述されうるのかを考えてみる。多分、それは全く相矛盾した感覚の並存なのではなく、何らかの形を有していると私は感ずるのだが、それをはっきりしたものにしたいのである。

［2］答が答えていないことについて

　近代社会があることを自覚する営みとして始まった社会学という学問領域の開始点にあったのも、「身分」「属性」から「業績」「達成」へ、という了解だった（第1章注2・

19頁)。しかし、それからどれほどこのことについて考えが深められたか。考え抜かれただろうか。評価される能力が社会的に決定され、能力のあるなしが社会的に規定されることは、幾多の研究によって明らかにされた。それは、因果連関を社会的なものに求めようとする経験科学としてもある社会(科)学にとって——そうでなければ自らの存在基盤がなくなるから、とは言わないまでも——当然の作業でもあったし、またその指摘は社会の批判や改良に結びつく言説でもあった(第7章1節)。しかし、それだけで問いは終わらない。少なくともそれらは私の問いに十分には答えてくれない◆[4]。

「属性原理」から「業績原理」へという歴史的経過があり、そしてその変化は身分制秩序からの「解放」、「自由」の獲得として、基本的に肯定的に評価すべきものとされる。これで話が終わる場合もあるが、さらに続けられる場合もある。それにもやはり「限界」があり、それも否定しなければならない、あるいは改善しなければならないと言うのである。こうした一般的な了解がある。私はこのような論述の仕方をしない。その理由を述べる。

第一に、以上は、歴史的事実の記述として、少なくともことの一面しか捉えていない。第6章1節でみたように、「属性原理」から「業績原理」への移行は、単に制約からの解放ではなく、ある規範から別の規範への移行であり、その背景と効果とを慎重に検討すべきである。さらにこの移行の過程にみられるのは、所有を巡る規範の更新だけでなく、同時に、積極的に行為と人とのつながりを与えようとする様々な実践・介入だった（第6章2節）。両者は分析的には区別される。その上で両者の関連を見るべきだと考える。「業績原理」の側に単純に「自由（放任）」を割り当てることはできないのである。（以下で検討するⅡとⅠの区別は以上に対応するものである。）また、人間に対する実証的な科学的な知のあり方の登場（これは能力をある種の属性によって説明する営みだと言ってもよい）を考えに入れた場合にも、事態の推移をそう単純に見ることはできない。

第二に、以上の歴史・現実に対する見方とも関わり、より基本的な疑問として、「業績原理」が「属性原理」と対比され、前者が後者に対して優位に立つとされること自体、もっと問われてよいことだと考える。一つに、どこに違いがあるのか。属性が生まれながらに決まったものであるのに対して、業績とは獲得されるものだと言うのだろうか。しかし、業績を産み出す能力はどこから来るのか。これだって既に与えられている部分があるのではないか。一つに、前者は後者に対してなぜ優越すると言えるのか。社会科学の営みは、価値評価や当為命題の提出を含む。これはこの学の性格上必然的なことであり、当然のことである。ところが、しばしばそのことが十分自覚されていない。といって、事態の記述に徹しているわけでもなく、多く、価値観が自明のものとして、あるいは意識されずに入り込んでいる。自らがよって立つ立場が何なのか、はっきりさせるべきだ。

第三に、「業績原理」「能力主義」の「限界」と言う時、何が言われているのかである。業績原理でいいところまでは行っているのだから、その弱点を補強するようなものを付加すればよいと言うのだろうか。しかし、第二の問いに帰ることになるが、「能力主義」のどこが、どこまでが、何ゆえによいのか。具体的には、例えば「年功序列」と「実力主義」という選択肢に対していったい何を言うのか。そして、「限界」があるから別の原理を持ってこようと言うとして、どのような原理を立てるのか。「平等」だろうか。だが例えば、臓器をもっと平等に分配（移植）すれば、生きられる人・健康でいられる人が今よりは増えるかもしれないのだが、それでよいのか。どこまでの平等が求められるのか。本当の問題は何なのか。分配の問題なのか。そして何かの原理を立てるのはよいとして、今までのものをどうやって捨て、別のあり方を打ち立てることができるのか。

能力を巡る平等や不平等や差別について日頃考えている人なら、以上のような不満を共有しているだろうと思う。その人は、冒頭に述べたような疑問を持ち、考えているはずであり、この時、既にある議論は、その疑問を解くためにそう多くのものを与えてくれないことを感じているだろうと思う。このような場所から考察は進められる。

2　I〈私が作ったものが私である〉の否定

［1］手段性・個別性に関わる批判

配分されるものが能力によって異なる。これが一つの大きな問題であるには違いない。しかし、「能力主義」が否定的に感じられる時、それが単なる配分の問題に尽きるものではないことも確かだ。以下のような指摘がある。

(1) A・Bはa・bを自分の目的のための、目的の獲得のための手段として扱っている。手段として扱っているところには、手段としての有用性の差が必ず生ずる。「他者を手段として扱う」ことが問題なのではないか。

(2) 次に、aがAのものとされていることを問題とする。aはA個人に由来するものでなく、社会性・共同性の中で獲得されるのに、それが個人のものとして取り出され、個人のものとされる。これが問題なのではないか。

そして以上が、市場、労働力の商品化、分業の形態に起因するものとされる。市場経済、特に労働力の商品化体制のもとでは、人は抽象化された労働力商品としてしか現れず、人はもっぱらそのような存在として見られ評価される。生産過程・協働連関の全体が不可視化し、共同性が不可視化し、個々人が分掌する役割が不透明化すると同時に、個々人は、労働能力によってしか評価されなくなる。等。

以下、これらの主張を吟味する。⑴については、行為の手段性と人の存在のあり方とを分けることを提起する。⑵については、行為・貢献の個人性自体は否定できず、生産に関わる因果が問題なのではなく、生産物を生産者のものとすることが問題なのだと指摘する。なされるのは諸説の全面的な否定ではなく、問題の腑分け、捉え変えである。こうした手順を経て、直観に訴える力も持ち、相応の根拠もある、市場や資本制を持出しそれを批判する主張が再検討され、これらに対する評価が変更される。

[2] 手段性の不可避性

Ａ・Ｂはａ・ｂを自分の目的のための、目的の獲得のための手段として扱っている。手段として扱っているところには、手段としての有用性の差が必ず生ずる。だから、「他者を手段として扱う」こと、そのように現象してしまう関係が問題なのではないか。

たしかに、差別の根はここ、すなわちａ、ｂを役に立てるということにある。これがなくなれば、能力に関わる差別の可能性自体がなくなる。だからこれは、私的所有に対するもっとも根底的な批判であるかに見える。この種の言説が少なくとも一時期、人を惹き付けたし、現在でも少し注意深くありさえすれば、同じ型の言い方を様々なところに見つけることができる。そしてこれらの言説は、しばしば共同性、共働性の契機といっしょに語られるのだが、同時に、別の契機がそこには含まれている。一人一人の生産から、みんなによる生産、という視点の移動においては、生産という契機は依然として存在するのだが、ここでは、それは必要ではない。むしろ、生産者（あるいは生産できない人）としてしかみない、評価しないことを取り出し、それを否定する点で、生産という地盤から離脱しているとも言える。一九六〇年代末以降、生産が懐疑され、学校が懐疑され、労働者＝生産する者達の運動とは別種の社会運動が興る中で、このような言説もまた需要され、受容されることになった。

だが、手段性を消し去ることはできない。行為、生産物を手段として捉え、使用することが事実としてある。自分Aのaについてもそうだし、また他者Bのbについても同様である。手段として使おうとする時に、使えるものと使えないもの、相対的に役に立つものと立たないものがある。それで使う、あるいは使わない、より使えるものを選んで使う。別様に相手に接することはできる。役に立たないがAを採用することがあるかもしれない。だがこの時にも、aがどの程度にか役に立つ／立たない事実は消えたわけではなく、その事実の上で、その事実にもかかわらず、ａ以外を見てＡを採用しているのである。Ａはｂを得るためにａを行う。この時、Ａはａを自分の目的のための手段、目的物の獲得のための手段として扱っている。またｂもまた何かの手段であったりする。手段として扱う時には、手段としての有用性の差が生ずる。欲求に順序がつけられる。それは価格として表現される。

これに対し、私Ａのために私のものａを使うことはよいが、他者のものｂを使うのはいけないという主張がなされるかもしれない。つまり、私の中で完結する行いなら（自給自足）よいが、他者との関係においてはそれはなされてはならないと言われるかもしれない。しかし第一に、それは交換を否定することになる。また、自身のａ（によって取得可能なｂ）によっては生を維持できないＡの生を維持するためには、生きるためのものを他者、例えばＢに請求しなければならない。つまり、分配を要求するとは、私のために他者の行為（例えば納税）を要求することに他ならず、この時、必ず、ＡはＢの行為（の結果としての生産物）を生のための手段として扱っている。だから第二に、分配の要求が正当なら、他者の行為を利用することがいけないとは言えない——むしろ、私の行為の結果が私だけに帰属されるべきものであるという観念こそが否定されなければならないことを後で述べる。

使うことを否定するとは、目的・価値がある時、それを実現するもの＝手段が不在になることであり、分配が要請されるなら、その実現のための行為が不在になることである。使うことは一切の生の条件であり、分配のための条件でもある。だから手段性の否定は、人はなにかを手段として使って生きているという事実を事実として前提するなら、不可能である。また、何かを手段とすることは、その人が在ることが現実に可能であるために、不可避で、必要なことである。ゆえに手段とすること、比較すること自体を否定することは不可能であり、不必要である。

もちろん論者は、このような素朴な論難を予想し、それを想定して議論を展開する。そこで、「単に」手段としてみる（ことが問題だ）とか、手段性の契機が他に「優越する」（ことに問題がある）、と述べる。それに対して、「単に」とか「優越」と言う時の基準がどこにあるのかと問うこともできる。ただここで言いたいのはこのことではない。Bの生産物bをAが自らのために使うということが、Aが「Bを」「単なる」自分の欲求充足のための「手段とする」ということを直接に意味するだろうか。ある人の行為に価格がつくこと自体が、その「人」を否定することになるだろうか。このような問いを立てることができる。

〔3〕個別性の不可避性

aがAのものとされることが問題なのではないか。個人の貢献として取り出される分は、実は、他者達との共同性・協働によって成立しており、個人のものではない、ところがこのシステムの中では、このことが看過され、個人が取り出されると言う。能力の由来、そして行為が基本的に共同性の中にあるという論理によって、私的所有を相対化する。このような主張がある。

だがそれは、第一に、能力の差異、偏在の説明として無理がある。たしかに能力には、社会的な環境、関係の中で獲得された部分が多々あるだろう。しかし全てがそうした共同性・社会性の所産だとは言えない。社会科学は、特に遺伝説との対立において、能力が社会的な形成物であることを主張してきた。生得的な能力に違いはなく、適切な環境が与えられれば皆十分な能力を獲得できるのだ、とも主張され、実際そうした考えに基づく実践も行われた。例えば人種間の知能差を巡る議論ではこの立場は確かに正しいだろう。だが常に全面的に正しいわけではない。その主張が当たらない部分について何を言うのか。これも（批判的）社会科学は明確にしてこなかった。

第二に、第2章3節（および本章1節）で述べた意味で、行為がAの行為であり、能力がAの能力であることは確認可能であり、それゆえに、Aの貢献分を取り出すことは可能である。複雑な分業系のもとで各個人の貢献分を正確に測ることはできないとしても、少なくとも同一の職務について、相対的にできる／できないは見える。さらに、生産という目的に向けられた共同・協働である限り、むしろ透明な関係においてこそ、各人の貢献度はよりはっきりする。確かに協働系のもとでは、「みんな」が作るのである。しかしそのことは個別性を否定しない。

私はたくさん作っているのに受け取りが少ない、ピンハネされているというのが古典的な批判だった。その後、私が作っているのではなくみんなが作っている、私はみんなに作られているという主張がなされた。だがこれも「生産」が準拠点になっている点では同じであり、それゆえの限界がある。それは重い障害がある人を参照点におくとはっきりする。ここから、見るべきは生産に関わる契機とは別の契機であることが示唆される。

以上から。問題は行為（の結果）が手段としてあり用いられることでも、行為が個人の行為とされることでもない。というか、行為の手段性は事実であり生を成立させる契機であり、行為・能力の個別性（あの人はできるが、あの人はできない）は消去不可能であり、ゆえに、これらは変更可能な対象としての「問題」になりえないのである。そして、これらは確かに差別の存在のための必要条件だとしても、Ａが不当に扱われ不利益を被るという契機はこの先にあるのなら、ここまでの部分に差別があるとは言えない。そう考える。そして問題はaとA（の存在、の価値）が結びつけられることにあると考える。このことを次に述べる。

［4］Iの否定

できることの方ができないことよりもよいという価値観として「能力主義」が問題にされることも多い。しかし、よいということが「役に立つ」ことを指し、そして役に立つことがそれ自体としてよいことなら、それはそれだけのことである。問題は、役に立つ／立たないことが、「人」のあり方についての評価基準になること、「人」の価値に結びつくことである。労働を生活のための単なる手段だと考える場合にも、あるいは仕事を楽しんでやっている場合にも、その労働は「私」という存在につながっていなければならないのではない。それをつなげ、そのつながりを人々に与えること、「能力」、それによる「成果」が「人」を表示するものだとすることである。

I〈私が作ったものが私である〉、は、単に市場が存在するという事態に相即するものではない。Aがaによって表示され評価されるという、Aとaのこの繋がりが市場にとって必然的であるか、市場がこの繋がりをもたらすのかというと、そうではない。市場は、人を評価しているわけではない。aだけが問題なら、a以外のAのあり方、属性は見ない。人を商品として見るのではなく、そもそも人を見ないのである。だから市場がただ市場としてある時には、むしろ、そこには「人」は登場しない。つまり、I〈私の作ったものが私である〉、は市場の存在そのものに対して過剰なのである——このことは、市場と以上述べた価値に関わる立場の両立可能性を示す。そして、第4章で述べた基本的な立場からこれは過剰なものであり、不要なものである。さらに、他者が私にとっての（さらにはその者自身にとっての）手段でない存在であるなら、手段は存在のための手段でしかなく（しかし、存在のために必要なものであり、ゆえに配分が指示される↓第3節）、手段性の領域が存在の領域を表示するといった前者と後者の混同、前者の後者への侵入、そして後者の無化を否定する。だからIが否定される。

ただ、この繋がりは、労働・生産物を取得しようとする者にとって有用なものではある。能力の獲得、能力の発揮、それによって取得するものがその人の価値を表示するのだという観念が当の者にあれば、あるいはそうした価値があることを当人が知り、それを考慮して行動するなら、より低いコストでより多くの労働を得ることができる。

まず、J・ロック以来の「自分が作り出すものは自分のもの」という私的所有を正当化しようとする——というより、私的所有に対する信仰を語る——教説（第2章2節）

自体がその機能を果たす。労働は単なる労働ではなく、それは主体から発するがゆえにその主体が領有し、その主体を表示するものだとする、こうした類いの言説は、思想家達の書物に書かれるだけでなく、積極的に、意図的に社会の内部に向けられて与えられ、より多くの労働を引き出そうとする。周知の「プロテスタンティズムの倫理」はその一亜種でもある。また公教育の制度化、普及の場面で頻繁に語られるのもこういうことであり、またこの教育という装置自体が、それを現実化する機能を果たそうとするものでもあった。このことを第6章2節で述べた。

けれど、こうした装置がある時、市場はより「活性化」するだろうが、なくても市場自体が作動しないわけではなく、資本制が作動しないわけではない。これらは市場に付加される装置なのであり、この装置を取り外した「冷たい市場」を、私達は構想することができる。この過剰な部分を取り除くことは、市場の「活力」を奪うと言う人がいるかもしれない。おそらく、ある程度は、その通りである。だがそれは「活力」を人がそれぞれ在ることよりも大切なものだと考え、そのための「扇動」が正当化されると考える時にだけ意味を持つ言明である。そのように考えないなら、この過剰なもの、過剰なものを肯定する言説、過剰なものを生産する装置を除去してしまえばよい。

実際、配分の少なさだけが問題にされてきたのではない。例えば、生活自体が困難な状態に置かれ続けてきたこの国の障害者達による告発も、十分な分配が受けられないことに向けられただけではなかった。その大きな部分は、自らがおとしめられることに対する告発としてあった。例えば「リハビリテーション」「療育」「教育」において、現実に治ったり向上したりすることが可能かどうかの判断の前に、あるいはそういう計算を度外視して、あらゆるものを犠牲にしてでも、自活と自立にできるだけ近づくことが求められることに対する告発である。これは生得説と環境説の対立とは関係がない。むしろ、やればできるはずだという信仰が強固であれば、それだけ行わなければならないことは多く、うっとうしさも大きいのだから、環境や努力を言い、改善と向上を唱える説の方が、さらには、ある時期までに獲得しないそれ以降はもう身につかないという両者を混合させた説が最も、加害性が大きい。

　頭がうまく働かないということは、ただうまく働かない頭があるということである。それはうまく働く頭（の生産物）が欲しい人達にとっては不便なことである。うまく働かないことによって身のまわりのことができないから、その当人にとっても、世話をしなければならない周りの人達にとっても不便なことである。これは時として随分不便なことだ。だが、それだけのことだ。そしてこの時に、その人の側に立とうとして、「それ（例えば知的能力）だけが人間の全てではない」（確かにその通りだが）と、別の評価されるべきものを探してくる必要はない。実際、その人は、何か別のものを有していることを、例えば「善良さ」を有していることを、求められてきた。それは余計なことだ。つまりある生産物と人を結ぶことの否定は、別の生産物や生産物でないものを「評価」することを意味するのではなく、代わりに何を評価するのかという問いに答える必要はない。私による評価如何と別に他者が在ることを承認する。先に人がそれぞれに生きることを承認すると述べたのはそういうことである。

そしてⅠ〈私が作ったものが私である〉を否定することは、第1節の(2)で述べた能力主義を肯定する感覚と実は結びついている。この能力主義が第4節で検討するⅢ〈能力以外を評価しない〉である。

3　Ⅱ〈能力に応じた配分〉の否定＋肯定

[1] 正しさはないが起こってしまう

Aの行為・能力（の有無）が注目され、そしてその行為（の結果）aが使用される（されない）ことがあることを認めた。だが、このことと、Aによる行為aの結果として現われるものをAが受け取ってよいとすることとは別のことである。aが使用されるものとして、道具としてあり、ここに優劣が現われることと、それを何のために使うか、どのような原理で配分するかとは独立のことである。ａの存否そして多少と、Ａが在ること、Ａがある在り方に関わる条件の付与も独立のことである。この独立でありうる二つのものが結びつけられる時、ＡはＡの手持ち分ａ、ａの譲渡によって取得されたｂの範囲内で、生きていかなければならない。

まず、それを正当なものとするのは、一つに、「私が作ったものは私のものだ」、「私が作ったものは私のものだから、私の作ったものは私のものだ」といった同語反復的な信仰でしかない。つまり、Ⅱ〈能力に応じた配分〉は正当性を持たない。このことを第２章２節で述べた。

しかし、現実として、正当化されないものが事実として存在し、ともかくも人は自らのその属性を引き受けることになっている。これはなぜか。第２章３節にみた論理がそれを記述している。そこで次のようなことを述べた。

Ａだけがある行為を行うかどうかを決定できる。ここで言っているのはとても単純なこと、例えばＡしかＡの頭を働かせられないというだけのことである。辿っていけば、それがＡに由来するとは言えないだろうが（頭脳自体を彼が作ったわけではない）、このことと独立に、また能力を発揮した成果がＡに帰属すべきかどうか、つまりＡが所有権を持つかどうかということと独立に、Ａ（だけ）が能力・行為に対する制御能をもっているという意味で、Ａに能力がある、ある能力がＡの能力だと言われ、ある行為がＡの行為だと言われる。また、Ａは（部分的に）その能力を獲得することができる。例えば勉強して能力を高めることもできる。意のままにすることはできず、様々な制約がある。ただ、能力のある部分は彼の努力なしに獲得されない。同時にＡは好悪についての選好をもっている。得られるものの利得と自らの行為のコストを予想しながら、自らに有利になるように、行為しようとする。以上から、強制以外の手段で行為ａをＡに促そうとするなら、Ａの好悪の関数に働きかける他ない。そこで、ＢはＡにｂを与える。Ａに即して見てきたが、以上はＡ・Ｂ双方で同じ構造になっている。このようにして、能力（むしろその能力によって産出されたもの）が他者によって評価され、それによってその者の受け取りが決まる。

最も単純な形態としては二者の交換関係の中に現われるこの事態を、そしてこれがさらに複雑化された場面を、能力主義を批判する者は問題にしてきた。典型的には以上のように市場で生産物に価格がつくことを考えればよい。だから、Ⅱ〈能力に応じた配分〉を問題にするとは市場そのものを問題にすることでもある——ただ、市場においてだけ能力主義が採用されるわけではなく、中央集権的、自主管理的、等々の能力主義的な配分方法がありうる。

Aがaを処分するのが正しいことだという根拠はない。しかし事実としてAはaを制御、処分可能である。Aはaの譲渡を損失と感じており、bを得ることに利益を感じている。そしてこのaを譲渡する損失とbを得る利益はどこかで折り合いがつくようになっている。この時に、Bは、Aからaを強制によって受け取ろうとしないなら、bを与える他はない。不利益を与えていないという意味では、少なくともこのAとBの二者の間には何も問題は起こっていない。双方に利益がある。そして（しかし）与えることができない者には、Bは何もしない。この時に、市場は既に始まっている。このような意味では、市場を避けることはできない。それはそれが正義だからではなく、述べてきた事実を前提した上で、右のような私達の欲望によっている。

もしAが自身の能力を自身の努力に比例して得られるなら、（労働能力を獲得する努力という労働を含めた）労働に応じた配分ということになる。苦労はそれ相応に報われるべきだと私達が考えるなら、これはこれでよいかもしれない。そして、私達が行為やその対価を出し惜しみし同時により多く得ようとするような私達である限り、この機制は確かに効率的ではある。しかし、個々人の資源には差がある。能力は、当人の力の及ばないところで多かったり少なかったりもする。この差は――社会改革者が行おうとしたように——環境にどれだけ働きかけ、資源を平準化しようとしても残る差である（第7章1節）。Aの能力の存否そして多寡に応じて、Aとの取り引きの有無、そしてAの受け取り分が決定されるなら、働けないA、能力を持たないAは何も得られず、より少なくしか持たないAは、より少なくしか受け取れない。それは十分に現実的な格差の問題を引き起こす。十分な資源を持たない者は生きていけない。排除される者が常にいる。

だからそれを廃棄することが目指されても当然である。そこに問題がある（確かにある）以上、その問題が（蓋然性として、しかし私達の社会では高い蓋然性において）生ずる市場を根底的に否定することに向かっても不思議ではない。これは十分に正当性を獲得しうる考え方である。例えば一九七〇年前後に始まった障害を持つ人達の社会運動が、少なくともその理念として、提起したのはこのような方向だった（第7章4節、第7章注23・28）。

［2］廃絶の試みについて

能力に応じた配分をなくす道は二つある。一つに、自分の利益のために自分のものを譲渡するという欲求のあり方がなくなること、少なくとも、他者の利益を十分に考慮したものに変わることである。これが十分なだけ行われれば、そこに問題は生じない。一つに、別の分配方法に全面的に切り換えてしまうことである。

これらを検討する前に確認しておこう。私的所有を保障するのは制度である。しかし、能力主義的な配分が起こること自体は制度ではない。同意にもとづいた流通の場としての市場自体が、個々人の選好のあり方を特定しているわけではない。BがAが提供するaのBにとっての価値以外のもの、例えばAの事情を考慮し、aを購入することは可能だし、そしてaがなくてもただ支払う?ことも可能だ。これを交換、この場を市場と呼ぶかどうかは別として、こうした行いは禁止されてはいない。ゆえに、欲求のあり方が変われば、市場の中でも配分のなされ方の変更は、原理的には、可能である。例えば贈与だけが行われる市場を想像することも可能である。ある欲求の形が市場という場を介して実現された時に、通常私達が思うような市場があらわれ、問題が現われるのである。同じことを別の言い方で言えば、市場を廃棄しても、いま市場にある欲求が再度現われるなら、強制的に配分の仕方を制御するのでなければ、また同じものが現われることになるということである。

以上を確認した上で、後者、制度の改変という方法について。なすべきことは市場を廃棄すること（だけ）ではなく、別の制度を作ることである。制度を作ること自体は可能である。しかし市場を発生させてしまうような欲望を消滅させることができないのであれば、仮に市場の発生を禁止したとしても、必ず、再びそういう場（闇市場）はできてしまうだろう。また、そのような場を作らなければ、十分なだけの人々の行為（の結果）を得ることができないだろう。とすれば、一つにその制度自体を能力主義的なものにしていくことだが、これでは能力主義の廃棄という目的に反してしまう。その場合に、なお能力主義的でない分配方法を維持しようとすれば、強制によるしかないだろう。しかし、それはどれほど効力を持つか。その前に、それはどれほどよいことなのか。

この問いに否定的に答えるなら、市場と強制の両方から抜けることができるのは、個々人が自分の利得を求めるという欲望を持たない場合しかありえない。しかし、現実はそうでないから、格差もまた現実に存在する。そして、ただこの社会をこのまま放置しておいて、人がそうなるとは考えられないとすればどうか。再び制度の側が問題にされることになる。制度の変革によって人々の欲求の形が次第に変わっていくことが求められる。それは可能か。

可能だとする考えがあった。それは次のようなことを言う。社会関係、例えば生産関係が人々の意識、欲求を規定している。したがって、この基本的な関係を変更するなら、人々の意識、欲求は関係の変更に伴って次第に変容していくに違いない。最初は、人はまだ旧来の意識に囚われているから、制度の改変は先行して、ある人々に対しては強制として行われなければならない。しかしそれは、どれほどかの期間の「移行期」の間のことである。

この論法の正否について最終的な答えが出たわけではない。二〇世紀に行われたいくつかの「実験」の「失敗」をもってその答えに代えることはできない。ただ、この移行が可能であることは論理内在的には言えない（第7章4節）。例えば、第2節で検討したように、どんな関係においても、貢献の個別性自体は消去されえず、分業のあり方を変えること自体が個別性に対する了解を変更することにはなりそうもないのである。

確かに私達は私的所有に正当性がないことを確認する。しかし、このように認識することは、現実にそれを全面的にくつがえすことができることを意味しない。むしろ、その困難さを自覚することになる。能力主義を所有の問題として問うて行くなら、必ず、このような場に着く。第7章4節に述べた行く場のなさとは、多くは漠然と感じられているものだとしても、詰めていけば、このような認識を指しているのだと思う。そこで考えることをやめる者もいる。あるいは、原則と現実とを使い分ける者もいる。その原則の実現は遠い未来に引き伸ばされる。基本的なところを問題にしようとした者達が、正しく行き着いた場所、同時に、滞留してしまった場所がここだった。

[3] 市場＋再分配という退屈な仕掛けの、しかし退屈であるがゆえの採用

ここで私達は立ち止まっているしかないのだろうか。だが、分配方法の全域的な転換自体が追求されるべきことだったのだろうか。本当に問題にすべきことはこのことだったのだろうか。翻って、私達は、何を問題とし、何を正当なこと、追求すべきことと思っているのか。

人がそれぞれに生きていられること、そのために必要なものを得られることが承認されるべきだとしよう。とすれば、以上は正当性を得られない事態であり、ここに生ずる不利益は、Aが引き受けなければならない理由のない、いわれのない不利益である。そしてこれは、他のあり方を構想し、実現することができるという意味で、社会規範上の問題である（仮にこれが「自然状態」であるとしても、その自然状態は変更可能だ）。これを否定する。Aが何かをもつ（持たない）ことと独立に、Aが暮らしていけるような（そして私達の欲求に関わる事実性、それを前提とした社会運営の効率性が考慮されるべきだとすれば、それも考慮した）配分の方法が採用されるべきだとする。

述べたように、市場が成立していることと個々人の欲求の関数のあり方は原理的には独立である。同意にもとづいた流通の場としての市場自体が個々人の選好のあり方を特定しているわけではない。個々人はいわゆる「利他」的な動機によって行動することを

禁じられてはいない。したがって、非能力主義的な制度を先取し、全域的に能力主義を廃絶することを求めるのでなく、能力主義によって構成されない、あるいはその度合いの少ない空間を例えば身のまわりに作ろうとするなら、贈与によって、また市場での商品の購入の仕方や価格のつけ方の変更によってそれは可能である。市場では苛酷な競争原理が働くと言うかもしれない。しかし、競争は、結局のところ、消費者がものを安く買おうとすることによっている。この部分が変われば変わる。ただ、とりわけ生産・流通過程が複雑化した市場に生ずる不透明性がそれを困難にしている。スーパーマーケットでは商品aしか見えず、aに関わったAがどういう存在なのかは見えない。またaに関われない人の存在は見えない。つまり、買い手は作り手が誰であるか、作る過程がどのようなものであるかを知ることができない。この時に、どうしても、買い手はその商品の質／価格だけに注目することになるだろう。分業の高度化自体を決定的に抑止する手段はないとすると、打つ手がないのか。しかし、これにしてもどうしても解決できない問題ではない。商品aの背後にあるものを可視化する装置を作り出すことは不可能ではない。その作り手、作り手のあり方を知らす手立てがあるはずなのである。[◆5] そしてこの間接性という問題自体は、市場の存在に起因することではなく、高度な分業系には一般に現れてくることである。また、市場の外側に市場に乗らない自発的な関係を作っていくことはできる。

これでうまくいくならそれでよいかもしれない。ただ、自発的な贈与でこの社会の必要を満たすことができるだろうか。できないなら――事実できないから、問題が生じているのだが――別の装置を考えなければならない。

そして、このことより、基本的に、人々がその生を生きられることを認めるなら――単にそれを許容するというのではなく、それが確保されなければならないことを認めるなら――、それは、そのことについて全ての人が義務を負うべきだということである。この時、既に、強制力を背景に負担可能な者全てに拠出を求めることは認められている――だから、論の順序として、実現が困難だから強制力に訴える、と考えるべきではない。その上で、この強制力が不要とされるのは、事実、それが不要な時だけである。不要であるとは、第一に、全ての人がこの義務を実際に果たしている場合、第二に、それが必要なだけを覆えている場合である。両者は異なる。例えば、必要はひとまず満たされているが、そのために負担しているのは一部の人達に限られている場合がある。場合がある、というよりは、自発性に委ねた場合には、そうなる方が普通だろう。それを認めず、第一のもの、第二のもの、両者の条件が満たされなければならないと考えられるなら――例えば、専ら家族・女性が仕事を担い、もし仮にそれで必要が充たされていたとしても、それを正当と認めず、全社会的な義務であると考えた場合には――政治の領域がここに介在し、強制力を背景に、負担可能な全成員に負担を求めることが、要するに税金の徴収が要請される。

ここでは、負担に同意しない人もまた負担させられているのだがそれでよいか。もちろんよいのである。

なぜなら、第一に、本来、その人の生産物がその人のものであることは正当化されていないのであり、私的所有を正しいこととして認めた上で、その人の本来の持ち分中から負担を求めている、拠出をお願いしているわけではないからだ。この時、「本来私のものであるものがなぜ取られるのか」、と抗弁することはできない。ここで少なくとも、負担を拒む側は負担を求める側に対して何ら有利な立場にいるわけではない。

第二点。もちろん、他者が在ることを認めないとする主張はありえようし、その限りで、この立場はその者の主張に反した行いを強要している。負担に同意しない者も負担することから抜けられないのである。ただここで、私はこれ以上、両者の主張の間にある懸隔を、何らかの操作を用いて――例えば第7章2節にみた保険の原理によって――小さくすることはしない。殺すなという主張に対し、それでも殺したいという人は必ずいるだろう。だが、それでも、殺すなという規則を立てることはできるはずだ。ここで言っているのも、それと変わらない。

第三点。右に述べたのは、「原則」に反対する者がいるだろうということ——しかし反対する者にも義務を課すのだということ——だったが、もう一つ、より現実にはありそうなこととしては、次のようなことが考えられる。私は、他者がいてよいこと、いた方がよいことを認めている。しかし、私がとりあえず何もしなくても、誰かが何かをしているから、あるいはするだろうから、何もしない。確かな証拠に基づいてそう思うこともあるだろうし、現実の方は知らないが多分そうなっているだろうと思うことにしているかもしれない。負担することは、確かに私にとってひとまず負担でしかないのだから、その負担から逃れられ、なおかつ、世界がそんなに悪い世界でないらしいことは私にとってよいことである。私自身にとって最善の選択、と言えるかもしれない。この時私は、ただでそのよい状態を受け取っているのだから、「フリーライダー」（ただ乗り）をしている。もちろん、皆がこの選択を行えば誰も何もしないことになるから、誰かがみるにみかねて何かするかもしれない——現実には、明示的にあるいは暗黙のうちに負担すべき人の順序が設定されていて、その順序通りということも多いだろう。このような事態を、「ゲーム理論」とか、「囚人のジレンマ」とかをもってきて記述することもきっと可能だろう。ともかく、こうした事態を認めないことにする。とすれば採用されるのは、「出しあう」ことを「規則」にすることである。

第四に、贈与でないことの利点がある。自発的行為としての贈与において、贈与者は贈与することで受け取れるものを求めることがあるだろう。これは贈与される側にとっては、贈与に対して何かを与えなければならない、あるいは与えなければならないと思ってしまうということでもある。このような互酬的な関係が双方にとって得るものの多い、よい関係であることも確かにあるだろうが、常にそうではない。むしろ、機械的に、自動的に、入るべきものが入る、得られるべきものが得られる方が、少なくとも得る側にとってはよい場合がある。[6]

以上から、政治的分配が指示される。これが現実にどこまで機能するか、もちろん予めの保障はない。この配分に人が同意することは約束されてはいないからだ。これに対し、市場の存在自体が配分を否定するような意識を産み出す、市場を廃棄すれば意識が変わる、だから、市場を廃棄すべきだ、その後はうまくいくだろう、という主張もある（第7章4節）。だが、今までの検討は、その根拠を見出さず、むしろその主張の妥当性を否定する。十分な配分を現実に確実に保障する方法はどこにも存在しない。だが、欲求のあり方の全面的な変化という楽観主義を取れない場合には、政治的分配が少なくとも必要条件にはなる。[7]

他方で、――「能力」による差別に正当性はなく、交換からは差別が生じうるのだが――交換の領域を残し、そこに生じてしまうだろう能力に応じた配分をその場において許容する。なぜか。既に述べたことを繰り返す。

第一に、第3節でも述べたように、市場が成立していることと個々人の欲求の関数のあり方とは原理的には独立である。市場は欲求のあり方を特定しない。その中の個々人は「利他」的な動機によって行動することを禁じられてはいない。したがって、能力主義によって構成されない、あるいはその度合いの少ない空間を例えば身のまわりに作ろうとするなら、それは可能である。欲求のあり方全体の変容を求め、その変容は市場の全面的な廃棄によってだけもたらされるとは考えないなら、市場を廃棄する必要はない。ただ、自発的な贈与が社会の必要な領域を覆うことを見込めないと考える時、私達は再分配を制度として求めることになる。

第二に、私達の欲求のあり方を消去する特権的な手立てを見つけることができないなら、能力に応じた配分は生ずる。これを事実として承認するということである。そして、このような形をした欲求がある場合には、それに対応した配分機構を置かないと機能不全が起きてしまい、それを根本的に抑止する手だてはない。その私の欲求は必ずしも他者に対する悪意を含んだものではない。例えば、より多くくれなければ働かないと私が思い、相手がそれに応じざるをえない時、既に能力に応じた配分は起こっている。相手が応じなければ私は働かない。その結果、十分な生産は行われない。この時、互いが与えるものを巡っての取り引きは行為を引出すための有効な手段でありうる。私達が私の欲求の充足をめざして行為することを否定せず、否定できないなら、そしてその限りでは交換もまた確かに有効な方法ではあり、市場、価格メカニズムは、手段の配置、流通に有効な機構である。とすれば、この部分を廃棄してしまう必要はない。むしろ保持すべきである。

第三に、求められているのは、全ての財を単純に平等に分配することではないだろう。財の不平等な配分を問題にする時に、私達はその配分における平等自体を求めているのではなく、分配によって人が必要なだけのものを得て生きていくことができることを求めているのだと思う。そのためには、その限りでは、Ⅱ〈能力に応じた配分〉、交換の全てを否定する必要はない。

以上と関連して第四点。その者から行為を引き出すためには、行為の結果（生産物）に応じた報酬ではなく、行為量（それを計るとすれば、例えば時間×集中度ということになるだろうか）に対応する報酬を与えればよいかもしれない。そしてそれは、努力に応じて分配はされるべきだとか、苦労は報われなければならないといった私達の価値観にも適合的である。しかしまず、「苦労」を評価することが可能だろうか、また測定しようとすることはよいことだろうか。また、こうした配分方法はそもそも人の移動が不可能な場では効果があるだろうが、◆8職業の選択が許容される市場の中で維持することはできないはずである。市場メカニズム一般を保持しながら、労働だけを別格に扱うよい方法を考えつけないということでもある。そして、これは、例えば結果としての生産物が他の人の十分の一であっても同じだけ働くことによって（十分の一であるにもかかわらず働かなければならなかったことによって）同じ対価が得られるとするのだが、その場合でもその者は働かなければならないのだろうか。

第五に、前節で、行為・労働を選別し、評価する、価格をつけること自体には問題がないと述べた。また、価格がつくことの結果を問題にすればよいと述べた。そして求められる結果が完全な均等ではないとすれば、市場に起こる結果と、結果の修正とをどこかで折り合わすことは不可能ではない。それは、市場（に起こること、そのことによる帰結）の全てを、第一の原理とすること、正しいものとして認めることではない。他者を制御しないことを（貫くことはできないが）まず置き、その上で制御を仕方のないことと認めることは、何も置かないこととは異なる。実際なんら正当性を付与することのできない結果を市場はもたらしうる。とすると、このことによる問題の解決は、別の場で行われるしかない。そこに政治領域が介在することになる。負担率、配分率は、個々人の自らの利害による行為の調整を勘案して設定されるから、完全な均等配分にはならず、一定の傾斜を維持せざるをえない——ただし、ここで生産の最大化を要件とする必要はない。[9]

このように、労働はいったん個別に評価されるが、個々人が使える資源は別の基準で配分される。市場における価格機構と政治的再分配機構の併用が積極的に支持される。それは市場の矛盾を糊塗するだけの策、次善の策ではない。以上要するに、市場＋再分配という、どこも新しいところのない、大抵の国家が採用している（と称している）方法を採ることを意味する。（その道具立てのわりには、と言われるかもしれない）、当為命題として、規範命題として具体的に導かれるのは、かなり穏当なこと、しごく平凡なことでしかない。

だが、第一に、少なくとも私にとってはその平凡な答えにどのように至れるかが問題だった。例えば「能力主義」を廃棄しなければならないという、真面目にとれば平凡でない提起に対して、それをどう受け止め、どのように抗弁できるのかを考える者にとっては、それが問題だったのである。平凡でないことを言い放ち、その後のことは気にしない人にとってはそうでないとしても。平凡でない提起を本当のところは気にかけない人、自明と思われることと別の自明と思われることが本当に同時に成り立つのか、疑問に思わない人にとってもまたそうでないとしても。そして無論、最初から議論の行方を完全に見通してしまっている人にとっても、以上のような試みは無意味である。

第二に、以上で述べたことの中に現われるものは、私達が知っている「福祉国家」と同じではない。ここでは国家が分配機能を受け持つことだけは述べたが、それ以外の一切について、まだ何も述べていない。おおまかに言って、強制力を行使すべき場面、全成員から負担を求めるべき場面に政治が関わるのだが、それが具体的にどのような場面なのかは、最初から検討され直されてよい。政府の役割について論議される時に、経済学では「市場の失敗」が言われ、この中に「公共財」の供給があげられ、これにフリーライダーの問題等が絡められる。個別に料金を徴収できない、コストがかかりすぎる財、あるいは個別に料金の支払いを求めるべきでない財について、その供給とその供給に関わる財源の確保を政府が担当すべきだとされる。だが、具体的に何がそれにあたるのか。例えば「非-排除性」が技術的な理由による場合には、それを技術的に克服する方法があるかもしれない――有料道路を普遍化することは本当に不可能だろうか。例えば産業、特定の産業、科学技術、芸術・文化の振興、生産・成長の維持、景気浮揚のための政策、等々はどうか。国立大学、国立劇場、等々の設立と運営は正当化されうるのか。そして、ある分野について全社会的な負担が正当化される場合でも、そのための費用を徴収し配分することと、個々人が使用する具体的な財（もの・サービス）を供給することを別のものとすることができる。政府を分配の主体とすることは、政府を財の直接の供給者とすることを意味しない。そして政府が後者について有能な主体になれないいくつかの要因があり、（非政府＋）非営利組織（ＮＰＯ）の役割が検討されるべきである。

十数年前、後に一冊の本（安積他［1990→1995］）となる障害者の生活・社会運動に関わる調査をしている時、聞き取り調査の前後の雑談で、政府は「政策」を立案し、その政策について予算を使う必要はないのだ、ただ、個々人に対する配分さえすればよいのだ、その方がよほどましな暮らしができるという話を聞いたことがある。福祉国家の（少なくとも一つの）問題が、社会に方向を与え、生に内容を与えることであるなら、これらのことが検討されるべきだと思う。だから、「大きい政府」か「小さい政府」かという問題設定は途方もなく粗雑である。私達は「再分配しかしない最小国家」や「冷たい福祉国家」を構想することができる。それは以上の検討から導かれる基本的な方向でもある。リバタリアン達の思考したことをこうした視角から吟味してもよいだろうと思う。◆10

「分配問題」に対するひとまずの回答は以上である。なお、ここでは「国家」という単位自体を検討することはなかった。別に検討する。だが第一に、以上からは国境が特権化されるべきどんな理由もないことは明らかである。第二に、国境によって仕切られる（税体系…）と同時に閉じていない（貿易、人の流出・流入）ために、各々の国家の分配率の差、生産性の差等が競争力の差、人の集積・離反の差として現象し、それへの対応として、他国との関係において配分や生産に対する政策的な介入のあり方、人の流入・流出の制限が規定される。こうした事情が適切な配分を困難にしている。このことによっても国家という単位、国境という境界は否定的に評価される。

4　Ⅲ〈能力しか評価してはならない〉の肯定

[1]　Ⅲは所有・契約の原理からは導かれない

同じ労働力商品としての価値を持つのであれば、民族・性別等によって雇用を拒否すべきではないとされる。また、交換において個人的心情が介在すること、例えば縁故採用、世襲といった家族的な関係の介在が禁止はされないにせよ非難され、それがなされる場合には言い訳がなされる。どこまでを問題にすべきか許容すべきか見解が分れ、実際にもこの原則が十分に遵守されているとは言えないにしても、ともかくこの原則はある。

この、Ⅲ〈能力以外の部分を評価の対象にしてはならない〉という原則は申し分なく「近代的」な原則であるように思われる。「身分から達成へ」というわけである。しかし、この原則は、実は、所有・契約という原則からは決して導くことができない。第6章4節3でもこのことを述べた。以下、説明する。

AとBが相対し、双方のa・bを評価し合って契約が行われたり行われなかったりする。この時、a・bが何であるかは、所有権の論理の内部では予め定義されてはおらず、AとBによって評価の対象は決定される。つまり、雇用主Aは、Bが、仕事ができる（できない）からではなく、自分と同じ属性を有しているから（有していないから）雇う（雇わない）かもしれない。それも確かにAが評価するBのbなのである。例えば、雇用主が職を求めて応募してきたある者（のどこか、例えば容貌、人種、…）が嫌いだということがある。自己決定・契約の原則から言えば、とにかく、一方が他方を嫌いなのだから、雇用しなくても不当なところは何もないことになる。

つまり、雇用に関する性別・人種・民族等々の属性による差別を認めないとする時、私達が認めているのは、自己決定・契約・市場そのものではない。これは、全く自明のことなのだが、そうはっきり認識されていない。このような意味での「能力主義」を肯定する者は、実は「自由主義者」ではありえない。ここでⅢは、「自由な契約」を制約するものとして働く。すなわち、Ⅲとは、自然としての市場の自然をそのまま認めるということではなく、むしろこれを制約し限定するものなのだと考えることができるのである。そのような抑止の働きはどこから来るのか、そういう抑止の機能を果たす能力主義とは何なのか、これが問題であり、そして次に、結局私達はそれをどのように評価するのかが問題なのである。なぜ「能力」の場合には認めるのに、「民族」「性別」によっては差別してはならないのか。どちらも同じく、ある人を雇用するあるいはしない人にとっては、その選好を規定するような要因なのに。これらによる制限を肯定する感覚のもとにあるのは何だろうか。

[2] Ⅰ・ⅡはⅢを正当化しない

(1)「能力」は主体によって作られる、獲得されるものだが、「属性」は既にあって動かせないものだからか。Ⅱ〈能力に応じた配分〉を正当化しようとする教説、Ⅰ〈私が作るものが私である〉という教義から帰結するのはこういう区分だろう。しかし、その能力のどれだけを彼自身が作りあげたのか。少なくとも彼自身が作ったと言えない部分はある。また、能力以外のものにしても変更することは不可能ではない。例えば、彼は生活のために彼の思想・信条を取り下げることもできるかもしれないし、髭を剃り落とすことができるかもしれない。

(2) 労働能力こそが大切なものだという感覚だろうか。そういう言い方もされることがある。労働能力こそがその者の本質であるとするIからはそうなる。しかし、買う側にとって、相手の何が大切なものであるかは様々であり、それを一義的に決めることはできない。労働能力こそが人を評価する第一の基準であるという根拠はない。

(3) 有効性・効率性が基準になるだろうか。これもよく言われる。例えば、労働能力によって人を採用しないことはその企業にとっての競争力の低下、業績の悪化を招くと言うのである。能力主義の機能主義的な正当化をはかる(というより能力主義の機能性を指摘する)者はこういうことを言うだろう(第2章3節)。

実際その通りのこともある。人事の担当者が自分の好みの容貌の者だけを採用していたらその会社はつぶれるかもしれない。(その彼の行いは自分の権限外のことであり、それは組織に対する違反行為になるかもしれない。しかし例えば自営業の場合はどうか。)しかし、(2)と同じく、人にとって有用なことは様々でありうる。例えば当の事業主は、生産効率を最大化することよりも自分の気にいった者達をまわりに置くことの方を優先するかもしれない。そんな基準で人を雇用するのは時に企業間の競争で不利かもしれない。しかし、それでもなお自分が気に入らないものを排除したい人もいるし、それで実際のところは商売にさほどの影響はないかもしれない。また、生産性があまり求められない業種（例えば大学業）はあまり労働者の生産性を気にしないだろう。競争の圧力は外在的な一つの制約条件に過ぎないのである。さらに、能力主義を採用した方が生産的だと必ずしも言えないかもしれない。「全人格的な包摂」が「奉公」を可能にするなら、場合によっては、能力主義を採用しない方が有利なことさえあるかもしれない。少なくとも私達の住む国はかなり長い間こういう形を取り入れてきて「成功」を収めてきた。◆[11]

[3] Ⅲの擁護

Ⅲ〈能力以外を評価しない〉が擁護されるのは以上のような理由によってではない。(1)は説明として成功していないし、第4章で私が述べたのはむしろ(1)とは逆の立場だった。(2)・(3)、大切さや有効性を置く時には、能力主義以外のものを引き込むこともありうる。Ⅲを擁護すべきだと考えるのは、能力こそが積極的に評価されるべきものだと考えているからではないし、能力に応じた評価方法を行わないことが当該の集団の業績・達成に悪影響を与えるからでもない。積極的にⅡ〈能力に応じた配分〉を肯定しているからⅢを採用するというのではない。

第4章で、私達が他者から受け取るものの基本的な部分は、他者が私ではないことから来ると述べた。他者にあるものを手段として扱う――それは人の生にとっての必要条件である――ことのできるのは、その他者がそれを手段として切り放すことができる場合だと述べた。ゆえに、制御の対象として評価するとしたら（制御しようとすることと評価することは相伴っている）そういうものしか評価すべきではない。それ以外のものを、とりわけ雇用といった人の生がそれによって成り立つような場において、評価・選別の対象とすることは、他者が他者として在ることを奪ってしまう。単なる（しかし必要不可欠な）部分的な関係が拡張されることによって、その場に巻き込まれ、「同じ」ことを強いられてしまう。それらは、排除しようとする悪意によることもあろうが、同じ者を受け入れようとする善意に発していることも多いだろう。動機がいずれであっても、単なる機能集団は、その機能が人にとって重要な意味を持てば持つだけ、単なる機能集団でなければならない。このようにⅢは擁護される。つまり、本書で述べてきたものによって擁護されるⅢとは、最低限その者の必要に関わる部分以外については他者を評価し選別してはならないという倫理を示しているのである。その上で、市場においては、確かに性別・出自等が評価の対象から除外されやすいという事実があり、この事実をもって、市場は肯定的に評価される。しかし、これも既に述べたように、その実現

は何ら保証されてはいない。ゆえに、強制力による禁止が求められる。◆12

5　結論と応用問題への回答と解けない問題

[1]　結論および再確認

存在のために手段があり、その手段が使用されることを認めるなら、選別、拒絶、排除は究極的に解消されないし、解消されるべきでない。能力・行為の個別性は消去されえない。問題は、道具として使うこと、そこにできる／できない、できる人／できない人の差異、使われる／使われない、使われる人／使われない人の差異が現れることにはない。能力主義批判の文脈で「もつ」価値に「ある」価値が対置されることがあるが、もう少し正確に言おう。「する」「できる」ことも、「もつ」ことも否定する必要はない。いずれも必要だからだ。だがAが「できる」「できない」がAが「もつ」「もたない」ことに繋がること、それがAが「ある」ことを脅かすことを否定する。Aが「ある」ためにはAが「もつ」ことが必要であり、そのためには「できる」ことが必要だが、その「できる」人はAでなくてもよいのである。Aが「する」「できる」ことを、Aが「ある」（ために「もつ」）ことの要件としたり、Aの存在（の価値）を示すものとすることが否定される。

市場に対する評価について。「価値」の問題は市場には内在的には含まれない。そして、市場は、手段を配置し、流通させるのには有効なメディアであり場である。市場の基本的な問題は、生産物が「私」だけに帰着することを構造的に除去できないことにある。そこで、加えて「配分」のシステムがあるべきである。

価格をもった財（ここには労働が含まれる）が行き交う領域、というより位相があり、しかし、ただ単にそれはそういうものでしかないものとしてあり、それを購入する資源は別の原理で配分され、人々は別の位相で在る。このようなビジョンが提出される。これは簡潔で一貫した構図だが、このことはそれが簡単に実現されることを意味しない。私は自分のために所有し、使いたいのだし、私が持ち、行うことが私を表示すると思う。これは人の「本性」に関わるかもしれない。だがそれでも、ここに提示した方向は、第一に、否定しえず、否定されるべきでもない事実を否定するのとは異なる。第二に、本性自体を解体することはできないにしても、本性（であるにすぎないもの）が正義であると信じられている社会とそうでない社会とで、本性の位置が変わってくることはありうる。

これまで考えてきたことを図にまとめる（図8・1）。また以上で、第1節に記した疑問への回答がなされた。述べたのは、基本的にAとa_1の結びつきにおける差別の存在の指摘、そしてAとa_1の切り離しという戦略である。

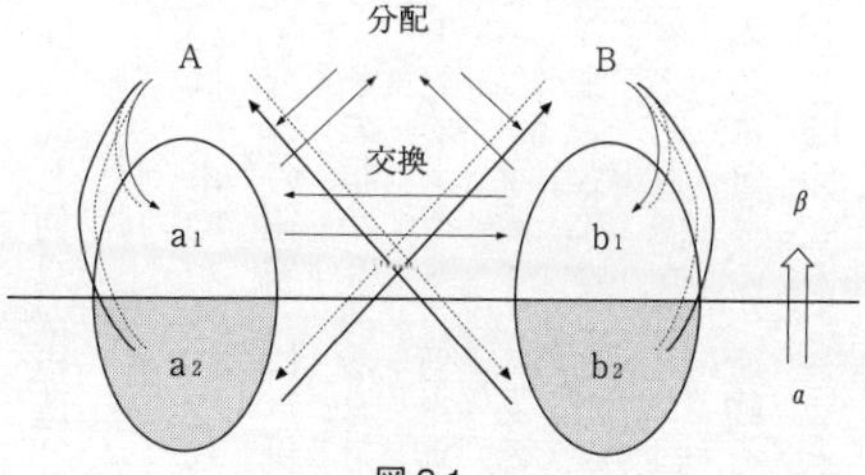

図 8.1

※$A \dashrightarrow a_2$；$B \dashrightarrow a_2$　Aの切離、Bの制御の対象にならないもの
　a_2の存在が
$a_2 \rightarrow A$；$a_2 \rightarrow B$　Aが他者として在り享受されることの中核をなす

※$A \rightarrow a_1$　Aの切離の対象となるものa_1は
$a_1 \dashrightarrow A$　Aに排他的に帰属しない
　またAがAであることと関わらない
　[I〈私が作ったものが私である〉の否定]

$\alpha \rightarrow \beta$、$\alpha > \beta$　βの領域はαの領域に優先され、規定される

※$A \rightarrow a_1$　Aが切離の対象とするものa_1は
$a_1 \rightarrow$；$a_1 \leftarrow$　②-1分配の対象になる
$a_1 \leftarrow \rightarrow b_1$　②-2 交換の対象になる…[II〈能力に応じた配分〉]

（ただし$\alpha \rightarrow \beta$、$\alpha > \beta$　ゆえに　②-1>②-2）

※$A \dashrightarrow a2$　Aの切離の対象にならないものa_2は
$B \dashrightarrow a2$　Bの評価／制御の対象にしてはならない
　[III〈能力だけしか評価してはならない〉]

図に即し何点か再確認する。$a_1 \rightleftarrows b_1$、$a_1 \dashrightarrow A$について。ここで承認されている市場、Ⅱ〈能力に応じた配分〉は徹底して即物的なものである。つまり、この立場が指示するのは、市場から、それに付与された観念、形而上学を脱色することに他ならない。市場・交換の領域とは、例えばAが誰かの頭の働きによって生産されたものが欲しいという、その誰かであるBはただでは働きたくないという、単なる個々人の欲求に発したものとして、そして何も与えなければ頭や体を働かせない者から生産物を得るための有効な一つの手段としてあるに過ぎないということをはっきりとさせることである。ただし、言うまでもないことだが、これは労働、生産に対する個々人の意味付与を無意味なものと考えるということでは全くない。生産に携わる人がその行為自体から何かを得ることがあることと、生産物そのものがその者によって排他的に所有されるべきであるということとは独立のことである。そして、このような態度が、a_1がAを表示する（$a_1 \rightarrow A$）とする観念、Ⅰ〈私が作ったものが私である〉を否定する。

$B \dashrightarrow a_2$というあり方について。私があなたを評価する時、それは結局は私の基準によってである。それは、単に市場で労働者を労働力商品として利用するといった場面にとどまらない。私達は、もっと「人間的」な基準によって人を評価する。例えばある者を肯定的に評価する。そしてこの時に、単に肯定的に評価するだけでなく、その者に何か自分の（権限の内に属する）ものを与えようとするかもしれない。これは、実際の「人情」としてまったく当然のことかもしれない。しかし、私が資源への接近において有利な位置にある時、ここに生じうることは、その者が私の影響下に置かれるということである。このことによって私はその者を領有する。私はその者を私のもとにおく。そのような意識が顕在的にあることもあるだろうし、ないこともあるだろう。だが構造的にそのようなことは生じうる。これは結局のところ、私の価値によってあなたを制御してしまうことを意味する。全体として人と関わりあう、人を全体として評価するというあり方は、結果として、BがAを理解する（とする）ことによって、BがAを領有してしまう事態を産んでしまう、他者が他者があることを奪ってしまう。「他者であることを受容する」と述べたのはこのように考えることによる。

βについて。αを最初に設定しながらβを認め同時に制限するという立場、Ⅱ〈能力に応じた配分〉が単に上に述べたようなものとしてあるに過ぎないことの確認を前提として、市場の倫理を設定することができる。市場自体には手をつけない方がよい、などという根拠はない。市場の存在をむしろ認めることによって、「良い市場」を作り出す方向に向かわせることができる。これは単に市場で生ずる正当化できない不平等を再分配によって是正するということではない。双方が互いに手段として接する場合にも、それは最低限の範囲に留められなければならない。「能力主義」がそのように用いられている、少なくとも用いることのできる場面がある。Ⅲ〈能力以外を評価しない〉について検討した第4節でこのことを見た。

既にある原理をもってくればそれで済んだのではないか。そう思う人がいるだろうと思う。実際、本節に述べたことには私達の社会にあるいくつかの原理と重なる部分がある。例えば「生存権」。ただ、私達は生存をだけ支持しているのではない。様々な生活の様式もまた擁護されるべきだと考える人がいるだろう。他方で、その人は財の（再）分配も支持されてよいと思う（すなわち、あるものについてはその者の所有権を認めないことを認めてよいと思う）かもしれない。とすると、このまだら模様はどういうことか。また、本節で述べたことは「自己決定の尊重」ともかなりの部分重なる。しかし、それだけを言うのでは、まず譲渡・交換に対する抵抗があることを説明することができない（第3章）。また能力以外のものを評価してはならないという原則を導くこともできない。このようなところから考え始めた。だから、まだ精練されていないものではあるが、既にあるものとは別のものを持ってこざるを得ないことになった。第4章でひとまずのことを述べ、本章でここでの主題に即していくらかを加えた。さらにいくつかの概念との対応について、以下、説明を補う。

「正義」について。井上達夫は正義概念を定義し、正義の理念を表明する「正義定式」として「等しきは等しく、不等なるは不等に」という定式をあげている（井上［1986: 41］）。

第一に、井上自身が十分自覚的であるように、この規則だけでは実効性をもたない。「正義定式に言う「等しきもの」・「不等なるもの」の「もの」とは人間による取扱いの可能な一切の対象を含む」（井上［1986: 47］）とするなら、あらゆる二つのものに少なくとも一つ以上の共通点を見つけることができるのだから、正義定式だけでは何をどうすべきかの基準は与えられない。これをどう考えるか。第二に、本書では個別のその者のあり方を認めることについて述べてきた。井上自身、「個別性」を認められる領域が別にあることを認め、そういうものとして「愛」をあげている――「抽象主義的態度において、正義は愛と対照をなす」（井上［1989: 48］）。両者はどう関係するのか。だが第三に、例えば差別について考える時、差別の不当性を告発する時、私達はこの定式を持ち出しているはずである。つまりこの定式を（定式も）妥当なものと認めている。なぜか。

以上をどう考えたらよいか。第二点から。自己決定が自己決定である限り、個々の価値観等々は違うのだから、「同じものは同じく扱う」という帰結は保証されない。正義の原則だけなら自己決定（というより、その者に委ねること）が否定されてしまう。

一方で個別性の領域をあってよいものとして認め、他方で正義を認めるなら、正義定式は、個別性の領域と並存し、正義は個別的なあり方を制約する原理であると考えなければならない。とすると問題は、どこで正義を妥当させ、どこで個別の恣意を許容するのか、その境界とその根拠をどのように与えるかである。正義の原則自体はこれについて何も語らない。ゆえに別の原則があるはずである。

この原則として「他者の尊重」を示した。αの領域について個別性（その人独自の関わり方、決定）を認める。そして個別性を認めるからこそ他者は普遍的に扱われなければならない（第三点）。「同じものは同じように扱うべし」という正義定式が私達を捉えるのは、他者であることを承認しようとする感覚、私の感覚を他者に適用してはならない、私の価値、私の好悪をもってその者を扱ってはならないという感覚に発している。むろん私の価値観や私の好悪で人を見ないことなどできない。だが、それによって他者の存在を否定してはならないと考える。これは人が個別の存在であることと矛盾せず、むしろこのことに発するのである。つまり、「私」の価値や好悪が到達する範囲は他者の否定につながらない範囲に限定されるべきであるということである。ここでは、「等しさ」「不等」をめぐる規定は必要とされない（第一点）。（その者の行いが他者に対する侵害を意図しないものである限り）、その者のあり方はなんであれ認められ、その生はその必要に応じて等しく認められなければならない。同時に、βの領域について、例えば雇用する時、その者の労働能力以外の「属性」を見てはならず、そのβにおける能力（の程度）だけを見ることが指示される。ここでは、能力だけを問題にするという意味で等しく扱われている。それ以外について、それを評価してはならない。この意味で等しく扱われている。（第一点）

「自由」について。自由と言うが、何に対する誰の自由を認めるのかを言わなければ無意味だと述べた（第2章1節）。自分が生産した範囲、制御できる範囲とした人達がいたが、この立場を検討し、否定した（第2章2節）。その後、その者のもとに置かれる範囲について別の基準を示し、その中に自由、自己決定が含まれることを述べた（第4章）。他方、譲渡可能なものについての自由は基本的に剥奪される。様式、行為、思考その他は、その者のものでしかありえず、そのことにおいて価値がある。他方、資源によって生は可能になる。生のための手段・資源であるものについては、それを彼が作ったとしても、それは彼のもの（彼が独占的に処分に対する決定を行えるもの）ではないとした。所有の自由というが、そのことにおいて他の者の自由、生の様式の自由を制限している。自由主義の問題は、こうした単純なことをあまり自覚していない、あるいは自覚していないふりをしていることである。分配にあたる者、分配のためのものを提供する者が、その資源の出し方を統制することによって、分配される側を統制してしまう可能性があることは否定できない。しかし、問題はどちらが自由を可能にするかである。このことを考えた時、Aの生産物aに対するAだけの自由を与えた方がより自由だと言えないことは明らかである。◆[13]

[2] 他者があることの経験の場——例えば学校について

一つに、人Aから切り離されてその生産物aが現れる場は市場に確保されるとして、その人Aはどこに現れるのか。市場にも現れうると述べたが、それにしても、その現われはAが売れる商品をもっているかどうかに規定されるだろう。a以外のものの評価、というよりAの受容（そしてAへの配分の承認）が具体的にあるためには、具体的にAのことを見知っていた方がよいのだが、市場はそのための主要な場ではありえないのではないか。また、隔離の否定や統合教育の肯定もこのようなところから検討される必要があるだろう。まず前者から。例えば、第1節(2)であげた、「頭を借りたい人」に対してどう答えることになるのか。この問いがさらに考えるべきことを示している。「仕事」の場面に限ると、次のようになる。

分配と交換の二元的なシステムを取るのだから、生産の場に参加できないことによる生活上の問題は、再配分の機構を整備し、各自が生活の資を十分に受け取れるようにすれば、それでよいではないかと言えるか。言えない。単純なことで、生産の場から人を排除するからである。全ての者が生産に向かおうと思っているはずだと考える必要はない。しかし、少なくともそうした関係の中に入ること、自分が何かを生産することを求めている人はいる。それを、単に人は働くべきであるという観念が植え込まれているのだという具合に考えるべきではない。とすれば機会は開かれているべきである。けれども、少なくとも頭だけを評価するところには、頭も貸りて参加することはできない。頭を借りて頭を使う仕事をする人を雇わないのは、それだったらその頭を貸した人を雇えばよいからである（第2節）。それでも雇わなければならないとは言わなかった。その結果、その人が何も得られないことにはどんな正当性もなく、財の配分が指示される（第3節）。だが参加は確かに奪われる。しかし考えてみよう。ここで頭を借りる時、その場に「仕事をする」という形で参加することの意味は既に失われている。この時その人にとっての参加する意味は、人がいて活動している場への参加、その場にいること自体である。だから、考えるべきは、そのことがどのようにしたら可能なのかということである。とすると、次に私達は、職場という場所、「地域」という場所、それらの間の関係のあり方がどのようにあったらよいのかを考えていかないとならないことになる。

では「教育」の場面ではどうか。人間性の評価などという途方もないことを言わず、「知育」に限定した方がすっきりするかもしれない。学校が大きな権力を持っている現状でこれは可能な一つの選択肢である。だがそう単純ではない。まず選別する必要があるのかという問題があり、そして学校は、現実には、知識の「伝授」の場であるより（であるとともに）子供達・若者達が「いる」場としてあるのだから。とするとどう考えたらよいのか[◆14]。

αとβと二つある。βは全体からαを引いた残りである。経験し学ぶ（べき）ことの中で、αと独立に獲得されうる部分である。αは他者があることの経験、他者がいる社会があるという経験である。βは特定の「教科」を指さない。同じ教科の中にβとαが存在する。またαの中には、βについて差異があることの経験も含まれる。しかし、βとαとは連続的ではあるのだが分れる。教えられることの全てが人間の具体性、関わりと関係をもつはずだという主張は否定しうると思う。両者にはかなり水と油的なところが確かにある。しかし、どちらか一方だけというのはもっとつらい。両方とも捨てられない。捨てられないところから考えていくしかないと思う。

学校は生活の場だという主張は、βを得る場とされている学校が、そのために長い時間を過ごす生活の場であることによってαの場となっており、ならば障害児も含めた生活の場としてあるべきだという主張である。誰もが行くことになっている学校という場を、いわゆる「勉強」とは別の関係の契機としようとする。

これに対して、学校というのはたかだかβを得るための手段ではないか、そこに「生活」を言う必要はないのではないかという主張もある。そしてこのような意見は「勉強」を何よりも大切なものと考える人達からだけ言われるわけではない。学校がなんでもやろうとしすぎてはいないか、それで学校が息苦しくなっているのではないかという見方からも出てくる。こういうことをどう考えたらよいのか。

生活のための「よすが」としてであれ、「趣味」としてであれ、βを学ぶことを否定する必要はない。できなくてもそれはそれだけのことだ。しかしそのことはできること、できるようになることを否定するものではない。そしてβについて能力の差はある。教育方法が悪いのであって、うまくやれば同じだけを獲得できるはずだという考え方は全く支持できない。また、個別に対応した方がよい場合がある。各自が教わる内容、スピードを違えた方がよい場合がある。このことと関わって、βとαはうまく沿い遂げられないことがある。

βを学ぶことと場に集まること（ゆえにαが関わってくること）の関連は自明でない。今まで教育は学校で提供されてきたが、全てについて本来集まる場が必要だとは言えない。個別の学習はかなりの部分外在的な要因によって妨げられてきたが、これを変えることができるし、変わる可能性はある。例えばコンピュータ利用の進展によって個別に学習できる度合いが高くなることが考えられなくはない。ここでは、「共に」という契機は必ずしも必要ではなく、またそのことはそれ自体としては拒絶すべきことではない。つまり、βに関する限り、学校という場である必要はなく、さらに子どもたちが集まる場でさえなくてもよい部分があり、それが増えていく可能性がある。

とすると、αという要素はどうなるのか、どうするのか。一つに、βの学習における個別的な対応可能性が大きくなっていく時、別の可能性もまた見えるのではないか。場を分けるというより、むしろ一人一人がてんでばらばらにやっているという状態に近くなり、そのことによって逆に、それ以外の全ての場は、βという要件によって規定される必要のない場となり、そういう場が広がる。学校と学校外、教室と教室外と考える必要はない。建物や部屋に必要な設備があってそれを利用しに人は入ってくるが、一人一人が必要なものは例えばその中の一人分の機器（あるいは人）であって、それが置かれる建物や部屋は開かれたものとされる。ただ単に、人はただその設備を使うためにそこを訪れるだけということもあるだろうが、他方で、余剰の時間・空間や、そこに形成される関係も生まれていくのではないか。いくつかの塾やフリースクールの現実はそれに近いものになってもいる。

次に、（義務として課される場としての）学校が果たす役割は本来はβだが、「同時に」αの機能を果たすべきだという言い方をする必要はない。αは常にβと抱き合せでなければならないのではない。βが必要だとしても、それと別に、独立に、αが与えられることが必要だと主張することもできる。βの方はほおっておいても人々は得ようとするのかもしれない。だから、「学校は人間関係を育成したり、社会性を発達させたりするだけで、学力を身につけさせるという面は、民間教育に任せる」という奇抜なアイディア（斉木純子［1996］）も考えうるのだ。

そして、今現在人が集まる場、ゆえにαという契機を含む場では、隔離を禁止する。しかし、その場が、例えばβという目的によって規定される限り、どちらをどの程度重視するのかという問題は残る。これは当然のことで、βとαの二つを立ててしまった時、両者が完全に調和する可能性のないことは見えている。ただ、βと同時にαを必要なものとして立てる時、βにおける効率性だけが計算されればよいというわけではなくなる。βをαより常に優先しなければならないとは言えなくなる。ここで、排除しようとする理由を説明し、納得を求めなければならないのは排除しようとする側である。排除しないことがどれほどマイナスなのかを挙証する責任は排除しようとする側にある。労働の場では、能力が一定以上の人を一定数必要として、それ以外の人を排除できるとしよう。（このことにしてもなぜと問われて何か「正しい」理由があるわけではない。このことは第2章と本章で述べた。）教育の場でも能力という言葉が使われるのでなんとなく同じように考えてしまうが、純粋に職業のための予備教育と言える場合を除けば、教育の場と労働の場は同じ性質をもってはいない。教育の場にやって来る人はサービスを受ける人なのであり、例えばサービスをよく享受できない（だろうと予測される）というだけの理由で——そもそも何かを自分に有用なサービスとして受け止めるのはサービスを享受する側である——、排除することはできない。

繰り返すと、αという契機は各人の自由の範囲にないと主張することが可能である。どちらか一方が同意しなければ契約は成立しないというのが契約の自由だが、公教育であろうとなかろうと教育という関係——に限られない——において、排除の自由は無制限に行使されてはならないと言うことができる。つまり、私は嫌だから、私にとって都合が悪いから、あなたはここにいてはならないとする主張はそのまま受け入れられるわけではないのである。

最後に、こうして制限されて残るβの「自由度」について少し考える。自由化すればよいではないか、行きたい人が行きたいところに行って好きな教育を受ければよいではないかという「教育の自由化」に批判的な考え方もある。ここに、体制を批判する人達がしばしば「公教育を守る」立場に立ち、「教育の自由化」を唱える人達は批判者達にとって体制の側にいるとみなされているという奇妙に思える構図がある。どうなっているのだろうか。

一つに、自由化は行ける人と行けない人の格差につながり、平等に反するという意見がある。しかし、資源の供給の問題と内容の問題とは別に考えることができる。フリードマンのアイディアのように、教育クーポン券が各人に支給され、それをもってすきなところに教育を買いに行ってもよいかもしれない。[15]

もう一つ、自由化は受験のための教育を過熱化させるだけ、より明確な序列化をうむだけだという主張がある。同じようなことは保育についても議論される。措置制度から契約制へという自由化によって、「英語の勉強」等々を始める保育園が出てくる、等々。そういうことが起こるかもしれない。ただ、もしそういうことが起こったとしても、それは消費者が愚かだ——無論それは愚かな選択ではないという主張もありうる——ということであって、愚かな選択であっても、消費者の選択は認めるべきだという考え方もありうる。だから、自由化の批判者は消費者を信用していないのだとも言える。これに対して、批判者は、消費者に外圧として働く力があまりに強く、ゆえに消費者にとって本来は有利な選択が実際には行われない可能性が高いので、消費者保護として自由化の制限が行われるべきだと主張することになる。このような論点がある。

ここに加えるべき論点は、これが子どもに関わることだということである。実質的な決定者は、多くの場合、子どもではなく親である。親は親が好きなような早期教育・英才教育・山村留学等々を子どもにさせる権利があるのか。子どもにとっては、親以外の者も他人であると同時に、親も他人である。常に親が子の一番の代弁者だとは言えないだろう。どこまで、誰の、どういう自由を認めるべきなのか。この問題が残る。

〔3〕 遺伝子検査と雇用、保険

第7章2節でとりあげた遺伝子検査と雇用、保険の兼ねあいの問題を検討する。私達は市場における「差別」を認めた。検査によって見出される（かもしれない）ものが、確かに職務の遂行に関係するとしよう。とすると、以上から、検査と検査結果に基づいた雇用の拒否を認めるという結論になるだろうか。

認めるとする主張に対して、第一に、ここでわかるのはあくまで将来こうなるかもしれないという確率であり、単なる確率によって雇用の是非を決定するべきではないという反論があるかもしれない。しかし、労働という商品が、実際に使ってみてから、しかも相当の時間がたってから、その使い勝手がわかる商品であり、契約はそれに先立ち、ある程度の先払いを避けられないものである以上、どんな場合でも見通しが不確定であることは避けられず、その場合に確率を用いることを否定できないと考えるなら（cf.注2)、検査から得られた確率をもとに雇用の是非を決めることを全面的に否定することはできない。

しかし、未来の可能性がどれほど現実的な問題を引き起こしうるか考えてみると、雇用・労働の場面だけに限った時には、問題となるのは実はきめわてわずかの場合に限られている。問題が起こるとすれば、例えばバスの運転手や飛行機のパイロットに、突然発病する可能性、症状が現われる可能性があり、それが乗客に危害を加える可能性が高いといった場合に限られるはずである。[16]それ以外は、少なくとも発症するまでは働けるのであり、さらに発症しても働ける場合もあるだろうし、働けなくなって辞める場合でもそれほどの問題は起こらないはずだ。また、それでなお不要な検査が行われ、解雇が行われるとすれば、それは、許容されない差別行為であって、しかもなおその差別が行われうるのだとすれば——行われうる——それは禁止されなければならない。[17]

以上のような特殊な場面に限られずに問題が拡大しているのは、米国の場合のように私的な医療保険が雇用に絡むことがあるからである。リスクがあると診断された人に設定される高い保険料を雇用主が支払わなければならないことで、そうした人達の雇用を避けようとすることがある。同じ労働能力があり、賃金は同じだけ払うにしても、保険料が高くなるなら、その分コストが余計にかかることになるからである。したがって、この部分を変える必要がある。つまり、雇用主も医療保険料を負担するという形をとるにしても、その保険料が基本的には各々の置かれている、あるいは置かれる可能性のある状態とは無関係に設定される保険とするべきであるということである。

したがって問題は、第二点、医療保険・健康保険に移る。私的な保険である限り、検査の要求や、その結果に基づく加入の拒絶や保険料の割り増しの要求が行われることを完全に抑止することはできないだろう。ゆえに、医療や福祉サービスについて、基本的には、強制加入の公的保険、あるいは租税による資源の調達が要請される。そして、これを採用する理由、またこれを運営する基本的な原則は、各自の将来のリスクを回避するためというものではない。少なくともそれだけではない――この未知～危険の回避という論理をとった場合の帰結については既に述べた（第7章2節）。根拠は、他者が在ることを認めること（第4章）に求められる。あるいは、他者が在ることを認めるのであれば、このような方法が選択されることになるのである。

第三に、検査について。検査はある場面では避けられないと述べたが、例えば、数十年後に発症し、症状が急激にあるいは緩慢に、しかし不可避的に悪化していきやがて死に至る病にかかる可能性が確実にあるいはある程度の確率でわかるとして（ハンチントン病の場合は確実にわかる）、それを診断する検査を受けることを求めることは、どんな場合にも認められない。◆[18] たかだか生活の資を得るために、病を得た時のための費用を確保するために、この種の病の可能性が知らされることで、その人の人生全体が影響される可能性があるからである。知りたいと自ら望み、知った上で生きていこうとする人もいるかもしれず、それはそれでよい。しかし、少なくとも多くの人にとって、そのように生きていくことは難しい。ゆえに、検査を要求すること自体が認められない。

［4］他者が他者であるがゆえの差別

次に、以上で述べたことは、行為に非手段的な快、意味があるという事実を否定しないし、この事実を認めることはこれまでの議論を覆さない。両立しうる。ただ、このような行為の領域の中で、他者における私のあり方そのものが私にとっての価値である時、差別を考える時のもう一つの困難な主題が見えることは指摘しておこう。

例えば、贈与とは、自らによる相手の制御不可能性において初めて成立する行為である。反応は基本的に相手に委ねられている。しかもその他者の反応は、他者自身にとっても操作可能なものでないとされる。それがこの関係の条件になっている。それは最初から、他者による拒否の可能性を孕んでおり、そのことなしには成立しえないような行為である。この関係は、相手を、そして相手の私への関わりを私が制御しないことによって、初めて私の相手に対するあり方が成立しうるような関係である（もちろん私はいくらでもその者を制御したいのだが、それが可能になったとたんその関係の意味は失われる）。ゆえに、この場面で相手に拒絶されたとしても、その拒絶を拒絶することはことの本性上できない。この関係において、その相手のあり方、その相手のあり方の一部をなす相手における私への個別的なあり方を認めないということはありえないのである。ここでもAは、ゆえなく、Aの側になんらとがめられるべきことがないのに、Bに受け入れられない可能性がある。例えば理不尽にもAはBに愛されない。これはAにとって十分に不幸なことだ。これは世界に十分な量の不幸を生じさせる。そしてこれも差別だと言いうる。これは悪いことではないか。そう考えたってよい。ではそれは除去されなければならないのか。

　しかし、これはよい悪いの問題ではない。それが十分な、何によっても正当化されない（AがBに気にいられないことについてAは何の責任もない）不幸を生じさせる、だから悪い、だからそういうことを生じさせないようにしようと思い、そのような恣意的なA

のあり方を禁じようとした瞬間に、BのAに対するあり方が消滅してしまうからである。他者が私を拒絶しうる存在であることを認めることは、自らの欲求・利害と離れて他者があることを承認することである。これは基本的な価値としたものである。ゆえに、このような関係の場面において（のみ）、Bに対するAの、Bの個別的なあり方に対する恣意が認められる、というより認めざるをえないことになる。

だがここに、むしろこういう場所でこそ、排除は起こる。実際にはありとあらゆる好みがあり、あるいは自分の好みを越えた部分でものごとは動き、そして人は同時に、結局のところそう愚かではないから、あるいは愚かだから、背の高さであるとか何とか様々な希少な属性が選択を決するなどと言われてはいても、現実のところはさほどでもない、というぐらいのことはとりあえず言えるだろうが——これに対する解決は基本的にない。

ただ、一つだけ、ここに生じうることと生活のために必要な他の資源に対する接近の権利の問題とが切り放されなければならないということは言える。私があなたに好意をもつ（あなたが私に好意をもたれるような存在である）ことによって、私があなたに何かを与えるということがあるだろう。このような関係が、生存を危うくし、生存のあり方を危うくすることがあるなら、これは否定される。私達の社会における贈与（私的な贈

与）という関係はこのような事態をもたらすだろう。先に「贈与でないことの利点」と述べたのはこのことでもある。◆19

注

◆1 第7章注21（533頁）と第9章冒頭（620頁）でも視覚障害者労働問題題協議会（視労協）の機関誌『障害の地平』に掲載された同じ文章の一部を引いた（他に宮昭夫［1994］［1995］等【、視労協の活動の歴史について宮［2001］】。私は筆者と同じ考えではない。また引用した部分に続く箇所を意図的に省略した引用もある。ただ、これらの文章から、逡巡しながらずっと考えてきた一人の見知らぬ人、というより人達の三十年近くの動きの存在を再確認することができて、私は、私一人だけが今こんな変なことを考えている、と思わずにすむことができたし、また、逡巡した上での自由、というより、逡巡していることの自由さのようなものがあって、私はこれらの文章が好きだし、またこの自由さはここ約三十年の障害者の社会運動の質を示すものだとも思う。

◆2 「生産至上主義」などと言われるこの社会に「学歴主義」という不思議なものがなぜあるのか。なぜ人が学歴を求めるのかについての説明としては「皆が進学するので子どもを進学させる」という「同調説」、「今どき高校（大学）ぐらい出ておかねば…。学歴で苦労させたくない（苦労したくない）」という「危機回避説」、「（高収入・高地位ではなくとも）人より子ども（自分）を際立たせたい」という「顕示説」とあるそうだ（石戸教嗣［1995: 25］、なお、教育社会学でなされてきた議論をより広い視点で整理し検討している文献としては竹内洋［1995］）。

そういうものかもしれない。ただ、もう一つの問題は、採用する側から見た時にどうか、なぜ労働市場で学歴が労働の購入のための指標となるのかである。非効率的な人材配置がされているとすればそれは大変不思議なことではないか。労働が商品となる市場では買い手にとって意味があるのは商品の価値＝労働能力（だけ）であるという前提を維持した上で、考えられることは何か。【このような問題の立て方で論じられることは、依然としてこの国では多くないように思う。森戸英幸・水町勇一郎編［2008］が差別禁止法制についての日米比較をしている。】

まず（近代）経済学による説明を本章の関心に添って整理する（桑原靖夫［1978］［1980］、八代尚宏［1980］［1983］、篠塚英子［1982］、ホーン・川嶋瑶子［1985］等を参照）。能力差別（そもそも経済学はこれを差別としないだろう）以外の差別（これは経済学にとって説明しにくい事象である）をどう説明するか。「差別の経済学」と呼ばれるものがある。まず持ち出されたのが「嗜向（偏見）」、「差別嗜向」（taste for discrimination）である。例えば白人の雇用主は黒人が嫌いだから雇用しないという、誰が最初に言ったかなどどちらでもよい、誰でも考えつくようなことだが、ベッカー（Becker［1957］）により提出されたものとされる。さらに、アロー（Arrow［1974］）が他の労働者による偏見を取り入れた場合のモデルを、クルーガー（Kruger［1963］）等が白人や男子労働者が自らの集団全体としての所得分配を有利にするための「最適関税」として差別を行うという説明を提出した。これは経済合理性以外のものによる説明だが、好みが雇用主以外の者（消費者・労働者）にある場合には雇用主はその好みを経済的な計算に繰り入れざるをえない。

他に「人的資本論」（human capital theory）と呼ばれるものがある（Becker［1964］［1975=1976］）。各人の有する「資源」の差異によって説明する。だが能力は違わなかったはずではないか。資源の意味を少し広くとるのである。労働者の教育水準、職場経験、職場研修等が違うから労働生産性に差が生じ、それが賃金格差を生じさせると説明する。例えばベッカーの「特殊訓練仮説」。訓練が企業内の「業務上の訓練」＝Ｏ

ＪＴ（On-the-Job Training）として行われる場合にはＯＪＴを行えるかどうかが重要になり、そのため企業への定着率、勤続年数が問題になる。女性は離職率が高く、企業内訓練が困難で、そこで差別される。しかし全ての女性が早く離職するとは限らない。

　こうした場面に「統計的差別」（Phelps［1972］、Thurow［1975=1984: 204-211］）という議論が入ってくる。新古典派の完全情報の仮説が妥当しない（ここでは労働力という商品についての完全な知識を予め得られない）場合に、商品の購入者は範疇別の確率的な計算を行うだろうというのである。例えば女性の離職率が高いから女性を（しかるべきポストには）採用しない。これはもちろん不幸な悪循環を招く。また少なくとも仕事を続けるつもりの女性にとっては不当な差別だと言う以外にない。そこでどうするか。一つは、個別化、選別を行うことである（コース別採用もその一種と捉えられる）。遺伝子検査等の場合にも、範疇・確率による診断がなされることによって実際には問題のない人が排除されるといった同様の問題が起こる。だが同時に、その精度が上がり、個別に確定的なことがわかればそれでよいのか、わかるようにするのがよいのかという問題も生ずる（→第５節）。

　以上も参考にして考えてみる。一つには、能力と学力・学歴にはたいした相関はないが、他に比べればあると考えることである。新卒者だけを採用し、採用して定年まで使うという雇用システムのもとでは、卒業の時点でのその人しか見ることができず、その人は、学校に行ったことがある以外には遊んだことがあるといったぐらいのことしかその時点で持ち合せていないのだから、ほとんど評価される材料となるものをもっていない。とすれば、他にないから、そしていくらかは正の相関があるのであれば、これを使って採用・不採用を決めるかもしれない。確率によって判断する。さらに、終身雇用制下では大きな外れがないことの方が重視されるのだとすれば、このことも関係するかもしれない。

　この説明は、学歴主義がかくも横行しているこの国が、終身雇用に近い雇用制度を（これまで）とってきた国であることを考えても、一定の妥当性をもつように思われる——もちろん、こうした雇用慣行自体がなぜこれまで採用されてきたのかは以上では説明されないのだが。そしてこのように考えられるとすれば、これが変わるのは雇用慣行が変わる時だということになる。人が別の職場に移っていくのが普通になり、また（他の人と比べて）使えないことが明らかになった時に職を解かれるのが普通になれば、その時その時で職業的な経験や能力を判定して、採用・不採用を決めることができるから、学歴などという不確かなものに頼る必要は少なくなる。

◆3

P.L.101-336 Americans with Disabilities Act of 1990。翻訳として斎藤明子訳［1991］、翻訳と解説として全国社会福祉協議会編［1992］。また八代・冨安編［1991］で紹介され論じられている。ADAに対する懐疑的見解としては八代・冨安編［1991］中の花田春兆［1991→1991］、寺田純一［1991］。他の関連文献についてはhp【［ADA］】。

「頭も借りてしまえばいいではないか」【について】。学校の試験のことに即してだったと思うが、この問いかけを私は北村小夜（北村［1987］、北村編［1993］等の編著書がある）から聞いた。【その後の著作として北村［1997］。小学校・中学校の障害児教育を担当する教諭として長く働き、「障害児を普通学校へ・全国連絡会」の世話人も務めた。cf.北村［2012］】

◆4

社会科学的な考察の大きな部分が、私にとっては基本的と思われる問題領域から離れていったのに対して、倫理学や法哲学では、一つにはその学問領域が正義や平等という主題から逃れられないために、この主題は、例えば「自由主義」をどう評価するかといった問題として残っているのだが、それでもよく考えられたものはそうたくさんはない。たくさんはない中の一つとして大庭健［1990］をあげる。関係、共働としてある関係の中で、個人の貢献分が取り出されることについて考察がなされている。【その後大庭［2004］。私の大庭に対する批判（→194頁）も紹介している。】

◆5　米国の消費者運動は、商品の点検——この歴史についてはWarne & Morse [1993=1996] ——に止まらず、こうした活動を行ってきた。ただこれは属性に関わる差別（人種主義によるボイコット等）がなされる可能性をも意味する。これについて、価格機構のもとで商品の質以外の考慮されるべき対象として認められるのは生活資源に関わる事情であり、性別・出自等々は、差別是正の効果をもつ場合以外は、積極的に考慮から外されなくてはならないというのが、ここでの検討から導かれる基本的な答になる。

◆6　立岩 [1995a: 241]、cf.岡原正幸 [1990a] [1990b]。近頃「ケア」を云々する人のある部分に欠如しているのはこのような——「ふれあい」なるものがかなり多くの場合に気持ちが悪いものだという、少し考えてみれば当然の——感覚である。

【「ケア倫理」について記したこと（第5章注4・348頁）にも関係する。そしてそれは「気持ちがよい」ことがあることをまったく否定するわけではない。ただ次のようなことを言いたいと思った。

「私たちの社会では一方で、身近な、とくに善意もなにも必要とせず、むしろそれがうっとおしく感じられるような場面で、やさしさやふれあいが語られる。善意が押しつけがましく押しつけられ、それは問題にされない。他方で、生死に関わるような場面になると、本人の意志を尊重して云々と言う。周囲は口を出さないようにしようと言う。これは逆さではないか。」（『ＡＬＳ』（[2004d: 143]））】

◆7　こうした機械的な配分は、確かに一方で、人と人の間の関係の疎隔を生じさせるだろうし、その結果、配分の正当性の調達がうまくいかなくなることがあるのではないか（一般に、関係のない人、見知らぬ人に私達は冷たい）。しかし、基本的な資源の配分機構と各人がその資源を用いて行う行為、用いながら取り結ぶ関係を別に考えることができ、後者において個々人間の関係は確保されうる。

◆8　ここでは努力に応じた配分という価値観を別にして、行為を引き出すことだけを考えるなら、実は各人間の努力や苦労の比較も考える必要がない。例えば相互に隔絶されたコースをにんじんを前にぶらさげられた馬が走っている図を考えればよい。

◆9　一切の選別は必要なく、一律に渡してしまえばよいという主張もある（小倉利丸［1990］、cf.江原由美子［1990］、江原・小倉［1991］）。これは、①労働・努力に応じた配分を認める必要はない、そして／あるいは、②人間は意外にさぼらないという楽観主義、そして／あるいは、③（さぼることによる）生産性・生産量の低下は必ずしも悪いことではない、あるいは生産は既に十分な水準に達しているという立場に立つ。①③を認めても②のように考えないなら、つまり働くより給付を受ける方が得なら働かない人が少なくとも一定数いる、「貧困の罠」と呼ばれる状態が生じると考えるなら、自分の労働で多くを得ればそれだけ受け取る総量も増えるという傾斜を与えることである。（もう一つは、働く気、働く能力を評価して、それによって選別を行うことだが、これは難しいし、個々人の生き方に立ち入ることにもなる。また、社会的給付水準を一定にし、同時に「貧困の罠」を防ごうとすれば、その水準自体を、それだけしか給付されないなら誰もが働こうと思うごく低いところに押さえるような配分の方法がとられるしかなく、これは社会的給付だけで生きていく人にとっても好ましくない。）【小倉（と江原）の論については『ベーシックインカム』（立岩・齊藤［2010］所収の立岩［2010b］で検討している。】

これに加えて、個別の生活の事情に合わせた配分を行うことになる。収入や資産、生活に必要な資源について一定の審査がなされることになるから、全員が一律の給付を受ける「普遍主義」でなく、ある種の「選別主義」が採用される。選別主義の採用によって被給付者であることへの負の意味付与がなされる、スティグマが付与されるという指摘がある。確かに現実にそういうことはある。しかし基本的な問題は、配分に対して否定的な価値付与がなされること自体にあり、また、実際の給付の場面で余計なことが種々なされることにあるのであり、こちらの方が変えられるべきことである。【野崎［2011］もこのことを主張している。】給付方法についてはフリードマンの唱える「負の所得税」といったやり方もある。

◆10　NPO＝Non-Profit Organization について立岩・成井［1996］、この文章も含みまた六百余の文献リストを付した【「特定非営利活動促進法」所謂「NPO法」が制定された前年に刊行された】千葉大学文学部社会学研究室［1996］を参照のこと【hp→「NPOが変える」（印刷物は既になくなり、ホームページからの提供のみ行っている。】。家族という領域、性別分業をどう考えるかという主題を含めて考える必要がある。立岩［1994a］［1994d］［1995a］［1995b］［1996b］【、これらを収録した立岩・村上［2011］】。論の具体的な展開は別の課題とするが、それは、一方で竹内靖雄［1989］等に典型的に見られる論法に反駁しつつ、「国家民営化論」などというもの（笠井［1995］）も含め、おもしろいところは使っていくといったものになるだろう。【本文次段落に記した国家という単位が小さすぎる、たんに国と国の間に格差があるというだけでなく、適切な分配を行うことができないことについては、「選好・生産・国境――分配の制約について」（［2000a］）。その一部は『希望について』（［2006b］）に、一部は『良い死』（［2008b］）に改稿して収録した。筆者のごく短い文章として［2004b］、『自由の平等』［2004a: 14］に伊藤［2002］等文献紹介他いくらか。また依頼されて「グローバル・ジャスティス」を論ずる著作の訳書を刊行（Pogge［2008=2010］）。他に伊藤恭彦［2010］とその文献表、等。】

◆11　とすると、私達の住む国で行われてきたことを、Ⅰ（これも個人の背後に家や地縁が控えている場合――「立身出世主義」――には、純粋なかたちで存在したのではないということになろうが、効果としては同じものをもたらす）と、Ⅲの肯定と否定との混合、との混合として把握する必要があるだろう。これは個人を駆り出しその労働を引き出すとともに、場合によっては、それを隠して過酷さをある程度回避しつつ、「一体」という回路を通して同じく労働を引き出す（「会社主義」、等）、これらを使い分け組合わせるかなり巧妙な仕掛けである。

◆12　Ⅲはこれまで排除されていたかなりの人達の労働の場への算入を可能にする。そしてむろん、何を評価し

何を評価しないのかの判断を、評価する側（例えば雇用主）にまかせることはできない。Ⅲは強制力によって維持されねばならず、いくらでも曖昧に処理できるこの評価・選別の過程が明示化されるような仕組みが必要なのである。

例えば、ＡＤＡ（→hp［障害をもつアメリカ人法］）という法律はその方法を設定している。この法律は、一つに、障害を持つ人を雇用することによるコストを個々の事業主に負わせるのは個々の場面では雇用主にとって損失だが、全体的・長期的には利益になるとするコスト計算（あの国ではすぐにこういう計算が行われる、そしてこの計算はおそらく正しい）によっている（→③）。また、一つに、これもいかにも米国的な、労働と労働による社会貢献（例えば税金を払うこと）を第一におく価値観によっている（→①②）。ゆえに、これが全ての者が「自立」できるのだ（すべきなのだ）という幻想を強化する可能性はある。しかし、そのことを踏まえ、こうした法律が結局のところ問題の全体を解決するものではないということをはっきりと踏まえるのであれば、とりわけ私達が住んでいるような国、つまり不合理な理由で人々が排除され、しかもその排除の事実を明らかにしないような国で、このような差別禁止立法の意味は大きい。【障害者と労働・雇用の問題については『希望について』（［2006b］所収の［2001c］で論じた。】

次に「アファーマティブ・アクション」、「逆差別」について。以上からアファーマティブ・アクション全般に対する否定的な見解が導かれると考えるなら、それは誤解である。これは、選択の際に要するとされるものとそれを巡る背景（差別のために貧乏だったから勉強できなかった、等）をどう考えるかという問題であるとともに、何かしらの選択が行われる場が何のためにあるのか、したがって選択がどのような基準で行われるべきかという問題でもある。例えば学校は何のためにあるのか（第５節２で少し触れる）。この主題に関する米国等での文献は膨大な数に上るが、この論点を含め R. Dworkin［1977=1986: 299-323］、Hill［1991］等。ＰＣ（political correctness）論争について Aufderheide ed.［1992=1995］。政策等を紹介する日本の文献はかなりある（hp↓「アファーマティブ・アクション」）が、立ち入った議論は少ない。論点を整理し検討しているものとして石山文彦［1987］。吉澤夏子［1993: 40-41, 75-76］では性差別との関連で検討されている。

なお米国では「ビジネス倫理学」と呼ばれるものが、哲学者・倫理学者の就職難等も背景にしつつ、興っている。【多くの「○○倫理学」が成立し相当に繁盛する背景にはそうした事情もあると語ってくれたのはたぶん加藤尚武だったと思う。】紹介として梅津光弘［1993］、この文章を含む加藤・飯田編［1993: 188-203］、「科学技術の発達と現代社会II」企画運営委員会編［1996: 232-261］に関連書籍・論文の紹介がある。以上について別に検討する。【高田一樹の博士論文（高田［2010］）がこの主題に取り組んでおり、またそのホームページ（高田［2003-］）には充実した情報がある。】

◆13　「自由要求の根拠は少なくとも、①それ自体が価値である、②特定の価値追求にとって必要である、③何が（自分にとっての）価値かを常に新たに発見するために不可欠である、と三つある…。もちろんこれ以外に、自由な生産が多様な価値追求のための手段を用意するという、経済的理由も加わるのだが。」（嶋津格［1987: 192］）

以上を全て認めても、ここからは自らの生産物の取得の自由は正当化されない。

◆14　教育の場で「能力主義」が問題にされたのは、ひとつに「養護学校の義務化」（一九七九年【、この年の義務化実施の前後、養護学校・特殊教育の充実を求めそれを肯定した側と、普通学校・学級での就学を主張した側の間に論争があった、本書で紹介している人たちは多く後者の側にいた】）にも関わり、障害をもつ人の就学や教育をめぐってだった（第7章4節）。文献として、まず『季刊福祉労働』1, 2, 6, 8, 9, 10, 22, 30, 34, 36, 38, 42, 50, 58, 62, 70, 72。【この後も現代書館発行のこの雑誌はほぼ年に一回教育の特集を組んでいる。】また、山尾謙二［1986］、北村小夜［1987］、佐野さよ子［1989］、藤田弘子他［1990］。堀正嗣［1994］が本格的な考察を行っている。就学時健診・就学指導については以上の文献の他小笠毅［1990］。また山本勝美が一貫して医療・保健・教育の領域における選別の機制を問題にしている（山本［1996］等）。以下は、こうした動きを見てきて私が考えたことをごく簡単に述べた立岩［1996d］をほぼ再録するものでしかなく、約二〇年間の批判の動きや現実の動向の分析、そして本格的な考察は別の課題とする。「教育」の場で「学業」以外を評価することについて立岩［1996b］に少し記した。【本書でほぼ名だけを出した高橋修（第1章注12・62頁）、横田弘・横塚晃一（第7章注23・534頁）らは、就学免除等で、初等・中等教育段階から学校に行けず、行かなかった人でもある。韓国の一九七〇年代から一九九〇年代初等までクァク・ジョンナン（郭貞蘭）［2012］、日本の制度改革が（なされないことについて）、有松玲［2013］。】

◆15　Friedman［1962=1975］、Friedman & Friedman［1980=1980］、等。いわゆる高等教育についてはどうか。教育を利用しない人は負担するだけになる。また人より長い間学校に行くのは、多分行かないより利益が大きいからだろう。とすると公平でない。だから、奨学金の超拡張版のようなものを考えればよい。お金は基本的に返さなければならない。しかし返せない人は返済を免除される。

◆16　雇用することによる費用が収益を上回る訓練期間を考慮するとしても、雇用主にとって収益が出る分岐点を越えるなら損失にはならない。ただ収益が他の人より相対的に低くなることはありうる。こうした場合、検査【の要求】は知らないでいる権利の優先（後述）から否定される。

◆17　鎌型血球病のスクリーニング——これは米国の一七州で法律化された——を巡る問題を、境界的な事例とすることができるだろう。

「ヘテロの保因者は健康であり、通常の社会生活を送るには、何の障りもないにもかかわらず、さまざまな職場で解雇される例がでた。そのきっかけは、四人の空軍兵が超高空の異常に厳しい訓練で死亡するという事故が起こり、その事故死者全員が鎌型血球病の保因者であったことである。この事実は、ヘテロの保因者でも一部はきわめて例外的な環境下、例えば極端な低圧、ある種の感染症、スキューバ・ダイビング、アルコール中毒症下では発病することがあることを示している。そのためにこの直後、保因者であることを理由に航空会社が機乗職から締出しをはかったり、軍隊・警察・消防など体力を要求される職種から解雇される例が続出した。」（米本昌平［1987b: 28］）

◆18　ハンチントン（舞踏）病の「保因者と判明した場合、いつかあるとき確実に発病し発狂するという死刑宣告に近いことを本人に告げてよいものだろうか。…生命保険会社がこのチェックを要請した場合、科学者はそれに応じるべきなのだろうか、いっさい拒否すべきなのだろうか。」（米本［1987b: 32］——第7章注15・528頁の引用の続き、［1988b: 290］にほぼ同文）

後の問いへの答えは「拒否すべきである」。

◆19　これは個々人の恣意に委ねるべき領域、あるいは委ねるしかない領域をどう考えるのかという主題である（第5章注4・348頁、フェミニズムが例えば「ミス・コンテスト」を問題にする時に現われる「困難」を指摘し、「個人的なものの領域」を論ずる吉澤夏子［1992］［1993］［1997］、cf.加藤秀一［1993d］）。

差別に対する批判で行われることの一つは、場所のずれを指摘することである。何かの必要上誰かを選ぶことがあってよいにせよその必要と関わりのない属性をもってくるとはどういうことかと言うのである。これは多くの場合にかなり有効である。問題になるのは、まず、客（最終的な消費者）自身が、例えばスーパーの店員に有色人種がいるのが不愉快だと感じており、売上げが減るのを恐れる経営者がその雇用を控えるといった場合だが、これは以上述べてきたことから否定される。そして差別の禁止が実効的であれば、個々の企業間に競争力の差異も生じない。次には、当該の仕事そのものにその人の属性が関わってくる場合である。もちろんそれ以前に、本当に関わるのかどうかが問われる（接客業の要件は何か、等）。本文の場合にはどうか。当の性質が選好そのものに関わっているようだから、この論法を用いるのは困難に思われる。

ただ、容貌等々は例えば「愛」にとって「本質」ではないといった言い方がなされる時には、この論法が用いられているのだとも言える。その通りかもしれないが、少し苦しい。

第二に、感情の社会性をもってくる議論がある(「感情の社会学」について岡原正幸[1987]、岡原他[1997]等、【その後岡原[1998]——その著作は以下に記す「普通」の社会学の道筋と同じでない】。現代では細面・痩身が重宝されているが、こうした好みは近代特有のものであって、云々。こうした言明が示そうとするのは、つまりそれは規範だということ、規範だから変えられるはずだということである。すでに何度もみたように、社会科学は「社会性」「歴史性」「相対性」を述べる。かなりの程度当たっているかもしれない。「文化の恣意性」を指摘するだけでも相当の意味はあるだろうと思う。しかし、「社会性」が論証できたとしてもそれだけではその「社会的」なものを変更すべきことが導けるわけではない。【このことについて、『希望について』(立岩[2006b])収録の「社会的——言葉の誤用について」([2004e])。】また、現実的な変更可能性、その手段を示すものではない。

これで検討すべき論点が尽きるのではないが、本文で述べたのは別の観点からの検討の必要性である。すなわち、感情の本性や起源というより、感情の位置・用法、感情によって形成される関係の位置を問うことである。例えば愛情と行為の義務とが結びつけられてしまうことの倒錯をはっきりさせること。私達の恣意が他者の生存を脅かしうるような関係を問題にすること(私的な贈与はその可能性を内在させている)(以上について立岩[1991b][1996e])。これを問題にし、変え、相手の反応、相手との関係を全くの恣意性に委ねることによって、好きなものは単に好き、嫌いなものは単に嫌いという関係を確保し、後は個々人の恣意の多様性をあてにさえすればよいなら、そんなに変なことにはならないのかもしれない。

【河出書房のサイトでの連載(立岩[2011-])は、もうすこし言えることはないかと始めてみたのだが、先に進められず、中断されている。】

第9章　正しい優生学とつきあう

「わたしは心身共に健康な子を生みたいという願いを自然なものとして肯定します。しかし、そうは思わない不自然さも、人間的自然として認める余地はないのだろうか。」（最首悟［1980→1984: 80］）

「「自分の子供が五体満足ですこやかに生まれてくる事を望むのは、やっぱり差別的なのかね。」

「多分ね。」

「でもそれは人間としてごく自然な感情じゃないか？」

「それはそうだけど、自然な感情であるという事は、そのまま正しいということじゃないし、差別的でないという事でもない。例えば、人よりできるだけ楽をしてうまい物を食いたいと思ったり、人をけ落として競争で一番になりたいと思うのも自然な感情だと言えば言えるだろう。」

「どこか違うんじゃないか？　俺はたとえ子供がどんな状態で生まれてきても、それを引き受けて一緒に生きていこうと覚悟した。それでもやっぱり生まれる時にはすこやかであってくれと思った。正直の所ね。その事で俺は他者をけ落としたり傷つけたりしているか？」

「五体満足で生まれてくれという願いをきく事は、障害者には嬉しくないとは思わないか？　自分が否定されている、少なくとも肯定されていないと感じる。」

「俺も障害者だけど、俺はそんな風に思わないよな。」」（宮昭夫［1996: 2-3］）

他者がまだ不在である時、私達は何を決めることができるのだろうか。例えば「出生前診断」[◆1]という技術があり「選択的中絶」という行いがある。出生前に胎児の状態を診断し、障害・疾患を持っている、あるいはその可能性が高いとされた時に人工妊娠中絶を行う。第1節〜第5節でこのことについて考える。

第1節で、障害者、また女性の側の主張を検討し、問題の所在を確認する。第2節では「女性の権利」という主張を検討する。存在がこの世界に現れることを迎えるか否かを決定するということと、「どのような」人を迎えるかを決定することは同じではない。決定自体が不在の時点で行われたとしても、その決定は、その者が他者として存在している状態を想定して行われている。決定の対象は「自己」の範囲の中にはなく、ゆえに女性の自己決定の対象だと言えないことを述べる。第3節で、本人の立場から語る（と称する）言説を検討する。まず、「本人の不幸」という正当化の論理が成り立たないことを述べる。これは障害者運動の中で主張され、女性運動においても踏まえられている点だが、そう一般的な了解を得ていることではない。いくつかの論点を補ってこのことを確認する。同時に、言葉通りの意味で抹殺だと言うことはできず、抹殺であるがゆえに禁止すべきだという主張が成り立たないことを述べる。以上のように言えるなら、あくまでこの社会にある者達のこととして考えるしかない。なぜ選択的中絶がなされようとするのか、これを第4節で見る。それが一つに自らに不都合なものをなくすという行いであることを述べ、そして当の人の苦痛を思うということがどういうことなのかを考えてみる。第5節で以上からどんなことが言えるのかを述べる。

第6節で「積極的優生」について検討する。事実の誤認を伴わず、暴力を伴わない「正しい」優生学を否定するのは、消極的優生と同様、むしろ積極的優生についてはより難しいのではないか。それが批判されうるとすれば、どのようにそれは可能なのかを考える。第7節で、本章で述べたことのいくつかについて補う。例えば国家だけを優生学の主体とし、批判の標的とすることの限界について述べる。

1　出生前診断

［1］出生前診断

これは確かに厄介な問題である。というのも、我々が持っている道徳とは、人々がみな幸福に暮らせるようにとか、人権が守られなければならないとかいうものなのだが、この場合はそれを単純に適用できない。この問題の難しさは、障害者の生きる権利と女性の産むことに対する自己決定の権利との二律背反の場面で立ち止まってしまうというところにあると単純に言えない。二律背反という前に、こういう問題なのかということ自体が問われる。

ここに「他者」は不在である。というか、不在であることから在ることへと移行する間にある。決定は、その存在が他者として存在を始める「以前」になされる。決定される時にその者はいない。ならば、親に決定権があるのではないか。選択的中絶もまた、人工妊娠中絶の一部に含まれるのだから、後者が認められれば前者は認められるのではないか。人工妊娠中絶一般にしても、それが行われるのは、結局のところ、親達（生きている者達）の側の都合である。選択的中絶も同様である。同じく都合であることの間に何の違いもないように思える。さらに、一般の人工妊娠中絶は産む側の都合からなされるのに対して、選択的中絶は生まれる者の事情を踏まえてなされるのだから、より人道的な措置ではないか。

一つに優生学だという批判がある。歴史的そして現在の現実としての優生学（第6章3節）の問題は何だったか。一つは遺伝に関する説の多くが間違いだったことだ。ところが事実の把握として外れていない部分が出てくるし、それに基づいて変えたり除去することが可能になる部分が出てくる。一つは暴力だった。ところがこれは暴力でない。強制、抹殺として現れてはこない。とすると何が残るのか。よいものを増やす、よくないものを減らすことは、よいことである。とすると、批判は倒錯しているように思われる。「正しい」優生学を否定することは困難なように思われる。戦後、少なくとも、ナチズム、人種主義と結びつく限りでの優生学の評判は落ち、戦前にあったその勢いは失せるが、それでも、その主張がなくなったわけではなく、また優生学的施策がなくなったのでもない。むしろ、能力と能力のないこと＝障害 disability に関わる、つまり優生学の「本体」に対する批判が行われるのは一九七〇年代に入ってからだと――そしてそれは「出生前診断」の出現と無縁なことではないと――私は考えている（第6章注44・45、451頁）。ただ批判がこの場面に来た時、批判自体もまた困難なものになるのである。[◆2]

「不可侵」のものの侵害という言い方がある。しかしこれはそれだけでは何も言っていない。第一に、介入・改変することができないという事実の水準で言っているのだとすれば、既にその可能性が現れているのであるから、これは事実として否定される。次に、これまで不可侵であったからと理由が語られるとすれば、なぜその過去を優先しなければならないかが問題である。また、不可侵であるべきであるというのであれば、ただ結論を述べているだけで、その根拠を述べていない。また、不可侵という言葉には「大切な」という意味が含まれているだろう。しかし、例えば障害があることは大切なことなのだろうか。

これには決定や差別に関わる十分な議論のなされていない多くのことが関わっている。この主題に限らず人の質の決定をどう考えるかというこの時代の重要な主題に、たいした議論がなされていないのだ。ただ難しい、十分に議論すべきだと繰り返すのはとにかくくやしいから、少し前に進めようとした。だが何度も、一度考えたことを別様に考えうることに思い至ることになった。以下議論はかなり多岐に渡るが、それでも考察の一つの始まりでしかない。さらに考えるべきことがいくつもある。今後の議論の一つの手掛かりとなればよいと思う。不備、綻びを見つけ、あるいは前提を替え、そこから新たに議論を積み上げていけるほどのものであれば、この文章の意義はある。

日本では、一九七二・七三年に、第一四条「…医師会の指定する医師は、左…に該当するものに対して、本人及び配偶者の同意を得て、人工妊娠中絶を行うことができる」に、第四項「その胎児が重度の精神又は身体の障害の原因となる疾病または欠陥を有しているおそれが著しいと認められるもの」、いわゆる「胎児条項」の新設を含む優生保護法の改正案が出された際、女性・障害者の側から強い反対運動が起こった。また同時に、女性運動における女性の決定権の主張と障害者の側の論理とが時に厳しい対立を見せた。この時に提出された論理と論理の対立は現在に引き継がれている[3]。また、日本より広範に出生前診断が行われている国もあるが、それでも批判がないのではない[4]。まず、この国で出生前診断がどのように批判されたかを確認し、そこから何を得、何を考えるべきか検討する。語られた具体的な言葉を見る時、そのままに受け取れない部分もある。だから、論点をただ列挙して、あるいは論点の混在を指摘して終わらせるのが良いやり方だとは思えない。そこには確かに重要な提起がある。問題があるからと言ってそれを無視することはできず、また無視しないためにも、全てを言葉の通り受け入れる必要はない。論議の不十分なことを指摘するだけでなく、その先を考えることが必要なのだと感じる。ここでは、批判者達の論理の基本的なところを押さえ、そこで何が問題にされなかったのか、その理由は何かを考えながら、どのように批判を受け継ぐことができるのか検討するという道筋をとる。

[2] 障害者の社会運動の批判

①「…君たち障害者として大変な思いをして生きているにもかかわらず君らと同じような境遇を背負った子供を残したいのか。」(小山正義に対する厚生大臣斉藤邦吉の発言　横田弘[1979: 83])[5]

②白井泰子他の、産婦人科医・小児科医・内科医を対象にした調査(白井・白井・藤木[1981])では、障害の可能性のある胎児(四ケ月未満)に「生きる権利なし」とした者(四四・四、四三・七、五一・一%、「あり」とした者は七・四、一八・五、一二・二%)にその理由を尋ねたところ(複数回答)、「生まれてくるとかえって本人が不幸になる」六一、七〇、八七%、「人間として価値が低い」〇、六、五%、「精神的・経済的負担がまして家族が不幸になる」七五、七九、七六%、「社会の負担になる」一四、二三、二五%、「社会的にみて有用でない」一一、一二、一一%といった結果が得られている。[6]

③「…妊娠の初期に胎児の染色体異常が発見されれば優生学上の対策をとるとか、卵子や精子の段階でそれがわかれば未然に奇形児の誕生を防ぐとか、男女を自由に産み分けられるこ

とまで可能になるのです。／先天異常児の生誕は人類優生学上の由々しい問題だけにはとどまりません。生まれた当の子どもの一生も悲惨なら、生んだ親も悲惨なものです。…「奇形児よ永遠にさらば」と言える日が来るのを期待したいものです。」（飯塚理八・河上征治[1984: 44-45]、飯塚については第3章注9、175頁）

④「…生き方の「幸」「不幸」は、およそ他人の言及すべき性質のものではない筈です。まして「不良な子孫」と言う名で胎内から抹殺し、しかもそれに「障害者の幸せ」なる大義名分を付ける健常者のエゴイズムは断じて許せないのです。」（ビラの一部→横田弘[1979: 71]）

⑤優生保護法「改正案によると「障害児」とわかったとたん、しかも母親の胎内にまでさかのぼった状態で天下晴れて〝合法〟の名のもとに抹殺できるわけです。この法律でいうところの不良な子孫とは一体誰にとっての不良なのでしょうか。生産第一主義の社会においては、生産力に乏しい障害者は社会の厄介者・あってはならない存在として扱われてきたのですが、この法律は文字どおり優性（生産力のある）者は保護し劣性（不良）な者は抹殺するということなのです。つまり生産性のないものは「悪」ときめつけるのです。…どんじりを抹殺したところで次から次へとどんじりは出来て来て、それはこの世に人間がたった一人になるまで続くでしょう。私は、私自身を「不良な者」として抹殺したあとに、たとえどんなに「すばらしい社会」ができたとしても、それは消された私にとって知ったことではありません。」（横塚晃一

「優生保護法と私」『青い芝』16（1972.9）→横塚［1975→1981］【→2007: 129, 132】）

もちろん以前から、障害者の権利に関わる社会運動、当事者による運動はあったが、一九七〇年代初頭にその運動は転換点を迎えた。そしてここには、出生前診断・選択的中絶の問題も関わっていた。部分的にはこの問題が質の転換を促したのだとも言える。一九七〇年五月に神奈川県で起きた障害児の殺害事件に際して起こった減刑歎願運動に対する、脳性麻痺者の集団「青い芝の会」の批判が一つの契機になった。これは、専ら親の側の不幸を語り、それを解消するための福祉施策の充実を求める動きに抗するものだった。同時期、施設での処遇に対する批判、さらには施設に収容することを障害者福祉と称し、それが「障害者問題」の解決であるとされることへの批判も開始される。むろん、ある事件があったから変化が起こったわけではない。福祉・医療・科学技術と名がつけばそれがよいことであるという時期が終わり、それらに対する様々な不信が表明され、批判がなされ始めたのがこの時期である。右にあげたのも、こうした様々な批判の運動とも連動し、その中で、その一つとして始まった変化である。実際、死亡時の解剖承諾書を施設入所時に書かされるといった扱いを受け、常に判定と測定の対象となり、当人の意向、事情、可能性を無視して、治すこと（治すための努力をすること）を強いられる彼らにあって、この運動は医療に対する批判でもあった。やがてこれらは、家族の中に閉じられることなく、また施設に収容されるのでもない生活を目指す運動ともなっていく[◆7]。これらに接して、一九六九年頃に始まった優生保護法改正の動きが具体的なものとなり、七二年五月、そして翌年五月に再度、改正案が国会に上程される。ここで、特にいわゆる「胎児条項」の付加が意図されていることを知ると、上にあげた批判の運動を開始していた人々は反対運動を組織し、この活動は全国的な広がりを持っていった（この時には、七四年五月、審議未了廃案となる）。さらに、神奈川県、兵庫県等、当時いくつかの自治体で行われようとしていた出生前診断の推進施策に対する批判が各地で行われた。

　これらの総体として、反差別運動としての、以前の運動とは別の質をもった障害者運動が誕生した。その中で、問題にされたことは何だったか。まず受け止めるべきことはどういうことか。

　彼らは、障害をもって生きることが当事者の不幸なのではないのだと、はっきりと述べた。現に障害を持って生きている者が不幸であるなどと言えない。勝手に人の幸不幸を決めるな、不幸と決めつけているのはあなた方ではないか、私達が不幸であるとすればそう決められることが不幸なのであり、また、それを私達が受け入れた時に自身を不幸であると思うことになるのだ、と彼らは言う。だから、不幸であるとすること、不幸であるとした上で行われていること、それらは他者であるあなた方、社会、社会にある者達に発する。私達に対して行われていることは皆あなた方の都合による。同時に、彼らはこれをはっきりさせた。施設に対する収容は結局のところ、邪魔な存在を邪魔でない所に追いやろうとする行いである。私達はこの社会の中で「あってはならない存在」とされている、と彼らは捉えた。それは「不良な子孫の発生を予防する」と目的を第一条に明記する優生保護法にはっきりと現われている。生産優位の社会、国家がまず批判される。けれどもそれは、福祉政策の不備を言うことによって、他の者達を免責することではなかった。同時に親（女性）のエゴイズムが糾弾の対象にもなる。

こうして否定的な規定が自らに送られることに抗し、私達・社会の側に送り返す。そしてそれは同時に自己の再規定、自己定義の変更を促す運動でもあった。どこまで障害者でなくなるか、どこまで障害を「克服」するか、という問題の設定から、このままでよい、今のままの私でよいのだというところへ、自らを移動させようとした。

兵庫県衛生部に「不幸な子どもの生まれない対策室」が置かれ、「不幸な子を産まない県民大会」が開かれ（一九七三年十月）◆8、同月、日本母性衛生学会で「不幸な子供を生まないために」といった特別講演がなされる。彼らの提起がなければ、それが良いこととしてそのまま公的な衛生・福祉の施策として通ってしまうような状況にあって、これは重要な提起だった。だった、というだけでない。実際には、今でも、そのことの問題性が意識されることは少ない。また、私達、社会にとって有益でない、負担のかかることを理由に、そうした存在を社会の成員としないのがよいという発想もまた、やはり現在でも、自然に流通している（引用②）。このことに対して、私達の都合で存在（の可能性）を消去するという発想に異議を唱えたことの意味は大きい。これは、この主題を考える時、決して落とすことのできない論点であり、後戻りできない地点であり、繰り返し確認されるべき点である。

しかし、以上を認めるとして、これでは終わらない。私は不幸ではないと言い、あなた方が不幸にさせているのだと言い、自分を再定義する。これは、排除と哀れみと社会復帰（というより職業復帰）という発想しかなかった時、意義のあるものだったが、人権の語に翻訳すれば、通りのよい、少なくとも通ることは通るはずの主張ではあった。だが、「出生前」が問題にされる時、これだけですまない。さらに現れる問題は、以上のような認識を促し、深化させるものであったとともに、固有の困難な問題をも生じさせ、さらに主張の吟味を促すようなものだった。

今ここに生きている私は不幸ではない。不幸だから中絶するという発想のおかしさはそれだけではない。さらに、胎児という存在、その生命の消去ということを考えてみよう。障害をもって生きることが、その生命が消去されることに比して不幸であるなどと言えるだろうか。まず、生命が消去された状態と生きてある場合が比較されている。そして比較の、幸不幸の基点であるはずの当の者が存在しない。とすれば、当の存在に即して、生命の消去を肯定することなど不可能ではないか（第3節1）。しかし、他方で、胎児という存在から選択的中絶を否定することができるだろうか。選択的中絶に対する批判は、端的には障害者抹殺という批判として現われた（④⑤）。しかし、ある場合に限ってでも人工妊娠中絶を認める限り、少なくともこれを殺人・抹殺だとして禁止することはできない。胎児を人格として設定し、そこから、消去されることの不幸を言うことによって、権利の侵害を言うことによって、選択的中絶を禁止することはできない。このことが十分に考えられたわけではなかった。これが第一の問題である。

けれども、抹殺でないとしても、その主張の全てを無意味とすることはできない。というのも、間違いなく出生前診断・選択的中絶は除去する技術であり、それが行われる時、障害者はいない方がよいという契機が必ずあることは認めざるをえず、このこと自体問題にしうることだからである。だから、現に存在する障害者の差別の助長につながるという点によってだけこの技術が批判されたという理解は一面的である。そういう理解から、選択的中絶が認められている国で障害者の権利が守られているという「実証的」な反論がなされる。しかし、そこにあるのは、生まれない方がよいが、生まれた者には権利を保障するという二つの規範の並行という事態であるはずで、批判が前者それ自体を問題にするなら、上のような反論はこの批判に対する反論足り得ない。第4節でより詳しく論じる。

これは、「発生予防」が視野に入った時、論点として顕わになったことでもある。現に生きている者に対する社会保障・福祉として捉えられる限り、「障害者も…」「障害者にも…」と言って終わるかも知れないが、ここでは、単に現在生きている者の権利を保障せよと言ってすまない。障害を持つこと自体、障害に対する捉え方自体が問題にされる。「障害は個性」「障害を肯定せよ」という主張が提出される。こうして、第二に、ここに残っているのが、障害自体をどう捉えるかという点である。「障害を肯定する」という言葉を言葉通りにとれば、中絶という手段によろうと治療という手段によろうと、これを除去する一切の行為は認められないことになる。本当にそう言えるのだろうか。問題はそういうことなのだろうか。大抵の場合、こうした問題が顕在化しないのは、自己決定という論理が持ち出されるからである。何が幸か不幸かは自分が決めることだというわけである。しかし、今問題にしている場面では自己決定を持ち出すことができない。この時、この第二の問題に正面から答えなければならない。

次に、批判のもう一方の当事者であったとともに、時に障害者の運動と厳しい対立をみせた、女性の運動は何を言ったのかを見よう。そこで、私達は上に取り出した二つの問題に関して、障害者の側から出された主張に対する明確な反論は現われなかったこと、これと関わってさらに第三の問題が生じていることを見ることができよう。

[3] 女性の運動の批判・応答

⑥「今の社会で、女に対し〝障害者でも生め〟ということはいったいどの様な事態を意味するのか！ それはまさに生んだ女に対する死の宣告であろう。（障害児を生んだ場合に限らないが）ほとんどの生んだ女にとって育児が強制されることは明白なことであり、そのことによって女は殺されていくのである。…現社会において、女に対し「障害者でも生め」というのは、障害者が生きようとするエゴであり、女が「障害者だから生まない」というのは自分が生きるためのギリギリの譲れないエゴであり、これは生きようとする者のギリギリのエゴとエゴのぶつかり合いにほかならない。そのことを「差別」と称し、だから「中絶は女の権利」といえないというのは、我々の運動の足を引っぱる以外の何ものでもないだろう。

我々は胎児が障害者だろうと健丈者であろうと生む生まないは女が決めることであり、「中絶は女の権利」であることをこれからもはっきりと主張していく。障害者の問題、子供を育てられない状況を変える問題は社会福祉・社会変革の問題であり、それぞれの立場からの闘いが必要なのであって女が中絶の権利を要求する運動は、障害者の運動に何ら敵対するものではない。」（「女の視点から闘い抜け！優生保護法（＝中禁法）改悪を許すな！「中絶は女の権利」は障害者差別ではない！」、中絶禁止法に反対しピル解禁を要求する女性解放連合『ネオリブ』28（1973.8.31）：1-2）

⑦「堕胎は女の権利であり、産み育てる権利に他ならない。すなわち、未婚／既婚を問わず産みたければ自由に産み育てられる社会的条件の獲得…に向けて闘っていく中でこそ、〈産む／産まぬ〉の主体的選択の権利、即ち堕胎を真に権利化していけるのだ。／…抽象的だが、今云えることは、産み育てる権利（＝堕胎の権利）の獲得とは、たとえ子供が「障害児」であっても、産みたければ産める社会的条件の獲得を根底にしたものでなければならないということだ。つまり女の産む／産まぬの選択を真に主体化していくための権利の獲得は、本来「障害者」解放と敵対するものでは決してない。／あたしたちは、産み育てる権利（＝堕胎の権利）を社会に向けて要求すると共に、こんな社会だから・・、と己れを正当化することなく、産みたかったら自由に産める状況づくり――それはまず、仲間づくりから始まるだ

ろう——を生活の「かたち」を新しく創りあげる闘いとしてやっていこうではないか。そうなのだ。後者の試み抜きに、権利だから堕胎できる、というんじゃダメなんです。」（田中美津「ああ、もうやんなんちゃった〜　デモ夏負けはしても負けちゃいられない『優生保護法阻止』なのダ！」、リブ新宿センター『リブニュースこの道ひとすじミニ版』2（1973.7.10）：8-9, 12-13）

⑧「私はなにもことさら障害児を産めとは言っていない。しかし、女性たちの心のどこかに「障害児は不幸なのだ」、「障害児が産まれることは大変な負担になるのだ」という心の動きが残っているとしたら、そういう心の動きの上にたつ「産む・産まないは女性の権利」という主張を絶対に認めるわけにはいかないのである。」（横田弘［1983: 25］）

⑨「非常に残念なことは、改悪に反対している大部分の人達が、最も問題にしなければならないことを抜きにしている。それは、反対している人達が「障害者」の問題を考えず、「産む産まないは女の自由だ」というような発想で反対しているからである。確かに、女性が妊娠し出産するという現実のなかで、男性にしかわからない肉体的、精神的苦しみがあり、男性中心の社会構造の中では、その主張ももっともだと思うが、だからといって残念ながら全面的に支持することはできない、ここで絶対忘れてならないことは、「障害者」のことである。優生保護法とは何なのかということを考えているならば、単に「産む産まないは女の自

由だ」ということにはならないのではないかと思うのである。…優生保護法の目的は、「障害者」をまっ殺する優生思想に基づいているものであり、社会にとって不要な人間は産ませないというところからでているのである。不必要な人間とは、経済社会に役に立たない「障害者」を意味しているわけである。」（荒木義昭［1983: 39］）

⑩「…果たして生まれてくる子どもは、女の権利で生まれ、またそういう意味で産んだとすれば、女の義務で育てていくというふうにならないか、それにいくつかの疑問にかられます。子どもは権利や義務で生まれ、育つものかということが、ひとつあります。」（西山昭子［1983: 28-29］）

始まりはやはり優生保護法改正の動きだった。まず、第一四条一項四号の「経済的理由」という部分の削除反対が闘争の課題となるが、胎児条項の付加にも彼女らは反対した。優生保護法は出産に対する国家の不当な介入であるとし、権利としての人工妊娠中絶が主張された。だから基本的な立場としては、法自体の撤廃である。確かに各条項はある場合に許容するというものだが、中絶できる条件を限定して可能な状態を規定している以上、認められるものではない。経済条項の削除は人口の量の確保を狙ったもの、胎児条項の付加は人口の質の確保を狙ったものであり、女性を必要な質の人間を必要なだけ産ませるための存在とするものだと捉える。

この基本的な認識と胎児条項への具体的な態度において、女性の運動と障害者の運動とは一致している。彼女らも目指す方向は一致していると主張する。しかし、「権利としての妊娠中絶」という主張に対して、障害者を抹殺する権利は女性にもないはずだとする障害者の批判がなされ、双方の間で幾度も議論がなされることになった。女性の側で、生まれてきた者が不幸だという正当化の論理は用いられていない。これは、あくまで産む自己の側の現実として捉えようとした、現実への誠実さ、というか産む（産まない）側にとっての厄介さが現実そのものであることから発している。また、障害者の言葉を受け止めたことからもきているだろう。当の女性にとって、生まれてくる子が不幸だ（から中絶する）という現実感は存在しないし、またこのことは彼らから指摘されてきたところでもある。彼女らはこの行為の主体であり、自らの意図を問う、また、意図を問われる。

確かに、彼女らは、選択的中絶が現に存在する障害者に対する差別に直結しないこと、それとは別であることを述べる。しかし、その決定の時に障害者でない方がよいという思いがあることを認めざるを得ない。それが社会の問題であったとして、しかし直接に手をくだすのは自分の側であるということを受け止める。そしてこのことが障害者の側から指摘されたのである。意図を問われ、その場に乗る時、彼女らは、差別であることを認めるのだ。

問題は、国家に対し優生思想を批判する一方で、自らの産む・産まない権利を主張するという論理が成り立つかだ。産むという行為自体が女性の身体に起こる出来事であること、ゆえに例えば中絶を強制するなどの形でそこに介入することが不当であること、このことは認めることもできよう。しかしここで問題になっているのは、生命の質である。彼女らは、障害が予想されることによって中絶を行うことの問題性を認めた。いったん、選択的中絶が認められるべきでないとすれば、それは誰に対しても認められないということになるはずではないか。

ここに彼女らは、生まれた子の育児の、そしてさらに長いその人生の責任を負うことになるのは自分だという現実をあげた。育てるのが女性であり、それが現実に困難である以上、やむを得ぬこととして女性の側が決定することだというのである。◆[9] しかしこれで答として充分だろうか。国家は優生思想の担い手だが、母親はそうではない、少なくとも現実の制約がなくなればそういう選択をしないと言えれば、選択的中絶を認めず、しかも親の側に規制を加えないでよい、加えるべきでない、と言える。

だが第一に、そのような良い時は来るのか。来ないその間はどうなるのか。仮に来たとして、その時には、人は選択的中絶をしないと言えるのか。現在ある私（女性）は、社会状況の中にある仕方のない、意識を制約された私（女性）であり、現実が変われば、真実の、本来の良い私（女性）が現れるというのだろうか。そういう方向に向かう言説もないではない。しかしまた、女性の運動は、女性が本来良き母だとされることを否定するものでもある。

第二に、他の場合は別として、選択的中絶は禁止すべきであるというなら折り合いがつく。しかしそうもならない。彼女らの主張は、出産という行為は国家によって制約されるべきでなく、その決定は権利として認められるべきであるということだ。先の運動の志向の分岐にも対応してその微妙なところは一様ではないが、基本的には、産む自由だけでなく産まない自由が確保される状態が目指される。では選択的中絶も自由・権利ということになるのか。その権利はどこから来るのか。先にみた事情、現実的な負担を負うから、ではないはずだ。目指したのは、母親・女性の義務とされ負担を課せられている状況を解いた上で自由を達成することだからである。また、負担を負う者が権利も有するのだとすれば、例えば国家は、国家が負担を負うその度合いに応じて権限を持つのだろうか。では、負担でないとすれば、それは何か。つまり、誰が決定できるのか、親だとすればなぜか。産む当事者であるということだろうか。しかし、それは質の決定の権利を帰結するだろうか。こうして、「権利としての」という言い方に対する違和感が表明される（⑨）。この違和感は運動の当事者の中にも見られる。しかし、対抗の上で、権利をあくまでも主張せざるを得ない。結局のところ、女性の運動にしても論理を詰め切っていない。

こうして、国家との関係においては具体的に行われようとする「改悪」への対応の場から逃れられない間、議論が行われてきたのは、理解を示す（示そうとする）女性と障害者の間だけだった。障害者は、話を聞いてくれる側、場合によってはかなり近い立場にいる者を直接の敵手とすることになる。利害が対立するのだから論議が行われてもよかったはずなのだが、同じ場に乗ることによって、第一の問題、禁止の是非と行為の是非との関係が議論される場とならなかった。また、障害をどう捉えるかという第二点についても、障害を避けたいと感ずることが即ち「差別意識」だという主張に違和感が表明されながらも、ではどう考えるかはっきりとしない。そして、このように構成された場で、第三の点、親（女性）に権利があるのかという点が詰められなかったのである。

［4］残されている問題

これまでになされてきた議論、戦わされてきた議論には、かなりの論点が既に含まれていると思う。だがそれは散発的で、論点を相互に詰めることがなされなかった。一九八〇年代初頭に再度優生保護法改正の動きがあった。この時には経済条項の削除だけが検討されることになるのだが、これを機にやはり同じ成員、障害者運動の側と女性の運動の側との間で議論がなされる。基本的に同じ論理、主張、そして対立が現われる。明示的に現われる主張の内容に違いをみることは難しい。約二五年間同じことが言われているといってよい。

総体として先端医療技術に対する批判がなくなったのではない。例えば、障害者達のある部分は脳死・臓器移植に関心・疑義を表明していく。しかし、優生保護法の改正自体は立消えになり、事実上制限が課せられていない状態で、医師の側にせよ、女性の側にせよ、直接的に利害を脅かされず、被害を被る者がいないという情勢のもとで、選択的中絶を批判するとしても優生保護法を理由に告発するわけにもいかない。こうした空白の中で、政策決定や医療の現場とは別の場で時に討議が行われるといった状態が続く。それ以外に今まであったのは沈黙だった。それには相応の事情があり、それを「日本的」と言えば言えよう。[◆10] しかしこう言って終わらせるわけにもいかない。この技術に疑問を持つ人達が、この状態をそのまま受け入れようとしているというのではない。さらに生殖をめぐる様々な技術が進展をみせる中で、少なくとも思考の道筋をはっきりさせておこうという要求は強くなっていると思う。

この二五年の間、社会の側にあっては、障害者が健常者と同じように暮らす権利があるという主張が、どれほど実現されているかどうかはともかく、受け入れられる。医療においては、治せない病、不可避な死を前にしてなお治そうとすることに対する一定の反省が語られ、自己決定が語られる。現に生きている者の生活の条件はいくらか改善される。ただ、繰り返せば、ここで問題になっていることは、そこに必ずしも納まり切らない。ヒューマニストは人権を口にする。しかし、その「人」はどこにいるのか。治せもしないのになんでも治そうとすることが問題なのはわかった。しかし「予防」できる場合はどう考えるのか。そうそう口にすべきでないこと、というふうにわかったのだとも言える。それは逆に手詰まり、停滞を生むことにもなった。差別だという主張と、障害はない方がよいのではないかという「実感」との乖離が、言葉にされないまま、続くことになる。だが、生殖に関わる技術が進んでいく時、また環境の胎児への影響等が問題になる時、いつまでもこの状態を続けていくわけにはいかない。

障害者の側でも、批判・糾弾に力を集中させる運動から別の方向を模索しようとする動きが現われる。これは生活条件やら何やらが改善されたから、今生きている者が殺されるという切羽詰まった危機感が薄れ、余裕がそれなりに出てきた結果だろうか。単純にそうと言い切れない。現実派・生活派と差別糾弾派、という二つの流れ自体は以前からあった。そして後者の運動はもともと少数派のものだった。生活の充足が差別への感度を良くすることもありうるだろう。全般的な危機感が薄れた結果退潮に向かうというより、むしろ事態の一定の進展の上で、論理の行き詰まり、というよりはどこを目指すのかのがはっきりしないことが感受されているということではないかと思う。あるところまでの社会的な理解、条件の整備と同時に、割り切って運動を進めてきたところの成果（例えば米国の七〇年代以降の運動、そして一九九〇年の「障害をもつアメリカ人法（ＡＤＡ）」の成立等）を受け止めた時の感覚のようなものがある。「機会の均等」と「自己決定」でかなりのところまで言えるではないか、この現状を変えられるではないかということだ。そこから、それ以上・以外をどう考えるかについて、はっきりしないという感じが生まれ、同時に、もう一度最初から考えてみようという動きが生じる。むろんこれは告発型の社会運動全般の退潮に対応している。だが、その退潮自体が説明されるべきだ。問題の所在は突いたものの、それから何を考えていくのか。例えば能力主義に対する批判といって、一切の能力の差異に応じた結果の差異を否定するのか（第7章4節、第8章）。そうした様々なことの再検証のなかにも、これを位置づけることができよう。同時に女性の運動の論理も、戦術的な対応に追われて基本的な点を詰めることができなかった。さらに技術とその応用の場が分散し、国家対個人という図式が常に有効ではなくなる、あるいはこの図式に固執することによって現実をうまく捉えられない。その運動は、様々な場面で重要な提起を積み重ねてきたが、さらに考えるべきことがいくつも残っている、「産む権利」の問題はその一つでもある。

論理を再検討しようとする気運があると私は思う。だから、議論・対決が必要なのである。詰めてみたい、あるいは反論を試みたい点がいくつかある。そして論を立て直す必要があると考える。この技術の使用を認めるか否かは基本的なところである。議論がなされても対立が解消されるとは限らない。しかし、なしくずしに行われるよりは余程よいと思う。議論を行わず、そこを飛び越して何か「現実的」なことを言おうとするのは、これまでのなしくずしの流れに対する言葉とならない。今のままの状態に置かれるなら、結局は医療の場で決定がなされることになる。例えば障害をもつ新生児の治療停止（第5章3節）が医療者、親によって決定される。しかし、この人達が特権的な決定者ではないなら、この状態を放置しておくわけにはいかない[◆11]。

2　女性の「自己決定」という設定の錯誤

［1］決定の対象は「自己」ではない

これは「女性の自己決定」の問題であり、医療者はその決定のための情報を提供し、決定を受け、決定に応えているだけだといった言い方がある[◆12]。しかし、これは女性の「自己決定権」として語りうることなのだろうか。

「産む／産まないは女の権利」という主張があった。第一に、生産者がその生産物に対する権限を持つという考え方がある。しかし、このことをこれまでの章で否定した（第2・4・5章）。ただ、このような言い方をしなくても、産む／産まない、子を作る／作らない、持つ／持たない——と言うべきか、ただ私達はよくこう言う——は第一に女性の、第二に親の権利だと言うことはできるだろう。ただこのことと人工妊娠中絶の権利があるか否かは同じ問題ではない。これについては周知のように議論がある。第5章で、産む／産まない決定を女性に委ねることをどう考えられるか、検討した。そこで私は、それを女性の身体に対する決定権という論理とは別のものと考えた。それを認めてもらえるかどうかはともかく、とにかく「産む／産まないは女の権利」であることを認めるとしよう。

では、選択的中絶は人工妊娠中絶の中に含まれるのであるから、人工妊娠中絶が許容される以上は、選択的中絶も同時に認められるということになるのではないか。この権利を女性の（自己決定の）権利と言うのであれば、選択的中絶もまた女性の（自己決定の）権利と言うのではないか。これを私も全面的に否定しようと思わない。

ただ第一に——これは論理的な反問ではないが——、それで議論は終わりになり、考えることは終わりになる。にもかかわらずこれが問われるということは、問うべきことが別にあるということを意味するものでもある。

第二に、述べたのは殺害であるとして禁止されることはないということ——正確には、禁止されず女性に委ねるしかないと考えるならそれはこういうことだろうと第5章では述べたのだが——であって、それが是認されるということではなかった。一つには人工妊娠中絶一般が、人の殺害との近接ゆえに（禁止されないとしても）好ましくないと言われるだろうが、ここではこのことを言いたいのではない。例えば動物を殺しても殺人罪で裁かれることはないが、その全てについて問題がないとはされない。なぜ行ったのかが問題にされ、いくつかの場合に非難され、ある場合には、殺人罪によってではないにしても法廷で裁かれることもあるだろう。

ではここでは何をしているのか、何が決定されているのか。この場合の決定の主体と対象は何か。決定する主体は女性である。そして、決定される対象は何か。産む／産まない決定はその当の女性（の自己決定）に委ねられているとしよう。だが同時にこの時、その女性は、どういう子が生まれ、どういう子が生まれないかを決めている。そのように決められるのは、少なくとも自分＝女性ではない。母体内で生産されるのだとも言えば言えようその存在は、やがて他者となる存在である。自己決定は、簡単に言えば、「自分のことは自分で決める」ということなのだが、ここでは明らかに自分のことを自分で決めているわけではない。このことを、ごく単純に考えて、「女性の自己決定」と言うことができないことは明らかである。

存在が現れるか否かについては、「私達」がそれを決めることができる。子供の数も決めることができる。◆[13] しかし、子という存在のあり方に対する決定は別のことだ。このことは「私」の側に属することだから、「あなた」がとやかく言うことではないという議論に対しては、それは違うと言いうる。それは、ここにはやがて子として存在を始めることになる存在、（潜在的な）他者が含まれているからであり、人となった状態が想定されている（想定された上で決定がなされている）からであり、それに対して「私の」ということが無制限にできるわけではないからである。そしてその他者に対して、「私」

と「あなた」は、まず――次に検討する「負担」に関わることを外せば――同格の存在である。「私のことだから」という言い方はこの場面では成り立たないということである。

［2］負担者であるがゆえの権利という論理

次に、実際上の負担を負う者が権利を有するという考え方がある。◆[14] 現実に負担は親に課せられている。だから、その負担を負わなければならず、それが自らの生き死ににさえ関わってくる者がその決定を行うしかないではないか。確かにその重さは時に苛酷だ。重荷を負うことになるのは私で、誰も私に代わってはくれないのだから、という言い方をせざるをえないのはわかる。そして、その親の周囲の者達が、子の存在を負うことを、負うことができるにもかかわらず放棄している限り、その者達が親に何か指図したりできない、そんな権利はないと考える。

しかしこのことは、その者（母親）が負担を担っているから権利があると言うこととは異なる。誰かが義務を負うのに応じてその者が権利を持つとすることにしたらどうなるか。第一に、他者の援助を必要とする人が自らのことを他者に決定されてよいということになる。これは、周りの者達に負担をかけることとその者が自分の生を生きていくことは独立のことであり、生きていくことがまず確保されるべきであり、そのための負担を周りの者が負わなければならないと考えるなら、認められない。第二に、権利を有するためには義務を果たさなければならない、負担できる者だけに権利があるとすれば、身体の事情、経済的事情等で育児の負担を負うことができない人が子どもを持つことは認められないことになる。これを認めないなら、やはり認められない。もちろん、負担が家族に、さらに母親一人にかかっている限り、それに耐えられず、耐えられないことを言うのは当然である。しかし、負担が苛酷であることを問題にすることはできても、また親が負担を負わなければならないのは不当だと主張することはできるとしても、負担を負っていることをもって、権利があるとは言えない。

以上から、子どもを産むか産まないかというそもそもの決定に関して女性・親に権利があるとは言えても、子どもの質に関わる場面で女性・親に積極的な権利があるとは言えない。たしかに、女性が国家や男性に対して、親の、さらに女性の権利を主張しなければならなかったことには相応の理由がある。しかし、この場面では、誰もが誰かに比べてより特権的な立場に立てるのではないということである。子という他者に対して親は特権的ではない。

だから、これは第一義的には女性の権利の問題ではない。女性の問題だとすれば、それは、女性の問題として現われていること自体においてである。産むことが女性の身体に起こることであり、その女性がそのことの当事者であることは確かだ。そこで産むこと、健康な子を産むことが女性の側に課せられているなら、この規範とその強制を問題にすべきである。また、現実に育てることが女性の側に課せられてある以上、困難が女性に多くかかってくるのも事実だ。しかしそれも男女間の不平等、あるいは社会的な支援体制の問題としてまず考えるべきことである。

その行いがよいか悪いかは別として、決定を誰かに——例えば「自己」に、しかし女性はここでは自己ではないことを述べたのだ——委ねるという主張を否定した。となると、その行いのよい悪いを直接に考えることになる。このことを考える時に、それが何を目的にして行われるか、どういう効果を与えるのか、誰に与えるかを私達は考えることになる。まず、第3節で、「当事者」に対する効果としてこれを語れるか、検討する。

3 「当事者」の不在

[1] 「本人の不幸」という主張は成り立ちえない

病・障害をもっている人にせよもたない人にせよ、ある人のある病・障害を治せる場合にも治すべきでない、とは言わないだろう。まず、その決定は本人の選択だとされ、その人は、可能なら治そうとすることがあるだろう。だから、ここでは障害・病はない方がよい（というよりは痛い、とか不便だ）と、本人において言いうる。

しかし生命の消去となるとどうか。大抵の場合は生きることが選ばれる。では、本人がそう思わない場合はどうか。これは不思議だと言えなくはない。死ぬということは、相対的な価値判断がなされる場自体が消え失せるということなのだから、「死んだ方がまし」という言い方はどのように成り立ちうるのか。だが、人は時にそうした判断を行う。本人の生だからそれは許容される。あるいは、許容するしないにかかわらず、自らの行為として行われる。そして、こうしたことはみな、人が生きている中で、生があり生が終わることを思うことにおいて成り立つ。当たり前のことだが、まず第一に、生きていないと死ぬこともできないということであり、第二に、今生きているなかで、生や死に対する想念があるということである。

このように見た上で、選択的中絶の場合を考えてみよう。本人に定位して選択的中絶を正当化する主張、「生まれてくると本人が不幸だから」といった議論がある。これが成り立ちようがないことをまず述べよう。

第一に、障害をもっていたところでその人の生が不幸だなどとは言えない。障害・疾患があることは不便だったり苦痛だったりするかもしれないが、それらは様々に軽減することができるだろう。それで苦痛や不便さがなくなってしまうとは限らないが、だとしてもそれは、障害を持って生きることが不幸だということとは違う。私達は憶測として、しかも憶測とは思わず障害をもつ者の不幸を語るのだが、実際、不幸だなどと思っていない人はいくらもいる。このことが当事者達によって主張された（第1節2）。また、自分の今の状態を不幸と感じ、他人には自分のような苦痛をなめて欲しくないという人がいるにしても、それをそのまま他者にあてはめることはできない。

第二に、幸不幸は、生きている上でその状態に対して言われることだ。ところがここでは存在しない状態と生まれて障害を持つ場合が比較されている。そもそも両者に比較の可能性があるのか。考えられるとすれば、これなら生まれてこない方がよいと思うといった場合だが、そんなことがそうそうあるわけではない。またそう思う人がいるとしても、そのことを他の人達について一般化することはやはりできない◆[15]。

それ以前に、右の生まれてこない方がましだという場合にしても、その人はやはり生きていてものを言っているのだが、ここではそうではない。第三に、幸不幸が本人に定位して考えられるものだとすれば、ここには、そうした場自体が欠けている。ある状態が人に苦痛をもたらすなら、その原因を人為的に作るべきではないし、要因を除去することも必要だ。しかしここで行われることは違う。例えば幼児に対する治療や予防接種、さらには胎児治療にしても、本人の存在（の想定）の上で行われることである。それはその者の同意が得られてはいないかもしれないが、その存在を維持するためになされることだ。だが選択的中絶において行われるのは、そうした属性をもつ存在、存在することになる可能性を消去することである。その本人が不在となるのだから――胎児は人かどうかという論議とは別の水準で――本人の観点を取ることが原理的に不可能なのである。

「けれども…」、と反問されるかもしれない。「周囲にある私はどうでもよい、生まれる本人の幸不幸を思ってしまうのは偽りだとは思えない」、と言うのだ。私達も、あらゆる感情は利己的なものだ、などとつまらないことを言おうというのではない。もう少し考えてみよう。

先にあげた第三の意味で当事者の視点が成り立たず、ゆえに第二点の決定も不可能なことを認めた上で、あるいはそうしたことを考えずに、第一の場面の基準を周囲の者が設定し、この基準で当の者の幸・不幸を周囲の者が想定するということがあろう。生まれる存在の個別性を考えずに、ただ誰であれ生まれる子が幸福である方が、生きやすい方がよいという考え方である。その価値基準自体に対する批判はここでも可能だ。またそれはしばしば周囲の者の都合と混同され、そのことの隠れ蓑に使われると批判されもしよう。だが、だからといって私自身の利害とは別のものと私に思われるこの感情を全面的に否定はできない。誰かが生まれてくる、その者が相対的により幸福である方が、苦労が少ない方がよい。これは理解できる感情だという気が確かにする。

しかし、これは当の者達にとってはどういう意味を持つだろうか。こうした選択の中で生まれてきた子にとっては、私がいるという事実だけがある。そしてある存在が消去されたとしたら、その存在は不在である。それだけである。では障害をもって生まれてきた存在が、措置が取られなかったことを不幸と思うだろうか。あるいは思うかもしれない。しかしそれにしてもその感情は今生きている自らのものである他ない。ここにある私以外でありえない私の視点から、はじめて私の幸・不幸を語ることができる。だから、どのように生まれる者の幸福を想定してみようと、存在の予めの消去がなされる限り、それは個別の存在から何かを語ることとは異なる。それはただ、私達が外的な、すなわち私達の視点に立ち、当の存在の視点を消去する限りで成り立つことなのである。本人にとって不幸だからと、しばしば私達が口にしてしまう時、そこにいささか言い訳めいたものがあることを感じているように思う。それに対して、「生命倫理学者」はしばしば堂々とこのことを口にする。これは途方もないことだと思う。

「結果を考慮することから中絶をみようとするならば、まず中絶を行う理由を一つずつはっきりさせた方がよい。

1　先天奇形であることが判っているかその確率が非常に高い場合の新生児の生命を断っため。

2　もし生まれたら非常に劣悪な家庭的、社会的環境に苦しむと予見される、子供の生命を断つため。

3　妊娠の継続により母親の生命がおびやかされる場合、母の生命を救うため。

4　人口調節のためにこれ以上の出産を止めるため。

5　経済的その他の理由の個人的事情により母親が望ましくない妊娠を除くため。

上記の理由は1〜5の順に、胎児の利益が減少し母（あるいは社会）の利益が多くなるように並べてある。3番目の理由では、母と胎児の利益は等しくなっている。この場合は胎児の生命か母親の命かであり、どちらかを選ばなければならない。先に留意したように第一の理由および第二の理由による中絶は胎児の最善の利益のためのもの、および胎児期の安楽死とみられる。」（Brody［1981=1985: 162-163］）

医療の場での倫理的決定に関係する人向けの書の一節だが、「胎児の利益」という語自体が意味不明である。その者の視点に立つ——不幸であるかどうかなどわかりはしないのだから、その内容についてはもちろん疑問がある——と言いながら、本人は（その想定の中においても）不在なのである。どんなにしても、他者という位格を認める限り、その他者自身において、正当化することはできないことをはっきりと認めるべきなのである。

［2］抹殺とする批判を採らない

もし、胎児を消去を禁じられる存在、人、と認めるなら、人工妊娠中絶一般が禁止される。人工妊娠中絶の是非を巡っては様々な議論があるが、多くの国では禁じられていない。むろんそれは、ひとまず、法的に、存在の消去が禁じられない、罰せられない、ということでしかなく、そこにこの決定に関わる当事者の思いがないというのではない。行われない方がよいということを否定しようというのではない。しかし、この行いを、殺害であるとして、法的に、他者への強制として、禁止することはできないのだということは確認しておかなければならない。いったん実定法から離れたらどうだろうか。私見は第5章3節で述べた。

「抹殺」であるとしてこれを否定する立場を取らない。人工妊娠中絶を殺害であり、殺害であるから禁ずるべきだとはしないならば、選択的中絶もまた、殺害であり殺害であるから禁ずるべきだとはされない。もちろん、別の立場はありうるし、実際にある。ただ、殺害であって禁止すべきだとした時には、すべてが禁じられるのだからそもそも選択的中絶の是非を問題にすること自体が成り立たない。

［3］範疇に対する差別？

一方の都合によって他方の生に不当な介入をすることは認められない、しかし被害を被る者がいない行為は禁止されない、というのが一般的に承認されている考え方である。胎児をこのような意味での相手方の当事者とは考えないことは既に述べた。次に問題になるのは、同じ属性を持って生きている人（達）への侵害となるのか、「障害者差別」と言えるのかということである。

第一に、今生きている者が殺されるわけではないというごく単純な意味でなら、これはその人達に対する直接的な侵害であると言えない。ではどのような意味でなら言いうるか。

第二に、あなたのような者は生まれない方がよいという思いがあることは否定できない。あなたは生きていてよいと言われるかもしれないが、それは、生きている者はその限りでその生存を認めるということであって、その発想がここで消去されているわけではない。しかし、生きているという理由からだとしても、あなたに対して行うことではないとは言い得る。確かに、これは胎児とそうでない者とに対して別の基準を設定することである。しかし、この基準が実際に働いているなら、直接的な侵害行為であるとすることはやはりできないだろう。

第三に、実際に生きている私に危険が及ぶようなことがないとしても、私のような存在が現われることが拒まれるという点に問題があると言えないか。では、どのような時に私達はそれを問題にするだろうか。一つには、その属性が大切なものである時ではないか。

第四に、ここで消去されるのは、確かに現実のこの私ではないが、その技術が私に使われていれば、自分はいなかったと言われるかもしれない。ただ、例えば第三子である私は、第三子を産まないという決定がなされれば生まれなかったとも言いうる。こちらの方は気にせず、そうでない場合は気にするとなると、第三点と同様、やはりその決定の要因になった属性に何らかの重みを与えているということになる。では、障害はどのような属性だろうか。

とくに生まれながら障害があって生きている当の人にとっては、障害はあらかじめ自分にくっついてあり、これからもそのようにあるものだ。取り外しがきかないものについてはあれこれ言っても仕方のないところがある。自分は生きているのだから、生きていることはよいとして、障害の「評価」について聞かれても、とまどってしまう。しかしこれはまず取り外し不可能という事実を前提としているところがある。それだけを取り外し、除去できたらどうか。まず治療という行いは——他に影響を与えず、とはなかなかいかないのだが、ともかく——個体性を維持したまま、症状をなくす、軽減する行いである。また予防という行いは、——もちろん、この行いが個人に影響を及ばさないということではまったくないのだが、ひとまず——個人の身体と結びつく前に、個人が現われる以前に、病の原因、条件を除去する行いである。私達は、苦痛を取り除くために、また不都合を解消するためにそれを受け入れることがある。「ことがある」というのは、これを受け入れるにあたっての負担＝マイナスが（必ず）あるからであり、それを加えて総合評価するなら受け入れない方がよいことがあるからである。◆[16]私達は、実際には治療や予防の効果がたいして期待できないことから、また、薬が苦いことや、副作用の心配や、入院しなければならないことや、検査が面倒なことや、その他様々な私達が実際に被る影響を勘案して、治療も予防も選択しないことがあるだろう。

けれども、このことは治療や予防そのものを否定することではない。

治療を必要としない人もいるはずである。病や障害と呼ばれるその属性が大切なものであり、自分の一部であるから、それが除去されることを拒絶する人がいる。その中のある人は、そうした行い一般を、自分（達）を否定する行いであるとして批判する。そしてここでは、遺伝相談をした上での産まない選択や妊娠中絶に限らず、治療や環境の改善による属性だけの除去にも反対することになる。また第四の場合には、治療についてはともかく、中絶に対しては否定的である。また、例えば受精前の決定としてある属性（を有する可能性）を持つ者を産まないことも、等しく侵害だということになるだろう。しかし、他方にそのように思わない人がいる。考え方が異なる時にどうするか。第一に、当の人がそこにいるのであれば、まずはその人の希望を聞くことになるだろう。いない場合にはどうなるのだろう。第二に、少なくとも次のことは言える。それはなくすべきではない、治されるべきではないと考える人がいたとして、それ自体で、それがそうでない考え方よりも正しい考え方であるとは言えない。また、その主張がその病や障害をもつ人達、もつことになる人達を代理し、代弁しているとすることはできない。二つの異なる見方がある場合に、それだけでは、一方を他方よりよしとすること、その一方の見方を一般化して採用することができないということである。もちろん以上からは、ではどうするかという指針は出てこない。ただ第三に、本人の意志が聞き取れない場合にも、もし可能なら、治療は行われることはあり、もし同じ範疇の障害がある人も——自分の場合はともかく——それを認めるとすれば、あるいはその禁止を求めることはできないとするならば、障害という属性を奪うからそれが問題だという主張はそこでは成立していないことになる。[17]

このように考えると、以上検討した四つの意味で差別を指摘し、それゆえにこの技術の使用を問題だとすることは必ずしもできないということになる。第3節で述べたことは、第一に病や障害があって生きることが不幸であるという言い方に対する反論であり（第3節1）、第二に出生前における当事者の不在についてである（第3節1・2）。この第一点、障害者や病者が生きていることが肯定されることと、病や障害が肯定されることとは同じではない。[18] 選択的中絶の場合には、障害が除去されるのでなく、障害をもつ存在が除去されるのだから、事情が違うと言うかもしれない。だが遺伝相談の上で、子を持たないとした場合にはどうか。この場合にも存在がある上でその障害を除去しているのではなく、存在させないという決定がなされている点では同じである。子を持たないことを認めるなら、存在の否定という理由でこれを否定することはできない。後にも述べるように、子を持たない場合と妊娠中絶と、同じにできないとは思う。しかし、もし人工妊娠中絶を認めるなら、また胎児に何らかの権利を付与することによって語ることをしないなら、この差異を大きく見積もることはできない。とすると――「本人の不幸」という倒錯した議論には反論しえた、だがその上で――障害者差別であるという主張には、また出生前診断に対する批判全般には、根拠がないということだろうか。そうではないと考える。される側（を代表、代理する側）が、それを批判しようとして、される側にあるものを何か大切なものとして提示しなければならないこと自体が問題にされるべきなのである。◆[19]「私」からの批判には限界がある。これは、この技術がそもそもその私を予め存在させない技術だからである。周囲の者の側に決定は与えられている。周囲が感受するものによってある属性をもつ存在の可能性が消去される。だから、なぜ、私達はそういう決定を行おうとするのかを問うべきだ。

4　なぜ私達は行うのか

［1］不快／不都合

環境保護運動・反公害運動の中で、「障害児」「奇形児」が産まれない社会へ、というような言い方がなされることがある。また障害のある人をみて、「あんな人にならないように気をつけよう」と親が子に言う。「食べ物に気をつけよう」と自分に言い聞かせる。これはどこかおかしいのではないか、そういう指摘がある。◆[20] しかし、例えば薬害ＨＩＶの被害者の「私のような被害者をださないように、国は責任をとるべきだ」といった発言は受け入れられるだろう。また、そのように発言するのが被害者本人でなくても、受容されることがあるだろう。

とすると何が問題なのか。両者のどこが違うのか。「あんな人」というように、「人」が指図されているということだろうか。言うことが現に生きている人に対する非難になることではないか。しかし、これに対しては、生きている者に対してはその生きる権利を奪わずむしろ積極的に支えるが、障害の発生は予防するようにすればよいのではないか。これは可能でありうるし、またそれを認めることがあるだろうと思う。例えば、ＨＩＶ感染者、エイズ発症者の生活・生命を支えながら、ＨＩＶの予防策、エイズの治療策を模索することは可能だろう。だから、両者は両立しえないわけではない。これは、別段、「偽善」であるということではないと思うし、いったん生まれてきたからには仕方がない、殺すわけにはいかないという理由からだけでもないと思う。

一方でなされるのが妊娠中絶であるのに対して、他方では予防や治療であるということだろうか。これは無視しえない違いだと思う。しかし、少なくとも食べ物や何かに気をつけようという限りでは、これは予防策――本当に予防になっているのか疑わしいにしても――としてあり、それゆえにそれをよしとするかといえばそうでないと思うとすると、両者の差異は、また先のような言い方がなされ、それが環境保全の理由としてあげられることに対する抵抗はこれらのことに、少なくともこれらのことにだけあるのではないと思う。

（苦しまなくてよかったかもしれないのに）苦しむ、苦しんで死ぬことになる、私のような、あるいはあの人のような人を今後出してはならないという時と、「あんな人にならないように」「あんな人を出さないように」と思い、言う時とでは多分違う、というか、違う部分が加わっている。

一つは、姿や行動が奇異であること、了解不可能のように思われること、実際了解不可能であること、知能が低いことを取り出して、そのことについて「あんな人」とし、「あんな人にならないように」と思い、時には行動を起こすことである。もう一つは、要するに、私（達）にとって負担だという理由で行うということである。（通常より多い）他者の助けなしにはあることができず、他者の助けなしには不便である場合があるが、それだけであるような場合がある。本人にとってはやっかいでない場合がありうるが、そのまわりの人にとってはやっかいであることがある。つまり、私達にとって不便であることがある。知的障害や精神障害や身体障害の少なくともある部分、相当に大きな部分は、そういうものである。そういう人が周りにいるのは負担であり、大変である。そこで、負担が軽減されるという意味において、出生前診断・選択的中絶は良いことである、あるいは良いことではないにしてもやむを得ないことだとする考え方があるだろう。

　これは、「社会」や「社会の発展」を口にし、人の手を借りずにすませられる人口、労働可能な「優秀」な人口の割合を増やすことが望ましく、あるいは増やさなければならず、そのためには社会の決定として云々、といった具合に語られることもあるだろうし、そんなことは思ったこともないが、親の現実の家庭や労働やの実情からどうしても無理だと、苦しい決定としてなされることもあるだろう。また大抵の人は、何がどれだけ大変なのか知っているわけではない。現実の負担より、そう根拠のない恐れに近いものであるかもしれない。また、現実的な負担と別に、自らとは異質だと思える存在、自分が希望するような子でない子、育てることに喜びを感じることができないだろう子、を自らに背負いたくないといった思いもあるだろう。

　このように見てくる時に、私達はこうした様々な動機に軽重の差をつけたくなる。しかし、一人の重い決定にしても、この社会の環境にも左右され、結局はこの社会の状態をどのようなものとするのかの決定に関わっている。心理的な負担にしてもそうだ。この社会に薄く分散する意識が一人の決定に重くかかってくるだろう。重みの度合いはこうした状況の如何によって決まってくる。だから単に軽重の区切りを入れるというだけではすまない。また、こうした状況そのものが問題である時、それが変わるまでといって、問題を先送りすることもできない。動機が軽かろうと重かろうと、ここではこれらを皆一緒に、周囲の者にとっての都合というところから考えたい。

まず、親の手によろうと、それ以外の人々の手によろうと、いかなる程度であれ、確かに負担ではあるということを否定することはできないし、否定する必要もないと考える。そして手間のかかる人はいない方が楽だ。これも事実といえば事実で、認めるしかないことだとした方がよいと思う。障害をもつ者がいることが、他者にとって不都合である、迷惑であること、これを否定する必要もないと思う。その点で、私は引用⑧の発言を言葉の通りには肯定しない。その負担、大変さを多くの場合確かに過大に見積もっていること、その重荷とは現実的な負荷である以上に社会的なまなざしの問題であること、そのように社会があるのは確かだが、それでもある属性が私達にとって確かに負担・不都合であることは事実として認めてよい。そして、場合によっては、障害をもつ者達との関係が他とは異質であること、その者が私にとっての自明さを持った存在ではないこと、このことも認めてよいと考える。

周囲の者達にとって面倒で厄介な存在ではあるが、それだけである、そしてそれだけが理由になっていることがあるということだ。染色体検査で主に想定されているのはダウン症である。たしかにその「症状」は様々であり、内臓等に種々の疾患を生ずることはあるのだが、主に「知的障害」として現われるその障害は、それ自体として、その障害をもつ人自身にとっては、どんなようにも不利益なものでない。だから、他者の質を予め決めること、その中でも私達にとって不都合なものをなくすという行いについて考えることである。自分のことについては自分で決めてもらうしかない。男が女になろうがその逆を行おうがかまわない。しかし、他者を、このような理由で決定するのはどうかである。批判はこのことを巡る「卑怯さ」に向けられる。たかだか私達にとっての不便さ、不都合さをその者自身に振り向けることによって、あたかも私達のことでないかのように装うことを指弾するのである。

［2］死／苦痛

けれども、これだけに尽きない。死がもたらされ苦痛がもたらされることがある。そしてその死や苦痛は、大抵の人にとってマイナスであることがある。（「近代」が死に対して否定的な価値を与えたというような主張もあることはある。当たっている部分があることを認める。しかしそれを全面的に受け入れることはできない。）病であるとは何か。簡単にしよう。病とは苦痛であり、死をもたらすものである。そしてその苦痛は、他者の価値を介することのない苦痛である。それは、まずはその人にだけ現れるものである。様式の違い、及び（自身に委ねられる場合の）不都合さとして現象する「障害」と、苦痛を与え死を到来させるものとしての「病」とは異なる。もちろん、両者が同時にその人に入りこんでいる場合はあるだろう。しかし、両者の違いは曖昧で、境界は定められず、両者を区別する意味はないとまで言うのだったらそれは違う。私達は区別することができるし、区別している。[21]

　病気を治すために技術が用いられることには同意する、それ以上のことはしたくない、するべきでないという感覚は存在する。いずれ死ぬにしても、さしあたっては死にたくない。また苦しみたくない。だから、医療、リハビリテーション、そして予防…が支持されることがある——ことがある、と言うのは、他の価値に比べた時、それが選ばれないことがあるからである。治療は、行動の自由を得るために、苦痛から逃れるために、死が訪れる時期を引き伸ばすために行われる。「遺伝子治療」についてはどう考えるのか。例えば私なら、それも、受け入れるだろう。それは本人が判断している。本人の意志が聞き取れない場合であっても、その本人はそこにおり、その周りにいる私達はきっとそうだろうと思う。この程度の推量は許されるだろうと私達は思っている。もう一方の極には、ただ周囲の者にとってだけ迷惑であるものがある。ただそれに尽きないということである。

しかし、出生前、ここにはまだその本人はいない。だから、結局それは私の苦痛ではないか。なぜなら、まだ、私しかそこにはいないのだから。確かに、苦痛があるだろうと考えるのは私である。しかしそれでも、ある種の苦痛は、その者にとっても耐え難いものだろうとその私は思う。その人が現にその苦痛を生きている時には、その人はもう生きているのだし、その生はその人にとって価値のあるものだから、その苦痛を緩和しようとしながら生きさせようとする——また、ある場合には、苦痛より死を当人が選ぶことを認めるかもしれない。しかしここはまだ、苦痛を凌駕する生は現われていないと私が思う時、私は、その者を生きさせることをやめる。遺伝相談なりを受け、確実に、あるいは高い確率でその病が発生することがわかったとする。そこで子をもたないことにする。

しかしこれは、第3節に述べたことに戻ってみた時、どういうことだろうか。αないこと、現われないこと——零——と苦痛——負——とが比較されていると私は思っている。しかし、苦痛とは、その者が在ってはじめて存在するはずのものではないか。苦痛は存在――正――とともにしか現われないものではないか。とすると、β実は存在と苦痛とを比較し、苦痛によって存在を、否定できないのに、否定していることに他ならないのではないか。

　これに対してどのように答えたらよい答と言えるのか、わからない。多分、それは未在の存在のことを私が考えるということの難しさに起因している。それでも少し考えてみよう。βは、その者が、既に、在ってしまっているという現実の上で、はじめて現実には成り立つことではないか。しかし、現実には、その者はまだいない。だから、βの比較はここにはない。では、私はα人という存在のない苦痛といったもの、場をもたない苦痛といったものを考えているのだろうか。そうではないだろう。私は苦痛をもつ存在を「想像」している。その存在が現実に既に在ってしまう時には、その存在を受け止めざるをえないだろう。しかしそれはまだない。まだないことにおいて、正であるだろう生の現実性は薄れ、想像される存在の苦痛が、決断させる。奇妙な計算である。ただ少なくとも、まず、既にあることによって奪うことをしない存在、正の価値はない（同時に現実の苦痛もないのだが）。だから、許容はされる。これも認めない立場は、どんな場合でも正の価値が生ずる可能性は奪ってならないこと、つまり生まれる可能性のある

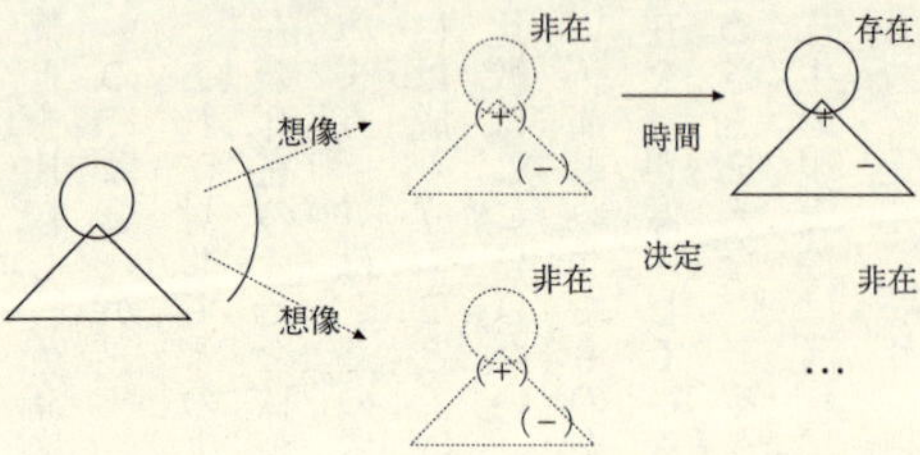

図9.1

どんな場合にも生むべきことを主張することになる。このように主張しないなら、未来に（確実に）生ずるだろう価値があるからという理由で生まない決断が否定されるのではないということである。

それにしても、なお、こうした行いが何か空虚であるとすれば、それは、長く、苦痛の少ない生の方がよい生であろうと思う私の感覚によって、何事かを決定した、変えたということである。それは私の都合というわけではない。しかしそれでも私がそのように思うのであり、私が決定している。多分、それは「よいこと」ではない。というのも、この決定があればなかった生が一つあることになって、そしてその生はあった瞬間から、それが短いものであったとしても、独自の生として現れ、しばらく持続し、やがて終わるのだから。苦痛を想像してそれを選ばなかったのは私であり、その私は、苦痛がある時には苦痛とともに生きる存在があるのだという精神の強度をもつことができなかったのだ。当の存在にあくまで即そうとする時、これは正当化されない行いである。

ただ、まだその存在が不在である時、あらかじめの消去を否定する現実はない。これを先に述べた。そして第二に、知ってしまい、そして選択できる時、それは私の選択になる（選択として引き受けさせられてしまう）。私が代替できず、私がそれを負うことはできない状態を私が作り出してしまう。例えば、その子が生まれてすぐにあるいは数年後に世界が終わるとしよう。あるいは人を苦痛にまきこむ事態が生じるとしよう。それでも生まれてしまえば、その生は独自の価値を持ち、奪われてならないものになるだろう。しかし、それに巻き込んだのは私である。そして、そこに生ずる苦痛は、私が代わることのできない苦痛である。もちろんどんな人でもいずれは死ぬのであり、それが一般に苦として観念されるのだとすれば、私達は子を存在させるどんな場合にも苦を作り出しているのだと言える。しかしそうではあっても、まだ若い時に死んでいくことの苦痛は大きいだろうと私は思う。

　第三に、この時、苦痛を想像しているのも私であるが、苦痛があっても生きていく方がよいだろうと思っているのも私である。現実に生まれた時には、その現実そのものがその存在の生を肯定するだろうけれど、この時にはまだ、いずれにしても私が思っている。だから、どちらの方がより他者に即した思いであり、行いであるとも言いえず、他者が在ることを受け止めようとする価値からは、この行いの是非は判断されえないのである。

［3］いずれも勝手な行いであることの中の差異

第5章で、私があるものを他者として受け止める時、そこには資格、積極的な契機を必要としないのだと述べた。しかし、まだ全く現われていない時、また（そのような状態があるとして）全く何も感じていない時、あなたという他者はいると言えるだろうか。私にとってあなたはいる。あるいは想像される。私は他者について思っている。しかし当の存在における存在はない。だから、この時、それを生かそうとする、現われさせようとするのも、そうしようとしないのも、私の思いであるしかなく、その限りで等価であると言う以外にない。だから、その限りでは、いずれにしても——このような言い方をしてよいなら——これは、「身勝手」な思いであり、行いである。このことも述べた。このことを確認した上で、私達は、その身勝手さがどのようなものであるのかを考える他はない。⑴私達にとっての都合によって産むのをやめる、という私達の選好があり、行いがある。⑵苦痛を想像し、産むのをやめるという私達の選好がある。⑶そのような決め方をしないという私達の選好があり、行いがある。

いずれにしてもまだ具体的な他者はいない。まだ現われていない時、それらはいずれも私達の側にある抽象的な、一般的な原則のようなものである。そして、畢竟そのようなものでしかないものによって決めてよいのかと迷う。

ただ、(3)自分達の都合で決めるのはやめようと思って、あるいは何も考えずに、子が現われてしまう時、具体的な他者が現われてしまう時、既に、その存在は生きようとしている。そのことによって、ただの私の思いでしかなかったかもしれないものは、そうでなくなる。それでよかったという現実が、後から、やってくる。

(2)私は他者のことを想像している。それでやめるという行いを行う。第5章で、自らを越えて在ってしまうことを受け止めること、受け止めてしまうことが、私達が人を特権化してしまうことに関連があるだろうと述べた。同じことがここでも言えはしないか。苦の多い存在であるよりも苦の少ない存在であってほしい。しかし、あってしまったら、既に、その者はその者だけの生を生きるのだから、比較のしようがない。ただ、この時には、まだいない。私が代替することのない、その者に固有に訪れるだろう苦痛や死がためらわれる理由になる。

(1)私の利害を通したということで、具体的な他者を侵害したわけではない。だがそのような「態度」がよかったのかとは言える。負担や有用性を考量しなければならない場面があることを否定しない。その負担を受け入れるなら社会の存続自体が不可能になるといった場合には、どうしても考えなければならないだろう。しかし、この社会はそのような社会でない。その他者にとって負担である属性、障害を持つことを許容しないこと、全てを自分達にとって都合よく他者を存在させることを問題にすることができる。社会にとって有用である、あるいは害がないことによって成員を決定する行い、そうして形成される他者との関係、そうして構成される社会は、快適ではあってもつまらない、他者がどういう存在であれ、それはそれでよい、そういう存在を他者といい、そういう存在によって構成される場を社会というのだと言い、負担や貢献を口にする議論に反駁することができる。

　先に残した、障害者差別だという批判は当たらないのかという問いを考えよう。繰り返すが、これは私達が行う行いである。なぜ行うか、その理由は述べた。ここに、必ずしも、障害者に対する敵意があるわけではない。様々な見込み違い、勝手な思い込みが介在している場合も多いだろうが、偏見があるわけではない場合もありうる。むしろ、負担についての「正しい」認識の上で行うことだってある。そして、ともかくもその人が生きている時には生かそうとするだろう。これだって嘘とは言えないと思う。障害者差別だと言われて、とまどってしまうとすれば、それはこのようなところからも発しているはずである。

では批判は当たらないのか。生きている障害者が具体的な侵害を被っているわけではない。そして彼ら以外に具体的に存在する障害者はいない。こういう場面には差別ということがありえないのだと、問題とすべきことはないのだと考えるなら、差別はなく、問題はない。けれども、そう言えるのか。第1節で、「間違いなく、出生前診断・選択的中絶は除去する技術であり、それが行われる時、障害者はいない方がよいという契機が必ずあることは認めざるをえず、このこと自体問題にしうる」と述べた。そこでは、ここから、障害に対する評価という問題が浮上したことを指摘し、第2節以降、このことについて一定の検討を行い、評価が間違っている、評価を変更すればよいと言ってすむほど単純な問題ではないことを述べた。しかし「」内の言明の妥当性はまだ維持されている。これまで行ってきたことは、このことをはっきりさせることだった。病や障害が不便を与えるものであったとしても、それは生まれる存在にとっては、生きていることを否定するだけのものではない。これは、私達にとっての不都合、私達の価値からなされることであり、ことでしかない。障害に関わる差別の一つの大きな部分は、能力に関わる差別であり、それは、自分ができる／できない、他人の助力を必要とする／しない、その度合いによってその人とその人の生を否定することである。社会にどのような人を迎えるのか、この技術においてなされるのはこうした基準による選別であり、ゆえに、これに対する障害者の側の批判は当然のものだった。この選択的中絶という行いがそれだけの限定された範囲にとどまるとしても、それはそれ自体として問題化されうるのである。もちろん、厄介なもの、異質なものを除去していこうとするその発想から、この技術に限定されない行いが行われる可能性はあり、ゆえに「差別につながる」という言い方でこの技術が問題化されてきたのだし、それに対して、そうとは限らない、「障害者福祉」と「選択的中絶」は両立しうるのだという反論がなされてきた◆22のだが、仮にこの反論が成立しうるとしても、批判の本体は失われることはないのである。

[4]「正しい」優生学としての出生前診断・選択的中絶

この章のはじめに「正しい」優生学を批判することの困難について述べた。批判が可能であるとすれば、その何が批判されうるのか。まず、出生前診断は優生思想のもとにあるのか。もちろん定義による。優生思想を、(1)人の性能をよくしようとし、悪くするのを防御しようとし、(2)そのために人間の遺伝的側面に働きかけようとする思想、と定義するとしよう(第6章3節)。とすると、最初の問いに対しては、その通り、出生前診断→選択的中絶——の少なくともある部分——は優生思想のもとにあると答える他ない。

では、ゆえにそれはよくないものか。だが、よくないと言うためには優生思想がよくないものであると言わなければならない。歴史的な現実としての優生思想の何が批判されてきたのか。第一に、①因果関係について主張されたことが極めて怪しいものだったことである。第二に、②この思想の実現が、国家による強制として、時に殺害として、行われたことである。だがこの技術の場合、①について診断と結果の間に相応の因果関係があることを否定できない。②については、少なくとも現象的には個々人の選択としてなされており、殺害が行われているわけでもない。つまり、従来批判されてきた部分はかなりの程度解消されている。優生思想の問題が①と②に尽きるなら、出生前診断に問題はないことになる。

だがそれで終わるか。まず、⑵遺伝〜出生前、が問題になっている限り、優生思想の実現は、生まれるあるいは生まれない存在の外側にいる者達によってなされる他ない。その者が、②国家なら問題だが、女性ならよいのか。その通りと言えるとしたら、その根拠はなにか。女性の「自己決定権」だろうか。だが、産む産まないの決定がその女性に委ねられるものとして、その決定の中に質をめぐる決定は含まれるのか。少なくとも「自己決定」という語に惑わされてはなるまい。生まれる自己は不在であり、不在の自己の外側にいる者は、それだけの意味においては全て同格である。そこで②を②′

私（達）の価値によって他者の性質を決定すること、と書き換えるとしよう。(1)+(2)から②′が直接に帰結するのは明らかである（(1)はその目的を示し、(2)はそれが他者に対してなされる行為であることを意味する）。つまり、②′それ自体に倫理的な問題があるとすれば、(1)+(2)、すなわち優生学それ自体に倫理的な問題があるのであり、出生前診断・選択的中絶――の少なくともある部分――に倫理的な問題があることになる。そしてそれだけが、「正しい」優生学に抗する根拠である。

5　何がなされうるのだろうか

[1]　知らされてよいのか

(1)　例えば大海上で幾人かがボートに乗っており、誰かが降りて死ななければそのボートが沈んでしまう。くじ引きでその者を決めることと、誰かをその者の属性ゆえに降ろすこととの間に違いがあるか。ここで、違いはあり、後者を認め難いと考えるとする。あるいはある社会に人々を受け入れる時に、その人の属性によって、またその人が社会にかける負担の度合いによって、その人を受け入れないとする決定を不当だと考えるとする。選択的中絶の場合には、降りなければならない人、受け入れられないかもしれない人が現にいるとは言えないとしよう。ただ、それはその不当性を弱めるかもしれないが、消し去りはしない。依然として、それはよくない行いであり続ける。

⑵ ただ、苦痛がある。一方の極に純粋に身体的な苦痛といったものを想定するとして、もう一方の極に、ある関係、ある環境の中にだけ生ずる苦痛がある。その存在が既にある時には、苦痛があるにもかかわらず生きたいのだと言いうる、少なくとも苦痛ゆえにその存在はいない方がよいと、少なくとも私達が言うことはできない。しかしその条件はここにはない。特に、人から与えられ、社会から与えられる苦痛を含めてしまう時には、苦痛を与えている私達の側を不問にすることにもなるのだから、危険である。しかし、他方で、現実に社会の中で生きる時の苦痛はなくなりつくすことはないだろう。少なくとも、私達がその存在を引き受ける用意がある時にだけ、私達がその苦痛を取り払おうとする用意がある時にだけ、その苦痛を気にすることはないのだとかろうじて言いうる。そうでないなら、私が与えるのではないが、生まれた時に人々から与えられるだろう苦痛を考慮してしまう親が必ずいる。苦痛ゆえに、生まれさせない。これはよい行いではない。その存在があるのであれば、その生はその存在にとって価値のあるものであり、他方で選択的中絶によって帰結するのは結局何もないということでしかないのだから。(別のより幸福な人が代わりに生まれることにより世界に現われる幸福の総量が増える

からそれはよいのだという立場がこれに反論するかもしれない。しかし、一人にとっては、私が現われずに、別の者が現われたことによる世界の幸福の総量の増加など何の関係もない。）しかし、その価値とともに現われる存在が現在はない（現われない）ことによって、許容はされるだろう——これも認めない立場は、どんな場合でも、価値が生ずる（つまり生まれる）可能性は奪ってならないことを主張せざるをえない。

言いえたのはまず以上である。他者を私達の利害・価値によって決定すべきでないという価値から、出生前の選択をよくないと言いうる場合があり、よいとは言えないが許容される場合がある。では、現実の社会に与えられる規則のあり方について何が言えるのか。主に(1)を念頭に置いて考える。

①人工妊娠中絶を全面的に禁止しないという前提のもとでは、少なくとも殺害・抹殺であるという理由によって、この行為を禁ずることはできない。また、直接的な他者の権利の侵害行為以外は禁止されないという立場をとれば、胎児あるいは同じ範疇の者に対する侵害という理由で、禁止すること（法的に禁止すること）はできない。

②しかし、選択的中絶（というより人工妊娠中絶全般）は、単に子をもたない決断とは異なる。第5章で、殺さない存在の始まりについて、「客観的」な線を引くことはできず、この時に、最終的に女性に委ねると述べた——これは苛酷な要求でもある。それに

しても、それは望ましい、望まれている行いではない。

③そして、検査が楽になる——身体的な負担の大きさや危険性は検査に対する批判の論点の一つだったのだが、ここではそれが通用しなくなるということでもある。また、診断可能とされる対象が拡張される。そして病院の経営面からも検査が拡大することに利点が見出される。こうして、より簡単に、気軽に行うことができるようになり、広く行われるようになりうる。こうした可能性があるし、実際そうなりつつある（注1の後半に紹介）。

④現に存在する者に対する直接の侵害だけを問題にするというのは一つの立場であり、また「直接的な」という範囲をどこまでに設定するかによって、その結果も変わってくる。そして述べたように、親は子＝当事者ではなく、その意味では誰もが特権的な位置にいるわけではない。これまで、選択的中絶について、そして右の(1)の場合について、確かにそれは便利で好都合なものではあるが、このことが——この本で述べたことが受け入れられるとしてだが——それを正当化するものではないこと、むしろ、この社会にある価値に反するものであると捉えられることを述べてきた。不快であり不都合であるという理由によって成員を限定することがよいことだとは思えないと述べた。そのいくらかを認めて、あるいはさらに別の理由で、これが社会のあるべき状態に対する侵害で

あり、つまりはその社会の中にある人（の価値）に対する侵害だと捉えることもできるなら、統制は正当化されえないわけではない。質を決定しないという選択を社会的な決定とすることも考えうる。②がそれを支持する要因になり、③が現実的な制約の必要性を考えさせる。

⑤ただ幾度も述べてきたように、私が私にとっての不都合をなくする、都合のよいようにするというのは、私達の生を一方で構成している当のものである。それは、現に他者がいることによって制約されるのだが、ここではその存在はいないではないか。少なくともいると言い切れないではないか。これを認めるとするなら、答は出ない。その空白に、当の女性の「決定」が位置を占める、占めてしまうことになる。

⑥これは私達がどのような状態を目指すのかを考えることでもあると思う。皆が一様に同じ意識を持つことか。そうだとしても、ある意識を持つこと自体を禁ずる術はなく、また意識を持つように強いることが可能か、また妥当かが問題だ。では、ひとまずそこを離れ行為に照準を合わせるとして、それが単に禁じられている状態が目指すところなのか。むしろ、社会の全域を覆うものでないにせよ、また個々の人の思いの全てを占めるものでないにせよ、他者を認めてしまうという感覚があることを提起し、その感覚の存在を認めさせること、このことについて考えることを求めることに意味があるのだと

すれば、社会的・法的な統制という方法を採らないという途もありうる。

⑦それにしても、手の指の数、身長、肥満…[23]。結局は、私達の好みによって、私は私でないもののあり方を決定していると言うしかないような時がある。これに対して、少なくとも、そうしたことに関わる情報を知る権利はないのだと言うことはできる。その情報提供の要求は、情報を与えないとする判断に優先するものではない。先に述べたように、産む／産まないがその女性の権利であるとしても、その子のあり方を決定する権利がその女性にあるわけではないからである。それを子（となるかもしれない存在）の「プライバシー権」だと言うこともできよう。ゆえにある範囲の情報を与えないことは正当化されうる。

以上で位置が定まったわけではない。ただここまで考えてくれば以下のように言えよう。第5章で述べた理由で、少なくともある時期までの妊娠中絶はその理由、事情と関係なく認められるとしよう。ここから、また子に予想される疾患・障害は妊娠中絶を積極的に正当化する理由とは考えられないことから、「胎児条項」の設定は認めない。そして、子自身に苦痛を与えるものでないその属性については、それに関する情報の請求を拒絶すべきである。

これでもなお漠然としていることは承知している。だが、それを具体的に考えていくためには、どんな疾患・障害がどんなものであるのか、それを取り巻く私達がいったいどのようであるのか、あったのかを検証していく必要がある。[◆24] この立場は、この坂は「滑りやすい坂」だから一切を禁じようという立場とは異なる。滑っていく可能性のあることを否定しない。しかし、そのことを承知しながらも、以上のように言おうと思う。

［2］積極的な権利としての選ばない権利

出生前診断を義務づけることは認められない。選択的中絶を強制するには、第一に、やがて他者となる存在の質を周囲が決定することを禁止できない（許容しうる）というだけでなく、強制に対する正当性の付与が必要である。第二に、子どもを産むか産まないかに対する自己決定を認めれば、産むなという強制は、不当な介入であり、認められない。第三に、産むことはある者（達）の決定を介して、その者の身体においてなされる。ここに介入して検査と中絶を強要する場合、それは、ある者の主張・見解を排除するというだけでなく、具体的な身体に対する介入だから、さらに強い正当化の根拠が必要となる。選択的中絶を行うべきであるという正当性の付与以上の、親の決定を排するためのさらに強力な根拠が必要となるが、それは存在しない。産む決定の結果、その者は生まれたのであり、その生存が肯定されるなら、産む決定が非難されるべき根拠は存在しない。

禁止するのでもなく、義務化するのでもないとしたら、結果としてその決定は最終的に当の女性に委ねられることになる。「自己決定」の立場に立つ人も、その人が決めればよいと言うだろう。検査や中絶を義務化せよなどといったことは言わないだろう。ただ、行いを制限されない自由だけを認めるなら、その行いの結果については自分で責任を負うべきだということにもなる。これに対して、生まれた以上は独立した人であり、その子に対する援助はその事情と関係なく行われるべきだと主張することはできるかもしれない――それさえも家族の扶養義務という原則の下で容易ではない――としても、今度は、社会全体が負担に関わる以上、それは直接の親に関わるだけのことではなく、私達も利害関係者であり、（産ませない）決定に関わってよいはずだということにもなりうる[◆25]。

それに対して、以上から導かれるのは、出生前診断→選択的中絶という選択をしないという選択を、現実的に存在させることである。検査を受けないでよく、生まれた者は誰であれ生きてよいのだということを本当に現実に認めるのであれば、単に、それは個人の選択であると言うのでは足りず、誰であれ生まれて生きることを、いやいやでもなんでも、私達が実質的に認める必要がある。産む側の当事者と生まれる者とが現実に暮らせるために、家族の扶養義務は制度的・実質的に、解体あるいは大幅に縮小され◆[26]、その義務は社会全体が負うことになる。

このことを主張すること、そして質の決定に関与しない、選択をしないという選択があるのだということ、そのような選択が認められるべきことを主張すること、また、そのように考えない者がいることを事実として認め、それに論争を仕掛けていくこと、社会の全体的な決定として、政策として、これを推進することを批判すること、こうした選択が現実に行われる場、検査・医療の場において、検査自体も含めいかなる意味でも義務ではないことをはっきりさせること、どのような情報を与えているのかその公開を求めること、それだけでなく、障害をもつ者が生まれると本人も不幸で社会も不幸だなどとどうしても思ってしまう医療従事者の考え方ではなく、少なくともそれだけではなく、それと対立する考えが伝わるようにすること、現実に障害があって生きていく生き方を伝えること、そのために、不幸であるという声に抗して生きている障害・病を持つ者の参与をこの場にそして様々な場に求めること◆[27]。以上述べてきたことから、これらが支持される。

出生前診断・選択的中絶に対する批判を追い、検討し、ひとまずここまでを述べた。できる限り、論点、主張点をはっきりさせたつもりだ。少し込み入った論の展開にはなった。また何か抽象的な議論であったように思われるかもしれない。しかし、私は、選択的中絶について個々人が悩んだり考えたりすることの中に、以上述べたことがすべてであるのだと思う。はっきりさせられることはできる限りはっきりさせようとしながら、しかし、「動揺」を切り捨てないで考えようと思った。妙にすっきりした議論は、むしろ、動揺させる「論理」を充分に捉えていないのだと考える。以上述べたことのどれかを、あるいは全てを否定し、別のものに入れ替えれば、別の肯定論あるいは反対論が可能だろう。私は批判者の批判のすべてを受け入れることはなかったが、批判の中核的な部分は残っていると思う。そして批判者も以上をさらに批判することができる、自らを擁護することができるだろうと考える。

6　積極的優生について

［1］　積極的優生

「積極的優生」について。ゴルトンの目指した方向に反して、選んで産む（産ませる）ことによって質の改善をはかるこの方法が政策として採用されたことは少ない（第6章注30・436頁）。そして、消極的優生に比しても、その有効性は明らかに疑わしい。しかし、現実に可能であろうとなかろうと、これをどう考えるか。

能力を高めることは能力の低い人を「差別」することだろうか。差別だとするなら、多くのものが差別である。例えば、オリンピックは運動が得意でない人に対する差別であるということになる。そこまでは言わないのだとすれば、少なくとも能力を高め、能力を示すことの全てがいけないということにはならない。だったら、あるのは手段の違いであって、みんなよいということにならないか。第一点。私が私をよくする。私があなたをよくする。両者の間にある違いはこの主語の違いだけである。しかも後者の場合に、私はあなたの「最善の利益」(だけ)を考慮してよくするのだとしよう。ならば同じではないか。第二点。また、生まれた後、私はあなたをしつける、学校に行かせる等々、いくらでも行うことがあるではないか。こうやって生まれた後に何かさせるのと、積極的優生によって生まれる前に与えることと、違いは、生まれた後、生まれる前、それだけではないか。第三点。しかも、消極的優生とは異なり、積極的優生は生きさせる行いであるから、存在の消去が絡む消極的優生の場面とは異なり、より「倫理的」な問題は少ないはずだ。以上について、考え、答える。

[2] 積極的優生は不愉快だから禁止される

人々が新しい環境で生きていかなければならない時、あるいは現在とまったく違った環境で生きていくことを決意する時、そのために必要な能力を身につけようとし、それが仮に可能だとして、それを遺伝子の改変によって行うことがあるかもしれない。例えば今の陸地が海中に沈む時、水中で暮らすためにはえらが必要だから、えらをつけることがあるかもしれない。これらのことを否定しようと思わない[◆28]。だから、すべてを否定しようとするのではない。しかし、何か私達にとって「よい」ものを遺伝に関する知識と技術に基づいて他者に与えようとする行いは否定されうると私は考える。以下、先にあげた第一点から第三点について答え、このことを述べる。

　第一点について。優生はある属性・能力をもつ／もたない存在を存在させること／存在させないことであり、必ずその存在の外側にいる者が行う行いである。この点は重要である。あなたはあなた自身を変えることができる。それを認める。それは、変えることが何かよいことであるからではない。それを引き受けるのはあなたであり、そのように思い、行うあなたを、私が凌駕することができないから、凌駕しようとしないからである。このような意味で、私はあなたの「自己決定」を認めるだろう（第4章）。これに対して、積極的優生においては、それを行う時、その人はまだいない。私がそれを行おうとする時、それは、私の、私でないものに対する行いである。

それは何に発しているか。対象となるその人はまだいないのだから、当然、その人がよいと言っているから行うのではない。そうではあっても、私はその行いを、いまだ存在しないあなたの「最善の利益」を考えて行うかもしれない。しかしそのような場合でも、そのあなたの最善の利益とは、あなたが私達の社会に生きていく時に、有用・有益とされるものをより多く有することによる利益である。たしかに私が最善の利益を考慮したことによってあなたは利益を受け取るかもしれない。けれども、この場合でも、あなたに対する行いは、結局のところ、私達の価値によって（それがあることを前提にしたあなたの「最善の利益」によって）行われている。このような意味で私（達）が変えるのである。だからこれは、私の価値に発する行い、時には私個人のではないにせよ私達の価値に発する行いだ。他者であるあなたは私の（欲望の、希望の）模像として存在を始める。その時に私にとってあなたは他者として存在すると言えるだろうか。その存在は、制御しようとする私の欲望のもとに置かれている。同時に（失敗した場合には）私の失望のもとにおかれる。あなたが他者であるという性格は失われている。その時に私は、私にとってあなたがあることの基本的な意味を消し去っている。あなた自身においても、あなたが私にとって他者であることができるというあなたのあり方が侵害されている。そのようにして生まれてきたあなたは、その決定の内容に関わらず、私によって決定されること、私の私性が自らに侵入してくることに不快である。

多くの子が、何かしらの期待はされて生まれてくるだろう。しかし、「父親」の知能指数が記載されているカタログを見て、精子銀行から取り寄せられた精子によって生まれてきたあなたは、それがあなたに対する親の真実の思いに発しているとしても、——その実際の「効果」のほどはきわめて疑わしいのだが、その効果の実際などとは関係なく——あまりに直截にそこに私（達）の欲望が刻印されていることに対して——不愉快なのである。

このように考える時、積極的優生学が否定されるのは、それが人間の尊厳を構成する「大切なもの」を奪うからではない。例えば「背の高さ」は「人間の尊厳」に関わるだろうか。関わるものではないと言うこともできるだろう。単に生きていくのに便利である、格好がよいというぐらいものであるかもしれない。であれば、たかだかそういうものでしかないのだから、その方向に向けて変えることには問題がないだろうと反問されるかもしれない。これに対して、変えられるもの、作られるものが、たかだか手段であるものであろうとそうでなかろうと、あるものをよしとし、あるものを便利だとする、そういう私達の価値によって、作られることに対する抵抗があるのだと、だから些細であろうとなかろうとそれは駄目なのだと言う。

第二点について。いつも私達は「教育」する。ここでもなされているのはそれと同じことではないか。ならば、問題はないはずである、あるいは教育全般が否定されるべきだということになる、そのいずれかではないか。しかし違いは、その違いはわずかではあるが、ある。あるいは、ありうる。すべてが当の子供の意向を尊重してなされるべきだといった呑気なことを言うつもりはない。私達は、人を殺すなとか、友達をいじめるな、といったことを、いろいろな理屈をつけることもあるにせよ、結局は有無を言わさず、押し付ける。しかしそれ以外で、私達は、何が生きていく上で便利であるかを知らせ、その手段を提供するが、そこから離脱することを認めている。あるいは認めていないとしても、現実に、その場には既にその者がいて、その者の抵抗に会うことができる。私達は様々なことをその者に押し付けようとするのだが、それは完全には成功しない。しかし積極的優生においてはそのような可能性は想定されていない。現場にその存在はいないのだからその可能性は封じられている。両者はこのように異なる。このことは同時に、出生前だけが特権的に問題になるのではなく、ある種の早期教育といったものもまた、否定の対象になりうるということを意味する。私達に都合のよいように他者があるべきでない。そのように考えている、そのように考えているとする時にだけ、私達は、積極的優生を否定する。奇異な言い方のように思われるかもしれない。しかし、「よい優生」に抵抗するとすれば、それは、結局、このような態度からしか導かれない。[29] そして、このように言うのは実はそんなに奇抜なことでもない。例えば、私は身長の高い人の方が好きだけれども、身長の高い人間を生産することはすべきでないと思うとすれば、その人は既に述べてきた場にいるのである。

第三点について。この行いを制限したり禁止したりすることはできるのか。できる、と考える。まず、今述べたようなことは、あなたがそう主張しているだけであって、私がそれに従う必要はない、という反論があるかもしれない。しかしそれは違う。私とあなたは子という他者に対して同じ位置にあるのだ。国家によって行うことは認められないとしよう。他方で、親がそれを行うなら認められるだろうか。こう考えるなら誰もが特権的な存在ではありえないのである。第8章で、能力が手段として用いられる場にあっては能力によって選抜することを認めたけれども、それ以外の部分を評価することが禁じられると述べた。そこでは、義務を課しているし、義務を履行しないことを禁止している。それと同様に積極的優生も、同じ理由で、すなわち他者が他者であることを奪ってはならないという理由で、禁ずることができる。選択的中絶について結局のところ禁止すべきだとは言わなかったのに比して、積極的優生を禁止してよいと主張するのは奇妙のように思われるかもしれない。何にせよ、こちらは生まれるくるのであるから、よいではないか、問題は少ないではないか。しかし逆である。生まれる者があるからこそ、その者に不快が生じうるのであり、だから積極的優生は否定される。◆30

7　引き受けないこと

[1] 否定するのでなく、場から降りること

考えてきたのは、当事者がその時点で不在である存在のあり様を決定するということ、そのことによって社会のあり様を決定することをどう考えるかだった。不都合と思われるものを除去すること、それがそんなに良いことなのか。このことを私は、第4章から述べてきた。そこで述べたこと、またここで再度述べようとしていることが、どのようなことでないのか、確認する。

「良い（とされる）こと」に疑問を投げかけようとする時、第一に取られる途は価値を逆転させることである。誰かがある属性を負であるとしそれに基づいて何か主張する時、それを否定、批判しようとして行われることは、いや実はそれは良いものなのだと、肯定することである。しかし、確かに病や障害を持って良いことがあるだろうとは思うけれど、それが実は良いものだ、良いものだから、と言う必要はないと考える。あって

もよいと言えるかもしれないが、あるのがよいとは一般に言えないから、というよりむしろ、そうした個別の障害が良いか悪いかを判断するという土俵に乗る必要がないのだと考える。この場所はこうした問いが立てられた時に、抵抗しようとする側が追いやられてしまう場なのであり、強いられた場所なのである。個々の病や障害にはそのうち治せるようになるものもあるだろう。しかし、自分にとって、何より他者にとって、不都合なもの一般は決してなくならない。技術的にもそう言えようが（これが第二に言われることだが、技術的に可能なものもあるという事実も残る）、さらに、この都合不都合は全く相対的なものだから、個々の技術の進展と関わりなく言えることだ。どんなに技術が進んでも相対的な差異は残る。それは決してなくならない。ある存在がいなくなる時、その次には相対的に同じ位置に別の存在が現われることになる。それは、対象が拡大適用され、恣意的に運用される可能性がある、という一般に持ち出される第三の議論――それは、厳格にその対象の範囲を定めることができるという議論と水掛け論になるだけでなく、「真に」その対象となる存在についてはどう考えるのかという問いに答えない――と同じではない。また、いつかどこかで（事故にあって、年をとって）私達は障害や病を持つだろうという第四に挙げられること――いや私に限って大丈夫と言い張る者がいるだろうことを別としても、それは例えば事故によって障害を持つ場合とは別に先天性の障害のことを考えてもよいのだという議論の方に移行してしまうことにもなる——とも等しくはない。厄介さを縮小しようとする社会であること自体が、いつでも、いつまでも存在する、今他人の手を借り他人の生産に依存している者達、多数者とはその生存の様式を異にし、このことによって確かに摩擦をそこここで生じさせるだろう存在にとって、生きにくいということ、そうした者達を成員とすることを肯定しない社会は、生きにくい社会だということをまず言えばよい。そしてなんなら、そこに相対的には誰もが厄介な存在であることを加えてもよい。そうした社会を、息苦しい、つまらない社会であるとして選ばないことができるはずである。

そして、さらに積極的に質を決定しない、偶然を除去しない（ことを選択する）という考え方が成り立ちうるのではないか。それは、人類の存続のためには偶然的な多様性が必要であるといった、実際その通りなのかもしれず、そのこと自体を否定しようとは思わない、第五にあげられる理由によるのではない。個別について語る時に全体を持ち出す発想を簡単に受け入れることの危険を考えるからだ◆[31]。そんな理由からでなく、他者の質を決定するという行いは、具体的な行為としても、ある価値の範囲の中にその存在を置こうとすることにおいても、他者、世界を自らの制御のもとに置こうとする行いであり、それは結局、他者、世界が私の範囲内にあるということであって、私と違う存在、というか、私の範囲の中にない存在に出会うことにおいて私達が生を享受しているのだとすれば、ここで行われようとしていることは、ただ退屈な私の世界を広げているだけのことではないか、そう思うからだ。

これはマイナスとされている属性に価値を認めよということではない。違いに寛容であれということとも完全には重ならない。その個々の「私」のものを大切にするということと同じでありまた違うことだ。同じというのはともかくある者の身体なりに現われているものを受け止めるということだから。違うというのは、それは自己の中の他者として現われることだから。全てが自らのいいなりになる、自らによって形成されるということではない。障害者の社会運動においてしばしば口にされてきた「かけがえのない私」とは、私が私のものとして執着する私の支配下にある私のことではなく、他者にとってもまた私自身にとっても他者であるような自己であり、「私の肯定」とは、そうした他者性を消去してしまうことへの否定ということではないか。だから、「生命」が尊い、「生命一般」が尊いということではない。肯定とは、個別の他者が私でないものとして現われることである、あるいは私のものさえもが他者として私に現われることであることの肯定ではないか。

［2］ 小さな場に現われる

こうした問題の位置付く場について付言しておこう。女性の産む／産まない権利の主張は、国家や「家」や男が産むこと／産まないことを強要するという状況のもとでは、当然のことだった。しかし、そうした介入――本稿でその分析を行わなかったのは、それが不要だと考えているからではない――を排するとして、問題はその後、あるいはその手前に（も）ある。介入に対する戦術的な対応に追われて基本的な主張を吟味しないことは、結局のところ運動にとってもマイナスだと思う。ここでは、他者の生を決定することの意味を私達の問題として考えてきた。

さらに現在の状況を見よう。質の決定に向かう誘因が単に人口政策や、有用な労働人口の確保の要求から来ているとは思えない。少なくとも問題の全てが「国家権力」や「資本」との関係にあるのではない。

第7章で、「福祉国家」において個々人の健康や幸福に対する介入が増大するという問題が語られるのをみた。（余計な）善意によるパターナリズムからでなくても、国家財政が問題になり、コストが問題になる時、介入が増大すると言う。言われていることはひとまずその通りなのだが、しかし、ここには一つの単純な錯誤がある。これは、国家がその財源を調達する、その結果、財源、コストについて国家は関心を持たざるをえず、その結果、優生的介入が進行するという論理である。それに問題があるのだから、国家にその役割を担わせることをやめ、私的な部分に委ねることにしよう。とすると、そこに起こるのは、個々人、個々の家族が、コストについて関心を持つ、持たざるを得なくなるという事態である。小さな単位が耐えられる負担は、より少ない。また、負担に耐えられるのは一部の余裕のある者に限られることになる。ゆえに、むしろ生産性を向上させ負担を削減するこの技術への需要は多くなるはずである。これを認めないなら、負担の義務を負う単位を（国境も越え）拡大させる道をとるしかない。その上で、私達は「医療費の増大」といった実感的でありながら、しかし抽象として語られることに対して、たしかにそれが少ないことは払う税金や保険料が少なくなるという意味においてよいことであることを認めながら、しかし、それが具体的にはどんなことを意味しているのか、何をもたらすのか、注意深く見ていく他はない。

［3］私から遠ざけること

出産・育児は今、ある程度は個人の「趣味」に属することとしてある。そして人口や労働人口のことにしても、そうした個々人の欲望から離れてはいない。それらを「支配」や「独裁」——この主題に関してはなにかと「ナチズム」が引き合いに出される

――とだけ関連づけるのだとすれば、それは事態を見誤っているのだと思う。欲望は、個々の人に発するのでないとしても、個々の人に分散して現われている。だから、産むことについて国家の決定よりは個々の親の決定が優先されるべきだと一般的には言いうるとしても、それで終わりはしないということである。結局、子供を産んだり子供を持ったりすることは趣味としてしか成り立たないのかもしれないし、それはそれでよい。うむを言わさぬ強制としてこのことがあるのよりはよほどましである。しかしその趣味が、他者を自己の範囲の中、自己の観念の範囲の中に置きたいという趣味として現われる時、それは良い趣味なのかと問うことはできる。

負担を回避し貢献を求めるという道を、少なくともその道だけを、選ぶのでないのなら、私達が、誰であろうと他者として現われることそのものに条件をつけない、選択しないという選択、選択のための情報を得ないという選択を承認することである。そしてそのようにして生まれてきた者すべての生活を支援していくことである。選択しないという選択を支援するやはり私達の選択として、現実に生きていくことのできる状態を確保することである。

このように言うことは、何か浮世離れしたことだろうか。しかし、もし、技術的に可能であるにもかかわらず、それを行わず結果として負担の大きい子が現われた時、それは親の過失だから他の者はその子に対する責任を負う必要がないとは考えないなら、医療費を減らし医療保険の保険料を安くするために検査を義務づけようとはしないなら、その上でその負担を私達が負おうとするなら、あるいは、検査に応ずる者に報奨金を出す、税金を安くするといったことを行おうとはしないなら、それは、このように考えているからなのである。

一人の私が、私による制御という観念を越えて、他者を生かそうとするのは、この社会にあってそう容易なことではない。ただ、産み育てるという行為に関わる当の者は、ある者を統御しようとしても、そのことの不可能性を知り、最もその存在に近い者でありながら、むしろそれゆえに、他者が他者であることを知っている存在ではないか。私達は、しばしばこうした事実を見る。このような事態を承認しようと思う時、周りにいる者ができることは、子が「私」に属するという思いをいくらかは軽くし、その者達とその者達の関係を支えるためのいくつかの手立てを取ることではないか。

個別の一人としても、集合的な決定の決定者の一人としても、私達は、選択肢が与えられていることを必然として受け入れる他なく、それをどう扱うか、考えることを迫られている。といって、そう深刻にならなければならないわけではない。何かとてつもなく不幸なこと、人の運命を決するようなことが起こるのだと思うことから脱すれば、人の未来に何かを与えなければならないという思い、その何かを設定する私の思いが、それほどたいしたものではないのだと思うなら、つまりはこの私から離れた何かが起こることを見守っていればよいのだとすれば、そう深刻にならなくてもよいはずなのだ。さらに、現実に生じるだろう様々な徒労を、何かができなかった私への悔恨として屈曲させず、他者が他者として生きることの方へ指し向けていければ、押し潰されずに、私も、その他者も生きていくことができるはずだ。

◆注

1　この章で出生前診断に関する部分は立岩［1992a］［1992b］がもとになっている——前者は私自身の考察であり、後者はこの技術に対する女性の運動と障害者の運動の論点を整理し考察したものである。書いた時にはそれなりに考えたつもりだったが、今回書き直すにあたって、よくわからないこと、新たに考えなければならないことがいくつも出てきた。それで考え直すことになった。相当の変更を行ったが、なお終わったとは思えない。第3節3は、BS（Bio-Sociology）研究会でのとりわけ加藤秀一との討論に触発されたところが大きい。彼の考察は加藤［1991a］（他に［1992］［1993a］）で展開されている。具体的な事態の推移、主張、主張の分岐を追うのは別の課題となる。技術、政策やそれへの批判、著作・機関紙等の文章・発言の引用、文献リスト他はhp（［出生前診断］→［関連文献］等）に掲載する。医学関係の雑誌には一九九〇年末までの約十年間をとっても約一五〇〇件の出生前診断に関する事例研究や一般的な動向を紹介した論文が掲載されており（JOIS・JMEDICINE の検索による）一部は倫理的な問題にも触れているが、以下ではオンライン・データベースでの検索等では拾いにくい【(「学術的」でない)】文献に重点を置いて紹介する。

可能性の全体を描くと以下のようになる。(1)生まれる子についての知識を持たない、あるいは得ない場合がある。(2)親の側にあらかじめの知識がある場合、遺伝相談等によって知識を得る場合と、(3)当該の精子・卵子~胎児についての知識を得る場合がある（(2)で決定を未定にしたまま(3)に進む場合もある）。(2)は確率的な判断になるが、中には確実に予想される場合もある。それで子をもつ場合ともたない場合がある。子をもつ場合、特に何もしない選択の他、精子の段階で選別（+配偶者間人工授精（ＡＩＨ））を行うことがある（現実に行われているのは、伴性劣性遺伝疾患が予想される場合等の男女の産み分け）。また、卵子の段階の選別も論理的な可能性としてはありうる。なお、遺伝子レベルでの変更は現時点では不可能とされる。さらに、他人の精子あるいは卵子あるいは受精卵を用いるという選択がありうる。受精後に診断（出生前診断、後述の着床前診断を含む）を行い、それによって、受精卵を選別・廃棄する、妊娠中絶を行う、胎児治療を行う、出産後治療を行う、治療を停止する、殺害する（以上に加えてJ.C.Fletcher［1978］は、出生後、養子縁組または里子の手続きをとることで両親の責任を免除することをあげている（白井勲他［1982: 14］））。

遺伝相談について斎藤有紀子［1992］、その倫理的問題について高橋勝［1988］。男女産み分けについて根村直美［1991］［1992］、遺伝疾患の「予防」策としての産み分けに対する批判として篠原睦治［1987b］。胎児（胎内・出生前）治療についてHubbard［1984=1986: 177-186］、相馬廣明［1988］、Kolata［1990=1992］、岩中督・土田嘉昭［1995］。現在「遺伝子治療」と呼ばれるものはＡＤＡ欠損症といった限られた疾患に対する「体細胞治療」で「生殖細胞治療」ではない。ガンの遺伝子治療についてRosenberg & Barry［1992=1993］、技術の開発に携わった科学者達を追ったThompson［1993=1995］、問題点を指摘するＤＮＡ問題研究会編［1994］、福本英子［1996a］、考察として森岡正博［1990］［1995a］、Holtug［1993］、高橋久一郎［1995a］［1996］、加藤尚武［1996a］。子の障害の告知についての調査報告として玉井真理子［1993］、玉井・日暮［1994］等。「選択的治療停止」については第5章注6（350頁）。

このように出生前診断・選択的中絶は質をめぐる選択の一部に位置づく。出生前診断の技術については、グループ・女の人権と性［1989］が手にとりやすく、その巻末に簡潔な説明がある。厚生省の実施件数の調査、日本産科婦人科学会の見解もごく簡単にだが紹介されている。飯沼・大泉・塩田［1991］にも解説がある。他に相馬［1988］、川島ひろ子［1988］。妊娠中期（一四～一八週くらい）に胎内の羊水を採取しその中の胎児から剥離した細胞等を検査することによって（羊水検査）、さらに妊娠初期（八週～一〇週くらい）に胎盤の絨毛（胎児と同じ起源の組織である）を検査することによって（絨毛検査）、胎児の染色体、ＤＮＡ、酵素等の分析が可能である。例えば染色体の検査によってダウン症の診断ができる（ただそれがどの程度のものとして人に現われるのかはわからない）。近年はより初期に検査が可能になってきている。ただし検査の結果がわかるまでには羊水検査で約三週間かかる。絨毛検査の場合にも一〇～二〇日かけて細胞培養を行う必要がある。また胎児鏡を用いた視診、さらにレントゲン・超音波診断等によって、骨格・外表等の状態もある程度わかる。また胎児鏡を用いた生検・胎児血採取により筋・肝の検査、血液疾患・ウイルス感染症の検査が可能である。

むろんこうした検査法で発見されるのは、先天性の障害と言われるものの一部である。生まれてから治療を行ったり、また胎児の段階で手術などを行うことができる場合もあるが、治療法のない――「根本的」な治療法がない、ということだが――障害を持つこと、持つ可能性が高いことがわかった場合、通常行われることは人工妊娠中絶である。またそれを前提として検査を受けることになる。検査を行っている病院は限られている。また、どこで何が可能なのか、私達はそれを簡単に知ることができないのだが、件数が徐々に増えているのは確かである。厚生省心身障害研究班の調査では、一九八七年までに羊水検査（日本では一九六九年に導入された）が八四の施設で一五六三八件（八七年三〇二二件）、絨毛検査（日本では一九八五年から）が一五施設で一五四件（八七年九一件）。三五歳以上の妊婦からの毎年一〇万の出生のうち羊水染色体検査を受けているのは、そのうち約一万件（新川・福嶋編［1996: 16］）という記述もある。以上、グループ・女の人権と性［1989］等。以下は、その後現われた比較的新しい技術である。

①母体血清マーカーを用いた検査、その中で三つのマーカーを用いるトリプル・マーカー・スクリーニング（triple marker screening）と呼ばれる検査が日本でも実用化されつつある。母体血中のアルファ胎児性蛋白（ＡＦＰ）、ヒト絨毛性性腺刺激ホルモン（ｈＣＧ）、エストリオール（ｕＥ３）を妊娠中期（一五週〜一八週）に測定し、その分析結果によりダウン症、トリソミー一八、二分脊椎、神経管奇形等の可能性を推定する。検査結果は確率として示される。確率が高いとわかった場合には羊水検査を受けるかどうかを選択する。（佐藤孝道編［1996: 33-86］が詳しい。他に検査の実際と結果について北川道弘［1994］、北川・武田［1994: 278-281］、恩田威一他［1994］。検査の現状について飯沼和三・恩田威一［1994］。検査法について佐藤章他［1995: 8-9,12］、検査法、留意点について福嶋義光・大橋博文［1995］。）

②母体血からの胎児細胞分離（Fetal Cell Separation ＦＣＳ）。羊水穿刺にかわり母体血より胎児細胞を分離し、染色体診断に応用する方法（北川・武田［1994: 281-282］）。

③着床前遺伝子診断。着床前の受精卵を取りだし、細胞分割（自然に起これば一卵性多生児になる）を行いその一つを取り出して染色体・ＤＮＡを検査する。受精卵はそのまま培養を続け、診断により目的とする遺伝子をもたないと診断された胚を子宮内に移植する。臨床導入はイギリスが最も早く一九八九年（竹内一浩・永田行博［1995］、永田行博・堂地勉・竹内一浩［1996］）。

【この後、例えば、神戸市の大谷徹郎医師（著書に大谷・遠藤［2005］）が学会の規定に反して③を行い、ことが明るみに出るといったんは謝罪、その後、学会を除名されると不当だとして提訴。その一連の出来事が報道された（二〇〇四年）。私は「自己決定という言葉が誤用されている」（立岩［2004b］）という短文を書いた。母体血を用いるより簡便な母体血を用いた主にダウン症等の可能性を診断する検査法について日本産科婦人科学会が指針案二〇一二年十二日、翌年一月、ＤＰＩ日本会議等が反対を表明、日本産婦人科医会は条件緩和を求めた。二〇一二年までのことについて利光恵子［2012］が詳しい。↓hp［出生前診断］】

①③に関する社会・倫理的な問題について玉井真理子［1996］、①に関してWalters［1980］、白井泰子［1996］、玉井［1997a］［1997b］、③に関して斎藤有紀子［1996］。

優生保護法、これを改正した母体保護法では（経済条項が適用されると解釈する他には）選択的中絶を認める条項はない（優生保護法の趣旨には適っているが、制定当時にはこの技術はなかった）。そこで、胎児条項の設定を求める動きがあったし（本文）、現在もある（↓hp［人工妊娠中絶・優生保護法］）。学会等の「見解」としては、⑴精子選別について日本産科婦人科学会［1986］（解説［1987a］）。⑵日本産科婦人科学会［1988a］は、胎児診断、特に絨毛検査につき、当事者夫婦からの提案によって行う、事前に十分説明の上で行う、性別は教えないこととし、検査の適応についても保因者である場合、過去に染色体異常児を分娩した場合、高年齢、等の条件を課している。他に日本人類遺伝学会⑶［1994］⑷［1995］、⑸ＷＨＯのガイドライン（Wertz et al.［1995］）。2)3)5)が佐藤編［1996: 87-97］で、⑸における優生学史の「改竄」が松原洋子［1997: 19-20］で検討されている。⑴〜⑷をhp（［日本産科婦人科学会］等）に掲載。

検査の実態、特に情報の提供と同意の確認とが実際にどのようになされているのか。当の担当者が個別の事例を学術誌などに記しているものはあるが、外部の者が調査しまとめたものは少ない。ただ、遺伝相談・出生前診断を行っている医師等への聞き取り調査を含む生命倫理研究会生殖技術研究チーム［1992］があり、この中で日本の現状が中嶋京子［1992］で、診断の受診をめぐる状況が柘植あづみ［1992a］で報告されている。その後では白井泰子［1995b］に日本の概況の報告がある。意識調査もいくつかある。白井らの調査

（白井他［1977］［1978］［1979a］［1979b］［1980］［1981］［1982］［1985］［1986］、白井［1989］［1990b］）は、被調査者の属性別に調査・集計したもの（白井［1988a］［1995a］に概要紹介）。他に毎日新聞社人口問題調査会や総理府広報室による調査があり、これらの概要を記したものとして白井［1990a］。羊水検査を受けた母親に対する意識調査の報告として高瀬悦子他［1987a］［1987b］［1988］、妊婦に対する羊水検査についての意識調査の報告として安藤広子［1994a］［1994b］、検査を選択しなかった母親の意識調査の報告として玉井真理子［1995a］。

◆2

【その後の単行書を何冊かは第2版補章2注2・844頁で紹介している。論文として堀田義太郎［2003］等。】

政策に対する批判の他、言論に対する批判が行われた。一九八〇年、渡部昇一が、血友病患者の大西野人の医療費が高額なことを指摘し、血友病の子が生まれる可能性のある場合には子をもつことを控えるのが「神聖なる義務」だと『週刊文春』で述べ（渡部［1980］）、批判がなされた（大西巨人［1980］、横田弘［1981］等、cf.大西赤人［1983］）。畦地豊彦［1981］、篠原睦治［1987b: 230-234］（cf.［1987a: 30ff］）で、大西巨人、大西赤人、野坂昭如らの発言が取り上げられ検討されている。他に木田盈四郎［1982: 195］、大谷實［1985: 24-25］、やぎみね［1986: 144-145］、佐藤和夫［1988: 51-52］等で言及。【この事件についての研究論文として北村健太郎［2007b］】

「八〇年に渡部昇一氏は、…劣悪な遺伝子を持つとわかったものは社会的使命として、みずから第二子を持つことを控えるべきだという、どこから読んでも誤解しようのない優生学的な発言をして戦後最大の禁忌を破った。もちろん、ただちに論争が始まったが、渡部氏は教授職を追われなかったばかりか、社会的制裁をほとんど受けなかった。」（米本［1987c: 111］）

これを米本は戦後精神（第6章注43）の解体を示すものとみる。だがそうだろうか。戦後にも天真爛漫な優生学の肯定はあり、それがこの頃問題とされ始めたのかもしれない。『ナチスドイツと障害者「安楽死」

計画』（Gallagher［1995=1996］）の訳者が「本書が取り上げている問題に私が関心を抱いたきっかけは、上智大学の渡部昇一が…書いた「神聖な義務」という記事だった」（長瀬修［1996: 413］）と記している。

その前年、脳性麻痺の新生児を医師が両親のために殺害するという筋の劇画、『ビッグコミックオリジナル』一九七九年九月五日号掲載の「夜光虫」（柿沼宏作、篠原とおる構成・画）第百話「児心音異常」に対し、全国障害者解放運動連絡会議（全障連）、大阪青い芝の会等が抗議を行った（機関誌『全障連』9: 14-17(1979)、『そよ風のように街に出よう』1(1979)、八木下浩一［1980: 9-16］、やぎ［1986: 138-142］）。「小学館・「ビッグコミック」編集部・作者は私たち（＝全障連、引用者記）の考え方を理解し、全面的に自己批判し、本誌の回収、全国紙へ謝罪文を掲載しました。出版社のそれらの対応は非常に評価できますが、「夜光虫」の連載は作者病気という理由で一〇三話で中止になりました。／私たちはこの劇画連載中止には反対です。…この劇画が問題になったのは障害児を素材にした事にあるのではなく、殺した事に問題があるのです。私たちは「変なもの」「おかしい者」と位置づけられても仕方ないと思います。そのような関係のありようの中で、地域で生きていくのです。障害者が「きたない」から劇画を中止してはいけないのです。」（八木下［1980: 15］）

その後には、月刊誌『ヴァンサンカン』一九八四年一月号の掲載記事「結婚する前のコモンセンス・よい血を残したい」に対する全国障害者解放運動連絡会議（全障連）、障害者の生活保障を要求する連絡会議（障害連）、視覚障害者労働問題協議会（視労協【→第8章注1・608頁】）、82優生保護法改悪阻止連絡会（阻止連）による抗議（『全障連』35: 2-8, 36: 3-4, 37・38: 6-10, 40: 11-14, 42: 11-13（1984）、やぎ［1986: 149-153］）。この記事中には、ゴダード（第6章注34・439頁）の「カリカック家」についての研究結果（Goddard［1912］）――ある男が二人の女性との間に子を設け、その一方のクエーカー教徒の名士の女性の子孫は善良な市民の家系となり、一方の精神薄弱の女性の子孫は精神薄弱者、アルコール中毒、犯罪者などの家系となったという、ゴダードが派遣した調査員の印象により精神薄弱が「判定」され、また使われている顔写真に意図的な修正が加えられた「研究」（Gould［1981＝1989: 206-213］、山下恒男［1990: 26-27］）――がまとめられたイラストがあったりする。

◆3　この技術について何らかの見解が示されている文章として、横塚晃一［1975→1981【→2007】］（引用⑤）、横田弘［1979］（④）、橋爪大三郎［1979→1983: 248-255］、中谷瑾子［1982: 21］、福本英子［1983: 210-231］、荒木義昭［1983］（⑨）・横田［1983］（⑧）・西山昭子［1983］（⑩）（『季刊福祉労働』21所収）、松田道雄・唄孝一［1984: 200］（→注14）、福本［1984: 144］、大谷實［1985: 22-26］、江原由美子［1985: 126-137］、石川憲彦［1985→1990: 178-183］、山尾謙二［1985→1986: 160-162］［1986: 157-167］、大橋由香子［1986］、中谷［1986］、やぎみね［1986: 198-207］、棚沢直子［1987］、石神亙［1987］・篠原睦治［1987b］（日本臨床心理学会編［1987］所収）、大倉興司［1987: 264-269］、堤愛子［1988］、木村資生［1988: 268-278］（→第6章注45）、石川［1988］、上埜さと子・青海恵子［1988: 56-57］・山田真［1988: 156-165］（古川他編［1988］所収）、白井泰子［1988a: 157］、川島ひろ子［1988: 70-71］・長沖暁子［1988: 87-88, 92-93］・白井［1988b: 115-116］・東門陽二郎［1988: 129, 140-141］（フォーラム実行委員会編［1988］所収）、マタイス［1988: 144］、堤［1989］（→注22）、金井淑子［1989: 54-91］、山田［1989: 159-162］、向井承子［1990: 135-147］、稲垣貴彦［1990］、大谷［1990: 286-289］、加藤秀一［1991a］（→注19・31）、飯沼・大泉・塩田［1991: 213-215］（→注12）、丸本百合子［1993: 164-173］、加部一彦・玉井真理子［1994］、DNA問題研究会編［1994: 41-43］、石井美智子［1994: 192-193］、黒柳弥寿雄［1994: 214-215］、飯沼和三［1994: 671-672］、飯沼・北川［1994: 50-52］、野辺明子［1995: 108-109］、永田えり子［1995a: 136-141］（→注32）、堤・飯田・武谷［1995: 4］、鈴森薫［1995: 17］、竹内一浩・永田行博［1995: 67］、松田一郎［1995: 115］、白井他［1996］（関係部分の執筆は土屋貴志→注19）、青海［1996］・山崎カヲル［1996: 56-57］・天笠啓祐［1996: 57］・福本［1996b］（『インパクション』97所収）、佐藤孝道編［1996: 87-97］、藤木典生［1996: 73］（→注12）、新川詔夫・福嶋義光編

[1996: 16]。以上の相当部分をhp【[出生前診断について・日本]・英語版]】に引用。

◆4 少なくとも社会運動、論争という次元では、日本と諸外国とでは異なった展開を見せているようだ。米本昌平は欧米では一般にこれが受け入れられているのに対して、日本ではそうでないとし（米本［1985a: 205-211]）、「これは、日本人は前世と現世を連続的にみ、生まれてくる以前の世界をのぞき込んでそこに人間の手を加えることは不自然だと考える傾向が強いことを示唆している。」（米本［1985a: 208]）としている。たしかにこうした国々では、選択的中絶の問題性を指摘し、これにはっきり反対する人は多くはないようだ。だが、批判の動きも存在する【cf.第2版補章2節2・837頁】。実情については、フランス、スウェーデンについて河野博子［1983]、フランスについて棚沢直子［1987]。米国を中心に米本［1987b: 34-40]。高齢出産する女性に向けて書かれたKitzinger［1982=1989: 84］などにも一端が伺える。米国での受診のあり様についてPress & Browner［1994=1996]、Rapp［1994=1996]、Nsiah-Jefferson［1994=1996]。ドイツの状況と障害者の側の反応に触れているものとしてGallagher［1995=1996: 326-327］（他の諸国と異なるドイツの状況については第5章注8・第6章注47）。

遺伝学、遺伝子診断についての専門書にも日本で出されたもの（新川詔夫［1995］を含む武谷雄二編［1995］等）に比して倫理的・社会的側面についてより立ち入った記述が見られる。Childs et al.［1988=1991］中のHoltzman［1988=1991]、イギリスについてConner et al.［1987=1991: 123-124, 194-196］等。

また、中国、北朝鮮などで出生前からの質的な統制がかなり行われているという。「中国では、人口抑制という目的で、一人っ子政策と同時に優生という面にきわめて力を入れている。例えば八一年に改正された上海市の条例は、その第一条で「計画出産において基本的に必要なことは、晩婚・晩産・少数出産・優生であり、一組の夫婦が一人の子しか生まないことを普遍的に提唱することである」と明確に宣言している（若林敬子編『現代のエスプリ』190「中国の人口問題」（1983））

「四川省計画出産条例」（一九八七年）の第三章は「優生、優育と産児制限措置」（第一二条〜第一七条）とされ、次のような規定がある。

「第一二条（優生と産児制限）県以上の医療・婦人幼児保健単位と計画出産宣伝技術指導単位は、優生と産児制限のための相談と診療を進めなければならない。／婚前には健康診断を実施し、結婚と出産にあたっては優生と産児制限の指導をうけなければならない。／第一三条（優生のための出産禁止）遺伝性の精神病患者、遺伝性の知能欠陥、遺伝性の形態異常など、重大な遺伝性の疾患に罹患している夫婦の出産を禁止する。すでに懐妊したものは、妊娠を終了しなければならない。」（若林［1989: 86］、他に堂本暁子［1989］）

「平壌で開かれた日朝婦人討論会の参加者によると、北朝鮮の医療関係者は、「妊婦は出産までに十数回、定期検診を受ける。それで障害児と分かった場合は、堕胎を勧めている」と語ったという。」（「老人、障害者がいない不思議――埼玉福祉研究会代表が見た平壌」、『ＡＥＲＡ』1990-9-25: 49］）以上の文献の該当箇所をhpに引用。

論議の動向については白井・白井・藤木［1982］［1983］、また長尾・米本編［1987］も参考になる。倫理学からの批判的な見解としては、Callahan［1973］、Kass［1973］、Ramsey［1973］（以上保木本一郎［1994: 217-221］に紹介）。翻訳書中の言及としてBodmer & McKie［1994=1995: 370-381］、Mattei［1994a=1995: 107-170］。

女性にとっての出生前診断についてRothman［1984］、Hubbard［1984=1986］［1987］、また、ＮＩＨ女性健康局と国立看護研究所が中心となり一九九一年に開催されたワークショップ「出生前遺伝検査――女性への衝撃」の講演（全員女性）を元に刊行されたRothenberg & Thomson eds.［1994=1996］が重要。次のような指摘がある。

「多くの女性に聞き取り調査をした結果、妊娠に新たな事態が生じていることが確かめられた。胎児のいない妊娠がそれである。そのために、妊娠を気づかれないようにマタニティ・ウェアを着るのを避けて毎日少しずつ膨らむお腹を大きなセーターで隠すという、冷たい沈黙が広まっていた。夢を断つ恐れを抱きながら、最初のかすかな胎動にも気づかないふりをしたり無感動を装い、ひたすら検査結果を知らせる電話を待っていた。」(Rothman [1994=1996: 298]、他に「仮の妊娠」(the tentative pregnacy) という表題の Rothman [1986]、Gates [1994=1996: 206-208]、Black [1994=1996] を参照のこと)。

第5章に述べた、他者が現われる、現われ始めるという経験を、自らが制御、抑制しなければならないということであり、重要な指摘である。ただ、各論者の立場は一様ではないし、その根拠も時に定かでない。Faden [1994=1996] は伝統的な「悪行回避の原則」「善行の原理」そしてフェミニストの「ケアの倫理」(→第5章注4)から出生前検査が正当化されるとする。「胎児の最大利益に決して適っていないとする意見に私は全面的に賛成する」(King [1994=1996: 147]) といった見解もある。障害を持つ女性によって書かれたものとして Saxton [1984=1986] [1988]、Kaplan [1994=1996]、また障害者の主張への言及として Hubbard [1984=1986: 174]。

◆5

①④⑤⑧の横塚晃一・横田弘・小山正義はいずれも、青い芝の会神奈川県連合会及びその全国組織の中心的な会員として活動を行っていった。横塚は一九七八年に死去した。横田・小山は現在も神奈川県で活動を続けており、生命倫理研究会は一九九〇年に両氏を含むこの会の会員に聞取り調査を行った。青い芝の会については立岩 [1990→1995] 及びそこにあげた文献を参照のこと。【横田の対談集として横田 [2004] (筆者も対談させてもらった)、大阪青い芝の会の歴史について定藤 [2011]、そこに関わった「健全者」たちについて山下幸子 [2008]、兵庫青い芝の関わった人たちについて角岡伸彦 [2010]、かつて関わった人の本に金満里 [1996]。】

◆6

ただし本稿が「胎児の生きる権利」という問題設定を取らないことは後に述べる。他に白井・白井・藤木

［1985］も参照のこと。

◆7　こうした障害者の運動の展開過程とその主張については立岩［1990→1995］、さらにこの後の「自立生活運動」と呼ばれる試みについては、この文章や岡原・立岩［1990→1995］等を含む安積他［1990］［1995］【第3版として［2012］】を参照されたい。私にとってここでの作業は、この本をまとめる作業のなかで考えたことの延長線上に位置づく。「府中療育センター闘争」とその後について日本社会臨床学会編［1996］【そのセンターで暮らし、抗議し、やがてそこを出て暮らすことになる人たちによる本として、三井［2006］、新田編［2009］、新田［2012］】。

◆8　「普通の人なら、一生に二億円ぐらい収入がある。ところが異常児は、はじめからプラスはなく、使うことばかりだ。だから私は、なるべくそういう人を出さないことが、本人にとっても社会にとっても幸せだと思う。」（一九八七年七月七日NHK「ETV8問われる生命倫理2——胎児診断」での当時の兵庫県知事の当時を回想しての発言、白井泰子［1988:116］に掲載）。

文献として兵庫県衛生部不幸な子どもの生まれない対策室［1973］。紹介と批判として谷奥克己［1973］。当時の他県、そして国の動きを別に調べて記録しておく必要がある。【兵庫県のこの「対策」について松永真純の論文（松永［2001］）が発表された。】

◆9　この時期、女性の運動の主張は均質ではない。それを象徴するのは、あくまで権利としての中絶を唱え、優生保護法を中絶禁止法と捉え、その撤廃を求め、ピル解禁を主張し、「産む産まないは女が決める」という主張を掲げる「中ピ連（中絶禁止法に反対しピル解禁を要求する女性解放連合）」と、やはり優生保護法の撤廃と権利としての中絶を掲げながらも、育児の負担が一人親にかかる社会を問題とし、産めない社会が問題なのだとして、中絶が真に権利としてあるためにも「産める社会を産みたい社会を」と主張する「リブ新宿センター」の対立である【cf.リブ新宿センター資料保存会編［2008a］［2008b］】。

前者は、親＝女性の側に即し、その立場であくまで主張を続けるとする（⑥）。後者は、生産性優位の社会、産めない社会を問題とし、優生思想に対して共闘の可能性を探ろうとする。羊水検査に対する批判が行われる（⑦）。

後者の運動が後の女性の運動に受け継がれることになった。しかし、当事者としての女性の権利を主張するか、その現実を規定するものを捉え障害を持つ者とも共闘しようとするか、力点の置き方は異なるとはいえ、選択的中絶それ自体を積極的に肯定するのではなく、女性に課せられた負担という面から見るという点は変わらない（⑥にしても、積極的に権利があることを論じてはいない）。その派手な振舞いゆえに中ピ連がマスコミに取り上げられ、目立ってはいたのだが、当時の運動の中で大きな部分を占めていたわけではないことは秋山洋子［1991］［1993］が述べている。だから以上は主張の振幅の範囲の確認である（cf.田中美津［1972］［1983］、江原由美子［1991b］、『インパクション』73(1992)、上野千鶴子［1994: 5-8］、森岡正博［1995c］。【この主題については森岡［2001］が最も詳しく立ち入った考察を行っている。】

◆10　差別だとする主張に対する反論が成立するのは、一つには、生命の開始や生命の質に関わる事柄について、人間の定義について、「パーソン論」（第5章注10・356頁）のような強固な観念——それが完全に人々に共有されていれば差別だとする議論自体がなくなる——がある場合である。

第一に、そうした強い観念がなかったこと。例えば「欧米」の「生命倫理学者」の一部に見られる粗雑な議論をみると、このことに否定的である必要はない。割り切った観念をもたない時、それは、あまりに基本的な問題として現われる。常に問いかけ、疑問形でその発言は終わるだろう。言葉にしにくいという感覚は大切だと思う。「疚しい」という感覚にも何かあると思う。しかし、対立がある時、私達は黙している感覚を否応なく言葉にしなくてはならない。

第二に、そうした言葉を引出すことが強要される場がない。言うことと行うことが違ってもかまわない。

言葉は言葉として聞き、それに反論しないが、だからといって現実にそれに従うわけではない。その距離をまた別の言葉で埋めることをしない。

第三に、意図・動機の水準で問えることと行為を禁止できるか否かということ、ある行いが批判可能であるということとその行いをしないことを強要できるかということ、両者は別のこととして考えられるはずなのだが、こうした論の立て方自体をどう考えるかということも含めて、こうした議論はこの場では成り立たなかった。「差別の意図はない」「いやそれは差別だ」、「障害はない方がよい」「それは差別だ」、という応酬があり、差別の実態、被差別の心情が吐露され、そして沈黙が訪れる。この場面では動機を持ち動機を問う当事者だけが現われた。

第四に、以上の諸点と相互に関係して、見解として別の立場に立つ者達が論議を行わない、行えないという事情があった。例えば医療関係者はこうした議論に乗ってこない。批判の届かないところで、相変らず「本人の不幸」「社会の迷惑」を言うか、ただ思っているか、もう少し慎重な人なら「自己決定」を持ち出す。そしてこうした空白の中で、なしくずしに何でも行われてきたのである。

◆11　「とりあえずわれわれがすべきことの一つは、現在、無意識に共有されている共同主観としての死生観を、強引にでも言語化する作業に手をつけることである」（米本［1987c: 182］）という提起に、「自分達の行動を深いところで制御している価値的前提を言語化し、場合によって「強引にでも」行動の方を言語に合致させてしまおうとする傾向そのものが、一つの文化的伝統の主要な構成部分となっているかもしれない…逆にいえば、そのような価値的前提を「語ろうとしない」ことが、システムの重要な一部、または「共同主観による決断」の内容となっている可能性は否定できない」（嶋津格［1987: 200-201］）という指摘はその通りだ。けれどはっきりさせるべきだと本文で述べた。

◆12　「…状況はケースごとに異なるので、画一的な基準を求めることは不可能であり、適切ではない。また、最終決定は母親の意志（自己決定権）によるべきであるのは当然である。／患者・家族の選択が正しそうな場合はそれでよいとして、もしも医療スタッフの常識からして、眉をひそませられるような選択をしたら、医療側はそのサービスを与えなければならないのだろうか。このようなコンセンサスは、わが国ではいまだ形成される気配もない。社会的常識に照して妥当な範囲であればよいが、その妥当な範囲というものをどうやって決めてゆくのか。これは、じつは脳死の問題と同じくらいにむずかしいことである。」（「先天異常をもつ人々に不当なハンディを負わせることがないようにするため…先天異常とはどういうものかについて正しく理解する…ための一助として企画された」飯沼・大泉・塩田［1991: 214-215］）

第二文がなぜ成立するかが本文で問題にしたことである。しかしそれ以外に、この短い引用部分の中には、互いに矛盾してしまう文がある。

「…最近ことに伴性劣性遺伝病、例えば血友病や筋ジストロフィー症の直接的なＤＮＡ診断法の進歩によって、性別判断による正常男子を中絶することなく、患児のみの中絶に踏み切ることができた。このような先天異常に対する医者、個人の信念が問われるところであり、結果としての妊婦の希望がいずれにしても、できる限りフォローして対応することが肝要である。」（藤木典生［1996: 73］）

第一文は、診断により中絶の数を減らせたというのだから、出生前診断に対する肯定的な評価を導こうということだろう。第二文は全体として意味不明だが、「妊婦の希望」という言葉は見える。

特に医療者の側が倫理的な領域に立ち入った時、論理的な繋がりの不明な文章がかなり頻繁に見出される。

現実への影響が何もなければ気にしなければよいのだが、そうではない。

◆13

このように言い切れるのかという問題はある。生殖技術に関連して子を持つことの権利を巡る議論については第3章注24（182頁）で一部紹介した。もう一つ、人口問題との関連でこの主題は論じられる。まず、ここでは根拠を説明しないが、「少子化」による人口の減少（先進諸国の実態と政策について阿藤誠編［1996］）

について、少子化の要因となっているものの良い悪しを別にすれば、人口の減少に問題があると私は全く考えない。他方、人口の増加が問題である時、私達に人口を増やす無制限な自由があると考えるかと問われれば、一般論としては「ない」と私は答える。しかし、このことは強制力を用いた制限がよいこと、また有効であることを意味しない（Callahan［1972=1993］、cf.第2章注20）。例えば中国の人口問題の背景には政策の失敗があり、他の国々での「人口爆発」にも社会的な背景、個々の人・家族にとっては合理的な背景がある。それを変えようとするなら、これに対する有効な政策をとることである。

そしてここに質を巡る選別を介在させるべきではなく（実際には介在している・注4）、個々の親の事情を影響させるべきでもない。このことは子が育つことに関わる負担を親・家族でなく社会が負担することにより実現される。なおこのことは親が子を育てることを否定しない。何度も述べたように、誰が行うかと誰が負担するかは別のことである。親の子に対する権利は無制限ではないが、同時に、子の権利を侵害しない限り、親以外の者に対する親の優先権が認められる。その理由は、第5章で述べたように、その外側にいる私達が（私達の）価値、正しさによってその扱い方を導いてしまうのに対して、子に近いものが子という他者の存在を受け止めてしまうことに求められる――もちろんこの違いは絶対的なものではないのだが。

◆14 「一人の子供がいて、それが先天的な異常があって夫婦で非常に苦労をして育てている。もう一人こういう子ができたら自分たちは家庭をやって行くことができないという場合に、次の子が正常の子か、あるいは異常の子であるかを選ぶ権利というものは、その親たちの人権として当然あると思うんです。だから羊水診断そのものがいけない、あるいはそれを差別であるというふうにはいえませんね。ある特徴を持った人間を差別することと、自分たちが起こり得る不幸から身を守ることとは、直接つながらないというふうに思うんです。」（松田道雄・唄孝一［1985: 200］における松田の発言、大谷實［1985: 25-26］に引用【、松田については立岩・有馬［2012］で紹介している】）

◆15 自分を産んだことの責任を問い賠償を求める訴訟が、当人によってなされることがある。ロングフル・ライフ訴訟と呼ばれる。また、親からの訴訟はロングフル・バース訴訟と呼ばれる。丸山英二［1985］［1987］［1995］で米国の判例等が紹介、検討されている。また服部篤美［1989］で風疹症候群児の出生が、［1994］では望まれない健常児の出産に関わる損害賠償について検討されている。法学からの議論としてFrench［1992］、哲学・倫理学からFeinberg［1992b］。米国での裁判の判例では、子による請求は否定されている。理由として、大半の判決は、障害を伴っている場合でも生命は法的な損害を構成するものではないとする（丸山［1995: 180-181］）。他に保木本一郎［1994: 71-73］。出生前診断との関連では、Cowan［1994=1996: 68-70］でロングフル・バース訴訟が羊水検査を開発段階から普及段階に変えたと述べられており、またCharo & Rosenberg［1994=1996: 164-167］では親にロングフル・ライフの責任は問えないと主張されている。さらに、養子がハンチントン病であったことが判明して、子を紹介した市に養親が損害賠償を求めた裁判を起こし、裁判所がロングフル・アドプションとしてその請求を認めた米国の判例が棚村修三［1991: 24,29］に紹介されている。

◆16 医療やリハビリテーションに関する論文のほとんどは構造的にこうした問いを受け付けないようになっている。直接な効果だけを調べ、代わりに失ったものを評価することがないからである。【関連した文章に「なおすことについて」（立岩［2001b］）。吃音の矯正について渡辺克典［2004］他。】

日本臨床心理学会編［1987］は「早期発見・治療」の問題性を指摘する、というよりかなり根底的な部分から批判している。ここで主張されていることがどのような根拠によりなされているか、子細に検討してみる必要がある。【この学会について第7章注23・534頁】

◆17 ドイツでの自らの扱い（第5章注8）に憤慨すると同時にいくらかは慎重にもなったらしいシンガーは『実践的倫理学』第2版（初版はSinger［1979=1991］、cf.江口聡［1994］、山内友三郎［1994］）で次のように書く。

「仮に車椅子の障害者たちが、副作用なしに両足が完全になおる奇跡の薬をいきなり与えられたとするならば、障害を背負った生活が障害のない生活よりも結局のところ劣っているということをあえて認めない人は、彼らのうちにどのくらいいるだろうか。障害者たち自身が、障害を克服し除去するために手に入る医学的援助を求めることは、障害のない生活を望むことは単なる偏見ではないということを示している。」（Singer [1993: 139]、訳は土屋貴志 [1994a: 139]）

「歩けること、見えること、聞こえること、痛みや不快感が比較的少ないこと、効率的にコミュニケーションできること――こうしたことはみな、事実上どんな社会状況においても、純粋に良いこと genuine benefits である。こう言ったとしても、これらの能力を欠く人々がその障害を克服したり、驚くほど豊かで多彩な生活を送ることもあるということを否定することにはならない。いずれにせよ、克服すること自体が勝利といえるほど深刻な障害に、私たち自身や私たちの子供が直面しないように望んだとしても、障害者に対する偏見を示していることには全然ならない。」（Singer [1993: 54]、土屋 [1994a: 139]）

例えば「純粋によいこと」とする記述の妥当性には疑問がある。「障害を克服したり…送ることがある」といった記述も余計だと思う。土屋 [1994a: 142-144] の批判には同意できる点が多い。だが本文に述べたことは覆えされない。

ただ、「聴覚障害」のこと、ろう者の場合を考える時にはどうか。ろう者を「言語的少数者」と定義し、ろう者達を「ろう文化」を担う文化的集団として主張する動きがある（木村晴美＋市田泰弘 [1995]。この宣言を再録する『現代思想』24-5（1996）の全ての文章を読むこと。例えば、ろう者は障害者でないとの主張に対して疑義を呈する長瀬修 [1996] について考えたり、「民族」として「自己規定」するという途だけがあるのかと考えながら大澤真幸 [1996a] を読むこと。なお手話をとりまく社会環境についてはましこひでのり［1996］。）まず、その主張を受け入れるとしよう。彼らが人工内耳を拒絶することも受け入れるとしよう。ではその子がろう者であった時に、親でありろう者である彼らは子への人工内耳の装着を拒絶する権利を有するか。（「ない」とひとまず言いたくなるだろう。だが私達は自分達の文化・流儀を子に伝えるではないか。）「子どもの権利」について例えばFeinberg［1992c=1995］等の考察があるが、この問いに十分に答えるものではない。これは大きな問いである。

【シンガーの文章も引用して「ないにこしたことはない、か・1」（立岩［2002a］）を書いた。「できないこと」としての障害は「ないにこしたことはないとは限らない」というのがその文章で主張したことである。その手前で障害・病気と括られてしまっているものに含まれている幾つかの契機を分けた方がよいと、簡単には［2011a］で、［2002a］に記したことも含めもう少し詳しく記した英語版としては［2011c］で述べた。】

◆18 土屋貴志は次のように言う。

①「筋ジスは、身体的苦痛と生活上の不便をもたらし、将来に対する不安を引き起こしている。それゆえ、現時点では治せない「障害」なのは致し方ないにしても、やがて治せる「病気」になっていくほうがよいと考えることはできる。…だが現時点では、筋ジスは治すことができない」②「生まれてきた罹患者を治せないがゆえに「筋ジスをなくす」医療は、筋ジスにかかった人から筋ジスという偶然的属性を取り除くのではなく、筋ジスをもつ人を根こそぎ存在させないという「予防」の形をしばしば取ってしまう。…出生前診断、…受精卵診断、…女児生み分け、…「優生手術」などがそれに当たる。」③「遺伝子診断は「筋ジスをもった人を存在させない」ために用いられる限り、筋ジス者を貶める眼差しに基づき、その眼差しの再生産に加担することになり、倫理的にみて望ましくない医療となる。」④「しかし、このような遺伝子診断は倫理的に望ましくない医療であるが、かといって禁止すべきでもない。…倫理的にみて望ましくない行為であっても、その行為を社会的に禁じるべきではない場合がある…。」（白井・丸山・土屋・大澤［1994: 201-202］、cf.

土屋［1994b］）

③から④に移っていくところに論証がないといった点も指摘されようが、ここでは③のように言いうるかどうかである。

◆19

「「障害」と「障害者」とは本当に不分離なのだろうか。それはある状況が強いる結合に過ぎないのではなかろうか。「障害」の肯定／否定とは独立に、「障害者」の否定を批判することは可能なのではないか。…女性解放運動は、「女」を否定して「男並み」を目指した第一段階から、今度は逆に「女」という記号に肯定的な価値を与えた第二段階を通って（この経過は黒人解放闘争がくぐり抜けたものと同じである）、「男／女」という二項対立カテゴリーの存立そのものを解体しようとする第三段階にまで、その思想的・理論的射程を拡張してきた。…こうした道程を経た女性解放運動にとって、もはや「女」であることの否定あるいは肯定は、それだけでは「私」であることの否定あるいは肯定にはなり得ない。もちろん誰だって、自分の属性を他人からけなされれば不愉快になる。それが取るに足らない属性であっても。だがそれを「私」というかけがえのない存在の否定として受け取る必然性が生じるのは、ある属性に、「私」の全存在の意味が賭けられているときだけだ。そして、誰もそんなところに陥る必要などありはしない。」（加藤秀一［1991a］、cf. 加藤［1991c］）

「基本的な問題は、障害がことさらに取り出され、否定され、障害を持つ人に結びつけられ、その人全体が否定されてしまうことである。それに対して、その否定性を受け入れ、改善に向かう、あるいは他の部分を探す…方向があるのだが、それは述べた通り不完全なものだ。そこで逆に否定されたものを肯定すると言わざるを得ない。こうして分岐が生じてしまうのだが、実はこういう選択を生じさせているものが問題なのであり、それを無力にすることがあくまで第一のことなのである。障害を肯定する、障害以外のものを肯定する、部分を肯定する、全体を肯定するということ自体が問題なのではない。否定性を受け入れる必要はない

ということなのである。」（岡原・立岩［1990: 162→1995: 162］）

　被差別者が差別を告発し自らを主張する時、差別者が設定した範疇に拘ってしまうことは、酒井直樹［1996: 211ff］等でも指摘される。けれど同時に、否定性を否定するために、「悪魔祓い」のために、例えば「自己を肯定する」「自分を好きになる」こと、そのための技が、確かに必要とされる。だから【ピアカウンセラーを日本で始めた（cf.安積［1990］】安積遊歩（安積［1993］等）らは、祓いを行う巫女である。

◆20　「公害反対運動と、障害者運動はどこで共通の根をもちうるか…。誤解をおそれずにいえば、公害反対運動は、心身共に健康な人間像を前提にしています。五体満足でありたい、いやあったはずだという思いが、公害反対闘争を根底で支えています。これにたいして、障害者運動は、障害者は人間であることを主張する運動です。」（最首悟［1980→1984: 75］、最首について第1章注1・51頁、第2版補章1注9・802頁】）

◆21　「原発や放射能の恐さについて、『女たちの反原発』では「生態系のバランスがくずれること」と抽象的なことを書いたが、最近の私は「自分の健康がそこなわれること」と考えている。／そういうとすぐに「ほら、やっぱり障害者でない方が、いいんじゃないの」という声が聞こえてきそうだ。／しかし、「障害」と「健康」は、はたして対立する概念なのだろうか。」（堤愛子［1989: 34-35］、なお本に収録されているのは堤［1988］、生命倫理研究会のシンポジウムでの発言（生命倫理研究会生殖技術研究チーム［1992］）も参照のこと）

　古川清治［1988］が近いことを述べている。原発に反対するのは、それが障害児を産み出すからではなく、命を奪うことがあるからだと言う。【立岩［2002a］でいくつか文献を加え、同じ主題についての議論にふれている。また［2010f］・［2011a］が、英語の文章としては［2011c］がその続きということにもなる。痛み、死をもたらすもの、できないこと、異なり、加害性の付与を分けて考えるべきだと述べている。そのうち書籍の一部にする。東日本大震災以後、原発と障害（者）という主題について書かれたものとして米津知子［2011］、野崎泰伸［2012a］。hp［原子力発電（所）と障害（者）］がある。】

先天性の障害の原因究明を求めると同時に（正確にはこの主張の少し後から）障害があって生きるあり方を探っていった「先天性四肢障害児父母の会」の活動の軌跡が注目される（先天性四肢障害児父母の会編[1982a][1982b]、野辺明子[1982][1989a][1989b][1993]、等）。【この会についての論文として堀智久[2007][2008]。】

死、苦痛と述べた時に念頭にあったのはハンチントン病（第7章注15・528頁）。テイ＝ザックス病（東欧系ユダヤ人に特に多いメンデル劣性の遺伝病、植物状態が続き二〜四歳までしか生きられない）については米本昌平[1987b: 35-37]、DNA問題研究会編[1994: 30-31]等に言及がある。

【その後、ハンチントン病の保因者であり研究者である人による書籍、Wexler[1995=2003]。日本での発症前遺伝子検査と医療福祉的サポートの現状報告として武藤[1998]。英国での検査結果の商業利用について武藤[2000]、他に武藤[2002]。すこし知ることで、いくらかこの病についての受け止め方が変わったように思う。】

◆22　「胎児スクリーニング反対論者は…選択的中絶の許可はその結果として、スクリーニングの網を避けて、あるいはくぐり抜けて生まれてきた遺伝的障害者の軽視を生むと主張する。しかし論理的には、重い障害を持った子の出生を避ける方がよいという判断と、現実に障害を持って生まれてきた人々への尊重と配慮とは両立するものである。」（森村進[1987: 117]）

そして米本昌平[1989b]は、米国は実際に両立させていると言う。

◆23　羊水検査を受けた母親に検査を受けた理由や胎児に異常が認められた場合の態度を聞いた高瀬悦子らの調査報告によれば、羊水検査を受けた理由は自分や夫が遺伝病の保因者であるものが一二％、高齢妊娠が三二％、前の子が障害児であったもの三六％、親戚に障害児がいるもの一二％。胎児に異常がみられた場合には「産むべきではない」とするものが五二％、「程度により出産する」四三％。「程度による」とした母が受け入れられる障害の程度を尋ねた問いには、「子供の背が低い」三八%、「軽度の知恵遅れ」二五%、「将来の不妊」二五%、「中度の知恵遅れ」五%、「重度の知恵遅れ」六%、「ケイレンが起きる」〇%。（高瀬他[1987a]、向井承子 [1990: 141] に紹介）

◆24　障害についての様々な記述の検討が行われてよい。例えば奇形とその原因とその予防策を説く田村豊幸 [1979] 中の記述。ダウン症に関する認識のあり方を問題にする竹内章郎 [1988: 181-186]【cf.立岩 [2004a: 307-308]】、ダウン症と人種差別との関連について Gould [1980=1986: 下 232-244]。

◆25　HMO（Health Maintenace Organization、国民皆保険制度のない米国で中間層の多くが加入している）に出生前診断後の「選択」で出生を防止できたはずの嚢胞線維症の子どもには、その医療費の支払いを停止する計画がある（Lippman [1994=1996: 50-51]）。【→第7章注12・525頁、hp嚢胞線維症／[難病]】

◆26　こう主張することは、子を持ち育てることを権利としながら、その子を育てるにあたっての負担を親が負うことは親の義務ではないと主張するということである。cf.福島瑞穂 [1991] [1992]、立岩 [1995a]。各国の扶養義務の実態については新井・佐藤編 [1995] 等。

◆27　その生活を知らず、そして「治すべき」「除去すべき」者ととらえ、「不幸である」と思い（引用②）、せいぜい「こういう幸福な例もある」といった程度のことしか言えない人は、情報提供、相談、告知の役割を担うことはできない。まず、そういう人は何も知らないということを知るべきだし、知らない事実を知る必要がある。そのために別のことを知っている人、別のものの見方ができる人（特に障害をもつ当事者）が教育・訓練の場に介入すべきである。また与えられる情報は公開され、検討されなければならない。と同時に、相談や助言の場に今いる人達と別の人達の参加が必要である。

　そしてより重要なのは、検査結果が出て決断を迫られる以前の場である。子の質に対して親が責任を負うべきだという観念、実際その帰結に対して責任を負わなくてはならない現実が与えられていることが問題である。安積遊歩［1990］［1993］、境屋純子［1992］等、障害（骨形成不全、脳性麻痺）のある当事者が書いたものがある。【『生の技法［第３版］』に加えた［2012e］で近年の著作を紹介。】知的障害をもつ子の親（達）による著書にしても（正村公宏［1983］や大江健三郎の著書がよくあげられ、それはそれでよいのだが）山尾謙二［1986］、最首悟［1984］［1986］［1988］【［1998］】、玉井真理子［1995b］、ぽれぽれくらぶ［1995］、松友了［1996］、等々がある。文字で書いたものでも、本人が書いたものでなくても、知らないよりよい（ものもある）。子どもの障害や障害をもつ子を育てることについては毛利・山田・野辺編［1995］が優れている。

◆28 安部公房［1959］（加藤秀一［1991b→1996］、森村進［1987］に言及がある）。

◆29 「優生学や遺伝学の介入は、原理的には表現次元という日常性や関係性を超えた遺伝子次元へとなされる。そこは主体が主体的に自身で働きかけが不可能な次元である。日常的な表現的主体は遺伝子次元に直接・間接に主体的調整という関わりは持てず、そこへは医師や遺伝学者が主体から見ると不条理な形で、しかしながら学的に正当化された形で侵入する。具体的には身体への加害、能力の剥奪がなされ、論理的には日常性や関係性の無視や主体性の解体がなされる。それをなす力は、そもそもそういう場を設定してしまう優生学・遺伝学の論理を基軸として内蔵されており、それを…「加害性」、あるいはその一部と考えている。…「加害性」には歴史的に優生学がなした具体的「加害性」と、優生学の理論に内在的である「加害性」の二つがあり、前者は後者ゆえに現象したとここでは考えている。」（斎藤光［1991: 308］、第６章注44・452頁での引用も参照のこと）

◆30 積極的優生を支持するグラヴァーの主張を検討する（Glover［1984］、他の著書としてGlover［1977］、Glover et al.［1989］等。以下は森村進［1987］の紹介による）。

①「性格とか高い知性といったものは遺伝ではなく育った環境の産物なのだから、積極的遺伝子工学は無

意味だという人がいる。しかしこの批判は論点をそらしている。」

②「関連した批判として、「良い遺伝子とか悪い遺伝子などは存在せず、遺伝子は環境によって具合が良かったり悪かったりする」というものもあるが、人間はけっして環境の真空地帯に発生するのではなく、特定の環境の中に生きるのだから、人間が生活するものとして現実上問題になる環境の中での良し悪しを考えれば足りる」

③「遺伝形質の多くは、単一の遺伝子ではなしに多数の遺伝子の間の複雑な相互作用によって決まるから、遺伝子工学は実用的でないといわれるかもしれない。だが」単純な組合せに形質が依存している部分もあるかもしれないし、技術の発展もありうる。

④「積極的遺伝子工学は親と似ない子を作りだすために、…親子や家族についての見方を根本的に変えてしまうかもしれないという不安もある。だが、これも十分な反論たりえない。第一に、親子の間の相違は育った場所と時、受けた教育などの環境の産物でもあるが、それだからといって世代の断絶を防ぐために環境を固定せよとは主張されない…。第二に、親子観や家族観は時代とともに変化し、われわれの慣れ親しんでいるものも別に絶対のものではないから、その変化を阻止するためにはなにか強い理由が必要がある」

⑤「不自然」「神を演ずるもの」という批判に対して、放っておけば死んでしまう病人を救う医療は「不自然ではないのか？ 自然さや神意に訴える議論は、あまりにも漠然としていてとらえ所がない。そのうえ、神を持ち出す議論は、神の存在を信じている人にしか意味を持たない。」

⑥政策的統制に対する危惧については、「子供にいかなる遺伝子を与えるかは、親となるべき者が決めればよい。…遺伝子操作の自由化は、人々が恐れるような人間性の画一化とは逆にその多様化へと向かうだろう。」

⑦「現在の人類はこれ以上、改善の余地がなく、その遺伝子は進化の究極というわけではない…から、遺

伝子工学は進化に逆らっているわけでもない。」

⑧「その環境において通常よりも著しく不利益な状態に子供を故意におくことが許されてよいとは思えない。／しかしながら、そのような危害を子供に与えないとしたら、親が子の遺伝子を操作するのはなぜ悪いのだろうか。親は、子供が成長さえすればよいと考えて育てたりはしない。ある種のタイプの人に育てようとするのである。…それは、特定の方向づけと、逆の方向の可能性の排除とを意味している。子供を正直な人間に育てるということは、子供が率直であるように動機づけ、子供が不正直になる可能性をつみとることである。親が子の成長にこのようにして影響を与えるのは不当だ、とは考えられていない。私的家族という制度を是認する以上、親が子の育成について圧倒的な権限を持つことは認められねばならない…。／もっとも…子の基本な生理的・精神的能力や身体の完全性を損うような操作は禁止されねばならない。」

⑨「子孫や第三者に対して重大な危害を与える危険が大きい」という理由は、十分な重みをもつ。しかし「危険性は遺伝子操作の慎重さの問題であって、全面的禁止の問題ではない」（以上、森村［1987: 120-127］）

①②③④⑤⑨を認めよう。⑥について、多様化に向かうかどうかは疑問だが、少なくとも、積極的優生が、国家管理的なものであるとは限らないという論点は認めうる（第7節2）。⑦について、何が人類の進化なのか私にはわからないが、一応認めておくとしよう。残るのは⑧だけである。これについて本文で答えた。

なお次の引用文中のグローバーはグラヴァーと同一人物であり、ノージックについては第2章2節、第4章注19、第5章3節で触れた。「グローバーは、一つの選択肢として〝遺伝子のスーパーマーケット〟というアイディアを提案している。／グローバーが哲学者のロバート・ノジックのアイディアからヒントを得たという計画によると、これから親になろうという人たちが、遺伝に関する選択リストから、自分たちの子供のためにどんな特徴をとり、どんな欠点を矯正するかを、あたかもスーパーで買い物をするときのように、自由に選ぶことができるというものだ。／ある夫婦は自分の子供のために、音楽の才能とガンにかかりにくい体質という二つの遺伝子を選ぶかもしれない。別の夫婦は、彼らなりに考えた別の遺伝子を選ぶだろう。コントロール板によってすべての人間を統轄するような中央の管理方式さえなければ、遺伝子の多様性は減るどころか、むしろ増えるはずである。」（Shapiro［1991=1993: 339-340］）

また永田えり子は次のように言う。

「そもそも、個人に命の質を選ばせない、というのは恐ろしいことだ。それを優生学だといって批判するなら、まずは自由恋愛を禁止すべきだということになるからだ。／われわれは日常的に命の質を選んでいる。才能があるからといって仕事を依頼する。性格がよいからといって友だちに選ぶ。そして配偶者選択においては、この社会で評価されている特性をもつ人を選ぼうとする。…そして自由恋愛を通じて、結果的に個人は自分の未来の子供の質を選んでいる。例えば頭のよい子が欲しいから頭のよい人と結婚しよう、などというのがそれだ。／われわれはどうしようもなく社会から影響を受けている。そもそもどんな人に性的魅力を感じるかということでさえ、社会の影響を無視しては語れない。被差別者の結婚難問題はそもそもここに起因する。／だが、だからといって個人の自由恋愛を禁止すべきだろうか。特定の人を愛することは差別であり偏見であるからやめることにして、例えば配偶者選択は無作為抽出によって「かけあわせる」ことにする、といったことが可能だろうか。／遠い将来にはそうした「かけあわせ」が正しい、とみんなが考える社会も到来するかもしれない。だが現時点では無理である。自由は大切であり、とくに恋愛や生殖が、個人の自由の中でもっとも守られるべきプライベートな領域であるとわれわれが考えている以上は、恋愛や生殖を通じて個々人が「命の質を選んで」ゆくことは避けられないであろうし、また避けるべきでない。」（永田［1995a: 140-141］）

このような主張についても、第8章および本章で答えた。

◆31

「種の多様性が、人工物の意図的な増殖のなかで、**性のみが保証する**偶然の終りのなかで消滅するとき、お

そらく人類の死がまっているだろう。」（Attali［1988=1994: 520］）

この種の議論は多い。畦地豊彦［1987］について加藤秀一が次のように指摘する。

「「類的種族としての人間存在の認識」（畦地［1987: 187］）といった全体主義（「種」主義というべきか）は反差別運動の射程を根本から掘り崩す倒錯であるように、私には思われる。女性も障害者も、その解放運動の出発点は、自らを、他に置き換えのきかない一人の人間＝個人として認めよという叫びではなかったか。個人は種内の遺伝子の多様性を保存するプールとして価値があるのではない、という思いに立ち帰ること——障害者運動とフェミニズム運動は、個人の尊厳の擁護というこの出発点を徹底して共有するところから、生命の質を一元化する優生思想に反対するという、原理的な共存を獲得できるはずだ。」（加藤［1991a］）

この箇所に付された注には、「より典型的な表現は同じ論集の中の山下恒男の文章にみられる。そこでは「個体と種を二つにして一つのもの」とみる今西進化論の「おおらか」さが称揚されている」（加藤［1991a］）とある。ここで加藤が言及しているのは山下［1987: 388-389］。著書（山下［1977］）にも同様の主張が見られる。

本書を通して言おうとしたのは、これらと別の立場である。

ごく単純な基本・確かに不確かな境界――第2版補章・1

1　単純な批判と基本的な位置

［1］いたって単純なことが書いてある

いきさつについては序章に書いてあり、第2版補章2でもすこし加える。この本はたしかに長くはある。ただ、基本的な「動機」「主題」はいたって単純なものだ。この社会は、人の能力の差異に規定されて、人の受け取りと人の価値が決まる、そしてそれが「正しい」とされている社会である。とても単純な見方だが、私は、ここにこの社会（近代社会・現代社会）の「核」がある、ずっとあり続けていると考えている。[◆1] 本書はそのことについて考えようという本だ。もっと簡単に言えば、文句を言おうということだ。世の中には文句を言おうとするそのものを（一見そうはわからなくともよく見ていくと）信じきっている人と、そうでないが知ってか知らずか従っている人と、文句を言いたいか言っている人と、知っているがそんな話はもう終わっていると言う人といる。最初の人たちには何をどう言ったらよいかと思いながら（何を言っても無駄な感じが一方でありつつ）、仕方なく言い続ける必要があると思って言ってきた。以下はその続きだ。最後の人たちには、言論の流行りすたりがあることは知っているが、この近代・現代の社会はすこしも終わっていないと、むしろ、私は次の社会が来たとか来るという紋切り型に飽きているのだと、言う。

その規則と価値について、それが正しいという理屈の「底が抜けている」ことははっきりしている。そのことを指摘し批判すること（第2章2節）は学部の学生のころから簡単だと思ってきた。むしろやっかいなのは、「帰結主義」的な、「機能主義」的な正当化のほうだった（第2章3節）。その話自体は簡単だ。つまり、人は餌がないと釣られないというだけのことだ。だが、わが身を振り返ってもまったく無視はできない。どう対するか。そうした契機も現実にはいくらかは考えに入れざるをえないと言えばそれだけのことだが（第8章3節）、だからといって現状を追認したくはない。他方、これを大きく見て、その全面的な変革・人間の改革を目指すなら、倫理主義とそこから論理的に導出される前衛主義を巡る行き詰まりから抜けられないことにもなりうる。まだ考えることはあると思っていて、考えている。[◆2] 序文で列挙している番号に即すれば(5)(6)の問いが基本にある。とくに(5)が基本にある。本書は私のその最初のまとまった仕事ということになる。

そして、この近代・現代の仕組み・価値に対置されるのは、どのような人であるかということか、人がどのようであるかと関係なく、人が生きて暮らせるようにというただそれだけのことであり、さらに具体的に示されるのは、その内容としてはたかだか「平等」程度のものである。その程度のことさえ言われなくなっているのがよろしくないと思い、そのことについて書いてきた（→本章第4節）。つまり私の基本的な現実的な関心事はモノ――もちろん物理的物体に限られるわけではなく、譲渡・分配可能な財――の分け方の方にある。平等自体に積極的な価値があるわけではないし、それを測る尺度もないことをわかりながら、それを言っていくことになる。

［2］根拠？

さらにその「根拠」が問われるだろうか。それを捻り出して言う必要があるのだろうかと一方では思う。生まれながらなのか、途中でなにかあったのか、多く理由ははっきりとしないのだが◆[3]、人は様々であり、それがどのようであっても生きて暮らせてよいと考えるのであれば、こちらが採用されるはずである。この社会にあって本書が批判してきたものは、そうでない状態を帰結する。それを是認することは不正であり、不当な加害であると私たちは言う。それに尽きるとも思う。

他方、労働による取得を正当とする人たちは、その正当性を弁証することを思いつかないか、機能主義的・帰結主義的な正当化を行うか、そうでなければ、それは人々の感覚に合致していると言う。仮に最後のもののいくらかを認めたとしても、それが本書で支持されるものに優越すると思えない。また、その日常的感覚を論拠に、それが広く拡大され、様々なものの売買などなんであれ許容されると主張されることがあるが、それは論拠とした日常的感覚に背馳していないかという疑問もある。すると、今度は人々の――直観・直感ではなく――論理的非一貫性を指摘するのだろうか。だが、その指摘・説明でよいのか。むしろ様々を一括りにしないことに理があるのではないか。そうしたこともそうきちんと検討されているように思えない。

これ以上議論の必要があるようにはまず思われない。それでも二点、既述したことを加える。二点、初版で明示していないことを加える。

まず一つ、徴集・配分の対象になるのは手段である。生産の多くが交換において得るための手段とされること自体がそのことを示している。それらは他の人にとっても使用可能なものである。（だからこそ、他の人の使用のために生産されてもいる。）考えてみれば当たり前のことだが、このことを第4章2節で述べている。それらは基本的に他の人々によって使用されてもよい。これはその移動の実現の可能性を示しているし、生産された財のいくらかを移転させても問題ないことを示している。

そして一つ、生産物が人の価値を示すという価値について。存在のための手段を産出することに、存在することに優越する価値を付与することは、とても単純に倒錯している。生きるために働いているのだが、働けなくなったからといって、それでも生きていくことができるのに、生きている価値がないなどというのはおかしなことだという、ただそれだけことである。それははっきりしている。

それでもなお、その能算の行い自体に価値を付与する、人の価値を証すものとするという信仰は現実にある（第6章2節）。生産されるものがたんなる手段ではないということも実際あるだろう。自らの芸に自らが入れあげてしまうことはあり、周囲もときにそれを尊敬してしまうこともある。それはわるいことではない。そしてどんな社会・人でもいくらかは起こってしまうことではあるだろう。ただそんな場合だけではないことも明らかである。そして前者と後者と、後者がより上等なことであるとか、そんなことはない。かつてなにかができそれが自分のすべてであると思っていた人が、なぜかできなくなった。ひどく単純にすませてしまうが、その時はその時で、過去を覚えていたりしながらも、別の人間になったと思えばそれでよい。

一つ、本書に示される立場に対してもっともな批判としてありうるのは、労働の苦労を認めていないというものである。しかしそれについては、同じ平等・公平という基準から「加算」を肯定している。苦労はその分報われてよいと考えている（本章第3節）。だからその批判は当たらない。

そして一つ、このように主張することにおいて、「要求」することにおいて、他者・利他を言うことを必ずしも要しないことを確認しておこう。実際、批判し要求したのは、今の体制では困ることになる、既に困っている本人たちであり、次に――実際には「代弁」するその声をあげたのはこちらが先でまた声も大きかったことが多かったのだが――その近くにいて困っている人たちだった。

生産したものを取得するという図式と、自らが欲するものを自らが取得することとは同じでない。後者における人間は利己的であると言えるが、それ自体は非難されるべきことではないだろう。そして、たんに後者における人間は、できれば自分は何もせずに得られればよいのだろう。人は怠惰なのである。（それでは、だれも生産しないかもしれない。だから、この図式をというのが機能主義の主張である。その心性をいくらか所与とせざるをえないのであれば、幾分かは受け入れようとも述べた。）ただ、前者の図式において後者が実現するのは、できて・行った人である。だからそちら側にいると思っている人が前者の図式を支持するのも当然のことではある。

ただ、「なんであれ人は生きて暮らしていけるのがよい」と言う時、それは「私の特別さ」を言うことによって認められるのであれば、そこで肯定されているのは「特別」の方であって私ではない。なんであれこの私をと言うのであるなら、私を生きさせよと言うのであれば、それを「純粋な利己主義」（[2004a: 127]）と呼んでみてもよい（以下、次章も含め、筆者＝立岩のものについては著者名略）。田中美津[04]に『かけがえのない、大したことのない私』（田中 [2005]）という題の本があるのだが、そんな感じだ。

このことを言う時、すでに普遍性が現われている。特別な私ではない私はすべての人であるからである。このときすでに普通の（狭義の）意味での「利己」からは外れている。それは、その地点から始めて、保険という発想によって平等に至る理路――それは政治哲学の「刷新」と呼ばれたりもする流れのもとで、従来の図式を放棄せずに、しかし従来より平等主義的であろうとする時に採用されたものでもある――とも異なる。その自由主義の改訂版では、より安全志向な人間が想定される。「リスク」[5]における平等から配分におけるなにかしらの平等に人々は同意するはずで、そこに至る。そんな筋の話がある。事実人々は様々に無知ではあって、多くの人たちは合理的ではある。説得術としても一定の効果がある。だが、自分のための備えであれば、そのための積み立ては定額でよいことになる。あるいは積み立てに応じてその人の受け取りが多くなるといったことになる。結果、本書でよしとされる状態と、小さいようだが実際には大きな違いを生むことになる。そして人々は既に自分のことをいくらか知っている。確定しない未来についてもリスクの差のいくらかはわかる。受け取りが必要な人が多く受け取れないといったことも起こる。(すると無知であることは「仮想」されると主張されることになるが、ならばなぜその現実と異なる仮定が置かれるのかが問われる。cf.第7章第2節・473頁)

これ以上言う必要はないようにも思う。生産と取得とを基本的に切り離し、生産の価値と人の価値とを別のものとするのでよい。むしろ、その上で実際をどのように考えるのか、「中ぐらい」に具体的な議論をしていこうと私は思ってきた。実際それを本書の後に書いてきたし、そしてその続きを今でもやっている。そのことは第4節で記す。

ただ、私たちにしても、人を毀損するな奪うなと言うと同時に、人から供与を求めてもいる。その境界はどうなっているのか。次に、守られるべきは(生きている)人に限られている。このことをどう考えるか。すると、考え、ものを言うのが私にはためらわれること、どうにも苦手な方、「いのち」といったものについて、初版に述べたことの位置をあらためて確認し、足せるところをいくらか足すことになる。

2　人に纏わる境界

［1］位置

あるものを否定するためにそれと逆のものをもってくる必然性はない。ただ、第4章は「他者」という題になっている。「他者」を言うことは、本書を書いた後もしばらく流行っていたようではあった。そしてその流行りのことはよく知らないがとことわりつつ、人々は実は別の価値を有してもいると、そしてその別の価値・価値を有する社会が常に既に同時に存在していると言っている。それはどのようなものであるのか。そして現実にどこまでの解を与えるか。

私と私でないものとの関係は次のようだと述べた。世界と私があって、私にとってよいことがあるとよいと思う。その私にとって、前者の方が大きなものとしてある。そして豊かである。それに対して私はたいしたことはない。私が制御できる世界は退屈である。そして、いつものことではまったくないとしても、制御せず受動的であることが快の一部、あるいはその条件をなす[◆6]。世界にあるもの、体表や体内に起こっていることを受信・感受できればよい。受け取ればよい。それらがあればよいではないかと言う。

これは、前節に検討・批判の対象とすると述べた規則・価値の単純な否定ではない。あるいはもっと単純なことである。（批判する対象と述べたものの反対は、私の生産物は私に属するものではないという主張である。そのことを本書は主張するが、その主張についてなら、例えば功利主義——といっても一様ではない（cf.児玉聡［2012］）——のある流れは、そしてむろん平等主義は、本来は、同意するだろう。）ただここにあるとしたものは、世界の中にあって世界を受領していることをもってよいと、十分であるとすると言うことでもあり、また人間や一人ひとりが能産的であることをまずはそれが必要な限りにおいて認める、自己その他を意識してしまうことを仕方ないできごととして認めるということであるから、前節で述べたこと、人がどんなである／なしにかかわらずそれでよいという主張につながるものではある。そしてそれは、その人に置かれるもの、そうでないもの（対価を払って受け取ってよいもの、徴集してよいもの）について別の原理・区分の仕方を示すことでもある（第4節）。

ただ、これを不如意であること、不如意のものを受け取ることの肯定とみるなら、それはたしかに常識、日常の行動の多く、日頃行っていると思っていることに反する。述べたものと別のものがあることは明らかである。私たちは様々が自分の意のままになってほしいと思っている。取得しようとする。それはたいがい自らの意に添ったものではあるし、あってほしい。それは当然のことではある。最もわかりやすくは、殺して生きている。そして他人を認めることは、負荷であり、苦でもある。それを初版で言っていないわけではないから再度ということになるが、より強く言う。

ならば、まず二つ、少なくとも二つが併存しているということである。

一つ確認しておくべきは、この併存ということ自体がありえないことではないし、矛盾している、いずれかが間違っているのではないということだ。むしろそんなことはいくらもある。すくなくともここにある。その認識が大切だと考える。二つは、一つを肯定すれば一つを否定するといった択一の関係には、多くの場合に、ない。例えばいずれも自身にとってよいことである、というようにそれは併存する。またこの問題が片づかないと前節に述べたことが支持されないというわけでもない。ただ、いつもそうではない。何があればよいのかという「底」の部分でどうなのかという問いは残ってある。

まず、ただ受け入れることなどきれいごとに思える。私も「歓待」（cf. Derrida [1997=1999]）などと言われると、そう思うことがある。このことについて第3節（次節）で述べる。またできることを（あえて）しないのは倒錯しているようにも思える。このことについて第4節で述べる。

本書の第3章から第4章への行論でなされたのは、もし人がしかじかをする「なら」

（あるいはしない「なら」）、人はしかじかと思っているということだ。つまり帰納的な論になっている。ただ他方には、そのような行動を取らない人もいる。多くの議論が結局依拠する人々の「倫理的直感（直観）」において、あるいは行動の水準において、既に分かれている、あるいは述べたように、同一の人に複数のものがある。その一つがたしかにあることはそれが基本になることを「証明」するものではない。結局は信と信との争いになって、決着はつかないとも言える。

人々の多くは、二つがあること、並立していること、これらを含め、ことのよしあしを別として、意識している。まず、自分が作るものよりも、あるものがよいとたいがいの人は思っているとともに、制御したり作り出すこともよいと、必要なことだと思っている。それはそのモノの帰属先を指定していない。それが私に帰属する限りではそれを「利己主義」として批判することはできる。ここではその帰属は生産者と限らない。実際優生学（優生主義→第6章注24・434頁）において目指されたのは、性能の改善が想定されている範囲の社会全体を利することだった。ただ、そこでも、私が能動的であり、対象を私が認識・把握することは、事実して認識され、必要なこととして肯定されている。たしかにその行いは必要である。だから称賛されてもよい（そして称賛することは「ただ」でもある）。ただそこにいくらか余計な重みが足されていると感じる。その人が指差される。自己のためであれ、あるいは他者のためであれ、能産的であることが称揚され、それがその者に回付される。

けれども、それと異なる感性・心性は実際に存在し、それは、自分が統御するものが自分に還ってくるという図式と異なったものとしてあること、よってその図式・信心に抗するものである。それは、一つに、すくなくとも現実の一部を示している。

そして、人が意識し制御するという図式は、狭義の所有についてというだけでなく、非常に強いものとして、存在し続けている。それは例えば生命倫理学の主流に素直に継承されている。だからこの図式を問題にする。「ラディカル」に人間中心主義を批判する立場が、むしろ人間（にあるもの）を特権化していることを示すことができる（↓次項）。規則とそれを支持する信念の塊があってことが進んでいる時、それと別のものがあることを示すことは意味のないことではない。

信じなくてよいとだけ言えばよいのかもしれないのだが、その相手が支配的であるとき、そしてたしかに別のものがあるのなら、それがあることをわざわざ確認しておくことに意味はある。そしてそのほうが多くの人にとってよい。それを述べようとして本書を書いた。

これは帰結主義的で厚生主義的な正当化ということになるか。人が、第1節に述べたような人のあり方を望んでいるとするなら——そう私は思うが——そのように言ってもよい。やはりいくらかの仮定を置けば、つまりそのように人々があることが人々に満足や快楽をもたらすとするなら、功利主義的な正当化であるとも言える。仮に実際に投票などするとどうなるか、それはわからない。けれど、社会学者はそのことばかり言ってきたのだが、人々は社会的な存在であるから、そして本書に記したようにいまの社会はできているから、その投票結果を常に受け入れるべきであるとはならない。（そのように言う者は、素朴な意味では、積極的な民主主義者でないということになる。）つまり以上から「確かなこと」は言えない。

この「底」「根拠」についての問いは、さきに二つあると述べたその優先順位を巡る問いであるとも言える。そこに記したこと自体から、その繰り返し以外の何かを言えるか。世界は私よりも大きく、そこから私が受け取っていることは事実であるとしよう。また制御しない・できないことが私にとって他者が存在することの要件であることは、その言葉の用法次第では、その通りである（第4章1節）。そしてそれが快、むしろ快の条件であることも、事実として認めるとしよう。であるならその方が人にとってより「基礎的」なものとしてあると言えるだろうか。言えるとしよう。また述べたように手段がなにかのための、例えば存在・生存のための手段であり、手段でしかないこともまた自明である。けれども、どうしたって世界があるのは事実であり、できることははじめからたかがしれているから、何をなしても残りは残る。だから、私一人がなにかしても世界はそう変わらない。だから、私にさしあたって関わる部分についてははすきなようにする、すきなようになってほしいと思う。また、他の人（々）が人々を生きられてしてくれているなら、私はそこから抜けて、同時に、人々がいる世界にいることもできる。ならば、ここでも順位は決しない。結局、ここまでに述べたことよりも別のことを言うことにはならない。その意味では「立場」を示し、繰り返すにとどまる。

しかしまず、それは他の立場にしても同じである。そして、ここまでに述べたことは、人によっては意外に思うかもしれないが、その人にとっては意外なことに「直感（直観）」に適っていると考える。そして、人が自らの利得を求め維持したいと思うことを事実として認め否定もしないとした上で、しかしそのことが、その世界にいること、他者のいる世界にいることについて「ただ乗り」しているなら、応分に拠出すること、あるいは「控える」ことを求める（『自由の平等』第3章「根拠について」）。

そして、このようなことを述べることが既にそうなのだが、人間にはやっかいなことに「内部」が在ってしまっている。それらが組み込まれた時にさらにいささか複雑なことになり、やっかいなことだが、それが実相であるなら、それはそれとして見ておく必要はある。例えば自らが殺生をしながら生きていることを自覚してしまったりする。人が意識を有することを知り、ゆえにそれに関わって心配になったり死を恐怖したりする。それを知り、それに応ずることを認めざるをえない。基本的には、本書の立場は、そのことを肯定的には捉えない、捉えられないのだが、しかし考慮せざるをえない。すると、そうすっきりといがず、何重もの層がある。それを見ていくことになる。

そのうえで、結局以下でなされるのは、さらに遡りようのない立場の表出・反復ではある。ただ、ときに「やせがまん」をしても——といっても今まで人がしてきたことにとくに何を加えることもない——そして、永遠を得るとか救われるといったことはないとしても（そのことについてはいずれの立場も違わない）、楽に長生きしたいというのであれば、こちらの方が支持されるはずだ。

［2］殺生について

書いていた時から難しいと感じていたことの一つは第5章に書かれたこと、人間の扱いについてだった。

実際、人間は人間だけを特別に扱っている。すくなくともそういうことになっている。そのことをどう考えるか。別の主張をする人たちがいる。◆[7] その主張をする人たちは、批判の対象を（ヒトの）「生命神聖性説」であるとし、それは「種差別主義（speciesism）」であるとして、ある人間を遺棄して、ある動物を救うことになる。その「正しい原則」を主張しつつ、多数派はそんな理屈を知っても知らずとも肉を食い続けるから、自らは菜食主義者などになって少数派にとどまる。ただ、前者、つまりある人たちを生きてよい範囲から外す行い（だけ）は実現されることになるといったことも起こりうるし、起こっている――だから外される側の人間にとっては迷惑なことなのだが、「論理」としてはこちらの方が一貫しているのではないか。

ここで既に躓いているようにも思う。このような主題を相手にするべきなのかと思う。この種の議論に入り込むこと自体がなにか罠にはまっているような感じがする。それでも、素通りはしないことにし、どこが妙に思えるのか考えてみる。『唯の生』（[2009a]）の第1章「人命の特別を言わず／言う」、その半分ほどのもとになった[2008a]他、幾度か本書第5章に述べたことに加えて考えようとしたことがある。[◆8] さらにいくらか足してみる。[◆9]

まず、間違えやすいことだが、人間の特別扱い（基本、殺してならないこと）を言うために、人間の特別性を持ち出す必要は必ずしもない。たしかに人間が「意識」「知性」を有する存在であるという差異の認識、自己了解は、いくらかの社会・人々にはある。

仮にそれが本当だとするなら、それは人間の「特異性」を示すものではあるが、それ自体は、その「優位性」、そしてその人間、正確にはそうした属性を有する人間、さらに正確にはそうした属性を有する存在を尊重すべきこと、殺してならないことを示すものではない。これは、人が属する思想圏がどういうものであるのかと独立に、まったく論理的に言えることである。（これは本節の最初に述べたことが積極的に肯定されるかどうかは別として、その反対を積極的に言う根拠が見出されないということ、そこまでは確実に論理的に言えるということでもある。）

つまり、その人たちはある特異なものを予め優位であるとしているのだが、その根拠は示されていないのである。また現実にも人間たちがそのことを言おうとする欲望を有しているとは限らない。実際、多くの人にはそんなものはないと思う。しかしある思想の流れはそのことを言おうとした。つまり、人間の（他の生物に比しての優位性としての、また人間内の優劣も示すものとしての）「特別性」を言おうとし、そのことを言うに際して、意識・理性・知性を言った。そしてそれは、私たちが世界を了解し取得し、そしてそれを（知性・理性によって）改変することをよしとすることにおいて、本書が検討・批判の対象としてきたものに近いもの、あるいはそのものである。

だから「非人間中心主義」もまたそうした発想のもとにある、その正統な流れを汲む主張であると考えることができる。（あるいは、そこに自省の契機があまりに少ないことをもって、あるものを懐疑しながら進む哲学・倫理学の「本流」から既に逸脱していると言うこともできる。）指定された性質を有しない人間は排除され、代わりにある種の人間外の生物は生存を認められる範疇に入れてもらえることにもなる。それは一貫はしている。そしてそれは、（人間が）生物のある部分を殺す対象としないことにおいて「非人間中心主義」と言えるとしよう。しかしそれは、人間が格別に（たくさん）有していると思われるものを自らから取り出し、それを基準にして人間が選別し、その特権性・その性格を有する存在の保全を自ら主張する。そして、その規則の遵守を求める主体は、そして実際に遵守することを求める対象は人間に限られる。その規則に従うことを他の生物には免除する。これらの点でまったく人間中心的なものである。大量の生物を食する鯨はそのことを責められることはない。殺すことの禁止から免除されている。鯨が食べる極端に大量のオキアミは下等な生物であるからそれを食べるのはよいのだとでも言うのかもしれないが、仮にそれを認めても、もっと大きな動物を食べる鯨もいる。チンパンジーも、より平和的な種であるとされるゴリラも、殺し合うことがあるという（山極寿一［2007］）。非人間中心主義者たちは、その動物たちに、殺さないという道徳の履行を求めることをしない——もちろん実際にそれは不可能なのだが。人間の特権主義を否定するという立場そのものがとても人間的なものである。

そんなことを言われても困ると言われるか、困惑以前の反応しか得られないとして、それ以前に反応が得られないとして、それも当然ではある。それはその倫理学がそのようなものとして、つまり人間のものとしてあるからである。（たしかにそれ以外は不可能ではある。しかしこのことにどの程度自覚的であるかによって、それが言うことに違いは出てくる。）

それ以前から殺生に否定的な思想・実践はあった。実際に人は殺生してきたし、しているのだが、その自らの営みを反省し、否定することがある。人間、すくなくともその一部について、殺してならないという意識があった上で、その範囲の拡張がそこにあるのかもしれない。◆[10] そういう経路で思ったわけではないかもしれない。人間を殺さない（ことになっている）ことから来るのか、そうではないのかどちらかと決まったものではないと思うが、殺生をよくないことであると感じる。そのこと自体が人間が思ってしまったこと、考えついてしまったことである。

他の生物はたぶんそんなことを思いはしない。その意味で、感じることを特別なことと感じながら、あるいはとくにそのことを意識せず、殺生していることを意識し、それを罪として感じることにもなる。そこで行わないことにする。ある人は、生物とくに動物を殺さないことにする。まずそんなことがどこまで可能かということはある。生物全般に拡張すればそれは無理なことだ。一つの身体の中でも細胞は生成消滅する。それを止めることはできないし、自ら（たち）が生きている限り、貫徹することができないし、死んでも同じだ。それでもそんなに細かなことを考えず、そして殺すことをよくないことと感じる人は自らを滅することを考え、実際に欲し、それを完全に遂行しようとする人は死ぬことになる。それは自ら一身だけのことだとも言えよう。しかしそれは最低一つの生命を殺し、細胞その他を消滅させ生成を妨げる。そこでそこまでのことはしないとしよう。それでもかなりの程度のことはできよう。例えば菜食主義者になる。それを実行する人たちもいる。

　しかし他方にそんなことを考えたこともない人たちもいる。そうして殺してきたし殺している。多くは食べるために殺す。たんに自らの決意によって殺さない食べないというのでなければ、それを正しいこととする人にとって、殺して食べる人は、その倫理に従わせるところまではいかないとしても、さらにそうした仕事を押しつけることさえするとしても、（本来は）よくない人たちということになる。

　ただ、その方向だけがあるのではない。同じ人間の特殊性――じつは人間に限られないとしても、それを知るすべはなかなかない――を認識し、別の道を行く思想・実践がある。それは思考し観念することを与えられてしまったものとする。そのように感じてしまう自ら（たち）を、仕方のないことと捉える。そこに罪を感じるのは、そのような意識をもってしまったがゆえのことであると考える。それを悟ること、それをもとに殺生しないことを予め優位におかなければ、殺生はとりたてて肯定されることではないが、否定すべきことでもないことになる。

　毎日、世界のある部分は殺される、それを私たちの資源として受け取っている。人間のそのあり様にとくに肯定的ではない。だが、だからといって殺して食べる者としての存在を否定することはしない。まず、他の生物と同じであり、同じ水準にあり、人も畜生であってきたし、ある。それは事実だ。ただそれを自覚している、してしまっている。同じである中で、それを加害として認識する。たぶん人間だけがそんなことを思ってしまう。それが、人間から発していることを認めながら、そのことを特別に高等なことであるとは考えないということである。そして、そうほめられたことではないが、それをやめることはしない。これは食べる側と食べられる側とを切断するのと違う。食べるにせよ食べないにせよ、殺すにせよ殺さないにせよ、人の側にあるものによって優劣をつける行いはしないということだ。

「保全」について、ちかごろではほぼすべての人が同じく肯定的なことを口にする。

ただ、人間は与えられてあるものを手にかける。それをためらうこともあるのだが、行う。その世界の中にあることを知り、そこにとどまることを悪と感じる人もいるし、そうでない人もいる。そして結局、そこに優劣はつけられない。密かに慎ましい人、自らのこととして自らを滅する人を敬することはあるにしてもである。ただ、人間は一方では、依然として（自らの生存を自力で維持することさえまったくできないし、できる見込みもまったくないのだから）まったく無力でありながら、他方では（少なくともこの星の球体の表面や、その表面にあるものを、ときに選択的に、消去してしまえるのだから）過分な力能を有してしまってはおり、そのことも知っているから、さきに受領するものとしての世界を肯定していると述べたその心性によって、余分のこと——どこまでが余分なのか、決まらないのではあるが、——はしないようにすることにする。そのことは後述する。

［3］人間の特別扱いについて

このように捉えた上で人間はどのように扱われることになるか。それでも、あるいはその上で、特別扱いされるとすれば、それはなぜか。

その前に、「（ヒト）種主義」を批判する側は、ただそれ（ヒトという種）を特別に扱っているだけで根拠を示していないと言うのだが、「ただ特別に扱っていること」は批判者についても言えるはずだ。ある「特性」を有するものを特別に扱うというのと、ある「種」を特別に扱うというのと、まずは同格である。前者は、優れたものを有する存在の存在が存続されるべきだとするが、しかしそれはなぜか。まずそれがわからない。次に、優れているとされるものがなぜ優れていると言われるのか、わからない。以上は既に述べた。もう一つ、「種主義」が「人種（差別）主義」と同等であるという主張がある。それについては後で応じる——というほどのことでない、つまり人は人から生まれる、人から生まれた者は人である、そしてその者の生殖能力云々は問わない、その限りで人の内部に分割・分裂はない、というだけのことを言う。それが境界が恣意的であるという批判であるなら、同じ批判は人間・種主義を批判する側に対しても言える。

その上でまず一つ、一人ひとりを殺さないその理由を、そこに一つひとつの世界があるだろうことにあると考えた（第5章3節4・325頁）。能動的であることと受動的であること、その二つとも否定はされない。ただ、世界を受け取っている状態の方が早くから始まり、遅くまで続く。終わりの方で多くの人はそのような生を送る。その間、人が生きられるようにあるのがよいとする。これは前節で述べたことを譲る必要がないということでもある。それとともに、相手方が言うことにさしたる根拠はないことが言える。◆11死んでも世界は残るだろう。そしてそれは多くの場合に慰めでもある。しかし死の時、その人にとってのその世界は——別の、次の世界が信じられているとしても——終わる。もちろんそこでは働きかけることも終わるのだが、それは多く死の前に既に多くはだんだんと、時に急に減っていく。ただ世界は残っている。それが終わる。

そしてそのことを人は思ってしまう。こうして人間は死を恐怖してしまう存在であってしまっている。[12] これは困ったことだ。死において、少なくとも私の前にある世界が、世界そのものはきっと続くのだろうが、終わる。そのことを（予め）認識してしまうような存在として人間はある。あってしまっている。[13] それは願わしいことではないと考える。そんなことを意識せずにすむならその方がよい。しかしそのような存在であってしまっている。

人間がとくに高等であるから人間を殺さないわけではない。しかしその属性に関わり、人は死を恐怖する。であるなら、それを考慮せざるをえない。その到来はどうにも仕方のないことではあるが、それを防げる間は防ごうとする。

それは同じく人間を特別に扱おうということになる。このことは結局変わらない。ただ、死を観念するのは人間に限らないと言われるかもしれない。どのように確かめるのかわからないが、もし本当にそうなら、私はその生物の「保護」を支持することになる。

ここまでのところ、私は絶対的人命尊重主義者ではない。第5章3節4（328頁）でもこのことを述べた。感受する、さらに恐怖する能力を有していない人がいる、人の状態があると言われる。ならば、その人たちは除外されてよいか。だから私は人命絶対尊重の立場の人たちから批判されて当然である。

しかし、実際のところ、とくに表に聞こえる声のない人たちはどうなのか、その現在と将来の可能性についてはほとんど原理的にわからない。あるいは、感じたりすることがないとされていた人にあることがわかってきたことが多く報告されるようになっている（小松美彦［2004b］、美馬達哉［2010: 118ff.］等）。そして「ある」ことがどんなことか、私たちはわかっていない。

そしてそこには、その判断の場には、必ず他の人間たちの都合が働く。つまり、私たちは役に立たない者を、役に立たないのはまだ許容できるとして、迷惑な者を、殺そうとする。あるいは使える部分を使おうとする。そしてその世界がどんなであるかわからないその人たちは多く、（まだ、あるいはもう、ほとんど動かないのだから）積極的に加害的でないとしても、そういう人たちである。（このことが多くの場合に想定されないのは不思議だ。「終末期」について家族にも決定に加わってもらうことが肯定される時、例えば清水哲郎［2000］の主張において想定されて共同決定に与るものとされる家族はよい家族なのだが、実際にはそうと決まってなどいないことを私は繰り返し述べてきた。）だからその範囲を広めにとることになる。だから、人の状態がどうであるか、考慮しないようにしよう、そのような制約を課すことにしようというのである◆[14]。これが一つ。

それとともに、もう一つ、第5章で述べたこと。そこで主題になったのは「いつから（殺さないか）」という問いでもあるが、同時に「なぜ人を（殺さないか）」という問いでもあった。人の子は人から、今のところは、生まれるという事実はそこに働いているのではないかと思うと述べた（第5章3節2・315頁）。具体的な一人ひとりがどんな人であるかどうかはわからない。いったん人から生まれる者として現われることを想定される存在として生まれ、生まれた存在ではある。そのことにおいて、他を殺すこと食べることをよしとするわけではないにしても、人を殺すことをしない。

それは生物学主義とは異なる。人がそのように思うにあたって生物学の知識が必要であるわけではない。人から生まれるのは人であること、人が人から生まれることを人々は知っているというだけのことである。染色体が一本多いとかいったことはこのことには関係がない。また「母性」をもちあげたいわけでもない。生まれた者が産むことに関係しなくとも・できなくとも、それはその人が生まれたことと関係ない。ただ、人から人が生まれてしまうというこの単純な事実は、一つの、しかしたぶん大きな、契機ではあるだろう。これらのことを述べた。

［4］始まりについて

生命尊重を主張し、線引きを否定し、人工妊娠中絶に反対する論があるが、その論には難点がある。どこにも線を引かずにすべてを尊重するという立場はない。絶対尊重を言う人たちは実質的には受精卵以降を特別なものとしている（ここに境界線を引いている）が、その理由は説明されない。このことを指摘したのは加藤秀一である（加藤[1996]）。その上でどのように考えるか。

本書初版のあと、幾度か書かねばならなかったことがあって書いた。おおむねそこに書いたこと以上を加えることができない。以下は日本医学哲学・倫理学会で報告を求められ、その後学会誌に書いた「決められないことを決めることについて」（[2005b]）の一部。

まず、その女性にとっては、将来の負担という契機が最も大きくはある。実際にはこのことを重く見なければならないのだろう。だが、将来の負担の予想によってことを決めてよいのかという疑念は残る。むろん、実際には負担は除去されていないのだから、負担という契機を無視することはできないし、無視すべきではない。ただ、現実は容易に変わらないから、仮想のこととしてしか言えないのではあるが、この指摘に対する単純な反応は、過重な負担を除去あるいは軽減することであって、苦労する人だからその人に決めてもらおうということにはならないはずだ。（この点に関わることを考えていくと、その人に負担があってもなくても、同じ結果になることを後述する。）

次に、その人がためらい悩む存在であるということは、産む方に向かう契機をも有しているということではある。とすると、その人に委ねるとは、それを当てにしているということだろうか。そのようなところもあるように思う。しかしまず、中絶自体を減らすことが目的であるなら、別の方法の方がその目的をよく達成するかもしれない。中絶批判派から、女性たちは産む産まないことについて実際には安易だという指摘がある。そんなこともあるかもしれない。その人はたいして気にしていない、かもしれない。そして先述したように、その人は最も大きな利害を有している人たち、産むことの最大の不利益がある人たちである。たしかにここに中絶することをやめて産んでしまうという契機はあるのだが、その可能性は他の場合よりも大きくなるわけではない。

また、その女性にとって、その子が生まれることが意味のあることであったり、そうでなかったりすることがあるから、女性に祝福されるような場合に生まれるように、女性に決めさせるのだという筋の話もそのまま受け入れられない。受け入れるなら、ある人が誰かにとって意味がある時、その人がそのような係累を有する存在である時に、その人は生きていてよいということにもなる。「関係論的」な論は、そのように解釈され、使われる可能性がある。だが、その人固有の、同時に普遍的な存在の価値ということを思うなら、それは認めがたい。

女性が、より真面目に考えるとか、深く悩むとか言えるようにも思う。しかし、そう言えるのか。言えたとして、やはり深く生命尊重を信じ中絶を否定する人たちの思いと比べて、なぜ前者を優先するのかという問いは残る。「安易な中絶」を指弾する人の側の方がかえって安易ではないか、と言いたくなることはある。しかし、信仰が大切なものとしてあり、自らにとって大切な信仰が指示する（とされる）規範が侵犯されているのだから、それは大きな苦痛であるかもしれない。だからまだ、なぜ、という問いは残る。

まず、これもまた一つの特定の価値判断であることを認めよう。（そこから離れ、「信教の自由」といった立場から言っていった方がよいのではないかと思われるかもしれない。しかしそうはならない。まず、人それぞれにというのもやはり特定の価値であるには違いない。次に、人それぞれにを認めたとして、だから人を殺すことが認められることにはならず、ここで中絶が殺人だと言う人がいるのだから、それに対して何かを言わねばならない。）

その上で、この特定の立場は、その身体においてことが起こっている当の人たちの方を優先すべきだという立場である。むろんそれ自体を疑うことはできるし、異論を言い、批判することはできる。ただそれはそれほど特殊な立場ではないはずである。

例えばある土地について、二人の者が争ったとしよう。あるいは子の帰属について争ったとしよう（そしてこの場合にはさしあたり子の側の事情は考えないとしよう）。一方が（例えば信ずる宗教がその地を特別の地として指定しているから）自らに属するべきであると強く信じていることがある。また、その対象に強い愛情をもっていると言い、きっと大切にする、大切に育てると言い、言うだけでなく、そのように信じていることは事実であるといった場合がある。けれども、その場所――はしばしばその人の暮らしに脅威であったりもするのだが――に実際に暮らしている人の方、産んだり産んだ後しばらく暮らしたことがある人の方を優先することがある。

このようにその者に委ねる。その近さは因果の近さではない。そして、またある特定者への愛情・愛着の有無とか、濃淡というものとも同じではない。そして、時間を経た土地や人とのつながりという場合と異なり、この産む／産まないが関わっている場合には、その女性は、存在に近いというより、生成の境界に近い。

外界に生まれ生きてしまう前の時間、決め難い域・時間がある、その域にあるとしか言えない時、しかし事実線は引かれる。なすなら他人がなす。これも必然のことである。そしてここには規範の空白がある。片方の絶対的な生命尊重主義が成立しないことは述べた。またもう片方の、体内にあるがゆえにその人の所有物であるとの説他を受け入れることができないことも述べた。

そして、そんな場面で、正しいと思うことを言うのは多く関わりのない人たちでもある。あらかじめ私の側に、例えば信仰として与えられ、そして深く根付いているものがある時、むろんそれは尊重された方がよいだろうし、その信に基づいて行動することは、多くの場合に妨げられないだろう。しかし、この場面では、それを優先することはしないということである。未定の、決めようのないことに直面してしまうその人の触感のようなものに委ねようということである。

たしかにそのような態度は、身体性のようなものの美化、神秘化につながらないでもない。「自然主義的」で「本質主義的」な傾きがなくはなく、怪し気なところがないではない。また、先にも述べたように、心的な負担をその人に強いてしまうものである。それでも委ねようというのだ。

まず先述した境界の引き難さという前提が認められた上で、人の世界が人を迎える時に、完全な歓待の不可能性あるいは困難を思い、同時に拒むことの困難を思う、そのような過程としてあることとは、人を迎えることの実際、人が存在するというあり方の実際を偽らないことにおいて、肯定されてよいと、あるいは肯定されはしないとしても、認められてよいとされるということではないか。そのように感じられているのではないか。身体内にあるものの所有という理路による中絶の肯定に疑義を唱えながら、なお女性の決定を手放すことはなかった人たちの論を、このような方向に解することもまたできるのではないか。

その世界を有する者としてあると思うとき、そして現われてしまった時、残念ながらであっても認めることになるとさきに述べた。それで人から人が生まれる。そうなった時、その者に係累が絶えていても、その者は生きることになる。人において現われてしまうことにおいて、認めてしまう。最小限の「関係主義」がここにあるとは言えるかもしれない。ただ、[2005b] の末尾に述べたことは、「産み放し」にしてもそれはそれでよしとしよう、それが可能であるようにしようということだった（cf.小宅理沙 [2010] [2011]）。つまりここでも私たちはさきに述べたことを繰り返している。つねには自分が育てなくてもよい社会、そうした中で育っていける社会があればよいとし、それが前提とされるべきだと——実際にはそうなっていないが、だから——言うことになるのである。

実際にはそうではない。そうでない限り、つまり、産むにせよ産まないにせよ、それが非難あるいは試練・負担を帰結する限り、まず負ってしまう人にと思う。そして実際に「産み放し」にできる状態が出来したとしたら、やはり殺すことに近い人に委ねる。そのぐらいしか思いつかない◆15。

3 人に対する人

［1］（非）介入——とくに（予め）よくすることについて

次に、人の人＝他人のあり方に対する行いについて。私たちは不可侵を一方で言いながら、介入を認めるのでもあった。そのこと自体に矛盾はない。問題は、何をどこまでどのようになすのか、なさないのか、その基準である。あるいはむしろ、その度合い、強度である。教えることと与えることから逃れることはしない。ただ、現物の人間に教え与える時には、否定可能性がそこにある。それは「よい」とされるものであっても、他人が予め植えつけないということである。あやうい言い方ではあるが、それが積極的優生（第9章6節・689頁）を否定する。

このように述べることは、現実になされようとすることが、当該の人間を当該の社会で有利に生きることができるようにすることであり、実際に利益をもたらすこともあるだろうことを否定するものではない。そうした周囲の欲望はたしかにあり、それは本人のためのことであるとも了解されている。実際その本人が利益を得られ、そのことを知り感謝することだってあるだろう。人々は人々に規範・価値を渡していく。何も教えないことも含め、何かが教えられ伝えられてしまう。その与えられる内容として、決めないことを決める（ことが知らされる）ということである。

あらかじめ身体・人間を変えるのと人間の営為そして人間が社会・環境を変えるのと、前者の方が楽なことはある。努力をせずにうまく行くのであればそれはわるくない。苦労した方がよいのだと、楽なのはずるいとは考えない。ただ、多様性の尊重ぐらいのことはだれでも言うが、実際に目指されるのは、多く、残念ながら陳腐なことである。「怪物」の誕生が期待されるとして（cf. 小泉義之［2003］）、そんなことにはならないだろう。それは優生学・優生主義の歴史と現在が示している。（本書で過度に長く、優生学・優生主義についてふれたのも、一つには乱暴なことがなされたことをその言葉を聞いたこともない人に言うためではあったが、もう一つ、ひどく退屈なことを人はずっと行おうとしてきたことを言おうとしたのかもしれない。）「エンハンスメント」（→第6章注30・436頁）を肯定する流れには「超・人間」を志向する部分があるというのだが（Ramez［2005=2006］、cf. Wolbring［2012b］etc.）、実際に目指される目標は平凡なものだ。では突飛なものならよいのか。それはそれで、自分の身体について勝手にやってくれ、ただ、他人にそんなものを持ち込むなということになる。実際、人間は（人間に対してに限らず）教えることと導くことをその社会において様々になしているのだから、ここでも絶対的な境界線は引けない。しかし、限界を設けようという心性も同時にあり、規範もまた設定されるというのである。

どうしてそう言えるかと、さらに問われるだろうか。まずそれは、予め、人に対してなされる。このとき基本的には人々は同格であり、誰かに（例えば「親」に）特別の権利があるわけではない。このことがまず言える。そしてさきに述べたことを繰り返すことになる。これまでに示されなされてきたものが、述べたようなものである、そうしたものでしかなかった、いつも、将来も、それは同じだろう。

さらに、それがよくないのは人の自律・自由を侵害しているからという理由づけも可能ではある。ここで私たちは、自由主義者と同じことを言っていることになる。この行いを主体の損壊、主体への侵襲であると捉えれば、そしてゆえに批判・否定されるべきだとすれば、古典的で現在的な近代主義の主張と合致する。自由は大切であることについて同じ見解だから（そしてそれは、普通に考えれば、他人に手を出すのはよくないということでもあろうから）、それはそれでよい。ただ、不可侵を言う人たちの中にも、消極的には、人となる以前においてその人は不在であるから、またそもそも改変・改善の対象になるものは本人が律する対象ではないものであることがあるから、この場合には（不当な）介入、侵襲ではないともされる。積極的には、その人の最善の利益のために、改変は正当化されることもある。それに対して、私たちは主体に特別の位格を与えることなく、かならずしもなにか大切なものが侵害されるというのでなく、また可能であるとされることが実現するとも思われないが、人々が思いつくこと、なすことについて、とくに他人に対してなすことについて、慎重であるべきだとする。

そしてその上で、自由への侵害の防止というのと同じことになるのだが、さらに先に述べた事情（756頁）が加わる。つまり、人間にはやっかいなことに内部があってしまっている。人に対する介入が事実なされていることを認めるし、必要なこととしても認めるが、すくなくとも予め、人が考えること、人が好むことが――本人が本人について行うことについては許容するとして――人に刷り込まれること（など実際にはありえないとしても、そのことが想定されてことがなされること）への不信そして不快がある。予めの行いは、それを感じることに人が組み込まれることを意味する。人はそのことを知ってしまう。本人も、生まれた後、すくなくともその可能性を知る。人間が（つまり他人が）よしとするものが自らに予め備えつけられることをよしとしない。だから、予めそれは行わないことにしておこうということである（第9章）。

そしてこのことと、さきに産む／産まない者に委ねると述べたこと（第2節4）とは通じるところがある。その子が育つに際して、規則・教条でなく、近くにいる者を、まず、どこまでもではないが、優先することとは通じている（第9章注13・719頁）。近くにいることは、たしかに親しさやそれに起因するなにごとかをもたらしもしよう。ただ、そのこととも関係し、そこでは、人がかなりの程度人によってどうにかなるものではないことを人は感じてしまうといったことが起こる。それでよいとする。浮浪者から子が取り上げられ施設・制度に送られるといった筋の話に対して私たちが抱く情緒的な反感はそのことを示している◆[16]。

技術の行使によって何かが失われることはない、付加されるだけであると言われることがある。さらにそれは選択肢の幅を提供するものだとされることがある。だが多くの場合そんなことにはならない◆[17]。人は多くについて、同時に、あるいは一生のうちに、ある一つしか生きられないことがある。何かが得られることは、たいてい何かを失うことでもある。与えられるものが「選択肢」であるとしても——実際にそんなことがどれだけ可能か疑問でもあるが——事情は実質的にはそう変わらないことが多い。多く、その社会にあって都合のよいものに固定され、そしてそれは自らのものとして固定されることになるからである（[2002a]）。

加えて、その行いは――たいがいそうなのだが――富を増やそうとする／負担を減らそうとする行いである限り、不要である。しようとすることはだいそれたことではないのはそのとおりかもしれない。その技術が目指すのは――といっても実現可能なのは、前の代の人間の模倣、遺伝形質の継承程度のことなのだが――せいぜい今人間がしていることをより効率的にできる人が出現する可能性を高めるといったぐらいのことである。そうであるから、不要であるとする。不要なことはしなくともよい。これは事実・実現可能性に依拠した楽観主義ということになる。つまり、生産は必要であるが、足りる。可能性としては既に足りている。だからわざわざ人の性能をよくしようとすること、そうした人間を増やすことは不要である。そして「増強」は、それが行われるなら、行われないまでも主張されるなら、そのことが脅迫として働く、能産的でないことは否定的に捉えられることになる。他方では、各自勝手であれ、あるいはもっと組織的に行われるにせよ――それが人々に行き渡ればだが――その分、他の人たちは楽になってよいではないかとも考えられなくない。けれど、どうしても必要でないのなら――そんなことも、例えば人々がみな海中で暮らせねばならないことになったら、ありうるとした（691頁）――、そしてせいぜいが人ができることをまねる程度のことしかできないのであれば、そんなことをしても得にならない世の中にしておくことだ。

そして負担・被害は残るし、なくすことはできず、そのためにあらゆることをするべきだと言わないし、できないことをふまえる。画期的な才を有する存在を創り出すことはできない。他方、例えば「有害な」攻撃性だけを取り除くなどもできはしない。それはしなくとも、すくなくとも負担の偏りは減らすことができ、それでよしとする。本当に「危機」なのであれば、かなりのことをせざるをえないだろう。しかし、むしろ人や人の才能が余っているのであれば、わざわざそれを増やす必要はない。

　こうして、やはり私たちは「社会」について、富や負担について、考えざるをえない、語らざるをえないと思う。◆[18] そのほうが簡単でもあり、その簡単なことを考えることで、難しいことをあまり考えずにすませることができるようになる。だから、本章では第1節・第5節に書いたことがやはり大切である。

[2] 承認の重みを軽くすること

　他人に供することができるもの（他人の評価の対象になるもの）には、自分で獲得でき変更できるものもあるが、それには多く限界がある。他方、その他人が求めるもの、その好悪もその他人自身によっても容易に変更はされないものとされる。その結果、多くは他の条件も作用して、その人に売れるものがないことはある。それで生活できないことがないようにしようというのが、ここまで述べたことだった。そしてそれは実現可能なことである。

ただ、その人（他人）による評価・好悪そのものが本人にとって大切なことがある。しかしそれは同時に、随意に他人から求められない、求めても得られないものがあるということでもある。例えば好かれないことがある。得ようとして得られないものもあるし、それを止めることはできないし、また止めるべきでもないことがある。第8章5節4・605頁で、結局のところ、相手の「恣意」如何によって得られる／得られないものが定まり、その契機を受けいれることなしに得ることに意味がないもの、得ることのできないものがあるとした。そしてそれは、他方の側、その相手側の人自身にとっても不如意であり譲渡できないもの、例えば「気持ち」を保護することでもある。

ただその結果として他方は得られない。ここでの「不平等」は解消されない。しかしまず一つ、そのことと他の財を得られる／得られないことの関連をなくす、少なくとも弱くすることができれば、とくに対・家族を形成することと経済的な利得との関連を弱くすることができれば、すくなくともその部分の生活が相手方の人々の恣意によって左右されることはなくなる。

そして、人が一般に「承認」を求めることがあることを否定しないし、それが否定されることを否定するが、それ以前に、承認・肯定を求めてしまうことをあまりしないですむことが望ましいとする。そしてそれは不可能ではないとも考える。私の承認といったものにかかっている負荷、その重さを減らすことはできる。

そして私たちはここでも、認めることに幾重もの層や相があることを踏まえておく必要がある。（にもかかわらず、承認を巡って書かれる種々の本――『自由の平等』［2004a］の（刊行予定の）第2版そして［2014a］で紹介する――では、その当たり前のことにあまり配慮がなされていないように思う。）例えば、承認する側の人として想定されるのは特定の個人なのかそうでないのか。また、気の合う人間としては認めない（認められない）が、同じ地域に暮らすことは認めるといったことがあるだろう。同じ地には住まないが、その人（たち）に渡すのための徴税には（しぶしぶ）応じることがあるだろう。あるものを自分では食さないが、その人が食すことは認めるといったことがあるだろう。そして分離や孤立にしても、ときにわるいことではない。相互理解はそれとしてけっこうなものではあるが、無関係でいられるような関係があってもよい。

さらに、根底的・全面的な肯定といったものが（人生の最初の方に）本来はあって、あるべきであって、それがないと人はおかしくなるといった話もそのままに受け入れることはないだろう。たしかに全面的な否定に囲まれて暮らしていたら、おかしくなりもしよう。しかし、その根底的・全面的な肯定とはなんであるのか、よくわからない。よくわからないままそれを与えなければならず、その後になにごとが起こるとそれはその不足のせいであるとなると、それはそれで困ったことだ。自らを顧慮しないですむこと、承認を求めずにすむこと、そんな状態が求められてよい。そのこと、そのためのことを本書で、そのあとの本等◆19で述べてきたのだとも思う。

と同時に、あるいは以上を成立させるためにも、認めるにせよ認めないにせよ、それがその他人に大きく関わってしまうならなおのこと、それがたんに「私（たち）」に発しているものであることを確認すること、そうであるから、そのような選好によって人を予め改変しようとはしないようにしようということである。それはときに人々の「本心」を偽ることであるのかもしれないが、だからといって偽りであるのではない。自ら（たち）が作為したものは、その者たち（自らたち）の意志や好みが被さったものであり、その者たちがもっぱら受け取れるものではない。それは実際には人々の好みに反している。以上について、もっとなにか言えるかわからない。それでそのことについて書こうと思って始めた「連載」（[2011-]）はそのままになってしまっている。

4　人に纏わるもの・世界

［1］譲渡を求める／求めないもの

本書で述べたことからその人のもとに置かれるものとそうでないものとの境界が変わってくる。そのことを述べた第4章2節「境界」のところが著者としてはやっかいだった。いちおう筋は通っていると思ったのだが、本当にうまくいっているのか。

まず単純な誤解をといておく。本書で「自分の身体は自分のものではない」といったことが言われているという理解がある。しかし私はまったくそのようには述べていない。従来の所有の正当化の論理では、かえってその正当化が困難になることは述べている。自分が統御できるものが自分のものだと言うとして、身体にはそんな部分もあるが、そんな部分ばかりではない。例えば、心臓の動きを自在に変えるといったことは、どこかにきっといるだろう修行者以外にはできない。となれば、その人はその臓器に対する所有権を持たないことになる。

そして本書で示されたのは、個人のものからみんなのものへという類の話ではない。共有（国有・公有…）されてよいものも多々あると思うけれども——そして何がそうであるべきか、あるとよいか、意外に議論が尽くされていないと思うけれども——、そうでないものもあるだろう。ある特定の形態の私的所有とそれについての理屈を検討し、別の根拠と別の境界を与えることが本書でした（しようとした）ことだ。ある部分については、例えば「身体」については、従来設定されてきた境界とそう変わらない。他人が勝手に持っていってはいけない。ただその根拠が違う。そして、所有（権）そのものについても、売っても贈っても捨てても焼いても何をしてもかまわないというのではなく、その人のもとに置かれるがしかし売却を請求してはいけないとか、そんなことが（現に）あるはずで、そこをどのように言えばよいかということがあった。

簡単にすると、本人が譲渡してよい／できないと思っているというところに根拠を置いているように読める。これで論として成立するかと思われても当然である。また妥当かということになる。このように受け取る限り、「自己決定」による正当化と同じ問題を抱えているように思える。ここまでは基本的に同じ構造になっているから、それも当然である。

それに対して本書は、一つに、譲渡されるものの交換・贈与によってまず暮らしが成り立っている、その上で本人が決めるという条件を付した（229・239頁）。譲渡せずとも生活できること——その基本的なあり方は後述する本でより明確に述べられる——を前提においた。各自の持ち分を問わずに各自の決定に委ねるという主張をすべきでないとし、譲渡しがたいものを譲渡せずにすむように、生活できる水準がまず確保されるという条件が前提としてあるべきであるとした。これは、安楽死・尊厳死といった主題について、「自己決定」を支持する人たちが、それをそのままよしとしなかった時（第1章1節2・31頁）、それがなされる「環境」を問題にしたこと、そして「生きられる環境があった上でのこと」だと言ってきた——これはたんに選択肢・環境を問題にすることより強い主張である（↓二つ後の段落）——のと相同の主張である。

そしてもう一つ、売りたくないものは売らなくてよいが、供出したくないものは供出しなくてもよいが、しかしそれは（一つめの条件が満たされた上で）、実際そうでなければならず、ずっと（一生）売ってはならないという制約が課せられるとした。譲渡しようとしないものの保有を一代限り認めるとした（311頁）。これは虚言でないことの要求であり、人の生命が限られていることによって可能になる。

これでうまく行くのか。だいたい行くと思っているのだが、さらに、やはり「自己決定」について残るのと同じ問題が残る。さきほどは「環境」「選択肢」が問題にされた。そして多くの自己決定主義者たちもその「用意」「準備」については（どこまで本気であるかはしばしばたいへん疑わしいのだが）賛成する。残るのは、「選択」「選好」する側である。それはしばしば本人の「自由」であるとされる。私たちも、たしかに自由は大切だと考え、そのための資源・条件のむらがそう大きくないことが望ましいとも述べてきた。ただそのことは、選好・選択のすべてを認めることではない。例えば、自らを否定しようとする選好の全部を認めないことはないとしても、能力を生存の上位に置く価値については、それを否定してよいと考える。それは不当な干渉ではないことをこれまで述べてきた。

それはその生存を可能にするための供出についてもいえる。例えば、生活できる水準が働かなくても暮らせる水準だとなれば——本書およびその後の本ではそのことが主張された——、労働に応じた加算を受け取れるとしても、理由を問われれば「それは譲渡不可能なものだ」などと言って、その水準にとどまり、例えば労働を提供しないことがありうる。どう考えるか。答は既に出されている。つまり、権利があるとしたことが義務があること、拠出・労働の義務があることをそのまま示している（[2010b]）。ただ、働かないことと働けないことの間を見分け難いこと、そして労働力・労働者は余っており、求めても（求めさせても）仕事が（労働可能な人が）余っていることによって、実際に義務を課し履行することを求めることは、そもそも無理なことであり、必要ないとしたのだった。これらはつねに成立する条件であるわけではない。それが現実に成り立たない場合には、他の方策をとることを完全に否定したのではなかった。そして何かしらを生産することについて、それはあらかじめその人に属するとしたのでなかった。そしてそれは多く生きる手段であり、人は生きるに際してそのための手段を求め、そして使っている。求めない人は生きていない。生きている人は使っている。それをその嵩に応じて配分することを認めた。その上で、その中のあるものを自らのものとして保有し譲渡しないことを、実際に譲渡しないことによって、認めるとした。

こうして私たちが主張するのは、たんに選択可能な空間を用意して、選択させればよいということではない。選好の形状と、その形状の形成を問題にする。「社会的なもの」がどれだけを規定するか、結局のところわかりがたいことを認めた上でも、それがずいぶん大きく作用していることは確かだ。それは人から人に伝えられるし、そのこと全般を否定することはない。問題はその「中身」であること、この社会にある規則と連動しているこの時代にある教義——実際それは人を死に向かわせるものでもある——を受けいれるべきでないことを『良い死』[2008b]他で述べた。さきに述べたこと、どうであれ生きて暮らせていけることがよいということ、それが実現されるべきだということである。

それは個々の人にその時に言うことでもあるが、人は成熟してしまったりするから、ときにそれはもう既に遅いことがある。予め、支持されるべきは別のものであること、関わらないことを示すべきであり、社会が実際にそのようであるべきことを述べた。こうして、社会の構成のあり方について――結局は他の様々の論もそうであるのだが――特定の立場に立つことになる◆20。意志が不在である時、聞き取ることができない時には当然のことだが、そうでなくても私たちは決定の手前を問題にする。

浸食されたくないと人々が思うものがある。その気持ちがどこから来るのか、よくはわからない。時代や場所により変わってきたもの、変わっていくものであるのかもしれない。たんにそう教わったという部分もないではないだろう。まず、そのわけを問うより、譲渡せずにすむようにする。ときに本人に聞く前に、求めないことが求められることがある。その上でかまわないというのであれば、それはそれとして認めよう。そのことを言った。あるいは言いたかった。だからそれは、人それぞれがかなり勝手に生きていくことと矛盾しない。

［2］環界

私やその身体やその周りのこまごましたもの――そしてその多くは他の人々にとってさほど関心を引くものではない――についてはだいたい以上でよいだろう。だが例えば土地や「環境」のことをどう考えるか。

「自然」の扱いについて決められないところは残る。初版にも「自然」という項はある（第4章1節4項・199頁）。また「環境倫理（学）」の紹介もある（284頁）。ただ、何をどこまでするか。それらを論ずる既存の論もやはりそうであるように、どこまでかははっきりとは決まらない。私たちは自然にあるものを手段として使うし、生きていくなら、そのことから逃れることはできない。環境の改変そして保全の度合い・あり方は、そうした人間にとっての必要に規定される。その大小は様々であり、その多様なあり方の度合いは重要なことだが、何がしかはなされている。自然と呼ばれるものがたいてい手の加わったものであることは、言われているように事実ではある。多く人の営為が関わっている（第4章注6・285頁）。さらに、他人が作ったものから受け取ることがおおいにあるし、それらの総体に比べれば当然のことながらわずかであるとしても、自分が作ったものの価値を否定したわけでもなかった。世界が作ったものだけではないことは誰からもまったく当然のこととされるだろう。そのように改変しながら存在する外界があることが人々にとって世界があることとである。

　さらに、手が加わったものであれそうでないものであれ、それを感受するのは人間たちである。そのことも第4章1節で述べた。その意味で人間中心的であることから逃れることは、もとからできない（第4章注6・284頁）。そこに働いているのは何であるのかわからず、そこに現われるもの、例えば自然に対する畏怖のような感情はたんに人間的なものではないようにも思えるのだが、確かめようもない。（人間中心主義と違う立場であると称するものがきわめて人間中心的であることは『唯の生』［2009a］の第1章でも述べたし、本章第2節でも述べた。）

なんであれ人であれ、自然の法則の外には出られないのだが――だからいつまでも人間は自然に内属するのだが――それを使って、例えば種を変化させることはできる。それに対する絶対的な否定は本書で述べたことから導かれない。またどこまでを是とするか、明確な境界の設定もできない。「存続」のために必要となれば、命の惜しい人間たちはそれをするだろうし、それは仕方のないことだろう。仕方のないことであるという前に、それを行うだろう。そして、ある部分を「残す」にしても――消滅させるか、残すか、その幾分かを人間は行えるようになっている――結局それを決める側にいることになっているのは事実だ。

人間に対する行いについて第2節で述べた。自然物としての人間について述べたこととこのことは符合する。そんなことはしなくてもよいという社会においてなお、自らについて、一代限り、羽をはやすなりなんなりしたいのであれば、それは止めないとしよう。ただ他人についてそんなことをすることはない。それが述べたことだった。たしかに人はすでに種を改変している。しかし、それはだからどこまでもしてよいことということではない。そしてあまり変えないでやっていくことは実際に可能なのでもあるから、そうしたほうがよい。そこには、よくない反作用の予感、また奇妙・奇怪なものが出現することへの恐れがあるだろう。前者については実証、というより、よくない影響がないことの証明が求められよう。すくなくともそれまで待つことはできる。後者について、人の趣味を云々することはしないが、世界に現実に別のものを自分の好みで存在させる予めの権利はない。そして、行わないことはたしかに自制でもあるのだが、別から見れば、それは快の維持でもある。

　では人の外にあるものと人とのつながりについてはどうか。例えば住まう場・空間としての土地について。たしかにその部分（第4章2節4・217頁）を書いていたときに念頭にあったのは空港（成田空港）にしようとした土地を巡る争いのことだった。他の人々は同意しているのだが、その人たち（だけ）は拒んでいるといった場合がある。とくに、その空港はともかくとして、それが「公共的な益」を有する場合にどう考えるか。本当に実際にその人が譲渡しないのであれば、はたからではよくわからない愛着を、今よりは重くみようというぐらいのことしか言えない（cf.［2011e］）。

一代限りのこととしたのだから、亡くなるまで待てばよいともいえる。ただ人は続いてこの世に現われる。次の世代の人（たち）が既に住んでいるといったことを考えるとどうか。受け継いで、そこに住んできたことをどう考えるか。手段として切離（こんな熟語はないのだが「せつり」と読んでもらう）できないものについては切離・提供を求めないという言い方をした。人は過去からの様々を纏っている。そうしたあり方を支持する方向に行くから、その限りで保守（保全）主義的な立場の側に寄ることになる。

ただ、それは常に「思い」をそのままに受け取るべきであると言っているのではない（『自由の平等』[2004a]）。第4章にはその部分だけをみるとそう受け取れる部分があるけれども、本人が思うものを大切なものと考えるが、絶対のものとはしない（本節1項）。それ以前に、ことのよしあしは別として、事実、人はまず周囲の人に教えられる存在として現われる。積極的に教えられなくとも受け取るものがある。示されるべき社会の構成、所有権の構成は述べたようなものになる。既にその人にあるものについて「尊重」はするが、その予めの配分において間違っていたのであれば、当人がそれを当然のことだと受け取っていたとしても、それは変更される。例えば相続はとても限定された権利になる。ただ可能であればいくらか時間の猶予はみようということになる。それで変化はいくらか引き延ばされることがある。すると変更はいくらか漸進的なものになる。

言えるのはそんなことぐらいである。ただ、人々の外に開かれ、そして人々の前にあり外に存在するものについて、本書から確実に言えるのは、そこらを走り回って杭を打って囲って、そのことをもってその者のものにしてよいなどということはけっして言えないということである。原理的・原則的には、現在引かれている境界、むしろそれに規定される権益の差異は否定される——権益の差異が否定されれば、境界の不当性の大きな部分はなくなる。その上でのほうがむしろ、愛着のある場に暮らし続けることを容易にすることにつながる。居住の場として土地をみるなら、その場は確保されてよく、また無制限にということでないとしても、移動する自由とともに移動しない自由もまた存するというところまでが各人の権利ということになる。他方、そこに存在する資源については、基本的にはそれがどこにあるかということと、それを誰がどれだけ受け取れるかということには基本的に関わりがないということである。そして、現実はまったくそうなっていないのだから、変更されるべきである。言えるのはこんなところまでだ。ただ、これだけでもずいぶんと大きく現実を変更すべきだとなる。

5 分けられるものの分け方

［1］ありうる（まともな）批判について

以上、たぶんずっとわからないところ、決めきれないところが残るだろう部分について、書いてきた。ただ、分けられることがはっきりしているものについて、すくなくともはっきりしている現実がたくさんあることを知っているから、それについては明確なことが言えると思い、そしてそうゆっくりもしていられないので、『弱くある自由――自己決定・介護・生死の技術へ』（［2000c］、後半で介助について）、『自由の平等――簡単で別な姿の世界』（［2004a］）、『税を直す』（立岩・村上・橋口［2009］）、『ベーシックインカム――分配する最小国家の可能性』（立岩・齊藤［2010］）、『差異と平等――障害とケア／有償と無償』（立岩・堀田［2012］）等、本を何冊か出してきた。繰り返しになるが、面倒なことの面倒さをいくらか減らすためにも、「原理的には」簡単なことをしておいた方がよい。そうすれば、人は結局死ぬとか、そうしたどうにもならないことはいくらも残るが、面倒なことが今よりは少なくなる。それで本書が書かれている。

それに正面からの批判はあまりなかった。その立場は「嫌いだ」「採らない」と（だけ）言う人は当然いるだろうし、いたが、それは相手にしても仕方がない。「弱者」云々、という札を貼るのは間違えているし、書いてあることが（共感されるかどうかは別として）まるでわかられていないということだ。ここではもっとましなものについて。

まず、本書で相手にした所有についての原理が実際の現実を規定しているわけではないという批判は当然ありうる。私もそれですべてが決まっているとはまったく思っていない。とくに組織内での分配のされ方は――むろんその外部、市場の影響をまったく受けないということはないのだが――その内部での力関係等で大きく違ってくる。そうしたことはそれとして承知の上で、しかし、第一に、ただの「神話」であるかというとそんなことはないとも考える。すくなくともいくらか関わっているのは――どこからどこまでと正確にわかるものでもないが――事実である。そして実際には、人々の社会的位置が「実力」などでは決まらないのだという――正しい――指摘は、社会学者たちが様々に繰り返してきたことだから（第7章注5・520頁）、私はそれを反復するのはもうよいだろうと思った。とくに加えることはないと思った。第二に、実際はいったん別としても――多くの人にとっては考える（疑う可能性のある）対象にもならない――「信仰」としてある。だからそれを吟味する必要はあると考えた。

もう一つありうるのは、これはもっと大きな論点になるのだが、（もっと）「左」からの批判である。本書では具体的な話はあまりしていないが、それでも、私が市場を否定せず、そこで（いったん）生ずる「差別」を否定していないこと（第8章）は明らかである。また、政治権力を否定せず、「強制」を否定していないことも明らかである。これは、私の、あるいはある時期の人々の感覚では「ぬるい」と言われても当然な論である。（文章でそのことを書いてくれた人は少ないが、三村洋明［2010］所収の三村［2003］には、前の段落の論点、そして「市場主義」の批判がある。）そして、なされるべきものとされるのは結局「再」分配ということになるのであれば（567頁）、そんなことはとっくに言われ、そして実際になされているといった指摘がなされても当然である。

しかし、それは違うと、やはり著者としては言わねばならない。

まず、基本的にこの社会の所有権の制度を是認した上で、そこで生じる問題を軽減するためになにがしかを行うという論の組み立て方を本書はしていない。すると、順番が違うだけだろうと思うかもしれないが、それだけのことではないと考える。

次に、なされるべきはいわゆる「再分配」に限られない。このことは次項で述べる。

関連して、述べているものが既に（「新自由主義」がやってくる前には）達成されていたというよくある話について。いくらか当たっているところもあるが、やはり基本的にはまったく違うと考える。たしかに要求があっていくらかは実現されたことはある。社会の安定のために、不満の抑止・軽減のために、なにがしかのことはなされた。そしてもちろん生産の全体が増えたこともある。ただ、実際のこととして、本書で支持したことが、過去に比してずっと高い度合いで実現したことはない。いっときあったのは、例えば年金について、一つには経済成長をあてにして、また将来の人口をあてにして計算された——と言えるかどうか疑問だが——将来の歳入の予測にもとづいた払い戻し（実際には世代間移転）であり、そうした保険業もどきのことが主な「福祉国家」の仕事となり、いくらかの「救貧」策がそれに加わるといった具合だった。一部の国々にあった「完全雇用」は、国際的な巨大な余剰人口の原因でもありまた結果でもあった。また「近代家族」がいっときその余剰を、気づかれずに、吸収する装置として働いた。いっときの、一部の、繁栄は、その後の「危機」を準備するもの、すくなくとも長く続くものではなかった。実際、予測は外れ、そして常に負担を回避する傾向にある雇用主や勤労者の「民意」に制約される収入と、それを理由に削らざるをえないとされる支出との間のいざこざが、全体の不足（感）を醸成させる。さらに、生産地の「先進国」からの移転は必然でもあり、またそれを基本的に否定することもできない。その中で、労働力はさらに余る。国際競争力の強化が必然とされる。全体として起こっていることは、ますます「余裕」が大きくなってきているということなのだから、生産・消費に伴う負の効果への考慮を怠らなければだが、わるいことではない。すくなくともその可能性を示している。だが、定まった枠組みの中では分配は困難になる。そのような事態がもう長く続いている。その変更は求めるし、それは可能である。◆21

［2］三つの場面からの三つの層に分けられる分配

分けられるものは、三つの層に分けることができる。まず、第一に、保障され、各自において所有されてよいのはまずは一人ひとり同じぐらいでよく、「最低限」である必要もないと考える――そのことを一番はっきりと述べているのは［2010b］。

その上で、第二に、身体（心身）の状態と社会のあり方に相関して、介助等、この社会において追加的に必要になる部分について支給がなされる。それをどのように見積もるとよいかについて、またそれを予め査定する必要はないと主張しうることについて

『差異と平等』（立岩・堀田［2012］）所収の［2012b］で述べた。

加えて第三に、労苦に応じた加配がなされてよいとする（第2章注14・122頁）。この第三の部分を正確に評価する基準はないが、労働時間はとても乱暴な――たしかに同じ時間を費やしてもひどく辛い労働とそうでもない労働がある、等――しかしまったく妥当性がないわけではない近似値にはなる。◆22 加えて、「多く得るために多く働く」という

契機を現に存在するものとして認めるし、またそれ自体をよくないものとして否定するわけではない。労働に対して市場で定まる価格には、様々な力・力関係が介在しつつ、財を購入する側の選好が反映され、また労働の負荷の度合いもいくらか影響する。

　ならば、同じだけ働いたら同じ加配があってよいというところを基準としながら、現実がそこからはるかに離れているのは明らかだから、そこに向けていくらかずつ補正を行っていくということになる。完全な公平・平等を示す基準はなく、それを求めても実現できない。そして、ひとまずのことはすぐになされるべきであるとして、平等は何をさしおいても追求されるべき要件ではないことから、この漸進的で緩い案は支持されてよいと考える。そんな平凡な話を、しかし当然のことであるとは思っていない人も多いようでもあるから、続けていくことになる。

　そして、本書では明示的に述べていないが、分配に三つの場面があると考えている。つまり、一つに生産財の分配であり、一つに労働の分配であり、一つに所得の分配である。このことを手短に、ただ明確に述べたのは『自由の平等』（[2004a: 22-25]）でだった。「ＢＩは行けているか?」（[2010b: 75-94]、第3章「所得（再）分配に限る必要はないこと」）ではもう少し詳しく述べている。（他に労働の分配を支持する短文として『希望について』[2006b] 所収の「労働の分配が正解な理由」[2002b] がある。）

それに対して「ベーシックインカム」を支持する人たちのある部分、例えば［2010b］が収録された『ベーシックインカム』（立岩・齋藤［2010］）で共著者の齋藤拓［2010a］が主張するのは、基本、所得保障一本で行くのがよいということであり、それにはそれなりの理由もある。だからといって、私は自身の主張を取り下げることはしないが、すくなくともそこには議論が成立する。どちらが、どれほど、どのような理由で、望ましくまた望ましくないのか、それを考えることが、社会科学の仕事ではないかと思う――にもかかわらずあまりなされていないと思う。（それには、体制対体制の対立の時期においては対立ゆえに立場が予め分かれ議論がなされず、またその構図が崩壊したことになった後は今度は問題自体がなくなったことにされまたなされなかったことが関わっている。）私自身も、まだごく簡単なことを述べている、というより例示しているのにとどまる。これからの仕事になる。

［3］強制・権力について

権力、政治権力について。本書でも述べていることだが、『自由の平等』（［2004a］）の第1章でも再度確認したように、所有権の設定自体が権力・強制力の行使である。だから、私は権力のない状態に権力が作動する状態を対置しているのではない。だから、強制力の行使を認めていることをもって私（たち）の立場を批判するとして、その人たちも、そのほとんどは基本的には自らが批判する立場を自ら採用しているのである。そうではないと言える人たちは、純粋な言葉通りの無政府主義者に限られる。そうして権力も外してしまえばよいか。なかなか難しそうだが――より暴力的な社会になりうる――、特殊な仮定をおけばそれでも社会はそれなりにまわることはありうる。つまりこの社会において認められている権利を自発的に、部分的にでも放棄し他の人にまわせばよい。（それを権利として認めれば、そこでなされるのは贈与ということになる。ただ本書の立場では権利をそのまま認めないので――いったん権利を付与されたものを渡すという意味での――贈与という言葉を用いるのは不正確である。）

それはなかなか難しそうだと普通は考えるだろうし、私もほぼそう答える。ただ、それはそうした動機がそもそも（とても）少ないからだと考える必要はない。民主制を認めるなら、すくなくとも一定の人たちが同意することが求められるし、別の決定機構を採用するとしても、人々の性向がそこから離れたものであればその仕組みはうまく動かない可能性がある。そして加えると、ここには「強制への同意」という、考えようによっては不思議なできごとをどう説明するかという問題がある。我が身の安全のために、というのは考えやすいことだが（ホッブズたちが言ったとされることだが）、それ以上のことを行うことついてはどうか。より「安全志向」の人間を想定するというのが、このかんあった正当化の図式の大きな一つだった。

その図式・議論と私たちが支持するものはいくらか似てもいるが、異なりもする。本書では明示しておらず、『自由の平等』の第3章で述べたのは次のようなことだった。人々（の多くは、あるいは一人の人のある部分）は本書が示すあり方を支持して（も）いる。しかし、同時に、このままの機構のもとで利得を得ている人がいくらかはおり、その利得は手放したくないと思っても不思議ではない。そして、自分でない誰かが、自分の代わりに動いてくれれば自分はそのままですむことになる。その人たちは「ただ乗り」をしていると言える。それはよくないと考える。とすれば、「ただ乗り」を禁ずる方策をとることは正当化される。そのようにして私たちは強制力・権力を正当化する。

ただ同時にそれは現在行使されている権力のすべてを是認することではもちろんない。現に行使されている権力の何が不要か、有害であるか、それを考えることもまた必要で重要な仕事になる。同時に、私たちは、強制的でないことを無前提によいことであるかのような時代に生きてきた。「反体制」的気分もそちらの方に作用してしまった。だが、すくなくとも、よく考えないまま（「公」でも「私」でもない）「共」がよいなどと言うべきではない。むしろ私たちは、次段落に記す「分権」の礼賛に対してと同様、むしろそうした「気分」――そうした「雰囲気」の中で話したその記録として「〈公共〉から零れるもの」（[2005a]、『家族性分業論前哨』所収）――に抗し、はっきりと、権利として存在するがゆえに義務として課されることがあることを承認し確認するべきだと考える。

　そしてさらに、国家を分配（とそのための徴集）の単位とすることが基本的に望ましくないことも述べた（→第8章注10・614頁）。人の移動の自由を認めるなら（通常は認められるだろう）、貧しい人が分配が多くなされるところに集まり、逆のことが別のところで起こる。この契機を――税について後者（金持ちの海外逃避）が頻繁に言われたのだが――大きく見積もりすぎることはない。今いるところから移りたい人はそうそう多くはいない。（人だけでなく企業も移動でき、それが問題になっているのだが）その（名目上の）移動については規制もなされているし、その強化も可能である。しかし、より基本的には、配分・徴集の単位は大きくとるのが望ましい。その意味で、私（たち）の立場は「国際主義」であり、そして理論的には「世界同時」が理に適っていると考える立場である。ただ実際にそれが難しいのは確かだから、実際には当座もっと細かな工夫をしていくべきであるということになる。

　そして同じ理由で「地方分権」が正当化されない場合がいくつもある。私は分権主義者ではない。このことについては、『税を直す』（立岩・村上・橋口[2009]）所収の第

4章「流出」10節「分権について」、『差異と平等』（立岩・堀田［2012］）に再録された［2010c］（政権交代後、税制調査会に一時起こった変化を記したこの文章の最後の節が「分権の部分には同調できないこと」等）。

こうして、面倒なことはそれとして仕方なくせざるをえないのであればしながら、まず理論・理屈としては単純で可能な道を行けばよい。むろんそれは実現が容易であることを意味しない。ただ本節に述べたことのたいがいは、いくらかずつでもその方に向かうことのできることである。その「方向」を描くことがあってよいと考えて、まずは「絵空事」を書いている。

注

◆1　否定的な意味である人々たちが使ってきた「能力主義」という語にそのままあてはまる外国語、例えば英語をもってくるのは難しい。「ablism」——「障害学」といった領域で新しく使われるようになった語だ——がまだ近いのかもしれず、それを使うしかないのかもしれない。ただ、その英語は障害者／非障害者という二つが分れることを基本的に前提している。（この語を頻用するウォブリング（837頁）はこの語を広く使い、障害学の中への内閉を避けることを提案しもするのだが（Wolbring［2012a］）、もともとこの国では差異はもっと連続的なものとして考えられてきたはずであり、私もそう捉えている。

◆2　前衛主義自体がどうしても拒絶されねばならないものだとは考えない。問題は「行き詰まり」の方にあるというのが私の立場ということになる。このことは本書では第7章4節2（493頁）に記してある。そこでは廣松渉の（主著とはみなされていないだろう）著作があげられている。廣松の軌跡については熊野純彦［2004］。『現代思想』での連載の体をなしていない連載の二〇一二年から二〇一三年分の一部をまとめて、本（［2014a］）にすることを考えている。そこでこのことに関わることを記す。

◆3　名がつくこと、わけがわかることのよしあしについて考えてみてよいと思う。かつて『みすず』で行なっていた連載（［2008-2010］）をもとにして本（［2013d］）にするつもりだ。

◆4　日本での「ウーマン・リブ」の始まりにかかわった。（「リブ新宿センター」について第9章注9・715頁。）その人は別の本で「肯定でも否定でもなく冷厳な事実として言うのだが、人間とは、他人の痛みなら三年でもガマンできる生きものなのだ。」（田中［1972→2004: 166-168］、原文に傍点）とも言う。また「女の解放とは殉死を良しとする心の構造からの解放だ」（田中［1972→2004: 351］と記している。森岡正博［2001］がこの人（たち）、この時期（以来）の思想から受け取れるものを示している。ただそこから『無痛文明論』（森岡［2003］）に行かねばならなかったかというと、私はそうは思わない。拙著では『良い死』（［2008b］）第3章「犠牲と不足について」がこのことに関連している。

◆5　リスクについては川越修・鈴木晃仁編［2008］、川越修・友部謙一編［2008］、美馬達哉［2012］等でも論じられている。それらの一つの下敷きになっているのは「リスク社会論」で（三番目の本の冒頭にはベックのその論の要約がある）は、本文に記したものとは出自がいささか趣が異なる。多くの場合、基本的にはリスクがあるから（その存在が認識されるから）それに対処しよう、リスクの偏在があるからそれを正そうという話になる。もちろんそこには、リスクが過大あるいは過小に見積もられ宣伝される可能性があるのではあり、そして社会学や歴史学はそうしたときに正誤の定かでない、むしろ過剰な反応とも今は思える事態の現われを指摘し記述することを好む。それはそれとして大切なことではある。ただその話の続きは、より正確な計算をしようということであるのか、そうでないのか。そうでないとして何を言うのか。それ以前にそれが例えば「後期近代」に固有のことであるのか。こうした問いが続く。

それと別の問題は、個人別にあるいは集団別に可能性が異なることがわかった場合である。リスクが等しいことをもって保険としての社会保障が正当化されることがあるのだが、その前提が崩れることになる。このことは第7章注16・530頁でも指摘した。

◆6　それは別のことを信仰している人たちには認められないことではあるだろう。しかしその相手に自らの言葉を繰り返すその言葉以外のものがあるわけではない。たしかに時代や場所による偏りはあり、その別のものがある種の学や教養において優勢ではある。第1節で取り上げたものが、市場を認める限りでは起こってしまうために（第2章3節・87頁）その現実的な扱いは難しいものの、論駁自体は容易であるのに対し、こちらは、その所有についての信仰に連続しつつ、また、それもそれ以上遡行できないもの信仰としてしか存在しないものでありつつ（あるいは、あるから）、より強くその身に接着して離れないものとしてあるようだ。ただ、同時に、本書・本節に示したものはどこにもいつでもある。
次に、当然に予想されるのは、どのように二者が分かたれるのかという問いである。たしかに、例えば受容・受信にしても、そこには受容しているという能動的な行いがあるのだと言える。連続的でもあり、重なってもいよう。しかしそのことは、二つ、二つの方角があることを否定するものではない。吉田おさみという人がかつていて（1931～1984）、一九六五年頃?、大学院生（大阪大学）の時に統合失調症を発症（吉田［1975:60］）して、「『精神医療』で全国『精神病』者集団や友の会を知り、その仲間に入れてもらうようになった［…］／私と友の会とのかかわりは『精神医療』の書評欄にのっていた『鉄格子の中から』をまず買い、そこに載っていた友の会の連絡先に手紙をだすことからはじまりました」（吉田［1981: 246］、文中の書籍は友の会編［1974］、『精神医療』は一九七〇年発刊の「造反派」の雑誌、［2013c］で取り上げる）という人だったその人は、図式的と言えばたしかにそのように言えよう、次のようなことを書いている。

「人間を主体的人間とみるとすれば［…］ティピカルな狂気は明らかに非主体的ですから、「精神病」者は人間の疎外態、つまり非人間だという結論に達します。逆にいうならば、「精神病」者を人間の疎外態（非人間）とみる考え方の根底には西欧近代において極限に達した主体的人間観があったのであり［…］近代・現代においては人間は主体的である（主体的でなければならぬ）という「盲目的」な信仰がありますが、このような主体性に対する信仰は、必然的に「精神病」者差別を強化させることになったのです。」（吉田［1983: 89］）

「私たちの観点からすれば、人間が主体性を失ったことが疎外なのではなく［…］彼らが回帰すべきものとした主体的人間こそが人間の疎外態です。」（吉田［1983: 92］）

「ティピカルな狂人は、主体的・能動的でなく、受動的、受苦的であり、その意味で人間なのです。［…］「精神病者」はある時は能動的、主体的つまり「健常者」的であり、他の時は受動的、受苦的（狂的）であるわけですが、それは人間のあり方として自然なのだ、ということです。」（吉田［1983: 95］）

◆7　クーゼ（Kuhse［1987=2006］）等。『唯の生』第1章、そして有馬斉［2012］でいくつかの文献が紹介され、検討されている。「環境倫理学」の本にはたいがい出てくる。例えば、シンガーらの説を紹介した後（日本の関西の）肉食の文化に言及する白水士郎［2009］。

◆8　『唯の生』（［2009a］）の第1章は［2008a］と同じ題だが、［2001-2009］で取り上げた加藤秀一［2007］の紹介・検討等が加えられている。

なお人間と人間でないものという境界が問われるなら、あるいはその問いと別に、生物と生物でないものとの境界も問われるということになるだろう。そして定義によれば、生物は作ることができるともされるし、実際そんなことが様々に行われている。たくさんの文献があるはずだが、柴谷篤弘［1960］——改訂版が柴谷［1970］、例えばその人が『反科学論』（柴谷［1973］）以降の一連の著作を発表していくといったことについて、この時期の科学論を検証する作業はまだ十分になされていないと思う――も紹介している岩崎秀雄[2013]をあげておく。

◆9　『唯の生』（[2009a]）でも（問いの部分だけ）紹介したが、デリダとの対談（あるいはデリダへのインタビュー）で、ルディネスコが次のように語り、問う（言及されているのはCavalieri & Singer eds. [1993=2001]）

「ピーター・シンガーとパオラ・カヴァリエリが考え出した「ダーウィン的」計画［…］の骨子は、動物たちの権利を制定することで彼らを暴力から保護するのではなくて「人類ではない類人猿たち」に人間の権利を与えようというのです。その論法は私の目には常軌を逸したものと映るのですが、それが依拠している発想は、一方では、類人猿には人間と同じように言語習得を可能にする認知モデルが備わっているから、というものであり、また他方では、狂気や老化、あるいは人間から理性の使用を奪う器質性疾患などに侵された人間などよりも、よっぽど類人猿の方が「人間らしい」から、というものです。

かくして、この計画の発起人たちは、人間と非人間とのあいだに疑わしい境界線を引き、精神障害を人間界にはもはや所属しない生物種へと仕立て上げ、類人猿を、人間に統合されるけれども、たとえばネコ科の動物よりも優等な、あるいは哺乳類であろうとなかろうとそれ以外の動物たちよりも優等な、もうひとつ別の生物種へと仕立て上げるのです。その結果、このふたりの発起人は、どのような新しい治療的ないし実験的取り組みも、動物実験をまず行なわなければならないとする、ニュルンベルク綱領の第三条を非難するのです。あなたはずいぶん以前から動物性の問いに関心をもたれていますので、こうした問題についてご意見を伺えればと思うのですが。」（Derrida & Roudinesco [2001=2003: 91-92]）

それに対して、問われた人はいくつかのことを言っているが、言っていることはあまりはっきりしないように思う。例えば以下。

「もっとも権威づけられた哲学や文化がこれこそ「人間の固有性」と信じた特徴のいかなるものも、厳密には、私たち人間が人間と呼ぶところのものの占有物などではないということが証明されうるでしょう［…］」（Derrida & Roudinesco [2001=2003: 98]）

「私がしばしば引用するのを好むジェレミー・ベンサムのある言葉があります。それは大体次のように言っています。すなわち、「問題は彼らが語りうるかではなく、苦しみうるかである」。そうです。私たちはそのことを承知していますし、誰もそれを疑うことなどできません。動物は苦しむのであり、その苦しみを表明するのです。動物を実験室の実験に用いたり、さらにはサーカスでの調教に従わせたりするときに、動物が苦しんでいないなどと想像することはできません。ホルモン剤で飼育され、直接牛小屋から屠畜場へ送られる数えられないほど多くの子牛たちが通り過ぎる場面に出くわしたとき、子牛たちが苦しんでないとどうしても想像できましょう？　動物の苦しみがどのようなものであるか私たちは知っており、感じ取っているのです。さらに言えば、産業による屠畜行為のせいで、以前よりはるかに多くの動物たちが苦しんでいるのです。」（Derrida & Roudinesco [2001=2003: 103]、言及されているベンサムの言葉は「The question is not, Can they reason? nor, Can they talk? but, Can they suffer?」。（第2版（1823）第17章脚注にあるという。Bentham [1789=1967] ではこの章は訳されていない。その本の出版前後のことについては土屋恵一郎［1983→2012: 169ff.］。）

人間と人間でないものとの境界についての考察として知られているものとして『開かれ』（Agamben [2002=2004]）がある。そしてその人にベンヤミンの影響があったことはよく知られている。ベンヤミンは次のように書く。

「人間というものは、人間のたんなる生命とけっして一致するものではないし、人間のなかのたんなる生命のみならず、人間の状態と特性をもった何か別のものとも、さらには、とりかえのきかない肉体をもった人格とさえも、一致するものではない。人間がじつにとうといものだとしても（あるいは、地上の生と死と死後の生をつらぬいて人間のなかに存在する生命が、といってもよいが）、それにしても人間の状態は、また人間の肉体的生命、他人によって傷つけられうる生命は、じつにけちなものである。こういう生命は、動物や植物の生命と、本質的にどのような違いがあるのか？　それに、たとえ動植物がとうといとしても、たんなる生命ゆえにとうといとも、生命においてとうといとも、いえはしまい。生命ノトウトサというドグマの起原を探究することは、むだではなかろう」（Benjamin [1921=1994: 62-63]）

その『開かれ』には例えば次のような文章がある。

「人間と動物のあいだの分割線がとりわけ人間の内部に移行するとすれば、新たな仕方で提起されなければならないのは、まさに人間――そして「ユマニスム」――という問題なのである。[…] われわれが学ばなければならないのは、これら二つの要素の分断の結果生じるものとして人間というものを考察することであり、接合の形而上的な神秘についてではなく、むしろ分離の実践的かつ政治的な神秘について探求するということなのである。もしつねに人間が絶え間のない分割と分断の場である――と同時に結果でもある――とするならば、人間とはいったい何なのか。」（Agamben [2002=2004: 30-31]）

それはたしかに、常に自己批判的でもある哲学の営為、哲学の反省・反芻としてある。批判的でありながら正統な継承者である。したがって博識であり、それが披露される。けれど私はそこで言われていることがまだわかっていない。（この書については、美馬達哉 [2007]、小松美彦 [2012] 等でも言及されている。三島亜紀子 [2005] も人間・動物という構図に関わる。）

高草木光一が企画した慶応義塾大学での（二人で順番に話し、その後対談するという形の）講義で最首悟（→51・620・724頁、その時の話は最首 [2009]）、最首は人が殺す存在であることから考えを始めるべきであることを語った。私もそんなことを思ったことがないわけではないが、考えは進んでいなかった（し、今も進んでいない）。次のように述べた。

「最首さんが提起された「マイナスからゼロへ」の過程をどう考えるかということと、思想の立て方としては違うはずなのですが、西洋思想のなかにも「罪」という観念があります。その「罪」は、まず基本的には、法あるいは掟に対する違背、違反です。法は神がつくったもので、具体的な律法に違反したら罪人であるという。それは律法主義です。ただキリスト教はそれに一捻り利かせていて、行為そのものでなく、行為を発動する内面を問題にすることによって、律法主義を変容させていく。

フーコーは、そういう系列の「罪」の与えられ方に対して一生抵抗した思想家だと私は思っています。ニーチェ、フーコーというラインは、そこでつながっています。自分ではどうにもならないものも含めて人に「悪意」を見出す、そしてそれを超越神による救済につなげる。つなげられてしまう。これが「ずるい」、と罪の思想に反抗した人たちは言うわけです。私はそれにはもっともなところがあると思います。そして同時に、その罪の思想においては、人以外であれば殺して食べることについては最初から「悪」の中には勘定されていない。そうした思想は、どこかなにか「外している」のかもしれません。

「悪人正機」という思想は、それと違うことを言っているように思います。では何を言っているのか。親鸞の思想にはまったく不案内ですが、いくらか気にはなっています。吉本の『論註と論』という本（一九七八年、言叢社）は、マルコ伝についての論文が一つと親鸞についての論文が一つでできています。前者の下敷きになっているのはニーチェです。吉本とフーコーがそう違わない時期に独立に同じ方向の話をしている。そちらの論文に書いてあることは覚えていますが、親鸞の方はどうだったか。ずいぶん前に読んだはずですが、何が書いてあったのだろうと。二つが合わさったその本はどんな本だったのだろうなと。

そして去年（二〇〇七年）、横塚晃一さんの『母よ！殺すな』という本の再刊（生活書院刊）を手伝うことができましたが、彼の属していた「青い芝の会」の人たちは、しばらく茨城の山に籠っていた時期もありました。そこの大仏空（おさらぎあきら）という坊さんの影響もあるとも言えましょうが、悪人正機説がかなり濃厚に入っている。それをどう読むか、それも気にはなってきているということです。
「殺すこと」をどう考えるかは厄介です。否応なく殺して生きているということは、殺すことそれ自体がだめだということではないはずです。そして、ならば殺すのを少なくすればそれでよい、すくなくともそれだけでよいということでもないのでしょう。殺生を自覚し、反省し、控えるというのは、選良の思想のように思えますし、人間中心的な思想でもあります。最首さん御自身の「マイナスから始めよう」という案も含め、落とし穴がいくつもあるように思います。功利主義的な議論のなかでは、「殺すことがいけないのは苦痛を与えるからだ」という方向に議論がずれてしまう。だから、遺伝子組み換えで苦痛を感じない家畜をつくり出してそれを殺すのならば、少なくとも悪いことではないということになっていく。これはさすがに、多くの人が直観的におかしいと思うでしょう。

こうした問題は、それはどんな問題であるかは、これまであまり考えられてこなかったように思います。西洋思想の系列にはその種の議論がないか薄いように思います。それでも、ジャック・デリダ（Jacques Derrida, 1930～2004）とエリザベート・ルディネスコ（Elisabeth Roudinesco, 1944～）の対談集『来たるべき世界のために』のなかで、動物と人間の関係や、動物を殺すことについて少しだけ触れた箇所があります。ピーター・シンガーたちの動物の権利の主張について質問を差し向けられて、デリダはいちおう答えてはいますが、その答えの歯切れはよくないし、たいしたこと言ってないんじゃないかと。アガンベン（Giorgio Agamben, 1942～）には、西洋思想や宗教が動物と人間の境界をどう処理してきたのかという本（『開かれ――人間と動物』）もありますが、ざっと読んでみても、ああそうかとわかった気はしない。ただ、いま思想が乗っている台座を問うていけば、そんなあたりをどう考えるのかが大切なことのようにも思えます。どう考えたらよいのか、しょうじきよくわかりませんが。」（最首・立岩［2009］における立岩の発言）

それに対して最首は次のように応じている。

「いま、吉本隆明の「マチウ書試論」（『芸術的抵抗と挫折』未來社、一九五九年、所収）にまたもどってきているというか、「絶対」と「憎悪」と〈いのち〉というと、問題意識を少し言えそうな気がします。」

「マチウ書試論」（吉本［1959］、マチウ書＝マタイ伝）の最初の部分は一九五四年に発表された。吉本はこれらの新約聖書（福音書）についての文章についてニーチェとマルクス（「喩としてのマルコ伝」では加えてヘーゲルとエンゲルス）の仕事に、とくにニーチェに言及している――「マチウ書試論」のあとがきには「キリスト教思想に対する思想的批判としては、ニイチェの「道徳の系譜」を中心とする全著書が圧倒的に優れていると思う。わたしに、キリスト教思想にたいする批判の観点をおしえたのは、ニイチェとマルクスとであった」と記されている（cf.Nietzsche［1885-86＝1970,＝1993］［1887＝1940,＝1993］他）。フーコーの『性の歴史』の第一巻は一九七六年（Foucault［1976＝1986］）。吉本とフーコーは後でかみあわない対談をしていて、吉本［1980］に収録されている。（印象のその記憶だけを辿れば、当時フランスその他で普通に受容されていたヘーゲル的なもの、その歴史観を一方で受けとめる人がおり、他方の人はそうしたものへの反発からものを書いてきたということがあったように思う。そしてたしかに、吉本が例えば（歴史的な状態として）「アジア的」と言う時――他にもわからないことはたくさんあるのだが――私にはよくわからないところがある。）

『論註と喩』（吉本［1978］）は「喩としてのマルコ伝」と「親鸞論註」によりなるが、それ以前に吉本が親鸞を論じた著作として代表的なものに『最後の親鸞』（吉本［1976］）。そこには次のような文章がある。

「〈知識〉にとって最後の課題は、頂きを極め、その頂きに人々を誘って蒙をひらくことではない。頂きを極め、そこから世界を見おろすことでもない。頂きを極め、そのまま寂かに〈非知〉に向って着地することができるというのが、おおよそ、どんな種類の〈知〉にとっても最後の課題である。この「そのまま」というのは、わたしたちには不可能に近いので、いわば自覚的に〈非知〉に向って還流するよりほか仕方がない。しかし最後の親鸞は、この「そのまま」というのをやってのけているようにおもわれる。」（吉本［1876: 5→1987: 164］）

この注の最初に戻すと、「例外状態」とか「ホモ・サケル」といった言葉はたしかになにごとかを、ある種の情緒を喚起させる。だが、だからそこは冷静に考えてみた方がよいと思う。その方向にも幾つかあると思うが、その一つに稲葉振一郎［2008］。

◆10 「仲間」を、基本的には、殺さないということはあっただろう。あるいはそういうものを「仲間」と呼んだ。ただ、もちろんそこから「人類」までにはずいぶんの懸隔がある。その結びつきというか越え方が実際のところどうであったのか、私は知らない。人間主義者・博愛主義者・民主主義者たちにおいて（も）、いつも（人間としての）考慮の対象にならない人間たちの範疇があったことはよく指摘される。その通りなのではあるだろう。ただその際、いくらか慎重であった方がよいとは言える。例えば、「一人前」の人間とされる／されないことと、人間とされる／されないこととは同じでない。たしかに「市民」（その他）から除外されていたとして、それは人でないとみなされていたということと同じではない。

そして同時に、人は人を殺すこともある。それは実際いくらもあってきた。（それは、特殊な場合を除けば、食べるためにではない。あるいは食べるに際して特別の意味が込められてきた。）「近代」あるいは「近代批判」が、殺さない範囲を、また一人前の人間の範囲を拡大してきたという面はあるだろうが、それは実際に殺さなかったことを意味しない。そして人間ではないから殺さなかったわけではない。人間であることをわかってはいたが、いたから、たくさん殺してきた。

◆11 確信者はいる。かまっていられないと思わないではない。例えば、たいへんものごとを合理的に考えているようで、あの世など信じていなさそうな人が、死を決めて行う。それは不思議に思える。ただその人たちは、そのことによって、死を賭して、不如意なものとして到来する死を統べている――と当人たちは思っている――ということなのだろう。そのように信じている人たちはその決意を取り下げたりしないのかもしれない。

◆12　だから、たんに死ぬことと・殺されることと、死の予期を与え続けながら殺すこととは異なる。後者が与える恐怖だけによっても死刑は否定されると私は考える。（それは執行する人に対しても、通常、苦を与えることになる。では快を得るような人に委ねればよいか。そうとも思えない。死刑執行人の歴史について櫻井悟史［2011］。）

◆13　イスラエルの詩人、アバ・コヴナー（Aba Kowner, 1918~1987）の詩に次のようなものがあるという。

「じきに／じきに私たちは悟ることになる／自分が死んだからといって星が消えるわけではないということ／この事実を私たちが受け入れられるようになったのかどうか」（次の注に紹介するRieff［2008=2009: 143］に引用されている）

◆14　はっきりしたことを言う人もいる。

「第一に、永続的に無意識の患者においては、生存において苦痛は存在しないはずだが、他方延命から得られる利益も存在しない。この場合には家族の負担や苦痛、社会にとってのコストを原理原則にしたがった形で考慮に入れることも許される。」（Dresser & Robertson［1989］を紹介している長岡［2006: 140-141］）

（本人における）ゼロと負（マイナス）がある時（しかない時）、ゼロの存在はなくしてよいという主張である。もっともな主張でもあるが、ゼロであるなら（本人において）負ではなく、ゼロであるかはわかり難くもあり、そしてその場合には、周囲は仕方なくでもつきあえばよいと本書では述べたことになる。

では負の場合にはどうか。苦痛は負であると単純に認めるとしよう。けれども、苦痛を感じている時、人は感じている。苦痛が負であることと、苦痛を伴う生が負であるすることとは異なる（第９章４節２・668

頁)。苦痛について多くのことが語られてきた。しかし結局語りようがないのではあるだろう。だからそれは、精神的な苦痛、それも身体としての精神に直接にくる苦痛というよりは、悲しみとしての苦痛であって、するとそれに対応するのは癒しであり慰めであるということになる。それはそれで当然のことではある。小泉［2006］はそんな話の収め方に反感を感じていのだが、そしてその幾分かを私も共有しているのだが、では代わりになにかあるかというとそう思いつかない。ただ私たちとしては、苦痛が負であることと、苦痛を伴う生が負であるすることとは異なるという自明なことが自明でなくなっていったりする仕掛けについて注意深くあるぐらいのことならできる。

そうした中で、スーザン・ソンタグの『他者の苦痛へのまなざし』(Sontag［2003=2003］)がある。やはりそこでも苦痛についてではなく、苦痛を見ることや描くことが語られているのではあるが(『良い死』第2章・注25([2008b: 227-230]) 他に、水俣病者の表象を巡ってあった、関連するできごとについての記述がある)。その人は病に意味が付与されることを拒絶した(Sontag［1978=1982］)。その時もがんに罹ったのだがそれはなおって、そしてまた罹って——「死生学」的には「往生際」のわるい死に方をした。その最期についてその人の息子であった人が書いた本(Rieff［2008=2009］)がある。

一般的に功利の計算は多くの場合に有益であり大切である。しかしいつもではない。例えば人々の幸福の平均値を上げることが目的とされるなら、値の低い人を除外したほうがよいということになるだろう。人間は、相手が「人間」であっても、正当化された罰としてでなくとも、正当化された争いにおいてでなくとも殺してきた。それは良くないことであるとされてきた。しかし第2章4節1(104頁)で紹介したように生存籤が正当化されるなら——多くそこまで徹底していないから、死の定義を変更するなどして利用しているのだが——殺人もまたよいということになる。以上述べてきた私たちの立場からは、こうした計算、計算にもとづいた行いは基本的に正当化されない。「集計」という行いが間違えていることがある。

もっとも、「救命ボート問題」として知られているような状況においてその計算がやむなく必要である場合があることは認める。しかし、そんな状況は一般的なことではないから、一般的・代表的なこととして語るべきでないし、さらにそうした状況を減らすことができるし、まずそのことをするべきである。（そのようであってならないという感覚もまた功利の計算に算入されることになるかもしれず、されるべきであるという主張は、功利主義にとっても受け入れねばならない主張であるように思われる。そして、それは新古典派の経済学的に対して常套的に言われることでもある。そして指摘された側は正しい計算をするためには、その指摘を受け入れることになるだろう。しかし、問題はここで起こる。そこでなされる計算とは何かである。例えば今述べた「感覚」は計算のリセットを求める。それをどう計算するのか。）

◆15

森崎和江に『非所有の所有』という本がある。（一九六三年初版、私は一九七〇年の新装版しか手にしていないが、後者は前者に最後の一頁だけ加えられたのだと思う。たぶんこの本が森崎の最初の単著だった。）私にはとても難解に思える文章は、その人が後に書いたものを読めばそうでもなくなるのかもしれないが（ちなみに『コレクション』（森崎［2008-2009］）には、そもそもその全5巻がそのように作られていないのだが、この著作は収録されていない）、そのように読むことがよいのかとも思う。（フェミニズムの運動の歴史を検証する論文（村上［2011］）で、村上潔が以下に引用する箇所と同じ箇所を引いている。また、産むことについて森崎編［1989］があり、そこに自身の文章（森崎［1989］）が収められている。）

「意識世界からいえば、女たちの疎外は、私有意識を所有した者らの連合によるところの、共有意識の疎外である。それは私有を所有しない。非所有を所有する。」（森崎［1963→1970: 117］）

「私は、「私」ということばを使用する限りにおいて女たちの代弁者であることを意識する。女たちはみずからの意識を顕在化するためにたたかう。その内部世界に対応する外界は顕在的に存在しない。顕在する世界の価値基準は、経済学的所有の概念で機械的な一線がひかれている。したがって一切の生産性もまたその線から上へ浮かびでたもののみ計量される。所有の概念が割れた西瓜みたいに完結していないのだ。私は主張する「非所有の所有」もまた所有の一形態であり権力意志である。それは私有に決定的に対応する。共有の概念には、私有と非私有とを複合するが、その両端に純粋私有と純粋非私有とを想定することができる。こうして私有を非所有する極点の意識をパチンコ玉みたいにはじいて、はじめて女たちは自己の内界と外界とががらがらとはじきあう場をつくることができる。」（森崎［1963→1970: 117］）

「所有の観念を創造しないかぎり、既成の所有観念の外側で、現実に、その場で、あふれでているエネルギーは社会的諸現象の推移とも内部の隔絶状況の止揚とも無縁で終る。私たちは非所有の所有という状況をそれに内在する生産性でもって評価しなければならない。女たちのその領域に於ける意識されない生産性は、いま膨大に流出しつづけている。」（森崎［1963→1970: 118］）

「女たちはみずからを顕在化する方法論の創造以外に、非所有の社会的再生産は不可能であることを知っている。」（森崎［1963→1970: 131］）

◆16

韓国の中央大学の大学院で次のように話したことがある。ＨＰに全文が掲載されている。コリア語・英語に訳されたものもある。

「僕らはどっかで公権力の介入止むなしって思ってると同時に、まったく同時に、そういった介入を時として忌避するというか、危険なものを感じたり、まずいんじゃないかっていうふうに思ってる。そういうことが言えますね。

実は僕はそれは児童福祉だとか、子どもの問題っていうのを考えるときの根本問題、最も基本的な問題だっていうふうに思っています。その答えっていうのを出すのは確かに難しいです。ただ難しいとだけ言っても仕方がないんで、そこからどうやって我々は前進するのかっていうのが学問的な課題だと思います。

そうすると、まず、たとえば、親なら親の側に、それはたんに暴力を振るうというような目に見えやすいそういった欲望というかだけではなくて、よい子に育てようとかこういう子に育てようとかっていう、なって欲しいっていう欲望があるわけですよね。それはいったい何なのかっていうことも一方でみなきゃいけない。そしてそういうことでいいんだろうか。親だからそういうふうに子どもに期待して、期待通りに育って欲しいっていうふうに押し付けて、そういうことっていいんだろうかってことを考えるってことが、考える必要があるってことが一方で言えます。

他方、たとえば、国家なら国家に関して言えば、正しく、国家にとって社会にとって役に立つとか、あるべき人間像ってものがあって、それから見た場合に、こういった人に育てられる子どもっていうのはだめなんじゃないかとか、もっと別の環境に持ってこなきゃいけない、そういう利害が働くわけですけど。そういった、たとえば国家なら国家っていうものが持っている利害、その利害に即して人の形を変えるというか、作っていくっていうことが、どこまでよいことなのかっていうことを考える必要も同時にある。

私は社会科学の基本的な課題の一つはそういうものだと思っています。その上でひとつ加えて終わりたいと思います。

それはたぶん、たとえば国家なら国家っていうものがあらかじめ良き人間、正しい人間っていうものを決めて、そっち側から子どもに向かっていくっていうことがあるとすると、もちろん親とか家族にでもそういうのはあるわけですが、だけれども一般には後者を優先するべきだと思える、それには理由があるっていうことを一つ言っておきたいんです。

それはいささか楽観的な物言いでもあるんだけれども、親が、それは実の親に限らずさきのチャップリン演ずるような人でもいいんですが、その人が誰か別の人間である子どもと身近で会ってしまうと、人間とはとか、こうあるべきだとか、子どもはこうなってほしいとか思っているんだけれども、それは具体的に無理だっていうか、難しいことがわかってしまう。人間ってそういうもんじゃないっていうことがもうわかってしまう。そこでその親っていうのは、まぁ仕方ないなっていうふうに思って子どもと接していく、そういうことってあると思うんですね。そしてそのことが、子が育っていく、子を育てていく、人が人を認め接している上でよいことであると私たちは考えている、考えるべきだと思っているのではないかということです。そういう意味において僕は、国家の介入が必要であるっていうことを認めつつ、でも基本的には近くにいて子どもに接してしまう人間の側の肩をまず持とう、そういうことは考えています。」（[2010g]）

◆17 「エンハンスメント」についての（新しい）議論を追うのもよいが、例えば吉田おさみ（本章注6・798頁）が吉田［1981］等で薬（抗精神薬）について書かれている、知られていると言えば（薬を飲んでいる）皆に知られていることから考えてみること。

◆18 一つ付言しておく。その社会に場がいくつかあること、その場の違いを確認しながら話をしたほうがよい。例えば競技という世界がある。そこは基本的には自発的に参入する場である。そして、実際には人には天賦の差異がありそれがもたらす差異があり、それはたしかに不条理なのではある。けれども、加えて「努力」とそれを支援する技術の行使（とされているもの）以外の装着・使用はなしにしようという「ゲームの規則」で成立している場である。それと「実社会」は異なり、その実社会も一様ではない。

◆19 「もっと積極的には、その人が条件をつけずに肯定されること、少なくとも許容されること、ということになるだろうか。けれど、それがどのような意味で可能なのか、私にはよくわからない。少なくとも、肯定し続けることができるようには思えない。ただ、肯定されることへの欲望もまた一つの症状であると言えるかもしれない。否定が肯定への衝動を形作っているのだとすれば、ともかく肯定される時、肯定への衝動もまた終わっている。その意味で、肯定の過程とは、構築されるとともに解体されていくような過程であるのかもしれない。」（[1998c → 2000c: 43]）

◆20 自由主義・リベラリズムは違うと言われるかもしれない。しかし、もう一度繰り返すと、そうではない。

第一に、もちろん、それ自体が特定の主張をしている。それは各人の自由を言っている。第二に、その自由の範囲をどう定めるかという問いに答えなければその主張は無内容である。そしてその答は、実際には、本書が批判してきた答を言うか、その改定版を示すか、あるいは、決定の手続きを定めようというものだった。前者については批判は終わっている。後者については通常「合意」（という特定の決定方式）が示される。すると、そこ（だけ）からは当然答が出ないように思われる。しかし答が現に出されているならそれは、特定の選好・人間のあり方が暗黙にあるいは明示的に示されているということであり、この場合、合意・手続き主義の実際的な意義は小さくなっている。

◆21 cf.「素朴唯物論を支持する」[2013a]。

◆22 「公正価格」についての議論は古くからあるという。ガブリエル・タルドの論の紹介を中心に、より以前にあった議論も紹介しているものとして中倉智徳 [2011: 282-285]。例えば——研究動向を紹介する渡辺恵一 [2011] 等を読んでみても、当然ながら——誰もそんなことは言っていないようなのだが、「労働価値説」の元祖ということにされる『国富論』(Smith [1776=1959]) の基本的に幸福な感じは、価格決定の仕組み——そこには複数の計算の仕方があって、そのことをどう考えるかといった議論があるのだが——が正当な価格であるというその本の著者が思っていたからであるかもしれない。とすると、それは現実の説明というよりは、今ふうにいえば、規範論として読むこともできなくはないように思われる。

いきさつ・それから——第2版補章・2

なりゆき

[1] いきさつ

例えば障害に関わることについて書くことがあると、「なぜそんなことをわざわざ?」と聞かれることがあるが、「身内にどなたか?」と尋ねられることもあるが、具体的に、とくにそんなことは——時とともにその比率が高まっているのではあるが——ない。しかし、私は——もっと広い意味での——「能力主義」にまつわることごとが、この世に起こる困ったことと不要なことの基本にあるとずっと思ってきたし、思っている。私は、すくなくとも大学に入る前は社会科学だとかなにも知らない人だったが、学校には通っていた。学校というのはそういう社会のための場所として機能している。それは、なんの「学」がなくても自明なことだった。

もちろん他にもいろいろなことがこの社会には起こっている。しかしそれらの多くが、たとえ建前であっても、「差別」であるとか、よろしくないとされているのに対して、これはそうではない。ここが違う。そしてさらに、だんだんとそんなことを問題にしようという人が意外にいないことを知ることになった。

そういうのは流行りではなかったのだ。当時、おおむね一九八〇年代、その前後、私が学生や大学院生をしている頃にも、いろんな人がいろんなことを書いていた。よくできている（利口な人が書いている）と思えるものと、そうでもないと思えるものとあったが、そうした出来不出来はともかく、私に関心があることについて書かれているものはあまりないようだった。

正確には、それはすこし違う。誤解を招く。正しくは、ある時期すこし流行りだった。いや、そのような社会への文句の言い方は、私は、有史以来ずっとあると思っているのだが、「社会」を語る語り方として表立って口にされ始めたのは、この国では、「成長」が一息ついて、「前向き」な感じがいくらか疑われ始めた頃からだったと思う。それには「学問」的なものもあったし、そうでないものもあった。一九七〇年代辺り、そういう「問題意識」があって書かれた本などそれなりにあった。一九八〇年の前後にも、そういう気分の社会運動が例えば大学の中でもあった。

「団塊の世代」「全共闘世代」について私の評価は——全体としてものを考えない、というか途中でやめてしまったと思えてしまうために——かなり辛いのだが、それでもその人たちがいた。それより年が上の人も下の人も含め、一九七〇年頃から「能力主義」だの「優生思想」だの、呪文のように同じ言葉を繰り返していた社会運動のある部分があった。ほぼ消滅しかかっていた学生運動にもあった。それはこの国にかなり特異なことと言ってよいのかもしれないように思う。多くはあまりものを書かない人たちだったが、それでもいくつか本もあった（534頁、そして［2007a］にいくらか列挙した人たちや本）。そしてそういうものにわりあい深くあるいはすこし関わりのある私とほぼ同世代の人たちがそう多くはないにしても周囲にいた（そして結局、そのうちの一定の部分は研究者になった）。本書でわりあい名前がたくさん出てくる人たちの幾人かはそんな人たちでもある。◆1（そしてその時期のことについて、またそのしばらく間の私が直接には知らないことについては、『そよ風のように街に出よう』という雑誌に筋なく続けさせてもらっている「もらったものについて」という「連載」（［2007-］）があるので、それをそのうち整理してまとめられればと思っている。）

ただ、そうした批判的な言論にしても、能力主義とか優生思想（優生主義と言った方がよいのかもしれない→第6章注24・434頁）とか言って、ただ槍玉にあげていればよいようにも思えなかった（例えば本書の第8章と第9章の題はそんな気持ちの題になっている）。

それはそんなにわるいものではないとも、一方では思える。だから、それなりに考えることがあると思った。だが、そうしたことについて考えている人はあまりたくさんはいないようだった。考えて言っている人が他にいれば委ねてしまえばよいが、そんな人は少ないようだった。

今回とくに注を点検して思ったのは、というか、もっと前から思い知らせされてきたのは、そうして私に与えたものがある人たちやできごとについて、注で名前等はあげているものの、たぶんほとんどの人は知らないはずだということだ。それで電子書籍版でいちいち関連ページにリンクすることにはしたが、いかにも説明が不足している。それは一つに、その人たちがつまりは一言ですむようなことを連呼している、すくなくともまずはそのように読める聞こえるので、取り付く島がないということがあった。自分にとってというより、人々に対して、それをあげていくことに羞恥のようなものがあったと思う。ではそれだけかというと、そうでもない。ただ、それを説明すると長くなる。本書をもっと長くすることはできないという事情はあった。知っているはずだという、非現実的な思い、願いもあったかもしれない。しかしそれだけでもない。ためらいがあってしまったと思う。今回いくらか注を足してはみたが、不全感だけが残った。まずはリンクだけでもつけておいて、あとはまた仕事を、と思う。それはたんにもっとたくさん、ということではない。取り付く島がないような、体系を構築したり、細部に枝分かれしていったりしない言葉にどのように対するかということでもある。（cf.『母よ！殺すな』新版・横塚［2007］に付した「解説」［2007c］）。そしてこれは繰り返しになるが、普通の「学問」の世界では、さらにもっと普通の「論壇」といったものでも、それは主題とされることがほぼないといった様子だった。

［2］私に対置されるのは私たちではないと思ったこと

そして、私としては、基本的には同じ側であるように思えた「対抗言説」の幾分かについて、話のもっていき方が違う感じがだんだんとしてきた。

大学の四年生をしていた一九八三年が「没後百年」ということだったマルクスは、今に比べればまだ読まれていたが、本書でも少し記しているように、ここで私が批判しようとしているものと同じところに発しているような——つまり働いた者が取れるのだと言ったような——気がしたのと（75頁）、とにかく、とくに『資本論』は前半からわからなかったので（人はよく後半がおもしろいのだと言う）、早々に放棄した。（ただ、私の場合、いろいろな国々の崩壊や、その前のこの国内での党派間の争いが格別にこたえたということはなかった。「崩壊」のはるか前からそれらの国々が様々にだめであることは言われていたのだし、敵の「本体」と――「実力」で――戦っても勝ち目がない時には「内輪」――とは互いに思っていないのだろうが――で争いが起こること、それが人殺しにまで至ることはある。そんなものだ。そういう私の感触を正当化しようと思わないし、その感受性が間違っている可能性があることを否定しないし、例えば「浅間山荘事件」（一九七二）が深い傷になっている人たちの方がまともであるような気もするが、私は、そんなふうに思っていた。）

ただ、議論の途中を飛ばせば――もちろん、飛ばしてはいけないわけで、そこが大切なのだが――基本的な認識と、目指しているものは基本よいではないかという思いはあった。例えば労働価値説について、予めその間違った解釈であることを自覚さえすれば（cf.第2版補章1注21・813頁）、「使える」ような気がしてきた。そう思いなおしてみることもできるように感じるようになった。『現代思想』の連載の体をなしていない連載（二〇一三年の三月号で第八六回になる）で、二〇一二年五月号からすこしそのことを書いている。まとまれば、[2014a] にいくらかを記すつもりだ。

もう一つ、それは今述べた思想の一つの「もっていき方」でもあったのだが、「共同性」をもってくる言論・言説があった。私は、ともかくたんに田舎の高校生が大学に入ったというだけでなんの素養もない人だったから、言論の世界についてまるで見当がついておらず、その路線ではないだろうと思うにはすこし時間がかかった（→第1章

注12・61頁）。例えば第9章の最後の注（730頁）にしてもそうなのだが、本書がそういう「傾き」にいくらか過剰に否定的であるとすれば、それはその帰結、あるいは反動ということになる。

ただ、私がこの契機を無視しているわけではないことは申し添えておく。共同性・協働性という契機が存在するのは事実そのとおりであり、それが他人に対する心性の「涵養」に資することも疑っていない。ただ、そのことは当然のことと認めた上で、それを「もと」に置くことに抵抗があった。それはまずは個人的な「性癖」のようなものであったのかもしれないが、考えていってもそれだけでもないと思えた（第8章2節・548頁）。そうして考えていって、むしろ、他人、そして世界が、私（たち）「ではない」ことの現実性が私たちのけっこうな部分を占めているのではないかと思えた。そうして考えて言えることもあるだろうと思った。このことについては、『良い死』（[2008b]）——それは直接には「安楽死・尊厳死」について書いた本なので、なかなか気がついてもらえないのだが——の第2章「自然な死、の代わりの自然の受領としての生」第5節「思いを超えてあるとよいという思い」に書いた。もちろん、自分の思いは、多くは近いところに行くのではあるし、そして、そうした心性がなくなることはないし、また否定することもないのだが、それをはみ出ることを「自身が」望んでいると考えられると思った。それは一つに本書が着いた場所でもあるし、論が始まっている場所でもある。つけ加えておくと、人が本当にそう思っているかいないかと別に、もちろん論は立てられる。だから、その心性の「実在」をどうしても証明しなければならないわけではない。ただ、様々に考えていくと、どうも人々はそんな具合になっていると思える。例えば第3章は「生殖技術」が主題になっている。もちろんそれら自体をどう考えるかも大切なことではあるが、それは思考実験のような性格のものでもある。もし人々が（しばしば同時に、しかじかの技術を欲望すると同時に）抵抗感をいだいてしまうとして、それは何なのかと考えていく、するとどうやらなにか「ある」ようだと思える、そのような道行きの章になっている。（その続きが第4章になる。）つまり、「一般庶民・人民はけっこうカント主義者である」。そんなことを言ってみたかったのだ。というか、結果として言うことになったのだった。

そして、自然／人工…を対比させて前者をとるという話でもないと思った。もちろん、様々な破壊があり汚染があって、その時代・社会が批判されたのは当然のことだった。さきに述べた能力…よりさらに批判の対象ははっきりしていて、なすべきこともはっきりしていると思った。そのうえで、私たちは人工物を否定できないし、否定するべきでもない。説明するまでもないと思うが、さきにもあげた『良い死』（[2008b]）の

第2章や『ALS——不動の身体と息する機械』（[2004d]）の各所にそのことを述べている。（ただ、それはそれとして、その時代にあった科学批判・科学技術批判がいったい何であったかについては誰かに振り返ってもらいたいとは思っている。）

そんなわけで、悲壮なものではなかったがいくらかの孤絶感のようなものがなくはなかった。ただ、人がやっていないことをやれるというのは研究者としてはわるくない。どこにまだ掘られていない場所があるかなど細かく探し回ることもない。正面からやっていけばよい。それで、それを考えること、代わりのことを考えることが仕事だと思ってやってきたし、今もやっている。

そうしてまずこの本を書いた。間を飛ばした部分については初版「序」でもいくらかは記した。また、中学生でもわかる——というふれこみのシリーズの一冊——『人間の条件——そんなものない』（[2010e]）の最初の方に記してもいる。

[3] 第2版までの些事

そしてその本が一九九七年に出てから十八年たった。できる限り安い値段をつけて出していただいたのだが、それでも高かった。最初示されたのは九〇〇〇円ということだったのだが、それはいくらなんでもと思って、「である」を「だ」とかにして、行数を減らして、頁数を減らして——しかし途中で指定の一行あたりの字数が変わって、またやり直したり、そうして、分量が（というより頁数が）九分の七になったので——七〇〇〇円になって、加えて初刷については印税なしは当然として、加えて著者が一冊一〇〇〇〇円出すことにして、六〇〇〇〇円で収めていただいたのだった。（とくに注について改段落が少なすぎるのもそういう事情ゆえのことである。それでこの版では注の改段落を多くした。結果、段落の数は一八〇増えた。そしてそのことについてはいちいち断り書きを入れていない。）

おかげさまで、思ったよりずっと、この高い本は買っていただけて——読んでいただたかどうかは、わからない、が、自分で読むために、線を引くのとそうでないのと二冊買ったという方が一人いらして、足を向けて寝てはいけないと思ったりで、読んでくださった方もいたようだ——やがて当初の赤字は回収され、それはそれとして私としてはめでたくはあった。だが、そうしたことはともかく、もちろんできるだけ多くの人に読んでもらいたいと思ってものを書いているので、しかしそれは、私なら…、という値段の本であり続けてきた。なんとかなればよいと思っていたが、そのまま時は過ぎた。

そのことを言うと笑われるのだが、私はかつてこの本を、私が担当する授業の「教科書」として使っていたことがある。無謀だと思われるかもしれないが、書いた本人としては、本来は簡単な話が書いてあるのだから、書いた本人の解説つきで話せば――講演などで話をすると「意外とわかりやすい話をするんですね」と言っていただけることがある（ということは書いたものがいけないということでもあるのだが）――わかる話だと思っていた（思っている）からだいじょうぶだと思って、講義をしてきた。基本的には第2章まで、そして第4章、第8章あたりをかいつまんで、だったと思うが、加えて、医療・技術に関わる具体的な歴史の話をした。本書では、第3章で生殖技術の話が、第6章で優生学の話が（とくに注で）、第9章で出生前診断の話が不釣り合いに長々と書かれているが、それは、当時働いていたのが看護師他を養成する医療系の学校（信州大学医療技術短期大学部、一九九五年四月から二〇〇二年三月まで勤めた）で、「（そういう仕事をすることになるのであれば）そのぐらい知っておいてよ」と、話す時に使ったのだった。またそれ以前、非常勤で看護学校で社会学を教えていた時、昼寝せず起きてくれている人のために、資料を作った。作るためにいくらか本など読んだ。（そんな動機があってそれらの部分を長く書いたような気もするが、はたしてどこまでそんな気持ちがあったのか、記憶は定かでない。）

しかしこの値段では購入してもらうわけにもいかないので、（十年ぐらいで「もと」がとれるような価格で）「レンタル」をしていた。白い表紙だったから、すこし汚れたりすることがある。半期（半年）の授業が終わり返却されてくると、学期と学期の間に、いったい私はなにをしているのだろうと思いながら、一冊一冊点検して、汚れを消しゴムで消したり、出版社からカバーと帯だけたくさん送っていただいたので、かけかえたりしていた。（今は大学院専門の教員をしているのだが、大学院生は本は読んでいるはずだし、読めばわかるはずだからということで、かえってそんな授業はしていない。しかし、本当に読んでいるのか、怖くてその人たちに実際に聞いたことはない。）

文庫化のことは長いことまったく思いつかなかった。一昨年ある出版社の方から打診をいただき、たしかにそんな方法もあるのだと思った。そして、出版している本のすべてについて、必要な人——例えば目が見えない人はテキストデータを音にして読む（cf. 青木慎太朗編［2010］）——にはテキストデータを提供している生活書院に、これまで文庫本を出したことがないのに無理をお願いして、文庫版で出していただくことにした。

そして出すからにはと思い、要するにどんな単純なことを言いたいのか、同時にどこが（私が思うに必然的に）やっかいなことになっているのかを記して、本書がどんな場所にある本なのかを示そうとする補章と、この本を巡る楽屋話のようなそしてこの本の後のことについて書いたあとがきのようなこの文章と、二つの補章を付し、「第2版序」に記した加筆等を行い、第2版とすることにした。

2 その後

[1] その後

本書が出てから私は何をしていたのか。一つには、分けられる——もちろん物理的物体だけに限られるわけではない——「もの」の分け方についてだった(↓補章1第1節・5節)。『自由の平等』([2004a]) が比較的「理論的」な著作ということになる。そのころには、厚生経済学や政治哲学の一部で相当に議論がなされていることを本書初版——に出てくるのはロールズ、ノージック、そしてセンがすこしといったところだった——が出たころよりはすこし知って、いくらかそうしたものも紹介・言及している。職場が大学院(立命館大学大学院先端総合学術研究科、二〇〇三年開設) に移ったということもあり、大学院生たちに私の代わりに勉強してもらおうと思って文献をあげたのでもある。ただ、それらをよく知っていれば本書(『私的所有論』) の内容が変わったかといえば、そんなことはないだろうと思う。私は、本書でロック——が特段に独創的だったというのではなく、あの頃の社会のある人々の気分を言葉にしてみせたということだ——以来 (というよりはそれ以前から)、連綿とその発想、「信仰」が続いていることを確認し、そしてそれが生命倫理学の「主流」にも強く受け継がれていることを見た。（ロールズ以後の、と言われる）政治哲学者や経済学者（の一部）にはかなり平等主義的な人たちが多くもあり、相当の多様性があるのではある。例えば税についてMurphy & Nagel [2002=1006] は有意義であり、アナリティカル・マルクシズムと呼ばれる流派の人たちの中にもおもしろいことを言う人たちがいる（↓114頁）。ただ、その人たちの多くにおいても、与えられたもの／作り出したものという分割は大きく作用しているというのが、その二〇〇四年の本を書いてあらためて思ったことでもある。

その本で初めて論じたことはいくつかあるが、一つ加えたのは、なぜ「別の世界」がよいかについてだった。本書では、人は人（他人）のことを決めたくない（決めてはならない）という感覚があるのだと言ったのだが（第4章）、それは自分についても言えるのだろうということだ。私がどんな私であっても、どんな境遇におかれても、死ぬまでは生きていたいものだというただそれだけのことである。どんなであれこの私がでいられたらという願望はあると言ってしまってよいのではないかと思った。それを「純粋な利己主義」と言ってみた（『自由の平等』第3章、本書補章1・738頁）。

そもそも私たちの最初の共著の本である『生の技法』（安積他 [1990] [1995]、第3刷 [2012] が本書と同じく生活書院から文庫版で刊行された）にしても、とくに私が担当した部分は、まずは本書が相手にしている社会にいるとわりを食ってしまう人たちの社会運動について書いてあるのだから、本書には直接的につながっている。そして、その本でかなりの部分を割いたのは「介助（介護）」についてだった。補章1第5節2（790頁）で分けるものの分け方を三つの層に分けることができると述べたが、その二番目のものが主題だったということだ。また本書の次の本になった『弱くある自由へ——自己決定・介護・生死の技術』（[2000c]）は依頼された原稿を集めたものだったが、その三分の一ほどの分量になった章も「遠離・遭遇——介助について」という介助（介護）について論じた章だった。

さらに稲葉振一郎からの提案で対談の本、『所有と国家のゆくえ』（稲葉・立岩［1996］）を出してもらい、同年、『希望について』（[2006b]）も刊行された。短い文章が多いこともあって、手軽・気軽に読めるものになっている、と書いた本人は思っている。「I　天下国家」（「たぶんこれからおもしろくなる」「2停滞する資本主義のために（抄）」…」「II　政治のこと」と続く。

二〇〇五年に『現代思想』で連載を始めてさせてもらってしまった。という言い方も変だが、たしか最初の依頼は連載でもなんでもなくて、ただ一回では終わらないからすいませんけど、ということで、「家族・性・市場・1」という題だったのだが、それが終わらず、そして論の中身もどんどんとずれていった。十回目ぐらいまではたしかにその話をしていたのだが、そこから逸脱していったのだった。この「連載」？の主題について書くなら労働のことを考えねばと思って書いていったのだが、これはいかにも大きな主題で、すぐにまともに取り組むこともできなかった。「ワークフェア」について研究している小林勇人（博士論文が小林［2008］）といっしょに本を書くという案もあるのだが、実現していない。そのときどきに必要と思われるごとを書いていった。とにかく毎月約一六〇〇〇字（旧式の計算法では四〇枚）のものを書いていくと、いくつかの本ができていった。

　そんないきさつもあり、また「労働の義務」のことと無条件給付を主張する「ベーシックインカム」の主張との兼ね合いのことをどう考えるのかといったこともあり、それは私にとっても基本的な所得と労働に対する「加算」の兼ね合いをどう考えるかということでもあったから、いくらか考えてみて（連載の四八回から五二回）、ベーシックインカムを研究の主題とし、Van Parijs［1995=2009］の訳書もある齋藤拓に文献紹介（齋藤［2010b］）とそして自らの論を展開する章（齋藤［2010a］）を書いてもらい、『ベーシックインカム――分配する最小国家の可能性』（立岩・齋藤［2010］）を出してもらった。

　その前に出た『税を直す』（立岩・村上・橋口［2009］）は、総選挙があって「政権交代」があった年に出た本だった。この本が出て何がどうなるとも思わなかったが、いちおう選挙の前に刊行されたはずだ。この国が——この国に限らないのだが——だんだんと、多くの人が知らない間に、税金をお金がたくさんある人から取らなくなった国であること、そのときに言われ繰り返された理屈を、二十年ほどの間に出た百冊余の本を集めて検討した（連載の三八回から四五回）。経済学を専攻する村上慎司は、所得税を一九八〇年代末の税率に戻した場合の税収の試算を行った（村上［2009］）——今でも本当かなと思っているのだが、税収が約五〇％増えるらしい。『若者の労働運動——「働かせろ」と「働かないぞ」の社会学』（橋口［2011］）の著者でもある橋口昌治は、ここ十年ほどを中心とする貧困・格差に関する本の紹介をしてくれた（橋口［2009］）。

もちろんかつてもきちんとした研究者はきちんといたのだが、貧困など語られることが全体としては少なかった一九八〇年代が終わって、また貧困などが語られるようになった。それはずっとあって進行してきたものだから今さらということではあるが、それでも存在するものについて語られず、ことを起こさないよりはよい。私の議論はすぐに役立つというものではないかもしれないが、そういう大切なことは、現場の現実をよく知る人たちにまかせて、ごく基本的・初歩的なことを考えようとしてきた。

そして、二〇一二年に『差異と平等——障害とケア／有償と無償』（立岩・堀田［2012］）。

私は一つ、先に述べた二層目のもの、この社会において身体の状態に関わってどれだけが上乗せして給付されるべきかという主題について考えた（[2012b]、もとになったのは連載の第五三回、七四〜七六回）。以前からその基本的なあり方、そして供給機構のあり方や政策の具体的なところについてはずいぶん書いてきた（主に二〇〇〇年前後にあったことについては『生の技法』第3版に新たに収録された[2012f]に記した）。この主題についてはすぐに「基準」や「測定法」が議論される。しかし、第一層の基本的な所得のあり方が決まれば、この部分については妥当な水準が自ずと決まり、とくに判定などいらないのだと述べた。この部分についてなされてきた「運動」が主張してきたことを言葉にするとそうなると私は思うのだが、これまでそのことを明示的に言った人を、他国の人たちも含め、管見では、知らない。それで言ってみた。

そしてこの仕事が有償の仕事であってよいことを主張した（[2012c]、もとになったのは連載の第二五〜二八回）。それに対して堀田は、有償の仕事にすることに関わる問題点を示した（堀田[2012a][2012b]）。双方が自分の言い分だけを言っているので、この話はまだ続くことになるだろう。そしてそこには制度と意識の問題をどう考えるかという論点も入ってくる。この古い問題を考えていくと、「意識の遅れ」を問題にする・せざるをえない革命思想をどう考えるのかということにもなってくる（連載七八回〜）。まとまれば二〇一四年に刊行されることになるだろう（[2014a]）。

本書の初版が出た時、『毎日新聞』（一九九八年四月八日夕刊）のインタビューで、いくらかはったりで、いくらか本書の宣伝として、これからは「正義」とか「規範」を論じることが流行るのだと「予言」した。それはいくらかは当たったようでもある。戯れるのに飽きてしまったということでもないのだろうが、このごろ多くの人たちが妙にまじめだ。ただ、もともとは別のところでものを書いたり言ったりしてきた学者・文化人や、こんな世の中になってしまった後で（大人になり）議員などになった人がたくさんいて、そんな人たちにはものを言うための支度が足りない人が多いように私には思われ、心配なところはある——関連して連載の第四七回（[2009d]）を「あの「政権交代」はなんだったのか」と改題してさきの本（立岩・堀田[2012]）に収録した。私が書いたことへの賛否はひとまずともかく、本書がそういう方々にも読まれることがあるなら、と願ってみる。

[2]　社会内の境界

こうして「連載」は「家族・性・市場」という当初の題から外れに外れてしまっている。いったん止めてしまったのは、一つには先に述べたようにまず労働についていくらかのことを考えておかねばならないと思ったことによる。そしてきちんと書こうと思ったら、新たに調べねばならないこともある。いつこの本来の題の連載を再開できるかわからないのだが、それでも、それは私が考えようと思ってきた大きな枠の中には入っている。

これも一九九〇年代の初めに思って、それからずっと思い続けていることだ。この社会は、本書のような「軸」をもつ社会なのだが、同時に、いくつかの領域に分れてもいる。つまり、政治・市場・自発性の領域・家族と四つの領域によって編成されていると見ることができる。そのことは、私たちの最初の本（安積他［1990］［1995］［2012］）になった調査で知った人たちが、その間を生きているような人たちだったことを見てきたことが大きく関わっているはずだ（担当した章としては［1995a］）。（ついでに、パーソンズ（Talcott Parsons）にしてもルーマン（Niklas Luhmann）にしても、社会的領域・メディアを分けて、それも——右記したものと同じでないが——四つに分けて、考えていくことはなされている。だから私も社会学者である、と言いたいわけではないが、言い添えておく。）

その人たちは、家族から離されあるいは離れ、雇われないから金はなく、ボランティアはわずかでかつあてにならず、政府は何もくれないかくれる時には余計なものをくれる、という中でしかし、生きていこうとすれば何か手を打たねばならないという人たちだった。とすると様々が不条理に、不思議に見えてくる。こうやって分けただけでも妙なことがいろいろと見えてくる（［2005c］）。例えば家族もまた自発的に形成される領域であるはずだ。とすると、家族と家族ではない自発的に形成される関係とは、なぜ、どのように分けられているのか。その正当性があるのか。そんなことを考えることになる。家族社会学でも政治社会学でも、あるいは経済学でも政治学でも、その「中」をいろいろと調べたり考えたりする。それらもけっこうなことだが、各々の「外枠」、また各々の間の「境界」について、関係について考えればよいと思った。その頃、はっきりと確信してしまったのは安積他［1990］の後の二年ほど過ぎた頃だったと思う。予備校（河合塾）の講師や大学の非常勤講師はしていたが、常勤職の公募にはたくさん落ち続け、定職につけるあてはなかったが、とにかくこれだけ考えることはある、これから一生考えること・書くことには困らない、と思った。

　そして、四つあるといったうちの三つの領域の話は、これまでの仕事の延長上でしていくことができる、というか、している。そのことを述べてきた。すると家族が残る。学会誌に載せてもらった最初の論文は「近代家族の境界」（［1992c］）だった。家族社会学という領域はあるが、それはそのあたりのことを問うていないと思って、そのことを書いた。また私にはその当時あった家事労働論というものがさっぱりわからなかった。

たしかに主婦は労働のための労働をしているのであろう。それは事実ではある。ただそのことをもって、現在ある不当性が言えるのか。私にはそうは思えなかったが、そんなことが言われていた。それでいくつか論文を書いた。『現代思想』の連載はその続きをと思って始めたのだが、すぐにそれていってしまって、しばらくは戻ってこれそうもない。ただ、「家族・性・資本——素描」（［2003c］）でだいたい基本的なことは述べられたようにも思っていたので、その前に書いてあった「夫は妻の家事労働にいくら払うか——家族／市場／国家の境界を考察するための準備」（［1994a］）（これは上野［1990b］に書いてあることがわからなかったので書いた）他と合わせて、それらをまとめた本『家族性分業論前哨』（立岩・村上［2011］）をまず出してもらった（何がわからなかったのか再度述べたものとしては「わからなかったこと、なされていないと思うこと」（［2011d］））。単著では村上［2011］のある村上潔には、女性と労働を巡ってこれまで出されてきた本を紹介してもらった（村上［2011］）。

［3］「生命」のこと

個人的には「生命」とかそんなものについてものを書くことは好きになれないところがある。どうしても差し出がましくなることがある。そしてなによりよくわからない。

第3章、とくに第5章・第9章を書いて、なにか楽しいと思うことはほぼなかった。第3章は、アルバイト先の看護学校（一九九八年度から一九九一年度まで立川高等看護学院で社会学の非常勤講師をしていた）で学生を眠らせないためになにかそういうテーマで話してみようということでものを読んだりし始めたところがある。ただ、買えるもの／買ってならないことになっているもの等、さきほどから幾度か述べた「境界」についての関心はあった。そして考えていくと、さきにも書いたように、もし人がこんなふうに思うのなら、あるいはこんなふうに思う人がいるのなら、その人々はこのように、つまり第4章に記したようなことを考えている、と思うことになっていった。

そして、私は、出生を巡る議論◆[2]よりは死を巡ってのことの方が大切だと考えてもきた。たんに私はもう生まれてしまったので、その後のことの方が気になるということだ◆[3]。人はいったん生まれてしまうと、ともかく生きてしまっている。死は意識され予想される限りでだけ避けられようとするというのはその通りだとして、人間がそんな人間であってしまうからには、それは大きなことだ。そして私には人が死を選ぶことと社会がこのような社会であることははっきりした関係があると考えてきた。そのことは当初から気になっていた。実際そんなことも起こってきた。そこで、『良い死』（[2008b]）、『唯の生』（[2009a]）を書くことになった。また『ＡＬＳ——不動の身体と息する機械』

（［2004d］）もこの主題に関係する。前二冊を出した時にもう一冊出すと予告した、関係する本を紹介する本は一冊では終わらず、有馬斉との共著『生死の語り行い・1——尊厳死法案・抵抗・生命倫理学』（立岩・有馬［2012］）となった。そこで有馬は（生命）倫理学（の一部をなす功利主義）の議論を紹介してくれている（有馬［2012］）。続きの原稿はあるが、調べ出すときりがなく、まだ終わらない。

ただ、「いきさつ」をもうすこしはっきりと積極的に言うこともできる。大きくは二つの向きがあるようだ。そのことを本書でもかなりはっきり書いたつもりだが、読み直してみると、たぶん、そこに出てくる人がどんな人であるのかといったことを知らないとわからない人がいるのだろうと思った。

例えば、二〇〇二年の第六回DPI（障害者インターナショナル）世界会議札幌大会の記録（DPI日本会議＋二〇〇二年第6回DPI世界会議札幌大会組織委員会編［2003］）が出版されている。そこにカナダのカルガリー大学の研究者でもあるG・ウォルブリング（Gregor Wolbring）の発言が再録されている。◆4 文中の米津は第9章注9（715頁）に少し名前の出てくる「リブ新宿センター」で、そして「優生保護法改悪阻止連絡会」（「阻止連」、後に「SOSHIREN——女（わたし）からだから」）で活動してきた人である。立岩・有馬［2012: 201-203］でも（より長く）引いている。（関連して書いた文章として、いずれも生命倫理学関連の本に依頼された文章だが、［2007］［2012e］。）

> 「子どもをもつ権利と、特定の子どもをもつ権利とを分けて考えることが必要だと考えてきましたが、それを説明するのに非常に苦労しています。私のような考え方をする人は、北米では少数派だと感じています。今回、前の米津知子さんの発表を聞いて、彼女も私と同じ考えであることがわかりました。」（DPI日本会議他編［2003: 283］）

ともかく二つは考え方があるということだ。そして一つは、すくなくともあるところでは、知られていない。あるいはそういう方向で考えられたことがないようなのだ。それはよくないのではないか。そこで考えることになるし、書くことになる。

［4］現在の歴史

こうした書きものを書いてきた。そして私は『生の技法』以来調査らしい調査をしたことがない。多くの書きものは何も読まずに書いている。ただそんな研究者として不適格な私でさえ思うのは、ものを知らねばならない、知ることができるように書いておかねばならないということだ。

もともものを覚えることがたいへん苦手でもあったから、歴史は好きでなかったし、その意味では今も好きではない。ただ、必要だと思った。本書は、基本的には論理を辿って書かれたものだが、さきにも述べたような事情もあり、中途半端に史実を書いてしまったところがある。もちろんそれらが本書の主題には関係し、そして、まずは知っておいた方がよいことあると思ったからでもある。

ある人たちには常識であったこと、あること、すくなくとも知らないわけではないことが、とても速く忘却されていくこと、というか多くの人々にはあらかじめ知られていないことを感じることがとても多い。本書に記されていることにしてもどれほどのことが知られているだろうか。そして本書であげた文献にしても、その多くはすぐにそう簡単には読めないものになってしまっている。

もちろん知られるべきと思うこと、記憶されるべきだと思うことは人によって異なる。ただ私は私として必要と思う部分について、いくらかずつでも、時間があったら、文章にしていきたいと思っている。『生の技法』の一部がそうだった。この時はまじめに聞き取り調査をした。（にもかかわらずその直接の結果はほとんど出てこないというもったいないような贅沢なような作りの本になっている）。そしてきわめて限られた人しか知らず国会図書館などにはない資料を集めた。それ以来まともな調査ができたことはない。『ＡＬ

S──不動の身体と息する機械』（[2004d]）は一人の人へのインタビューを除いてすべて既に書かれた文章を用いた安直な作りの本だった。『唯の生』にも、実際に私たちが体験した時期のことやその前のことなど、歴史記述の部分があり、『税を直す』の私の担当した箇所（[2009c]）も言説の歴史を追ったものではあるが、手にはいる限りの本をとりあえず集めて書かれたものでしかない。

そして、『流儀──アフリカと世界に向い我が邦の来し方を振り返り今後を考える二つの対話』（稲場・山田・立岩［2008］）は、一九六〇年代末からの東大医学部闘争以来様々に関わってきた小児科医の山田真と、（その前を略すと）日本のＨＩＶ・エイズ関連の運動からアフリカ日本協議会というＮＧＯで活動してきた稲場雅樹に話を聞いた。とくに山田のインタビューには長大な注をつけた。最も売れてほしい本なのだが、世の中思い通りにはいかない。（それでも、注等をさらに加える作業は続けていくつもりで、すこし手をつけている。）

そして、残されてよく知らされてよいことがたくさんある。新しいことを言ってるかのような「学」の側が追いつけないといったことになってしまっていることを感じてきた。私は私として、まずは『身体の現代』といった仮題の本を出してもらう（[2013d]）。『みすず』で十九回連載して完結しなかったもの（[2008-2010]）を加筆する予定で、幾度かその作業を始めてはみたのだが終わらず、まだまとめることができないでいる。どんなことについて書こうとしたか。

病気や障害があることを知ることがある。たいがいうれしくはないことであり、医療社会学は「医療化」などと言って批判的に捉えてきた。だが、例えば自閉症だとわかってよかったという人がいる。書いているものを読むとそれももっともに思える。そして責任を免除されることがある。これも当人にとってはよいことのように思える。しかし、免責されるのはよしとして同時に仕事ももらえなくなったら困る。こうしてわかること、わかったことに基づいて対処すること、そして免責されること、これらについてなにがあったか、どう考えるか、自閉症などのいわゆる発達障害、ＡＣ（アダルト・チルドレン）などについての言説を見ていくものになる。

そしてそれは全体の一部である。ごくおおざっぱにどんなふうに見えるのかについては「現代史へ――勧誘のための試論」（[2003b]）、「医療・技術の現代史のために」（[2003d]）に記してはあるが、まとめられてはいない。一九六〇年代末以降の（幾つかの）医療関係学会の「改革」、精神障害の本人たちの組織の誕生、それらの間の協力や（ときに厳しい）関係、そして国家その他との関係。それ以前からあったり、衰退してった幾つかの「療法」。これらについてもいくらか書いたものがあるが（連載第六〇～七三回、「社会派の行く先・1〜14」)、すこし文献にあたったぐらいではわからない部分が多い。当時を知る人たちに話をうかがったりはしている。そのうちどうにかなるかもしれないし、ならないかもしれない。けれど、そうして調べていったらいつまでも終らない。出版社の都合もあり、まずこれまでのものを出してしまって（[2013c]）、欠落を埋めて誤りを正す仕事はその後（誰かに）ということになりそうだ。（cf.「これからのためにも、あまり立派でなくても、過去を知る」（[2012d]）。連載ですこし取り上げた後に出た本に『精神を切る手術——脳に分け入る科学の歴史』（橳島次郎 [2012]。））
そんなことをやっていたらきりがない。ただ、私の（勤め先の）周辺にそんな関心があってものを書く人たちがいて各々仕事をしてくれている。それを本にしたりすることを手伝ったりするのが私の勤め人としての仕事（の一部）、あるいは勤め仕事をまだやめない理由ということになる◆5。

それにしても、記録をみな本に残しておくことなどどうていできない。そして中途半端に事実を記し、中途半端に考察を加えると、全体としてやはり中途半端になる。この世にはそんな本がたくさんあり、本書もその一冊である。だから、いくらかのことはホームページに載せたり、載せてもらっている。（「生存学」で検索すると出てくるhttp://www.arsvi.com/ の「内」を検索してもらうと何かある、ことがある。）

もう一つ、本書の英語版をと思い、訳してもらった。ただ、一度訳していただいたものは、ネイティブの方が読むと問題があるということで、全面的に訳しなおしていただいた。もちろんそれにも自分で手を入れねばならないが、すこしも時間がない。しかし、これでは時間が経つばかりだから、なんとか、と思う。

そしてもう一つ、その公刊方法としても電子書籍という方法があると考えた。実現させようと思っている。この日本語版もいずれ電子書籍化するつもりだ。すると、文中の人名や本、索引にあがっているような語――二〇〇〇は超えるはずだ――から私が関わっている右記のホームページ上のページを直接に見ていただくこともできるようになるだろう。現在準備中。できたらお知らせする。

注

◆1　時代の雰囲気とは別に、しかし必然性をもって、ものを書いた人の書いたものが、その人たちは「学者」でないことが多いのだが、あったにはあった。よく知らないからでもあるのだが、本書では控えめに、注などで、幾人か・いくつかについて記した。新たに加えた文では、補章1の注4（797頁）で田中美津、注6（798頁）で吉田おさみ、注9（802頁）で吉本隆明・最首悟、注16で森崎和江（809頁）、ほかに本補章で、稲場雅樹、山田真、米津知子、また初版では、第5章の注1（317頁）、注12（364頁）、注22（364頁）、第6章の注1（418頁）、注43（450頁）、第7章の注23（534頁）、第8章の扉（538頁）、注1（608頁）、注3（611頁）、第9章の扉（620頁）、引用（626-637頁）、注2（709頁）、注9（715頁）、注20（724頁）、注21（724頁）、注27（726頁）等で、荒木義昭、石川憲彦、石牟礼道子、奥山幸博、小沢牧子、北村小夜、最首悟、篠原睦治、田中美津、堤愛子、野辺明子、福本英子、古川清治、宮昭夫、村瀬学、毛利子来、横田弘、横塚晃一、山下恒男、山田真、米津知子、渡部淳の文章・文献にわずかに、ほとんどの場合本当にわずかに、ふれた。

◆2　結局、第3章から第4章5節にかけて、そして第9章で述べたことは単純なことだった。一つ、技術を使ったり（使われたり）、産んだりする身体の負荷、産むことに纏わる過程、苦痛や快を軽視するべきでないということであり、もう一つ、他人のありようを予め決めることはないということだった。初版で対象となった技術は、技術としてはたいへんに素朴なものであり、だから当時もあったし、それは今でも基本的に変わらない。またその後、やはり発想としては単純な――それはもちろんわるいことではない――技術がいくつか登場した。それらについて留意すべきことも変わらない。（一つめについての心配事が例えばｉＰＳといった新しい技術によって減少するなら、それはよいことだ。ただ実際に使えるようになるまでにどれだけかかるか、そう簡単でないことは当の技術を一番よく知る人たちが知っている。希望と、希望がなかなかかなえられないその時間について私はＡＬＳに関して『ＡＬＳ』（[2004d]）第2章「まだなおらないこと」でごくごく簡単に記した。韓国の同じ疾患・障害を巡る治療（の試みの歴史）について本章最後の注に論文を紹介するアン（安）が検証するはず。この注の最後の段落も参照のこと。）「なおす」ことについての立場も基本的には[2001b]で簡単に、そして[2011c]等ですこし詳しく述べた。（例えば遺伝子）の所有についても本書から基本的なことは言える（cf. [1999a→2000c]）。

関連する大量の出版物があるはずだが、調べていないし、読めていない。ただ、別に紹介する機会ももうこれからはないだろうから、本書初版後のいくつか、単行書のみあげる。もちろん生殖技術・生殖医療と、ゲノムと、エンハンスメント…とは常に関わるわけではないが、いっしょにあげる。（他方、死ぬことに関わる文献は多すぎるほどあり、hp［死］とそこからリンクされているページで紹介している。またたぶん言説・言論を紹介する本を書くことも続ける。）

『文化としての生殖技術――不妊治療にたずさわる医師の語り』（柘植あづみ［1998］）、『操られる生と死――生命の誕生から終焉まで』（山口研一郎編［1998］）、『生と死の先端医療――いのちが破壊される時代』（生命操作を考える市民の会編［1998］）、『生命操作事典』（生命操作事典編集委員会編［1998］）、『ルポルタージュ出生前診断――生命誕生の現場に何が起きているのか』（坂井律子［1999］）、『出生前診断――スクリーニングとの内なる闘い』（江上彩織［1999］）、『出生前診断――いのちの品質管理への警鐘』（佐藤孝道［1999］）、『健康とジェンダー』（原ひろ子・根村直美編［2000］）、『生殖医学と生命倫理』（長島隆・盛永審一郎編［2001］）、『人体バイオテクノロジー』（粥川準二［2001］）、『人クローン技術は許されるか』（御輿久美子他［2001］）、『操られるいのち――生殖医療、進む差別・選別』（保條朝郎［2002］）、『資源化する人体』（粥川［2002］）、『人・資源化への危険な坂道――ヒトゲノム解析・クローン・ES細胞・遺伝子治療』（福本英子［2002］）、『母体保護法とわたしたち――中絶・多胎減数・不妊手術をめぐる制度と社会』（齋藤有紀子編［2002］）、『クローン人間』（粥川［2003］）、『クローン人間の倫理』（上村芳郎［2003］、文献リスト有）、『知っていますか？出生前診断一問一答』（優生思想を問うネットワーク編［2003］）、、『子どもを選ばないことを選ぶ――いのちの現場から出生前診断を問う』（大野明子編［2003］）、『優生保護法が犯した罪――子どもをもつことを奪われた人々の証言』（優生手術に対する謝罪を求める会編［2003］）、『生殖の哲学』（小泉義之［2003］）、『生命特許は許されるか』（天笠啓祐編［2003］）、『つくられる命――AID・卵子提供・クローン技術』（坂井律子・春日真人［2004］）、『人体の個人情報』（宇津木伸・菅野純夫・米本昌平編［2004］）、『どう考える？生殖医療――体外受精から代理出産・受精卵診断まで』（小笠原信之［2005］）、『遺伝子改造』（金森修［2005］）、『現代生殖医療――社会科学からのアプローチ』（上杉富之編［2005］）、『遺伝子技術の進展と人間の未来――ドイツ生命環境倫理学に学ぶ』（松田純［2005］）、『いのちの始まりの生命倫理――受精卵・クローン胚の作成・利用は認められるか』（島薗進［2006］）、『バイオポリティクス――人体を管理するとはどういうことか』（米本昌平［2006］）、『日本の着床前診断――その問題点の整理と医学哲学的所見』（児玉正幸［2006］）、『生殖医療の何が問題か』（伊藤晴夫［2006］）、『遺伝子研究と社会』（山中浩司・額賀淑郎編［2007］）、『人間改造論――生命操作は幸福をもたらすのか？』（町田宗鳳・島薗進編［2007］）、『エンハンスメント――バイオテクノロジーによる人間改造と倫理』（生命環境倫理ドイツ情報センター編［2007］）、『生命科学の冒険――生殖・クローン・遺伝子・脳』（青野由利［2007］）、『エンハンスメント論争――身体・精神の増強と先端科学技術』（上田昌文・渡部麻衣子編［2008］）、『テクノ／バイオ・ポリティクス――科学・医療・技術のいま』（舘かおる編［2008］）、『出生前診断の法律問題』（丸山英二編［2008］）、『捨てられるいのち、利用されるいのち――胎児組織の研究利用と生命倫理』（玉井真理子・平塚志保編［2009］）、『バイオ・コリアと女性の身体――ヒトクローンES細胞研究「卵子提供」の内幕』（淵上恭子［2009］）、『妊娠――あなたの妊娠と出生前検査の経験をおしえてください』（柘植あづみ・菅野摂子・石黒眞里［2009］）、『テクノロジーとヘルスケア――女性身体へのポリティクス』（日比野由利・柳原良江編［2011］）、『バイオ化する社会――「核時代」の生命と身体』（粥川［2012］）、『生殖技術――不妊治療と再生医療は社会に何をもたらすか』（柘植［2012］）、『受精卵診断と出生前診断――その導入をめぐる争いの現代史』（利光恵子［2012］）。

翻訳書では、『ヒト・クローン無法地帯――生殖医療がビジネスになった日』（Andrews［1999=2000］、『遺伝子革命と人権――クローン技術とどうつきあっていくか』（Buriey ed.［1999=2001］）、『人間の終わり――バイオテクノロジーはなぜ危険か』（Fukuyama［2002=2002］）、『人間の尊厳と遺伝子情報――ドイツ連邦議会審議会答申　現代医療の法と倫理　上』（Deutscher Bundestag Referat Offentlichkeit Hrsg.

［2002=2004］、『エンハンスメント――バイオテクノロジーによる人間改造と倫理』（Wissenschaftliche Abteilung des DRZE（生命環境倫理ドイツ情報センター）［2002=2007］）、『治療を超えて――バイオテクノロジーと幸福の追求：大統領生命倫理評議会報告書』（Kass ed.［2003=2005］）、『人間の終焉――テクノロジーは、もう十分だ！』（McKibben［2003=2005］）、『超人類へ！――バイオとサイボーグ技術がひらく衝撃の近未来社会』（Ramez［2005=2006］）、『完全な人間を目指さなくてもよい理由――遺伝子操作とエンハンスメントの倫理』（Sandel［2007=2010］））。

　以上でも流行り廃りはある程度わかるが、他にも実用書、技術やその未来を紹介する本などたくさんあり、それらの多くは当然に肯定的な色調のものである。そしてときに怪奇な、学会や議会での政治過程があってきた。本格的な研究がなされるとよいだろう。利光恵子［2012］は批判的な立場をとってきた「優生思想を問うネットワーク」に属し、その歴史も含め着床前診断を巡る経緯を詳細に記している。また、注5に紹介する坂井めぐみ［2013］はES細胞を使ったものも含め治療法の開発のための支援活動を熱心に行ってきた「せきずい基金」の活動の経緯を追っている。

◆3　それは人は死ぬ――それはそうだ――ことを考えましょう――しかし何を考えることがあるのか？――というのとは違う。「死に淫する哲学」について小泉義之が書いていること（小泉［2006］）に異論はない。そのことを『唯の生』（［2009a］）の第7章「『病の哲学』について」に書いた。ただその本で小泉が行っている批判は当たっているのではあるが、ではそこで「病の哲学」が展開されているかというとそうでもない。その新刊に小泉［2012］。

◆4　「能力主義」とすこしずれつつ「ablism」を批判する人たち（cf.第2版補章1・796頁）――ウォブリング（日本語になっているものとしてWolbring［2008］）はその一人だ――と「バイオエシックス」の人たちのかなりの部分の間にある相違・対立については、第5章注8（355頁）の「シンガー事件」のところでもとりあげている。他に、米国での学会の大会でのできごとについて森岡正博［2006］。そして「別の考え」を伝えなければならないのだが、その人たちのほとんどすべては日本語が読めないので、英語等にしなければならなくなる。そこで、韓国で行なった講演他をいくつか翻訳してもらっていて、次の注で紹介する『Ars Vivendi Journal』に掲載されているものもある――［2009b］［2009e］［2009f］等。

◆5 勤め先関係の、「身体・病・障害系」に限り――それに限るのに必然性はない、みな含めるとたんに多くなりすぎるからだ――、既に紹介したものを省き、さらに「現代史」に関わるものをいくつかあげる。それでも「取りこぼし」があるはずだ。博士論文や著書などまとまった著作のあるものはそれだけあげる。結果、そうした著作がまだない人の論文の方が数多く紹介されることになった。

博士論文がもとになって書籍化されたものとして、『臨床場面のポリティクス――精神障害をめぐるミクロとマクロのツール』（吉村夕里［2009］）、『関西障害者運動の現代史――大阪青い芝の会を中心に』（定藤邦子［2011］）、『技術からみた日本衛生行政史』（横田陽子［2011］）、『受精卵診断と出生前診断――その導入をめぐる争いの現代史』（利光恵子［2012］、他に書籍の分担執筆として利光［1998］等）、『情報福祉論の新展開――視覚障害者用アシスティブ・テクノロジーの理論と応用』（ハン・スンミン（韓星民）［2012］）、『老年者控除廃止と医療保険制度改革――国保料（税）「旧ただし書き方式」の検証』（牧昌子［2012］）、田島明子『日本における作業療法の現代史――対象者の「存在を肯定する」作業療法学の構築に向けて』（田島［2013］、他の著書に『障害受容再考』（田島［2009］）、『人工透析――歴史と現在』（有吉玲子［2013］、予定）。

博士論文として、「「尊厳死」言説の誕生」（大谷いづみ［2006］、公刊予定、他に英語論文［2010b］等、「（生）死の教育」を批判的に検討した論文多数）、「日本における血友病者の歴史――一九八三年まで」（北村健太郎［2007a］、増補の上公刊予定）、上農［2003］の著者でもある上農正剛の「聴覚障害児医療の再検討」（上農［2009］、公刊予定）、「「親」という社会システムの再構築に向けて――「同性親」をめぐる諸議論の検討」（有田啓子［2009］）、「日常生活世界における自殺動機付与活動の知識社会学――自死遺族らによる動機付与のポリティクスと常識知／専門知」（藤原信行［2010］）、「重症新生児の治療方針決定における合意形成に関する研究」（櫻井浩子［2010］）、「日本における生体肝移植の普及過程――生体肝ドナーが生み出された歴史的背景と問題点」（倉田真由美［2010］）、「障害者雇用における合理的配慮――経緯と日本への導入視点」（杉原努［2010］）、「近代日本における公衆浴場の衛生史的研究」（川端美季［2011］）、「複合性局所疼痛症候群患者の支援に関する一考察――認められない」病いの現状と課題」（大野真由子［2012］、公刊予定）、「韓国における障碍人運動の現代史――当事者主義の形成過程」（ジョン・ヒギョン（鄭喜慶）［2011］、公刊予定）、博士論文（新山智基［2011a］）のある『世界を動かしたアフリカのHIV陽性者運動――生存の視座から』（新山［2011b］）、「重度障害者の安定した地域生活構築のために――ALSの人の独居生活支援活動を通して」（長谷川唯［2012］）、「重度身体障害者の居住／住居――家族の支援がない2人のALSの人の支援を通して」（山本晋輔［2012］）、「社会福祉サービスとしての家庭奉仕員（ホームヘルパー）制度の変遷」、（渋谷光美［2012］）。

勤め先の研究科は博士課程一貫制で前期に博士予備論文の提出が課される。それが修士論文として再審査され修士号が与えられることもある。「改良型歯根部利用人工角膜――手術を受けた人、手術をした医師、技術開発、三つの歴史の交点として」（植村要［2008］）、「精神障害者〈反社会復帰〉〈働かない権利〉思想の形成過程――1960年～1980年代の病者運動から」（阿部あかね［2009］）、「フランスの「患者の諸権利と終末期に関する二〇〇五年四月二二日法」国会審議の検討」（新田千春［2011］、修士論文）、自伝（天畠［2012b］）もある天畠大輔「天畠大輔の「あ、か、さ、た、な話法」におけるコミュニケーション上の現状と課題について」（天畠［2012］）、「障害学生支援の実施主体と責任主体のあり方の検討にむけて――情報保障を中心に」（安田真之［2013］、修士論文）、「関西障害者運動の現代史――楠敏雄のライフヒストリーに即して」（岸田典子［2013］）、「視覚障害教師たちのライフストーリー」（中村雅也［2013］）、「日本の再生医療研究への当事者団体の関わり――日本せきずい基金をめぐって」（坂井めぐみ［2013］）、等。

雑誌では『Core Ethics』（立命館大学先端総合学術研究科、論文の全文をHPで読める）、『生存学』（立命館大学生存学センター、発売：生活書院）。前者に掲載された論文はPDFで全文を読める。後者は生活書院から刊行されており購入できる。例えば第3号の特集は「精神」。私は天田城介と対談をしている（立岩・天田［2011］）。そして英語雑誌『Ars Vivendi Journal』を二〇一一年に発刊した。そして「生存学研究センター報告」（二〇一三年三月までに二〇号）がある。『生存学』『Ars Vivendi Journal』「センター報告」は、二〇〇七年度から二〇一一年度まであったグローバルCOE（卓越した！研究拠点）プログラム「〈生存学〉創生拠点――障老病異と共に暮らす世界へ」を進める中で発刊された（現在は国の事業仕分けでCOEという制度そのものがなくなっている）。現在は右記した大学のセンターがその活動を引き継いでおり、ここに記す「業績」の多くはそれに関わっている、あるいはその一部である。その活動について右記した天田との対談の他、「中間報告報告他」（［2010a］）、「五年と十年の間で」（［2012a］）、他に［2013b］。

その中から一部をあげる。精神医療・精神障害〜発達障害の関係で、また「なおす」こととの関係で、「日本の精神医療保健関係者の脱病院観についての考察――米国地域精神医療保健改革とそれについての議論をもとに」（三野宏治［2010］）、「精神病院不祥事件が語る入院医療の背景と実態――大和川病院事件を通して考える」（仲アサヨ［2010a］）、「精神科特例をめぐる歴史的背景と問題点――精神科特例の成立および改正の議論から」（仲［2010b］）、「一九七〇年代日本における精神医療改革運動と反精神医学」（阿部あかね［2010］）、「わが国の精神医療改革運動前夜――一九六九年日本精神神経学会金沢大会にいたる動向」（阿部［2011］）、「心神喪失者等医療観察法における強制的処遇とソーシャルワーク」（樋澤吉彦［2008］）、「心神喪失者等医療観察法とソーシャルワークとの親和性について」（樋澤［2011］）、「抗うつ剤の台頭――一九五〇年代～七〇年代の日本における精神医学言説」（松枝亜希子［2009］）、「トランキライザーの流行――市販向精神薬の規制の論拠と経過」（松枝［2010］）、「テレビドラマにみる精神障害者像――「きちがい」から「心の病」へ」（萩原浩史［2011］）、「精神障害者と相談支援――精神障害者地域生活支援センターの事業化の経緯に着目して」（萩原［2012］）、「社会問題の医療化――過労自殺に対する行政施策を事例として」（田中慶子［2012］）、「Ｙ問題」の歴史――ＰＳＷの倫理の糧にされていく過程」（桐原尚之［2013］）。「アスペルガー症候群の医療化」（三浦藍［2009］）、「ネオ・リベラリズムの時代の自閉文化論」（片山知哉［2011］）。

（「難病」――による障害――を）なおすこと／かえることに関わって、「変容する身体の意味づけ――スティーブンスジョンソン症候群急性期の経験を語る」（植村要［2007］）、「「エンハンスメント」言説における「障害者」の生の位置――レオン・カスの論を中心に」（植村［2010］）、「The Meaning of Self-presenting as a 'Cyborg'」（植村［2011］）、名を得、語ることについて「〈自己物語論〉再考――アーサー・フランクの議論を題材に」（山口真紀［2009］）、「自閉者の手記にみる病名診断の隘路――なぜ「つまづき」について語ろうとするのか」（山口［2011］）。「ＧＩＤ正規医療の「ＱＯＬ」／当事者の「ＱＯＬ」――ＭＴＦ当事者への聞き取りから」（吉野靫［2009］）。

組織・患者会の歴史・現在について、川口有美子［2009］の著書もある「患者会組織の国際的展開――ＡＬＳにグローバル・スタンダードは必要なのか？」（川口［2010］）、「小児在宅人工呼吸療法の開始と普及において果たした親の役割について――『人工呼吸器をつけた子の親の会〈バクバクの会〉』の活動の視点から」（八木慎一［2012］）、「滋賀県難病連絡協議会の運動の展開」（葛城貞三［2009］、他に同組織について論文二本）、「オンラインセルフヘルプグループの可能性」（中田喜一［2009］）、等。

さらに、「〈病い〉に刻印された隔離と終わりなき差別――「黒川温泉宿泊拒否事件」と「調査者」の関係を事例に」（吉田幸恵［2010］）、「統治下朝鮮におけるハンセン病政策に関する一考察——小鹿島慈恵医院設立から朝鮮癩予防令発令までを中心に」（吉田［2012］）、「生体肝移植ドナーの負担と責任をめぐって——親族・家族間におけるドナー決定プロセスのインタヴュー分析から」（一宮茂子［2010］、他に数本）

「難病関係」はとても多い。右記以外でごく一部を。「独居ALS患者の在宅移行支援（1）——二〇〇八年三月〜六月」（西田美紀［2009］）、「（2）——二〇〇八年六月」（長谷川唯［2009］）、「（3）——二〇〇八年七月」（山本晋輔［2009］）、「（4）——課題・要因・解決方策」（堀田義太郎［2009］）、「長期療養病棟の課題——筋ジストロフィー病棟について」（伊藤佳世子［2010］）、「韓国ALS患者の意思伝達をめぐる状況と課題」（アン・ヒョスク（安孝淑）［2012］）、等々。

「センター（拠点）」関連の単行書として、『老いを治める——老いをめぐる政策と歴史』（天田・北村・堀田編［2011］）、『差異の繋争点——現代の差別を読み解く』（天田・村上・山本編［2012］）。前掲の北村・吉田らの論文・エッセイの他、「病者の生に宿るリズム——ハンセン病患者運動の「多面性」に分け入るために」（有薗真代［2012］）、「社会調査者はなにを見たか——水俣病被害の構造的理解を求めて」（森下直貴［2012］）。

おわりに（初版における）

この本を書く作業の大部分は単独行としてなされた。働かない頭だけを働かせ、考えあぐねながら、書き進めてきた。流通している言論がどの辺りに落ち着いており、それ以外のところには行かないものだということが大体は掴めていたから、あとは自分の混乱した頭の中を整理し、考えを進めていくだけだった。約二年間、ほとんど何も読まなかったと思う。書くことがほぼ決まってから、事実関係を裏付けたり主張すべきことを主張するのに使える材料を探すためにまた少し文献にあたった。

この本のもとになる部分を書いて、いくつかを発表した時にも、もちろん私はそれらをどこかにはいるだろう読者に向けて書いていたのだが、どうやら多くの人の関心は別のところにあるらしく、相当の孤立感を感じてきてもいた。長い流れの中でようやく位置が定まるようなものを極度に圧縮して文章にしたり、ごく一部を細切れにして発表したりしていたのだから、仕方のないことのような気もする。ただ活字として流通する「言論」の場以外で、ある時には相当意外なところで感想を聞き、励まされもした。そして、学術的なものであろうが、社会運動的なものであろうが、それらのほとんどすべてに対する不満があってこの本は書かれてはいるのだが、それでも、多くを受け取ってきたからこの本は書かれることができた。基本的な部分で示唆を受けた論考もある。ただ、学術誌や商業誌には載らない細切れの文章、あるいはいくつかの場で見たこと聞いたことは文献表には載っていない。

　最初にも述べたようにこの本はとても純朴な本である。少し複雑なところもあるかもしれないが、それは現実が複雑だということ、私達が思うこと感じることが複雑だということだと思う。それにしても基礎的な部分を相手にしていて、明日から何かに使えるものではない。ひとまず区切りをつけておかないと気持ちが悪くて書いた。論理に穴が空いている部分があることは知っている。穴を埋める仕事も必要だろう。また、一つの注であっさりと片付けてしまった多くの主題についていちいち文章を書く必要もあるだろうと思う。ただ、頭ばかり疲れる暗い仕事でない仕事を今はしたいと思う（だが、家族論、性別分業論、等々が残っているのだった）。この本の後のこと、どういう仕掛けを作っていくか、技術論をやりたい。また、この本の手前のこと、この本にはほとんど何も書けなかった具体的なことを追って書きたい。この国で起こった出来事は、ほおっておけば散乱し消えていくだろう。『生の技法』という本を書いた時、本当にそう思った。

例えば戦後の優生とその批判の歴史を記述しておく作業をしたいと思う。でないと、何のおとしまえもつかないまま、「生命倫理学」が日本にも輸入されて「患者の権利」が主張されるようになった、などと言われることになるだろう。「国際障害者年」の到来とともに「ノーマライゼーション」の概念が入ってきたといった間抜けな言説と同じである。

それにしても、単位を取得しなければならないために、ある時には十分に練れていなかった話（講義）を聞くことになった、立川高等看護学校、東洋大学、横浜国立大学、東京理科大学、千葉大学、日本社会事業大学、信州大学医療技術短期大学部の（かつてのそして現在の）学生の皆さんには感謝しなければならない。例えば横浜国立大学の「社会科学概論」という名の講義の一部で、私はこの本に書かれたこと（の一部）をしゃべった――しかし、それがこの講義の名のもとに話されるべきことだと私は思って話したのだし、今でもそう思っている。講義でおもしろい話ができるようにと思って、このようなことを考えてきたのでもある。生命倫理と呼ばれる領域に足を踏み入れた一つのきっかけは、看護学校で社会学の講義を担当することになったからだった。次週の講義に間に合わせるために、考えて、それでこの本の中身を作ってきた部分がある。感謝します。少しだけ難しいところもあったかもしれないけれど、恨まないでください。それから資金面の援助に対するお礼は欠かせない。第3章1・2節にあたる部分について庭野平和財団の、第4章3節について日本証券奨学財団の研究助成を受けた。また資料については、東京都三鷹市立図書館、信州大学医療技術短期大学部図書館の職員の方々、そして飯田亘之先生他何人かの研究者の御助力を得た。そして勁草書房の町田民世子さんこの本を出してくれた。ありがとうございました。

一九九七年五月

立岩 真也

解説

稲葉振一郎

立岩真也の初の単著である本書『私的所有論』は、日本の生命・医療倫理学の歴史を画す画期的な業績であることは周知の事実である。そして真に重要な仕事がつねにそうであるように、本書の思考の射程は狭義の生命・医療倫理学のそれに限定されているのではなく、今少し広く普遍的なものである。しかしながらその射程について、必ずしも十分に理解されているとは言い難い。著者立岩自身でさえ、自分が掘り当ててしまった鉱脈を十分に活用しきれずにいるように見える。

本稿ではあえて生命・医療倫理という領域を避けて、立岩の掘り当てた鉱脈の意義を解説することを試みる。生命・医療倫理とは、先鋭で困難であると同時に、あえて語弊のある言い方をすれば、ポルノグラフィックな――それに関心を持つ人の感情、身体に直接訴えてしまい、読者、ことによっては論者自身さえをも過剰に興奮させがちな問題領域である。それゆえ以下では、むしろ凡庸で興奮しにくい問題領域を素材に、立岩の思考の可能性について考えていくことにしよう。

昨今の「市民社会」ブームの中ではほとんど忘れ去られていた、戦後日本マルクス主義の一ウィングとしての「市民社会派」は、マルクス『経済学批判要綱』の用語法で言うところの「領有法則の転回」を資本主義理解の鍵となし、「労働に基づく領有」から「蓄積された労働＝資本に基づく領有」への転回を、本来の市民社会からその頽落形態としての資本主義社会への転化の本態と考えた。そして剰余労働の搾取に基づく資本主義社会は否定しても、「労働に基づく領有」を基軸とする市民社会は肯定しようとし、そこにおける所有をマルクスの用語法に従い私的所有とは区別される「個体的所有」と呼んで、社会主義革命をその再建、すなわち所有の否定ではなく変容、本来のあり方への回帰として理解しようとした。

このような理解に対して、例えば本書『私的所有論』の思考の端緒となった、障害者解放運動の論理を延長して「そこではなお所有の根拠が労働となされているという限界がある」と批判することは、無意味ではないが核心を外している。「誰の労働の成果であろうが、いやそもそも労働の成果であろうがなかろうが、何かを所有していなければ生きていけない」という主張には充分に意味があるが、それによって何を否定すればよいのか。ただ単に「労働中心主義」を否定しようというだけなのであれば、つまり「労働中心主義」に換えて「生存中心主義」を、というのではあまりにも射程が狭い。（なお以下では「労働」という言葉はさしあたり、マルクス主義的な茫洋たる意味で用いられ、アレントほどの精密さ——それを「仕事」とは区別するといった——はあてがわれない。）

本書で立岩真也は、「市民社会派」はもちろん、かつての障害者解放論よりも核心に近づいている。立岩によれば尊重されるべきは、まずもって（理論の主役としての）主体の所有ではなく、（理論の主役にとっての）他者の所有とされている。「（労働であろうと生存であろうと）かくかくしかじかの理由でこのものＸは（そこで問題となっている労働ないしは生存の主体たる）Ａの所有するものである」という論理ではない。まずは「そこにあるものＸはさしあたり主体Ａの所有するものではない」から出発する。非常に素朴なロック的推論からすれば「そこにあるものＸはさしあたり主体Ａの所有するものではない」から、「他に具体的な誰かが居合わせたり念頭に置かれているのではない限り、そのＸはＡのものではないばかりか誰のものでもないと思われる」と推論し、更にそこから「誰のものでもないのだから主体Ａが取得して自己の所有としてしまってもよい」となる。ここにはもちろん厳密に言えば飛躍があるわけだが、日常的に飛び越されがちな飛躍であるし、実際に飛び越されても問題とはならないことも多い。

しかし立岩はこの飛躍を問題視する。「そこにあるものXはさしあたり主体Aの所有するものではない」からといって、「他に具体的な誰かが居合わせたり念頭に置かれているのではない限り、そのXはAのものではないばかりか誰のものでもないと思われる」とは考えず、むしろ「具体的に誰とはわからないが、それは既に誰かのものであるかもしれない」と考えるのである。

先の「労働中心主義」か「生存中心主義」か、という対立は、その問題となる「労働」ないし「生存」の主体が既に具体的に確定した上での思考の中での対立に過ぎない。立岩の思考はその手前で、「不特定の誰か」どころか「ひょっとしたら誰もいないかもしれないが、誰かいるかもしれない」というレベルにおいて展開されている。

この思考は一見、著しく——不毛なまでに抽象的であるが、実はあるレベルではひどく具体的である。すなわち、「労働中心主義」にせよ「生存中心主義」にせよ、あるものに対する誰かの所有権の根拠を、所有ということそのものの外に求める、という思考である。抽象的かどうかはともかく、所有よりも基礎的、根底的なオーダーがそこでは求められている。それに対して立岩の思考においては、少し事情が異なっている。「あるものXを具体的には誰かわからないがそれでも誰かが所有しているかもしれない(「所有しているはずだ」ではないことに注意)」という判断において、果たしてそこには「所有」の外に「所有を根拠づけるもの」が想定されていると言うべきなのか。むしろそこにある、あるものＸそれ自体が尊重され守られるべきものとして端的に肯定されようとしている、と言うべきではないのか。それが「所有」の第一義的な意義ではないのか？

市場における取引が普遍化した、いわゆる資本主義社会においては、ものの所有の標準的な理由は、そのものを実際に消費したり使用したりすることではなく、それを用いて利益を上げることにこそある、としてみよう。そのような常識、通念の下では、ある人（自然人でも法人でも）Ａが他の人Ｂの所有するものＹを入手したいと考えたときには、一定の対価を支払えばそれが可能になるのが普通だ、ということになる。つまりＢがＹを所有している理由は、基本的にはそこから便益（特に金銭換算した便益）αが得られるからであり、その便益αを償うに足る対価を支払いさえすれば、普通ＡはＢからＹを譲り受けられるはずだ、と。（例えば土地Ｙから毎年yだけの地代が上がるとすれば、yを市場利子率rで還元したy/rが地価αとして妥当である、とか。）

もちろんここでＢはＹを売り物として市場に積極的に出してはいないかもしれない。しかしながら仮にそうだとしても、Ｙの存在がＢの家の中などに秘め隠しておかれずに、公共圏に配置されてその存在が公示されているのであれば、それは実際には市場に出されているのと同じことである、との想定が資本主義社会ではなりたってしまう。そんな風に考える人が少なからずいる。あるいはどうしたって秘め隠しておけないものもある。たとえばYがまさにBの家だとすればどうだろう。

実際問題としてYの存在は公になっていて、現実にそこからBは毎年yだけの利益を得ているかもしれない。そうだとすればAその他の公衆が「Yはα＝y／rだけの価値を有する」と考えることは理にかなっている。だからといってBがYの所有者である限り、BはAであれ誰であれ他人から「α（それで不足ならα以上のある額）を支払うからYを譲ってくれ」と申し込まれても、その依頼を受け入れてYを引き渡す義務はない。しかしながらここでBがAなり誰なりの申し込みを拒絶し、Yの所有を確保し続けたとしたら、資本主義社会では普通、以下のように邪推（とあえて言おう）されてしまう。すなわち、「Bは実際にはαだけの価値しかないYに関して、それ以上の対価をふっかけてあくどくもうけようとしているのではないか」と。仮に実際にはBにとってYはかけがえのない——金銭的に換算不能、金銭はもちろん他の何物にも代え難い価値を有するものだったとしても、資本主義社会では、公衆からそのように思ってもらえる保証はない。

ここで立岩流の思考に従うならば、「公衆の一員としてのわれわれは、Bのような人物に出会ったときに、「こいつはゴネ得を狙っている」と邪推する（悪意を推定する）より前に、まずは「YはBにとってかけがえがないのかもしれない」と想定してかかる（善意を推定する）べきである」ということになる。――さて、これは異様な発想だろうか？　単に理にかなっているというだけではなく、むしろありふれた普通の発想であるとは思えないだろうか？　しかし立岩が『私的所有論』で言っているのは、せんじ詰めればそういうことである。啓蒙された自己決定をベースとしたリベラルな先端医療、そしてリベラルな優生学への抵抗の論理として持ち出されているのは、つまるところ「所有の論理」と「市場の論理」の間に横たわる微妙だが決定的なずれなのである。ではなぜ、このようにごく当たり前のことを言うことが、今日の状況下で、一定の批判的な意義を持ちうるのか？

より具体的に、まさに不動産からの「立ち退き」のケースについて考えてみる。再開発の波が押し寄せる小汚い下町で、猫の額ほどの土地の上にボロ家が建っている。しかしその土地はまさにその居住者のものだとしよう。あるいは借り物だとしても借地権があって家屋自体は居住者の所有だとしよう。

さてここで当然話は、ありふれた地上げの話となる。再開発の波が訪れ、周囲の住民はどんどん立ち退いている。そのプロセス自体は実にスムーズで、誰も特段の文句は言わず、充分な代価を受け取ってよそに引っ越していくか、あるいは立て替えられる予定の新築ビルに新たな権利を確保している。そのような中で問題のボロ家の主だけは、頑としてそこに居座っている。ディベロッパーが何度足を運んで交渉しても、首を縦に振ろうとはしない。

このようなケースで音を上げたディベロッパーが汚い手、暴力や嫌がらせに訴えることは充分にありうるが、そのような行いが違法であり邪悪であることへの社会的な合意は容易に得られるであろう。であるからここではその話はしない。ディベロッパーがあくまで穏健かつ合法的に振る舞ったとしたらどうなるか？

話し合いが平行線に終わったら、結局のところ地上げする側に残っている手段といえば、金を積むことくらいしかない。もちろんここで想定しているのは、ボロ家の主があくまでその地に、その家に固執していて、そこにかけがえのない価値を求めていて、いくら金を積まれても絶対に納得しない、というケースである。しかしディベロッパーの側では主のそうした振る舞いを、「更なる条件のつり上げを求めている」と解釈するしかない。かくして申し出られる買値はどんどんせり上がる。どこまでせり上がるか？といえば、ディベロッパーの側で「これ以上高くなったら採算が取れない」と想定した限界までであろう。ただし耐久的な固定資産、とりわけここで想定している土地については、その「限界」の設定が難しい。なぜならその使用価値の時間地平は、ほぼ無限の未来にまで及ぶからだ。事前に明確に設定された損切りラインなしには、こうした交渉におけるバブルは際限なくふくらむ危険がある。

　そしてこうしたバブルは、そこだけの話では終わらない。主はただ頑固なだけで、何の底意も悪意もない。そうだとしても地上げする側は、「こいつゴネ得を狙ってやがるな」と思うだろう。しかしそれだけで済むならば、それだけの話、局所的な話だ。問題は、自由な市場社会では、それでは済まないということである。交渉の結果申し出られる買値がどんどんつり上がっていけば、それは周囲の耳にも入る。そうするとどうなるか。素直に地上げに応じた近隣の住人の気分を害さざるを得ないだろう。「気分」で終わればまだよいが、その中からは交渉の途中で尻馬に乗って、まさに「ゴネ得」目的で売値をつり上げる者も当然に出てくるだろう。そうやってバブルは、再開発地域全体に波及していく。もちろんそれは実体を欠いたバブルに他ならず、幸運——そのバブルで得た資金が実体的な投資に上首尾に転化される——なしにはいずれ弾けて、空無に帰すならまだしもマイナス、実体的な価値の毀損を帰結するおそれが高い。

　私的所有の秩序は、市場経済にとって必須の下部構造をなすがゆえに、それを楯にとっての市場への、そして資本主義への抵抗は、共同体の論理や社会主義の大義を持ち出すよりも、はるかにシンプルで有効である。しかしそれは同時に、このような副作用をも伴うものなのだ。

たしかにバブルは――より正確に言えばバブル崩壊の後に予想される荒廃は、避けられるものならば避けるべきである。では、バブルを極力回避するためにはどうすればよいか？ またそうした回避への努力において、誰がどのような責任をどの程度負うべきか？

財産権の正当な行使――というより不行使がバブルにつながりかねないからと言って、頑固なボロ家の主にバブルに対する責任を負わせる――それを回避すべく、意に沿わない形での資産売却を義務付ける、というのはおかしい。この場合バブル回避への責任をまず負うべき――やみくもな地上げを慎むべきであるのはディベロッパーの方であろう。

しかしなぜか？

まず第一に、ディベロッパーにとっては通常、問題のボロ家の主は交渉相手の一人にすぎないし、ことにディベロッパーが営利企業である場合、当該開発プロジェクトの第一目標は金銭的利益を上げることに他ならず、そうした目標は他のプロジェクト、他の事業によっても追求できるからだ。問題の物件は、所有者にとっては唯一無二のかけがえのないものである（らしい）が、ディベロッパーにとって普通はそうではない。

そして第二に、ディベロッパーが営利企業である場合には、その存在意義、その生存の条件は、先に触れたとおり、市場での営業を通じて利益を上げ続けることに他ならないが、ボロ家の主の方は必ずしもそうでもないかもしれない。（理論的には自給自足の可能性も捨てきれないし、それが資本主義社会では非現実的であったとしても、生活するうえでの十分な収入を確保したら、それ以上はあえて求めない、という行動原則は生身の人間としては自然である。）だとすれば、バブルの増幅とその崩壊という市場経済の病理に対して、それを防ぐことへのコミットメントが求められるのは、資本主義の内在的プレーヤー、そこを離れては存立しようがない営利企業の側の方であって、生身の生活人の方ではない。

となれば、ここでまずゆずるべき、抑制すべきはボロ家の主ではなくディベロッパーの側のはずだ。「信義に従い誠実に」交渉したあげく、どうしても相手が首を振らなければ、潔くあきらめるしかない。より実際的には、事前に明確な損切りラインを設定した上で、そこを超えそうなら機械的にすべてを停止する。――このような行動準則が、ディベロッパーには課されるべきであろう。

だからと言ってリバタリアンのように、私人に対しては何も求めることはできない、とは我々は言わない。典型的には営利企業法人であるディベロッパーに対するそれに比べれば拘束力は弱くとも、バブルの回避に向けて一定の要請が私人に対しても課されてしかるべきであろう。たとえば、ディベロッパーに対して法的な統制がなされるとすれば、私人に対しては道徳的な要請がなされることによって均衡が保たれる、という考え方がありうる。より弱い拘束によって均衡がとられる、という判断の根拠は、私人の方がなしうる選択の幅が狭いと考えられるからである。

このような思考法は、立岩『私的所有論』のロジックと異なるものではないであろう。それは「先端医療、生命技術の発展に対する抵抗の論理は、医療や生命技術を開発し、利用する人々の営為の外側からやってくるのではなく、むしろその内側——ないしはそれを支える足場からやってくる」という論理である。

更にここで我々は、いわゆる「生命・医療倫理」をテーマとする本書がなぜ「自己決定論」とではなく「私的所有論」と題されたのか、を確認しておかねばならない。「決定」という語を用いるならば、そこではどうしても能動的な「作為」が主題とされざるを得ない。しかしながら立岩はここでその手前、「作為／不作為」が並び立つ地平でものを考えようとした。「選ぶ／決める自由・権利」のみならず「選ばない／決めない自由・権利」を主題化しようとした。となればそのためにも、作為のみならず不作為をも含意しうる「所有」の語の方が、「決定」の語よりもここで用いられるにはふさわしいのである。あるいはここで「労働中心主義」に対抗するものとしての「生存中心主義」をバージョンアップするとすれば、「生存」とは「作為」よりはむしろ「不作為」に重点を置いて捉えられるべきだ、ということでもある。（本当はこの「不作為」の地平をとらえるには「所有」という語でさえもなお能動的に過ぎ、今日では法学者以外には真面目に取り合わない「占有」の語のポテンシャルを呼び出すべきであることについては、ローマ法学者木庭顕の業績を参照されたい。）

　しかしながらここで我々が考察したような、資本主義経済における「市場の論理」と「所有の論理」の軋轢が孕むバブルの可能性に対応するカタストロフの危険が、医療と生命技術の世界においても果たしてありうるのだろうか？　ありうるとすれば、それは具体的にはどのようなものなのか？

　かつてＳＦ作家が空想したような臓器売買市場の悪夢——禁止薬物市場と同様に、闇市場における臓器の高騰と、それゆえの犯罪の横行——がそのまま現実化する怖れは、現状ではそれほど大きくはないだろう。（先進国－途上国間の実質的臓器売買は、むしろストレートな臓器売買が回避されている証拠である。それは途上国の所得向上に伴い、衰退していかざるを得まい。）しかしながらたとえば、死後の臓器提供は法的には義務付けられないが、道徳的には奨励される行為として、既に我々の社会はキャナライズされつつあるように見える。そのような形で臓器闇市場のバブルが回避されているのだとすれば、それは別の意味での、ある意味ではもっと陰湿なバブルの増殖なのかもしれない。本書以降の立岩の、そしてまた市野川容孝の一連の仕事は、こうした陰湿な道徳的バブルの批判へと照準を合わせているように見える。

　そしてまたここで我々は、先に土地・資産取引の事例において論及した、私人に対しても求められるべき、バブル回避のための道徳的自己抑制が、こうした陰湿なバブルの危険と背中合わせであることにも気づくのである。

　冒頭にも触れたように立岩自身は、本書の後『自由の平等』その他の著作で、狭義の生命・医療倫理の領域を超えて福祉国家論、経済体制論までをも射程に入れた野心的な作業を積み重ねてきたが、必ずしも十分な成果を挙げ得てはいない。私見ではそれはおそらくは「市場」と「所有」の間にある裂け目について、また「所有」と「生存」そして「不作為」との関係について十分に思考し尽くしてはいないこと、そしてまた隣接諸分野、とりわけ経済学、法学における、並行する問題系についての蓄積を十分に摂取していないことに由来する。本稿では通常の「解説」に代えて、そうした観点からの立岩への、そして立岩の読者の皆さんへの問題提起をさせていただくことを心がけた。

（いなば・しんいちろう　社会倫理学）

『あごら』 1983 28 特集：産む 産まない 産めない――優生保護思想を考える，BOC 出版部〈362〉

『別冊宝島』 1992 162 人体改造！――きれいになりたい女と男の物語，JICC 出版局〈293〉

――― 1993 188 赤ちゃんがほしい！，宝島社〈90〉

『仏教』 1992 15 特集：差別，法藏舘，364p.〈52〉

――― 1996 34 特集：生命操作，190p.

『現代思想』 1992 20-5（1992-5） 特集：ドーキンス，青土社〈518〉

――― 1996 24-5（1996-4 臨時増刊） 総特集：ろう文化，410p.〈721〉

『現代社会学』1986 12-2（22） 特集：平等と異質性，アカデミア出版会〈52〉

『比較法研究』1991 53 人工生殖の比較法的研究

『imago』1996 7-2 特集：ボディ・デザイン――現代人の変身願望，青土社，245p.〈293〉

『インパクション』 1992 73 特集：リブ 20 年，インパクト出版会〈716〉

――― 1996 97 特集：優生保護法と自己決定権〈711〉

『季刊福祉労働』1978 1 特集：義務化される養護学校とは，現代書館〈616〉／1979 2 特集：障害児保育・教育の実践と思想〈616〉／1980 6 特集：養護学校義務化から一年〈616〉／1980 8 特集：健康診断――差別・抹殺の実態／1980 9 特集：世界の障害児教育〈616〉／1981 10 特集：養護学校義務化から二年〈616〉／1983 21 特集：優生保護法改「正」と私たちの立場〈711〉／1984 22 特集：養護学校義務化から五年〈616〉／1986 30 特集：学校を捨て，学校にこだわる〈616〉／1987 34 特集：養護学校義務化から八年〈616〉／1987 36 特集：健康診断――子どもたちの周辺〈616〉／1988 38 特集：高校に挑む障害児たち〈616〉／1989 42 特集：養護学校義務化から十年〈616〉／1991 50 特集：世界の統合教育と日本の現状〈616〉／1993 58 特集：障害児が学校に入るとき，入ったとき〈616〉／1994 62 特集：分離教育にしがみつく学校〈616〉／1996 70 特集：養護学校義務化から 17 年――あらためて「共に学ぶ」とは〈616〉／1996 72 特集：生まれる前から学校に入るまで〈616〉

『法哲学年報』1992 1991 年版 現代所有論，有斐閣，191p.〈112〉

『メディカル・ヒューマニティ』 1990 5-2（17） 特集：インフォームド・コンセント 星野一正編，蒼穹社，110p.〈447〉

『思想の科学』1992 148（1992-1） 特集：差別って何？，思想の科学社〈52〉

―――― 1991 『主体性と所有構造の理論』，東京大学出版会，373p. 〈60〉

吉田　忠　1985 「アメリカの優生政策」，『思想の科学』1985-5：42-52〈438, 440, 441〉

―――― 1987 「医療におけるテクノロジー・アセスメント」，飯田編［1987：158-166］〈176〉

吉田　民人編　1991 『社会学の理論でとく現代のしくみ』，新曜社，325p.

吉原　直毅　2008 『労働搾取の厚生理論序説』，岩波書店，298p. 〈114〉

吉本　隆明　1959 「マチウ書試論」，『芸術的抵抗と挫折』，未來社→吉本［1987：9-80］〈805〉

―――― 1976 『最後の親鸞』，春秋社→吉本［1987：163-197］〈805-806〉

―――― 1978 『論註と喩』，言叢社，187p. 〈418, 419, 805〉

―――― 1987 『宗教』，大和書房，吉本隆明全集撰５，525p. 〈419〉

―――― 1980 『世界認識の方法』，中央公論社，193p. 〈805〉

吉村　夕里　2009 『臨床場面のポリティクス――精神障害をめぐるミクロとマクロのツール』，生活書院，263p. 〈848〉

吉野　靫　2009 「GID 正規医療の「QOL」／当事者の「QOL」――MTF 当事者への聞き取りから」，『Core Ethics』5：403-414〈851〉

吉岡　昭彦編　1975 『政治権力の史的分析』，御茶の水書房

吉岡　一男　1982-「ラベリング論の諸相と犯罪学の課題」，『法学論叢』110-2, 111-2；111-3, 112-3, 114-1〈522〉

吉澤　夏子　1992 「「美しいもの」における平等――フェミニズムの現代的困難」，江原編［1992：92-132］〈372, 618〉

―――― 1993 『フェミニズムの困難――どういう社会が平等な社会か』，勁草書房，249p. 〈283, 616, 618〉

―――― 1997 『女であることの希望――ラディカル・フェミニズムの向こう側』，勁草書房，209+9p. 〈436, 618〉

Yezzi, Ronald　1980　Medical Ethics, Holt, Linehart and Winston = 1985　日野原重明・斉藤武監修，『医の倫理――いのちを考える拠点』，医学書院サウンダース，465p.

優生思想を問うネットワーク編　2003 『知っていますか？出生前診断一問一答』，解放出版社，105p. 〈845〉

優生手術に対する謝罪を求める会編　2003 『優生保護法が犯した罪――子どもをもつことを奪われた人々の証言』，現代書館，274p. 〈451, 845〉

［Z］

全国自立生活センター協議会編　2001 『自立生活運動と障害文化――当事者からの福祉論』，発行：全国自立生活センター協議会，発売：現代書館，480p.

全国社会福祉協議会編　1992 『ADA　障害をもつアメリカ国民法　完訳・解説』，全国社会福祉協議会，181p. 〈611〉

Zimmerman, Michael E. et al. eds. 1993 Environmental Philosophy, Prentice-Hall

Zipper, Juliette；Sevenhuijsen 1987 "Surrogacy：Feminist Notions of Motherhood Reconsidered", Stanworth ed.［1987：118-138］〈296-297〉

——— 1987a「生命科学と法哲学を結ぶために」, 長尾・米本編［1987：10-17］〈449〉
——— 1987b「遺伝病スクリーニングと優生学の狭間」, 長尾・米本編［1987：21-40］〈434, 523, 524, 529, 530, 618, 712, 725〉
——— 1987c「逆ユートピア小説と生命科学の現在」, 長尾・米本編［1987：89-112］〈709, 717〉
——— 1987d「科学技術社会における死」, 長尾・米本編［1987：161-183］〈449〉
——— 1987e「生命科学の立場から」, 長尾・米本編［1987：217-226］〈449〉
——— 1988a『先端医療革命——その技術・思想・制度』, 中央新書, 184p.〈57〉
——— 1988b「遺伝子診断・遺伝子治療と倫理の問題」, 岡本他編［1988：284-309］〈529, 618〉
——— 1988c「先端医療とバイオエシックスの現況」, フォーラム実行委員会編［1988：6-27］〈57〉
——— 1988d「バイオエシックスと医の倫理」, フォーラム実行委員会編［1988：157-177］〈350〉
——— 1989a『遺伝管理社会——ナチスと近未来』, 弘文堂, 212p.〈399, 430, 431, 432, 433, 434-435, 440, 443, 444, 448, 449, 454-455〉
——— 1989b「選択的中絶と障害者差別」, グループ・女の権利と性［1989：112-113］〈725〉
——— 1992「出生前診断は優生政策か——戦後精神の漠たる不安」, 生命倫理研究会生殖技術研究チーム［1992：113-117］〈449, 450〉
——— 2006『バイオポリティクス——人体を管理するとはどういうことか』, 中公新書, 271p.〈846〉
米本 昌平・松原 洋子・橳島 次郎・市野川 容孝 2000『優生学と人間社会——生命科学の世紀はどこへ向かうのか』, 講談社現代新書, 286p.〈431〉
米本 昌平・山下 恒男 1989「「先端医療革命とバイオエシックス」をめぐって」(公開対談),『臨床心理学研究』26-4：71-84
米津 知子 2011「「障害は不幸」神話を疑ってみよう」,『インパクション 181』2011：40-45〈724〉
吉田 おさみ 1975「患者にとって治療とは何か」,『精神医療』第 2 次 4-3 (17)：60-63〈798〉
——— 1981『"狂気"からの反撃——精神医療解体運動への視点』, 新泉社, 276p.〈798, 812〉
——— 1983『「精神障害者」の解放と連帯』, 新泉社, 246p.〈799〉
吉田 幸恵 2010「〈病い〉に刻印された隔離と終わりなき差別——「黒川温泉宿泊拒否事件」と「調査者」の関係を事例に」, 山本・高橋編［2010：88-113］〈851〉
——— 2012「統治下朝鮮におけるハンセン病政策に関する一考察——小鹿島慈恵医院設立から朝鮮癩予防令発令までを中心に」,『Core Ethics』8：433〈851-852〉
吉田 民人 1971「生産力史観と生産関係史観」,『別冊経済学評論』1971 夏（特集：社会科学への招待）→吉田［1991：］〈60〉
——— 1978「資本主義・社会主義パラダイムの終焉」,『季刊創造の世界』→吉田［1991：279-311］〈60〉
——— 1981「所有構造の理論」, 安田他編［1981］→吉田［1991：313-364］〈60〉

八代　英太・冨安　芳和編　1991　『ADAの衝撃――障害をもつアメリカ人法』，学苑社〈611〉
八代　尚宏　1980　『現代日本の病理解明――教育・差別・医療・福祉の経済学』，東洋経済新報社，251p.〈609〉
――――　1983　『女性労働の経済分析――もう一つの見えざる革命』，日本経済新聞社，221p.〈609〉
八杉　竜一　1984　『生命論と進化思想』，岩波書店，科学ライブラリー，228+4p.〈429, 432〉
矢崎　光圀　1983　「医療をめぐる法と倫理」，唄編［1983：57-91］〈178〉
横田　弘　　1979　『障害者殺しの思想』，JCA出版〈534, 626, 627, 711〉
――――　1981　「渡部昇一氏の「神聖な義務」との闘い」，『福祉労働』10：126-140〈709〉
――――　1983　「産む・産まない権利とは」，『福祉労働』21：22-25〈636, 711〉
――――　2004　『否定されるいのちからの問い――脳性マヒ者として生きて　横田弘対談集』，現代書館，262p.〈2004〉
横田 陽子　2011　『技術からみた日本衛生行政史』，晃洋書房，231p.〈848〉
横塚 晃一　1975　『母よ！　殺すな』，すずさわ書店〈534, 627-628, 711〉
――――　1981　『母よ！　殺すな［増補版］』，すずさわ書店，211p.〈534, 627-628, 711〉
――――　2007　『母よ！殺すな　新版』，生活書院，432p.〈534〉
横山　美栄子　1991　「不妊治療に携わる医者の家族観と実践――医者の聞き取り調査(1)」，お茶の水女子大学生命倫理研究会［1991：143-153］〈167〉
――――　1992　「医者から見た不妊治療――医者の役割を考える」，お茶の水女子大学生命倫理研究会　［1992：41-69］〈167〉
横山　美栄子・難波　貴美子　1992　「現代日本の家族と生殖技術」，お茶の水女子大学生命倫理研究会［1992：225-247］〈167〉
横山　輝雄　1991　「進化理論と社会――歴史的・理論的展望」，柴谷他編［1991：55-96］〈455〉
横山　利明　1991　「ダーウィンのトランスミューテーションのノート」，柴谷他編［1991：27-54］〈433〉
米本　昌平　1980　「現代史のなかの優生学」(インタヴュー)，『技術と人間』9-3：50-63〈435, 523〉
――――　1981a「優生思想から人種政策へ――ドイツ社会ダーウィニズムの変質」，『思想』688：65-74〈443〉
――――　1981b「社会ダーウィニズムの実像――欠落した思想史」，村上編［1981：259-282］〈430, 443, 262〉
――――　1984a「優生学史研究の現代的視点」，『歴史と社会』4：133-155〈443〉
――――　1984b「社会ダーウィニズム」，渡辺編［1984：111-129］〈443〉
――――　1985a『バイオエシックス』，講談社，講談社現代新書，226p.〈57, 168, 712〉
――――　1985b「社会ダーウィニズムの系譜」，『別冊宝島』45：192-200〈443〉
――――　1986a「進化の問題――転換期にある進化論」，大森他編［1986：82-106］〈435, 443〉
――――　1986b「優生学的強迫から老トピアへ――優生社会への危険とは何か」，『中央公論』101-13：176-189〈399, 443〉

方法の実践的課題』，生存学研究センター報告 14，408p. 山名　正太郎 1974 『世界自殺考』，雪華社，274p.〈442〉
山中　浩司・額賀　淑郎編　2007　『遺伝子研究と社会』，昭和堂，270p.〈846〉
山尾　謙二　1985 「認められぬ「死なせる権利」」，『朝日新聞』1985-5-6（論壇）→山尾［1986：160-162］〈350, 711〉
――――　1986 『サツキからの伝言――０点でも高校へ』，ゆみる出版，214p.〈616, 711〉
山根　純佳　2004 『産む産まないは女の権利か――フェミニズムとリベラリズム』，勁草書房，208+11p.〈362〉
山下　公子　1991 「訳者あとがき」，Lutzius［1987 = 1991：265-277］〈441〉
山下　幸子　2008 『「健常」であることを見つめる――一九七〇年代障害当事者 / 健全者運動から』，生活書院，243p.〈714〉
山下　恒男　1977 『反発達論――抑圧の人間学からの解放』，現代書館，278p.〈534, 731〉
――――　1987 「進化・優生思想と「障害」――早期発見・治療の思想的背景と「障害」の必然性」，日本臨床心理学会編［1987：369-412］〈731〉
――――　1990 「IQ 論争，あるいは隠された悪意」，『別冊宝島』123：22-31〈711〉
――――　2012 『近代のまなざし――写真・指紋法・知能テストの発明』，現代書館，286p.〈441〉
山下　恒男編　1980 『知能神話』，JICC 出版局〈535〉
山下　柚美　1991 『ルポ美容整形――身体加工のテクノロジー』，三一書房，239p.〈293〉
山内　友三郎　1991 『相手の立場に立つ――ヘアの道徳哲学』，勁草書房，300+3p.〈360〉
――――　1994 「シンガーの動物解放主義――『実践の倫理』第３章を中心に」，飯田編［1994：147-159］〈437〉
山内　友三郎・浅井　篤編　2008 『シンガーの実践倫理を読み解く――地球時代の生き方』，昭和堂，246p.〈355〉
山脇　直司　1992 「市場の社会哲学――市場社会主義と社会的市場経済」，『創文』330：6-9〈112〉
山崎　康壮　1994 「「代理母」問題への法的対応――英国の対応を素材として」，高島編［1994］〈169〉
山崎　カヲル　1996 「優生思想のジェネオロジー」，『インパクション』97:44-50〈454, 711〉
山崎　喜比古編　2001 『健康と医療の社会学』，東京大学出版会，241p.〈289〉
安田　真之　2013 「障害学生支援の実施主体と責任主体のあり方の検討にむけて――情報保障を中心に」，立命館大学大学院先端総合学術研究科 2012 年度修士論文〈849〉
安田　三郎・塩原　勉・富永　健一・吉田　民人編　1980 『社会的行為』（基礎社会学Ⅰ），東洋経済新報社，241p.
――――　1981 『社会構造』（基礎社会学Ⅳ），252p.
山海谷　超　1991 「ルポ・代理母裁判　オレンジ郡訴訟　１～６」，『法学セミナー』36-4（436）：56-59，36-5（437）：68-71，36-6（438）：58-61，36-7（439）：50-53，36-8（440）：44-47，36-9（441）：82-85〈174〉
ヤンソン　由実子　1987 「アメリカ代理母裁判が問うもの」，『日本婦人問題懇話会会報』46：43-47〈174〉
――――　1989 「“代理母”が問うもの」，グループ・女の人権と性［1989：96-111］〈174〉

Wolf, Theta 1973 Alfred Binet, Univ. of Chicago Press = 1979　宇津木保訳,『ビネの生涯――知能検査のはじまり』, 誠信書房〈438〉

Wolff, Jonathan 1991 Nozick, Jonthan : Property, Justice and Minimal State, Basil Blackwell = 1994　森村進・森村たまき訳,『ノージック――所有・正義・最小国家』, 勁草書房, 307+18p.〈116〉

Worrell,Bill　1988　People First : Advice for Advisers, People First of Canada = 1996　河東田博訳編,『ピープル・ファースト：支援者のための手引き――当事者活動の支援と当事者参加・参画推進のために』, 現代書 館, 134p.〈291〉

[Y]

やぎ　みね　1986『女からの旅立ち――新しい他者との共生へ』, 批評社, 247p.〈709, 710, 711〉

八木　慎一　2012「小児在宅人工呼吸療法の開始と普及において果たした親の役割について――『人工呼吸器をつけた子の親の会〈バクバクの会〉』の活動の視点から」,『Core Ethics』8 : 385-396〈851〉

八木下　浩一　1980『街に生きる――ある脳性マヒ者の半生』, 現代書館, 210p.〈710〉

八幡 英幸 2008「道徳法則・自律・自己決定――カントと生命倫理学、その隔たりから」, 高橋・八幡編 [2008 : 43-39]〈55〉

山田　卓生　1987『私事と自己決定』, 日本評論社, 349p.〈55〉

山田　真　1988「われらの内なる優生思想を問う」, 古川他編 [1988 : 137-165]〈452, 711〉

――――　1989『健康神話に挑む』, 筑摩書房, 197p.〈711〉

山田　高敏　1996「公共利益の発見と「共有地の悲劇」の回避」,『創文』382 (1996-11) : 11-14〈127〉

山岸　俊男　1990『社会的ジレンマのしくみ』, サイエンス社〈127〉

山極　寿一 2007『暴力はどこからきたか――人間性の起源を探る』, 日本放送出版協会, NHKブックス, 244p.〈750〉

山口　研一郎編　1998『操られる生と死――生命の誕生から終焉まで』, 小学館, 287p.〈845〉

山口　真紀　2009「〈自己物語論〉再考――アーサー・フランクの議論を題材に」,『Core Ethics』5 : 351-360〈851〉

――――　2011「自閉者の手記にみる病名診断の隘路――なぜ「つまづき」について語ろうとするのか」,『生存学』3 : 92-105〈851〉

山口　節郎　1990「現代社会と不平等」, 市川他編 [1990b : 315-387]〈52〉

山本　勝美　1996「"生まれるまで・生まれてから"のふり分けシステムはいま」,『季刊福祉労働』72 : 12-26〈617〉

山本　信編　1976『ヤスパース／マルセル』(世界の名著続 13), 中央公論社

山本　晋輔　2009「独居 ALS 患者の在宅移行支援 (3) ――二〇〇八年七月」,『生存学』1 : 201-217〈852〉

――――　2012「重度身体障害者の居住／住居――家族の支援がない２人の ALS の人の支援を通して」, 立命館大学大学院立命館大学大学院先端総合学術研究科 2012 年度博士論文〈849〉

山本　崇記・高橋　慎一編　2010『「異なり」の力学――マイノリティをめぐる研究と

Weir, Robert F.　1980　"Truthtelling in Medicine", in his Perspective in Biology and Medicine, Univ. of Chicago Press（紹介と論評として片桐茂博［1988］）〈289〉
———　1984　Selective Nontreatment of Handicapped Newborns, Oxford Univ. Press = 1991　高木俊一郎・高木俊治監訳，『障害新生児の生命倫理——選択的治療停止をめぐって』，学苑社，373p. 〈350, 351〉
Wertz, D. C.；Fletcher, J. C.；Berg, K. 1995 Guidelines on Ethical Issues in Medical Genetics and the Provision of Genetics Service, WHO 〈708〉
Wexler, Alice　1995　Mapping Fate：A Memoir of Family, Risk and Genetic Research, University of California Press = 2003　武藤 香織・額賀 淑郎 訳，『ウェクスラー家の選択——遺伝子診断と向きあった家族』，新潮社，361p. 〈725〉
Whitehead, Mary Beth　1989 = 1991「「ベビーM裁判」, Klein ed.［1989 = 1991：211-218］〈174〉
Williams, R. H. ed. 1973　To Live and To Die
Williams, Robert 1974 "The Silent Mugging of the Black Community", Psychology Today May 1974 = 1975　兵庫県高校進路指導指導研究会阪神支部事務局訳，「黒人社会への静かなる圧殺——科学的人種差別とIQ」，『臨床心理学研究』12-3：45-53〈520〉
Williams, Bernard　1985　"Which Slopes are Slippy ?", Lockwood ed.［1985］→ 1995 in his Making Sense of Humanity, Cambridge Univ. Press = 1990「どの坂道が滑りやすいか」，Lockwood ed.［1985 = 1990：237-256］〈455〉
Willis, Paul 1977　Learning to Labour：How Working Class Kids Get Working Class Jobs = 1985　熊沢誠・山口潤訳，『ハマータウンの野郎ども』，筑摩書房 → 1996 ちくま学芸文庫，478p. 〈427〉
Wilson, E. O. 1975 Sociobiology：The New Synthesis, the abridged edition, 1980　Harvard Univ. Press = 1983-1985　伊藤嘉昭監修『社会生物学』全5巻，思索社〈518〉
———　1978　On Human Nature, Harvard Univ. Press (Bantam Books,1979) = 1980　岸由二訳『人間の本性について』，思索社，366p. = 1990　岸由二訳，思索社，369p. 〈518〉
Wingerson, Louis 1991 Mapping Our Genes：The Genome Project and the Future of Medicine = 1994　牧野賢治・青野由利訳，『遺伝子マッピング——ゲノム探求の現場』，化学同人，459p. 〈524, 528〉
Winlade, Wiiliam J. 1981 "Surrogate Mothers：Private Rights or Public Wrong? ", Journal of Medical Ethics 7：153-154〈181〉
Wissenschaftliche Abteilung des DRZE 2002　drze-Sachstandsbericht.Nr.1. Enhancement. Die ethische Diskussion uber biomedizinische Verbesserungen des Menschen, New York：Dana Press = 2007　松田純・小椋宗一郎 訳『エンハンスメント——バイオテクノロジーによる人間改造と倫理』，知泉書館，217p. 〈847〉
Wolbring, Gregor　2008「未増強の下層階級」，上田・渡部編［2008：123-］〈847〉
———　2012a "Expanding Ableism：Taking down the Ghettoization of Impact of Disability Studies Scholars", Societies, 2-3：75-83〈796〉
———　2012b "Ethical Theories and Discourses through an Ability Expectations and Ableism Lens：The Case of Enhancement and Global Regulation", Asian Bioethics Review 4-4：293-309〈766〉

——— 1997 On Toleration, Yale University Press, Castle Lectures in Ethics, Politics and Economics = 2003 大川 正彦 訳,『寛容について』, みすず書房, 205+9p. 〈455〉
Warne, Colstom E. ; Morse, Richard L. D. 1993 The Consumer Movement = 1996 小野信夸監訳,『アメリカ消費者運動の 50 年』, 批評社, 335p. 〈612〉
Warnock, Mary 1983 "In Vitro Fertilization : The Ethical Issues (2) ",The Philosophical Quarterly 33 (132) = 1988 「体外受精をめぐる倫理的問題」, 加藤・飯田編 [1988 : 69-81] 〈350〉
Warnock, Mary 1985 A Qustion of Life : The Warnock Report on Human Fertilisationand Embryology, Basil Blackwell, 110p. = 1992 『生命操作はどこまで許されるか——人間の受精と発生学に関するワーノック・レポート』, 協同出版, 222p. 2000 〈168, 169〉
Warnock, Mary 1985 「人工家族」, Lockwood ed. [1985 = 1990 : 257-295] 〈184〉
Warnock Commitee 1984 Report of Commitee if Inquiry into Human and Embryology = 1991 鈴木美佐子訳,「ウォーノック・リポート」, お茶の水女子大学生命倫理研究会 [1991 : 191-243] 〈168〉
鷲田 清一 1993 「身体の人称/人称の身体——制度としての《私の身体》」,『現代思想』21-12 (1993-11) : 240-249 〈63〉
Wasserstrom, Richard ed. 1971 Morality and the Law, Wadworth
渡部 淳編 1973 『知能公害』, 現代書館, 反教育シリーズ I, 204p. 〈534〉
渡辺 格 1980 『科学の進歩と人間の尊厳』, 聖教新聞社 〈349〉
——— 1982 「「生命科学」と「人間の生命の尊重」」, 先天性四肢障害児父母の会編 [1982a : 122-139] 〈349〉
渡辺 克典 2004 「吃音矯正の歴史社会学——明治・大正期における伊沢修二の言語矯正をめぐって」,『年報社会学論集』17 : 25-35 〈720〉
渡辺 恵一 「アダム・スミス研究の動向——過去 10 年における内外の『国富論』研究を中心に」,『経済学史研究』53-1 : 100-117 〈813〉
渡辺 啓真 1994 「自然環境の価値——非=人間中心主義が意味するもの」, 加茂・谷本編 [1994 : 166-183] 〈284, 286〉
渡辺 正雄編 1984 『ダーウィンと進化論』, 共立出版, 4 + 288p.
渡辺 幹雄 2000 『ロールズ正義の行方 増補新装版』 春秋社, 464+14p. 〈525〉
——— 2001 『ロールズ正義論再説——その問題と変遷の各論的考察』, 春秋社, 413+10p. 〈525〉
渡部 昇一 1980 「神聖な義務」,『週刊文春』1980-10-2 : 22 〈709〉
Weber, Max 1904/1905 Die protestantische Ethik und der 》Geist《 desKapitalismus =梶山力・大塚久雄訳,『プロテスタンティズムの倫理と資本主義の精神』, 岩波文庫 〈426〉
Webster, Charles 1981 "Introduction", Webster ed. [1981] 〈445〉
Webster, Charles ed. 1981 Biology, Medicine and Society 1840-1940, Cambridge Univ. Press
Weindling, Paul 1989 Ernst Haeckel, Darwinismus and the Secularization of Nature in History, Humanity and Evolution, Cambridge Univ. Press = 1993 坂野徹訳,「ヘッケルとダーウィニスムス」(抄訳),『現代思想』21-2 : 155-167 〈432〉

Social Choices 〈181〉
鵜浦　裕　1991「日本における社会ダーウィニズムの受容と展開」，柴谷他編［1991：119-152］〈429〉
――――　1998『進化論を拒む人々――現代カリフォルニアの創造論運動』，勁草書房，209p. 〈435〉

[V]

Van Parijs, Philippe　1995　Real Freedom for All-What (if Anything) Can Justify Capitalism?, Oxford University Press = 2009　後藤 玲子・齊藤 拓訳，『ベーシック・インカムの哲学――すべての人にリアルな自由を』，勁草書房，494p. 〈829〉
Veatch, Robert M.　1976　"What is a Just Health Care Delivery", Veatch；Branson eds.［1976：127-153］（飯田編［1987：146-149］に田中健夫の紹介「" 正しい" ヘルスケア配分とは何か」）〈292〉
――――　1991a "Ethical Issues dealing with the Living Fetus"，星野・斎藤編［1991：31-46］= 1991「生きている胎児をめぐる倫理的問題」，星野・斎藤編［1991：82-98］〈362〉
――――　1991b "Current Trends on Abortion in the U.S.A."，星野・斎藤編［1991：82-98］= 1991「人工妊娠中絶をめぐる最近のアメリカの状況」，星野・斎藤編［1991：87-100］〈361〉
Veatch, Robert M.；Branson, Roy eds.　1976　Ethics and Health Policy, Ballinger Publishing Company
Villaine, Anne-Marie de；Gavarini, Laurence；Codiac, Michelle Le eds.　1986　Maternite en mouvement：les femmes, la re/production et les Hommes de science, Presses Universitaires de Grenoble = 1995　中嶋公子・目崎光子・磯本輝子・横地良子・宮本由美・菊地有子訳，『フェミニズムから見た母性』，勁草書房，270+10p. 〈170〉

[W]

若林　敬子　1989『中国の人口問題』，東京大学出版会，271+3p. 〈713〉
脇田　晴子・S．B．ハンレー編　1994『ジェンダーの日本史　上』，東京大学出版会，670p.
Walters, LeRoy　1980　"Ethical Perspective on Maternal Serum Alpha-Fetoprotein Screening", Gastel et al.eds.［1980］（飯田編［1987：172-173］に小林傳司の紹介「母体血清のα－フェトプロテイン（胎児蛋白）スクリーニングに関する 倫理的展望」）〈708〉
Walters, William A.；Singer, Peter eds. 1982 Test-Tube Babies：A Guide to Moral Questions, Present Techniques and Future Possibilities, Oxford Univ. Press = 1983　坂本正一・多賀理吉訳『試験官ベビー』，岩波書店，岩波現代選書 NS537，273p. 〈167〉
Waltzer, Michael　1990 "The Communitarian Critique of Liberalism", Political Theory18：6-23（「科学技術の発達と現代社会Ⅱ」運営委員会編［1995：75-84］に大川正彦の紹介）

〈424〉

上田 昌文・渡部 麻衣子編　2008 『エンハンスメント論争――身体・精神の増強と先端科学技術』，社会評論社，288p.〈846〉

上村 祥二　1985「二月革命と初等教育」，坂上編［1985：185-217］〈427〉

上野　千鶴子　1982a「解説　主婦の戦後史――主婦論争の時代的背景」，上野編［1982a：221-241］〈59〉

―――　1982b「解説　主婦論争を解読する」，上野編［1982b：246-274］〈59〉

―――　1985 『資本制と家事労働――マルクス主義フェミニズムの問題構制』，海鳴社，80p.〈59〉

―――　1990a『家父長制と資本制――マルクス主義フェミニズムの地平』，岩波書店，341p.〈59, 122〉

―――　1990b「性・解説」，日本近代思想大系『風俗・性』（岩波書店）〈164〉

―――　1994 「日本のリブ――その思想と背景」，井上輝子他編［1994a：1-32］〈716〉

上野　千鶴子編　1982a 『主婦論争を読む　Ｉ』，勁草書房，241p.〈59〉

―――　1982b『主婦論争を読む　Ⅱ』，勁草書房，288p.〈59〉

上野　千鶴子・鶴見　俊輔・中井　久夫・中村　達也・宮田　登・山田　太一編 1991a『家族の社会史』，岩波書店，シリーズ変貌する家族１，289p.

―――　1991b『セクシュアリティと家族』，岩波書店，シリーズ変貌する家族２，255p.

―――　1991c『システムとしての家族』，岩波書店，シリーズ変貌する家族３

植村　要　2007 「変容する身体の意味づけ――スティーブンスジョンソン症候群急性期の経験を語る」，『Core Ethics』3：59-74〈851〉

―――　2008 「改良型歯根部利用人工角膜――手術を受けた人、手術をした医師、技術開発、三つの歴史の交点として」，立命館大学大学院先端総合学術研究科 2007年度博士予備論文〈849〉

―――　2010 「「エンハンスメント」言説における「障害者」の生の位置――レオン・カスの論を中心に」，『生存学』2〈851〉

―――　2011 「The Meaning of Self-presenting as a 'Cyborg'」『Ars Vivendi Journal』1：2-17〈851〉

上村 芳郎　2003 『クローン人間の倫理』，みすず書房，258p.〈845〉

上農　正剛　2003 『たったひとりのクレオール――聴覚障害児教育における言語論と障害認識』，ポット出版，505p.〈848〉

―――　2009 「聴覚障害児医療の再検討」，立命館大学大学院立命館大学大学院先端総合学術研究科博士論文〈848〉

上杉　富之編　2005 『現代生殖医療――社会科学からのアプローチ』，世界思想社，274p.〈845-846〉

梅津　光弘　1993 「アメリカにおけるビジネス倫理学――その背景，課題，基本文献」，加藤・飯田編［1993：188-194］〈616〉

海野　道郎　1991 「社会的ジレンマ研究の射程」，盛山・海野編［1991：137-165］〈127〉

宇津木　伸・平林　勝政編　1994 『フォーラム医事法学』，尚学社，317p.

宇津木 伸・菅野 純夫・米本 昌平編　2004 『人体の個人情報』，日本評論社，288+xxvp.〈845〉

U.S.Congress, Office of Technoligy Assessment（OTA）1988 Infertility：Medical and

——— 1991b「生殖技術と母性の未来」，原・館編［1991：169-179］〈181〉
——— 1991c「不妊治療に携わる医者の家族観と実践——医者の聞き取り調査（2）」，お茶の水女子大学生命倫理研究会［1991：154-163］〈167〉
——— 1992a「出生前診断の受診をめぐる状況」，生命倫理研究会・生殖技術研究チーム［1992：45-78］〈708〉
——— 1992b「「子づくり」技術入門」，お茶の水女子大学生命倫理研究会［1992：71-115］〈166〉
——— 1993「日本における「不妊治療」の規制状況と産婦人科医の態度」，『年報科学・技術・社会』2：51-74〈167〉
——— 1995a「生殖技術の現状に対する多角的視点——「序」にかえて」，浅井・柘植編［1995：1-13］〈165, 176〉
——— 1995b「生殖技術に関する受容と拒否のディスクール」，浅井・柘植編［1995：55-89］〈167〉
——— 1996a「生殖における「南北問題」」，『仏教』34：110-118〈181〉
——— 1996b「「不妊治療」をめぐるフェミニズムの言説再考」，江原編［1996：219-253］〈167, 180, 98〉
——— 1998『文化としての生殖技術——不妊治療にたずさわる医師の語り』，松籟社，440p.〈845〉
——— 2005「終末期医療をめぐる諍い——テリ・シャイボの事例が映すアメリカの現在」，『思想』976（2005-08）：45-61〈56〉
——— 2012『生殖技術——不妊治療と再生医療は社会に何をもたらすか』，みすず書房，288p.〈846〉
柘植　あづみ・市野川　容孝・加藤　秀一　1996「付録「優生保護法」をめぐる最近の動向」，江原編［1996：375-409］〈451〉
柘植　あづみ・加藤　秀一・大橋　由利子　1996「中絶の権利とテクノロジー——自己決定権という概念をめぐって」（座談会），『インパクション』97：22-37
柘植　あづみ・菅野　摂子・石黒　眞里　2009『妊娠——あなたの妊娠と出生前検査の経験をおしえてください』，洛北出版，649p.〈846〉
塚崎　智　1996「生命の神聖性と生命の質の問題——カント哲学に関連づけて」，土山他編［1996：107-124］〈365〉
塚崎　智・加茂　直樹編　1989『生命倫理の現在』，世界思想社，274p.
筑波　常治・鈴木　善次　1967「優生学と福沢諭吉」，『医学史研究』24：1225-1229〈427〉
堤　愛子　1988「ミュータントの危惧」，『クリティーク』1988-7→1989『女たちの反原発』，労働教育センター〈711, 724〉
——— 1989「「あたり前」はあたり前か？——「障害者」が生まれるから「原発に反対」は悪質なスリカエ論法だ！！」，『地域闘争』1989-12：32-35〈711,724〉
堤　治・飯田　卓・武谷　雄二　1995「出生前診断の現況」，武谷編［1995：2-7］〈711〉
Twardecki, Alojzy　1969　Szkola Janczarow＝1991　足達和子訳，『ぼくはナチにさらわれた』，共同通信社，278p.〈441, 443〉

［U］

内田　隆三　1990『ミシェル・フーコー——主体の系譜学』，講談社現代新書，207+5p.

博訳,「嬰児は人格を持つか」, 加藤・飯田編［1988：94-110］〈357〉
――― 1984 "In Defense of Abortion and Infanticide", Feinberg ed.［1984：120-130］（飯田編 ［1988：166-167］に森岡正博の紹介）〈357〉
利光 恵子 1998 「生殖医療と遺伝子診断」, 山口研一郎編［1998：173-204］〈848〉
――― 2012 『受精卵診断と出生前診断――その導入をめぐる争いの現代史』, 生活書院, 339p.〈708, 846, 848〉
Trent, James W., Jr. 1995 Inventing the Feeble Minded : A History of Mental Retardation in the United States, University of California Press = 1997 清水貞夫・茂木俊彦・中村満紀男監訳,『「精神薄弱」の誕生と変貌――アメリカにおける精神遅滞の歴史』, 学苑社, 上 242p., 下 290p.〈437〉
Trombley, Stephen 1988 The Right to Reproduce〈436〉
Trombley, Stephen 2000 The Right to Reproduce, revised edition, A. P. Watt = 2000 藤田真利子訳,『優生思想の歴史――生殖への権利』, 明石書店, 398p.〈436〉
円谷 裕二 1996 「自由と他者――自殺論の観点からのカント倫理学の可能性と限界」, 土山他編［1996：149-169］〈366〉
土山 秀夫・井上 義彦・平田 俊博編 1996 『カントと生命倫理』, 晃洋書房, 262p.〈365〉
土屋 恵一郎 1993 『ベンサムという男――法と欲望のかたち』, 青土社, 406p. → 2012『怪物ベンサム――快楽主義者の予言した社会』（改題）, 講談社学術文庫, 400p.〈801〉
土屋 貴志 1990 「「当事者」「第三者」の問題についての倫理学的な考察」,『助産婦雑誌』44-7：17-21（571-575）特別企画：周産期看護をめぐる「当事者」の問題〈348〉
――― 1992 「種差別か, しからずんば能力差別か？――ピーター・シンガーはいかにして障害新生児の安楽死を擁護するか」,『哲学の探求』20：35-50（第 20 回全国若手哲学研究者ゼミナール報告論文集）〈355〉
――― 1993「「シンガー事件」の問いかけるもの」, 加藤・飯田編［1993：324-348］〈355〉
――― 1994a「“シンガー事件” 後のシンガー――『実践的倫理学』第２版における障害者問題の扱い」, 飯田編［1994：135-146］〈355, 721〉
――― 1994b「障害が個性であるような社会」, 森岡編［1994：244-261］〈438, 723〉
――― 1994c「シンガー事件」と反生命倫理学運動」,『生命倫理』4-2（5）：45-49（125-129）〈355〉
――― 1994d「「バイオエシックス」と「生命倫理」の間で――日本における生命倫理学の導入と現状」,『人文研究 大阪市立大学文学部紀要』46-5：51-69〈57〉
――― 1995a「生命の「置き換え可能性」について――Ｐ．シンガーの所論を中心に」,『人文研究 大阪市立大学文学部紀要』47-1：63-84〈355, 437〉
――― 1995b「「生まれてこなかった方がよかったいのち」とは――障害新生児治療停止を支える価値観」, 浅井・柘植編［1995：157-193］〈350,353,356,357〉
――― 1996 「食べることはどのように倫理の問題になるのか」, 早川・森岡編［1996：157-178］〈348〉
――― 1998 「インフォームド・コンセント」, 佐藤・黒田編［1998］〈292,448〉
柘植 あづみ 1991a「体外受精・凍結保存技術のＭＴＡ――生殖技術と女性の関係についての一考察」,『Sociology Today』2：17-30〈176〉

自閉の人たちの自立生活と支援』，生活書院，298p.〈291〉
寺本　松野・村上　國男・小海　正勝　1994 『IC ――自己決定を支える看護』，日本看護協会出版部，227p.〈447〉
寺崎　あき子　1991「中絶を罰する刑法二一八条をめぐって――母性の裏面とドイツの女性たち」，原・館編［1991：144-168］〈361〉
寺嶋　秀明編　20040420 『平等と不平等をめぐる人類学的研究』，ナカニシヤ出版，298p.〈536〉
Terman, L. M.　1916　The Measurement of intelligence, Houghton Mifflin〈395, 397〉
――――　1917　"Feeble-minded Children in the Public School of California", "School and Society 5 <396>
Thurow, Lester C.　1975　Generating Inequality：Mechanisms of Distribution in the U. S. Economy, Basic Books = 1984　小池和男・脇坂明訳，『不平等を生み出すもの』，同文館，310p.〈610〉
Titmuss, Richard 1972 The Gift Relationship：From Human Blood to Social Policy, Vintage Books〈182〉
Thomson, Judith J.　1971　"A Defense of Abortion", Philosophy & Public Affairs 1-1：47-66 = 1988 「人工妊娠中絶の擁護」，加藤・飯田編［1988：82-93］〈362〉
Thompson, Larry 1993　Correcting the Code：Inventing the Genetic Cure for the Human Body = 1995　清水信義監訳，『遺伝子治療革命―― DNA と闘った科学者たちの軌跡』，日本テレビ，550+7p.〈705〉
戸田　清　　1989「優生学･優生思想を考える」，『社会運動』（社会運動研究センター）106：51-69, 107：58-69〈452〉
――――　1994 『環境的公正を求めて――環境破壊の構造とエリート主義』，新曜社，371p.〈127〉
戸田山　和久・出口　康夫編　2011 『応用哲学を学ぶ人のために』，世界思想社，380p.
徳永 哲也　2003 『はじめて学ぶ生命・環境倫理――「生命圏の倫理学」を求めて』，ナカニシヤ出版，270p.〈57〉
東方　敬信　1993 『キリスト教と生命倫理』，日本基督教団出版局，222p.
富永 茂樹　1973 『健康論序説――世界の大病院化の過程を知るために』，エッソ・スタンダード石油株式会社広報部，127p.〈428〉
――――　1985 「統計と衛生――社会調査史試論」，坂上編［1985：119-148］→ 1996　富永［1996：90-123］〈428, 429〉
――――　1996 『都市の憂鬱――感情の社会学のために』，新曜社，302p.
東門　陽二郎　1988 「宗教の立場から」フォーラム実行委員会編［1988：125-141］〈711〉
友の会編　1974 『鉄格子の中から――精神医療はこれでいいのか』，海潮社，254p.〈798〉
鳥山　敏子　1985 『いのちに触れる――生と性と死の授業』，太郎次郎社，270p.〈348〉
富山　太佳夫　1992「ポパイとは何者か――フォークナーと優生学」，折島正司編『文学アメリカ資本主義』，南雲堂〈429〉
――――　1993「社会ダーウィン主義は死んだか」，『現代思想』21-2：119-126〈431〉
Tooley, Michael　1972　"Abortion and Infanticide", Philosophy & Public Affairs 2-1（Fall 1972）, Princeton Univ. Press → 1981　Arthur ed.［1981］ = 1988　森岡正

———— 2012e「多様で複雑でもあるが基本は単純であること」，安積他［2012：499-548］〈727〉

———— 2012f「共助・対・障害者――前世紀末からの約十五年」（第11章），安積他［2012：549-603］〈62, 831〉

———— 2012-「予告＆補遺」（連載），生活書院のHP http：//www.seikatsushoin.com/web/tateiwa.html〈55〉

———— 2013a「素朴唯物論を支持する――連載85」，『現代思想』41-1（2013-1）：14-26〈113, 813〉

———— 2013b「生命倫理学から生存学へ」，シリーズ生命倫理編集委員会編［2013：78-96］〈850〉

———— 2013c『造反有理――かつて精神医療に於ける』（仮題）、青土社〈798〉

———— 2013d『分かること逃れることなど――身体の現代・1』（仮題）、みすず書房〈292,797〉

———— 2014a『（題名未定）』，青土社〈113, 455, 773, 797, 819, 832〉

———— 2014b『生死の語り行い・2』（仮題），生活書院〈56〉

立岩 真也・天田 城介 2011「生存の技法／生存学の技法――障害と社会、その彼我の現代史・1」，『生存学』3：6-90〈850〉

立岩 真也・有馬 斉 2012『生死の語り行い・1』，生活書院〈56, 290, 291, 352, 358, 447〉

立岩 真也・堀田 義太郎 2012『差異と平等――障害とケア／有償と無償』，青土社，342+17p.〈786, 790, 796, 830, 832〉

立岩 真也・市野川 容孝 1998「障害者運動から見えてくるもの」（対談），『現代思想』26-2（1998-2）：258-285→立岩［2000c：119-174］〈441〉

立岩 真也・村上 潔 2011『家族性分業論前哨』，生活書院，360p.〈60, 119, 122, 614, 795, 835〉

立岩 真也・村上 慎司・橋口 昌治 2009『税を直す』，青土社，350p.〈786, 795, 829〉

立岩 真也・成井 正之 1996「（非政府＋非営利）組織＝NPO，は何をするか」，千葉大学文学部社会学研究室［1996：48-60］〈370〉

立岩 真也・定藤 邦子編 2005『闘争と遡行・1――於：関西＋』，〈分配と支援の未来〉刊行委員会，120p.（MS Word 646k bytes → \800で発送）

立岩 真也・齊藤 拓 2010『ベーシックインカム――分配する最小国家の可能性』，青土社，348p.〈613, 786, 792, 829〉

天畠 大輔 2012a「天畠大輔の「あ、か、さ、た、な話法」におけるコミュニケーション上の現状と課題について」，立命館大学大学院立命館大学大学院先端総合学術研究科2011年度博士予備論文〈849〉

———— 2012b『声に出せないあ・か・さ・た・な――世界にたった一つのコミュニケーション』，生活書院，256p.〈849〉

寺田 純一 1991「落ちこぼれからみたADA」，八代・冨安編［1991：108-121］〈611〉

寺本 晃久 1995「PEOPLE FIRST「知的障害者」と呼ばれる人々とそのセルフアドヴォカシー運動の研究――欧米の事例をもとに」，千葉大学文学部行動科学科社会学研究室卒業論文〈291〉

寺本 晃久・岡部 耕典・末永 弘・岩橋 誠治 2008『良い支援？――知的障害／

32-36 ～〈816〉
――― 2008a「人命の特別を言わず／言う」，武川・西平編［2008：23-44］〈64, 799〉
――― 2008b『良い死』，筑摩書房，374p.〈64, 293, 614〉
――― 2008-2010 「身体の現代・1 ～ 19」，『みすず』2008-7（562）：32-41 ～ 52-4（2010-5）〈797〉
――― 2009a『唯の生』，筑摩書房，424p.〈55, 290, 355, 360, 782, 799, 800〉
――― 2009b「人工呼吸器の決定？」，川口・小長谷編［2009：153-166］〈209〉
――― 2009c「軸を速く直す――分配のために税を使う」，立岩・村上・橋口［2009：11-218］〈122, 126, 795〉
――― 2009d「政権交代について――連載 47」，『現代思想』37-13（2008-10）→「あの「政権交代」はなんだったのか」，立岩・堀田［2012］〈832〉
――― 2009e「死の代わりに失われるもの――日本での動向の紹介に加えて」（講演），安楽死問題韓日国際セミナー　於：韓国・ソウル市・国会議員会館，〈848〉
――― 2009f「Bioethics：Sharing Japan's Masterpieces with the World」，『Japanese Book News』62〈848〉
――― 2010a「中間報告報告他」，『生存学』2：7-10〈850〉
――― 2010b「ＢＩは行けているか？」，立岩・齊藤［2010：11-188］〈122, 293, 613, 790, 791, 792〉
――― 2010c「『税を直す』の続き――連載・54」，『現代思想』38-7（2010-5）：26-37→「変化は言われたが後景に退いた」（改題），立岩・堀田［2012］〈796〉
――― 2010d「どのようであることもできるについて」，加藤秀一編［2010：218-244］
――― 2010e『人間の条件――そんなものない』，イーストプレス，よりみちパン！セ，392p.〈122, 822〉
――― 2010f「障害――どれほどのもの？」，島薗・清水編［2010：174-188］〈62,724〉
――― 2010g「本人と家族／家族と社会」（講義），於：韓国・ソウル市・中央大学大学院〈810-812〉
――― 2011a「障害論」，戸田山・出口編［2011：220-231］〈62, 722, 724〉
――― 2011b「考えなくてもいくらでもすることはあるしたまには考えた方がよいこともある」，河出書房新社編集部編［2011：106-120］〈287〉
――― 2011c "On "the Social Model"", Ars Vivendi Journal1：32-51　http：//www.ritsumei-arsvi.org/contents/read/id/27〈62, 722, 724, 844〉
――― 2011d「わからなかったこと、なされていないと思うこと」，『現代思想』39-17（2011-12 臨時増刊・特集：上野千鶴子）：106-119〈835〉
――― 2011e「建築と所有」（インタビュー　聞き手：長島明夫），『建築と日常』2：42-63〈783〉
――― 2011- 「好き嫌いはどこまでありなのか――境界を社会学する」（連載），河出書房新社ＨＰ http：//mag.kawade.co.jp/shakaigaku/〈179, 619〉
――― 2012a「五年と十年の間で」，『生存学』5：8-15〈850〉
――― 2012b「差異とのつきあい方」，立岩・堀田［2012：15-93］〈790〉
――― 2012c「無償／有償」，立岩・堀田［2012：95-173］〈831〉
――― 2012d 「これからのためにも、あまり立派でなくても、過去を知る」，『精神医療』67：68-78〈842〉

[2006b]〈615〉
「医療と社会ブックガイド」,『看護教育』42-1（2001-1）〜 50-12（2009-12）（一部を立岩・有馬［2012］に収録）〈289, 297, 431, 719, 799〉
――― 2002a「ないにこしたことはない、か・1」, 石川・倉本編［2002：47-87］〈62, 722, 724, 769〉
――― 2002b「労働の分配が正解な理由」,『グラフィケーション』123（富士ゼロックス）→立岩［2006b：153-161］〈791〉
――― 2003a「パターナリズムについて――覚え書き」, 野家啓一（研究代表者）『臨床哲学の可能性』, 国際高等研究所報告書〈179〉
――― 2003b「現代史へ――勧誘のための試論」,『現代思想』31-13（2003-11）（特集：争点としての生命）〈841〉
――― 2003c「家族・性・資本――素描」,『思想』955（2003-11）：196-215→立岩・村上［2011：17-53］〈835〉
――― 2003d「医療・技術の現代史のために」, 今田編［2003：258-287］〈841〉
――― 2004a『自由の平等――簡単で別な姿の世界』, 岩波書店, 349+41p.〈118, 123, 124, 614, 726, 773, 784, 786, 791, 792, 794〉
――― 2004b「自己決定という言葉が誤用されている」,『人権ジャーナルきずな』2004-5：10（兵庫県人権啓発協会）〈708〉
――― 2004b「市民は当然越境する」,『volo』39-6（2004-7･8）：20-21（大阪ボランティア協会）→立岩［2006b］〈614〉
――― 2004c「より苦痛な生／苦痛な生／安楽な死」,『現代思想』32-14（2004-11）：85-97→立岩［2009a：311-340］〈361〉
――― 2004d『ALS――不動の身体と息する機械』, 医学書院, 449p.〈55-56, 612, 822〉
――― 2004e「社会的――言葉の誤用について」,『社会学評論』55-3（219）：331-347→立岩［2006b］
――― 2005a「〈公共〉から零れるもの」, 第59回公共哲学京都フォーラム「ジェンダーと公共世界」→立岩・村上［2011：163-184］〈759, 795〉
――― 2005b「決められないことを決めることについて」,『医学哲学・医学倫理』23（日本医学哲学・倫理学会）〈764〉
――― 2005c「こうもあれることのりくつをいう――境界の規範」, 盛山他編［155-174］〈834〉
――― 2005d「自由はリバタリアニズムを支持しない」, 日本法哲学会編［2005：43-55］〈115〉
――― 2006a「自由は優生を支持しないと思う」, 池田編［2006：189-203］〈283〉
――― 2006b『希望について』, 青土社, 320p.〈56, 361, 614, 615, 619, 791, 828〉
――― 2007a「障害の位置――その歴史のために」, 高橋・浅井編［2007：108-130］〈816〉
――― 2007b「多言語問題覚書――ましこひでのり編『ことば／権力／差別――言語権からみた情報弱者の解放』の書評に代えて」,『社会言語学』7〈455〉
――― 2007c 「解説」, 横塚［2007：391-428］〈534〉
――― 2007- 「もらったものについて・1〜」,『そよ風のように街に出よう』75：

学部社会学研究室［1996：89-90］〈614〉
――――　1996d「学校を出る／学校にこだわる」, 千葉大学文学部社会学研究室［1996：334-336］〈617〉
――――　1996e「「愛の神話」について――フェミニズムの主張を移調する」, 『信州大学医療技術短期大学部紀要』21：115-126〈60, 614〉
――――　1996f「医療に介入する社会学・序説」, 井上俊他編［1996a：93-108］〈289〉
――――　1996g「能力主義を肯定する能力主義の否定の存在可能性について」, 井上俊他編［1996b：75-91〈52, 63〉
――――　1996h「反論する――『生の技法　増補・改訂版』書評へのリプライ」, 『解放社会学研究』10：192-204〈536〉
――――　1996i「だれがケアを語っているのか」, 『RSW研究会　研究会誌』19：3-27〈289〉
――――　1997　「私が決めることの難しさ――空疎でない自己決定論のために」, 太田編［1997：154-184］〈289〉
――――　1998a「都合のよい死・屈辱による死――「安楽死」について」, 『仏教』42：85-93（特集：生老病死の哲学）→立岩［2000c：51-63］〈56〉
――――　1998b「遺伝子治療の現状を離れて少し考えてみる」, 遺伝子医療を考える市民の会議・専門家パネル２　於：大阪科学技術センター
――――　1998c「空虚な～堅い～緩い・自己決定」, 『現代思想』26-7（1998-7）：57-75→立岩［2000c：13-49］〈812〉
――――　1998d「未知による連帯の限界――遺伝子検査と保険」, 『現代思想』26-9（1998-9）：184-197（特集：遺伝子操作）→立岩［2000c：197-220］〈531〉
――――　1998e「分配する最小国家の可能性について」, 『社会学評論』49-3（195）：426-445（特集：福祉国家と福祉社会））
――――　1999a「遺伝子の技術と社会――限界が示す問いと可能性が開く問い」, 『科学』1999-03：235-241（‘科学’ 800号記念特集号：いま，科学の何が問われているのか）→2000　「生命の科学・技術と社会」, 立岩［2000c：175-196］（改題・改稿・加筆して収録）〈844〉
――――　1999b「パターナリズムも自己決定と同郷でありうる、けれども」, 後藤編［1999：21-44］〈179〉
――――　1999c「資格職と専門性」, 進藤・黒田編［1999：139-156］〈289〉
――――　2000a「選好・生産・国境――分配の制約について　上・下」, 『思想』908（2000-2）：065-088, 909（2000-3）：122-149〈614〉
――――　2000b「死の決定について」, 大庭・鷲田編［2010：149-171］→立岩［2009a：287-306］〈360〉
――――　2000c『弱くある自由へ――自己決定・介護・生死の技術』, 青土社, 357+25p.〈55, 531, 786, 812, 828, 844〉
――――　2001a「高橋修――引けないな。引いたら、自分は何のために、一九八一年から」, 全国自立生活センター協議会編［2001：249-262］〈62〉
――――　2001b「なおすことについて」, 野口・大村編［2001：171-196］〈720, 844〉
――――　2001c「できない・と・はたらけない――障害者の労働と雇用の基本問題」, 『季刊社会保障研究』37-3：208-217（国立社会保障・人口問題研究所）→立岩

〈293〉
立岩　真也　1985 「主体の系譜」，東京大学大学院社会学研究科修士論文〈61, 420 , 424〉
――――　1986a「制度の部品としての「内部」――西欧～近代における」，『ソシオロゴス』10：38-51〈61, 420〉
――――　1986b「逸脱行為・そして・逸脱者」，『社会心理学評論』5：26-37〈61,420〉
――――　1987a「個体への政治――西欧の２つの時代における」，『ソシオロゴス』11：148-163〈61〉
――――　1987b「FOUCALT の場所へ――『監視と処罰：監獄の誕生』を読む」，『社会心理学評論』6〈61, 423〉
――――　1990 「はやく・ゆっくり――自立生活運動の生成と展開」，安積他［1990：165-226］→ 1995　安積他［1995：165-226］〈536, 715〉
――――　1991a「どのように障害者差別に抗するか」，『仏教』15（特集：差別）：121-130〈62, 24〉
――――　1991b「愛について――近代家族論・1」，『ソシオロゴス』15：35-52〈372〉
――――　1992a「出生前診断・選択的中絶をどう考えるか」，江原編［1992：167-202］〈62, 63, 704〉
――――　1992b「出生前診断・選択的中絶に対する批判は何を批判するか」，生命倫理研究会生殖技術研究チーム［1992：95-112］〈62, 63, 705〉
――――　1992c「近代家族の境界――合意は私達の知っている家族を導かない」，『社会学評論』42-2：30-44 →立岩・村上［2011：185-214］〈60, 834〉
――――　1993a「生殖技術論・2――自己決定の条件」，『年報社会学論集』6：107-118〈62, 91〉
――――　1993b「生殖技術論・4――決定しない決定」，『ソシオロゴス』17：110-122〈62, 63, 91〉
――――　1993c「身体の私的所有について」，『現代思想』21-12：263-271〈62, 63〉
――――　1993d「生殖技術論・3――公平という視点」，『Sociology Today』4：40-51〈62〉
――――　1994a「妻の家事労働に夫はいくら払うか――家族／市場／国家の境界を考察するための準備」，『千葉大学文学部人文研究』23：63-121 →立岩・村上［2011：54-131］〈60, 119, 122, 614, 835〉
――――　1994b「能力主義とどうつきあうか」，『解放社会学研究』8：77-108〈63, 24〉
――――　1994c「自己決定がなんぼのもんか」，『ノーマライゼーション研究』3〈62〉
――――　1994d「労働の購入者は性差別から利益を得ていない」，『Sociology Today』5：46-56〈60, 614〉
――――　1995a「私が決め，社会が支える，のを当事者が支える――介助システム論」，安積他［1995：227-265］〈525, 612, 726〉
――――　1995b「自立生活センターの挑戦」，安積他［1995：267-321］〈536, 614〉
――――　1995c「何が性の商品化に抵抗するのか」，江原編［1995：207-235］〈55〉
――――　1996a「女性の自己決定権とはどのような権利か」，早川・森岡編［1996：89-95］〈63〉
――――　1996b「活動を評価するということ」，千葉大学文学部社会学研究室［1996：72-74］〈617〉
――――　1996c「組織にお金を出す前に個人に出すという選択肢がある」，千葉大学文

玉井　真理子・日暮　眞　1994　「ダウン症の告知の実態――保護者に対する質問紙調査の結果から」，『小児保健研究』53-4：531-539〈706〉
玉井　真理子・大谷　いづみ編　2011　『はじめて出会う生命倫理』，有斐閣，235p.〈57〉
田村　豊幸　1979　『奇形児はなぜ――妊娠してからでは遅すぎる』，農村漁村文化協会，286p.〈439〉
田中　慶子　2012　「社会問題の医療化――過労自殺に対する行政施策を事例として」，『Core Ethics』8：257-〈851〉
田中 峰雄 1980 「中世都市の貧民観」，中村賢二郎編［1980：1-49］〈425〉
田中　美津　1972　『いのちの女たちへ』，田畑書店→1992　河出文庫，→1994（一部）井上他編［1994a：58-81］，→2001　新装版，パンドラ，391p.　〈716,797〉
――――　1983　『何処にいようと，りぶりあん』，社会評論社〈716〉
――――　2004　『いのちの女たちへ――とり乱しウーマン・リブ論　増補新装版』，パンドラ，発売：現代書館，391p.
――――　2005　『かけがえのない、大したことのない私』，インパクト出版会，358p.〈738〉
田中　聡　1994　『衛生博覧会の欲望』，青弓社，223p.〈438〉
田中　寿美子　1971　「「試験官ベビー」思想の皮相さについて――母性がたのしめる社会的条件こそ」，『婦人問題懇話会会報』15→1985　鈴木編［1985:159-168］〈167〉
棚村　修三　1991　「アメリカ合衆国における親子法の新しい展開」，『ケース研究』228：2-41〈172, 720〉
――――　1993　「アメリカにおける代理母契約」，東方編［1993：154-176］〈172, 176〉
棚沢　直子　1987　「高年齢出産――個人的体験から」，『日本婦人問題懇話会報』46：11-20〈711, 712〉
谷田　信一　1990　「「関係性の原理」とバイオエシックス」，加藤・飯田編［1990：42-49］〈348〉
――――　1991　「現代における世俗化とバイオエシックス」，『生命倫理』（成文堂）1：105-112〈57〉
――――　1995　「バイオエシックスの枠組と方法――その歩みと今後の課題」，今井・香川編［1995：242-261］〈57〉
――――　1996　「カントと生命倫理教育」，土山他編［1996：171-193］〈366〉
谷本　光男　1994　「医療におけるパターナリズム」，高島編［1994：154-185］〈178〉
――――　1994　「環境問題と世代間倫理」，加茂・谷本編［1994：199-216］〈286〉
――――　1995　「環境倫理の可能性――〈人間中心主義〉は乗り越えられるか？」，「科学技術の発達と現代社会II」運営委員会編　［1995：257-267］〈286〉
谷本　奈穂　2008　『美容整形と化粧の社会学――プラスティックな身体』，新曜社，306p.〈293〉
谷奥　克己　1973　「「羊水検査」実施のねらい――優生保護法「改正」の意図と関連して〈不幸な子どもを生まない運動とは〉」，『臨床心理学研究』11-1：41-57〈715〉
樽井　正義　1982　「カントの所有論」，『哲学』（三田哲学会）75：143-163〈112〉
――――　1996　「人格とはだれのことか――生命倫理学における人間の概念」，土山他編［1996：49-64］〈366〉
田代　志門　2011　『研究倫理とは何か――臨床医学研究と生命倫理』，勁草書房，246p.

12-3：318〈709, 726〉

―――― 1987b「羊水検査を受けた母親に対する意識調査」,『臨床遺伝研究』9-1･2：84〈709〉

―――― 1988「羊水診断を受けた母親に対する意識調査」,『臨床遺伝研究』9-3･4：166-173〈709〉

高島　學司編　1994『医療とバイオエシックスの展開』, 法律文化社

高杉　晋吾　1971「安楽死と強制収容所」,『朝日ジャーナル』1972-2-5 → 高杉［1972：112-125］〈442〉

―――― 1972『差別構造の解体へ――保安処分とファシズム「医」思想』, 三一書房, 284p.〈442〉

高杉　裕子　1994「生殖技術は誰のためか――女の側から現代の「不妊」治療を問う」,『公明』384：166-173〈176〉

武川　正吾・西平　直編　2008『死生学３――ライフサイクルと死』, 東京大学出版会, 256p.

武谷　雄二編　1995『出生前診断をめぐって』, 医歯薬出版, 別冊・医学のあゆみ, 141p.〈712〉

竹内　章郎　1988「いのちを守る」, 佐藤・伊坂・竹内［1988：141-189］〈726〉

竹内　洋　1995『日本のメリトクラシー――構造と心性』, 東京大学出版会, 270p.〈608〉

竹内　一浩・永田　行博　1995「着床前遺伝子診断の現況と将来」, 武谷編［1995：67-73］〈707, 711〉

竹内　靖雄　1989『経済倫理学のすすめ――「感情」から「勘定」へ』, 中公新書 950, 242p.〈126, 614〉

竹内　洋一郎　1995「パーソン論と差別の問題」, 今井・香川編［1995：208-224］〈358〉

瀧川　幸辰　1938『刑法各論　第８版』, 弘文堂書房, 161p.〈442〉

滝沢　武久　1971『知能指数――発達心理学からみた IQ』, 中公新書, 166p.〈439〉

田間　泰子　1991「中絶の社会史」, 上野他編［1991a：199-228］→ 1995　井上他編［1995：125-149］〈361〉

玉井　真理子　1993「「障害」の告知の実態――母親に対する質問紙調査の結果および事例的考察」,『発達障害研究』15-3：223-229〈706〉

―――― 1995a「羊水穿刺を選択しなかったダウン症児の母親たち」,『助産婦雑誌』49-4（1995-4）：332-335〈709〉

―――― 1995b『障害児もいる家族物語』, 学陽書房〈727〉

―――― 1996「出生前診断をめぐるふたつの現在」,『助産婦雑誌』50-10：789-〈708〉

―――― 1997a「母体血清マーカースクリーニングと女性たちの選択――どんな選択をしてもサポートが受けられるというメッセージ」,『ペリネイタルケア』16-1：47-52〈708〉

―――― 1997b「出生前診断の現在――母体血清マーカーを用いたスクリーニングがもたらす社会・心理的影響について」,『信州大学医療技術短期大学部紀要』22：63-70〈708〉

玉井真理子・平塚志保編　2009『捨てられるいのち、利用されるいのち――胎児組織の研究利用と生命倫理』, 生活書院, 183p.〈846〉

絶・臓器移殖』，慶應義塾大学出版会，199p.〈291〉
高田　一樹　2003-「企業の社会的責任論」http：//www.geocities.jp/li025960/index.html〈616〉
――――　2010「企業の社会的責任論――擬人化の論理と責任の形式に関する企業の倫理学」，立命館大学大学院先端総合学術研究科 2009 年度博士予備論文〈616〉
高木　勇夫　1990「コレラの政治社会史」，見市他［1990：51-80］〈536〉
高木　雅史　1989「「大正デモクラシー」期における「優生論」の展開と教育」，『名古屋大学教育学部紀要（教育学科）』36：167-178〈437〉
――――　1991「1920～30 年代における優生学的能力観――永井潜および日本民族衛生学会（協会）の見解を中心に」，『名古屋大学教育学部紀要（教育学科）』38：161-171〈428,437〉
――――　1993「戦前日本における優生思想の展開と能力観・教育観」，『名古屋大学教育学部紀要（教育学科）』40：41-52〈437〉
高木　美也子　1994『生命のゲーム』，市井社，214p.〈518〉
高木　俊治　1991「訳者解説」，Weir［1984 = 1991：343-347］〈350, 351〉
高橋　久一郎　1994「世代間倫理について」，飯田編［1994：214-221］〈286〉
――――　1995a「遺伝子「治療」が問題なのではない――遺伝子「診断」と受精卵・胚「実験」，そして情報管理」，「科学技術の発達と現代社会Ⅱ」運営委員会編［1995：198-207］〈705-706〉
――――　1995b「環境倫理学は可能か？　PART 1〈環境経済学〉〈環境科学〉の課題」，「科学技術の発達と現代社会 II」運営委員会編［1995：287-307］〈127〉
――――　1996「医学における「先端技術」と「治療」の間――遺伝子「治療」と生殖「技術」」，「科学技術の発達と現代社会Ⅱ」運営委員会編［1996：82-98］〈268, 705-706〉
高橋　勝　1988「遺伝相談の倫理的諸問題」，岡本他編［1988：310-325］〈705〉
高橋　さきの　1990「フェミニズムと科学技術――生物学的言説の解体に向けて」，江原編［1990：147-175］〈523〉
――――　2002「生物学とフェミニズム科学論」，廣野・市野川・林編［2002］〈523〉
――――　2006「身体性とフェミニズム」，江原・山崎［2006］〈523〉
高橋　隆雄・浅井　篤編　2007『日本の生命倫理――回顧と展望』，九州大学出版会，熊本大学生命倫理論集 1
高橋　隆雄・八幡　英幸編　2008『自己決定論のゆくえ――哲学・法学・医学の現場から』，九州大学出版会，熊本大学生命倫理論集 2，311p.〈55〉
高橋　朋子　1991a「フランスにおける医学的に援助された生殖をめぐる動向」，『東海法学』7：152-190〈170〉
――――　1991b「フランス」，『比較法研究』53：38-47〈170〉
――――　1995「フランスにおける人工生殖をめぐる法的状況」，唄・石川編［1995：409-421］〈170〉
高草木　光一編　2009『連続講義「いのち」から現代世界を考える』，岩波書店，307p.
高増　明・松井　暁編　1999『『アナリティカル・マルキシズム』，ナカニシヤ出版，244p.〈114〉
高瀬　悦子 他　1987a「羊水検査を受けた母親に対する意識調査」，『金沢医大誌』

杉田　勇・平山　正実編　1994　『インフォームド・コンセント――共感から合意へ』，北樹出版，246p.〈447〉
数土　直紀　1996　「合理的な差別の不可能性――メリトクラシーに関する覚え書き」，『信州大学人文学部人間科学論集〈人間情報学科編〉』30：27-41〈123〉
鷲見　ゆき　1992a「代理母を認めないのは残酷な行為ですよ――「代理出産情報センター」代表，鷲見ゆきさん」」（インタビュー），『サンデー毎日』71-18（1992.4.26）：25（今週の顔）〈176〉
――――　1992b「私はなぜ代理母を斡旋するのか」，『婦人公論』77-10（939）：240-245〈176〉
――――　1993　「今の日本の不妊治療は，不妊の人を救っていません」，『別冊宝島188』：85-89〈176〉
鈴木　尚子編 1985　『資料戦後母性の行方』，ドメス出版，論争シリーズ２，296p.
鈴木　貞美編 1995　『大正生命主義と現代』，河出書房新社，297p.
鈴木　善次　1972　「日本における人類遺伝学と優生学の関連――とくに駒井卓・川上理一・古畑種基の場合」，『科学史研究』101（第Ⅱ期第11巻）：10-16〈452〉
――――　1975　"Genetics and Eugenetics Movement in Japan", Japanese Studies in the History of Science No.14〈437〉
――――　1983　『日本の優生学――その思想と運動の軌跡』，三共出版，三共科学選書14，210p.〈427, 259〉
――――　1984　「『猿の裁判』」，渡辺編［1984：262-269］〈435〉
――――　1991a「進化思想と優生学」，柴谷・長野・養老編［1991：97-152］〈429, 430, 431, 433, 437〉
――――　1991b「日本の優生学にかかわった海野幸徳」，『生物学史研究』45：29-33〈437〉
――――　1993　「日本における優生思想・優生運動の軌跡」，Kevles［1985＝1993：507-517］〈427, 437, 454〉
鈴木　善次・松原　洋子・坂野　徹　1991　「優生学史研究の動向Ⅰ――イギリス優生学史研究」，『科学史研究』第Ⅱ期30（190）：225-233（執筆は松原洋子）〈430, 436, 445〉
――――　1992　「優生学史研究の動向Ⅱ――ドイツ民族衛生学史研究」（執筆は坂野徹），『科学史研究』第Ⅱ期31（191）：65-70〈432, 448〉
――――　1995　「優生学史研究の動向Ⅲ――アメリカおよび日本の優生学に関する歴史研究」，『科学史研究』（執筆は鈴木善次・松原洋子）第Ⅱ期34（194）：97-106〈437-438〉
鈴森　薫　　1995　「胎児診断の実際と展望」，武谷編［1995：10-18］〈711〉

［T］

舘　かおる編　2008　『テクノ／バイオ・ポリティクス――科学・医療・技術のいま』，作品社，ジェンダー研究のフロンティア４，298p.〈296, 846〉
田島　明子　2009　『障害受容再考――「障害受容」から「障害との自由」へ』，三輪書店，212p.〈848〉
――――　2013　『日本における作業療法の現代史』，生活書院〈848〉
Tak, Peter J. P.／甲斐 克則編訳　2009　『オランダ医事刑法の展開――安楽死・妊娠中

連載）〈356〉
園田　恭一・米林　喜男編　1983　『保健医療の社会学』，有斐閣，332p.〈289〉
園田　恭一編　1992　『社会学と医療』（講座人間と医療を考える 5），弘文堂，258p.〈289〉
Sontag, Susan　1978　Illness as Metaphor，Farrar, Straus and Giroux = 1982　富山 太佳夫 訳 『隠喩としての病い』，みすず書房，157p. → Sontag［1989 = 1992］〈514, 808〉
――――　1988　Aids and Its Metaphor，Farrar, Straus and Giroux = 199005　富山 太佳夫 訳 『エイズとその隠喩』，みすず書房，152p. → Sontag［1989 = 1992］
――――　1989　Illness as Metaphor；Aids and Its Metaphor，Farrar, Straus and Giroux = 1992　富山 太佳夫 訳 『隠喩としての病い　エイズとその隠喩』，みすず書房，304p.〈514〉
――――　2003　Regarding the Pain of Others, Farrar, Straus and Giroux = 2003　北条 文緒 訳，『他者の苦痛へのまなざし』，みすず書房，155p.〈808〉
Spallone, Patricia　1989　Beyond Conception：The New Politics of Reproduction, Macmillan〈147-148〉
――――　1992　Generation Games：Genetic Engineering and the Future for Our Lives, Temple Univ. Press
Spearman, C. 1914 "The Heredity of Abilities", Eugenics Review〈438〉
――――　1927　The Abilities of Man：Thier Nature and Measurement, Macmillan〈438〉
Spencer, Herbert 1852　"The Development Hypothesies"〈429〉
――――　1854　Social Statics〈429〉
――――　1857 "Progress：Its Law and Cause", Westminster Review, April 1857 → 1963 in Essays on Education and Kindred Subjects, Everyman's Library, J.M.Dent, London（1st ed., 1911） = 1980　清水禮子訳「進歩について――その法則と原因」，清水編［1980：397-442］〈429〉
――――　1862　First Principles〈429〉
――――　1864-67 Principles of Biology, 2 vols〈429〉
Stanworth, Michelle ed.　1987 Reproductive Technologies：Gender, Motherhood and Medicine, Polity Press, 234p.〈168〉
Stephan, Cora　1991　「ナチズム下の「母性」」，原・館編［1991：73-88］〈435〉
Stone, Christopher D. 1972 "Should Trees Have Standing ?：Toward Legal Rights for Natural Objects", Southern California Law Review 45 = 1990　岡崎修・山田敏雄訳，「樹木の当事者適格――自然物の法的権利について」，『現代思想』1990-11：58-94〈286〉
Sudnow, David 1967　The Socail Organization of Death = 1992　岩田啓靖・志村哲郎・山田富秋訳，『病院でつくられる死――「死」と「死につつあること」の社会学』，312p.〈289〉
杉原　努　2010　「障害者雇用における合理的配慮――経緯と日本への導入視点」，立命館大学大学院立命館大学大学院先端総合学術研究科 2010 年度博士論文〈849〉
杉野　昭博編　2011　『リーディングス　日本の社会福祉（第 7 巻 障害者と福祉）』，日本図書センター〉

――――　1991a "On Being Silenced in Germany", The New York Review of Books, August 15, 1991：36-42 = 1992　市野川容孝・加藤秀一訳,「ドイツで沈黙させられたことについて」,『みすず』374（1992-5）, 375（1992-6）〈355〉

――――　1991b "When does a Human Life Begin and Why does it Matter ?", 星野・斎藤編［1991］= 1991「ヒトの生涯はいつ始まるか」, 星野・斎藤編［1991：1-13］〈355〉

――――　1992　"A German Attack on Applied Ethics", Journal of Applied Philosophy 9-1：85-92〈355〉

――――　1993　Practical Ethics, 2nd Edition, Cambridge Univ. Press = 1999　山内友三郎・塚崎智監訳,『実践の倫理　新版』, 昭和堂, 456p.（飯田編［1994：69-75］, 飯田編［1994：127-134］に伊勢田哲治・江口聡の第１章・２章の紹介）〈721〉

――――　1994　Rethinking Life & Death, The Text Publishing Company, Melbourne = 1998　樫 則章 訳,『生と死の倫理――伝統的倫理の崩壊』, 昭和堂, 330p.〈355〉

Singer, Peter；Dawson, Karen　1988　"IVF Technology and the Argument from Potential", Philosophy & Public Affairs 17-2：87-104 → 1990　Singer et al. eds.［1990：chap.8］（「科学技術の発達と現代社会 II」運営委員会編［1995：226-228］に林真理の紹介「ＩＶＦ技術と潜在性に よる議論」）〈355〉

Singer, Peter；Kuhse, Helga　1984 "The Future of Baby Doe", New York Review of Books 1 March 1984〈351,355〉

Singer, Peter；Wells, Deane　1984　The Reproduction Revolution：New Ways of Making Babies, Oxford Univ. Press = 1988　加茂直樹訳,『生殖革命――子供の新しい作り方』, 晃洋書房, 324+7p.〈167〉

――――　1985　Making babies：The New Science and Ethics of Conception, C.Scribner's Sons, ix+245p.（revised edition of Singer；Wells［1984］）

Singer, Peter ed.　1985　In Defence of Animals, Blackwell, 224p., Perennial Library, xi+224p.〈355〉

――――　1986　Applied Ethics, Oxford Univ. Press, Oxford readings in philosophy

Singer, Peter et al. eds　1990　Embryo experimentation, Cambridge Univ. Press, xvi+263p.

Skene, L. 1991 "Mapping the Human Genome：Some Thought for Those Who Say 'There Should Be a Law on It'",Bioethics 5-3：233-249（科学技術の発達と現代社会 II」運営委員会編［1995：165-183］に井上兼生・伊勢田哲治の要約）〈526〉

Smith, Adam　1776　An Inquiry into the Nature and Causes of the Wealth of Nations = 1959　大内兵衛・松川七郎訳,『諸国民の富』一～五, 岩波文庫〈423, 813〉

Solomon, Alison 1989 "Infertility as Crisis: Coping, Surviving - and Thriving", Klein ed.［1989:169-187 = 1991:257-286］<295>

Solomon, Robert C.　1983　"Reflection on the Meaning of（Fetal）Life", Bondeson et al. eds.［1983］（飯田編［1987：6-10］に谷口佳津宏の紹介「（胎児の）生命の意味についての考察」）〈358〉

相馬　廣明　1988「胎内治療における倫理的諸問題」, 岡本他編［1988：262-274］〈705, 706〉

曽野　綾子　1980『神の汚れた手』, 朝日新聞社, 上 290p. 下 277p.（1979『朝日新聞』

伝相談に関わる諸問題の検討」，厚生省精神・神経疾患研究依託費　筋ジストロフィーの臨床・疫学及び遺伝相談に関する研究班『筋ジストロフィーの臨床・疫学及び遺伝相談に関する研究　平成6・7年度研究報告 書』：202-203〈711, 722〉

白井　泰子・白井　勲・藤木　典生　1981「人間の生命過程への介入とバイオエシックス（Ⅰ）：出生前診断及び選択的妊娠中絶に対する医師の態度」，『愛知県コロニー発達障害研究所社会福祉学部研究報告』6：1-8〈626, 709〉

―――　1982「人間の生命過程への介入とバイオエシックス（Ⅱ）：出生前診断及び選択的人工妊娠中絶に対するパラメディカル・スタッフの態度」，『同上』7：1-11〈709〉

―――　1983「人間の生命過程への介入とバイオエシックス（Ⅳ）：インフォームド・コンセントの原理――アメリカにおける問題状況の概観」，『同上』8：1-18〈713〉

―――　1985「人間の生命過程への介入とバイオエシックス（Ⅴ）：保因者検索に対する医師の態度」，『同上』10：23-41〈709,714-715〉

―――　1986「人間の生命過程への介入とバイオエシックス（Ⅵ）：体外受精に内在する倫理問題と社会的態度」，『同上』11：13-26〈709〉

白井　泰子・白井　勲・藤木　典生・塚原　玲子　1979a「社会的弱者に対する偏見の構造（Ⅲ）――心身障害児に対する既婚女性の意識」，『同上』4：33-46〈709〉

―――　1979b「社会的弱者に対する偏見の構造（Ⅳ）――心身障害児に対する男子大学生の態度」，『同上』4：47-55〈709〉

―――　1980「社会的弱者に対する偏見の構造（Ⅴ）――選択的妊娠中絶をめぐる諸問題」，『同上』5：19-31〈709〉

白水（しろうず）士郎　2009　「生命・殺生――肉食の倫理，菜食の論理」，鬼頭・福永編［2009：49-66］〈799〉

城山　英巳　2008『中国臓器市場』，新潮社，239p.〈53〉

荘子　邦雄・大塚　仁・平松　義郎編　1972『犯罪の理論と現実』，岩波書店

Singer, Peter　1973 "Animal Liberation", The New York Review of Books April 5th 1973 = 1988　大島保彦・佐藤和夫訳，「動物の生存権」，加藤・飯田編［1988：205-220］，= 1993「動物の解放」，Schrader-Frechette ed.［1991 = 1993：187-207］〈355〉

―――　1975　Animal liberation：a new ethics for our treatment of animals, New York review：distributed by Random House, xvii+301p. = 1988　戸田清訳，『動物の解放』，技術と人間〈355〉

―――　1976 "Freedom and Utilities in the Distribution of Medical Care",Veatch；Branson eds.［1976：175-193］（飯田編［1987：143-145］に今井知正の紹介「医療の配分における自由と効用」）〈292〉

―――　1979　Practical Ethics, Cambridge Univ. Press, viii+237p. = 1991　山内友三郎・塚崎智監訳，『実践の倫理』，昭和堂，344p.〈128, 355, 720〉

―――　1981　The Expanding Circle：Ethics and Sociobiology, Farrar, Straus & Giroux, 190p.,Oxford Univ. Press, Oxford paperbacks〈518〉

―――　1990a "Bioethics and Academic Freedom", Bioethics 4-1：33-44〈355〉

―――　1990b Animal Liberation, 2nd ed., New York Review of Books, Distributed by Random House, xviii+320p.〈355〉

ヤ出版〈349〉
品川　信良　1988a「胎児の医学研究への利用と倫理」，岡本他編［1988：130-140］〈360〉
――――　1988b「体外受精と倫理」，岡本他編［1988：171-186］〈176〉
進藤　雄三　1990『医療の社会学』，世界思想社，238p.〈289〉
進藤　雄三・黒田　浩一郎編　1999『医療社会学を学ぶ人のために』，世界思想社，308p.〈289〉
新村　拓　1996『出産と生殖観の歴史』法政大学出版局，317+8p.〈164〉
しののめ編集部編　1973『強いられる安楽死』，しののめ発行所，53p.〈21〉
篠原　睦治　1987a「なぜ「早期発見・治療」問題に取り組むか――本学会の論争過程をふりかえりつつ」，日本臨床心理学会編［1987：16-60］〈709〉
――――　1987b「科学的産み分け法の諸問題――特に「伴性遺伝病予防」にかかわって」，日本臨床心理学会編［1987：213-246］〈705, 709, 711〉
篠塚　英子　1982『女子労働の経済学』，東洋経済新報社，252p.〈609〉
塩野谷　祐一　1984『価値理論の構造』，東洋経済新報社，480p.〈125〉
――――　1992「コメント」，『法哲学年報』1991：95-97〈112, 124-125〉
――――　2002『経済と倫理――福祉国家の哲学』，東京大学出版会，公共哲学叢書，444p.〈125〉
白井　勲・白井　泰子・藤木　典生　1982「人間の生命過程への介入とバイオエシックス（Ⅲ）：出生前診断の法と倫理――アメリカにおける問題状況の概観」，『愛知県コロニー発達障害研究所社会福祉学部研究報告』7：12-25〈705, 713〉
白井　泰子　1988a「人工妊娠中絶――倫理的諸問題と日本人の態度」，岡本他編［1988：149-160］〈708, 709, 711〉
――――　1988b「医療問題におけるバイオエシックス的視点」，フォーラム実行委員会編［1988：100-124］〈711, 715〉
――――　1989 "Japanese Women's Attitudes toward Selective Abortion：A Pilot Study in Aichi Prefecture", Studies in Humanities（Faculty of Arts, Shinshu Univ.）23：25-36〈709〉
――――　1990a「先端医療に対する社会的態度――生命倫理の問題を中心に」，『心理学評論』33-1：71-85〈709〉
――――　1990b "Attitudes of Buddist Priests toward New Reproductive Technology", Studies in Humanities（Faculty of Arts, Shinshu Univ.）24：27-34〈709〉
――――　1995a「出生前診断と人工生殖――人間生命の始期における人為的介入とその限界」，唄・石川編［1995：237-257］〈709〉
――――　1995b "Prenatal Diagnosis in Japan",『精神保健研究』41：53-60〈708〉
――――　1996「先端技術のクロスオーバーと新たな倫理問題――受精卵の着床前診断を中心として」，『産婦人科の世界』48-7：41-47〈708〉
白井　泰子・藤木　典生・白井　勲　1977「社会的弱者に対する偏見の構造（Ⅰ）――心身障害児に対する女子学生の意識」，『愛知県コロニー発達障害研究所社会福祉学部研究報告』2：9-20〈709〉
白井　泰子・藤木　典生・白井　勲・塚原　玲子　1978「社会的弱者に対する偏見の構造（Ⅱ）――心身障害児に対する未婚男女の意識」，『同上』3：15-25〈709〉
白井　泰子・丸山　英二・土屋　貴志・大澤　真木子　1996「筋ジストロフィーの遺

ティ学（Comparative Minoritology）』4〈436〉
柴谷　篤弘　1960『生物学の革命』，みすず書房，264p.〈799〉
――――　1970『生物学の革命　改訂版』，みすず書房，270p.〈799〉
――――　1973『反科学論――ひとつの知識・ひとつの学問をめざして』，みすず書房，312p.〈799〉
柴谷　篤弘・長野　敬・養老　孟司編　1991『進化思想と社会』（講座進化2），東京大学出版会，236p.
島田　燁子　1992『新版　生命の倫理を考える』，北樹出版，185p.〈446〉
渋谷 光美　2012「社会福祉サービスとしての家庭奉仕員（ホームヘルパー）制度の変遷」，立命館大学大学院先端総合学術研究科2011年度博士論文〈849〉
島薗　進　2006『いのちの始まりの生命倫理――受精卵・クローン胚の作成・利用は認められるか』，春秋社, 326p.〈846〉
嶋津　格　1987「生と死の倫理と戦略」，長尾・米本編［1987：184-201］〈616, 717〉
――――　1992「所有権は何のためか」，『法哲学年報』1991：58-76〈112, 127〉
清水　幾太郎編　1980『コント・スペンサー』，中央公論社，世界の名著46，494p.
清水　昭美　1964『生体実験――小児科看護婦の手記』，三一新書，217p.〈447〉
――――　1979『増補　生体実験――安楽死法制化の危険』，三一書房，286p.〈447〉
――――　1994「「人間の価値」と現代医療」，神奈川大学評論編集専門委員会編［1994：200-233］〈290〉
清水　哲郎　1997『医療現場に臨む哲学』，勁草書房，246p.〈361〉
――――　2000『医療現場に臨む哲学Ⅱ――ことばに与る私たち』，勁草書房，201p.〈361〉
――――　2005「医療現場における意思決定のプロセス――生死に関わる方針選択をめぐって」，『思想』976（2005-8）：4-22〈361〉
清水　哲郎・伊坂　青司　2005『生命と人生の倫理』，放送大学教育振興会，発売：日本放送出版協会，193p.〈57〉
清水　哲郎・島薗　進編　2010『ケア従事者のための死生学』，ヌーヴェルヒロカワ，420p.
霜田　求　2000「生命と死をめぐる実践的討議――障害新生児の安楽死問題を手がかりにして」，川本・高橋編［2000：053-075］〈350〉
――――　2003「生命の設計と新優生学」，『医学哲学・医学倫理』21：31-45.〈445〉
下地 真樹　2007「性的自由と買売春」，『女性学』14：40-55〈55〉
下川　潔　1992a「ジョン・ロックのプロパティ概念」，『イギリス哲学研究』（日本イギリス哲学会編）15：5-17〈112〉
――――　1992b「いわゆる「自己所有」原理の考察」，『創文』335（1992-8）：1-5〈112〉
――――　2000『ジョン・ロックの自由主義政治哲学』，名古屋大学出版会，322+57p.〈112〉
下坂　英　1984「「モンキー裁判」再考――アメリカ進化思想史の裏面」，渡辺編［1984：231-250］〈435〉
品川　哲彦　1989「新しい生殖技術と社会」，塚崎・加茂編［1989：188-205］〈168〉
――――　1992「先端医療と哲学」，中川編［1992：192-215］〈358〉
――――　2007『正義と境を接するもの――責任という原理とケアの倫理』，ナカニシ

芹沢　俊介　1985「死の行進——「エホバの証人」の輸血拒否事件」,『正論』1985-8 →1987　芹沢［1987：45-62］〈289〉

———　1987『システムの贈りもの——高度大衆社会における欲望』, 筑摩書房

Searle, G. R. 1976 Eugenics and Politics in Britain：1900-1914, Leiden：Noord-hoff International Publishing〈431〉

———　1979 "Eugenics and Politics in Britain in the 1930s", Annals of Sciences 36：159-169〈445〉

Sells, Robert A. 1989 "Ethics and Priorities of Organ Procurement and Allocation", Transplantation Proceedings 21-1：1391-1394（加藤・飯田編［1990：72-76］に小澤直子の紹介「臓器移植とその割り当てにおける倫理性と優先性」）〈53〉

Sen, Amartya　1970 "The Impossibility of a Paretian Liberal", Journal of Political Economy 78→1982　Sen［1982：285-290］= 1989「パレート派リベラルの不可能性」, Sen［1982 = 1989：1-14］〈123〉

———　1973　On Economic Inquality, Oxford Univ. Press = 1977　杉山武彦訳,『不平等の経済理論』, 日本経済新聞社〈124〉

———　1976 "Liberty, Unanimity and Rights", Economica 43→1982　Sen［1982：291-326］= 1989「自由・全員一致・権利」, Sen［1982 = 1989：36-119］〈123〉

———　1982　Choice, Welfare and Measurement, Basil Blackwell = 1989　大庭健・川本隆史訳,『合理的な愚か者——経済学＝倫理学的探究』（６本の論文を訳出）, 勁草書房, 295+10p.

先天性四肢障害児父母の会編　1982a『シンポジウム先天異常　Ⅰ——人類への警告』, 批評社, 278p.〈725〉

———　1982b『シンポジウム先天異常　Ⅱ——いのちを問う』, 批評社, 230p.〈725〉

シリーズ生命倫理編集委員会編　2013『生命倫理のフロンティア』, 丸善出版, , シリーズ生命倫理・20, 212p.

社会評論社編集部編　1983『女の性と中絶——優生保護法の背景』, 社会評論社, 285p.〈362〉

Shand, Alexander H.　1990　Free Market：The Political Economy of the Austrian School, Routledge = 1994　中村秀一・池上修訳,『自由市場の道徳性』, 勁草書房, 379+27p.〈112〉

Shannon, T. A. ed. 1976 Bioethics, Paulist Press

Shapiro, Robert　1991　The Human Blueprint　St.Martin's Press = 1993　中原英臣訳『ゲノム＝人間の設計図をよむ』, 349p.〈528, 729-730〉

Shelley, Mary　1818 Frankenstein；or, the Modern Prometheus = 1984　森下弓子訳,『フランケンシュタイン』, 創元社推理文庫, 329p.〈294〉

Shewmon, D. Allan；Capron, Alexander M.；Peacock, Warwick J.；Shulman, Barbara L. 1989 "The Use of Anencephalic Infants as Organ Sources：A Critique", JAMA 261-12（March 24/31）：1773-1781（加藤・飯田編［1990：77-83］に土屋貴志の紹介「無脳症児の臓器提供源としての利用——ひとつの批判）〈360〉

柴田　洋弥・尾添　和子　1992『知的障害をもつ人の自己決定を支える——スウェーデン・ノーマリゼーションのあゆみ』, 大揚社, 184p.〈291〉

柴田 哲雄　2013「国家的危機における優生学——永井潜と潘光旦」,『比較マイノリ

佐藤　達哉　1997 『知能指数』，講談社現代新書 1340，198p.〈439〉

佐藤　健生　1993 「過去の克服――ナチス医学の犠牲者への補償」（ドイツの戦後補償に学ぶ6・7），『法学セミナー』461（1993-5）：18-22, 462（1993-6）：44-49〈448〉

佐藤　俊樹　1993 『近代・組織・資本主義――日本と西欧における近代の地平』，ミネルヴァ書房，336+16p.〈421〉

澤野　雅樹　1994 『癩者の生――文明開化の条件としての』，青弓社，209p.〈438〉

澤登　俊雄編　1997 『現代社会とパターナリズム』，ゆみる出版，253p.〈179〉

Saxton, Marsha　1984 「生まれる子と生まれない子――障害者に対する生殖技術の適用」，Arditi et al. eds.［1984 = 1986：127-146］〈714〉

――――　1988 "Prenatal Screening and Discriminatory Attitudes about Disability", Baruch et al. eds.［1988：217-224］〈714〉

Sayers, Janet　1982 Biological Politics：Feminist and Anti-Feminist Perspectives, Tavistock, 242p.〈523〉

Scheff, Thomas J. 1966 Being Mentally Ill：Sociological Theory, Aldine = 1979　市川孝一・真田孝昭訳，『狂気の烙印』，誠信書房〈512〉

Schrader-Frechette, K. S.　1991a ““Frontier Ethics” and “Lifeboat Ethics””, Schrader-Frechette ed.［1991］= 1993　浜岡剛訳，「フロンティア（カウボーイ）倫理」と「救命ボート倫理」，Schrader-Frechette ed.［1991 = 1993：54-80］〈126〉

――――　1991b ““Spaceship Ethics””, Schrader-Frechette ed.［1991］= 1993　伊藤徹訳，「宇宙船倫理」，Schrader-Frechette ed.［1991 = 1993：81-100］〈126〉

Schrader-Frechette, K. S. ed.　1991 Environmental Ethics, 2nd ed., Boxwood Press,（1st ed. 1981）= 1993　京都生命倫理研究会訳，『環境の倫理』，晃洋書房，上・下　683p.〈284〉

瀬地山　角　1992 「よりよい性の商品化に向けて」，江原編［1992：45-91］〈53〉

生命環境倫理ドイツ情報センター編　2007 『エンハンスメント――バイオテクノロジーによる人間改造と倫理』，知泉書店，174p.〈846〉

盛山　和夫　1995 『制度論の構図』，創文社，287+22p.〈57〉

盛山　和夫・海野　道郎編　1991 『秩序問題と社会的ジレンマ』，ハーベスト社，280+29p.〈57, 126〉

青海　恵子　1996 「障害者に対する漠然とした不安と恐怖――優生思想の正体」，『インパクション』97：6-13〈711〉

生命倫理研究会生殖技術研究チーム　1992 『出生前診断を考える――1991年度生殖技術研究チーム研究報告書』，生命倫理研究会，194p.〈451, 708, 724〉

生命操作事典編集委員会編　1998 『生命操作事典』，緑風出版，489p.〈845〉

生命操作を考える市民の会編　1998 『生と死の先端医療――いのちが破壊される時代』，部落解放・人権研究所，211p.〈845〉

生殖医療技術をめぐる法的諸問題に関する研究プロジェクト　1994 「生殖に関する医療的技術（生殖医療技術）の適正利用および濫用規制に関する勧告」，『ジュリスト』1045：105-114〈175〉

盛山　和夫・土場　学・野宮　大志郎・織田　輝哉編　20050825 『〈社会〉への知／現代社会学の理論と方法（上）――理論知の現在』，勁草書房，201p.

関　嘉彦編　1967 『ベンサム／J．S．ミル』（世界の名著38），中央公論社

櫻井　浩子　2010 「重症新生児の治療方針決定における合意形成に関する研究」, 立命館大学大学院先端総合学術研究科 2009 年度博士論文〈350, 849〉
櫻井　悟史　2011 『死刑執行人の日本史――歴史社会学からの接近』, 青弓社, 213p. 〈807〉
桜井 哲夫　1975 「民主主義と公教育――フランス第三共和制における『業績』と『平等』」, 『思想』618（1975-12）: 72-92〈367, 383, 426〉
――――　1984 『「近代」の意味――制度としての学校・工場』, 日本放送出版協会, NHK ブックス 470, 218p.〈426, 427〉
――――　1993 「ダーウィニズムは政治的である――ダーウィニズムのフランス的展開」, 『現代思想』21-2 : 127-133〈436〉
桜井　徹　1989 「所有の観念における労働と合意」, 『一橋論叢』102-1 : 123-134〈112, 114〉
――――　1990 「私的所有の道徳的根拠――労働所有論とコンヴェンショナリズム」, 『一橋研究』15-2 : 21-48〈112〉
――――　1994 「環境危機と「隠された宗教」――近代的所有観念の一素地」, 加茂・谷本編［1994 : 76-95］〈112〉
――――　2007 『リベラル優生主義と正義』, ナカニシヤ出版, 260p.〈445〉
桜井　裕子　1991 「女性と不妊治療――アンケート調査」, お茶の水女子大学生命倫理研究会［1991 : 98-117］〈167〉
――――　1992 「不妊治療を受けた経験者は語る」, お茶の水女子大学生命倫理研究会［1992 : 9-39］〈167〉
真田　孝昭　1985 「知能理論と優生思想」, 『臨床心理学研究』23-1 : 54-63〈260〉
Sandel, Michael J.　2007　The Case against Perfection : Ethics in the Age of Genetic Engineering, Belknap Press of Harvard University Press = 2010　林 芳紀・伊吹友秀 訳, 『完全な人間を目指さなくてもよい理由――遺伝子操作とエンハンスメントの倫理』, ナカニシヤ出版, 194p.〈847〉
佐野　さよ子　1989 『ぼく高校へ行くんだ――「0点」でも高校へ』, 現代書館, 206p.〈616〉
Sartorius, Rolf ed. 1983 Paternalism, Univ. of Minnesota〈178〉
佐々木　毅　1984 『現代アメリカの保守主義』, 岩波書店→1993　岩波書店, 同時代ライブラリー 160, 267p.（第 7 章削除・補章追加）〈115, 298〉
笹澤　豊　1993 『〈権利〉の選択』, 勁草書房, 248p.〈524〉
笹月　健彦　1985 「医療技術の進歩が人類の遺伝形質に与える影響」, 厚生省健康政策局医事課編［1985 : 70-83］〈523〉
佐藤　章・遠藤　力・小野木　哲・藤森　敬也　1995 「出生前診断における検査法の現状」, 『Medical Technologies』23-1 : 5-13〈707〉
佐藤 純一・黒田 浩一郎編　1998 『医療神話の社会学』, 世界思想社, 247p.〈289〉
佐藤　和夫　1988 「いのちを決める」, 佐藤・伊坂・竹内［1988 : 17-64］〈709〉
佐藤　和夫・伊坂　青司・竹内　章郎　1988 『生命の倫理を問う』, 大月書店, 238p.
佐藤　孝道　1999 『出生前診断――いのちの品質管理への警鐘』, 有斐閣, 273p.〈□〉
佐藤　孝道編　1996 『染色体以上の出生前診断と母体血清マーカー試験』, 新興医学出版社, 124p.〈707, 708, 711〉

23-44］〈705〉

―――― 1996「受精卵の着床前遺伝子診断の社会倫理的問題点」，『助産婦雑誌』50-8：60-66（668-674）〈708〉

斎藤　有紀子・柘植　あづみ　1993「解説」，Corea［1985 = 1993：387-409］〈166-167〉

齋藤　有紀子編　2002『母体保護法とわたしたち――中絶・多胎減数・不妊手術をめぐる制度と社会』，明石書店，271p.〈451, 845〉

才津　芳昭　1993「測ることと試すこと――心理テストの誕生」，『現代思想』21-12（1993-11）：224-239〈439〉

酒井　眞知江　1987a「アメリカ代理ママ事件を追って」，『婦人公論』72-2：352-359〈174〉

―――― 1987b「ルポ代理母出産繁盛記――引き受けるのは貧しい母親たち」，『朝日ジャーナル』29-19：108-111〈174〉

坂井　めぐみ　2013「日本の再生医療研究への当事者団体の関わり――日本せきずい基金をめぐって」，立命館大学大学院先端総合学術研究科2012年度博士予備論文〈847, 850〉

酒井　直樹　1996『死産される日本語・日本人――「日本」の歴史－地政的位置』，新曜社，300p.〈724〉

坂井　律子　1999『ルポルタージュ出生前診断――生命誕生の現場に何が起きているのか』，NHK出版，294p.〈845〉

坂井　律子・春日　真人　2004『つくられる命―― AID・卵子提供・クローン技術』，日本放送出版協会, 254p.〈2004〉

坂上　孝　1984「監視と規律――近代化と家族」，『思想』716（1984-2）：81-102〈423, 426〉

坂上　孝編　1985『1848――国家装置と民衆』，ミネルヴァ書房

境屋　純子　1992『空飛ぶトラブルメーカー』，教育史料出版会，235p.〈727〉

坂本　百大　1996a「遺伝医学と環境倫理――アジア的生命倫理の可能性」，加藤・高久編［1996：153-172］〈288〉

―――― 1996b「地球型社会の生命倫理をめざして」，『日本生命倫理学会第八回年次大会プログラム・抄録集』：39〈288〉

坂本　多加雄　1991『市場・道徳・秩序』，創文社，323p.〈427〉

坂本　優子　1985「スウェーデン人工授精法――人工授精子の父性確定と生物学上の父の身元を知る権利をめぐって」，『六甲台論集』32-2：88-116〈172〉

榊原　胖夫　1969「産業主義とソーシャル・ダーウィニズム」，斉藤編［1969：161-190］〈429, 434〉

坂元　ひろ子　2004『中国民族主義の神話――人種・身体・ジェンダー』，岩波書店，272p.〈436〉

坂田　勝彦　2012『ハンセン病者の生活史――隔離経験を生きるということ』，青弓社，238p.〈438〉

佐倉　統　1990「社会生物学論争，日本の現状――人間社会生物学を中心に」，『生物科学』42-1：1-14〈518〉

―――― 1992『現代思想としての環境問題――脳と遺伝子の共生』，中公新書1075，187p.〈284〉

Ryan, Alan 1987 Property, Open Univ. Press = 1993 森村進・桜井徹訳,『所有』, 昭和堂, 220p. 〈112〉

[S]

定藤 邦子 2011 『関西障害者運動の現代史——大阪青い芝の会を中心に』, 生活書院, 344p. 〈848〉

Sade, Robert 1974 "Is Health Care a Right ?", Image 7:11-18(飯田編 [1988:129-133] に江黒忠彦の解説)〈291〉

佐伯 みか・山崎 喜比古 1996 「末期患者の意向尊重をめぐる医師の役割認知に関する研究」,『保健医療社会学論集』7:26-36〈289〉

斉木 純子 1996 「教育システムのあり方を考える」, 千葉大学文学部社会学研究室 [1996:324-333]〈361〉

最首 悟 1980 「汝以後, 思いわずらうことなかるべし」,『障害者教育ジャーナル』(現代ジャーナリズム研究会)6→最首 [1984:69-80]〈620, 724〉

——— 1984 『生あるものは皆この海に染まり』, 新曜社, 378p.〈727〉

——— 1986 「家族のきずな——障害児の親の立場から」, 芹沢他 [1986:123-162]〈727〉

——— 1988 『明日もまた今日のごとく』, どうぶつ社, 246p.〈727〉

——— 1990 「東欧社会主義体制崩壊にみる『私』と『平等』」,『季刊子どもと健康21』1990-5(労働教育センター)→1998 「『平等』の概念」(改題), 最首 [1998:297-399]〈51〉

——— 1998 『星子が居る——言葉なく語りかける重複障害者の娘との20年』, 世織書房, 444p.〈727〉

——— 2009 「「いのち」の軽さ」, 高草木編 [2009:199-215]〈802〉

最首 悟・丹波 博紀編 2007 『水俣五〇年——ひろがる「水俣」の思い』, 作品社, 368p.

最首 悟・立岩 真也 2009 「対論」, 高草木編 [2009:225-231]〈803-805〉

斎藤 明子 訳 1991 『アメリカ障害者法 全訳・原文』, 現代書館, 84p.〈611〉

齋藤 純子 1991 「胚保護法」,『外国の立法』30-3:99-107〈171, 172〉

斉藤 真編 1969 『機会と成功の夢——農本主義から産業主義へ』(講座アメリカの文化3), 南雲堂

斎藤 光 1991 「優生学史研究覚え書き——三つの視点」,『京都精華大学紀要』1:294-339〈437, 452, 727〉

——— 1993a「『智育體育遺伝教育論』を考える——日本優生学史の一コマ?」,『京都精華大学紀要』5:168-204〈437〉

——— 1993b「〈20年代・日本・優生学〉一局面」,『現代思想』21-7:128-139〈437〉

斎藤 茂男 1985 『生命かがやく日のために』, 共同通信社, 278p.〈352〉

斎藤 隆雄 1985 『試験官ベビーを考える』, 岩波書店, 180p.〈165〉

齊藤 拓 2010a 「政治哲学的理念(イデオロギー)としてのベーシックインカム」, 立岩・斎藤 [2010:189-281]〈792, 829〉

——— 2010b「日本のBIをめぐる言説」, 立岩・斎藤 [2010:283-325]〈829〉

斎藤 有紀子 1992 「日本の遺伝相談」, 生命倫理研究会・生殖技術研究チーム [1992:

Robertson, John A. 1990 "Procreative Liberty and the State's Burden of Proof in Regulating Noncoital Reproduction", Gostin ed. [1990：24-42]〈183〉

Rieff, David 2008　Swiming in a Sea of Death：A Son's Memoir, Simon & Schuster, Inc. = 2009　上岡 伸雄 訳,『死の海を泳いで――スーザン・ソンタグ最期の日々』, 岩波書店, 178p.〈807,808〉

Roemer, John E.　1994　A Future for Socialism　Harvard University Press = 1997　伊藤誠訳,『これからの社会主義――市場社会主義の可能性』, 青木書店, 206+8p.〈114〉

――――　1996　Theories of Distributive Justice　Harvard University Press = 2001　木谷忍・川本隆史訳,『分配的正義の理論――経済学と倫理学の対話』, 木鐸社, 388p.〈114〉

Rollin, Bernard E. 1995 The Franken Syndrome：Ethical and Social Issues in the Genetic Engineering of Animals, Cambredge Univ. Press (「科学技術の発達と現代社会Ⅱ」運営委員会編 [1996：106-114] に chap.1 There are certain things human were not meant to do の渡辺啓真による紹介「人間には、してはならないことがある」)〈294〉

Rosenberg, Steven A.；Barry, John M. 1992 The Transformed Cell：Unlocking the Mysteries of Cancer = 1993　村松潔訳,『ガンの神秘の扉をひらく――遺伝子治療の最前線から』, 文藝春秋, 475p.〈705〉

Rosenblatt, Roger　1992　Life Itself, Random House = 1996　くぼたのぞみ訳,『中絶――生命をどう考えるか』, 晶文社, 250p.〈361〉

Rothbard, Murray Newton　1998　The Ethics of Liberty, New York Univ Press = 2003　森村進・森村たまき・鳥澤円訳,『自由の倫理学――リバタリアニズムの理論体系』, 勁草書房, 332+80p.〈115〉

Rothenberg, Caren H.；Thomson, Elizabeth J. eds. 1994 Women & Prenatal Testing：Facing Challenges of Genetic Technology, Ohio State Univ. Press = 1996　堀内成子・飯沼和三監訳,『女性と出生前検査――安心という名の幻想』, 日本アクセル・シュプリンガー出版, 374p.〈713〉

Rothman, David J.　1991　Strangers at the Bedside：A History of How Law and Bioehtics Transformed, Basic Books = 2000 酒井忠昭監訳,『医療倫理の夜明け――臓器移植・延命治療・死ぬ権利をめぐって』, 晶文社, 371+46p.〈57, 447〉

Rotenberg, Mordichai 1978　Damnation and Deviance：The Protestant Ethic and the Spirit of Failure, Free Press〈522〉

Rothman, Barbara Katz 1984「生殖技術と女の選択」, Arditi et al.eds. [1984 = 1986：7-22]〈714〉

――――　1986 The Tentative Pregnacy：Prenatal Diagnosis and the Future of Motherhood, Pandora Press〈182, 714〉

――――　1989　Recreating Motherhood：Ideology and Technology in a Patriarchal Society, W.W.Norton = 1996　広瀬洋子訳,『母性をつくりなおす』, 勁草書房, 264+20p.〈363〉

――――　1994 = 1996「仮の妊娠――過去そして現在」, Rothenberg；Thomson eds. [1994 = 1996：297-314]〈713-714〉

1996：216-240]〈712〉
Proctor, Robert N.　1988　Racial Hygiene：Medicine under Nazis, Harvard Univ. Press, 422p.〈443〉
――――　1992　"Genomics and Eugenics：How Fair Is the Comparison ?", Annas；Elias eds.［1992：57-93］（「科学技術の発達と現代社会 II」運営委員会編［1995：151-158］に坂野徹の紹介）〈294,526〉
Pross, Christian；Aly, Gotz eds. 1989　Der Wert des Menschen：Medizin in Deutschland 1918-1945, Edition Hentrich Berlin = 1993　林功三訳,『人間の価値――1918年から1945年までのドイツ医学』, 風行社, 144p.〈441〉
Puccetti, Roland 1982　"The Life of a Person", Bondeson et al. eds.［1982］= 1988「〈ひと〉のいのち」, 加藤・飯田編［1988：33-46］〈357〉

［R］

Rachels, James　1975　"Active and Passive Euthanasia",The New England Journal of Medicine 292-2（jan.9,1975）= 1988「積極的安楽死と消極的安楽死」, 加藤・飯田編［1988：113-121］〈354〉
――――　1986　The End of Life：Euthanasia and Morality, Oxford Univ. Press = 1991　加茂直樹監訳,『生命の終わり――安楽死と道徳』, 晃洋書房, 389p.〈313, 351, 353-354, 356〉
――――　1999　The Elements of Moral Philosophy, Third Edtion,　The McGraw-Hill = 2003　古牧 徳生・次田 憲和訳　『現実をみつめる道徳哲学――安楽死からフェミニズムまで』, 晃洋書房, 233p.〈354〉
Ramez, Naam　2005　More than Human：Embracing The Promise ofBiological Enhancement, Random House, Inc = 2006　西尾 香苗 訳　『超人類へ！――バイオとサイボーグ技術がひらく衝撃の近未来社会』, 河出書房新社, 304p.〈766, 847〉
Ramsey, Paul 1970a Fabricated Man：The Ethics of Genetic Control〈436〉
――――　1970b "Human Lottery ?", in his The Patient as Person, Yale Univ. Press（飯田編［1988：155-158］に坂井昭宏の解説）〈292〉
――――　1973　"Screening：An Ethicist's View", Hilton et al. eds.［1973］〈713〉
Rapp, Rayna　1994 = 1996「女性の心理反応と価値観の多様性」, Rothenberg；Thomson eds.［1994 = 1996：241-260］〈712〉
Rawls, John　1971　A Theory of Justice,　Harvard Univ. Press = 1979　矢島鈞次・篠塚慎吾・渡辺茂訳,『正義論』, 紀伊國屋書店, 482p.〈474, 524〉
――――　1979　田中成明・深田三徳・岩倉正博・守屋明・平野仁彦訳,『公正としての正義』, 木鐸社, 338p.〈474〉
――――　1999　A Theory of Justice, revesed edition = 2010　川本隆史・福間聡・神島裕子訳『正義論　改訂版』, 紀伊國屋書店, 844〈524〉
Raymond, Janis G.　1991　"Women as Wombs", Ms.Magazine = 1991　青海恵子訳「生殖ビジネスの危険性」,『婦人公論』76-11：150-157〈148, 181〉
Reagan, Tom　1974　The Case for Animal Rights〈286〉
――――　1993　"Animal Rights, Human Wrong", Zimmerman et al. eds.［1993］〈286〉
Reagan, Tom ed. 1980 Matters of Life and Death, Ramdom House

[P]

Parsons, T. ; Shils, E. A. eds. 1951 Toward a General Theory of Action, Harvard Univ. Press = 1960　永井道雄・作田啓一・橋本真訳, 『行為の総合理論をめざして』, 日本評論社 〈52〉

Paul, Diane 1984　"Eugenics and the Left", Journal of the History of Ideas = 1993　斎藤光・松原洋子訳, 「優生学と左翼」, 『現代思想』 21-2 : 224-246 〈435〉

Paul, E. F.et al. eds. 1986 Marxism and Liberalism, Basil Blackwell

Paul, Jeffrey　1984　"Rawls on Liberty" = 1987　佐藤正志訳, 「ロールズ」, Pelczynski ; Gray eds. [1984 = 1987 : 461-483] 〈524〉

Paul, Jeffrey ed. 1981 Reading Nozick : Essays on Anarchy, State and Utopia, Basil Blackwell 〈115〉

Pearson, Christopher 1991 Beyond the Welfare State ?, Basil Blackwell = 1996　田中浩・神谷直樹訳, 『曲がり角にきた福祉国家』, 未来社, 435p.　3914 〈537〉

Pelczynski, Zbigniew ; Gray, John eds. 1984 Conceptions of Liberty in Political Philosophy, London, The Athlone Press = 1987　飯島昇藏・千葉眞他訳, 『自由論の系譜』, 行人社, 520+4p.

Phelps, E. S.　1972　"The Statistical Theory of Racism and Sexism", American Economical Review Sept.1972 : 659-661 〈610〉

ぽれぽれくらぶ　1995　『今どきしょうがい児の母親物語』, ぶどう社, 150p. 〈727〉

Pogge, Thomas W.　2008 World Poverty and Human Rights : Cosmopolitan Responsibilities and Reforms, second expanded edition, Cambridge, Polity Press. = 2010　立岩真也監訳／安部彰・池田浩章・石田知恵・岩間優希・齊藤拓・原佑介・的場和子・村上慎司 訳, 『なぜ遠くの貧しい人への義務があるのか――世界的貧困と人権』, 生活書院, 423p. 〈614〉

Potter, Van Rensslaer　1970 "Bioethis : The Science of Survial", Persp. Biol. Med.14-1 : 127-153 〈56〉

――――　1971　Bioethics, Bridge to the Future, Prentice-Hall = 1974　今堀和友・小泉仰・斎藤信彦訳, 『バイオエシックス――生存の科学』, ダイヤモンド社 〈56〉

――――　1988　Global Bioethics : Building on the Leopold Legacy, Michigan State Univ. Press 〈56〉

Potts, Malcolm ; Diggory,Peter ; Peel, John 1977　Abortion, Cambridge Univ. Press = 1985　池上千寿子・根岸悦子訳, 『文化としての妊娠中絶』, 勁草書房, 534p. 〈361〉

Presidnt's Commission for the Study of Ethical Problems in Medicine and Biomedical and Behavioral Research 1982　Making Health Care Decisions : A Report on the Ethical and Legal Implications of Informed Consent in the Patient-Practioner Relationship 〈447〉

――――　1983　Summing-Up : Final Report on Studies of the Ethical and Legal Problems in Medicine and Biomedical and Behavioral Resarch = 1984　厚生省医務局医事課監訳, 『アメリカ大統領委員会　生命倫理総括レポート』, 篠原出版, 166p. 〈448〉

Press, Nancy Anne ; Browner, Carol H.　1994 = 1996 「妊婦たちの沈黙とフィクション――出生前診断がルーチン化されるまで」, Rothenberg ; Thomson eds. [1994 =

の不妊治療』，はる書房，306p.〈707〉

大谷　實　1985『いのちの法律学――脳死・臓器移植・体外受精』，筑摩書房，214p.〈709, 711, 719〉

――――　1990『医療行為と法［新版］』弘文堂，弘文堂法学選書 11，309p.〈711〉

岡田　雅勝　1987「功利主義の原理とパターナリズム」，飯田編［1987：53-68］〈178〉

岡原　正幸　1987「感情経験の社会学的理解」，『社会学評論』38-3（151）：17-31（321-335）〈619〉

――――　1990a「制度としての愛情――脱家族とは」，安積他［1990：75-100］→ 1995a 安積他［1995：75-100］〈612〉

――――　1990b「コンフリクトへの自由――介助関係の模索」，安積他［1990：121-146］→ 1995b　安積他［1995：121-146］〈612〉

――――　1998『ホモ・アフェクトス――感情社会学的に自己表現する』，世界思想社，285p.〈618〉

岡原　正幸・立岩　真也　1990「自立の技法」，安積他［1990：147-164］→ 1995　安積他［1995：147-164］〈61, 715, 723-724〉

岡原　正幸・山田　昌弘・安川　一・石川　准　1997『感情の社会学――エモーション・コンシャスな時代』，世界思想社，世界思想ゼミナール，236p.〈619〉

岡本　春一　1987『フランシス・ゴールトンの研究』，ナカニシヤ出版，292p.〈430〉

岡本　直正・馬場　一雄・古庄　敏行編　1988『医療・医学研究における倫理の諸問題』，東京医学社，376p.

尾近　裕幸　2000「経済的リバタリアニズム」，有賀・伊藤・松井編［2000：040-060］〈115〉

屋　繁男　1993「臓器移植と市民社会の理念」，『ソシオロゴス』17：92-109〈361〉

奥田　純一郎　2006「死の公共性と自己決定権の限界」，井上編［2006：330-348］〈55〉

――――　2008「プライバシーと自己決定」，高橋・八幡［2008：158-176］〈55〉

奥山　敏雄　1994「医療システムの中核としての医師－患者関係」，『社会学ジャーナル』19：72-99〈448〉

――――　1995「がん告知問題への視座」，『社会学ジャーナル』20：140-152〈289〉

小俣 和一郎　1995『ナチスもう一つの大罪――安楽死とドイツ精神医学』，人文書院，266p.〈443, 449〉

――――　1997『精神医学とナチズム――裁かれるユング、ハイデガー』，講談社現代新書，196p.〈443〉

――――　2003『検証　人体実験――731 部隊・ナチ医学』，第三文明社，245p.〈443〉

小俣　和一郎・市野川　容孝　1996「現代医療とナチズム――イデオロギー・自己決定・精神病理学」（対談），『imago』7-10：145-159〈291〉

小野　滋男　1995「生殖技術」，今井・香川編［1995：82-101］〈168〉

小内 透　1995『再生産論を読む――バーンスティン、ブルデュー、ボールズ＝ギンティス、ウィリスの再生産論』，東信堂，291p.〈522〉

小澤　勲　1974『反精神医学への道標』，めるくまーる社，312p.〈442〉

小沢　牧子　1987「産む性の問題としての早期発見・早期治療」，日本臨床心理学会編［1987：325-367］〈364〉

（講演），『臨床心理学研究』20-3：87-101〈709〉
大西　巨人　1980「破廉恥漢渡辺昇一の面皮を剥ぐ」，『社会評論』29〈709〉
大野 明子編　2003『子どもを選ばないことを選ぶ――いのちの現場から出生前診断を問う』，メディカ出版，209p.〈845〉
大野　真由子　2012「複合性局所疼痛症候群患者の支援に関する一考察――認められない」病いの現状と課題」，立命館大学大学院立命館大学大学院先端総合学術研究科 2011 年度博士論文〈849〉
大沢 真理　1986『イギリス社会政策史――救貧法と福祉国家』，東京大学出版会〈423〉
大澤　真幸　1990「環境倫理の未来」→1991　大澤［1991：304-333］（最終部を加筆）〈286〉
――――　1991『資本主義のパラドックス』，筑摩書房，348p.
――――　1996a「語ることの（不）可能性」，『現代思想』24-5：292-304〈721〉
――――　1996b「社会学を駆動する問い」，大澤編［1996：171-188］〈57〉
大澤　真幸編　1996『社会学のすすめ』，筑摩書房，198p.
太田　素子　1991「少子化と近世社会の子育て――マビキの社会史」，上野他編［1991a：163-179〈365〉
太田　竜　1986『日本エコロジスト宣言――万類共尊の地球へ』，新泉社，256p.〈432〉
太田　省一　1988「臨床医としての知識人――Foucault の立脚点について」，『ソシオロゴス』12：130-148〈428〉
――――　1989「「健康」の近代的位相――衛生・家族・臨床」，『ソシオロゴス』13：1-17〈428〉
――――　1990「「衛生」の近代的展開――生物学的身体の歴史的意味について」，『ソシオロゴス』14：164-177〈428〉
――――　1992a「19 世紀人口問題の展開」，『相関社会科学研究』2･3：49-63〈428〉
――――　1992b「優生学の場所――人口と家族との関係について」，『年報社会学論集』5：73-84〈428, 434, 437〉
太田　省一編　1997『分析・現代社会――制度／身体／物語』，八千代出版，308p.
大田　静雄　1983『試験官の中の子どもたち』，三一書房，212p.〈165〉
太田　典礼　1967『堕胎禁止と優生保護法』，人間の科学社〈290〉
太田　典礼・渡部　淳一　1972「安楽死はどこまで許されるのか」，『暮らしと健康』27-9→1974　長谷川泉編［1974：168-176］〈290〉
大谷　いづみ　2005「生と死の語り方――「生と死の教育」を組み替えるために」川本隆史編［2005：333-362］
――――　2006「「尊厳死」言説の誕生」，立命館大学大学院先端総合学術研究科 2005 年度博士学位請求論文〈848〉
――――　2010a「「尊厳死」思想の淵源――J・フレッチャーの anti-dysthanasia 概念とバイオエシックスの交錯」，小松他編［2010：207-233］〈116〉
――――（OTANI Izumi）2010b "'Good Manner of Dying' as a Normative Concept：'Autocide,' 'Granny Dumping' and Discussions on Euthanasia/Death with Dignity in Japan," International Journal of Japanese Sociology 19（1）：49-63〈848〉
大谷　通高・櫻井　悟史　2004-「犯罪／刑罰」http：//www.arsvi.com/d/c01.htm〈116〉
大谷　徹郎・遠藤　直哉　2005『はじまった着床前診断――流産をくり返さないため

小熊　勢記　1996 「シンポジウム「カントと生命倫理」――質疑・応答のあらましと全体のまとめ」，土山他編［1996：83-104］〈366〉
小倉　利丸　1990 『搾取される身体性――労働神話からの離脱』，青弓社，233p.〈613〉
小倉　利丸・大橋　由香子　1991 『働く／働かない／フェミニズム――家事労働と賃労働の呪縛?!』，青弓社，341p.〈369〉
大庭　健　1989 『他者とは誰のことか――自己組織システムの倫理学』，勁草書房，367p.〈194〉
――――　1990 「平等の正当化」，市川他編［1990b：227-313］〈611〉
――――　2004 『所有という神話――市場経済の倫理学』，岩波書店，286+3p.〈611〉
大庭　健・鷲田　清一編　2000 『所有のエチカ』，ナカニシヤ出版，叢書思想のフロンティア，243p.
大林　雅之　1993 『新しいバシオエシックスに向かって――生命・科学・倫理』，北樹出版，175p.〈57〉
大石 眞・毛利 透・土井 真一編　2010 『各国憲法の差異と接点――初宿正典先生還暦記念論文集』，成文堂，720p.〈□〉
大鐘 稔彦　1998 『無輸血手術――"エホバの証人"の生と死』，さいろ社，235p.〈289-290〉
大橋　由香子　1986 「産む産まないは女（わたし）がきめる――優生保護法改悪阻止運動から見えてきたもの」，女性学研究会編［1986：48-73］→井上・上野・江原編［1995：150-167］〈711〉
大泉　実成　1988 『説得――エホバの証人と輸血拒否事件』，現代書館，318p.〈289〉
大川　正彦　1993a 「ヘーゲル市民社会論における私的所有と社会的資源（上）――「自己所有権」テーゼ批判をめぐって」，『早稲田政治公法研究』41：243-259〈112, 129〉
――――　1993b 「ヘーゲル市民社会論における私的所有と社会的資源（下）――「自己所有権」テーゼ批判をめぐって」，『早稲田政治公法研究』42：159-183〈112〉
――――　1993c 「人格、所有、アイデンティティ――ヘーゲル「抽象的法権利」論の一考察」，『早稲田政治公法研究』44：159-183〈112〉
――――　1997 「共同体主義による所有個人主義批判――マクファーソン，テイラー，ウォルツァー」，『早稲田政治公法研究』54：185-214〈112〉
――――　2000 「所有の政治学――所有的個人主義批判」，大庭・鷲田編［2000：172-194］〈112〉
大熊　一夫　1973 『ルポ・精神病棟』→1981　朝日文庫，241p.〈441〉
大倉　興司　1987 『人類遺伝学入門　第3版』，医学書院，284p.〈711〉
大森　荘蔵他編　1986 『物質　生命　人間』（新岩波講座哲学6），岩波書店，356p.
大村　敦志　1992 「フランスにおける人工生殖論議」，『法学協会雑誌』109-4：142-206（636-700）〈170〉
大村　英昭　1980 「逸脱行動論」，安田他編［1980a：139-166］〈522〉
大村　英昭・宝月　誠　1979 『逸脱の社会学――烙印の構図とアノミー』，新曜社，313+3p.〈522〉
恩田　威一・左合　治彦・北川　道弘・武田　修・窪谷　健・寺島　芳輝・飯沼　和三　1994 「妊娠中の異常に対する患者サービス」，『東京母性衛生学会誌』10-1：37-40〈707〉
大西　赤人　1983 「「遺伝子操作」時代と障害者のいのち――いま，人として学ぶこと」

とアメリカ，日本の比較研究」，『ジュリスト』1056：130-136〈168〉
橳島　次郎・市野川　容孝・武藤　香織・米本　昌平　1992「先進諸国における生殖技術への対応」，『Studies』2：61-70〈168〉
沼田　寛　1985「例題付き　現代進化論の傾向と対策」，『別冊宝島』45（進化論を愉しむ本）〈435〉
額賀　淑郎　2009『生命倫理委員会の合意形成——日米比較研究』，勁草書房，274, 68p.〈293〉

［O］

小原　秀雄　監修　1995『環境思想の系譜』，東海大学出版会，Ⅰ：300p. Ⅱ：299p. Ⅲ：283p.〈165〉
お茶の水女子大学生命倫理研究会　1991『女性と新しい生命倫理の創造——体外受精と家族関係をめぐって』，お茶の水女子大学生命倫理研究会，259p.〈166〉
————　1992『不妊とゆれる女たち——生殖技術と女性の生殖権』，学陽書房，290p.〈166,181〉
0estreich, Gerhard 1969 Geist und Gestalt des fruhmodern Staates, Duncker & Humbolt.（２本の論文が成瀬治編訳　1982『伝統社会と近代国家』，岩波書店：203-231,233-258 に訳出）〈531〉
小笠　毅　1990『学校から拒否される子どもたち——就学時健診と就学指導』，岩波ブックレット，63p.〈617〉
小笠原 信之　2005『どう考える？生殖医療——体外受精から代理出産・受精卵診断まで』，緑風出版，204p.〈845〉
荻野　昌弘・正村　俊之・三上　剛史・中島　道男・小林　久高　1995『社会学の世界』，八千代出版，289+19p.
荻野　美穂　1991a「不妊・フェミニズム・生殖テクノロジー」（Klein ed.［1989＝1991］の書評エッセイ）『女性学年報』12：137-143〈295〉
————　1991b「人間の「量」と「質」——バース・コントロールと優生思想」，上野他編［1991a：180-198］〈435〉
————　1991c「人工妊娠中絶と女性の自己決定権——第二次世界大戦後の日本」，原・舘編［1991：109-143］〈361〉
————　1993「身体史の射程——あるいは，何のために身体を語るのか」，『日本史研究』1993-2→1994　井上輝子他編［1994b：197-219］〈364〉
————　1994『生殖の政治学——フェミニズムとバース・コントロール』，山川出版社，266+21p.〈435〉
————　2001『中絶論争とアメリカ社会——身体をめぐる戦争』，岩波書店，354p.〈361〉
————　2002『ジェンダー化される身体』，勁草書房，416p.〈361〉
————　2008『「家族計画」への道——近代日本の生殖をめぐる政治』，岩波書店，362p.〈361〉
御輿　久美子　他　2001　人クローン技術は許されるか』，緑風出版，232p.〈845〉
小熊　英二　1994「躓いた純血主義——優生学勢力の民族政策論」，『情況』第２期5-11：38-50〈437〉

野辺　明子　1982　『どうして指がないの？』，技術と人間〈725〉
——— 1989a「インタヴュー・障害ってなに？」，グループ・女の権利と性［1989：12-131］〈725〉
——— 1989b「インタヴュー・いのちの選別」，グループ・女の権利と性［1989：132-134］〈725〉
——— 1993『魔法の手の子どもたち——「先天異常」を生きる』，太郎次郎社，252p.〈725〉
——— 1995「遺伝だといわれたとき，次の子をどうしよう，という心配」，毛利他編［1995：104-109］〈711〉
野田　又夫編　1972『カント』（世界の名著 32），中央公論社
Noddings, Nel, 1984 Caring：A Feminine Approach to Ethics and Moral Education, University of California Press = 1997　立山善康他訳，『ケアリング——倫理と道徳の教育　女性の視点から』，晃洋書房，328p.〈349〉
野口　裕二・大村　英昭編　2001『臨床社会学の実践』，有斐閣選書，318+ivp.
野間　伸次　1988「『健全』なる大日本帝国——国民優生法をめぐって」，『ヒストリア』120：43-65〈437, 532-533〉
野村　豊弘　1992「フランスの判例における代理母と養子縁組」，『現代社会と民法学の動向　下』，有斐閣〈170〉
Norton, B. G. 1984 "Environmental Ethics and Weak Anthropocentrism", Envirnmental Ethics 6-2：131-148（「科学技術の発達と現代社会 II」運営委員会編［1995：246-256］に本田裕志の紹介）〈286〉
野崎　泰伸　2011『生を肯定する倫理へ——障害学の視点から』，白澤社，216p.〈613〉
——— 2012a「「障害者が生まれるから」原発はいけないのか」，『部落解放』655：12-23〈724〉
——— 2012b「中絶の規範理論のために——胎児の権利と女性の権利との対立を越えて」，『現代生命哲学研究』1：11-24〈347〉
Nozick,Robert 1974　Anarchy, State, Utopia, Basic Books = 1985,1989　嶋津格訳，『アナーキー・国家・ユートピア』，木鐸社，上 256p. 下 280p.，= 1992　嶋津格訳，木鐸 社，564p.〈75, 79, 115, 294〉
——— 1981　Philosophical Explanation, Harvard Univ. Press〈116〉
——— 1983　"About Mammals and People", New York Times Book Review, November 27, 1983：11-12〈313〉
——— 1989　The Examined Life, Simon and Schuster, New York = 1993　井上章子訳，『生のなかの螺旋——自己と人生のダイアローグ』，青土社，479+2p.〈116〉
Nsiah-Jefferson, Laurie　1994「低所得女性，有色系女性のための生殖遺伝医療——アクセスと社会文化的問題」，Rothenberg；Thomson eds.［1994 = 1996：261-296］〈712〉
橳島　次郎　1993「フランスにおける生命倫理の法制化」，『Studies 生命・人間・社会』1〈170〉
——— 1994「フランスの生殖技術規制政策」，『Studies 生命・人間・社会』2：117-150〈170, 171〉
——— 2012『精神を切る手術——脳に分け入る科学の歴史』，岩波書店，256p.〈842〉
橳島　次郎・米本　昌平　1994「先進諸国における生殖技術への対応——ヨーロッパ

波文庫，＝1993　信太正三訳，『善悪の彼岸・道徳の系譜』，ちくま学芸文庫，ニーチェ全集 11〈805〉
新川　詔夫　1995 「出生前診断と遺伝カウンセリングにおける倫理的諸問題」，武谷編［1995：125-129］〈712〉
新川　詔夫・福嶋　義光編　1996 『遺伝カウンセリングマニュアル』，南江堂，275p.〈707, 711〉
新倉　修　　1989 「自由と抑圧の狭間」，林編［1989：53-83］〈170, 181〉
新山　智基　2011a 「顧みられない熱帯病〈ブルーリ潰瘍問題〉に対する感染症対策ネットワーク構築と小規模 NGO の役割」，立命館大学大学院立命館大学大学院先端総合学術研究科 2011 年度博士論文〈849〉
――――　2011b 『世界を動かしたアフリカの HIV 陽性者運動――生存の視座から』生活書院，216p.〈849〉
二文字　理明・椎木　章編　2000 『福祉国家の優生思想――スウェーデン発強制不妊手術報道』，明石書店，世界人権問題叢書，206+8p.〈436〉
〈167〉
仁志田　博司　1988 「周産期医療とバイオエシックス」，『メディカル・ヒューマニティー』3-3：16-24〈353〉
――――　1991 「予後不良な新生児に対する倫理的観点からの医療方針決定の現状――母子センター５年間の死亡例の検討から」，『生命倫理』1：138-143〈353〉
仁志田　博司　他　1985 「周産期の倫理」，『産婦人科の世界』37（冬季増刊号）：80-88〈353〉
――――　1987 「新生児医療における倫理的観点からの医師決定（Medical Decision Making）」，『日本新生児学会雑誌』23-1：337-341〈353〉
西田　美紀　2009 「独居 ALS 患者の在宅移行支援（1）――二〇〇八年三月～六月」，『生存学』1：165-183〈852〉
西川　純子　1968 「ダーウィン主義から制度学派へ」，水田編［1968：127-141］〈429〉
西野　真由美 1991 「生殖権と人間の尊厳をめぐって」，お茶の水女子大学生命倫理研究会［1991：74-93］〈171, 172〉
西山　昭子　1983 「産む・産まない権利とは」，『季刊福祉労働』21：26-29〈637, 711〉
新田　千春　2011 「フランスの「患者の諸権利と終末期に関する二〇〇五年四月二二日法」国会審議の検討」，立命館大学大学院先端総合学術研究科 2010 年度修士論文〈56, 849〉
新田　勲　2012 『愛雪――ある全身性重度障害者のいのちの物語』，第三書館，上：448p. 下：352p.〈715〉
新田　勲編　2009 『足文字は叫ぶ！――全身性障害のいのちの保障を』，現代書館，270p.〈715〉
新田　孝彦　1994 「インフォームド・コンセントの哲学的基礎づけ――功利主義かカント主義か」，飯田編［1994：109-117］〈366〉
――――　1996 「いのちを救うことの倫理的問題――功利主義的道徳理論の再検討」，土山他編［1996：125-147］〈366〉
新田　義弘　他編　1994 『生命とシステムの思想』（岩波講座現代思想 12），岩波書店，358p.　3200

950（1990-2-15）〈292〉

日本人類遺伝学会　1994 「遺伝カウンセリング・出生前診断に関するガイドライン」（日本人類遺伝学会「遺伝相談・出生前診断に関する委員会（松田 一郎委員長会告, 1994年12月5日承認）→武谷編［1995：10-18］, 新川・福嶋編［1996：139-141］〈708〉

――――　1995 「遺伝性疾患の遺伝子診断に関するガイドライン」（1995年9月）→新川・福嶋編［1996：246-247］〈708〉

日本臨床心理学会編　1979 『心理テスト・その虚構と現実』, 現代書館, 445p.〈439,534〉

――――　1980 『戦後特殊教育・その構造と論理の批判――共生・共育の原理を求めて』, 社会評論社, 358p.〈534〉

――――　1987 『「早期発見・治療」はなぜ問題か』, 現代書館, 445p.〈534, 431, 711, 720〉

日本産科婦人科学会　1983 「「体外受精・胚移植」に関する見解」（日本産科婦人科学会会告, 1983年10月）,『日本産科婦人科学会誌』35-10：7→日本不妊学会編［1996：215-219］〈175〉

――――　1985 「ヒト精子・卵子・受精卵を取り扱う研究に関する見解」（日本産科婦人科学会会告, 1985年3月）,『日本産科婦人科学会誌』37-3：7→日本不妊学会編［1996：220-223］〈175〉

――――　1986 「パーコールを用いてのXY精子選別法の臨床応用に対する見解」,『日本産科婦人科学会誌』38-11→岡本・馬場・古庄編［1988：213-214］〈175, 708〉

――――　1987a「「パーコールを用いてのXY精子選別法の臨床応用に対する見解」に関する解説」,『日本産科婦人科学会誌』39-3→岡本・馬場・古庄編［1988：214-215］〈175, 708〉

――――　1987b「死亡した胎児・新生児の臓器等を研究に用いることの是非や許容範囲についての見解」,『日本産科婦人科学会誌』39-10〈175〉

――――　1988a「先天異常の胎児診断, 特に妊娠初期絨毛検査に関する見解」,『日本産科婦人科学会誌』40-1→岡本・馬場・古庄編［1988：305-306］〈175, 708〉

――――　1988b「ヒト胚および卵子の凍結保存と移植に関する会告」,『日本産科婦人科学会誌』40-4：1-2〈175〉

――――　1994 「平成五年度診療・研究に関する倫理委員会報告」,『日本産科婦人科学会誌』46-5〈165〉

日本社会臨床学会編　1996 『施設と街のはざまで――「共に生きる」ということの現在』, 影書房, 社会臨床シリーズ3, 242p.〈715〉

――――　2000a『カウンセリング・幻想と現実　上巻　理論と社会』, 現代書館, 326p.〈535〉

――――　2000b『カウンセリング・幻想と現実　下巻　生活と臨床』, 現代書館, 342p.〈535〉

――――　2008 『「新優生学」時代の生老病死』, 現代書館, 324p.〈436〉

Nietzsche, Friedlich　1885-86　Jenseits von Gut und Bose = 1970　木場深定訳,『善悪の彼岸』, 岩波文庫, = 1993　信太正三訳,『善悪の彼岸・道徳の系譜』, ちくま学芸文庫, ニーチェ全集11〈805〉

――――　1887　Zur Genealogie der Moral = 1940　木場深定訳,『道徳の系譜』, 岩

32：134-161〈178〉
——— 1982b「法とパターナリズム」，『法哲学年報』（法と強制），有斐閣：37-60〈178〉
中村　雄二郎　1996「遺伝子研究・遺伝子治療の問題点——フランスの例を参考として」，加藤・高久編［1996：137-152］〈170〉
中谷　瑾子　1982「生命の発生と刑法」，西原他編『現代刑罰法体系３』〈711〉
——— 1986「医療行為の限界」，『ジュリスト』852〈711〉
中谷　瑾子編　1982『子殺し・親殺しの背景——《親知らず・子知らずの時代》を考える』，有斐閣選書，230p.〈365〉
中山　研一編　1992『資料に見る脳死・臓器移植問題』，日本評論社，274p.〈361〉
中山　研一　他編　1977『刑法の基礎理論』（現代刑法講座１），成文堂
中山　研一・石原　明編　1993『資料に見る尊厳死問題』，日本評論社，268p.〈55〉
中山　まき子　1991「「〈授かる〉から〈つくる〉へ」という思いこみ」，原・舘編［1991：191-196］〈167〉
——— 1995「子どもを持つこととは——生命の誕生をめぐる日本人の考え方」，浅井・柘植編［1995：15-53］〈167〉
中山　愈　1995『生命倫理』，弘文堂，200+3p.〈116, 531〉
中山　茂樹　2000「胎児は憲法上の権利を持つのか——「関係性」をめぐる生命倫理と憲法学」，『法の理論』19：13-57〈362〉
——— 2010「妊娠中絶の権利は「自己決定権」か——公私区分の一断面」，大石・毛利・土井編［2010：495-520］〈362〉
生瀬　克己　1993「《障害》に殺された人びと——昭和の新聞報道にみる障害の者（障害者）と家族」，千書房，207p.〈365〉
難波　貴美子 1991「不妊における生殖技術の諸問題」，お茶の水女子大学生命倫理研究会［1991：10-39］〈167〉
——— 1992「不妊の最後の選択肢——AIDと代理母制度」，お茶の水女子大学生命倫理研究会［1992：117-160］〈149, 167〉
成田　克矢　1977「サー・シリル・バートよ，さようなら」，『教育』349〈438〉
成田　龍一　1994「性の跳梁——一九二〇年代のセクシュアリティ」，脇田・ハンレー編［1994］〈164〉
根本　亮　1993「ソ連優生学論争」，『現代思想』21-2：168-177〈435〉
根村　直美　1991「男女産み分けの議論をめぐって」，お茶の水女子大学生命倫理研究会［1991：59-73］〈705〉
——— 1992「生命はどこまで選べるのか——出生前診断と男女うみわけ」，お茶の水女子大学生命倫理研究会［1992：161-189］〈705〉
NHK人体プロジェクト編　1996『安楽死——生と死をみつめる』，日本放送出版協会，310p.〈168〉
NHK取材班　1984『いま生命（いのち）を問う——変わる誕生と死』，日本放送出版協会，209p.〈173〉
日本不妊学会編　1996『新しい生殖医療技術のガイドライン』，金原出版，241p.〈175〉
日本法哲学会編　2005『リバタリアニズムと法理論　法哲学年報2004』，有斐閣，206p.〈115〉
日本医師会生命倫理懇談会　1996「「説明と同意」についての報告」，『ジュリスト』

長岡　茂夫　2006　「事前指示」，伊勢田・樫編［2006：121-142］〈807〉

長沖　暁子　1988　「生殖医療の現況と女のからだへの自己決定権」，フォーラム実行委員会編［1988：78-98］〈711〉

――――　1991　「科学は女を母性から解放するか？――ヒトがモノになる時代」，グループ「母性」解読講座編［1991：38-50］〈177〉

長瀬　修　1996a「〈障害〉の視点から見たろう文化」，『現代思想』24-5：46-51〈721〉

――――　1996b「訳者あとがき」，Gallagher［1995＝1996：413-416］〈710〉

永田　えり子　1991　「性の商品化――その規範論的考察」，『Sociology Today』2：31-50〈20, 62, 122〉

――――　1994　「何を侵害しているのか――セクシュアル・ハラスメントの倫理的な基礎」，鐘ケ江・広瀬編［1994：194-233］〈54〉

――――　1995a「生殖技術と市場」，浅井・柘植編［1995：125-156］〈54, 180, 362, 363, 711, 730〉

――――　1995b「〈性の商品化〉は道徳的か」，江原編［1995：1-33］〈53, 54, 55〉

――――　1996　「宗教は生命倫理を語れるか――仏教・儒教と生殖技術」，『仏教』34：130-146〈288〉

永田　行博・堂地　勉・竹内　一浩　1996　「胚生検－受精卵の着床前遺伝子診断」，日本不妊学会編［1996：163-171］〈707〉

内藤　謙　1977　「刑法学説史（一）外国」，中山研一他編［1977：121-148］〈421〉

長尾　龍一・米本　昌平編　1987　『メタ・バイオエシックス――生命科学と法哲学の対話』，日本評論社，279p.〈713〉

仲　アサヨ　2010a「精神病院不祥事件が語る入院医療の背景と実態――大和川病院事件を通して考える」，安部・堀田編［2010：167-195］〈850〉

――――　2010b「精神科特例をめぐる歴史的背景と問題点――精神科特例の成立および改正の議論から」，『Core Ethics』6：277-286〈850〉

中田　喜一　2009　「オンラインセルフヘルプグループの可能性」，『Core Ethics』5：241-249〈851〉

中川　輝彦・黒田　浩一郎編　2010　『よくわかる医療社会学』，ミネルヴァ書房，213p.〈289〉

中川　米造　1973　「医学とは」，朝日新聞社編［1973：187-251］〈442〉

中川　米造編　1989　『病いの視座――メディカル・ヒューマニティーズに向けて』，メディカ出版，298p.

――――　1992　『哲学と医療』（講座人間と医療を考える1），弘文堂，254p.

中嶋　京子　1992　「出生前診断のわが国における現状」，生命倫理研究会生殖技術研究チーム［1992：12-44］〈708〉

中倉　智徳　2011　『ガブリエル・タルド――贈与とアソシアシオンの体制へ』，洛北出版，448p.〈813〉

中村　賢二郎　1976　『宗教改革と国家』，ミネルヴァ書房〈425〉

中村　賢二郎編　1980　『前近代における都市と社会階層』，京都大学人文科学研究所

中村　雅也　2013　「視覚障害教師たちのライフストーリー」，立命館大学大学院先端総合学術研究科2012年度博士予備論文〈850〉

中村　直美　1982a「ジェラルド・ドゥオーキンのパターナリズム論」，『熊本法学』

村上　國男　1994「医療技術としてのインフォームド・コンセント」，寺本他［1994：51-145］〈447〉
村上　慎司　2009「所得税率変更歳入試算」，立岩・村上・橋口［2009：221-240］〈830〉
村上　泰亮　1984『新中間大衆の時代――戦後日本の解剖学』，中央公論社，366p.〈284〉
――――　1992『反古典の政治経済学』，中央公論社，364p.+556p.〈284〉
村上　陽一郎　1991「生物進化論の前夜」，柴谷他編［1991：3-26］〈433〉
村上　陽一郎編　1991『時間と進化』，東京大学出版会，東京大学教養講座４，319p.
村岡　潔　1992「動力学としての〈患者－医療者関係〉――「脳死」・臓器移植およびプラセーボをめぐって」，中川編［1992］〈358〉
村瀬　ひろみ　1996「仕組まれた〈セクシュアリティ〉――黒木香論の地平から」，早川・森岡編［1996：217-232］〈283〉
村瀬　学　1985「〈人間〉の根拠はどこに求められるか」，『あんかるわ』71,73→村瀬［1991：166-186］〈299〉
――――　1991『「いのち」論のはじまり』，JICC出版局，223p.
――――　1995『「いのち」論のひろげ』，洋泉社〈359〉
――――　1996「生命と共生――あるいは「名前」の共生力について」，早川・森岡編［1996：127-136］〈359〉
Murphy, Liam B. and Thomas Nagel 2002 The Myth of Ownership：Taxes and Justice, Oxford Univ Pr., 228p. = 2006　伊藤恭彦訳，『税と正義』，名古屋大学出版会，255p.〈827〉
武藤　香織　1994「生殖技術に対するイギリスの取り組み」，『Studies 生命・人間・社会』2：23-53〈168, 169〉
――――　1998「ハンチントン病の発症前遺伝子検査と医療福祉的サポートの現状」，『医療と社会』8-3：67-82〈725〉
――――　2000「逆選択の防止と「知らないでいる権利」の確保――イギリスでのハンチントン病遺伝子検査結果の商業利用を手がかりに」，『バイオエシックス・ニューズレター』〈725〉
――――　2002「検体のまま取り残されないために――ハンチントン病をめぐって」，『現代思想』30-2（2002-2）：228-245〈725〉

［N］

ネーダーコールン　靖子　2000『オランダはみどり』，ながらみ書房，259p.〈291〉
ネーダーコールン　靖子／秋岡　史　解説・編　20010730『美しいままで――オランダで安楽死を選んだ日本女性の「心の日記」』，祥伝社，249p.〈291〉
永井　均　1986『〈私〉のメタフィジックス』，勁草書房，238p.〈63〉
――――　1991『〈魂〉に対する態度』，勁草書房，247p.〈63〉
永井　良和　1990「医療と「秘密」」，京都大学文学部社会学研究室『高度医療と社会関係』：87-111〈289〉
――――　1992「医師－患者間コミュニケーションの分析」，『大阪教育大学紀要第Ⅱ部門』40-2：65-77〈289〉
長島　隆・盛永　審一郎編　2001『生殖医学と生命倫理』，太陽出版，生命倫理コロッキウム１,296+4p.〈845〉

森崎　和江　1963　『非所有の所有——性と階級覚え書』，現代思潮社，277p. → 1970 新装版，278p.〈809-810〉

———　1989　「産むこと」『大人の童話・死の話』，弘文堂→森崎編［1989：222-245］〈809〉

———　2008-2009　『森崎和江コレクション　精神史の旅　1～5』，藤原書店〈809〉

森崎 和江編　1989　『産』，作品社，日本の名随筆 77，253p.〈809〉

Morishima, Michio（森嶋　通夫）1973 Marx's Economics：A Dual Theory of Growth, Cambridge University Press = 1974　高須賀義博訳，『マルクスの経済学——価値と成長の二重の理論』，東洋経済新報社，263p.〈119〉

森下　直紀　2008-「環境／環境倫理学／環境思想」http：//www.arsvi.com/d/ee.htm〈284〉

———　2012　「社会調査者はなにを見たか——水俣病被害の構造的理解を求めて」，天田・村上・山本編［2012：218-240］〈852〉

森田　洋司・進藤　雄三編　2006　『医療化のポリティクス——近代医療の地平を問う』，学文社，261+xiip.〈289〉

森戸 英幸・水町 勇一郎編　2008　『差別禁止法の新展開——ダイヴァーシティの実現を目指して』，日本評論社，成蹊大学アジア太平洋研究センター叢書，311p.〈609〉

Morris, Colin 1972 The Discovery of the Individual：1050-1200，S.P.C.K. = 1983 古田暁訳，『個人の発見——1050年—1200年』，日本基督教団出版局〈420〉

Moscop, J. C.；Saldanha, Rita L.　1986　"The Baby Doe Rule：Still a Threat", Hastings Center Report 16-2：8-14（加藤・飯田編［1993：287-290］に笠利毅の紹介「”ベイビー・ドウ”規則になお残る脅威」）〈351〉

毛利　子来　1972　『現代日本小児保健史』，ドメス出版〈362〉

毛利　子来・山田　真・野辺　明子編　1995　『障害を持つ子のいる暮らし』，筑摩書房，380p.〈727〉

向井　承子　1990　『病いの戦後史』，筑摩書房，247p.〈358, 711, 726〉

Muller, Hermann Joseph　1935　Out of the Night; A Biologist's View of the Future, Vanguard press → 1984　Garland, x+127p.〈452〉

———　1950　"Our Load of Mutations", American Jouranal of Human Genetics 2（June 1950）〈452〉

———　1959　The Guidance of Human Evolution, Perspective in Biology and Medicine, Vol.1, Univer. of Chicago Press〈452〉

———　1966　"What Genetic Course Will Man Steer?", Proceedings of the Third International Congress of Human Genetics = 1974　木村資生・太田朋子訳，「人類の遺伝的進路はどうなるであろうか」，木村編［1974］〈452, 454〉

村上　淳一　1975　「近代的所有概念の成立」，星野編［1975：207-226］〈112〉

———　1979　『近代法の形成』，岩波書店，272p.〈111-112, 114〉

村上　潔　2010　「「主婦性」は切り捨てられない——女性の労働と生活の桎梏にあえて向き合う」，『生存学』02：83-95〈809, 835〉

———　2011　「戦後日本の性別役割分業と女性——労働をめぐるブックガイド90」，立岩・村上［2012：300-340］〈809, 835〉

———　2012　『主婦と労働のもつれ——その争点と運動』，洛北出版，334p.〈60, 835〉

〈725, 727, 729〉
——— 1994 「訳者あとがき」, Wolff [1991 = 1994 : 257-307] 〈116〉
——— 1997 『ロック所有論の再生』, 有斐閣, 一橋大学法学部研究叢書, 290p. 〈112〉
——— 2001 『自由はどこまで可能か——リバタニアニズム入門』, 講談社, 216p. 〈115〉
——— 2005 「リバタリアニズムの人間像」, 日本法哲学会編 [2005] 〈115〉
——— 2013 『リバタリアンはこう考える——法哲学論文集』、信山社 〈115〉
森村 進編 2009 『リバタリアニズムの多面体』, 勁草書房, 204p. 〈115〉
森岡 正博 1987 「パーソン論の射程——生命倫理学と人格概念」, 日本倫理学会編『倫理学年報』第36集→ 1988 「パーソン論の射程——人格理論か他者理論か」, 森岡 [1988 : 209-238] 〈357-358〉
——— 1988 『生命学への招待——バイオエシックスを超えて』, 勁草書房, 269+11p. 〈283, 284〉
——— 1989 『脳死の人——生命学の視点から』, 東京書籍, 237p. → 1991 文庫版
——— 1989 「臓器のリサイクルと障害者問題——一つの問題提起として」, 『毎日新聞』1989-4-21 夕刊→ 1991 森岡 [1991 ([1989] 文庫版) : 236-239] 〈361〉
——— 1990 「遺伝子治療の倫理問題」, 加藤・飯田編 [1990 : 63-67] 〈705〉
——— 1993a 「地球生命倫理としてのバイオエシックス——V・R・ポッターの「バイオエシックス」論再考」, 加藤・飯田編 [1993 : 110-119] 〈56〉
——— 1993b 『意識通信——ドリーム・ナヴィゲイターの誕生』, 筑摩書房, 219p. 〈293-294〉
——— 1994 『生命観を問いなおす——エコロジーから脳死まで』, ちくま新書 12, 205p. 〈348, 360〉
——— 1995a 「生殖系列細胞の遺伝子治療をめぐる倫理問題」, 「科学技術の発達と現代社会 II」運営委員会編 [1995 : 190-197] 〈705〉
——— 1995b 「解説 ディープ・エコロジーと自然観の改革」, 小原編 [1995 : (3) 106-116] 〈286〉
——— 1995c 「日本におけるフェミニズム生命倫理の生成過程—— 70 ~ 80 年対優生保護法改悪反対運動が提起するもの」, 『生命倫理』5-1 (6) : 60-64 〈716〉
——— 2001 『生命学に何ができるか——脳死・フェミニズム・優生思想』, 勁草書房, 477+17p. 〈716, 797〉
——— 2003 『無痛文明論』, トランスビュー, 451p. 〈797〉
——— 2006 「米国の障害者運動の現在」, 『DPI われら自身の声』22-2:30-32 〈848〉
森岡 正博・赤林 朗 1988 「「脳死」身体の各種利用はどこまで許されるか」, 『中央公論』1988-5 : 256-268 〈212〉
森岡 正博・土屋 貴志・斎藤 有紀子 1990 「周産期看護をめぐる「当事者」の問題」(座談会), 『助産婦雑誌』44-7 : 8-12 (562-566) 〈348〉
森岡 正博・上田 紀行・戸田 清・立岩 真也・佐倉 統・鈴木 貞美 1995 「八〇年代生命主義の行方」(座談会), 鈴木貞美編 [1995 : 269-278] 〈283〉
森岡 正博編 1994 『「ささえあい」の人間学』, 法藏舘, 359p.
森岡 恭彦 1994 『インフォームド・コンセント』, 日本放送出版協会, 219p. 〈292, 446, 447〉

三島　淑臣　1992　「近代の哲学的所有理論——ロックとカントを中心に」，『法哲学年報』1991：6-24〈112〉
三島　亜紀子　2005　『児童虐待と動物虐待』，青弓社，214p.〈802〉
三島　由紀夫　1965　「〈美容整形〉この神を怖れぬもの」→1975　『三島由紀夫全集』31，新潮社→1986　市川崑編『顔——日本の名随筆40』，作品社，266p.：50-63〈293〉
Mitscherlich, Alexander　1963　Auf dem Weg zur vaterlosen Gesellschaft, R.Piper ＝ 1972　小見山実訳，『父親なき社会——社会心理学的思考』，新泉社，350+11p.〈448〉
Mitscherlich, Alexander；Mielke, F. 1949 Medizin ohne Menschlichkeit → 1960 Fischer〈448〉
Mitscherlich, Alexander；Mitscherlich, Margarete　1969　Die Unfahigkeit zutrauern：Grundlagen kollektiven Verhallus, R.Piper ＝ 1972　林峻一郎・馬場謙一訳，『喪われた悲哀——ファシズムの精神構造』，河出書房新社，428+11p.〈448〉
見田　宗介　1972　「価値空間と行動決定」，『思想』1972-9 → 1979　見田［1979：209-241］〈125〉
———　1979　『現代社会の社会意識』，弘文堂，249p.
三浦　藍　2009「アスペルガー症候群の医療化」，『生存学』1：348-361〈851〉
宮　昭夫　1994　「私の差別論ノートから」，『障害の地平』（視覚障害者労働問題題協議会）78：1-3〈367, 608〉
———　1995　「「共に生きる社会」と私あれこれ」，『障害の地平』〈367, 608〉
———　1996　「もう一人の私との対話」，『障害の地平』87：1-3〈533, 538, 620〉
宮　昭夫　2001　「視労協がやってきたこと、考えてきたこと」，全国自立生活センター協議会編［2001：89-97］〈608〉
宮　淑子 1989「性と性殖のあいだ」，グループ・女の人権と性［1989：51-69］〈167, 180〉
宮坂　道夫　2005　『医療倫理学の方法——原則・手順・ナラティヴ』，医学書院，276p.〈57〉
宮内　寿子　1992　「なぜ子どもがほしいのか？」，お茶の水女子大学生命倫理研究会［1992：191-224］〈167〉
水野　肇　1990　『インフォームド・コンセント——医療現場における説明と同意』，中公新書，216p.〈446, 447〉
水野　俊誠　1994　「ファインバーグのパターナリズム論」，飯田編［1994：64-63］〈178〉
水田　洋編　1968　『社会思想史』，有斐閣
———　1969　『バーク・マルサス』（世界の名著34），中央公論社
水谷　雅彦　1989　「生命の価値」，塚崎・加茂編［1989：131-147］〈358〉
Molm, H. M.　1989　"Killing, Letting Die and Simple Conflicts", Philosophy and Public Affairs（加藤・飯田編［1993：246-251］「殺すことと死ぬにまかせること——純然たる葛藤」）〈358〉
Moraczewski, Albert S. 1983 "Human Personhood：A Study on Person-alized Biology", Bondeson et al. eds.［1983］（飯田編［1987：11-14］に片桐茂博の紹介「人であること——人格生物学の一研究」）〈360〉
森村　進　1986　『権利と人格——超個人主義の規範理論』，創文社，276p.〈116, 178〉
———　1987　「生命技術・自由主義・逆ユートピア」，長尾・米本編［1987：89-112］

松浦　理英子　1992 「嘲笑せよ，強姦者は女を侮辱できない――レイプ再考」，『朝日ジャーナル』1992-4-17 → 1995　井上輝子他編［1995b：140-144］（一部省略）〈283〉

松澤　和正　1996 「病概念の諸相」，「科学技術の発達と現代社会Ⅱ」運営委員会編［1996：55-71］〈289〉

Mattei, Jean-Francois　1994a L'enfant oublie：ou les folies genetiques, Editions Albin Michel S.A. = 1995　浅野素女訳，『人工生殖のなかの子どもたち』，築地書館，225p.〈170, 713〉

――――　1994b La vie en questions：pour une ethique biomedicale, Documentation Francaise〈170〉

Mavrodes, George I. 1980 "The Morality of Selling Human Organs", Basson ed.［1980］（飯田編［1987：98-99］に飯田亘之の紹介）〈53〉

McKibben, Bill　2003　Enough：Staying Human in an Engineered Age, Watkins Loomis Agency Inc. = 2005　山下 篤子 訳，『人間の終焉――テクノロジーは、もう十分だ！』，河出書房新社，360p.〈847〉

Mckie, Robin　1988　The Genetic Gigsaw, Oxford Univ. Press = 1992　長野敬訳，『遺伝子治療最前線』，日経サイエンス社，225p.〈526-528〉

Meyers, D. T.；Kipnis, K.；Murphy Jr., C. F. eds. 1993 Kindred Matters：Rethinking the Philosophy of the Family, Cornell Univ. Press =「科学技術の発達と現代社会Ⅱ」企画運営委員会編［1995：85-91］に田坂さつきの紹介『家族論――家族哲学の再考』（一部））〈348〉

見市　雅俊・高木　勇夫・柿本　昭人・南　直人・川越　修　1990 『青い恐怖　白い街――コレラ流行と近代ヨーロッパ』，平凡社，297p.〈428〉

三木　妙子　1991 「イギリス」，『比較法研究』53：48-60〈168〉

――――　1995 「イギリスにおける人工生殖をめぐる法的状況」，唄・石川編［1995：354-368］〈168, 169〉

三橋　修　1982 『翔べない身体――身体性の社会学』，三省堂，294p.〈293〉

Mill, John Stuart　1855　On Liberty = 1967　早坂忠訳，「自由論」，関嘉彦編［1967：211-348］〈67, 178, 532〉

美馬 達哉　2007 『〈病〉のスペクタクル――生権力の政治学』，人文書院，257p.〈802〉

――――　2010 『脳のエシックス――脳神経倫理学入門』，人文書院，251p.〈757〉

――――　2012 『リスク化される身体――現代医学と統治のテクノロジー』，青土社，252p.〈788, 797〉

三村　洋明　2003 「立岩真也『私的所有論』との対話」，三村［2010］〈788〉

――――　2010 『反障害原論――障害問題のパラダイム転換のために』，世界書院，257p.〈788〉

三野 宏治　2010 「日本の精神医療保健関係者の脱病院観についての考察――米国地域精神医療保健改革とそれについての議論をもとに」，『Core Ethics』6：413-423〈437, 850〉

三島　亜紀子　2005 『児童虐待と動物虐待』，青弓社，214p.〈802〉

三井　絹子　2006 『抵抗の証　私は人形じゃない』，「三井絹子60年のあゆみ」編集委員会ライフステーションワンステップかたつむり，発売：千書房，299p.〈715〉

三井　美奈　2003 『安楽死のできる国』，新潮社，新潮新書，189p.〈291〉

――――　2009　『里山学のまなざし――「森のある大学」から』，昭和堂，426p.〈285〉
正村　公宏　1983　『ダウン症の子をもって』，新潮社，209p.〈727〉
ましこ　ひでのり　1996　「おとのある世界／おとのない世界――少数言語日本手話をとりまく社会環境」，『解放社会学研究』10：135-162〈721-722〉
マシア，ホアン（Masia, Juan）　1985a『続バイオエシックスの話』，南窓社，240p.〈351〉
――――　1985b『改訂増補　バイオエシックスの話――体外受精から脳死まで』，南窓社，223p.〈351-352〉
――――　1987　『生命の未来学――バイオエシックスを超えて』，南窓社，221p.〈351〉
Mason, Jim；Singer, Peter 1980 Animal Factories, Crown Publishers = 1982　高松修訳，『アニマル・ファクトリー――飼育工場の動物たちの今』，現代書館，232p.〈355〉
マタイス，アンセルモ（Mataix, Anselmo）　1988　「生殖医学の倫理」，岡本他編［1988：141-148］〈711〉
松原　惇子　1983　「ご主人の精子をください、奥さんに代って赤ちゃん生みます（アメリカルポ）1）～3）」，『週刊文春』25-33：44-50, 25-34：72-8, 25-35：44-9〈173〉
松原　謙一・中村　桂子　1996　『ゲノムを読む――人間を知るために』，紀伊國屋書店，226p.〈523, 530〉
松原　洋子　1990　「優生学とセクシュアリティ」，『生物学史研究』53：33-40〈435〉
――――　1997　「〈文化国家〉の優生法――優生保護法と国民優生法の断層」，『現代思想』25-4（1997-4）：8-21〈451, 708〉
――――　2000　「優生学」，『現代思想』2000-2：196-199（臨時増刊 現代思想のキーワード』）〈445〉
松田　一郎　1995　「遺伝子診断とインフォームドコンセント」，武谷編［1995：108-116］〈711〉
松田　純　2005　『遺伝子技術の進展と人間の未来――ドイツ生命環境倫理学に学ぶ』，知泉書館，264p.〈846〉
松田　道雄・唄　孝一　1984　「日本の医療を問う」（対談），加藤・森島編［1984：176-208］〈711, 719〉
松枝　亜希子　2009　「抗うつ剤の台頭――1950 年代～ 70 年代の日本における精神医学言説」『Core Ethics』5：293-304〈850-851〉
――――　2010　「トランキライザーの流行――市販向精神薬の規制の論拠と経過」『Core Ethics』6：385-399〈851〉
松井　暁　2012　『自由主義と社会主義の規範理論』，大月書店，467p.〈114〉
松川　正毅　1991a「フランスにおける人工生殖と精子の取扱い基準について」，『ジュリスト』973：107-109〈170〉
――――　1991b「フランスに於ける人工生殖と法――人工授精をめぐる問題」，『民商法雑誌』105-2：30-45（171-185），105-3：34-65（312-343）〈170〉
松村　圭一郎　2008　『所有と分配の人類学――エチオピア農村社会の土地と富をめぐる力学』，『所有と分配の人類学――エチオピア農村社会の土地と富をめぐる力学』世界思想社，324p.〈536〉
松永　真純　2001　「兵庫県「不幸な子どもの生まれない運動」と障害者の生」，『大阪人権博物館紀要』5：109-126→立岩・定藤編［2005：3-15］〈715〉
松友　了　1996　『父は吠える――知的障害の息子と共に』，ぶどう社，158p.〈727〉

Univ. Press = 1980　藤野渉・将積茂・瀬沼長一郎訳，『所有的個人主義の政治理論』，合同出版，358p.〈112, 117〉
Mahowald, Mary B.　1994 = 1996「生殖遺伝学とジェンダーの不平等」，Rothenberg；Thomson eds.［1994 = 1996：100-129］〈297〉
毎日新聞社会部医療取材班　1993『いのちがあやつられるとき——しあわせと倫理に揺れる生殖医療革命』，情報センター出版局，220p.〈164, 95〉
牧 昌子　2012『老年者控除廃止と医療保険制度改革——国保料（税）「旧ただし書き方式」の検証』，文理閣，193p.〈848〉
真木　悠介　1971『人間解放の理論のために』，筑摩書房，224p.〈535〉
———　1977『現代社会の存立構造』，筑摩書房，190p.〈535〉
———　1993『自我の起源——愛とエゴイズムの動物社会学』，岩波書店，198p.〈535〉
Malthus, Thomas Robert　1798　An Essay on the Principle of Population, as It Affects the Future Improvement of Society, with Remarks on the Speculations of Mr.Godwin, Mr.Condorcet, and Other Writers = 1969　永井義雄訳「人口論」，水田洋編［1969］〈427〉
Marglin, Stephen 1971 "What Do Bosses Do ?", Harvard Institute of Economic Research Dicussion Paper, 222（Nov. 1972）（unpublished） = 1973 青木昌彦訳，「ボスたちは何をしているか——資本主義的生産におけるヒエラルキーの起源と機能」，青木編［1973：93-178］〈423〉
Marcel, Gabriel　1935　Etre et avoir, Aubier = 1976　山本信訳，『存在と所有』，山本信編［1976：381-527］〈63〉
丸本　百合子　1989「生殖技術と医療」，グループ・女の人権と性［1989：72-93］〈135〉
———　1993『からだを語ろう，女から女へ』，廣済堂出版，249p.〈711〉
丸山　英二　1985「重症障害新生児に対する医療とアメリカ法（上）」，『ジュリスト』835：104-113〈350, 720〉
———　1987「アメリカにおける Wrongful Birth 訴訟と Wrongful Life 訴訟について」，『英米法論集』，東京大学出版会〈720〉
———　1995「アメリカにおける先天性障害児の出生と不法行為責任—— Wrongful Birth 訴訟と Wrongful Life 訴訟の近況」，唄・石川編［1995：171-188］〈720〉
丸山 英二編　2008『出生前診断の法律問題』，尚学社，207p.〈846〉
丸山　マサ美　1994「胚子への医学的介入とその社会的保護に関する一考察——生殖医療におけるドイツおよびイギリス比較研究」，常盤大学大学院人間科学研究科人間科学専攻修士論文〈168,171〉
———　1996「体外受精技術の社会政策に関する国際比較研究」，『常盤大学人間科学論究』4：139-156〈168, 169, 171〉
丸山　徳次　1994「「生命倫理学」と「環境倫理学」について——統合的視座を求めて」，高島・井上編［1994：265-292］〈285〉
———　1995「環境倫理学と科学批判」，「科学技術の発達と現代社会Ⅱ」運営委員会編［1995：268-275］〈285〉
丸山 徳次・宮浦 富保編　2007『里山学のすすめ——「文化としての自然」再生にむけて』，昭和堂，379p.〈285〉

Lloyd, W. F.　1833　Two Lectures on the Checks to Population, Oxford Univ. Press → 1964 in part Hardin ed.［1964］〈126〉

Locke, John 1689　Two Treatises of Goverment = 1968　鵜飼信成訳,『市民政府論』, 岩波文庫〈65, 115, 117, 120〉

Lock, Margaret　2001　Twice dead Organ Transplants and the Reinvention of Death, Univerity of California Press = 2004　坂川 雅子 訳『脳死と臓器移植の医療人類学』みすず書房, 332+53p.〈361〉

Lockwood, Micahel　1985a「生命はいつ始まるか」, Lockwood ed.［1985 = 1990 : 15-65］〈358〉

――――　1985b「ウォーノック報告――その哲学的評価」, Lockwood ed.［1985 = 1990 : 297-356］〈168, 169, 184〉

Lockwood, Micahel ed. 1985　Moral Dilemmas in Modern Medicine, Oxford Univ. Press = 1990　加茂直樹監訳,『現代医療の道徳的ディレンマ』, 晃洋書房, 414+8p.

Lorber, John 1971 "Results of Treatment of Myelomeningocele", Developmental Medicine and Child Neurology 13 : 279-303〈352〉

Lorber, Judith 1988 "In Vitro Fertilization and Gender Politics", Baruch et al. eds.［1988 : 117-133］〈168〉

Luther, Martin　1520　"An den christichen Adel deustcher Nation von des christlichen Standes Besserung" = 1979 成瀬治訳,「キリスト教会の改善についてドイツ国民のキリスト教諸侯に与う」, 松田編［1979 : 79-180］〈425〉

Lutzius,Franz 1987　Der Euthanasie-Mord an behinderten Kinderen in Nazi-Deutschland, Popular Verlag, Essen = 1991　山下公子訳,『灰色のバスがやってきた』, 草思社, 277p.〈441, 443〉

Lygre, David G.　1979　Life Manipulation : from Test-Tube Baby to Aging, Walker = 1981　山口・穂垣訳,『生命の操作――試験官ベビーからエイジングまで』, 培風館, 284p.〈356〉

[M]

Macer, Darryl 1991 "Whose Genme Project", Bioethics 5-3 : 183-211（「科学技術の発達と現代社会 II」運営委員会編［1995 : 178-183］に白水士郎の紹介「ヒトゲノム計画は誰のものか」）〈526〉

町田 宗鳳・島薗 進編　2007　『人間改造論――生命操作は幸福をもたらすのか？』, 新曜社, 205p.〈846〉

町野　朔　　1986　『患者の自己決定権と法』, 東京大学出版会, 365+7p.〈448〉

町野 朔・西村 秀二・山本 輝之・秋葉 悦子・丸山 雅夫・安村 勉・清水 一成・臼木 豊 編　1997　『安楽死・尊厳死・末期医療――資料・生命倫理と法 II』, 信山社, 333p.〈55〉

MacKenzie, Donald 1981 Statistics in Britain 1900-1930, Edinburgh Univ. Press〈435〉

Macklin, Ruth 1990 "Is There Anything Wrong with Surrogate Motherhood ? : An Ethical Analysis", Gostin ed.［1990 : 136-150］〈183〉

Macpherson, C.B.　1962　The Political Theory of Possesive Individualism, Oxford

倉田　真由美　2010「日本における生体肝移植の普及過程——生体肝ドナーが生み出された歴史的背景と問題点」，立命館大学大学院立命館大学大学院先端総合学術研究科 2010 年度博士論文〈849〉
蔵田　伸雄　1996「英語圏のバイオエシックス中のカント——英語圏の研究動向」，土山他編［1996：229-260］〈366〉
黒田　浩一郎　1989「医療社会学序説（1）（2）（3）」，中川編［1989：170-205］〈289〉
黒田　浩一郎編　1995『現代医療の社会学——日本の現状と課題』，世界思想社，278p.〈289〉
黒崎　勲　1989『教育と不平等——現代アメリカ教育制度研究』，新曜社，368p.〈520〉
黒崎　政男　1987「生命の道徳的選択の時代」，飯田編［1987：19-23］→ 1991　黒崎［1991：147-158］〈365〉
――――　1991『ミネルヴァのふくろうは世紀末を飛ぶ』，弘文堂，190p.
黒柳　弥寿雄　1994『尊厳死を考える』，岩波書店，シリーズ生きる，250p.〈711〉
桑原　靖夫　1978「差別の経済分析」，『日本労働協会雑誌』1978-10・11〈609〉
――――　1980「性差別経済理論の展望」，『季刊現代経済』38：84-99〈609〉
桑子　敏雄　1994「所有と身体——地球環境問題の哲学的・倫理学的課題」，飯田編［1994：222-248］〈112, 116〉
クァク ジョンナン（郭貞蘭）2012「なぜ、重度障害者は学校に行けなかったのか——障害者夜学に通っている障害者の事例をもとに」，『Core Ethics』8：113-122〈617〉

［L］

Landau, Elaine 1989 Surrogate Mothers, Franklin Watts, 128p.〈174〉
Langone, John 1978　Human Engineering：Marvel or Menace ?, Little, Brown, 158p. = 1979　長野敬訳，『生命と遺伝子操作——可能性と危険をさぐる』，秀潤社，188+9p.〈441〉
Lapage, C. Paget 1920 Feeblemindedness in Children of School-Age, 2nd ed., Univ. of Manchester Publications〈437〉
Lederberg, Joshua 1966 "Experimental Genetics and Human Evolution", Bulletin ofthe Atomic Scientists 22（June 1966）〈453〉
Leflar, Robert B. 1996　Informed Consent and Patients' Rigths in Japan, Houston Law Review 1 = 2002　長沢 道行訳，『日本の医療と法——インフォームドコンセント・ルネッサンス』，勁草書房，243p.〈447〉
リブ新宿センター資料保存会編　2008a『リブニュース この道ひとすじ——リブ新宿センター資料集成』，インパクト出版会，190p.〈715〉
――――　2008b『リブ新宿センター資料集成　ビラ篇・パンフレット篇』，インパクト出版会〈715〉
Linton, Ralf 1936 The Study of Man, Appleton-Century Crofts〈52〉
Lippman, Abby　1994 = 1996「出生前検査と遺伝学の虚構——女性の選択，合意，自己統一性は守られているか」，Rothenberg；Thomson eds.［1994 = 1996：26-61］〈726〉

書人』2160（1996-11-15）：1-3〈291〉
小松　美彦・香川　知晶編　2010『メタバイオエシックスの構築へ——生命倫理を問いなおす』，NTT 出版，275p.〈57〉
小蕙　信男　1994「代理母をめぐる医学と法」，『大阪大学医学雑誌』46-2·3：59-70（159-170）〈167〉
河野　博子　1983「子宮をのぞくことが可能な今，女たちは——スウェーデン・フランスの場合」，『福祉労働』21：66-74〈712〉
上埜　さと子・青海　恵子　1988「女の「自己決定権」と生命」，古川他編［1988：45-75］〈711〉
高良　留美子　1990「母性の闇を視る——先端生殖技術から岡本かの子まで」，金井・加納編［1990：57-69］〈167〉
厚生省健康政策局医事課編　1985『生命と倫理について考える——生命と倫理に関する懇談会報告』，医学書院，313p.〈446〉
小宅　理沙　2010「レイプで妊娠した被害者女性の産む・産まない——インタビュー調査から」，立命館大学大学院立命館大学大学院先端総合学術研究科 2009 年度博士論文〈764〉
———　2011「性暴力で妊娠した被害女性像」，日比野・柳原編［2011：65-77］〈764〉
小山　路男　1962『イギリス救貧法史論』，日本評論社〈425〉
Kristalli, Aliki・市野川　容孝　1992「生殖技術をめぐるドイツ国内の議論——ドイツ胚保護法の成立によせて」，生命倫理研究会・生殖技術研究チーム［1992：143-189］〈171〉
Kruger, A.　1963 "The Economics of Discrimination", Journal of Political Economy October 1963〈609〉
Kuhse, Helga　1987　The Sanctity-of-Life Doctorine in Medicine：A Critique, Oxford Univ. Press, 230p.（飯田編［1994：118-126］に石川悦久・江黒忠彦の紹介『医学における生命の尊厳教説——批判』）〈355〉
———　1987　The Sanctity-of-Life Doctorine in Medicine：A Critique, Oxford Univ. Press. 230p. = 2006　飯田 亘之・石川 悦久・小野谷 加奈恵・片桐 茂博・水野俊誠訳，『生命の神聖性説批判』，東信堂，346p.〈355〉
Kuhse, Helga；Singer, Peter　1985　Should the Baby Live?：The Problem of Handicapped Infants, Oxford Univ. Press, Studies in bioethics, 228p.〈351, 355〉
———　1990　"Individuals, Human, and Persons：The Issue of Moral Status", Singer et al. eds.［1990：chap.7］（「科学技術の発達と現代社会 II」運営委員会編［1995：223-225］に林真理の紹介「個人，人間，人格—— 道徳的な地位をめぐる問題」）〈355〉
Kukathas, Chandran；Pettit, Philip 1990 Rawls：A Theory of Justice and its Critics, Polity Press = 1996　山田八千子・嶋津格訳，『ロールズ——『正義論』とその批判者たち』，勁草書房，260+19p.〈524〉
熊倉　伸宏　1994『臨床人間学——インフォームド・コンセントと精神障害』，新興医学出版社，239p.〈447〉
熊野　純彦　20040420『戦後思想の一断面——哲学者廣松渉の軌跡』，ナカニシヤ出版，270p.〈797〉

[1984:382-390] <91,167>
——— 1987 "What's 'New' about the 'New' Technologies?", Corea et al. [1987:64-73] <168>
Klein, Renate Duelli ed. 1989 Infertility: Women Speak Out about Their Experiencesof Reproductive Medicine, Pandora Press = 1991 「フィンレージの会」訳,『不妊——いま何が行われているのか』, 晶文社, 465p. <167-168,176,295>
小林 亜津子 2004『看護のための生命倫理』, ナカニシヤ出版, 260p. 〈57〉
小林 勇人 2008「ワークフェアの起源と変容 —アメリカにおける福祉改革の動態についての政策分析」, 立命館大学大学院立命館大学大学院先端総合学術研究科 2010 年度博士論文〈829〉
小林 久高 1995「合理的選択理論からの展開——秩序問題の経験的研究に向けて」, 荻野昌弘他 [1995 : 251-289]〈127〉
小林 公 1991『合理的選択と契約』, 弘文堂 法哲学叢書 4, 256+4p.〈129-130〉
小林 淳一 1991「プロテスタンティズムは何をもたらしたか」, 小林·木村編 [1991: 44 - 56]〈426〉
小林 淳一・木村 邦博編 1991『考える社会学』, ミネルヴァ書房, 298p.
児玉 真美 2011『アシュリー事件——メディカル・コントロールと新・優生思想の時代』, 生活書院, 264p.〈353, 445〉
児玉 正幸 2006『日本の着床前診断——その問題点の整理と医学哲学的所見』, 永井書店, 172p.〈846〉
児玉 聡 2012『功利主義入門——はじめての倫理学』, ちくま新書, 221p.〈741〉
小出 泰士 1996「フランス生命倫理政策の原理—— 1988 年国務院報告書」,「科学技術の発達と現代社会」企画運営委員会編 [1996 : 72-79]〈170〉
小泉 義之 2003『生殖の哲学』, 河出書房新社, 126p.〈766,845〉
——— 2006『病いの哲学』, ちくま新書, 236p.〈847〉
——— 2012『生と病の哲学——生存のポリティカルエコノミー』, 青土社, 390p.〈847〉
Kolata, Gina 1990 The Baby Doctors, Lowenstein Associates = 1992 飯沼和三訳,『胎児医療の限界にいどむ医師たち』, HBJ 出版局, 287p.〈705〉
駒井 卓 1963『遺伝学に基づく生物の進化』, 培風館, 526p.〈452〉
——— 1966『人類の遺伝学』, 培風館, 284p.〈452〉
駒野 陽子 1989「働くことと産むことと」, グループ・女の人権と性 [1989 : 114-128]〈149〉
小松 美彦 1996『死は共鳴する——脳死・臓器移植の深みへ』, 勁草書房, 296+18p.〈360〉
——— 2000『黄昏の哲学——脳死臓器移植・原発・ダイオキシン』, 河出書房新社, シリーズ・道徳の系譜, 205p.〈361〉
——— 2004a『脳死・臓器移植の本当の話』, PHP 新書, 424p.〈361〉
——— 2004b『自己決定権は幻想である』, 洋泉社, 新書 y 114, 222p.〈361, 757〉
——— 2012『生権力の歴史——脳死・尊厳死・人間の尊厳をめぐって』, 青土社, 438p.〈116, 361, 802〉
小松 美彦・市野川 容孝 1996「「死の自己決定権」をめぐって」(対談),『週刊読

11-24]〈447〉
岸　由二　1991「現代日本の生態学における進化理解の転換史」，柴谷他編［1991：153-198]〈283〉
岸田　典子　2013「関西障害者運動の現代史——楠敏雄のライフヒストリーに即して」，立命館大学大学院先端総合学術研究科 2012 年度博士予備論文〈849-850〉
北　杜夫　1960「夜と霧の隅で」，『新潮』1960-5 → 1963　新潮文庫，265p.〈442〉
北田　暁大　20031『責任と正義——リベラリズムの居場所』，勁草書房，398+36p.〈58〉
北川　道弘　1994「妊娠中期における私の胎児診断法—— Triple Maker Test を用いた胎児異常の診断」，『産婦人科の実際』43-10：1397-1400〈707〉
北川　道弘・武田　修　1994「高齢出産と出生前診断」，『産婦人科治療』69-3：278-283〈707〉
北村　健太郎　2007a「日本における血友病者の歴史——一九八三年まで」，立命館大学大学院立命館大学大学院先端総合学術研究科 2006 年度博士論文〈848〉
————　2007b「血友病者から見た「神聖な義務」問題」，『Core Ethics』3：105-120〈709〉
北村　小夜　1987『一緒がいいならなぜ分けた——特殊学級の中から』，現代書館，226p.〈611, 616〉
————　2004『能力主義と教育基本法「改正」——非才、無才、そして障害者の立場から考える』，現代書館，230p.〈611〉
————　2012「女を生きる——波瀾万丈の人生を生きてきて」，わらじの会編［2012：199-241]
北村　小夜編　1993『障害児の高校進学ガイド——「うちらも行くんよ！」14 都道府県の取り組み』，現代書館，350p.〈611〉
鬼頭　秀一　1995「解説　環境と倫理」，小原編［1995：(3) 8-20]〈284, 286〉
————　1996『自然保護を問いなおす——環境倫理とネットワーク』，ちくま新書，256p.〈284〉
————　2007「水俣と抵抗の原理としての環境倫理学」，最首・丹波編［2007：131-146]〈287〉
鬼頭 秀一・福永 真弓編　2009『環境倫理学』，東京大学出版会，287p.〈287〉
菰田　麻紀子　1996『代理母出産——子宮がなくても子供が抱けた！！』，近代映画社，197p.〈176〉
Kituse, J. I.；Spector, M. B. 1977 Constructing Social Problems, Commings Publishing = 1992　村上直之他訳『社会問題の構築』，マルジュ社〈522〉
Kitzinger, Sheila　1982　Birth over Thirty. = 1989　雨宮良彦監修，『30 歳からのお産』，メディカ出版，262p.〈712〉
喜安 朗　1982『パリの聖月曜日—— 19 世紀都市騒乱の舞台裏』，平凡社，269p.〈423〉
Klee, Ernst　1983》Euthanasie《 im NS-Staat, Fisher, Frankfurt am Main, 502p. = 1999　松下正明訳，『第三帝国と安楽死——生きるに値しない生命の抹殺』，批評社，702p.〈441,443〉
————　1985 Dokumente zur》Euthanasie《, Fisher, 342p.〈443〉
————　1986 Was sie taten, was sie wurden, Fischer〈443〉
Klein, Renate Duelli　1984 "Doing It Ourselves：Self-Insemination", Arditi et al. eds.

Compatible ?", Grragg ed. [1983] = 1988 「生命の尊厳と生命の質は両立可能か」, 加藤・飯田編 [1988 : 3-18] 〈365〉

Keller, Evelyn Fox　1992　Secrets of Life, Secrets of Death : Essays on Language, Gender and Science, Routledge = 1996　広井良典訳, 『生命とフェミニズム――言語・ジェンダー・科学』, 勁草書房, 207p. 〈452〉

Kevles, Daniel J. 1985 In the Name of Eugenics : Genetics and the Uses of Human Heredity, Knopf, 426p., 1986　Penguin Books (Out of Print), 1986　Univ. of California Press = 1993　西俣総兵訳, 『優生学の名のもとに――「人類改良」の悪夢の百年』, 朝日新聞社, 529p. 〈430, 434, 438, 441, 443, 451, 452, 453〉

木畑　和子　1987 「第三帝国と〈安楽死〉問題――〈安楽死〉のいわゆる〈中止〉まで」, 『東洋英和女学院短期大学研究紀要』26 : 21-37 〈443, 444, 448, 534〉

――――　1989 「第二次世界大戦下のドイツにおける「安楽死」問題」, 井上他 [1989 : 243-283] 〈443, 444, 534〉

――――　1992 「第三帝国の「健康」政策」, 『歴史学研究』640 : 1-9,58 〈443, 319, 534〉

――――　1994 「ナチズムと医学の犯罪」, 神奈川大学評論編集専門委員会編 [1994 : 122-136] 〈443〉

木田　盈四郎　1982 『先天異常の医学』, 中公新書 〈709〉

菊地　惠善　1994 「ディープ・エコロジーとは何か」, 飯田編 [1994 : 179-190] 〈286〉

――――　1995 「環境倫理学における〈全体論〉をめぐる論争について」, 「科学技術の発達と現代社会 II」運営委員会編 [1995 : 321-338] 〈166〉

金　満里　1996 『生きることのはじまり』, 筑摩書房, ちくまプリマーブックス, 224p. 〈714〉

Kimbrell, Andrew 1993 The Human Body Shop : The Engineering and Marketing of Life = 1995　福岡伸一訳, 『ヒューマンボディショップ――臓器売買と生命操作の裏側』, 化学同人, 449p. 〈52-53〉

木村　晴美＋市田　泰弘　1995 「ろう文化宣言――言語的少数者としてのろう者」, 『現代思想』23-5 → 1996 『現代思想』24-5 : 8-17 (新たに註が加えられている) 〈721〉

木村　資生　1988 『生物進化を考える』, 岩波新書, 290p. 〈367, 454, 711〉

木村　資生編　1974 『遺伝学から見た人類の未来』, 培風館 〈454〉

木村　利人　1987 『いのちを考える――バイオエシックスのすすめ』, 日本評論社, 282p. 〈57〉

金城　清子　1996 『生殖革命と人権』, 中公新書 1288, 184p. 〈167〉

King, Patricia A.　1994 = 1996 「親子関係の倫理と生殖遺伝検査」, Rothenberg ; Thomson eds. [1994 = 1996 : 142-152] 〈714〉

木岡　伸夫　1994 「習慣としての身体」, 新田他編 [1994 : 195-225] 〈63〉

Kipnis, Kenneth ; Williamson, Gailynn M.　1984　"Nontreatment for Severely Compromised Newborns", Ethics 95 : 90-111 (飯田編 [1987 : 81-86] に山内志郎の紹介「重症欠損新生児に治療を行わないことの決定」) 〈350〉

桐原　尚之　2013 「Y問題」の歴史――PSW の倫理の糧にされていく過程」, 『Core Ethics』9 〈851〉

木阪　昌知　1994 「インフォームド・コンセントの歴史」, 杉田・平山編 [1994 :

川本　隆史　1986 「ロバート・ノージック『哲学的説明』」，『現代思想』14-4：158-164〈116〉
——— 1989 「現代生物学とバイオ・ポリティックス——「社会生物学論争」をめぐって」，塚崎・加茂編［1989：90-109］→川本［1995a：181-195］〈518〉
——— 1991 「自由・秩序・所有——ハイエクとセンの対決」，『現代思想』19-12→川本［1995a：130-143］〈112〉
——— 1992a「所有権の相対化のために——エンタイトルメント・自己所有・系譜学」，『フォーラム』10：81-99〈112〉
——— 1992b「利己的遺伝子への／からの反逆？——福祉国家をめぐる社会生物学の言説」，『現代思想』20-5〈518〉
——— 1992c「自己所有権とエンタイトルメント——私的所有権の光と影」，『法哲学年報』1991：77 - 94〈112〉
——— 1993 「介護・世話・配慮——《ケア》を問題化するために」，『現代思想』21-12（1993-11）：152-162〈348〉
——— 1995a『現代倫理学の冒険——社会理論のネットワーキングへ』，創文社，293p.〈114, 115, 116, 123, 127, 128, 536〉
——— 1995b「協議の政治と所有の分散——民主主義の二つの規範理論」，『現代思想』23-12：115-125〈525〉
——— 1996 「《生殖革命》という言説——ピーター・シンガー批判のために」，江原編［1996：285-306］〈355〉
川本　隆史編　2005 『ケアの社会倫理学——医療・看護・介護・教育をつなぐ』，有斐閣，369+5p.
川本　隆史・高橋　久一郎編　2000 『応用倫理学の転換——二正面作戦のためのガイドライン』，ナカニシヤ出版，274p.
河村　克俊　1996 「生命倫理をめぐるドイツの現状——シンガー事件とドイツの哲学界」，土山他編［1996：197-228］〈355〉
川村　邦光　1990 『幻視する近代空間——迷信・病気・座敷牢，あるいは歴史の記憶』，青弓社，214p.〈438〉
川村　眞由美・仁志田　博司　1994 「家族とともに生活した18トリソミーの長期生存例——従来の医学的意志決定の再検討」，『生命倫理』4-2（5）：23-26（103-106）〈353〉
川島　ひろ子　1988 「出生前診断の現況」，フォーラム実行委員会編［1988：57-77］〈429, 706, 711〉
粥川　準二　2001 『人体バイオテクノロジー』，宝島社新書，254p.〈845〉
——— 2002 『資源化する人体』，現代書館，FOR BEGINNERS SCIENCE，174p.〈845〉
——— 2003 『クローン人間』，光文社新書，243p.〈845〉
——— 2012 『バイオ化する社会——「核時代」の生命と身体』，青土社，300p.〈845〉
Keane, Noel P.1991 「「今月，私のところで代理母による初の日本人ベイビーが生まれる」」（インタヴュー），『週刊朝日』96-46（1991-11-8）：52-53〈173〉
Keane, Noel P.；Breo, Dennis L. 1981　The Surrogate Mother, Everest House, 357p.〈173〉
Keiserlingk, Edward W. 1983 "Sanctity of Life and Quality of Life - Are They

――― 2007 『〈個〉からはじめる生命論』, 日本放送出版協会, NHK ブックス, 245p. 〈64, 799〉
加藤　秀一編　2010 『生――生存・生き方・生命』, 岩波書店, シリーズ自由への問い・8, 244p.
加藤　秀一・坂本　佳鶴恵・瀬知山　角編　1993a 『フェミニズム・コレクションⅠ――制度と達成』, 勁草書房, 390+3p.
――― 1993b 『フェミニズム・コレクションⅡ――性・身体・母性』, 勁草書房, 403p.
河東田　博　1992 『スウェーデンの知的しょうがい者とノーマライゼーション――当事者参加・参画の論理』, 現代書館, 238p. 〈291〉
桂木　隆夫　1990 『自由社会の法哲学』, 弘文堂, 法哲学叢書 1, 208+8p. 〈117-118〉
――― 1995 『市場経済の哲学』, 創文社, 224p. 〈455〉
葛城　貞三　2009 「滋賀県難病連絡協議会の運動の展開」, 『Core Ethics』 5 : 47-58 〈851〉
Katz, Eric 1985 "Organism, Community, and the "Substitution Problem" ", Environmentl Ethics 7 Fall（「科学技術の発達と現代社会 II」運営委員会編 ［1995 : 313-320］ に前田義郎の紹介「有機体, 共同体, および「取り換え問題」）〈286〉
Kaul, Friedrich Karl 1976 Arzte in Auschwitz, Verlag Volg und Gesundheit, Berlin = 1993　日野秀逸訳, 『アウシュヴィッツの医師たち――ナチズムと医学』, 三省堂, 374p. 〈441, 449〉
川端　美季　2011 「近代日本における公衆浴場の衛生史的研究」, 立命館大学大学院立命館大学大学院先端総合学術研究科 2011 年度博士論文 〈849〉
河出書房新社編集部編　2011 『思想としての 3・11』, 河出書房新社, 206p.
川越　修　1995 『性に病む社会――ドイツ　ある近代の軌跡』, 山川出版社, 256+22p. 〈537〉
川越 修・鈴木 晃仁編　2008 『分別される生命――二〇世紀社会の医療戦略』, 法政大学出版局, 332p. 〈797〉
川越 修・友部 謙一編　20080523 『生命というリスク―― 20 世紀社会の再生産戦略』, 法政大学出版局, 318p. 〈797〉
川口　浩一・葛原　力三　1991 「ドイツにおける胚子保護法の成立について」, 『奈良法学会雑誌』 4-2 : 77-94 〈171〉
川口 有美子　2009 『逝かない身体―― ALS 的日常を生きる』, 医学書院, 270p. 〈851〉
――― 2010 「患者会組織の国際的展開―― ALS にグローバル・スタンダードは必要なのか？」, 『生存学』 2 : 265-296 〈851〉
川口 有美子・小長谷 百絵編　2009 『在宅人工呼吸器ポケットマニュアル――暮らしと支援の実際』, 医歯薬出版, 212p. 〈□〉
河合　徳治　1989 「安楽死と尊厳死」, 塚崎・加茂編 ［1989 : 238-254］ 〈351〉
河上　睦子　1989 「〈生殖〉技術と女〈性〉」, 『相模論叢』（相模女子大学一般教育）1 〈167〉
――― 1991 「出生における〈死の設定〉をめぐって」, 『相模論叢』（相模女子大学一般教育）3 〈352〉
――― 1993 「〈生の始まり〉における倫理的問題――「障害」新生児の場合」, 『相模女子大学紀要』 57 : 17-31 〈352〉

〈706〉
――― 1996b「現代生命倫理の考え方」,『仏教』34：24-39〈358〉
加藤　尚武・飯田　亘之編　1988『バイオエシックスの基礎――欧米の「生命倫理」論』，東海大学出版会，355p.〈57〉
――― 1990『生命と環境の倫理研究資料集』，千葉大学教養部倫理学教室，228p.〈57, 284〉
――― 1993『応用倫理学研究』，千葉大学教養部倫理学教室，Ⅰ：pp.1-215，Ⅱ：pp.216-416p.〈57, 284, 616〉
加藤　一郎　1987「バイオテクノロジーの進歩と法」，高久編［1987］〈173〉
――― 1996「遺伝子検査と人権」，加藤・高久編［1996：107-123］〈526〉
加藤　一郎・森島　昭夫編　1984『医療と人権――医者と患者のよりよい関係を求めて』，有斐閣，458p.
加藤　一郎・高久　史麿編　1996『遺伝子をめぐる諸問題――倫理的法的社会的側面から』，日本評論社，300p.〈526〉
加藤　秀一　1990a「〈女性解放運動〉の現象学――身体・ことば・運動」，東京大学大学院社会学研究科修士論文，113p.〈63, 363〉
――― 1990b「〈性的差異〉の現象学――差異・時間・倫理のプログラム」，『ソシオロゴス』14：88-106〈363〉
――― 1990c「〈解放〉への遡行――フランス MLF とセクシャリティの問題」，『女性学年報』11：19-27〈363〉
――― 1991a「リプロダクティヴ・フリーダムと選択的中絶」，『年報社会学論集』4：1-12〈63, 704, 711, 723, 731〉
――― 1991b「女性の自己決定権の擁護――リプロダクティヴ・フリーダムのために」，『ソシオロゴス』15：14-33→江原編［1996：41-79］〈362, 363, 364, 727〉
――― 1991c「フェミニズムをフェミニズムから〈解放〉するために――主体性の新しい形式を求めて」，『季刊・窓』9〈363, 723〉
――― 1992「生殖する権力――ジェンダー・主体・新しい優生学」，『現代思想』20-1：69-79〈704〉
――― 1993a「解題・中絶と女性の権利」，加藤・坂本・瀬知山編［1993a：148-153］〈362, 704〉
――― 1993b「子宮に抗する社会」，『創文』349（1993-11）：11 - 14
――― 1993c「解題・売買春の構図」，加藤・坂本・瀬知山編［1993b：132-137］〈55〉
――― 1993d「解題・綺麗になりたいということ」，加藤・坂本・瀬知山編［1993b：218-224］〈618〉
――― 1993e「書評：フィリス・チェスラー著『代理母』」，『季刊・窓』17〈174〉
――― 1995「〈性の商品化〉をめぐるノート」，江原編［1995：223-278］〈55〉
――― 1996「「女性の自己決定権の擁護」再論」，江原編［1996：119-160］〈362, 364, 759〉
――― 1998『性現象論――差異とセクシュアリティの社会学』，勁草書房，370p.〈64〉
――― 2004『〈恋愛結婚〉は何をもたらしたか――性道徳と優生思想の百年間』，筑摩書房, 238p.〈64, 451〉

「教育学のパラダイム展開」，Karabel & Halsey eds.［1977 = 1980：（上）1-95］〈521〉
Karabel, Jerome；Halsey, A. H. eds.　1977　Power and Ideology in Education, Oxford Univ. Press = 1980　潮木守一・天野郁夫・藤田秀典訳，『教育学と社会変動――教育社会学のパラダイム展開』，東京大学出版会〈521〉
柄谷　行人　1994　『〈戦前〉の思考』，文藝春秋，243p.〈118〉
笠井　潔　1995　『国家民営論――「完全自由社会」をめざすアナルコ・キャピタリズム』，光文社，279p.〈614〉
樫田　美雄　1996　「医療におけるコミュニケーションの可能性――終末期医療の社会学的研究」，『臨床心理学研究』33-3：1-17〈289〉
Kass, Leon R.　1973　"Implications of Prenatal Diagnosis for the Human Right to Life", Hilton et al. eds.［1973］〈713〉
――――　1993 "Organs for Sale ?：Propriety, Property, and the Price of Progress", Shanon ed.［1993：468-487］（「科学技術の発達と現代社会Ⅱ」企画運営委員会編［1995：142-145］に片桐茂博の紹介「臓器は売り物 か？――良俗・所有物・進歩の代償」）〈53〉
Kass, Leon R, ed.　2003　Beyond Therapy：Biotechnology and the Pursuit of Happiness：A Report of The President's Council on Bioethics,　Dana Press = 2005　倉持武 監訳，『治療を超えて――バイオテクノロジーと幸福の追求：大統領生命倫理評議会報告書』，青木書店，407p.〈847〉
片木　清　1980　『カントにおける倫理・法・国家の問題――「倫理形而上学（法論）」の研究』，法律文化社，411+7p.〈112-113〉
片桐　茂博　1988　「R．ワイヤー「医療における真実告知」」，飯田編［1988：16-18］〈289〉
片山　知哉　2011　「ネオ・リベラリズムの時代の自閉文化論」，『生存学』3：106-116〈851〉
加藤　尚武　1984　「ノジックの政治哲学」，『書斎の窓』1984-7･8 → 加藤［1987a：256-263］〈115〉
――――　1986　『バイオエシックスとは何か』，未来社，182p.〈292〉
――――　1987a『21 世紀への知的戦略――情報・技術・生命と倫理』，筑摩書房，320p.
――――　1987b「Q＆A――バイオエシックス・日本文化・人間性」，飯田編［1987：205-212］〈434〉
――――　1989a「医療の基礎的存在論――パラダイム主義批判」，塚崎･加茂編［1989：72-89］〈356〉
――――　1989b「解説」，Engelhardt［1986 = 1989：567-588］〈363〉
――――　1991　『環境倫理学のすすめ』，丸善ライブラリー，226p.〈284〉
――――　1992　「バイオエシックスの展望」，中川編［1992：83-108］〈115, 292, 358, 363〉
――――　1993a『倫理学の基礎』，日本放送出版協会，放送大学印刷教材，158p.〈127, 128, 129〉
――――　1993b『ヘーゲルの「法」哲学』，青土社，289p.〈74, 75, 112〉
――――　1994　「バイオエシックスにおける人格概念の吟味」，飯田編［1994：89-99］〈358〉
――――　1996a『技術と人間の倫理』，日本放送出版協会，NHK ライブラリー 23，353p.

『ライフサイエンス』13-7～9→加茂［1991：118-149］〈168〉
―――― 1989「医療技術と生命」,『関西哲学会紀要』23→加茂［1991b：182-192］〈127, 128〉
―――― 1991a「訳者あとがき」, Rachels［1976＝1991：379-384］〈360〉
―――― 1991b『生命倫理と現代社会』, 世界思想社, 世界思想ゼミナール, 214p.
加茂 直樹・谷本 光男編 1994『環境思想を学ぶ人のために』, 世界思想社, 318p.〈284〉
神奈川大学評論編集専門委員会編 1994『医学と戦争』, 御茶の水書房, 神奈川大学評論叢書5, 244p.〈443〉
金井 淑子 1989『ポストモダン・フェミニズム――差異と女性』, 勁草書房, 250p.〈711〉
金井 淑子・加納 実紀代編 1990『女たちの視線――生きる場のフェミニズム』, 社会評論社, 255p.
金森 修 2003『負の生命論――認識という名の罪』, 勁草書房, 232p.〈447〉
―――― 2005『遺伝子改造』, 勁草書房, 323p.〈436, 845〉
金住 典子 1989「子産みの自己決定権」, グループ・女の人権と性［1989：185-205］〈180〉
Kane, Elizabath 1988 Birth Mother, Harcourt Brace Janovich＝1993 落合恵子訳,『バースマザー――ある代理母の手記』, 共同通信社, 438p.〈173〉
―――― 1989＝1991「苦しみの転嫁」, Klein ed.［1989＝1991：242-253］〈173〉
鐘ケ江 晴彦・広瀬 裕子編 1994『セクシュアル・ハラスメントはなぜ問題か』, 明石書店, 278p.
鹿又 伸 1984「地位達成分析の成果と課題」,『社会学評論』35-2：17-33〈521〉
Kant, Immanuel 1764/65 "Bemerken zu den Beobachtungen uber das Gefuhl des Schoneund Erhabenen"＝1966 尾渡達雄訳「『美と崇高の感情に関する考察』覚え書き」,『教育学・小論集・遺稿集』(カント全集16)：259-355, 理想社〈24〉
―――― 1784 "Beantwortung der Frage：Was ist Aufklarung", Die Berlinische Monatsschrift 1784-12, ＝1974 篠田英雄訳,「啓蒙とは何か」, Kant［＝1974：5-20］〈456, 288〉
―――― 1785 Grundlegung zur Metaphysik der Sitten＝1960 篠田英雄訳,『道徳形而上学原論』, 岩波文庫, ＝1972 野田又夫訳,「人倫の形而上学の基礎づけ」, 野田編［1972：223-311］〈531〉
―――― 1793 "Uber den Gemeinspruch：Das mag in den Thorie richtig sein, taugt uber nicht fur die Praxis", Die Berlinische Monatsschrift 1793-9＝1974 篠田英雄訳,「理論と実践」, Kant［＝1974：109-188］〈113, 482〉
―――― 1797 Metaphysik der Sitten＝1972 加藤新平・三島淑臣・森口美都男訳「人倫の形而上学」, 野田編［1972：313-664］〈112, 532〉
―――― ＝1974 篠田英雄訳,『啓蒙とは何か 他四篇』, 岩波文庫
Kaplan, Deborah 1994 ＝1996「障害を持つ人への影響――出生前スクリーニングと診断」, Rothenberg：Thomson eds.［1994＝1996：77-95］〈714〉
Karabel, Jerome；Halsey, A. H. 1977 "Educational Research：A Review and Interpretation", Karabel & Halsey eds.［1977］＝1980 天野郁夫・潮木守一訳,

ter Fortpflanzungstechniken ?", Philosophsche Untersuchung und mataphysis-che Vermutungen, Insel Verlag ：147-169 = 1993 市野川容孝訳・解説「権利・法・倫理――新しい生殖技術にどう答えるか」，加藤・飯田編［1993］〈183,298〉

Jordan, Bertrand 1993 Travelling around the Human Genome：An in situ Invistigation One Year's Survey of Genome Centers across the World, INSERM John Libbey Eurotext = 1995 三宅成樹訳，『ヒトゲノム計画とは何か――全世界を巻き込む DNA 解析プロジェクト』，講談社ブルーバック ス，404+21p.〈455,526〉

女性学研究会編 1986 『女は世界をかえる』（講座女性学３），勁草書房，261p.

［K］

加部 一彦・玉井 真理子 1994 『てのひらのなかの命――出生をめぐる生命倫理』，ゆみる出版，196p.〈711〉

角岡 伸彦 2010 『カニは横に歩く――自立障害者たちの半世紀』，講談社，509p.〈714〉

「科学技術の発達と現代社会Ⅱ」企画運営委員会編 1995 『生命・環境・科学技術倫理研究資料集』，千葉大学（発行事務局：文学部哲学講座），380p. Ⅰ：pp.1-150，Ⅱ：pp.151-380〈57,284〉

――― 1996 『生命・環境・科学技術倫理研究資料集 続編』，千葉大学（発行事務局：文学部哲学講座），265p.〈57, 284, 616〉

香川 知晶 1995a「バイオエシックスの誕生」，今井・香川編［1995：4-23］〈57〉

――― 1995b「人工妊娠中絶」，今井・香川編［1995：66-81］〈362〉

――― 2000 『生命倫理の成立――人体実験・臓器移植・治療停止』，勁草書房，15+242+20p.〈57,447〉

――― 2006 『死ぬ権利――カレン・クインラン事件と生命倫理の転回』，勁草書房，440p.〈352〉

甲斐 克則 1991 「生殖医療と刑事規制――イギリスの『ウォーノック委員会報告書』（1984 年）を素材として」，『犯罪と刑罰』7〈168〉

――― 1992 「生殖医療の規制に関するイギリスの新法について――『生殖医療と刑事規制』の一側面」，『広島法学』15-3〈168, 169〉

梶田 孝道 1980 「業績主義・属性主義と社会問題群」，現代社会問題研究会編［1980：1-23］〈52〉

掛川 典子 1993 「フェミニスト・エシクスの諸問題」，『女性文化研究所紀要』（昭和女子大学）11：31-40〈348〉

柿本 昭人 1990 「コレラ流行とバイオの権力」，見市他［1990：81-95］〈536〉

――― 1991 『健康と病のエピステーメー』，ミネルヴァ書房，264+35p.〈428〉

――― 1996 「民主主義的断絶と国民――自由・平等・『学問のすゝめ』」，『現代思想』24-7（1996-6）：78-97〈427〉

上見 幸司 1995 「生殖技術の生命倫理と医療政策――イギリスを中心にして」，『常盤大学人間科学論究』3：15-30〈168〉

Kamin, Leon J 1974 The Science and Politics of IQ, Lawrence Erbaum Associates = 1977 岩井勇二訳，『IQ の科学と政治』，黎明書房 〈395, 396, 397, 429, 438, 439, 440, 441, 518, 520〉

加茂 直樹 1986 「新しい生殖技術と社会――「ウォーノック報告」の意味するもの」，

権』，有斐閣，300p.〈614〉
———— 2010 『貧困の放置は罪なのか——グローバルな正義とコスモポリタニズム』，人文書院，298p.〈614〉
伊藤 孝夫 2003 『滝川幸辰——汝の道を歩め』，ミネルヴァ書房，337p.〈442〉
岩倉 正博 1991 「所有制度と普遍的合意の可能性」，『法哲学年報』1991:25-39〈112〉
岩本 健良 1991a「社会的意志決定」，小林・木村編［1991：73-87］〈123〉
———— 1991b「教育と社会的不平等」，小林・木村編［1991：253-264］〈52〉
岩中 督・土田 嘉昭 1995 「出生前治療——アメリカの現況と将来の展望」，武谷編［1995：100-106］〈705〉
岩崎 秀雄 2013 『〈生命〉とは何だろうか——表現する生物学、思考する芸術』，講談社現代新書，288p.〈800〉
岩志 和一郎 1986 「西ドイツにおける代理母問題——「家族と法」研究レポート・1」，『判例タイムズ』37-30：7-16〈171〉
———— 1987 「体外受精の許容条件とその限界」，『法律時報』59-12：32-36〈171〉
———— 1991 「ドイツ」，『比較法研究』53：29-37〈171〉
———— 1992 「ドイツにおける胚保護法」，『年報医事法学』7〈171〉
———— 1995 「ドイツにおける人工生殖の法律問題」，唄・石川編［1995：397-408］〈171〉
岩田 靖夫 1994 『倫理の復権——ロールズ・ソクラテス・レヴィナス』，岩波書店，294p.〈524-525〉

［J］

Jecker, Nancy S. 1993 "Impartiality and Special Relations", Meyers et al. eds.［1993］（「科学技術の発達と現代社会Ⅱ」企画運営委員会編［1995：88-91］に田坂さつきの紹介「公平と特殊な諸関係」）〈348〉
Jencks, Cristpher et al. 1972 Inquality：A Reassessment of the Effct of Family and Schooling in America, Basic Books = 1978 橋爪貞雄・高木正太郎訳，『不平等——学業成績を左右するものは何か』，黎明書房〈520〉
Jensen, Arther R. 1969 "How much can we boost I.Q. and scholastic achievement?", Harvard Educational Review 39: 1-123 → Jensen [1972=1975]
———— 1972 Genetics and Education, Associated Book = 1978 岩井勇児・松下淑訳，『IQの遺伝と教育』，黎明書房〈519〉
ジョン・ヒギョン（鄭 喜慶） 2012 「韓国における障碍人運動の現代史——当事者主義の形成過程」，立命館大学大学院立命館大学大学院先端総合学術研究科 2011 年度博士論文〈849〉
Johnson, Alan G. 1990 Pathways in Medical Ethics, Edward Arnold = 1992 森岡恭彦・上谷正躬訳，『医の倫理——何をどう考えるか』，南江堂，201p.〈352〉
Jonas, Hans 1979 Das Prinzip Verantwortung：Versuch einer Ethik fürdie technologische Zivilisation, Insel Verlag Frankfurt am Main = 2000 加藤 尚武監訳，山本 達・盛永 審一郎・鈴木 崇夫・藤野 寛・三富 明・古田 裕清・森本 浩一訳，『責任という原理——科学技術文明のための倫理学の試み』，東信堂，〈298〉
———— 1992 "Rechte, Recht und Ethik：Wie erwidern sie sich auf das Angebot neuers-

Institute on Women and Technology 1990 "Women and Children Used in Systems of Surrogacy : Position Statement of the Institute on Women and Technology", Gostin ed. [1990 : 322-325]〈148〉
伊勢田 哲治・樫 則章 2006 『生命倫理学と功利主義』, ナカニシヤ出版, 276p.
石戸 教嗣 1995 「パラドックスとしての学歴主義」, 『社会学評論』46-1 : 16-28〈608〉
石神 亙 1987 「出生前診断の現状を考える――医療技術と専門家」, 日本臨床心理学会編 [1987 : 151-164]〈711〉
石井 美智子 1979 「プライヴァシー権としての堕胎決定権――アメリカ判例法による堕胎自由化」, 『東京都立大学法学会雑誌』19-2 : 79-170〈361〉
―――― 1981 「英国「1967年堕胎法」の成立過程」, 『東京都立大学法学会雑誌』21-2 : 169-234〈361〉
―――― 1982 「優生保護法による堕胎合法化の問題点」, 『社会科学研究』34-4〈362〉
―――― 1983a 「「医療」としての堕胎――英国一九六七年堕胎法の改正論議にみる同法の特徴と問題点」, 唄編 [1983 : 410-461]〈361〉
―――― 1983b 「堕胎問題の家族法的分析(一)――家族形成権の概念を基礎として」, 『社会科学研究』35-4〈361〉
―――― 1985 「堕胎問題の家族法的分析(二)――家族形成権の概念を基礎として」, 『社会科学研究』36-5〈361〉
―――― 1991 「オーストラリア(ヴィクトリア州)」, 『比較法研究』53 : 21-28〈172〉
―――― 1994 『人工生殖の法律学』, 有斐閣, 205p.〈167, 172, 361, 362, 711〉
石川 准・倉本 智明編 2002 『障害学の主張』, 明石書店, 294p.
石川 稔 1984 「代理母契約――新・家族法事情 1・2」, 『法学セミナー』29-5 (353) : 98-103, 29-6 (354) : 88-93〈167〉
―――― 1985 「精子銀行――アメリカにおける人工授精子法の展開」(新・家族法事情10・11), 『法学セミナー』362 (1985-2) : 86-91, 363 (1985-3) : 54-59〈452〉
―――― 1991a 「アメリカ」, 『比較法研究』53 : 7-20〈172〉
―――― 1991b 「総括・まとめ1 家族法の側面から」, 『比較法研究』53 : 94-104〈168〉
石川 稔・中村 恵 1995 「アメリカにおける人工生殖をめぐる法的状況」, 唄・石川編 [1995 : 369-395]〈172〉
石川 憲彦 1985 『子育ての社会学』, 朝日新聞社, 241p. → 1990 朝日文庫, 268p.〈711〉
―――― 1988 『治療という幻想――障害の治療からみえること』, 現代書館, 269p.〈711〉
石牟礼 道子 1969 『苦海浄土』, 講談社〈360〉
石山 文彦 1987 「「逆差別論争」と平等の概念」, 森際・桂木編 [1987 : 291-326]〈616〉
伊藤 弘人・丸井 英二 1994 「不妊手術の優生学的適用の推移と問題点――精神障害者への適用を中心として」, 『民族衛生』59-1 : 37-44〈451〉
伊藤 晴夫 2006 『生殖医療の何が問題か』, 緑風出版, 208p.〈846〉
伊藤 佳世子 2010 「長期療養病棟の課題――筋ジストロフィー病棟について」『Core Ethics』6 : 25-36〈852〉
伊藤 恭彦 2002 『多元的世界の政治哲学――ジョン・ロールズと政治哲学の現代的復

今井　道夫・香川　知晶編　1995『バイオエシックス　第二版』，東信堂，269p.〈57〉

稲場　雅紀・山田　真・立岩　真也　2008『流儀――アフリカと世界に向い我が邦の来し方を振り返り今後を考える二つの対話』，生活書院，272p.〈840〉

稲葉　振一郎　1999『リベラリズムの存在証明』，紀伊國屋書店，430p.〈58〉

――――　2008『「公共性」論』，NTT 出版，404p.〈806〉

稲葉　振一郎・立岩　真也　2006『所有と国家のゆくえ』，日本放送出版協会，301p.〈828〉

稲垣　貴彦　1990「生命倫理と障害者福祉（Ⅱ）――選択的中絶の倫理的問題」，『社会福祉学部研究報告』13：11-32〈711〉

Ince, Susan　1984 "Inside the Surrogate Industry", Arditi et al.eds.［1984：99-116］= 1986「代理母産業を暴く」, Arditi et al. eds.［1984 = 1986：65-88］〈131, 173, 181〉

Inlander, Charles B.; Levin, Lowell S.; Weiner　1988　Medical on Trial：The Appalling of Medical Ineptitude and the Arrogance That Overlooks It, People's Medical Society = 1997　佐久間充・木之下 徹・八藤後 忠夫・木之下 明美 訳,『アメリカの医療告発――市民による医療改革案』，勁草書房，307p.〈297〉

井上 英二・小林 登・塚田 裕三・渡辺 格編　1984『生命科学は医療を変えるか』，講談社，255p.

井上　健治　1979『子どもの発達と環境』，東京大学出版会〈519〉

井上　茂子・木畑　和子・芝　健介・永岑　三千輝・矢野　久　1989『1939――ドイツ第三帝国と第二次世界大戦』，同文館出版

井上　章一・森岡　正博　1990「売春と臓器移植における交換と贈与」，『日本研究』2：97-106→井上・森岡［1995：39-58］〈53〉

――――　1995『男は世界を救えるか』，筑摩書房，195p.

井上　俊・上野　千鶴子・大澤　真幸・見田　宗介・吉見　俊哉編　1996a『病と医療の社会学』（岩波講座現代社会学 14），237p.〈289〉

――――　1996b『差別と共生の社会学』（岩波講座現代社会学 15），248p.〈52〉

井上　達夫　1986『共生の作法――会話としての正義』，創文社，297p.〈524, 591〉

――――　1987「人間・生命・倫理」，長尾・米本編［1987：41-64］→江原編［1996：3-26］〈352, 358, 362-363〉

――――　1992「1991 年度日本法哲学会学術大会（於日本大学）統一テーマについて」，日本法哲学会編［1992：1-5］〈51〉

――――　1996「胎児・女性・リベラリズム――生命倫理の基礎再考」，江原編［1996：81-117］〈362〉

井上　達夫編　2006『公共性の法哲学』，ナカニシヤ出版，396p.〉

井上　輝子・上野　千鶴子・江原　由美子編　1994a『リブとフェミニズム』，岩波書店，日本のフェミニズム１，248p.

――――　1994b『フェミニズム理論』，岩波書店，日本のフェミニズム２，221p.

――――　1995a『母性』，岩波書店，日本のフェミニズム５，258p.

――――　1995b『セクシュアリティ』，岩波書店，日本のフェミニズム６，256p.

井上　義彦　1996「カント倫理学と生命倫理――尊厳死は許容できるか」，土山他編［1996：3-32］〈365〉

116-120］に「パーソン論と人工妊娠中絶」と題して一部抜粋）〈357〉
――――　1989 「バイオエシックスは何を為すのか――実践的側面を中心に」，日本倫理学会編『生命と倫理』，慶應通信→1994 「自己決定とその領域」，飯田［1994：121-142］〈357, 362, 363〉
――――　1994 『生命技術と倫理』，市井社，189p.
――――　1995 「T．レーガンとB．ノートン」，「科学技術の発達と現代社会 II」運営委員会編［1995：339-345］〈286〉
――――　1996 「「サバイバルロッタリー」批判」，「科学技術の発達と現代社会 II」企画運営委員会編［1996：99-105］〈127〉
飯田　亘之編　1986 『バイオエシックスの展望』，千葉大学教養部総合科目運営委員会，197p.〈57〉
――――　1987 『バイオエシックス最新資料集』，千葉大学教養部総合科目運営委員会，216p.〈57〉
――――　1988 『バイオエシックス最新資料集（続編）』，千葉大学教養部総合科目運営委員会，197p.〈57〉
――――　1994 『プラクティカルエシックス研究』，千葉大学教養部倫理学教室，292p.〈57, 284〉
飯沼　和三　1994 「遺伝相談の実際」，『産科と婦人科』61-5：668-672（84-88）〈711〉
飯沼　和三・北川　道弘　1994 「出生前診断に関する告知とインフォームド・コンセント」，『小児内科』26-4：539-543〈707, 711〉
飯沼　和三・大泉　純・塩田　浩平　1991 『先天異常を理解する』，日本評論社，301p.〈706, 711, 718〉
飯塚　理八・河上　征治　1984 『不妊と妊娠の医学』，立風書房，217p.〈627〉
池田　清彦　1990a「多元主義社会への展望」，『月刊フォーラム』1990-11・12→池田［1996a：205-236］〈283〉
――――　1990b「動物愛護と文化摩擦」，『産経新聞』1990-12-3 夕→1996 「動物愛護と文化の無根拠性」，池田［1996a：88-92］〈286〉
――――　1992 「虫屋はオタクなのか」，『小説新潮』1992-7→1996 「虫屋はオタクか」，池田［1996a：84-87］〈285〉
――――　1996a『科学は錯覚である　新装版』，洋泉社，236p.〈518〉
――――　1996b『科学教の迷信』，洋泉社，220p.〈518〉
池田　清彦・立岩　真也　2006 「「いのち」を誰が決めるのか」（対談），池田編［2006：204-231］〈283〉
池田 清彦編　2006 『遺伝子「不平等」社会――人間の本性とはなにか』，岩波書店，240p.〈283〉
池田　祥子　1990『［女］［母］それぞれの神話――子産み・子育て・家族の場から』，明石書店〈167〉
イム・ドクヨン（林徳榮）　2008 「韓国資本主義移行 期における「浮浪者」と「浮浪者」政策」，聖公会大学大学院修士論文〈423〉
――――　2012 「1960 年代韓国における「浮浪児」の生成と実態」，『Core Ethics』8：63-74〈423〉
今田 高俊編 2003 『産業化と環境共生』（講座社会変動２），ミネルヴァ書房 336p.

市野川 容孝　1990a「近代社会における死の位相――死の社会学的考察にむけて」，東京大学大学院社会学研究科修士論文，162p.〈63〉
――――　1990b「優生学研究＃１」（文献紹介，未発表）〈431, 445〉
――――　1991a「死の位相――信仰は医療に優越するか」，吉田編［1991：114-132］〈289〉
――――　1991b「今日における死の問題」，『年報社会学論集』4：81-92
――――　1991c「死の社会学・序説――「他界」に関する試論」，『ソシオロゴス』15：152-168〈63〉
――――　1992a「訳者解説・ドイツがシンガーを沈黙させたことについて」，『みすず』375：49-58〈355〉
――――　1992b「生－権力の系譜」，『ソシオロゴス』16：120-134〈428〉
――――　1993a「ニュールンベルク・コード再考――その今日的意義」，加藤・飯田編［1993：308-323］〈446〉
――――　1993b「生－権力論批判――ドイツ医療政策史から」，『現代思想』21-12：163-179〈291, 428, 534〉
――――　1994a「死への自由？――メディカル・リベラリズム批判」，『現代思想』22-4：308-329〈291〉
――――　1994b「生殖技術に関するドイツ，オーストリア，スイスの対応――政策過程の比較社会学」，『Studies 生命・人間・社会』2：55-115〈171, 172〉
――――　1996a「「種」から剥がれおちる性――フロイトと優生学」，『imago』7-3：216-232〈434〉
――――　1996b「医療倫理の歴史社会学的考察」，井上俊他編［1996a：1-26］〈428〉
――――　1996c「人間科学におけるフロイトの意義――「変質」概念との関係を中心に」，『明治学院論叢』575（社会学・社会福祉学研究 99）：217-242〈434〉
――――　1996d「安全性の政治――近代社会における権力と自由」，大澤編［1996：89-119］〈428, 501, 531-532〉
――――　1996e「ナチズムの安楽死をどう〈理解〉すべきか――小俣和一郎氏への批判的コメント」，『imago』7-10：145-159〈291〉
――――　1996f「性と生殖をめぐる政治――あるドイツ現代史」，江原編［1996：163-217］〈428, 435〉
――――　2000　『身体／生命』，岩波書店，思考のフロンティア，129p.〈64〉
――――　2006　『社会』，岩波書店，237p.〈64〉
――――　2012　『社会学』，岩波書店，144p.〈64, 289〉
市野川 容孝編　2002　『生命倫理とは何か』，平凡社，202p.〈57〉
家永　登　1991「日本（2）・人工授精」，『比較法研究』53：75-83〈175, 96〉
――――　1995a「障害新生児の治療をめぐる親と医師の関係――アーサー医師事件の検討」，唄・石川編［1995：145-169］〈352〉
――――　1995b「日本における人工授精の状況」，唄・石川編［1995：423-431］〈96〉
Ignatieff, Michael 1978 A Just Measure of Pain：The Penitentiary in the Industrial Revolution, Pantheon Books.〈423〉
一宮　茂子　2010「生体肝移植ドナーの負担と責任をめぐって――親族・家族間におけるドナー決定プロセスのインタヴュー分析から」，『Core Ethics』6：13-23〈53, 852〉
飯田　亘之　1985「可能なことと望ましいこと」，『理想』1985-12（飯田編［1986：

星野　一正　1991『医療の倫理』，岩波新書，240p.〈446〉
――――　1994「インフォームド・コンセント」，星野編［1994：23-27］〈446〉
星野　一正編　1993『倫理委員会のあり方』，蒼穹社，181p.〈293〉
――――　1994『生命倫理と医療――すこやかな生とやすらかな死』，丸善，207p.〈446〉
星野　一正・斎藤　隆雄編　1991『胎児の生命と尊厳』，蒼弓社
法制史学会編　1960『刑罰と国家権力』，創文社
堀田　義太郎　2003「生命をめぐる政治と生命倫理学――出生前診断と選択的中絶を手がかりに」，『医療・生命と倫理・社会』2-2（大阪大学大学院医学系研究科・医の倫理学教室）→立岩・定藤編［2005］
――――　2005「遺伝子介入とインクルージョンの問い」，『障害学研究』1：64-87〈437〉
――――　2006「生体間臓器提供の倫理問題――自発性への問い」，『医学哲学・医学倫理』24：31-41〈53〉
――――　2009「独居ALS患者の在宅移行支援（4）――課題・要因・解決方策」，『生存学』1：218-235〈852〉
――――　2011「強く・美しく・賢く・健康に？――エンハンスメントと新優生学」，玉井・大谷編［2011：253-274］〈437〉
――――　2012a「ケアと市場」，立岩・堀田［2012：175-205］〈831〉
――――　2012b「ケアの有償化論と格差・排除――分配パラダイム・制度主義の意義と限界」，立岩・堀田［2012：207-252］〈831〉
保條　朝郎　2002『操られるいのち――生殖医療、進む差別・選別』，中日新聞社開発局出版開発部，309p.〈845〉
Howard, Ted；Rifkin, Jeremy　1977　Who Should Play God ?, Dell Publishing = 1979　磯野直秀訳，『遺伝子工学の時代――誰が神に代りうるか』，岩波現代選書ＮＳ版，344p.〈91, 294, 436, 518〉
Hubbard, Ruth　1984　= 1986「個人の勇気だけではどうにもならない」，Arditi et al. eds.［1984 = 1986：159-187］〈454, 705, 713, 714〉
――――　1987　"Eugenics：New Tools, Old Ideas", Women Health 13-1･2：225-235→1988　Baruch etal. eds.［1988：225-235］〈713
Huxley, Aldous Leonard　1932　Brave New World = 1974　松村達雄訳，『すばらしい新世界』，講談社文庫，315p.〈452〉
Huxley, Julian　1947　Man in the Modern World, London, Chatto & Windus, 281p.〈453〉
――――　1953　Evolution in Action, Penguin Books = 1968　長野敬・鈴木善次訳，『進化とはなにか――20億年の謎を探る』，講談社ブルーバックス，274p.〈453〉
――――　1964 Essays of a Humanist = 1973　若林千鶴子訳，『進化と精神』，思索社，284p.〈452-453〉
兵庫県衛生部不幸な子どもの生まれない対策室　1973『幸福への科学』，のじぎく文庫（兵庫県立のじぎく会館）〈715〉

［Ｉ］

市川　宏・加藤　尚武・坂部　恵・坂本　賢三・村上　陽一郎編　1990a『エロス』（現代哲学の冒険４），岩波書店，399p.
――――　1990b『差別』（現代哲学の冒険３），岩波書店，387p.

——— 2011「心神喪失者等医療観察法とソーシャルワークとの親和性について」,『生存学』3〈850〉
Hitler, Adolf 1940 Mein Kampf, Zentral-verlag der NSDAP = 1973 平野一郎・将積茂訳,『わが闘争』, 全2巻 角川文庫〈433〉
人見 康子 1986「生命科学の進展と法律――代理の母の法律をめぐって」,『民事研修』350:25-39〈167〉
——— 1991a「人工生殖と代理母」,『法学教室』125:22-26〈167, 172〉
——— 1991b「生殖援助技術と法律」,『民事研修』409:19-28〈167〉
Hobbes, Thomas 1651 Leviathan:Or the Matter, Form & Power of a Common-Wealth Ecclesiastical and Civil = 1974 水田洋・田中浩訳,『リヴァイアサン(国家論)』(世界の大思想9), 河出書房新社〈117〉
Hofstadter, Richard 1944 Social Darwinism in American Thought, Beacon Press → 1955 revised ed. = 1973 後藤昭次訳,『アメリカの社会進化思想』, 研究社〈429,430〉
保木 本一郎 1994『遺伝子操作と法』, 日本評論社, 322p.〈116, 171, 436, 452, 453, 454, 529-530, 713, 720〉
保条 成宏 1992a「障害新生児の生命維持医療をめぐる刑法的問題(1)」,『名古屋大学法政論集』140:151-195〈352〉
——— 1992a「障害新生児の生命維持医療をめぐる刑法的問題(2)」,『名古屋大学法政論集』144:401-447〈352〉
Hollinger, J. 1985 "From Coitus to Commerce:Legal and Social Consequences of Noncoital Reproduction", Journal of Law Reform 18〈181〉
Holtug, Nils 1993 "Human Gene Therapy:Down the Slippy Slope ?", Bioethics 7-5:402-419(「科学技術の発達と現代社会II」運営委員会編[1995:184-189]に黒崎剛の要約「ヒト遺伝子治療――滑り坂を下るか?」)〈705〉
Holtzman, Neil A. 1988 = 1991「遺伝子診断の将来」, Childs et al. eds.[1988 = 1991:265-297]〈712〉
堀 正嗣 1994『障害児教育のパラダイム転換――統合教育への理論研究』, 柘植書房, 511p.〈616〉
堀 智久 2007「障害の原因究明から親・子どもの日常生活に立脚した運動へ――先天性四肢障害児父母の会の1970/80年代」,『社会学評論』58-1(229):57-75 http://www.jstage.jst.go.jp/article/jsr/58/1/57/_pdf /-char/ja/[全文PDF]→杉野編[2011:148-163]〈725〉
——— 2008「障害をもつ子どもを迎え入れる親の実践と優生思想――先天性四肢障害児父母の会の1970/80年代」,『ソシオロゴス』32:148-163〈725〉
——— 2011「専門性のもつ抑圧性の認識と臨床心理業務の総点検――日本臨床心理学会の1960/70」,『障害学研究』7:249-274〈535〉
堀内 捷三 1993「揺れ動くドイツの堕胎罪――一九九三年五月二八日のドイツ連邦憲法裁判所判決を読む」,『法学セミナー』464(1993-8):22-27〈361〉
ホーン・川島 瑶子 1985『女子労働と労働市場構造の分析』, 日本経済評論社, 151p.〈609〉
星野 英一編 1975『私法学の新たな展開――我妻栄先生追悼論文集』, 有斐閣

東丸 恭子 1983 「西欧中世における救済施設——施療院の系譜」, 橋口編［1983：161-177］〈425〉
樋口 明彦 2007 「『ケアの倫理』と『正義の倫理』をめぐる対立の諸相——ギリガンとキッティ」, 有賀編［2007］〈348〉
比較家族史学会編 1996 『事典 家族』, 弘文堂, 1012p.〈165〉
Hill, Thomas E. 1991 "The Message of Afirmative Action" in his Autonomy and Self-respect（「科学技術の発達と現代社会 II」企画運営委員会編［1995：52-58］に木阪貴行の紹介「優先措置のメッセージ」）〈615〉
Hilton, Bruce et al. eds. 1973 Ethical Issues in Human Genetics
日置 久子 1987 「イギリスの代理母問題」, 『日本婦人問題懇話会会報』46：38-42〈168〉
平林 勝政 1983 「Making Health Care Decisions——《インフォームド・コンセントに関する大統領委員会報告書》紹介」, 唄編［1983：523-547］〈447〉
平石 隆敏 1989 「人工妊娠中絶」, 塚崎・加茂編［1989：206-220］〈358〉
——— 1994 「動物解放の理論」, 加茂・谷本編［1994：184-198］〈286〉
平野 竜一 1972『刑法 総論 I』, 有斐閣〈421〉
平沢 一郎 1996 『麻薬・安楽死の最前線——挑戦するオランダ』, 東京書籍, 231p.〈291〉
平田 俊博 1996 「バイオエシックスとカント倫理学——QOL とは何か」, 土山他編［1996：33-47］〈365〉
広井 良典 1994 『生命と時間——科学・医療・文化の接点』, 勁草書房, 244p.〈448〉
——— 1996 『遺伝子の技術, 遺伝子の思想——医療の変容と高齢化社会』, 中公新書, 250p.〈529,530〉
——— 1997 『医療保険改革の構想』, 日本経済新聞社, 253p.〈530〉
廣川 和花 2011 『近代日本のハンセン病問題と地域社会』, 大阪大学出版会
廣松 渉 1975 『現代革命論への模索 改装版』, 新泉社, 340p.〈497〉
——— 1981 『新左翼運動の射程』, ユニテ, 269+17p.〈497〉
広海 孝一・田中 淳三 1996 「生命保険事業と遺伝子問題」, 加藤・高久編［1996：173-190］〈526〉
廣野 喜幸・市野川 容孝・林 真理編 2002 『生命科学の近現代史』, 勁草書房
広瀬 洋子 1991 「生殖技術と家族」, 上野他編［1991a：229-248］〈167〉
廣嶋 清志 1980 「現代人口政策史小論（1）——人口資質概念をめぐって（1916～1930年）」, 『人口問題研究』154：46-61〈438〉
——— 1981 「現代人口政策史小論（2）——国民優生法における人口の質政策と量政策」, 『人口問題研究』160：61-77〈438〉
菱木 昭八朗 1985 「スウェーデン人工授精法と改正親子法における人工授精子の父性」, 『ジュリスト』835：114-123〈172〉
樋澤 吉彦 2005 「介入の根拠についての予備的考察：『パターナリズム』を中心に」, 立命館大学大学院先端総合学術研究科先端総合学術専攻博士課程 2004 年度博士予備論文〈178〉
——— 2008 「心神喪失者等医療観察法における強制的処遇とソーシャルワーク」, 『Core Ethics』4：305-317〈850〉

橋爪［1993：245-278］〈711〉
——— 1981「売春のどこがわるい」,『女性の社会問題研究報告』4：24-53→1992 江原編［1992：1-43］〈53〉
——— 1982「性愛論　第1稿」, 124p.（未発表）〈418〉
——— 1990a「無出産革命を通して人類の未来が見えてくる」,『現代思想』18-6（1990-6）：122-129→1991　橋爪［1991：174-189］〈298〉
——— 1990b「性愛のポリティクス」, 市川他編［1990a：341-396］（橋爪［1982］を含む数本の未発表論文を大幅に圧縮して構成）
——— 1990c「『資本論』てここがヘン！」,『オルガン』9→橋爪［1991］〈119〉
——— 1991『現代思想はいま何を考えればよいのか』, 勁草書房, 242p.
——— 1993『橋爪大三郎コレクションII　性空間論』, 勁草書房, 324+13p.
——— 2010『労働者の味方マルクス——歴史に最も影響を与えた男マルクス』, 現代書館, 174p.〈119〉
服部　篤美　1989「先天性風疹症候群児出生事件」,『医療過誤判例百選』：206-〈436〉
——— 1991「日本（3）・体外受精・胚移植」,『比較法研究』53：84-93〈720〉
——— 1994「望まない妊娠・健常児出産事件にみる損害賠償請求の可否とその範囲」, 宇津木・平林編［1994：3-51］〈720〉
——— 1995「日本における体外受精の実施状況」, 唄・石川編［1995：433-454］〈175〉
早川　聞多・森岡　正博編　1996『現代生命論研究——生命と現代文明』, 国際日本文化研究センター, 日文研叢書, 339p.
早川　武夫　1987「代理出産児はだれの子か」,『法学セミナー』32-7（391）（1987.7）：8-9〈174〉
林　端枝編　1989『いま女の権利は——女権先進国フランスとの比較から』, 学陽書房, 235p.
Hegel, Georg Wilhelm Friedlich　1821　Grundlinien der Philosophie des Rechts = 1967 藤野渉・赤澤正敏訳,「法の哲学」, 岩崎武雄（責任編集）『ヘーゲル』（世界の名著 35）：149-604, = 1983　高峰一愚訳,『法の哲学——自然法と国家学』, 論創社, 362+6p.〈74〉
Henifin, Mary Sue　1988 "Introduction：Women's Health and the New Reproductive Technologies", Baruch et al. eds.［1988：1-7］〈147〉
Hepworth, Mike & Turner, Bryan S. 1983 Confession：Studies in Deviance and Religion, Routledge〈420〉
Herrnstein, Richard J.　1973　I.Q. in the meritocracy, Little, Browm = 1975 岩井勇二訳,『IQと競争社会』, 黎明書房〈125, 520〉
Herrnstein, Richard J. & Murray, Charles　1994　The Bell Curve, Free Press, 845p.〈518, 520〉
Hester, Macah ed.　2008 Ethics by Committee Rowman & Littlefield Publishers, Inc. = 2009　前田正一・児玉聡監訳,『病院倫理委員会と倫理コンサルテーション』, 勁草書房, 352p.〈292〉
日比野 由利・柳原 良江編　2011『テクノロジーとヘルスケア——女性身体へのポリティクス』, 生活書院, 208p.〈846〉

Hare, R. M.　1975　"Abortion and the Golden Rule", Philospphy and Public Affairs 4〈360〉
———　1987　"In Vitro Fertilisation and the Warnock Report", Chadwick ed. [1987 : 71-90]〈168〉
———　1988　"A Kantian Aproach to Abortion", Bayles ed. Right Conduct, Random House〈360〉
Harris, John　1975　"Survival Lottery", Philosophy 50〈65, 127〉
———　1980 "The Survival Lottery", Violence and Responsibility, Routledge : 66-84 = 1988　新田章訳,「臓器移植の必要性」, 加藤・飯田編 [1988 : 167-184]〈127〉
———　1983　"In Vitro Fertilization : The Ethical Issues", Philosophical Quarterly 33 (132)〈350〉
———　1992　Wonderwoman and Superman : The Ethics of Human Biotechnology, Oxford Univ. Press〈127〉
Hart, Herbert Lionel Adolphus　1962　Law, Liberty and Morality〈178〉
———　1983　Essays in Jurisprudence and Philosophy, Oxford Univ. Press = 1990　矢崎光圀他訳,『法学・哲学論集』, みすず書房, 450+8p.
———　1983　"Rawls on Liberty and its Priority", Hart [1983 : 223-247] = 1987　小林公訳,「ロールズにおける自由とその優先性」, Hart [= 1987 : 221-259]〈524〉
———　= 1987　『権利・功利・自由』, 小林公・森村進訳, 木鐸社, 302p.
Harwood, Jonathan 1989 "Genetics, Eugenics and Evolution", British Journal of the History of Science 22〈445〉
長谷川　晃　1991　『権利・価値・共同体』, 弘文堂, 231+4p.〈115, 116〉
長谷川　計三　1991a「「共有地」の悲劇——資源管理と環境問題」, 盛山・海野編 [1991 : 199-226]〈127〉
———　1991b「社会的ジレンマ」, 小林・木村編 [1991 : 30-43]〈127〉
———　1991c「共通利益の実現——公共財の供給」, 小林・木村編 [1991 : 88-99]〈124〉
長谷川 唯　2009「独居 ALS 患者の在宅移行支援 (2) ——二〇〇八年六月」,『生存学』1 : 184-200〈852〉
———　2012「重度障害者の安定した地域生活構築のために—— ALS の人の独居生活支援活動を通して」, 立命館大学大学院先端総合学術研究科 2011 年度博士論文〈849〉
橋口　倫介編　1983『西洋中世キリスト教と社会』(橋口倫介教授還暦記念論文集 1), 刀水書房
橋口 昌治　2009「格差・貧困に関する本の紹介」, 立岩・村上・橋口 [2009 : 241-311]〈830〉
———　2011『若者の労働運動——「働かせろ」と「働かないぞ」の社会学』, 生活書院, 328p.〈830〉
橋本　努　1994『自由の論法——ポパー・ミーゼス・ハイエク』, 創文社, 272+32p.〈112, 183〉
橋本 祐子　2008『リバタリアニズムと最小福祉国家——制度的ミニマリズムをめざして』, 勁草書房, 254p.+18p.〈115〉
橋爪　大三郎　1979「生命科学と女性の権利」,『女性の社会問題研究報告』3 : 1-26 →

Grragg, W ed. 1983 Contemporary Moral Issues, McGraw-Hill
グループ「母性」解読講座編　1991 『「母性」を解読する』，有斐閣選書 799，278p.
グループ・女の人権と性編　1989 『アブナイ生殖革命』，有斐閣選書 792，270p. 〈166, 179, 706, 707〉
グループ RIM 編　1993 『産みます産みません』，NTT 出版，シリーズ女の決断 1）〈167〉

[H]

Habermas, Jurgen　2001　Die Zukunft derMenschlichen Natur：Auf dem Weg zu einer liberalen Eugenik?, Suhrkamp Verlag = 2004　三島憲一訳，『人間の将来とバイオエシックス』（叢書・ウニベルシタス 802），法政大学出版局，150p. 〈57〉
浜野　研三　1994 「内在的価値批判――内在的価値の内在的問題」，加茂・谷本編［1994：217-232］〈286〉
萩原 浩史　2011 「テレビドラマにみる精神障害者像――「きちがい」から「心の病」へ」，『生存学』3：133-143 〈851〉
――――　2012 「精神障害者と相談支援――精神障害者地域生活支援センターの事業化の経緯に着目して」，『Core Ethics』8：317-327 〈851〉
花田　春兆　1991 「ADA やぶにらみ」，『リハビリテーション』331（1991-02）：22-26 →八代・冨安編［1991：122-130］〈611〉
塙　浩　1960 「フランス法史上の権力と刑事法」，法制史学会編［1960：431-547］〈420〉
――――　1972 「刑罰の歴史――西洋」，荘子他編［1972：121-141］〈420〉
韓 星民　2012 『情報福祉論の新展開――視覚障害者用アシスティブ・テクノロジーの理論と応用』，明石書店，240p. 〈848〉
花田 春兆　1968 『身障問題の出発』，しののめ発行所，しののめ叢書 7，163p. 〈55〉
Hanmer,Jalna　1987　"Tranforming Consciousness：Women and the New Technologies", Corea et al.［1987：88-109］〈168〉
原　ひろ子・根村　直美編　2000 『健康とジェンダー』，明石書店，279p. 〈845〉
原　ひろ子・舘　かおる編 1991 『母性から次世代育成能力へ――産み育てる社会のために』，新曜社，355p.
Haraway, Donna J.　1991　Simians, Cyborgs, and Women：The Reinvention of Nature, London：Free Association Books and New York：Routledge = 2000　高橋さきの訳，『猿と女とサイボーグ――自然の再発明』，青土社，558p. 〈523〉
Hardin, Gerrett 1968 "The Tragedy of Commons", Science162：1243-1248 → 1991 Schrader-Frechette ed.［1991］= 1993　桜井徹訳，「共有地の悲劇」，Schrader-Frechette ed.［1991 = 1993：445-470］〈126〉
――――　1972　Exploring New Ethics for Survival：The Voyage of the Spaceship 'Beagle', Viking Press = 1975　松井巻之助訳，『地球に生きる倫理――宇宙船ビーグル号の旅から』，佑学社，290p.（Hardin［1968］を再録）〈126〉
――――　1974　"Living on a Lifeboat", Bioscience 24（October）：561-568 〈126〉
――――　1977　The Limits of Altruism：An Ecologist's View of Survival, Indiana Univ. Press = 1983　竹内靖雄訳，『サバイバル・ストラテジー』，思索社，208p. 〈126〉
Hardin, Gerret ed.　1964　Population, Evolution, and Birth Control, Freeman

「混合システム」(第３章の一部), 飯田編［1986：32-41］〈294, 727〉

Glover, Jonathan et al.　1989　Ethics of New Reproductive Technologies：The Glover Report to the European Commission, Northern Illinois Univ. Press, Studies in biomedical policy, 159p. 〈727〉

Goddard, H. H.1912 The Kallikak Family：A Study in the Heredity of Feeble-mindedness, Macmillan, 121p. 〈710〉

――――　1920 Human Efficency and Levels of Intelligence 〈439〉

五條　しおり　1991「女性の視点からみた性殖技術」, お茶の水女子大学生命倫理研究会［1991：40-58］〈149,167〉

――――　1992 「フェミニズムの観点からみた生殖技術――西洋近代医療から」, お茶の水女子大学生命倫理研究会［1992：249-285］〈167〉

Goodfield, June　1977 Playing God：Genetic Engineering and Manipulation of Life, A. P. Watt & Sons ＝ 1979　中村桂子訳,『神を演ずる――遺伝子工学と生命の操作』, 岩波現代選書ＮＳ版, 335p. 〈294〉

Gostin, Larry 1991 "Genetic Discrimination：The Use of Genetically Based Diagnostic and Prognostic Tests by Employer and Insures", American Journal of Medicine 17-1･2：109-144（「科学技術の発達と現代社会Ⅱ」運営委員会編［1995：208-212］に松川俊夫の紹介「遺伝子差別」）〈526〉

Gostin, Larry ed. 1990 Surrogate Motherhood：Politics and Privacy,Indiana Univ. Press（← Law, Medicine & Health Care 16-1･2,1988 年の特集）〈174〉

後藤　猛　1996 「安楽死を生んだ気質と風土」, NHK 人体プロジェクト編［1996：99-143］〈290-291〉

後藤 弘子編　1999 『少年非行と子どもたち』, 明石書店, 子どもの人権双書５, 264p.

後藤 玲子　2002 『正義の経済哲学――ロールズとセン』, 東洋経済新報社, 466p. 〈525〉

Gould, Stephen Jay　1977　Ever since Darwin　W. W. Norton ＝ 1984　浦本昌紀・寺田鴻訳,『ダーウィン以来――進化論への招待　上・下』, 早川書房, 上 219p. 下 221p. 〈520〉

――――　1980　The Panda's Thumb, W. W. Norton ＝ 1986　櫻町翠軒訳,『パンダの親指――進化論再考』, 早川書房, 上 289p. 下 258p. 〈428, 518, 726〉

――――　1981　The Mismeasure of Man, W. W. Norton ＝ 1989　鈴木善次・森脇靖子訳,『人間の測りまちがい――差別の科学史』, 河出書房新社, 466p. 〈428, 429, 438, 518, 711〉

――――　1983　Hen's Teeth and Horse's Toes, W. W. Norton ＝ 1988　渡辺政隆・三中信宏訳,『ニワトリの歯――進化論の新地平』, 早川書房, 上 296p. 下 310p. 〈441〉

――――　1996　The Mismeasure of Man, revised edition, W. W. Norton ＝ 1998　鈴木善次・森脇靖子訳,『人間の測りまちがい――差別の科学史　増補改訂版』, 河出書房新社, 567p. 〈429, 518〉

Gray, John　1980　"On Negative and Positive Liberty", Political Studies 28：507-526 → 1984 ＝ 1987　飯島昇藏訳,「バーリン」, Pelczynski；Gray eds.［1984 ＝ 1987：393-426］〈183〉

――――　1986　Liberalism, Open Univ. Press ＝ 1991　藤原保信・輪島達郎訳,『自由主義』, 昭和堂, 169p. 〈117〉

編［1988：167-207］〈356, 724〉
古川 清治・山田 真・福本 英子編　1988　『バイオ時代に共生を問う――反優生の論理』，柘植書房，210p.〈711〉

[G]

Galton, Francis 1869 Hereditary Genius：an inquiry into its laws and consequences = 1935 甘粕石介訳『天才と遺伝』，岩波書店→1975（一部）「能力は遺伝的に配分される」，『現代のエスプリ』95：32-37　→1952 Horizon Press, →1978　London：J. Friedmann；New York：St. Martin's Press,　→1983　introduced by H. J. Eysenck, F. Pinter Publishers, Classics in psychology and psychiatry〈430〉
――――　1883　Inquiries into Human Faculty and its Development, Macmillan, 387p. →1973　London, J. M. Dent; New York, Dutton, xix+261p.〈430〉
――――　1904　"Eugenics：Its Definition, Scope and Aims", Galton ed.［1904］〈431〉
――――　1909　Essays in Eugenics, London, The Eugenics education society, 109p.→ 1985　New York：Garland, The History of Hereditarian Thought 16, 109p.〈430〉
Galton, Francis ed. 1904 Sociological Papers〈431〉
Gallagher, Hugh Gregory　1995　By Trust Betrayed：Patients, Physicians, and the License to Kill in the Third Reich, Vandamere Press = 1996　長瀬修訳『ナチスドイツと障害者「安楽死」計画』，現代書館，422p.〈350, 352, 353, 441, 444, 448, 710, 712〉
Gastel, Barbara et al. eds.　1980　Maternal Serum Alpha-Fetoprotein：Issues in the Prenatal Screening of Neural Tube Defects（Conference Proceedings），U. S. Goverment Printing Office
Gates, Elena A. 1994 = 1996「出生前検査は妊婦に役立つのか」，Rothenberg；Thomson eds.［1994 = 1996：193-215］〈714〉
Gavarini, Laurence　1986 = 1991　菊地有子訳，「影響を受ける子宮から母親機械へ――「受胎能力の新しい支配者」の脇にそれた歩み」，Villaine et al. eds.［1986 = 1995：201-224］〈92〉
Gaylin, Willard　1974　"Harvesting The Dead"→1976　Shannon ed.［1976：517-527］〈360〉
現代社会問題研究会編　1980　『現代社会の社会学――社会生活への新しい視角』，川島書店
Gilligan, C 1982 In a Different Voice：Psychological Theory and Women's Development, Harvard Univ.Press = 1986　岩男寿美子監訳，『もうひとつの声――男女の道徳観のちがいと女性のアイデンティティ』，川島書店〈348〉
Glass, Bentley　1971　"Science：Endless Horizons or Golden Age", Science 171：23-29〈454〉
Glassner, Barry　1988　Bodies = 1992　小松直行訳，『ボディーズ――美しいからだの罠』，マガジンハウス，285p.〈293〉
Glover, Jonathan 1977　Causing Death and Saving Lives, Penguin Books, 189p.〈727〉
――――　1984 What Sort of People Should There Be ?, Penguin Books = 1986（部分訳）土屋俊・飯田隆訳，「快い経験　人と人格」（第7章）飯田編［1986：199-205］，

Frossard, Philippe 1991 The Lottery of Life : The New Genetics and the Future of Mankind = 1992 渡辺格監訳,『DNA と新しい医療』, NHK 出版, 369p.〈525, 527〉

淵上 恭子 2009 『バイオ・コリアと女性の身体――ヒトクローン ES 細胞研究「卵子提供」の内幕』, 勁草書房, 203.〈296, 846〉

藤木 典生 1996 「遺伝医学における倫理の問題」, 加藤・高久編［1996 : 49-76］〈711, 718〉

藤目 ゆき 1999 『性の歴史学――公娼制度・堕胎罪体制から売春防止法・優生保護法体制へ』, 不二出版, 429+18p.〈451〉

藤野 豊 1993 『日本ファシズムと医療』, 岩波書店, 300p.〈434, 437〉

――― 1998 『日本ファシズムと優生思想』, かもがわ出版, 527p.〈437〉

――― 2003 『厚生省の誕生――医療はファシズムをいかに推進したか』, かもがわ出版, 260p.〈437〉

藤岡 哲也 1984 『犯罪学緒論』, 成文堂〈429〉

藤田 英典 1995 「階層・階級」, 宮島編［1995 : 70-93］〈52〉

藤田 弘子・堀 智晴・松島 恭子・要田 洋江 1990 『「養護学校」の行方――義務化 10 年目の検証』, ミネルヴァ書房, 240p.〈616〉

藤原 信行 2010「日常生活世界における自殺動機付与活動の知識社会学――自死遺族らによる動機付与のポリティクスと常識知／専門知」, 立命館大学大学院先端総合学術研究科 2009 年度博士論文〈849〉

福本 英子 1979 『複製人間の恐怖――みんなの遺伝子工学』, 文一総合出版, 244p.〈347〉

――― 1983 『危機の遺伝子――蝕まれる生命, 操られる生命』, 技術と人間, 278p.〈452, 711〉

――― 1984 『生命操作』, 現代書館, FOR BIGINNERS21, イラスト : 福島豊彦, 174p.〈452, 711〉

――― 1988 「「商品化」される生命」, 古川他編［1988 : 7-43］〈347〉

――― 1989 『生物医学時代の生と死』, 技術と人間, 253p.〈165〉

――― 1996a「生命の価値を何が決めるのか――良い遺伝子・悪い遺伝子」,『仏教』34 : 83-92〈705〉

――― 1996b「生命倫理について」,『インパクション』97 : 58-65〈711〉

――― 2002 『人・資源化への危険な坂道――ヒトゲノム解析・クローン・ES 細胞・遺伝子治療』, 現代書館, 322p.〈347, 845〉

福岡 正夫 1986 『ゼミナール経済学入門』, 日本経済新聞社, 572p.〈123-124〉

福島 瑞穂 1991 「扶養, 遺贈, 相続」, 上野他編［1991c : 170-187］〈726〉

――― 1992 『結婚と家族――新しい関係に向けて』, 岩波新書, 220p.〈726〉

福嶋 義光・大橋 博文 1995 「細胞遺伝学的診断法」, 武谷編［1995 : 42-50］〈707〉

Fukuyama, F. 2002 Our Posthuman Future : Consequences of the Biotechnology Revolution, Farrar. Straus and Giroux, New York. = 2002 鈴木 淑美 訳 『人間の終わり――バイオテクノロジーはなぜ危険か』, ダイヤモンド社, 286p.〈846〉

福沢 諭吉 1880 『学問のすゝめ』→ 1978 岩波文庫〈427〉

古郡 廷治 1988 『アメリカ雑誌で生命の危機を読む』, 筑摩書房, 201p.〈174〉

古川 清治 1988 「〈共生〉と〈人権〉をめぐって――管理と操作の時代に」, 古川他

er Report 2-5（1972.11）：1-4 → Beauchamp；Walters eds.［1982］〈116, 356〉

———— 1973 "Ethics and Euthanasia", Willams ed.［1973］＝菊池恵善訳，「倫理学と安楽死」，加藤・飯田［1988：135-148］〈116

———— 1974a The Ethics of Genetic Control：Ending Reproductive Roulette 1st ed., Anchor Press, xxi+218p〈116〉

———— 1974b "Four Indicators of Humanhood：The Enquiry Matures", Hastings Center Report 4-6：4-7〈357〉

———— 1988 The Ethics of Genetic Control：Ending Reproductive Roulette; with a new introduction, Prometheus Books, xxi+218p.〈116〉

フォーラム実行委員会編 1988『バイオエシックス——先端医療を考える視点』，ゆみる出版，231p.〈711〉

Foster, Patricia 1992「代理母は悪夢でしかなかった」（インタヴュー），『ビーコモン』1-6（1992-3）：37〈174〉

Foucault, Michel 1961 Histoire de la folie a l'age classique, Plon → 1972 Gallimard（増補版）＝1975 田村俶訳，『狂気の歴史——古典主義時代における』，新潮社，616+32p.〈425〉

———— 1975 Surveiller et punir：Naissance de la prison, Gallimard＝1977 田村俶訳，『監獄の誕生——監視と処罰』，新潮社，318+27p.〈377, 420, 421, 423-424〉

———— 1976 La volonte de savoir（Histoire de la sexualite Ⅰ），Gallimard＝1986 渡辺守章訳『性の歴史Ⅰ——知への意志』，新潮社〈420, 422, 805〉

———— 1988 Politics, Philosphy, Culture：Interviews and Other Writings, Routledge〈533〉

Foucault, Michel・渡辺 守章 1978『哲学の舞台』，朝日出版社，エピステーメー叢書，180p.〈533〉

French, P. A. 1992 "Better Off Unborn", in his Resonsibilty Matters：146-157, Univ. Press of Kansas（「科学技術の発達と現代社会Ⅱ」企画運営委員会編［1996：23-28］に黒崎剛の紹介「生まれてこなかった方がましだった？」）〈720〉

Frercks, Rudolf 1934 Erbnot und Volksaufartung Bild und Gegenbild aus dem Leben zur praktischen rassenhygienischen Schulung＝1942 橋本文夫訳，『ナチスの優生政策』，理想社，レクラム文庫〈442〉

Friedman, David 1989 The Machinery of Freedom：Guide to a Radical Capitalism, Open Court Pub＝2003 森村進・関良徳・高津融男・橋本祐子訳，『自由のためのメカニズム——アナルコ・キャピタリズムへの道案内』，勁草書 房，293+18p.〈115〉

Frevert, Ute 1986 Frauen-Geschichte：Zwischen Burgerlicher Verbesserung und Neuer Weiblichkeit, Suhrkamp Verlag＝1990 若尾祐司・原田一美・姫岡とし子・山本秀行・坪郷實訳，『ドイツ女性の社会史——200年の歩み』，晃洋書房，361p.〈435, 443〉

Friedman, Milton 1962 Capitalism and Freedom, Univ. of Chicago Press＝1975 熊谷尚夫・西山千明・白井孝昌訳，『資本主義と自由』，マグロウヒル好学社，234p.〈617〉

Friedman, Milton & Friedman, Rose 1980 Free to Choose：A Personal Statement, Harcourt Brace Javanovich＝1980 西山千明訳，『選択の自由』，日本経済新聞社，518p.〈617〉

力』，新評論，214p.
Eysenck, H. J. vs. Kamin, Leon　1981　Intelligence：The Battle for the Mind, Pan Books = 1985　斎藤和明訳，『IQ 論争』，筑摩書房，366p.〈438〉

［F］

Faden, Ruth　1994 = 1996「生殖遺伝検査と中絶と母性の倫理」，Rothenberg；Thomson eds.［1994 = 1996：130-141］〈714〉
Feinberg, Joel　1971　"Legal Paternalism", Canadian Jouranl of Philosophy 1-1 → 1980 Feinberg［1980a：110-129］（加藤・飯田編［1993：35-39］に神山伸弘の紹介「法律的パターナリズ ム」）→ 1983　Sartorius ed.［1983］〈178〉
――――　1974　"The Rights of Animals and Unborn Generations", Blackstone ed.［1974：43-68］加藤・飯田編［1990：178-185］に鵜木奎治郎の紹介「動物と生まれざる世代の諸権利」）〈286〉
――――　1980a Rights, Justice, and the Bounds of Liberty：Essays in Social Philosophy, Princeton Univ. Press
――――　1980b "Human Duties and Animal Rights", Feinberg［1980a：185-206］（加藤・飯田編［1993：40-42］に石川伊織の紹介「人間の義務と動物の権利」）〈286〉
――――　1980c "The Problem of Personhood", Reagan ed.［1980：182-217］= 1988「人格性の基準」，加藤・飯田編［1988：47-65］〈350, 362〉
――――　1992a Freedom and Fulfillment, Princeton Univ. Press
――――　1992b "Wrongful Life and the Counterfactual Element in Harming", Feinberg［1992：3-36］（「科学技術の発達と現代社会Ⅱ」運営委員会編［1996：29-38］に末吉康幸の紹介「失当な生存と加害に おける反事実的要素」）〈722〉
――――　1992c "The Child's Rights to an Open Future", Feinberg［1992：76-97］= 1995　久保田顕二訳，「子供の，未来の可能性を閉ざされない権利」，「科学技術の発達と現代社会 II」企 画運営委員会編［1995：27-51］〈722〉
Feinberg, Joel ed.　1984　The Problem of Abortion, Wadsworth
Feinberg, Joel；Gross, H. eds. 1975 Philosophy of Law
Field, Martha A. 1990　Surrogate motherhood：The Legal and Human Issues, Expanded edtion, Harvard Univ. Press, x+244p.（1st edtion 1988）〈174〉
Fineman, M .A., 2004, The Autonomy Myth：A Theory of Dependency, The New Press. = 2009　穐田信子・速水葉子訳，『ケアの絆――自立神話を超えて』，岩波書店〈349〉
Firestone, Shulamyth　1970　The Dialectic of Sex：The Case for Feminist Revolution, William Morrow = 1972　林弘子訳，『性の弁証法――女性解放革命の場合』，評論社，305p.〈298〉
Fletcher, John C. 1978 "Prenatal Diagnosis：Ethical Issues", W.Reich ed. Encyclopedia of BioethicsVol.3：1336-1346, Free Press〈705〉
Fletcher, Joseph　1954　Moral and Medicine, Beacon Press〈116〉
――――　1971　"Ethical Aspects of Genetic Controls", New England Journal of Medicine 285〈116, 185〉
――――　1972　"Indicators of Humanhood：A Tentative Profile of Man", Hastings Cent-

蛯原　良一　1986 『所有論の歴史』, 世界書院, 263p.〈112〉

Edwards, Robert & Steptoe, Patrick 1980 A Matter of Life : The Story of Medical Breakthrough, Hutchinson Publishing Group = 1980　飯塚理八監訳, 『試験官ベビー』, 時事通信社, 266p.〈165〉

江上 彩織　1999 『出生前診断――スクリーニングとの内なる闘い』, 新風舎〈845〉

江口　聡　　1994 「P.シンガー『実践の倫理』第7章の安楽死論」, 飯田編［1994 : 127-134］〈720〉

江原 由美子　1985 『女性解放という思想』, 勁草書房, 225p.〈522, 711〉

――――　1990 「フェミニストは労働がお好き？」,『現代思想』1990-4 →江原［1991a: 65-82］〈613〉

――――　1991a『ラディカル・フェミニズム再興』, 勁草書房, 272p.

――――　1991b「リブの主張と母性観――リブは母性幻想を否定した」, グループ「母性」解読講座編 ［1991 : 195-208］〈71〉

――――　1996 「生命・生殖技術・自己決定権」, 江原編［1996 : 309-373］〈167, 360〉

江原　由美子編　1990 『フェミニズム論争――70年代から90年代へ』, 勁草書房, 201+18p.〈54〉

――――　1992 『フェミニズムの主張』, 勁草書房, 336p.〈53, 54〉

――――　1995 『性の商品化――フェミニズムの主張2』, 勁草書房, 324+18p.〈54, 55〉

――――　1996 『生殖技術とジェンダー――フェミニズムの主張3』, 勁草書房, 409+20p.〈54, 362〉

――――　2001 『フェミニズムとリベラリズム――フェミニズムの主張5』, 勁草書房〈54〉

江原　由美子・小倉　利丸　1991 「女性と労働のねじれた関係――フェミニズムと身体搾取論はどこで交差するか」(対談), 小倉・大橋［1991 : 66-107］〈613〉

江原 由美子・山崎 敬一編　2006 『ジェンダーと社会理論』, 有斐閣

Engelhardt, Hugo Tristram　1982 "Medicine and the Concept of Person", Beauchamp & Walters eds.［1982］→ 1988　久保田顕二訳「医学における人格の概念」, 加藤・飯田編［1988 : 19-32］〈357〉

――――　1986　The Foundations of Bioethics, Oxford Univ. Press = 1989　加藤尚武・飯田亘之監訳, 『バイオエシックスの基礎づけ』, 朝日出版社, 589p.〈76, 77, 79, 291, 356, 363〉

Erikson, Kai T. 1966 Wayward Puritans : A Study in the Sociology of Deviance, John Wiley & Sons〈522〉

Erikson, Torsten 1976 The Reformers : A Historical Survey of Pioneer Experiments in the Treatment　of Criminals, Elsevier = 1980　犯罪行動研究会訳, 『犯罪者処遇の改革者達』, 大成　出版社〈423〉

Eser, Albin ／上田　健二・浅田　和茂編訳　1990 『先端医療と刑法』, 成文堂, 375p. 5150〈171〉

Etzioni, Amitai　1973　Genetic Fix, Macmillan = 1977　木原弘二訳, 『人間生物学の衝撃』, 新曜社, 298p.〈57〉

Ewald, Francois ed.　1985　Magazine litteraire 218 (Avril 1985) : Les enjeux dela biologie. = 1986　菅谷暁・古賀祥二郎・桑田禮彰訳, 『バイオ――思想・歴史・権

157p.〈527, 529, 705, 711, 725〉

Donaldson, Thomas　1993　"Morally Privileged Relationships", Meyers et al. eds.[1993]（「科学技術　の発達と現代社会 II」企画運営委員会編［1995：86-88］に田坂さつきの紹介「道徳的に　特権のある諸関係」）〈348〉

Dörner, Klaus　1988　= 1996　市野川容孝訳,「精神病院の日常とナチズム期の安楽死」,『imago』7-10：216-232〈441〉

Douglas, Archibald R. 1910 "The Care and Training of the Feeble-Minded", The Journal of Mental Science LVI〈437〉

堂本　暁子　1989「"少産優生"中国からの報告」, グループ・女の権利と性［1989：161-181］〈713〉

DPI 日本会議 + 2002 年第 6 回 DPI 世界会議札幌大会組織委員会編　2003『世界の障害者　われら自身の声——第 6 回 DPI 世界会議札幌大会報告集』, 現代書館, 590p.〈837〉

Dresser, Rebecca & Robertson, John A.　1989　"Quality of LIfe and Non-Treatment Decisions for Incompetent Patients：A Critique of the Orthodox Approach", Law and Medicine and Health Care 17〈807〉

Duden, Barbara　1985「身体を歴史的に読み解く——〈健康（ﾍﾙｽ）〉という名のイデオロギー批判」,『思想』736：127-135　玉野井麻利 子訳（1985 年 5 月 28 日に American Association of Advanced Sciences のシンポジウム「医療科学：もうひとつの洞察と接近方法」で発表）〈283〉

———　1991　Der Frauenleib als ofentlicher Ort, Luchterhand = 1993　田村雲供訳,『胎児へのまなざし——生命イデオロギーを読み解く』, 阿吽社, 217+5p.〈299, 363-364〉

Duff, Raymond S. 1979 "Guidelines for Deciding Care of Critically Ill or Dying Patient", Pediatrics 64-1：17-23〈352〉

Durkheim, Emile 1897 Le suicide：Etudes de sociologie = 1968　宮島喬訳,「自殺論——社会学的研究」（抄訳）, 尾高邦夫編『デュルケーム・ジンメル』（世界の名著 47）：49-379, 中央公論社, = 1985　宮島喬訳『自殺論』, 中公文庫, 568p.（全訳）〈427〉

Dworkin, Andrea 1983 Right-Wing Women, Perigee Books〈283〉

———　1987　Intercourse, Free Press = 1989　寺沢みずほ訳,『インターコース——性的行為の政治学』, 青土社, 337+13p.〈283〉

Dworkin, Gerald 1971 "Paternalism", Wasserstrom ed.［1971：107-126］→ 1975　Feinberg & Gross eds.［1975］→ 1983　Sartorius ed.［1983］〈178〉

———　1983　"Paternalism：Some Second Thoughts", Sartorius ed.［1983］〈178〉

———　1988　The Theory and Practice of Autonomy, Cambridge Univ. Press〈178〉

———　1994　"Markets and Morals：The Case for Organ Sale",in his Morality, Harm, and the Law, Westview：155-161（「科学技術の発達と現代社会 II」企画運営委員会編［1995：146-148］に片桐茂博の紹介）〈53〉

Dworkin, Ronald 1977 Taking Rights Seriously, Harvard Univ. Press = 1986　木下毅・小林公訳,『権利論』（第 2 章〜第 9 章の翻訳）, 木鐸社, 357p.〈615〉

[E]

輔訳,『バイオエシックス——生体の統御をめぐる考察』, 法政大学出版局, 315p.〈348〉

Daniels, Norman 1981 "Health Care Needs and Distribution Justice", Philosophy & Public Affairs 10-2, Princeton Univ. Press(加藤・飯田編[1988:332-342]に紹介「ヘルスケアの要求と配分的正義」)〈292〉

団藤 重光 1979『刑法綱要 総論 改定版』, 創文社, 583+30p.〈421〉

Darmon, Pierre 1989 Medicine et assassins a la belle epoque, Editions du Seuil = 1992 鈴木秀治訳, 『医者と殺人者——ロンブローゾと生来性犯罪者伝説』, 新評論, 360p.〈429〉

Darwin, Charles 1859 On the Origin of Species by Means of Natural Selection = 1959 徳田御稔訳,『初版 種の起源』, 三一書房 = 1963 - 71 八杉竜一訳,『種の起源』, 岩波文庫〈433〉

——— 1871 The Descent of Man and Selection in Relation to Sex = 1967 池田次郎・伊谷純一訳『人類の起源』(1874年の第2版の訳, 一部省略), 世界の名著39『ダーウィン』, 中央公論社→ 1979 中 公バックス世界の名著50『ダーウィン』: 63-560〈433〉

Darwin, Leonard 1926 The Need for Eugenic Reform (Variant Title: Eugenic Reform), London, J. Murray, xvii+529p.〈431〉

Davis, Kingsley & Moore, Wilbert E. 1945 "Some Principles of Stratification", American Sociological Review 10-2: 242-249〈94, 126〉

Dawkins, Richard 1976 The Selfish Gene, Oxford Univ. Press = 1980 日高敏隆・岸由二・羽田節子訳,『生物=生存機械論——利己主義と利他主義の生物学』, 紀伊國屋書店, 334p.〈518〉

——— 1982 The Extended Phenotype, W. H. Freeman = 1987 日高敏隆他訳,『延長された表現型——自然淘汰の単位としての遺伝子』, 紀伊國屋書店, 544p.〈518〉

——— 1989 The Selfish Gene, 3rd ed., Oxford Univ. Press = 1991 日高敏隆・岸由二・羽田節子訳,『利己的な遺伝子』, 紀伊國屋書店〈518〉

Deleuze, Gilles 1990 Pourparlers, Editions Minuit = 1992 宮林寛訳,『記号と事件——1972 - 1990年の対話』, 河出書房新社, 305p.〈320〉

Derrida, Jacques 1997 De l'hospitalité, Calmann-Levy = 1999 広瀬 浩司訳,『歓待について——パリのゼミナールの記録』, 産業図書, 178p.〈742〉

Derrida, Jacques & Roudinesco, Elisabeth 2001 De quoi demain...: Dialogue, Galilée = 2003 藤本 一勇・金沢 忠信 訳,『来たるべき世界のために』, 岩波書店, 346p.〈800-801〉

Deutscher Bundestag Referat Offentlichkeit Hrsg. 2002 Enquete-Kommission. Recht und Ethik der modernen Medizin. Schlussbericht, Berlin = 2004, 松田純 監訳・中野真紀・小椋宗一郎 訳,『人間の尊厳と遺伝子情報——ドイツ連邦議会審議会答申 現代医療の法と倫理 上』, 知泉書館, 246p.〈846-847〉

Dickens, Bernard M. 1991 "Current Trends in Abortion Issues in Canada", 星野他編[1991:63-81] = 1991「人工妊娠中絶をめぐる最近のカナダの状況」, 星野他編[1991:75-100]〈361〉

DNA問題研究会編 1994『遺伝子治療——何が行なわれ, 何が問題か』, 社会評論社,

Press 〈114〉
——— 1986 "Self-Ownership, World-Ownership, and Equality : PartII", E.F.Paul et al. eds. ［1986 : 77-96］〈114〉
——— 1995 Self-Ownership, Freedom,and Equality, Cambridge University Press = 2005 松井暁・中村宗之訳,『自己所有権・自由・平等』, 青木書店, 405p. 〈114〉
——— 2000 If you're an Egalitarian, How Come you're So Rich?, Harvard University Press, 233p. = 2006 渡辺雅男・佐山圭司訳,『あなたが平等主義者なら、どうしてそんなにお金持ちなのですか』, こぶし書房, 409p. 〈114〉
Colen, B. D. 1976 Karen Ann Quinlan : Dying in the Age of Eternal Life, Nash Publishing = 1976 吉野博高訳,『カレン 生と死』, 二見書房, 225p. 〈352〉
Committee on Government Operations 1992 Designing Genetic Information Policy : The Need for an Independnt Review of the Ethical, Legal and Social Implication of the Human Genome Project 〈529〉
Conner, J. M. : Ferguson-Smith, M. A. 1987 Essential Medical Genetics, 2nd ed., Blackwell = 1991 清水信義・松尾宣武訳,『最新遺伝子医学』, 講談社, 234p. 〈712〉
Corea, Gena 1984 = 1986「卵どろぼう」, Arditi et al. eds. ［1984 = 1986:23-44］〈181〉
——— 1985a The Mother Machine : Reproductive Technologies from Artificial Insemination to Artificial Wombs, Harper & Row = 1993 斎藤千香子訳,『マザー・マシーン――知られざる生殖技術の実態』, 作品社, 413p. 〈167〉
——— 1985b The Hidden Malpractice, Harper & Row 〈168〉 (Corea, Genoveffa = Corea, Gena)
——— 1987 "The Reproductive Brothel", Corea et al. ［1987 : 38-51］〈131, 168〉
——— 1988 "What the King can not See", Baruch et al. eds. ［1988:77-93］〈168〉
——— 1990 "Junk Liberty : Testimony of Gena Corea, before California Assembly Judiciary Committee, April 5,1988", Gostin ed. ［1990 : 325-337］〈67〉
Corea, Gena ; Renate Klein, Duelli ; Hanmer, Jalna ; Holmes, Helen B. ; Hoskins, Betty ; Kishwar ; Raymond, Janis ; Rowland, Robyn; Steinbacher, Roberta 1987 Man-Made Women : How New Reproductive Technologies Affect Women, Indiana Univ. Press, 109p. 〈168〉
Cowan, Ruth Schwartz 1994 = 1996「羊水穿刺と絨毛生検の歴史を左右した女性たち」, Rothenberg ; Thomson eds. ［1994 = 1996 : 62-76］〈720〉
Culver, Charles M. ; Gert, Bernard 1982 Philosophy in Medicine : Conceptual and Ethical Issues in Medicine and Psychiatry, Oxford Univ. Press. = 1984 岡田雅勝監訳,『医学における哲学の効用――医学と精神医学の哲学・倫理問題』, 北樹出版, 299p. 〈178〉

［D］

d'Adler, Marie-Ange ; Teulade, Marcel 1986 Les sorciers de la vie, Editions Gallimard = 1987 林瑞枝・磯本輝子訳,『生殖革命――問われる生命倫理』, 中央公論社, 292p. 〈91〉
Dagognet, Francois 1988 La maitre du vivant, Hachette = 1992 金森修・松浦俊

Cavalieri, Paola ; Singer, Peter eds. 1993 The Great Ape Project : Equality beyond Humanity, St. Martin's Press = 2001 山内友三郎・西田利貞監訳『大型類人猿の権利宣言』，昭和堂，308p. 〈800〉

Chabot, Janette A. Taudin（ジャネット・あかね・シャボット） 1995 『自ら死を選ぶ権利——オランダ安楽死のすべて』，徳間書店，238p. 〈291〉

Chambliss, Daniel F. 1996 Beyond Caring : Hospitals, Nurses, and the Social Organization of Ethics, The University of Chicago Press = 2002 浅野 祐子 訳，『ケアの向こう側——看護職が直面する道徳的・倫理的矛盾』，日本看護協会出版会，274p. 〈289〉

Chan, Chee Khoon 1985 "Eugenics on the Rise : A Report from Singapore", International Journal of Health Service 15-4 : 707-712 → 1987 Chadwick ed. ［1987 : 71-90］〈436〉

Charo, R. Alta 1990 "Legislative Approaches to Surrogate Motherhood", Gostin ed. ［1990 : 88-119］〈181〉

Charo, R. Alta ; Rothenberg, Caren H. 1994 = 1996 「「よき母」の責任の限界と選択」，Rothenberg ; Thomson eds. ［1994 = 1996 : 153-188］〈720〉

Chadwick, Ruth F. ed.1987 Ethics, reproduction, and genetic control, Croom Helm, 200p. → 1990 Routledge 〈168〉

Chesler, Phillis 1988 Sacred Bond : The Legacy of Baby M, Times Books, 212p. ; Vintage Books, vii+212p. = 1993 佐藤雅彦訳，『代理母——ベビーM事件の教訓』，平凡社，377p. 〈174〉

千葉 治男 1975「フランス近世都市と貧民」，吉岡編［1975 : 135-160］〈425〉

千葉大学文学部社会学研究室 1996 『ＮＰＯが変える！？——非営利組織の社会学』，千葉大学文学部社会学研究室＆日本フィランソロピー協会，366p. 〈614〉

Childress, James F. 1981 Priorities in Biomedical Ethics, Westminster Press（pp.74-97 Allocating Health Care Resources（chap.4）について飯田編［1988 : 138-147］に谷田信一の紹介「医療資源の配分」）〈292〉

———— 1982 Who Should Decide ? : Principles of Biomedical Ethics, 2nd Edition, Oxford University Press

Childs, Barton ; Holtzman, Neil A. ; Kazazian, Haig H. ; Valle, David L. eds. 1988 Molecular Genetics in Medicine, Elsevier = 1991 阿部達生・前川平訳，『遺伝子診断——原理・方法と臨床応用』，金芳堂，321p. 〈712〉

Chosir ed. 1973 Avortement : une loi en proces - l'affaire Bobigny, Gallimard = 1987 辻由美訳，『妊娠中絶裁判』，みすず書房〈361〉

Clark, Linda L. 1984 Social Darwinism in France, Univ. of Alabama Press, 6+261p. 〈429, 36〉

Clay, Catrine ; Leapman, Michael 1995 Master Race : The Lebensborn Experiment in Nazi Germany, Hodder & Stoughton = 1997 柴崎昭則訳，『ナチスドイツ支配民族創出計画』，現代書館，342p. 〈443〉

Cohen, Elie A. 1953 Human Behavior in the Concentration, tr. from the Dutch by M. H. Braaksma, W. W. Norton & Co. = 1957 清水幾太郎・高根正昭・田中靖政・本間康平訳，『強制収容所における人間行動』，岩波書店，342p. 〈441-442〉

Cohen, Gerald Allan 1978 Karl Marx's Theory of History : A Defence, Oxford Univ.

飯田編［1988：149-164］〈352〉
Breuer, Georg 1982 Sociobiology and the Human Dimension, Cambridge Univ. Press = 1988　垂水雄二訳，『社会生物学論争』，どうぶつ社〈518〉
Brody, Howard 1975　"The Morality of Abortion" → 1981　Arthur ed.［1981］，→ 1983　Beauchamp ed.［1983：120-130］= 1988　森岡正博訳，「人工妊娠中絶の道徳性」，飯田編［1988：168-176］〈362〉
――― 1981　Ethical Decisions in Medicine, 2nd ed., Little, Brown（1st ed. 1976, Michigan State Univ.）= 1985　舘野之男・榎本勝之訳，『医の倫理――医師・看護婦・患者のためのケース・スタディ［原書第二版］』，東京大学出版 会，380p.〈656〉
Brogerg, G and Roll-Hansen, N. eds. 1996 Eugenics and the Welfare State：Sterilization Policy in Denmark, Sweden, Norway, and Finland, Michigan State University Press〈436〉
Buchanan, Allen E.　1983　"Medical Paternailism", Sartorius ed.［1983］（加藤・飯田編［1993：256-262］に谷本光男の紹介「医療におけるパターナリズム」）〈178〉
Buriey, Justin ed.　1999　The Genetic Revolution and Human Rights：The Oxford Amnesty Lectures 1998 - Popular Science, Oxford Univ Press = 2001　石井 陽一 訳，『遺伝子革命と人権――クローン技術とどうつきあっていくか』，DHC，293p.〈846〉
Burt, C　1946　Intelligence and Fertility：The Effect of the Differential Birthrate on Inborn Mental Characteristics, Cassell & Co.Ltd.〈438〉
――― 1955　"The Evidence for the Concept of Intelligence", British Journal of Educational Psychology 25〈438〉

［C］

Callahan, Daniel　1972　"Ethics and Population Limitation", Science 175（Feburauary 4）：487-494 → 1991Schrader-Frechette ed.［1991］= 1993　平石隆敏訳，「倫理と人口制限」，Schrader-Frechette ed.［1991 = 1993：471-502］〈126, 719〉
――― 1973 "The Meaning and Significance of Genetic Disease：Philosophical Perspectives", Hilton et al. eds.［1973］〈713〉
――― 1974　"Doing Well by Doing Good：Garrett Hardin's 'Lifeboat Ethics'", The Hastings Center Report 4（December）：1-4〈126〉
Cambell, A. G.；Duff, R. S. 1979a "Deciding the Care of Severely Malformed or Dying Infants", Journal of Medical Ethics 5：65-67〈352〉
――― 1979b "Author's Response to Richard Sherlock's Commentaty",Journal of Medical Ethics 5：141-142〈352〉
Capron, Alexander M. 1987 "Alternative Birth Technologies：Legal Challenges", U.C. Davis Law Review 20-4：679-704（加藤・飯田編［1990：89-95］に土屋貴志による紹介「もう一つの生殖技術――法的挑戦」）〈174〉
Capron, Alexander M. & Radin, Margaret J.1988 "Choosing Family Law as a Paradigm for Surrogate Motherhood" → 1990　Gostin ed.［1990：24-42］（加藤・飯田尚編［1990：96-100］に土屋貴志の紹介「契約法よりも家族法を代理母のパラダイムとして選択するこ と」）〈174, 183〉

〈521〉

Binding, Karl ; Hoche, Alfred　1920　Die Freigabe der Vernichtung lebensunwerten-Lebens : Ihr Mass und ihre Form, Verlag von Felix Meiner = 2001 森下 直貴・佐野 誠 訳,『「生きるに値しない命」とは誰のことか――ナチス安楽死思想の原典を読む』, 窓社 , 183p.〈444〉

Binet, Alfred　1911　Les idees moderne sur enfants, Flammarion = 1961　波多野完治訳,『新しい児童観』, 明治図書, 世界教育選集 20〈438〉

Binet, Alfred & Simon, Theodor = 1982 中野善造・大沢正子訳,『知能の発達と評価――知能検査の誕生』, 福村出版〈438〉

Black, Rita Beck 1994 = 1996「生殖遺伝検査と妊娠喪失――女性の体験」, Rothenberg ; Thomson eds.［1994 = 1996 : 315-344］〈714〉

Boaz, David　1977　Libertalianism : A Primer by David Boaz　Free Press, New York = 1998　副島隆彦訳,『リバータリアニズム入門――現代アメリカの〈民衆の保守思想〉』, 洋泉社, 398p.〈115〉

Bodmer, Walter ; McKie, Robin　1994　The Book of Man, A.P.Watt = 1995　長野敬・平田肇訳,『ヒトを探る, ゲノムを探る』, 三田出版会, 413p.〈294, 524, 526, 529, 713〉

Bondeson, William B. ; Engelhardt, H. Tristram ; Spicker, Stuart F. ; Winship, Daniel H. eds. 1983 Abortion and the Status of Fetus, D.Reidel, Holland

Boudon, Raymond　1973　L'inegalite des chances : La mobilite sociale dans les societe industrielles, Armand Colin = 1983　杉山一郎・山本剛郎・草壁八郎訳,『機会の不平等――産業社会における教育と社会移動』, 新曜社, 297p.〈521〉

Boulding, Kenneth E. 1973 The Economy of Love and Fear : A Preface to Grant Economics, Wadsworth = 1975　公文俊平訳,『愛と恐怖の経済――贈与の経済学序説』, 佑学社, 240p.〈183〉

Bourdieu, Pierre　1979　La distinction : Critique sociale du jujegment, Editions de Minuit = 1990　石井洋二郎訳,『ディスタンクシオン――社会的判断力批判』, 藤原書店, Bourdieu library , Ⅰ : 501p. Ⅱ : 492p.〈522〉

Bourdieu, Pierre ; Passeron, Jean-Claude　1970　La reproduction : element pour une theorie du systeme d'enseignement, Editions de Minuit = 1991　宮島喬訳,『再生産――教育・社会・文化』, 藤原書店, 300p.〈521-522〉

Bowler, Peter J. 1984 Evolution, The Hisory of an Idea, Univ. of California Press = 1987　鈴木善次他訳,『進化思想の歴史』, 朝日新聞社, 上 300+35p.・下 301 ～ 597+54p.〈429,433,445〉

Bowles, Samuel　1971 "Unequal Education and the Reproduction of the Social Devision of labor", Review of Radical Political Economics 3（Fall,1971）= 1980 早川操訳,「教育の不平等と社会的分業の再生産」, Karabel ; Halsey eds.［1977 = 1980 : 上 161-183］〈521〉

Bowles, Samuel ; Gintis, Herbert 1972-1973 "IQ in the US Class Structure", Social Policy Nov.-Dec.1972,Jan.-Feb,1973 = 1973「アメリカ階級構造における IQ」, 青木編［1973 : 221-288］〈521〉

Brandt, Richard B. 1978 "Defective Newborns and the Morality of Termination", Kohl ed.［1978］→ 1981　Arthur ed.［1981］= 1988「欠損新生児の生存権」, 加藤・

134-137］に坂井昭宏・野村春成の解説「健康権と医療権」）〈291〉
Beauchamp, Tom L.；McCullough, Laurence B. 1984　Medical Ethics：The Moral Resposibilities of Physicians, Prentice-Hall = 1992　宗像恒次・山崎久美子訳,『医療倫理学――医師の倫理的責任』, 医歯薬出版, 222p.〈178, 350〉
Beauchamp, Tom L. ed. 1983　Ethics and Public Policy, Prentice Hall
Beauchamp, Tom L.；Perlin, Seymour eds. 1978　Ethical Issues in Death and Dying, Prentice-Hall
Beauchamp, Tom L.；Walters, Le Roy eds. 1982　Contemporary Issues in Bioethics, 2nd ed.
Beccaria, Ceasare Bonesana　1764　Die Delitti e delle Dene = 1938　風早八十二・風早二葉訳,『犯罪と刑罰』, 岩波文庫 →改版 1959, 215p.〈423〉
Becker, Gary　1957　The Economics of Discrimination, Univ. of Chicago Press〈609〉
――――　1964　Human Capital, Columbia Univ. Press〈609〉
――――　1975　Human Capital, 2nd ed., Columbia Univ. Press = 1976　佐野陽子訳,『人的資本――教育を中心とした理論的・経験的分析』, 東洋経済新報社, 299p.〈609〉
Becker, Haward S. 1963 Outsiders：Studies in the Sociology of Deviance, Free Press = 1978　村上直之訳,『アウトサイダーズ――ラベリング理論とは何か』, 新曜社〈522〉
Belkin, Lisa　1993　First, Do No Harm = 1994 宮田 親平訳,『いつ死なせるか――ハーマン病院倫理委員会の六カ月』, 文藝春秋, 419p.〈293〉
Benda-kommission 1985 In Vitro-Fertilisation, Genomanalyse und Genthrapie in Gentechnologie, Bd.6, J.Schweitzer Verlag, Munchen〈171〉
Benjamin, Walter　1921　Zur Kritik der Gewalt = 1994「暴力批判論」, 野村 修編訳『暴力批判論 他十篇――ベンヤミンの仕事 1』, 岩波書店：27-65〈801-802〉
Bentham, Jeremy 1789 An Introduction to the Principles of Morals and Legislation = 1967　山下重一訳,「道徳および立法の諸原理序説」, 関嘉彦編［1967 → 1979：69-210］〈423, 801〉
Berlin, Isaih 1969　Four Essays on Liberty, Oxford Univ. Press = 1971　小川晃一他・小川圭・福田歓一・生松敬三訳,『自由論』, みすず書房〈183〉
Bernadac, Christian 1967 Les Medicins：Les experiences medaicals humaines dans les camps de concentrations, Editions France-Empire = 1968　野口 雄司 訳,『呪われた医師たち――ナチ強制収容所における生体実験』, 早川書房, 262p.〈442〉
Bernard, Jean 1990 De la biologie a l'ethique：Nouveaux pouvoirs de la science, nouveaux devoirs de l'homme, Buchet/Chastel, Paris = 1993　藤木典生・仲澤紀雄監訳,『バイオエシックス――生物学から倫理へ』, 医学書院, 226p.〈170〉
Bernstein, Basil　1973　"Social Class, Language and Socialization", A. S. Abramson et al.eds. Current Trends in Linguistics 12, Mouton = 1980 佐藤智美訳,「社会階級・言語・社会化」, Karabel；Halsey eds.［1977 = 1980：下 237-260］〈521〉
――――　1975　"Class and Pedagogies：Visible and Invisible", Studies in the Learning Sciences, O.E.C.D. = 1980　佐藤智美訳,「階級と教育方法――目に見える教育方法と目に見えない教育方法」, Karabel；Halsey eds.［1977 = 1980：上 227-260］

阿閉 吉男・内藤 莞爾編 1957 『社会学史概論』, 勁草書房, 470p.
阿藤 誠編 1996 『先進諸国の人口問題』, 東京大学出版会, 277p. 〈718-719〉
Attali, Jacques 1988 Au propre et figure : Une histoire de la propriete, Librairie Artheme Fayard = 1994 山内昶訳, 『所有の歴史――本義にも転義にも』 法政大学出版局, 572p. 〈730〉
Aufderheide, Patricia ed. 1992 Beyond PC : Toward a Politics of Understanding, Graywolf Press = 1995 脇浜義明訳, 『アメリカの差別問題』, 明石書店, 208p. 〈615〉
粟屋 剛 1993 「フィリピンにおける臓器売買――臓器売買の実相をみる」, 『法学セミナー』 462 (1993-6) : 26-30 〈53〉
畦地 豊彦 1981 「遺伝子操作と優生学について」, 『臨床心理学研究』 19-1 : 2-16 〈709〉
―――― 1987 「「体外受精」問題・その十の論議」, 日本臨床心理学会編 [1987 : 165-211] 〈731〉

[B]

唄 孝一 1970 『医事法学への歩み』, 岩波書店, 447p. 〈56〉
―――― 1978 「アメリカ判例法における輸血拒否――「死ぬ権利」論の検討過程における一つのデッサン」, 『東京都立大学法学雑誌』 18-1・2 → 1990 唄 [1990 : 3-98] 〈289〉
―――― 1983 「アメリカにおけるいわゆる「死ぬ権利」(?) 判決の動向――医療と裁判との間で」, 唄編 [1983 : 462-510] → 1990 唄 [1990 : 99-149] 〈352〉
―――― 1984 「「生命の質」論の位置づけ」, 井上英二他編 [1984] 〈358〉
―――― 1990 『生命維持治療の法理と倫理』, 有斐閣, 453+8p. 〈352〉
唄 孝一編 1983 『医療と法と倫理』, 岩波書店, 547+4p.
―――― 1987 『医の倫理』 (講座・21世紀へ向けての医学と医療), 東京大学出版会, 278p.
唄 孝一・石川 稔編 1995 『家族と医療――その法学的考察』, 弘文堂, 457p. 〈168〉
Barry, Norman 1986 On Classical Liberalism and Libertarianism, Macmillan = 1990 足立幸男監訳, 『自由の正当性――古典的自由主義とリバタニアニズム』, 木鐸社, 272p. 〈115,116〉
Baruch, Elaine Hoffman ; D'Adamo, Amadeo F.,Jr. ; Seager,Joni eds. 1988 Embryos, Ethics, and Women's Rights : Exploring the New Reproductive Technologies, Haworth Press, 276p. 〈168〉
Beauchamp, Tom L. 1978 "A Reply to Rachels on Active and Passive Euthanasia", Beauchamp ; Perlin eds. [1978 : 246-258] = 1988 守屋唱進訳 「レイチェルスの安楽死論に応えて」, 加藤・飯田編 [1988 : 122-134] 〈354〉
Beauchamp, Tom L. ; Childress, James F. 1979 Principles of Biomedical Ethics, Oxford Univ. Press
―――― 1983 Principles of Biomedical Ethics, 2nd ed., Oxford Univ. Press
Beauchamp, Tom L. ; Faden, Ruth R. 1979 "The Right to Health and the Right to Health Care", Journal of Medicine and Philosophy 4 : 118-130 (飯田編 [1988 :

——— 2010「中立な国家と個人の死ぬ権利」,『生存学』2：328-345〈56〉
——— 2012「功利主義による安楽死正当化論」, 有馬・立岩［2012：89-172］〈128, 354, 355〉
有松　玲　201303「障害児教育政策の現状と課題——特別支援教育の在り方に関する特別委員会審議の批判的検討」,『Core Ethics』9〈617〉
有田 啓子　2009「「親」という社会システムの再構築に向けて——「同性親」をめぐる諸議論の検討」, 立命館大学大学院先端総合学術研究科2008年度博士論文〈848-849〉
有吉 玲子　2013『人工透析——歴史と現在』(仮), 生活書院〈848〉
有薗 真代　2012「病者の生に宿るリズム——ハンセン病患者運動の「多面性」に分け入るために」, 天田・村上・山本編［2012：17-40］〈852〉
Arrow, Kenneth Joseph　1973　"Models of Job Discrimination", Ashenfelter & Rees eds.［1973］〈609〉
Arthur, J. ed. 1981 Morality and Moral Controversies, Prentice-Hall
浅井 篤　2008「シンガーの自発的安楽死擁護論」, 山内・浅井編［2008：23-48］〈56〉
浅井　美智子　1991「女性と不妊治療——聞き取り調査」, お茶の水女子大学生命倫理研究会［1991：118-142］〈167〉
——— 1995「生殖技術による家族の選択は可能か」, 浅井・柘植編［1995：91-123］〈167〉
——— 1996「生殖技術と家族」, 江原編［1996：255-284］〈167〉
朝日新聞社編　1972『高齢社会がやってくる』, 朝日新聞社, 307p.〈442〉
——— 1973『医学は人を救っているか』, 朝日新聞社, 朝日市民教室・日本の医療2, 251p.
浅井　美智子・柘植　あづみ編　1995『つくられる生殖神話——生殖技術・家族・生命』, 制作同人社, 発売：サイエンスハウス, 204p.〈166〉
安積　純子　1990「〈私〉へ——三〇年について」, 安積他［1990：19-56］→1995　安積他［1995：19-56］〈724,727〉
安積　遊歩　1993『癒しのセクシー・トリップ——わたしは車イスの私が好き！』, 太郎次郎社, 230p.　1800　(安積遊歩＝安積純子)〈724, 727〉
安積　純子・岡原　正幸・尾中　文哉・立岩　真也　1990『生の技法——家と施設を出て暮らす障害者の社会学』, 藤原書店, 320p.〈61,578,715,738,833,834〉
——— 1995『生の技法——家と施設を出て暮らす障害者の社会学　増補・改訂版』, 藤原書店, 366p.〈61, 578, 715, 738, 833〉
——— 2012『生の技法——家と施設を出て暮らす障害者の社会学　第3版』, 生活書院・文庫版, 366p.〈61, 715, 727, 738, 833〉
Ashenfelter, Orey ; Rees, Albert eds.　1973　Discrimination in Labour Markets, Princeton Univ. Press
Askew, David　2000「倫理的リバタリアニズム」, 有賀・伊藤・松井編［2000：061-085］〈115〉
麻生　誠　1975「概説：エリートとは何か」,『現代のエスプリ』95：5-31〈430〉
阿閉　吉男　1957a「スペンサー」, 阿閉・内藤編［1957：51-61］〈429〉
——— 1957b「ウォード」, 阿閉・内藤編［1957：70-79］〈434〉

the Workplace", American Journal of Law & Medicine 17-1&2 : 75-108（「科学技術の発達と現代社会 II」運営委員会編［1995 : 213-222］に蔵田伸雄の紹介「職場における遺伝情 報の守秘義務」）〈526〉
Annas, George J.　1989　The Rights of Patients, 2nd ed., American Civil Liberties Union = 1992　上原鳴夫・赤津晴子訳,『患者の権利』, 日本評論社, 216p.〈446〉
――――　1990　"Fairy Tales Surrogate Mother Tell", Gostin ed.［1990 : 43-55］〈148-149〉
Annas, George J. ; Elias, Shermann eds. 1992 Gene Mapping : Using Law and Ethics as Guides, Oxford Univ. Press
青木　昌彦編　1973　『ラディカル・エコノミックス』, 中央公論社, 345p.
青木　茂　　1994　「医療におけるパターナリズムへの批判」, 杉田・平山編［1994 : 169-179］〈178〉
青木 慎太朗編　2010　『視覚障害学生支援技法 増補改訂版』, 生存学研究センター報告 12, 208p.〈825〉
青木　やよひ　1986　「はじめに」, 青木編［1986 : i-vi］〈167〉
――――　1989　「治療なのか性殖工学なのか」, グループ・女の人権と性［1989 : 209-229］〈167, 182〉
――――　1990　「母性主義の現在――アグネス論争から生殖革命まで」, 金井・加納編［1990 : 22-29］〈167〉
――――　1991　「科学技術と女のからだ考――生殖の自己管理に向けて」, グループ「母性」解読講座編［1991 : 2-18］〈167, 176〉
青木　やよひ編　1986　『母性とは何か』, 金子書房, 259p.
青野 由利　2007　『生命科学の冒険――生殖・クローン・遺伝子・脳』, ちくまプリマー新書, 190p.〈846〉
Applebaum, Paul S. ; Lidz, Charles W. ; Meisel, Alan　1987　Informed Consent : Legal Theory and Clinical Practice, Oxford Univ. Press = 1994　杉山弘行訳,『インフォームド・コンセント』, 文光堂, 321p.〈447〉
新井　誠・佐藤　隆夫編　1995　『高齢社会の親子法』, 勁草書房, 363p.〈726〉
荒井 裕樹　2008　「「安楽死」を語るのは誰の言葉か――六〇年代における在宅障害者の〈生命〉観」,『死生学研究』9 : 121-〈55〉
――――　2011　『障害と文学――「しののめ」から「青い芝の会」へ』, 現代書館, 253p.〈55〉
荒木　義昭　1983　「優生保護法改悪についての諸問題」,『季刊福祉労働』21 : 36-44〈636-637, 711〉
Arditi, Rita ; Duelli Klein, Renate ; Minden, Shelly eds. 1984 Test-Tube Women : What Future for Motherhood ?,　Pandora Press = 1986　ヤンソン由実子訳,『試験管の中の女』, 共同通信社（部分訳）234+12p.〈167〉
Ariès, Phillipe 1972 "Problemes de l'éducation",　La france et des Française, Gallimard = 1983 森田伸子訳「教育の問題」, Ariès［= 1983 : 115-249］〈427〉
――――　= 1983　『〈教育〉の誕生』, 中内敏男・森田伸子編訳, 新評論, 255p.〈427〉
有賀 誠・伊藤 恭彦・松井 暁編　2000　『ポスト・リベラリズム――社会的規範理論への招待』, ナカニシヤ出版, 267p.〈115〉
有馬 斉 2009「安楽死を択ぶ自由と差別について」,『生存学』1 : 23-41〈56〉

秋山　洋子　1991 「榎美沙子と中ピ連」,『女性学年報』→ 1993　秋山［1993］→ 1994　井上輝子他編［1994a：99-114］〈716〉

――――　1993 『リブ私史ノート』, インパクト出版会, 310p.〈716〉

Alexander, L. 1949 "Medical Science under Dictatorship", New England Journal of Medicine 241〈454〉

Althusseur, Louis　1970　"Ideologie et appareils ideologique d'Etat", Pensee 151（juin 1970）= 1972　西川長夫訳,「イデオロギーと国家のイデオロギー装置――探求のためのノート」,『思想』577（1972-7）：114-136, 578（1972-8）：126-146　; = 1993　柳内隆訳, イデオロギーと国家のイデオロギー装置」, Althusseur et al.［1993：7-111］〈426〉

Althusseur, Louis・山本　哲士・柳内　隆　1993 『アルチュセールの〈イデオロギー〉論』, 三交社, 225p.

天田 城介・北村 健太郎・堀田 義太郎編　2011 『老いを治める――老いをめぐる政策と歴史』, 生活書院, 522p.〈852〉

天田 城介・村上 潔・山本 崇記編　2012 『差異の繋争点――現代の差別を読み解く』, ハーベスト社, x+299p.〈852〉

天笠　啓佑　1994 『優生操作の悪夢――医療による生と死の支配』, 社会評論社, 198p.〈518〉

――――　1996 「優生思想から優生工学へ」,『インパクション』97：52-57〈711〉

天笠 啓祐編　2003 『生命特許は許されるか』, 緑風出版, 195p.〈845〉

Ambroselli, Claire 1988 L'ethique medicale, Presses Universitaires de France, Collection QUE SAIS JE? N。2422 = 1993　中川米造訳,『医の倫理』, 白水社, 文庫クセジュ, 148+4p.〈441〉

アメリカ医事法研究会　1991 「ヒト生殖技術および代理母に関するモデル案」,『ジュリスト』973：95-106〈175〉

アン・ヒョンスク（安 孝淑）　2012 「韓国 ALS 患者の意思伝達をめぐる状況と課題」,『Core Ethics』8：13-25〈852〉

安藤　広子　1994a「羊水穿刺を受けるか否かの意志決定に関する妊婦の意識調査――年齢 30 歳以上の妊婦へのアンケート調査」,『母性衛生』35（3）：203〈709〉

――――　1994b「高齢妊婦の羊水穿刺を「受けるか否か」の意志決定に関する面接調査」,『日本助産学会雑誌』8（1）：42-48〈709〉

Andrews, Lori B.　1984　New Conceptions：A Consumer's Guide to the Newest Infertility Treatments, Including In Vitro Fertilization, Artificial Insemination, and Surrogate Motherhood, St. Martin's Press, xxi+326p.〈297〉

――――　1989　Between Strangers：Surrogate Mothers, Expectant Fathers & Brave New Babies, Harper & Row, xv+288p.〈297〉

――――　1990　"Surrogate Motherhood：The Challenge for Feminist", Gostin ed.［1990：167-150］〈297〉

――――　1999　The Clone Age：Adventures in the New World of Reproductive Technology, Henry Holt = 2000　望月弘子訳『ヒト・クローン無法地帯――生殖医療がビジネスになった日』, 紀伊國屋書店, 318p.〈846〉

Andrews, Lori B.；Jaeger, Ami S.　1991　"Confidentiality of Genetic Information in

文献リスト

（著者名のアルファベット順）

※〈　〉内は当該の文献が言及された本書の頁を表わす。

※『Core Ethics』、生存学研究センター報告の論文は全文を HP で読める。それらも含め、本書電子書籍版、人・論文・書籍にリンクされている。

[A]

阿部 あかね　2009 「精神障害者〈反社会復帰〉〈働かない権利〉思想の形成過程――1960 年～ 1980 年代の病者運動から」, 立命館大学大学院先端総合学術研究科 2008 年度博士予備論文〈849〉

――――　2010 「1970 年代日本における精神医療改革運動と反精神医学」,『Core Ethics』6：1-11〈851〉

――――　2011 「わが国の精神医療改革運動前夜―― 1969 年日本精神神経学会金沢大会にいたる動向」,『生存学』3〈851〉

安部 彰　2009 「ケア倫理批判・序説」『生存学』1：279-292〈349〉

――――　2011 『連帯の挨拶――ローティと希望の思想』, 生活書院, 328p.〈349〉

安部 彰・堀田 義太郎編　2010 『ケアと／の倫理』, 立命館大学生存学研究センター, 生存学研究センター報告 11

安部　公房　1959 『第四間氷期』（『世界』1958-7 ～ 1959-4 連載）→ 1970　新潮文庫, 279p.〈727〉

足達　和子　1991 「この手記を読まれる方に（訳者解説）」, Twardecki［1969 = 1991：7-21］〈443〉

Adams, Mark B. ed.　1990　The Wellborn Science：Eugenics in Germany, France, Brazil, and Russia, Oxford University Press = 1998　佐藤 雅彦 訳,『比較「優生学」史――独・仏・伯・露における「良き血筋を作る術」の展開』, 現代書館, 494p.〈436〉

Agamben, Giorgio　2002　L'aperto：L'uomo e l'animale, Torino, Bollati Boringhieri = 2004 岡田温司・多賀健太郎訳,『開かれ――人間と動物』, 平凡社, 208p.〈801, 802〉

赤林　朗　1994 「おまかせ的医療システムの本質」, 森岡編［1994：135-143］〈293〉

赤林　朗・森岡　正博　1989 「アメリカにおける〈脳死身体〉を利用した医学的研究」,『医学のあゆみ』148-12：819-820〈360〉

赤間　啓之　1995 『監禁からの哲学――フランス革命とイデオローグ』, 河出書房新社, 227+10p.〈118〉

赤間　道夫　2008 『平田清明著作目録ブログ版（2007）』http：//d.hatena.ne.jp/akamac/20081008/1223459444〈60〉

秋葉　聰　1987 「アメリカにおける障害新生児の「助命と生命維持」の諸問題」, 日本臨床心理学会編［1987：247-324］〈350, 351〉

秋山　秀樹　1994 『日本のインフォームド・コンセント』, 講談社, 214p.〈446, 447〉

［さ行］

［か行］

索 引

［あ行］

◉本書のテキストデータを提供いたします

本書をご購入いただいた方のうち、視覚障害、肢体不自由などの理由で書字へのアクセスが困難な方に本書のテキストデータを提供いたします。希望される方は、以下の方法にしたがってお申し込みください。

◎データの提供形式：CD-R、フロッピーディスク、メールによるファイル添付（メールアドレスをお知らせください）

◎データの提供形式・お名前・ご住所を明記した用紙、返信用封筒、下の引換券（コピー不可）および200円切手（メールによるファイル添付をご希望の場合不要）を同封のうえ弊社までお送りください。

◉本書内容の複製は点訳・音訳データなど視覚障害の方のための利用に限り認めます。内容の改変や流用、転載、その他営利を目的とした利用はお断りします。

◎あて先：
〒160-0008
東京都新宿区三栄町17-2 木原ビル303
生活書院編集部　テキストデータ係

キリトリ線

【引換券】
私的所有論［第2版］

[著者紹介]

立岩真也（たていわ・しんや）

1960年佐渡島生まれ。立命館大学大学院先端総合学術研究科教授。

専攻は社会学。

著書に『私的所有論』（勁草書房 1997年、第2版・文庫版：生活書院 2013年）、『弱くある自由へ――自己決定・介護・生死の技術』（青土社 2000年）、『自由の平等――簡単で別な姿の世界』（岩波書店 2004年）、『ALS――不動の身体と息する機械』（医学書院 2004年）、『良い死』（筑摩書房 2008年）、『唯の生』（筑摩書房 2009年）、『人間の条件――そんなものない』（イースト・プレス［よりみちパン！セ］2010年）、『差異と平等――障害とケア／有償と無償』（堀田義太郎との共著、青土社 2012年）、『生死の語り行い・1――尊厳死法案・抵抗・生命倫理学』（有馬斉との共著、生活書院 2012年）など。

私的所有論［第2版］

発　行――二〇一三年　五月二〇日　第二版第一刷発行
二〇一四年一一月二〇日　第二版第二刷発行

著　者――立岩真也
発行者――髙橋　淳
発行所――株式会社　生活書院
〒一六〇―〇〇〇八
東京都新宿区三栄町一七―二　木原ビル三〇三
TEL　〇三―三二二六―一二〇三
FAX　〇三―三二二六―一二〇四
振替　〇〇一七〇―〇―六四九七六六
http://www.seikatsushoin.com

印刷・製本――株式会社シナノ
装　幀――糟谷一穂

Printed in Japan

ISBN 978-4-86500-006-1
定価はカバーに表示してあります。
乱丁・落丁本はお取り替えいたします。